"十四五"职业教育国家规划教材

经济法

（第二版）

主　编◎宋治礼　孙天锋　王兆立

副主编◎盛雪梅　薄纯波　侯敬杰

刘国增　宋　峰　孙　慧

山东出版传媒股份有限公司

山东人民出版社·济南

国家一级出版社　全国百佳图书出版单位

图书在版编目（CIP）数据

经济法 / 宋治礼，孙天锋，王兆立主编. — 2版. — 济南：山东人民出版社，2023.1（2025.6重印）
ISBN 978-7-209-14102-4

Ⅰ. ①经… Ⅱ. ①宋… ②孙… ③王… Ⅲ. ①经济法－中国－职业教育－教材 Ⅳ. ①D922.29

中国版本图书馆CIP数据核字（2022）第202210号

经济法（第二版）
JINGJIFA (DI-ER BAN)
宋治礼　孙天锋　王兆立　主编

主管单位　山东出版传媒股份有限公司
出版发行　山东人民出版社
出 版 人　田晓玉
社　　址　济南市市中区舜耕路517号
邮　　编　250003
电　　话　总编室（0531）82098914
　　　　　市场部（0531）82098027
网　　址　http://www.sd-book.com.cn
印　　装　日照报业印刷有限公司
经　　销　新华书店

规　　格　16开（184mm × 260mm）
印　　张　21.75
字　　数　400千字
版　　次　2018年8月第1版
　　　　　2023年1月第2版
印　　次　2025年6月第2版第3次
ISBN 978-7-209-14102-4
定　　价　35.00元

《经济法》编委会

主　编　宋治礼　孙天锋　王兆立

副主编　盛雪梅　薄纯波　侯敬杰

　　　　　刘国增　宋　峰　孙　慧

编　委　崔金花　刘凤霞

课件、教案

前言 PREFACE

党的二十大报告指出，办好人民满意的教育，要深化教育领域综合改革，加强教材建设和管理，推进教育数字化。本教材采取项目—任务式编写体例，将知识讲解与案例教学有机结合，配套制作了大量数字化视听资源，有助于推动职业教育法律课程教学内容和方法创新，加强新时代职业教育教材建设。

弘扬社会主义法治精神，引导全体人民做社会主义法治的忠实崇尚者、自觉遵守者、坚定捍卫者，是党的二十大确定的法治社会建设要求之一。法治社会建设离不开青年学生的参与和践行。本教材从职业教育的角度，在教材建设中践行全面依法治国相关要求，积极探索和落实建设法治社会的内容和方法，引用并分析弘扬社会主义核心价值观的典型案例，把社会主义核心价值观融入教材内容中，帮助青年学生在学习的过程中储备法律知识、树立法律观念、培养法律意识、塑造法律思维，成为知法、懂法、守法的新时代好青年。

本教材的编写坚持一切从实际出发，既实事求是，又与时俱进，着眼解决实际问题，从我国职业教育发展现实出发，考虑了职业院校教学需求，契合了职业院校师生教学特点，能够满足广大青年学生成长成才的要求。

本教材是经山东省教育厅审批的山东省中职统编教材，紧密结合春考知识点，是相关专业的学生取得春考成功的必备用书。

教材按照法律、行政法规、司法解释等法律文件的最新规定编写而成，知识全面、内容新颖。教材通过大量案件实例解释法条，并配合“做中学”和“同步训练”，让晦涩难懂的法条变得有趣且浅显易懂。

本教材主要由具有研究生学历的高校教师和从事律师工作的“双师型”教师编写而成，中职、高职教师合理搭配，兼顾体系的完整性和法律知识的实用性，是春考考生的绝佳选择。

全书共分为8个教学项目，即经济法基础知识、公司法律制度、合同法律制度、担保法律制度、知识产权法律制度、个人独资企业和合伙企业法律制度、外商投资企业法律制度和其他法律制度。各项目或任务分别由盛雪梅（山东经贸职业学院）、孙天锋（潍坊职业学院）、宋治礼（山东经贸职业学院）、侯敬杰（山东科技职业学院）、王兆立（临沂市高级财经学校）、宋峰（临沂市高级财经学校）、孙慧（临沂市高级财经学校）、崔金花（东营市广饶县职业中等专业学校）、刘凤霞（利津县社会保险管理服务中心）、薄纯波（利津县职业中等专业学校）、刘国增（山东国宗律师事务所）等负责编写。

《经济法》第一版出版于2018年，于2020年获评“十三五”职业教育国家规划教材。近年来，该教材中涉及的法律法规等发生了诸多重大变化，为及时、准确反映我国法治建设新成果，落实教育部关于“十三五”职业教育国家规划教材修订的要求，满足职业院校师生教学的需要，我们对该教材进行了系统、全面的修订。对于本教材中的疏漏和不当之处，恳请读者指正。

编　者

2022年10月

目 录 CONTENTS

教学项目1　经济法基础知识

学习目标

1. 了解法的概念和特征，了解法的分类，理解经济法的概念和调整对象；
2. 理解经济法律关系的概念，掌握经济法律关系的主体、客体和内容；
3. 掌握经济法律关系产生、变更和消灭的法律事实；
4. 理解经济仲裁的概念与适用范围，掌握仲裁机构、仲裁协议与仲裁程序；
5. 掌握民事诉讼的适用范围，理解经济审判的概念、审判机构与受案范围，掌握经济纠纷案件的诉讼程序；
6. 了解民事起诉状的书写；
7. 理解代理的概念、代理的种类、代理权的行使、无权代理和代理权的终止。

任务 1.1 法律基础

视听资源

案例导入

张某诉北京某汽车服务有限公司买卖合同纠纷案

2007年2月28日，原告张某从被告北京某汽车服务有限公司购买轿车一辆，价格是138 000元，双方签有《汽车销售合同》。该合同第七条约定：卖方保证买方所购车辆为新车，在交付之前已做了必要的检验和清洁，车辆路程表的公里数为18公里且符合卖方提供给买方的随车交付文件中所列的各项规格和指标。合同签订当日，原告向被告交付了全部购车款及车辆购置税等费用。被告将轿车交付原告，并办理了机动车登记手续。2007年5月13日，原告在被告处进行车辆保养时，发现该车曾于2007年1月17日维修过。因此，原告向法院提起诉讼。

（案例来源：最高人民法院指导案例17号，2013年11月8日发布）

根据上述资料，请同学们思考以下问题并说明理由：

1.为家庭生活消费需要购买汽车，发生欺诈纠纷的，适用哪些法律？

2.汽车销售者向消费者销售维修过的汽车，销售者不能证明已履行告知义务且得到消费者认可的，是否构成销售欺诈？消费者要求赔偿损失的，人民法院是否予以支持？

知识准备

党的二十大报告指出，到二〇三五年，我国发展的总体目标之一是基本建成法治国家、法治政府、法治社会。我们要坚持走中国特色社会主义法治道路，建设中国特色社会主义法治体系、建设社会主义法治国家，围绕保障和促进社会公平正义，坚持依法治国、依法执政、依法行政共同推进，坚持法治国家、法治政府、法治社会一体建设，全面推进科学立法、严格执法、公正司法、全民守法，全面推进国家各方面工作法治化。

要深刻理解上述目标、任务，需要首先掌握法的概念、本质、特征等基本问题。

一、法和法律的概念

在我国当代法学理论中，法与法律，在广义上是相同的；但“法律”这个概念有广义与狭义的区别。

（一）法的概念

法是由国家制定或认可并依靠国家强制力保证实施的，反映由特定社会物质生活条件所决定的统治阶级意志，规定权利和义务，以确认、保护和发展有利于统治阶级的社会关系和社会秩序为目的的行为规范体系。

（二）法律的概念

广义的法律是指法的整体，包括由国家制定的宪法、法律、行政法规、部门规章、地方性法规等规范性法律文件和国家认可的政策、判例、习惯等。

狭义的法律是指有立法权的国家机关依照立法程序制定的规范性法律文件。在我国，狭义的法律仅指全国人民代表大会及其常务委员会制定的法律。在社会生活中，人们所讲的法律通常是指广义的法律。

（三）经济法的概念和调整对象

1.经济法的概念和特征

经济法是调整国家在管理与协调经济运行过程中发生的各种社会关系的法律规范的总称。经济法的最终目的就是通过国家对经济的干预来维护社会经济秩序，促进社会经济发展。经济法具有以下特征：综合性、经济性、行政主导性、政策性等。

2.经济法的调整对象

经济法的调整对象是指经济法所干预、管理和调控的具有社会公共性的特定经济关系。我国经济法的调整对象包括以下四个方面：

（1）国民经济管理关系，是指各级国家机关之间，国家机关与经济组织、公民之间在国民经济管理活动中产生的经济关系；

（2）经济协作关系，是指法人、其他经济组织、农村承包经营户以及其他公民相互之间在经济往来中产生的、由国家调控的经济关系；

（3）市场经济主体在内部经济管理中产生的经济关系，是指企业、其他经济组织在内部经济管理中产生的经济关系；

（4）涉外经济关系，包括涉外经济管理关系和涉外经济协作关系。

【做中学1】经济法的调整对象是（　　）。

A.经济关系　　B.特定的经济关系　　C.法律关系　　D.特定关系

解析：答案为B。经济法的调整对象是在国家宏观协调本国经济运行过程中发生的具有社会公共性的特定经济关系。

【做中学2】下列关于经济法调整对象的看法，正确的是（　　）。

A.经济法的调整对象是综合的

B.经济法的调整对象是各种经济关系

C.经济法没有特定的调整对象，其调整对象随着实践的发展而发展

D.经济法的调整对象与其他部门法的调整对象是有区别的

解析：答案为D。经济法以特定经济关系为调整对象，并与其他部门法相区别。

二、法的本质、特征和原则

（一）法的本质

法的本质所揭示的是法内在的矛盾关系。它主要表现为以下三个方面：

（1）法是统治阶级整体意志的体现。

（2）法是国家意志的体现。

（3）法是由一定社会物质生活条件所决定的。社会物质生活条件是指与人类生存相关的地理环境、人口和物质资料的生产方式，其中，生产方式是决定性的内容。

【做中学3】法的最终决定因素是（　　）。

A.统治阶级的意志　　B.阶级斗争状况

C.社会物质生活条件　　D.历史传统

解析：答案为C。法属于上层建筑的一种。根据马克思主义基本原理，经济基础决定上层建筑，因此，法最终是由社会物质生活条件决定的。

（二）法的特征

法的特征主要表现为以下三个方面：

（1）法是调整人的行为的社会规范。其调整对象是人的行为，也可以说是社会关系，不包括人的心理现象。

（2）法是由国家制定或者认可并由国家强制力保证实施的行为规范，具有普遍约束力。

（3）法以规定权利和义务为主要内容。权利意味着人们可以为或者不为一定行为，以及可以要求他人为或者不为一定行为。义务意味着人们必须为或者不为一定行为。

（三）法的原则

法的原则是指在一定法律体系中为法律规则提供指导思想、基础或本源的综合性

的、稳定的法律原理或准则。法的原则对法的运行具有重要指导意义。

根据不同的标准，可以将法的原则分为：公理性原则和政策性原则、基本原则和具体原则、实体性原则和程序性原则等。

【做中学4】一般而言，法产生的主要方式包括（　　）。

A.生成　　B.制定　　C.默许　　D.认可

解析：答案为BD。根据法的概念和特征，法产生的方式有两种：制定和认可。

三、经济法律关系

（一）经济法律关系的概念

法律关系，是经过法律规范所调整的人们之间形成的具有权利、义务内容的社会关系。它由主体、客体和内容三个要素组成。

经济法律关系，是指在国家干预社会经济运行的过程中，由经济法确认和调整的以经济权利和经济义务为主要内容的社会经济关系。经济权利是指经济法主体依法可以为或者不为，以及要求他人为或者不为一定行为的权利。经济义务是指经济法主体依法承担的必须为或者不为一定行为的责任。

（二）经济法律关系的主体、客体和内容

经济法律关系由主体、客体和内容三个要素构成。

1.经济法律关系的主体

经济法律关系的主体是受经济法调整的国家干预经济关系的参加者，是国家干预活动中权利、义务的承担者。它主要分为两类：一类是国家经济管理主体，另一类是国家经济的被管理主体。在我国，经济法律关系的主体包括以下几类：

（1）国家机关。

（2）社会组织，包括法人和非法人组织。其中，法人组织包括营利法人、非营利法人和特别法人。营利法人包括有限责任公司、股份有限公司和其他企业法人等。非营利法人包括事业单位、社会团体、基金会、社会服务机构等。特别法人包括机关法人、农村集体经济组织法人、城镇农村的合作经济组织法人和基层群众性自治组织法人。非法人组织包括个人独资企业、合伙企业、不具有法人资格的专业服务机构等。

（3）自然人，是指依照自然规律出生的人。公民是指具有某一国国籍，并根据该国法律规定享有权利和承担义务的自然人。

法律关系的主体资格包括权利能力和行为能力。

（1）权利能力，是指法律关系主体能够参加某种法律关系，依法享有权利和承担义务的法律资格。它包括自然人的权利能力和法人的权利能力。自然人的权利能力，是指自然人依法取得享有权利、承担义务的资格。其从出生时起到死亡时止，不能被任意剥夺或解除。法人权利能力的范围则由法人成立的宗旨和业务范围决定，自法人成立时产生，至法人终止时消灭。

（2）行为能力，是指法律关系主体能够通过自己的行为实际取得权利和履行义务的能力。法人的行为能力和权利能力是一致的，同时产生、同时消灭。我国自然人的民事行为能力划分为三类：

第一，完全民事行为能力人。十八周岁以上的自然人为成年人，不满十八周岁的自然人为未成年人。成年人为完全民事行为能力人，可以独立实施民事法律行为。十六周岁以上的未成年人，以自己的劳动收入为主要生活来源的，视为完全民事行为能力人。例如：十七周岁的王某在酒店打工，每月收入两千元，王某就被视为完全民事行为能力人。

第二，限制民事行为能力人。八周岁以上的未成年人为限制民事行为能力人，实施民事法律行为由其法定代理人代理或者经其法定代理人同意、追认，但是可以独立实施纯获利益的民事法律行为或者与其年龄、智力相适应的民事法律行为。例如：年满十周岁的未成年人购买自己平时使用的学习用品是符合其年龄、智力状况的民事法律行为，不需要其监护人的同意或追认。不能完全辨认自己行为的成年人为限制民事行为能力人，实施民事法律行为由其法定代理人代理或者经其法定代理人同意、追认，但是可以独立实施纯获利益的民事法律行为或者与其智力、精神健康状况相适应的民事法律行为。

第三，无民事行为能力人。不满八周岁的未成年人为无民事行为能力人，由其法定代理人代理实施民事法律行为。不能辨认自己行为的成年人为无民事行为能力人，由其法定代理人代理实施民事法律行为。例如：七周岁的小明刚上小学一年级，其购买学习用品必须要经过监护人的同意或追认。

此外，需要注意的是，我国刑法规定的刑事责任能力是指行为人构成犯罪和承担刑事责任所必须具备的刑法意义上辨认和控制自己行为的能力。已满十六周岁的人犯罪，应当负刑事责任。已满十四周岁不满十六周岁的人，犯故意杀人、故意伤害致人重伤或者死亡、强奸、抢劫、贩卖毒品、放火、爆炸、投毒罪的，应当负刑事责任。已满十四周岁不满十八周岁的人犯罪，应当从轻或者减轻处罚。因不满十六周岁不予刑事处罚的，责令其家长或者监护人加以管教；在必要的时候，也可以由政府收容教养。已满七十五周岁的人故意犯罪的，可以从轻或者减轻处罚；过失犯罪的，应当从轻或者减轻处罚。精神病人在不能辨认或者不能控制自己行为的时候造成危害结果，经法定程序鉴定确认的，不负刑事责任，但是应当责令他的家属或者监护人严加看管和医疗；在必要的时候，由政府强制医疗。间歇性的精神病人在精神正常的时候犯罪，应当负刑事责任。尚未完全丧失辨认或者控制自己行为能力的精神病人犯罪的，应当负刑事责任，但是可以从轻或者减轻处罚。

2.经济法律关系的客体

经济法律关系的客体是经济法律关系主体之间的权利、义务所共同指向的对象。传统理论认为，法律关系的客体是物、行为和智力成果三大类。

（1）物，是指能够满足人们的某种需要，并能够被人力所控制和支配的物质实体。物可以是自然物，如土地、矿藏、水流、森林等；也可以是人造物，如建筑、机器、各种产品等；还可以是货币及有价证券。物既可以是有体物，也可以是无体物。有体物既可以是固定形态的；也可以是没有固定形态的，如天然气、电力等。无体物的例子有权利、数据信息等。

（2）行为，是指法律关系主体为达到一定目的所进行的作为（积极行为）或不作为（消极行为），是人的有意识的活动，如生产经营行为、经济管理行为等。

（3）智力成果，也称非物质财富、精神产品或精神财富，是指人们通过脑力劳动创造的能够带来经济价值的精神财富，如发明、实用新型、外观设计等。智力成果的价值在于其所承载的信息、知识、技术和其他精神财富，它通常有物质载体，如书籍、图册、录像、录音等。

3.经济法律关系的内容

经济法律关系的内容是指法律关系主体所享有的权利和承担的义务，是经济法律关系的实质和核心。

经济法上的权利是指经济法主体所享有某种行为自由或利益的资格。它包括国家经济管理机关的经济法权利和经济活动主体的经济法权利。例如：财产权利人依法占有、处分自己财产的权利，债权人的请求权等。

经济法上的义务是经济法主体依据经济法规定，应当为或不应当为某种行为的责任或限制。国家经济管理机关和被管理者的经济法义务不同。此外，一般而言，义务分为积极的义务和消极的义务。前者如纳税的义务，服兵役的义务。后者如不得损害公物，不得破坏交通信号灯、交通标志等。

四、法律事实

法律事实，就是法律规定的能够引起法律关系产生、变更和消灭的客观情况或现象。与人类生活无直接关系的纯粹的客观现象就不是法律事实。现有法律规范没有规定的，也不是法律事实，如宇宙天体的运行。以是否以人们的意志为转移为标准，法律事实分为法律事件和法律行为。

（一）法律事件

法律事件是法律规范规定的、与当事人意志无关的，且能够引起法律关系产生、变更、消灭的客观事实。它可被划分为社会事件和自然事件。前者如社会变革、战争、动乱等，后者如人的生老病死、自然灾害等。这两种事件不以当事人的意志为转移，但其权利和义务有可能产生、变更或消灭。例如：婴儿的呱呱落地意味着监护关系、抚养关系的产生。

（二）法律行为

法律行为是指以法律关系主体的意志为转移，能够引起法律关系发生、变更和消灭的人们有意识的活动。不由法律调整、不发生法律效力的行为，如通常的社交、恋爱等不是法律行为。

根据不同的标准，法律行为可以分为单方法律行为和多方法律行为、有偿法律行为和无偿法律行为、合法行为和违法行为、要式法律行为和不要式法律行为、主法律行为和从法律行为等。

【做中学5】区分法律事件与法律行为的标准是看一定的后果（　　）。

A.是否产生法律效果　　　　B.是否与当事人的意志有关

C.是否产生或变更法律关系　　D.是否有法律意义

解析：答案为B。法律事件具有客观性，不以人的意志为转移，如自然灾害、战争等。法律行为具有主观性，人的意志可以去干预它，如订立合同等。

五、法的形式和分类

（一）法的形式

法的形式，也称法的渊源，是指法的具体的外部表现形式。如法由何种国家机关制定或认可，具有何种表现形式或效力等级。通常，法的形式可分为成文法、不成文法和一定范围内的法理或法的观念等。其中，成文法是主要的法的形式，它包括宪法、法律、行政法规、地方性法规、自治条例、国际条约等。

我国法的形式（法的渊源）包括正式和非正式两类。法的正式渊源主要是指成文法，法的非正式渊源包括习惯、判例和政策。

（二）法的分类

法的分类，就是从不同的角度，按照不同的标准，将法律规范划分为不同的种类。法的分类包括一般分类和特殊分类。按照一般分类，法可以分为成文法和不成文法、实体法和程序法、根本法和普通法、一般法和特别法、国内法和国际法。按照特殊分类，法可以分为公法和私法、普通法和衡平法。

案例分析

北京市朝阳区人民法院生效裁判认为：原告张某购买汽车系因生活需要自用，应当适用《中华人民共和国消费者权益保护法》。被告销售维修过的车辆违反双方合同约定，该案争议的焦点为北京某汽车服务有限公司是否事先履行了告知义务。经审理查明，被告出具的证据不足以表明其对于车辆曾进行维修之事已在销售时明确告知张某，故认定被告在售车时隐瞒了车辆存在的瑕疵，有欺诈行为，应退车还款并增加赔偿张某的损失。法院依据《中华人民共和国消费者权益保护法》第二条、第五十五条第一款作出判决：（1）撤销原告与被告于2007年2月28日签订的《汽车销售合同》；（2）原告于判决生效后七日内将其所购的轿车退还被告；（3）被告于判决生效后七日内退还原告购车款十二万四千二百元；（4）被告于判决生效后七日内赔偿原告购置税一万二千四百元、服务费五百元、保险费六千零六十元；（5）被告于判决生效后七日内加倍赔偿原告购车款十三万八千元；（6）驳回原告其他诉讼请求。宣判后，被告提出上诉。北京市第二中级人民法院驳回上诉，维持原判。

知识拓展

扫描右侧二维码，在线查看关于“瀍”字的解释。

瀍

同步训练

参考答案

一、单选题

1.按照规定的内容、法律地位和制定程序的不同，法律分为根本法和普通法，其中，根本法又称（　　）。

A.刑法　　B.宪法　　C.民法　　D.行政法

2.我国正式的法律渊源不包括（　　）。

A.法律　　B.法规　　C.规章　　D.制度

3.下列各项属于法律事件的是（　　）。

A.签订合同　　B.发行债券　　C.发生地震　　D.承兑汇票

二、判断题

1.国家强制力是保障法律实施的唯一力量。（　　）

2.法的本质属性包括：阶级性、国家性、物质性。（　　）

3.法的创制，是国家机关依照法定程序，制定或认可、修改、废止法律规范的活动。（　　）

4.法律事实是法律关系发生、变更和消灭的直接原因。（　　）

5.工人罢工是一种法律行为。（　　）

三、案例分析题

被告冉某于2011年12月31日找到原告郑某借款人民币20 000元。原告从当时在场的案外人杨某处借得1 200元后，凑齐20 000元交付被告本人。被告未出具书面借条，未约定具体的还款时间及利息的计算标准，仅口头承诺短时期内偿还。时隔半年，原告见被告仍未还款，便多次找其催收，被告却以各种理由拖延。原告因此向人民法院提起诉讼，要求被告归还借款及利息，并承担诉讼费用。原告明确资金利息从借款之日后一个月后开始计算，至实际清偿之日止，并自愿选择该利息以当地农村商业银行贷款利率作为参考。

法院审理后认为，虽然双方都无直接证据，但原告提交的间接证据来源合法，内容符合客观事实，证据真实有效，且各证据之间能形成证据锁链，能相互印证，足以认定原告和被告之间的债权债务关系。故判决被告归还原告借款本金20 000元，并按照农村商业银行同期同类贷款利率支付原告从法院受理之日起至实际清偿之日止的利息。

（案例来源：《“用公开促公正　建设核心价值”主题教育活动　合同纠纷典型案例》，最高人民法院2015年12月4日发布）

请问：

1.在没有书面借条的情况下，原告需要出示哪些证据来举证证明借款事实？

2.原告主张的借款利息能否得到法院支持？

3.在被告不到庭的情况下，法院能否仅依据原告的证据材料和庭审情况作出判决？

案外提醒：

大量民间借贷纠纷发生于熟人之间。在生活中，熟人之间出于面子、人情等因素的考虑，一般很少写借条或其他凭证。而一旦对方违约，出借人一般很难拿出有效的直接证据来认定借款行为成立的事实。因此，即使是熟人之间，也要留存相关凭证，以免在发生纠纷时无力举证，导致败诉。

任务 1.2　经济纠纷的解决途径

视听资源

案例导入

中华环保联合会诉谭某、方某环境污染民事公益诉讼案

2011年8月，方某将其承包的两个鱼塘转租给谭某。谭某向其中一个鱼塘倾倒不明固体污泥110车。之后，方某收回鱼塘，撒上石灰后继续养鱼。2011年9月14日，广州市白云区环境保护局到该鱼塘进行现场检查取样。经检测，确认该鱼塘铜和锌超标。中华环保联合会诉请法院判令谭某、方某共同修复鱼塘，或承担恢复原状所需的环境污染处理费400余万元，广州市白云区人民检察院作为支持起诉人支持中华环保联合会提起诉讼。

（案例来源：《最高人民法院环境资源刑事、民事、行政典型案例》，2017年6月22日发布）

根据上述资料，请同学们思考以下问题并说明理由：

1.该诉讼属于什么诉讼？

2.中华环保联合会能否作为适格的原告提起诉讼？

知识准备

一、经济纠纷的解决途径

经济纠纷，又称经济争议，是指市场经济主体之间因经济权利和经济义务的矛盾而引起的权益争议。它主要包括两类：（1）平等主体之间涉及经济内容的纠纷；（2）自然人、法人或者其他组织作为行政管理相对人与行政机关之间，因行政管理所发生的涉及经济内容的纠纷。在我国，解决经济纠纷的途径和方式主要有仲裁、民事诉讼、行政复议和行政诉讼。

二、经济仲裁

（一）经济仲裁的概念

经济仲裁是由经济纠纷的各方当事人共同选定仲裁机构，依照法定程序对纠纷作出具有约束力的裁决的活动。它具有自愿性、专业性、强制性、快捷性等特征。

仲裁的法律依据：《中华人民共和国仲裁法》（以下简称《仲裁法》）、《最高人民法院关于审理仲裁司法审查案件若干问题的规定》等。

（二）仲裁的适用范围

1.《仲裁法》第二条规定，平等主体的公民、法人和其他组织之间发生的合同纠纷和其他财产权益纠纷，可以仲裁。

2.《仲裁法》第三条规定，下列纠纷不能仲裁：

（1）婚姻、收养、监护、扶养、继承纠纷；

（2）依法应当由行政机关处理的行政争议。

3.《仲裁法》第七十七条规定，下列仲裁不属于《仲裁法》所规定的仲裁范围，而由其他法律予以调整：

（1）劳动争议的仲裁；

（2）农业集体经济组织内部的农业承包合同纠纷的仲裁。

【做中学1】下列纠纷中，可以适用《仲裁法》解决的是（　　）。

A.甲公司和乙公司之间的买卖合同纠纷

B.张华和某公司的劳动合同纠纷

C.甲乙之间的遗产继承纠纷

D.甲乙之间的农村土地承包合同纠纷

解析：答案为A。《仲裁法》的适用范围是平等主体的公民、法人和其他组织之间发生的合同纠纷和其他财产权益纠纷。与人身有关的纠纷不适用《仲裁法》，劳动争议以及农村土地承包合同纠纷分别适用《中华人民共和国劳动争议调解仲裁法》和《中华人民共和国农村土地承包经营纠纷调解仲裁法》，不能适用《仲裁法》。

（三）仲裁协议

1.仲裁协议的概念

仲裁协议，是指双方当事人在自愿、协商、平等互利的基础上，将他们之间已经发生或者可能发生的经济纠纷提交仲裁机构裁决的书面约定，是申请仲裁的必备材料。仲裁协议应当以书面形式订立。我国《仲裁法》第四条规定：“当事人采用仲裁方式解决纠纷，应当双方自愿，达成仲裁协议。没有仲裁协议，一方申请仲裁的，仲裁委员会不予受理。”

2.仲裁协议的内容

仲裁协议包括合同中订立的仲裁条款和以其他书面方式在纠纷发生前或者纠纷发生后达成的请求仲裁的协议。仲裁协议应当具有下列内容：（1）请求仲裁的意思表示；（2）仲裁事项；（3）选定的仲裁委员会。仲裁协议对仲裁事项或者仲裁委员会没有约定或者约定不明确的，当事人可以补充协议；达不成补充协议的，仲裁协议无效。

3.仲裁协议的效力

仲裁协议独立存在，一经依法成立，即具有法律约束力。合同的变更、解除、终止或无效，不影响仲裁协议的效力。当事人对仲裁协议的效力有异议的，可以请求仲裁委员会作出决定或者请求人民法院作出裁定。一方请求仲裁委员会作出决定，另一方请求人民法院作出裁定的，由人民法院裁定。当事人对仲裁协议的效力有异议，应当在仲裁庭首次开庭前提出。

当事人达成仲裁协议，一方向人民法院起诉未声明有仲裁协议，人民法院受理后，另一方在首次开庭前提交仲裁协议的，人民法院应当驳回起诉，但仲裁协议无效的除外；另一方在首次开庭前未对人民法院受理该案提出异议的，视为放弃仲裁协议，人民法院应当继续审理。

有下列情形之一的，仲裁协议无效：（1）约定的仲裁事项超出法律规定的仲裁范围的；（2）无民事行为能力人或者限制民事行为能力人订立的仲裁协议；（3）一方采取胁迫手段，迫使对方订立仲裁协议的。

【做中学2】甲、乙签订买卖合同，在合同中约定了仲裁条款，选定了仲裁机构，现在因履行合同发生纠纷。甲就该纠纷向人民法院提起诉讼，未声明有仲裁协议。法院受理后，乙公司在首次开庭后提出异议并提交仲裁协议。法院应当如何处理？

解析：乙在首次开庭前未对人民法院受理该案提出异议，视为放弃仲裁协议，法院应当继续审理。

（四）仲裁机构

仲裁机构主要是指仲裁委员会。仲裁委员会是有权对当事人提交的经济纠纷进行审理和裁决的机构。我国的仲裁委员会可以在直辖市和省、自治区人民政府所在地的市设立，也可以根据需要在其他设区的市设立，不按行政区划层层设立。仲裁委员会独立于行政机关，与行政机关没有隶属关系，仲裁委员会之间也没有隶属关系。仲裁委员会应当具备下列条件：（1）有自己的名称、住所和章程；（2）有必要的财产；（3）有该委员会的组成人员；（4）有聘任的仲裁员。

（五）仲裁程序

1.申请和受理

仲裁程序以当事人向仲裁机构申请仲裁为起始。当事人申请仲裁应当符合下列条件：（1）有仲裁协议；（2）有具体的仲裁请求和事实、理由；（3）属于仲裁委员会的受理范围。仲裁申请书应当载明下列事项：（1）当事人的姓名、性别、年龄、职业、工作单位和住所，法人或者其他组织的名称、住所和法定代表人或者主要负责人的姓名、职务；（2）仲裁请求和所根据的事实、理由；（3）证据和证据来源、证人姓名和住所。

仲裁委员会收到仲裁申请书之日起五日内，认为符合受理条件的，应当受理，并通知当事人；认为不符合受理条件的，应当书面通知当事人不予受理，并说明理由。仲裁委员会受理仲裁申请后，应当在仲裁规则规定的期限内将仲裁规则和仲裁员名册送达申请人，并将仲裁申请书副本和仲裁规则、仲裁员名册送达被申请人。被申请人收到仲裁申请书副本后，应当在仲裁规则规定的期限内向仲裁委员会提交答辩书。仲裁委员会收到答辩书后，应当在仲裁规则规定的期限内将答辩书副本送达申请人。被申请人未提交答辩书的，不影响仲裁程序的进行。

2.仲裁庭的组成

仲裁庭可以由三名仲裁员或者一名仲裁员组成。由三名仲裁员组成的，设首席仲裁员。当事人约定由三名仲裁员组成仲裁庭的，应当各自选定或者各自委托仲裁委员会主任指定一名仲裁员，第三名仲裁员由当事人共同选定或者共同委托仲裁委员会主任指定。第三名仲裁员是首席仲裁员。当事人约定由一名仲裁员成立仲裁庭的，应当由当事人共同选定或者共同委托仲裁委员会主任指定仲裁员。

如果当事人没有在仲裁规则规定的期限内约定仲裁庭的组成方式或者选定仲裁员的，由仲裁委员会主任指定。仲裁庭组成后，仲裁委员会应当将仲裁庭的组成情况书面通知当事人。

仲裁员具有以下情形之一的，必须回避，当事人也有权提出回避申请：

（1）是本案当事人或者当事人、代理人的近亲属；

（2）与本案有利害关系；

（3）与本案当事人、代理人有其他关系，可能影响公正仲裁的；

（4）私自会见当事人、代理人，或者接受当事人、代理人的请客送礼的。

当事人提出回避申请，应当说明理由，在首次开庭前提出。回避事由在首次开庭后知道的，可以在最后一次开庭终结前提出。仲裁员是否回避，由仲裁委员会主任决定；

仲裁委员会主任担任仲裁员时，由仲裁委员会集体决定。

3.开庭和裁决

（1）开庭。

仲裁应当开庭进行。当事人协议不开庭的，仲裁庭可以根据仲裁申请书、答辩书以及其他材料作出裁决。仲裁委员会应当在仲裁规则规定的期限内将开庭日期通知双方当事人。当事人有正当理由的，可以在仲裁规则规定的期限内请求延期开庭。是否延期，由仲裁庭决定。申请人经书面通知，无正当理由不到庭或者未经仲裁庭许可中途退庭的，可以视为撤回仲裁申请。被申请人经书面通知，无正当理由不到庭或者未经仲裁庭许可中途退庭的，可以缺席裁决。

开庭时，双方当事人应当对自己的主张进行举证，并可以质证。仲裁庭认为有必要收集的证据，可以自行收集。当事人可以申请证据保全。当事人申请证据保全的，仲裁委员会应当将当事人的申请提交证据所在地的基层人民法院。

仲裁庭对专门性问题认为需要鉴定的，可以交由当事人约定的鉴定部门鉴定，也可以由仲裁庭指定的鉴定部门鉴定。根据当事人的请求或者仲裁庭的要求，鉴定部门应当派鉴定人参加开庭。当事人经仲裁庭许可，可以向鉴定人提问。

当事人在仲裁过程中有权进行辩论。辩论终结时，首席仲裁员或者独任仲裁员应当征询当事人的最后意见。仲裁庭应当将开庭情况记入笔录。笔录由仲裁员、记录人员、当事人和其他仲裁参与人签名或者盖章。

（2）裁决。

仲裁庭在作出裁决前，可以先行调解。当事人自愿调解的，仲裁庭应当调解。调解不成的，应当及时作出裁决。调解达成协议的，仲裁庭应当制作调解书或者根据协议的结果制作裁决书。调解书与裁决书具有同等法律效力。调解书经双方当事人签收后，即发生法律效力。在调解书签收前当事人反悔的，仲裁庭应当及时作出裁决。

裁决应当按照多数仲裁员的意见作出，少数仲裁员的不同意见可以记入笔录。仲裁庭不能形成多数意见时，裁决应当按照首席仲裁员的意见作出。裁决书应当写明仲裁请求、争议事实、裁决理由、裁决结果、仲裁费用的负担和裁决日期。当事人协议不愿写明争议事实和裁决理由的，可以不写。裁决书由仲裁员签名，加盖仲裁委员会印章。对裁决持不同意见的仲裁员，可以签名，也可以不签名。仲裁庭仲裁纠纷时，其中一部分事实已经清楚，可以就该部分先行裁决。裁决书自作出之日起发生法律效力。

4.申请撤销裁决

当事人如果对裁决有异议的，有权向仲裁委员会所在地的中级人民法院申请撤销裁决。申请撤销裁决的时间是自收到裁决书之日起六个月内提出，人民法院应当在受理撤销裁决申请之日起两个月内作出撤销裁决或者驳回申请的裁定。当事人申请撤销裁决，必须要有证据证明裁决具有下列情形之一：

（1）没有仲裁协议的；

（2）裁决的事项不属于仲裁协议的范围或者仲裁委员会无权仲裁的；

（3）仲裁庭的组成或者仲裁的程序违反法定程序的；

（4）裁决所根据的证据是伪造的；

（5）对方当事人隐瞒了足以影响公正裁决的证据的；

（6）仲裁员在仲裁该案时有索贿受贿，徇私舞弊，枉法裁决行为的。

人民法院经组成合议庭审查核实裁决有上述情形之一的，应当裁定撤销。人民法院认定该裁决违背社会公共利益的，应当裁定撤销。人民法院受理撤销裁决的申请后，认为可以由仲裁庭重新仲裁的，通知仲裁庭在一定期限内重新仲裁，并裁定中止撤销程序。仲裁庭拒绝重新仲裁的，人民法院应当裁定恢复撤销程序。

5.执行

如果一方当事人不履行裁决，那么另一方当事人可以依照《中华人民共和国民事诉讼法》（以下简称《民事诉讼法》）的有关规定向人民法院申请执行。受申请的人民法院应当执行。被申请人提出证据证明裁决有《民事诉讼法》第二百三十七条第二款规定的情形的，经人民法院组成合议庭审查核实，裁定不予执行。一方当事人申请执行裁决，另一方当事人申请撤销裁决的，人民法院应当裁定中止执行。人民法院裁定撤销裁决的，应当裁定终结执行。撤销裁决的申请被裁定驳回的，人民法院应当裁定恢复执行。

【做中学3】根据《仲裁法》的规定，下列各项中，不正确的是（　　）。

A.仲裁实行自愿原则

B.当事人不履行仲裁裁决的，另一方当事人可以向人民法院申请执行

C.当事人不服仲裁裁决的，可以向人民法院提起诉讼

D.仲裁不实行级别管辖和地域管辖

解析：答案为C。仲裁裁决作出后，当事人就同一纠纷再申请仲裁或向人民法院起诉的，人民法院或者仲裁委员会不予受理。

三、经济审判

（一）经济审判与民事诉讼的概念

经济审判是指人民法院依法对国内经济纠纷案件和涉外经济纠纷案件进行审判的

活动。

民事诉讼是指人民法院在当事人和全体诉讼参与人的参加下，依法审理和解决民事纠纷的活动，以及由这些活动所发生的诉讼关系。

现行《中华人民共和国民事诉讼法》于1991年4月9日由第七届全国人民代表大会第四次会议通过，并经过2007年、2012年和2017年三次修正。

（二）民事诉讼的受案范围

民事诉讼的受案范围是指人民法院依法受理和解决一定范围内民事纠纷的权限，即明确人民法院和其他国家机关、社会组织之间解决民事纠纷的分工，其实质是确立人民法院行使民事审判权的范围和权限。其主要有三类：

第一类是由受婚姻法、继承法、收养法等民事法律调整的平等主体间的财产关系和人身关系所引起的纠纷；

第二类是由经济法、劳动法调整的社会关系所引起的争议，依法应适用《民事诉讼法》审理的案件，如劳动争议纠纷；

第三类是法律规定的适用《民事诉讼法》审理的其他纠纷或事项，如适用特别程序审理的选民资格案件、宣告公民死亡、失踪案、公示催告程序、督促程序等。

（三）审判机构

人民法院的审判机构包括两种形式：合议制和独任制。合议制是由3名以上审判员和人民陪审员组成合议庭，代表人民法院行使审判权，对案件进行审理并作出裁判的制度。合议庭的成员人数，必须是单数。独任制是只有一名审判员独立对案件进行审理并作出裁判的制度。

除此之外，《民事诉讼法》还规定了公开审判制度、回避制度、两审终审制度等。

（四）诉讼时效

向人民法院请求保护民事权利的诉讼时效期间为三年。法律另有规定的，依照其规定。诉讼时效期间自权利人知道或者应当知道权利受到损害以及义务人之日起计算。法律另有规定的，依照其规定。但是，自权利受到损害之日起超过二十年的，人民法院不予保护，有特殊情况的，人民法院可以根据权利人的申请决定延长。

诉讼时效期间届满的，义务人可以提出不履行义务的抗辩。诉讼时效期间届满后，义务人同意履行的，不得以诉讼时效期间届满为由抗辩；义务人已经自愿履行的，不得请求返还。

人民法院不得主动适用诉讼时效的规定。在特定情形下，诉讼时效可以中止或者中断。

下列请求权不适用诉讼时效的规定：（1）请求停止侵害、排除妨碍、消除危险；（2）不动产物权和登记的动产物权的权利人请求返还财产；（3）请求支付抚养费、赡养费或者扶养费；（4）依法不适用诉讼时效的其他请求权。

（五）诉讼程序

1. 管辖

诉讼管辖是指各级人民法院之间以及不同地区的同级人民法院之间，受理第一审民商事案件及其他各类案件的职权范围和具体分工。管辖按照不同标准可以有多种分类，其中最重要、最常用的分类是级别管辖和地域管辖。

（1）级别管辖。

级别管辖，是指各级人民法院之间受理第一审民商事案件以及其他各类案件之间的职权范围和具体分工。地域管辖、专属管辖、协议管辖均不得违反级别管辖的规定。大多数一审案件由基层人民法院管辖。

（2）地域管辖。

地域管辖是指同级人民法院之间受理第一审民商事案件的分工和权限。它可分为一般地域管辖、特殊地域管辖和专属管辖等。

一般地域管辖，也称普通管辖，是按照当事人所在地与人民法院辖区的隶属关系来确定案件管辖法院。一般地域管辖通常实行“原告就被告”原则，即由被告住所地人民法院管辖；被告住所地与经常居住地不一致的，由经常居住地人民法院管辖。

特殊地域管辖，是以诉讼标的所在地、法律事实所在地为标准确定管辖法院，也称特别管辖。《民事诉讼法》规定了十种属于特殊地域管辖的诉讼：

①因合同纠纷提起的诉讼，由被告住所地或者合同履行地人民法院管辖。

②因保险合同纠纷提起的诉讼，由被告住所地或者保险标的物所在地人民法院管辖。

③因票据纠纷提起的诉讼，由票据支付地或者被告住所地人民法院管辖。

④因公司设立、确认股东资格、分配利润、解散等纠纷提起的诉讼，由公司住所地人民法院管辖。

⑤因铁路、公路、水上、航空运输和联合运输合同纠纷提起的诉讼，由运输始发地、目的地或者被告住所地人民法院管辖。

⑥因侵权行为提起的诉讼，由侵权行为地（包括侵权行为实施地、侵权结果发生地）或者被告住所地人民法院管辖。信息网络侵权行为实施地包括实施被诉侵权行为的计算机设备所在地。侵权结果地包括被侵权人住所地。因产品、服务质量不合格造成他人财产、人身损害提起的诉讼，产品制造地、产品销售地、服务提供地、侵权行为地和

被告住所地人民法院均有管辖权。

⑦因铁路、公路、水上和航空事故请求损害赔偿提起的诉讼，由事故发生地，或者车辆、船舶最先到达地，航空器最先降落地，或者被告住所地人民法院管辖。

⑧因船舶碰撞或者其他海事损害事故请求损害赔偿提起的诉讼，由碰撞发生地、碰撞船舶最先到达地、加害船舶被扣留地或者被告住所地人民法院管辖。

⑨因海难救助费用提起的诉讼，由救助地或者被救助船舶最先到达地人民法院管辖。

⑩因共同海损提起的诉讼，由船舶最先到达地、共同海损理算地或者航程终止地的人民法院管辖。

专属管辖，是指法律强制规定某类案件必须由特定的人民法院管辖，其他人民法院无权管辖，当事人也不得协议变更的管辖。专属管辖的案件主要有三类：

①因不动产纠纷提起的诉讼，由不动产所在地人民法院管辖。

②因港口作业中发生纠纷提起的诉讼，由港口所在地人民法院管辖。

③因继承遗产纠纷提起的诉讼，由被继承人死亡时住所地或者主要遗产所在地人民法院管辖。

【做中学4】甲、乙因房屋买卖发生纠纷，甲欲提起诉讼，则甲应该向哪个法院提起诉讼？（　　）

A.甲住所地人民法院

B.乙住所地人民法院

C.房屋所在地人民法院

D.甲、乙协议选择的人民法院

解析：答案为C。根据《民事诉讼法》关于专属管辖的规定，因房屋买卖纠纷提起的诉讼由不动产所在地人民法院管辖。

2.起诉和受理

起诉必须符合下列条件：原告是与本案有直接利害关系的公民、法人和其他组织；有明确的被告；有具体的诉讼请求和事实、理由；属于人民法院受理民事诉讼的范围和受诉人民法院管辖。起诉应当向人民法院递交起诉状，并按照被告人数提出副本。起诉状应当记明下列事项：原告、被告的基本情况，诉讼请求和所根据的事实与理由，证据和证据来源，证人姓名和住所。人民法院应当在立案之日起五日内将起诉状副本发送被告，被告应当在收到之日起十五日内提出答辩状。

3.审理和判决

开庭审理阶段，主要分为法庭调查和法庭辩论两个环节。双方当事人进行法庭陈述、举证和质证，就案件争议焦点进行辩论。法庭辩论终结，能够调解的，进行调解，调解不成的，法庭当庭宣判或择日及时判决。人民法院适用普通程序审理的案件，应当在立案之日起六个月内审结。适用简易程序审理案件，应当在立案之日起三个月内审结。

当事人不服地方人民法院第一审判决的，有权在判决书送达之日起十五日内向上一级人民法院提起上诉。当事人不服地方人民法院第一审裁定的，有权在裁定书送达之日起十日内向上一级人民法院提起上诉。人民法院审理对判决的上诉案件，应当在第二审立案之日起三个月内审结。有特殊情况需要延长的，由本院院长批准。人民法院审理对裁定的上诉案件，应当在第二审立案之日起三十日内作出终审裁定。

4.执行

发生法律效力的民事判决、裁定，当事人必须履行。一方拒绝履行的，对方当事人可以向人民法院申请强制执行，也可以由审判员移送执行员执行。

发生法律效力的民事判决、裁定，以及刑事判决、裁定中的财产部分，由第一审人民法院或者与第一审人民法院同级的被执行的财产所在地人民法院执行。

调解书和其他应当由人民法院执行的法律文书，当事人必须履行。一方拒绝履行的，对方当事人可以向人民法院申请执行。

案例分析

本案是环境保护民事公益诉讼案件。中华环保联合会作为环境保护社会公益组织，对危害社会公益的行为提起公益诉讼，检察机关支持起诉，具有合法性和正当性，弥补了个体受害者难以应付专业性强、案情复杂的环境侵权诉讼的不足和环境公益救济主体的缺失，无论对个体权益还是对社会公共利益的保护都非常必要和及时。

双方对造成环境污染的事实均无异议，对该侵权事实予以认定。法院判决谭某、方某构成共同侵权，谭某起主要作用，承担80%的责任，方某起次要作用，承担20%的责任。两被告共同修复涉案鱼塘到本次污染损害发生之前的状态和功能；逾期未履行的，应当由人民法院选定代为修复的机构，由两被告承担修复费用。

知识拓展

扫描右侧二维码，在线查看《民事起诉状》范本。

民事起诉状

同步训练

参考答案

一、单选题

1.当事人不服地方人民法院第一审判决的，有权在判决书送达之日起（　　）内向上一级人民法院提起上诉。

A. 5日　　B. 10日

C. 15日　　D. 20日

2.因继承遗产引发的纠纷，应当由（　　）管辖。

A.被告住所地人民法院

B.被继承人死亡时住所地或者主要遗产所在地人民法院

C.原住所地人民法院

D.双方当事人协议确定的人民法院

3.下列纠纷能够适用仲裁的是（　　）。

A.离婚纠纷　　B.继承纠纷

C.买卖合同纠纷　　D.收养纠纷

4.某企业长期拖欠光华建筑公司的施工款项。为解决该纠纷，光华建筑公司采取的救济途径是（　　）。

A.报警　　B.提起行政诉讼

C.提起民事诉讼　　D.提起仲裁

5.根据《仲裁法》的规定，下列各项中，不正确的是（　　）。

A.仲裁实行自愿原则

B.当事人不履行仲裁裁决的，另一方当事人可以向人民法院申请执行

C.当事人不服仲裁裁决的，可以向人民法院提起诉讼

D.仲裁不实行级别管辖和地域管辖

二、判断题

1.当事人达成仲裁协议，一方向人民法院起诉的，人民法院不予受理。（　　）

2.仲裁实行一裁终局制，仲裁裁决一经作出即发生法律效力。（　　）

3.因确认股东资格纠纷提起的民事诉讼，由公司住所地人民法院管辖。（　　）

4.民事诉讼中的原告必须是与本案有直接利害关系的公民、法人和其他组织。（　　）

5.对公民提起的民事诉讼，由被告住所地人民法院管辖；被告住所地与经常居住地不一致的，由经常居住地人民法院管辖。(　　)

三、案例分析题

甲、乙公司分属两地，双方在乙公司所在地签订了货物运输合同，由乙公司负责甲公司在乙公司所在地的货物运输。在合同履行过程中，因为油价、养路费上涨等原因，双方就运输价格发生争议。于是，乙公司向人民法院提起诉讼，要求与甲公司解除合同，并赔偿乙公司因此而受到的损失。人民法院组成合议庭进行了审理。庭审过程中，甲公司进行了答辩，表示不同意解除合同。第一审人民法院经过审理，判决驳回原告的诉讼请求。原告不服，认为第一审判决错误，提出上诉。第二审人民法院经过对上诉案件的审理，驳回上诉，维持原判。

请问：

1.何地人民法院对本案具有诉讼管辖权？

2.原告应在多长时间内提起上诉？

3.第一审和第二审的审理期限是多长？

任务1.3 代 理

视听资源

案例导入

中铁沈阳物资公司与天津长芦盐业公司买卖合同纠纷案

天津长芦盐业公司与台安建平公司存在常年合作关系，后经建平公司介绍，长芦盐业公司与中铁沈阳物资公司签订了《煤炭购销合同》。长芦盐业公司交付煤炭后开具了8 400万增值税专用发票。中铁沈阳物资公司将银行承兑汇票背书给长芦盐业公司后交付给建平公司。但建平公司未将该汇票交付长芦盐业公司，而是自行进行了贴现。建平公司法定代表人自称其已得到长芦盐业公司的同意。长芦盐业公司起诉称，中铁沈阳物资公司未如约支付煤炭货款，故请求判令中铁沈阳物资公司立即支付货款4 900万元并赔偿损失。

（案例来源：《最高人民法院第二巡回法庭关于公正审理跨省重大民商事和行政案件典型案例》，2016年10月31日发布）

根据上述资料，请同学们思考以下问题并说明理由：

1.长芦盐业公司与建平公司之间是否形成委托代理关系？

2.建平公司的行为是否构成表见代理？

知识准备

一、代理的概念和特征

（一）代理的概念

《中华人民共和国民法典》（以下简称《民法典》）已于2021年1月1日施行，它是新中国成立以来第一部以“法典”命名的法律，是新时代我国深入推进社会主义法治国家建设所取得的重大成果。《民法典》的立法目的是保护民事主体的合法权益，调整民事关系，维护社会和经济秩序，适应中国特色社会主义发展要求，弘扬社会主义核心价值观。

《中华人民共和国民法典》第一百六十二条规定："代理人在代理权限内，以被代理人名义实施的民事法律行为，对被代理人发生效力。"根据此条法律规定，代理是代理人依据代理权，以被代理人的名义与第三人实施民事法律行为，而后果由被代理人承担。在代理关系中，有三方参加人。依据代理权代替他人实施民事法律行为的人，是代理人；被他人代替实施民事法律行为，承担民事法律行为后果的人是被代理人或本人；同代理人为民事法律行为的人是第三人或相对人。

代理有广义和狭义之分。狭义的代理是指直接代理，又称显名代理，是以被代理人的名义进行的民事法律行为，后果直接归属于被代理人。广义的代理包括直接代理和间接代理。间接代理又称隐名代理，是指代理人以自己的名义进行民事法律行为，后果间接归属于被代理人，如行纪行为。

《民法典》第一百六十一条规定："民事主体可以通过代理人实施民事法律行为。依照法律规定、当事人约定或者民事法律行为的性质，应当由本人亲自实施的民事法律行为，不得代理。"该法条规定了代理的适用范围。禁止代理的法律行为包括：（1）身份行为不得代理，如结婚、收养、离婚。（2）当事人约定不得代理的行为。只要该约定不违反法律强制性规定和公序良俗，即为有效。（3）从其性质本身来看不得代理的法律行为。例如：遗嘱，只能由当事人亲自为之，不得代理。

（二）代理的特征

代理具有以下特征：

（1）代理人必须在代理权限内实施代理行为。

（2）代理人应以被代理人的名义实施代理行为。

（3）代理行为是具有法律意义的民事法律行为。

（4）代理行为直接对被代理人发生法律效力。

【做中学1】禁止代理的法律行为包括（　　）。

A.结婚　　B.收养　　C.当事人约定不得代理的行为　　D.订立遗嘱

解析：答案为ABCD。依据《民法典》的相关规定，不能代理的情形包括身份行为、当事人约定不得代理的行为和从其性质本身来看不得代理的法律行为。

二、代理的种类

（一）委托代理与法定代理

根据代理权产生的原因划分，代理可分为委托代理和法定代理。《民法典》第一百六十三条规定："代理包括委托代理和法定代理。委托代理人按照被代理人的委托行使代理权。法定代理人依照法律的规定行使代理权。"

1.委托代理

委托代理，又称为授权代理、意定代理，是代理人按照被代理人的委托而进行的代理。授权可以是书面形式，也可以是口头形式。授权的书面形式称为授权委托书，授权委托书应当载明代理人的姓名或者名称、代理事项、权限和期间，并由被代理人签名或者盖章。代理人知道或者应当知道代理事项违法仍然实施代理行为，或者被代理人知道或者应当知道代理人的代理行为违法未作反对表示的，被代理人和代理人应当承担连带责任。

2.法定代理

法定代理是指以法律的直接规定为根据而产生的代理。法定代理产生的依据是代理人和被代理人之间存在的血缘关系、婚姻关系、组织关系等。法定代理人所享有的代理权是由法律直接规定的，与被代理人的意志无关。《民法典》第二十三条规定："无民事行为能力人、限制民事行为能力人的监护人是其法定代理人。"监护人代理被监护人为民事法律行为，实现和保护被监护人的合法权益，是监护人的重要职责。

（二）直接代理与间接代理

直接代理是代理人在代理权限范围内，以被代理人的名义为民事法律行为，直接对被代理人产生法律效力的代理。间接代理是代理人以自己的名义为民事法律行为，其效果移转于被代理人的代理。

（三）单独代理与共同代理

根据代理人的人数，可以将代理划分为单独代理和共同代理。代理人只有一人，代理权由其单独行使的，称为单独代理，或独立代理。代理人为二人或二人以上，代理权由二人或二人以上共同行使的，称为共同代理。《民法典》第一百六十六条规定："数人为同一代理事项的代理人的，应当共同行使代理权，但是当事人另有约定的除外。"该法条明确了共同代理权的行使方式，即共同代理只有一个代理权，需要各代理人共同行使。

【做中学2】案例分析：甲欲购买丁的一套房屋，遂与乙、丙签订委托代理协议，授权乙和丙代理其与丁磋商，并最终签订购房合同，但委托代理协议中并未明确说明乙和丙必须共同行使代理权。乙独自与丁协商后，以甲的名义签订了购房合同。甲以乙无权单独代理自己为由，拒绝履行合同。请问，该代理行为是否有效？

解析：根据《民法典》第一百六十六条，在没有约定的情况下，被代理人就同一事项确定了数个代理人时，法律推定为共同代理。该案就属于这种情况。因此，乙无权单独行使代理权，其代理甲与丁签订购房合同的行为属于无权代理行为。

（四）本代理与再代理

以代理人是否亲自为代理行为为标准，代理可被划分为本代理与复代理。代理人以被代理人的名义亲自实施代理行为的，称为本代理，也称为原代理；不是由代理人自己，而是由代理人委托的其他人实施代理行为的，称为复代理，也称为再代理、次代理或转代理。接受代理人委托的人称为再代理人。

代理人需要转委托第三人代理的，应当取得被代理人的同意或者追认。转委托代理经被代理人同意或者追认的，被代理人可以就代理事务直接指示转委托的第三人，代理人仅就第三人的选任以及对第三人的指示承担责任。转委托代理未经被代理人同意或者追认的，代理人应当对转委托的第三人的行为承担责任，但是在紧急情况下代理人为了维护被代理人的利益需要转委托第三人代理的除外。

《民法典》规定了职务代理制度。职务代理，是指代理人根据其在法人或者非法人组织中所担任的职务，依据其职权对外实施民事法律行为的代理。《民法典》第一百七十条规定："执行法人或者非法人组织工作任务的人员，就其职权范围内的事项，以法人或者非法人组织的名义实施民事法律行为，对法人或者非法人组织发生效力。法人或者非法人组织对执行其工作任务的人员职权范围的限制，不得对抗善意相对人。"在职场中，我们经常听到这样的表述："我是××公司项目部的经理，我作为公司的代表，与您商谈这个项目。"这种表述实际上是不准确的。职务行为包括职务代表行为和职务代理行为。职务代表行为是指法人的法定代表人履行其职务所实施的行为。《民法典》第六十一条规定："依照法律或者法人章程的规定，代表法人从事民事活动的负责人，为法人的法定代表人。法定代表人以法人名义从事的民事活动，其法律后果由法人承受。法人章程或者法人权力机构对法定代表人代表权的限制，不得对抗善意相对人。"代表制度的核心在于法定代表人和法人的同一性。在商事交易中，只有法定代表人才能真正"代表"公司，其他员工以公司的名义对外进行商事活动，只能是"代理"。因此，上述行为属于职务代理行为，而不是职务代表行为。

三、代理权的行使

（一）代理权行使的一般要求

代理权是指代理人基于被代理人的意思表示，或法律的直接规定，或有关机关的指定，能够以被代理人的名义为意思表示或受领意思表示，其法律效果直接归于被代理人的资格。代理权的行使是指代理人在代理权限范围内，以被代理人的名义独立、依法有效地实施民事法律行为，以实现被代理人的合法权益的法律效果。代理权的行使要求代理人不得无权代理，不得任意转托他人代理，必须积极行使代理权，尽勤勉和谨慎的义务。

（二）禁止代理权的滥用

1.滥用代理权的概念

滥用代理权，是指代理人行使代理权时，违背代理权的设定宗旨和代理行为的基本准则，有损被代理人利益的行为。滥用代理权的行为是违背诚实信用原则的行为，应当予以禁止。

2.滥用代理权的类型

（1）自己代理。

自己代理是指代理人以被代理人名义与自己进行民事法律行为。例如，甲委托乙购买印刷覆膜机，乙以甲的名义与自己订立合同，把自己的印刷覆膜机卖给甲。《民法典》第一百六十八条第一款规定："代理人不得以被代理人的名义与自己实施民事行为，但是被代理人同意或者追认的除外。"可见，自己代理是无效的，但是经过被代理人同意或者追认的，则视为有效。

（2）双方代理。

双方代理又称同时代理，是指一人同时担任双方的代理人为民事法律行为。例如，甲受乙的委托购买计算机，又受丙的委托销售计算机，甲此时以乙丙双方的名义订立计算机买卖合同。《民法典》第一百六十八条第二款规定："代理人不得以被代理人的名义与自己同时代理的其他人实施民事法律行为，但是被代理的双方同意或者追认的除外。"

（3）代理人和第三人恶意串通，进行损害被代理人利益的行为。

《民法典》第一百五十四条规定："行为人与相对人恶意串通，损害他人合法权益的民事法律行为无效。"第一百六十四条第二款规定："代理人和相对人恶意串通，损害被代理人合法权益的，代理人和相对人应当承担连带责任。"

【做中学3】下列代理行为中，属于滥用代理权的有（　　）。

A.超越代理权进行代理

B.代理人与第三人恶意串通，损害被代理人利益

C.没有代理权而进行代理

D.代理他人与自己进行民事行为

解析：答案为BD。选项A、C属于无权代理的情形。

四、无权代理

无权代理是指非基于代理权而以本人名义实施的旨在将效果归属于本人的代理。无

权代理包括狭义的无权代理和表见代理。

狭义的无权代理是指没有代理权、超越代理权或者代理权终止后所进行的代理。《民法典》第一百七十一条第一款规定："行为人没有代理权、超越代理权或者代理权终止后，仍然实施代理行为，未经被代理人追认的，对被代理人不发生效力。"被代理人有追认权和拒绝权，相对人有催告权。行为人实施的行为被追认前，善意相对人有撤销的权利。

表见代理，是指行为人虽无代理权，但以被代理人的名义进行民事法律行为，善意相对人客观上有充分理由相信行为人具有代理权，被代理人对该民事法律行为的后果直接承担责任的代理。《民法典》第一百七十二条规定："行为人没有代理权、超越代理权或者代理权终止后，仍然实施代理行为，相对人有理由相信行为人有代理权的，代理行为有效。"

【做中学4】下列关于无权代理行为的说法，正确的是(　　)。

A.无权代理行为因为没有代理权而当然无效

B.无权代理行为经被代理人追认即直接对被代理人发生法律效力，产生与有权代理相同的法律后果

C.为了保护善意第三方的利益，无权代理行为应有效，除非被代理人明确表示该行为无效

D.无权代理的民事责任由无权代理人和被代理人共同承担

解析：答案为B。《民法典》第一百七十一条规定："行为人没有代理权、超越代理权或者代理权终止后，仍然实施代理行为，未经被代理人追认的，对被代理人不发生效力。"因此，无权代理并非当然无效，经被代理人追认，即直接对被代理人发生法律效力，产生与有权代理相同的法律后果。

五、代理权的终止

代理权的终止又叫代理权的消灭，指代理人与被代理人之间的代理关系消灭，代理人不再具有以被代理人名义进行民事活动的资格。

(一)委托代理权终止的原因

根据《民法典》第一百七十三条的规定，有下列情形之一的，委托代理终止：

(1)代理期间届满或者代理事务完成；

(2)被代理人取消委托或者代理人辞去委托；

(3)代理人丧失民事行为能力；

(4)代理人或者被代理人死亡；

(5)作为代理人或者被代理人的法人、非法人组织终止。

（二）法定代理权的消灭原因

根据《民法典》第一百七十五条的规定，有下列情形之一的，法定代理终止：

（1）被代理人取得或者恢复完全民事行为能力；

（2）代理人丧失民事行为能力；

（3）代理人或者被代理人死亡；

（4）法律规定的其他情形。

关于法律规定的其他情形，例如，收养关系解除后，收养人与被收养人之间的监护关系亦随之消灭，则代理资格丧失，代理权消灭。

案例分析

该案是一起关于表见代理的典型案例，需要结合合同缔结、合同履行、交易模式、交易惯例等各种因素进行综合考量。法院认为，长芦盐业公司与建平公司在本案前存在着常年的合作与交易，涉案合同亦是通过建平公司的一手经办而签订的。在此前的大额交易中，亦是由建平公司代为转交汇票而完成的。在此后三方交易中，长芦盐业公司即使在向沈阳公司付款的情形下，也未提出涉案汇票从未收到这一主张。综合行为人与本人在涉案协议履行之前的行为、涉案合同签订过程、合同履行过程中各方的态度等因素，足以认定长芦盐业公司与建平公司之间形成了委托代理的表象。基于对该表象的信任，建平公司领取汇票的行为构成表见代理，应视为中铁沈阳物资公司向长芦盐业公司付款完毕。

知识拓展

扫描右侧二维码，在线查看《授权委托书》范本。

授权委托书

同步训练

参考答案

一、单选题

1.没有代理权、超越代理权或者代理权终止后的代理行为，只有经过被代理人的追认，被代理人才承担民事责任。未经追认的行为，其民事责任的承担者是（　　）。

A.被代理人　　B.保证人

C.权利人　　D.行为人

2.下列哪一种情形构成无权代理？(　　)

A.甲冒用乙的姓名从某杂志社领取乙的论文稿酬据为己有

B.某公司董事长超越权限以本公司名义为他人提供担保

C.李华受同学周军之托冒充丁杨参加考试

D.关某代收某推销员谎称关某的邻居李某订购的保健品并代为付款

3.小明委托小华购买电脑，小华明确知道其朋友吴某卖冒牌电脑，仍与其串通将冒牌电脑卖予小明，从中牟利。下列说法正确的是(　　)。

A.小华无责任　　B.吴某自己承担责任

C.吴某和小华承担连带责任　　D.小明和小华共同承担责任

4.代理人张三知道代理事项违法，但他仍然实施了代理行为，给第三人造成了损失。责任由谁承担？(　　)

A.代理人张三承担责任

B.被代理人和代理人应当承担连带责任

C.被代理人承担责任

D.第三人自己承担责任

5.表见代理的法律后果由(　　)承担。

A.被代理人　　B.代理人

C.第三人　　D.被代理人和代理人共同承担

二、判断题

1.民事主体可以通过代理人实施一切民事法律行为。(　　)

2.代理包括委托代理、法定代理、指定代理。(　　)

3.代理人不得以被代理人的名义与自己实施民事法律行为。(　　)

4.转委托代理未经被代理人同意或者追认的，代理人应当对转委托的第三人的行为承担责任，但是在紧急情况下代理人为了维护被代理人的利益需要转委托第三人代理的除外。(　　)

5.对于无权代理，相对人可以催告被代理人自收到通知之日起一个月内予以追认。被代理人未作表示的，视为追认。(　　)

三、案例分析题

1.我国民间有一种说法：“受人之托，忠人之事。”请运用代理的理论知识加以辨析。

2.吴起系在校学生，16周岁时曾作为同学刘默的委托代理人与某商场签订过一份买卖照相机的合同。吴起20周岁时将朋友杨光委托他保管的电脑以3 000元的价格卖给陈波。

请问：

（1）吴起与商场签订的买卖合同是否有效？为什么？

（2）吴起与陈波签订的买卖合同是否有效？为什么？

项目小结

- 经济法基础知识
  - 法的概念、本质、特征
  - 经济法律关系
  - 法律事实
  - 法的分类和形式
  - 经济仲裁
  - 民事诉讼
  - 代　理

考核评价

本项目职业能力测试与考核采用百分制，将过程考核与结果考核相结合，加大技能考核比重。过程考核主要包括职业态度、组织纪律、团队合作、实训练习，占40%。结果考核以实务考核为主，占60%。

考核评价记录表

<table>
<tr><th colspan="4">过程考核（40%）</th><th colspan="2">结果考核（60%）</th></tr>
<tr><th>职业态度
（10%）</th><th>组织纪律
（10%）</th><th>团队合作
（10%）</th><th>实训练习
（10%）</th><th>考核内容</th><th>分值
比重</th></tr>
<tr><td rowspan="2">教师根据课堂表现进行评价，采取扣分制</td><td rowspan="2">教师电子考勤
（每次课电子签到）</td><td rowspan="2">学生小组
评价</td><td rowspan="2">教师根据学生提交的实训练习情况进行评价</td><td>法律基础、代理</td><td>30%</td></tr>
<tr><td>民事诉讼、仲裁</td><td>30%</td></tr>
</table>

教学项目 2　公司法律制度

学习目标

1. 了解公司的概念、特征；

2. 了解公司的分类与登记管理；

3. 理解公司董事、监事、高级管理人员的资格和义务；

4. 掌握有限责任公司与股份有限公司的设立条件与组织机构；

5. 理解有限责任公司的股权转让。

任务 2.1　公司法基本理论

视听资源

案例导入

美国矿产金属有限公司与厦门联发有限公司债务纠纷案

联发贸易有限公司（系厦门联发有限公司投资成立）购买美国矿产金属有限公司货物后，因尚欠其货款本息被诉。案件执行中，因联发贸易有限公司经营严重亏损，无可供执行的财产，法院于1998年11月23日裁定中止执行。1998年12月13日，联发贸易有限公司的进出口经营权被撤销。2001年7月，厦门市工商行政管理局以未按规定参加年检为由向联发贸易有限公司公告送达行政处罚书，决定对其予以吊销营业执照的行政处罚。2003年11月7日，美国矿产金属有限公司向法院提起诉讼，请求判令厦门联发有限公司对联发贸易有限公司所欠的上述本息债务承担连带责任。美国矿产金属有限公司被一审法院判决驳回诉请后，上诉称：（1）联发贸易有限公司系违法设立，被吊销营业执照，不具备独立法人的条件，不能独立对外承担责任；（2）厦门联发有限公司对联发贸易有限公司无实际注册资金投入；（3）被上诉人不能对已收回的货款去向给出合理说明，上诉人认为被上诉人涉嫌非法转移资金。此外，上诉人无法得知被上诉人与联发贸易有限公司间是否存在财产、账户混同的其他情形。故请求判令厦门联发有限公司对联发贸易有限公司所欠的上述本息债务承担连带责任。

（案例来源：江必新等著：《最高人民法院指导性案例裁判规则理解与适用·公司卷》，中国法制出版社2012年版）

请根据你所了解的公司法知识判断：

厦门联发有限公司是否应就联发贸易有限公司的债务承担连带责任？并说明理由。

知识准备

一、公司的概念和特征

（一）公司的概念

公司，是指依法设立的、以营利为目的的企业法人。

《中华人民共和国公司法》（以下简称《公司法》）所称公司，是指依法在中国境内设立的有限责任公司和股份有限公司。

（二）公司的特征

1.法定性

公司是规范化程度较高的企业组织形式，是企业形式与法律形式相结合的体现。我国《公司法》对公司的种类、组织结构、权利义务、设立、运行、变更和终止等都做了专门规定。

2.营利性

公司是适应市场经济社会化大生产的需要而形成的一种重要的企业组织形式，是社会经济活动重要的主体。一般来说，实现营利是企业的典型特征，也是公司的典型特征。公司是以营利为目的的独立社团法人，与非营利性的事业单位、社会团体、基金会、社会服务机构等不同。

3.法人性

法人是具有民事权利能力和民事行为能力，依法独立享有民事权利和承担民事义务的组织。从法律上赋予公司以独立法人人格，使公司像一个真实的人那样，以自己的名义从事经营，独立享有权利、承担责任，从而使公司在市场上成为竞争主体。公司的债务，由公司这个拟人化的实体以其独立的财产对债权人负责，而公司股东不直接对债权人负责；公司的股东对公司债务仅以其出资额为限，承担间接、有限的责任，这就为股东分散了投资风险，不致影响出资以外的个人财产。营利无上限，负责有下限，这种有限的责任形式对于投资者具有极强的吸引力。

【做中学1】公司的特征有（　　）。

A.依法设立　　B.以营利为目的的企业　　C.独立法人　　D.依法运行

解析：答案为ABCD。公司是指依法设立和运行的，以营利为目的企业法人。所以，选项全部正确。

二、公司的分类

公司的类型繁多，根据不同标准，可以分为不同类型。

（一）根据股东对公司所负责任的不同，可以将其分为无限责任公司、有限责任公司、两合公司、股份有限公司、股份两合公司

1.无限责任公司

它是所有股东无论出资数额多少，均须对公司债务承担无限连带责任的公司。

2.有限责任公司

它是所有股东均以其出资额为限对公司债务承担责任的公司。

3.两合公司

它是由无限责任股东和有限责任股东共同组成的公司。

4.股份有限公司

它的全部资本分为金额相等股份，股东以其所持股份为限对公司债务承担责任。

5.股份两合公司

它是由无限责任股东和股份有限公司股东共同组成的公司。

以上是国际上对公司进行划分的最基本的方法。我国现行《公司法》规定的有限责任公司和股份有限公司，股东都是仅承担有限责任，不同于个人独资企业（一个自然人承担无限责任）、普通合伙企业（合伙人承担无限连带责任）。

（二）根据公司的信用基础的不同，可以将其分为人合公司、资合公司和两合公司

公司的经营活动以股东个人的信用而非公司资本的多寡为基础的公司，称为人合公司，如无限责任公司；公司的经营活动以公司的资本规模为基础的称为资合公司，如股份有限公司就是典型的资合公司；公司的设立和经营同时依赖于股东个人信用和公司资本规模的公司，为两合公司。

（三）根据公司在控制与被控制关系中所处地位的不同，可以将其分为母公司和子公司

母公司是指拥有其他公司一定数额的股份，或依约能够控制、支配其他公司的人事、财务、业务等事项的公司。子公司是指一定数额的股份被另一公司控制，或依约被另一公司实际控制、支配的公司。子公司具有独立法人资格，拥有自己的财产、公司名称、章程和董事会，对外独立开展业务和承担责任。但涉及公司利益的重大决策或重大人事安排，仍要由母公司决定。我国《公司法》第十四条第二款规定：公司可以设立子公司，子公司具有法人资格，依法独立承担民事责任。

（四）根据公司在管辖与被管辖关系中所处地位的不同，可以将其分为总公司和分公司

总公司又称本公司，是指依法设立并管辖公司全部组织的具有企业法人资格的总机构。总公司通常先于分公司设立，在公司内部管辖系统中，处于领导、支配地位。分公司是指在业务、资金、人事等方面受总公司管辖而不具有法人资格的分支机构。分公司不具有法律上和经济上的独立地位，但其设立程序简单。我国公司法规定，公司可以设立分公司，分公司不具有企业法人资格，其民事责任由本公司承担。

另外，根据公司国籍的不同，可以将其分为本国公司、外国公司和跨国公司。

【做中学2】根据股东对公司所负责任的不同，可以把公司划分为（　　）。

A.无限责任公司　　B.有限责任公司　　C.两合公司　　D.股份有限公司

E.股份两合公司

解析：答案为ABCDE。详见公司的分类。

【做中学3】判断题：子公司、分公司都不具备法人资格。（　　）

解析：答案为错误。子公司具备法人资格，分公司不具备法人资格。

三、公司的登记管理

公司的登记，是国家赋予公司法人资格与企业经营资格，并对公司的设立、变更、注销加以规范、公示的行政行为。设立公司，应当依法向公司登记机关申请设立登记。工商行政管理机关是公司登记机关。国家市场监督管理总局主管全国的公司登记工作。下级公司登记机关在上级公司登记机关的领导下开展公司登记工作。公司登记机关依法履行职责，不受非法干预。

（一）登记管辖

我国公司登记机关实行国家、省（自治区、直辖市）、市（县）三级管辖制度。在中央层面是国家市场监督管理总局，然后依照行政层次依次为省级、市级（县级）工商行政管理部门（或相应的市场监督管理部门）。近年来，由于实行了体制改革，有些市级、县级的工商行政管理局逐渐归入市场监督管理部门。

第一，国家市场监督管理总局负责登记的公司有：

（1）国务院国有资产监督管理机构履行出资人职责的公司以及该公司投资设立并持有50%以上股份的公司；（2）外商投资的公司；（3）依照法律、行政法规或者国务院决定的规定，应当由国家市场监督管理总局登记的公司；（4）国家市场监督管理总局规定应当由其登记的其他公司。

第二，省、自治区、直辖市工商行政管理局负责本辖区内下列公司的登记：

（1）省、自治区、直辖市人民政府国有资产监督管理机构履行出资人职责的公司以及该公司投资设立并持有50%以上股份的公司；（2）省、自治区、直辖市工商行政管理局规定由其登记的自然人投资设立的公司；（3）依照法律、行政法规或者国务院决定的规定，应当由省、自治区、直辖市工商行政管理局登记的公司；（4）国家市场监督管理总局授权登记的其他公司。

第三，设区的市（地区）工商行政管理局、县工商行政管理局，以及直辖市的工商行政管理分局、设区的市工商行政管理局的区分局，负责本辖区内下列公司的登记：

（1）上述国家市场监督管理总局层面和省级工商行政管理局所负责登记的公司以外的其他公司；（2）国家市场监督管理总局和省、自治区、直辖市工商行政管理局授权登记的公司。

上述规定的具体登记管辖由省、自治区、直辖市工商行政管理局规定。但是，其中的股份有限公司由设区的市（地区）工商行政管理局负责登记。

【做中学4】省、自治区、直辖市工商行政管理局负责本辖区内下列公司的登记：（　　）。

A.省、自治区、直辖市人民政府国有资产监督管理机构履行出资人职责的公司以及该公司投资设立并持有50%以上股份的公司

B.省、自治区、直辖市工商行政管理局规定由其登记的法人投资设立的公司

C.依照法律、行政法规或者国务院决定的规定，应当由省、自治区、直辖市工商行政管理局登记的公司

D.国家市场监督管理总局授权登记的其他公司

解析：答案为ACD。详见《中华人民共和国公司登记管理条例》第七条规定。

（二）登记事项

公司的登记事项应当符合法律、行政法规的规定，不符合法律、行政法规规定的，公司登记机关不予登记。公司登记事项包括名称、住所、法定代表人姓名、注册资本、公司类型、经营范围、营业期限、有限责任公司的股东或者股份有限公司的发起人姓名或名称。

1.名称

名称是公司法律人格的文字符号，是其区别于其他公司、企业的识别标志。公司名称应当符合国家有关规定。公司只能使用一个名称。经公司登记机关核准登记的公司名称受法律保护。公司名称应当依次包括四个部分：（1）所属行政区划名称；（2）字号；（3）公司的行业或营业部类；（4）公司的形式。

2.住所

公司的住所是公司的主要办事机构所在地。一个公司只能登记一个住所，并应当标明所在地省、市、县及街道门牌号码。公司的住所应当在其公司登记机关辖区内。

3.法定代表人姓名

法定代表人是指代表公司行使职权的负责人。公司法定代表人依照公司章程的规定，由董事长、执行董事或者经理担任，并依法登记。公司法定代表人变更，应当办理变更登记。

4.注册资本

公司的注册资本和实收资本应当以人民币表示，法律、行政法规另有规定的除外。

5.公司类型

公司类型包括有限责任公司和股份有限公司。一人有限责任公司应当在公司登记中注明自然人独资或者法人独资，并在公司营业执照中载明。

6.经营范围

经营范围是指企业可以从事的生产经营与服务项目。经营范围反映企业业务活动的内容和生产经营方向，是企业业务活动范围的法律界限，直接决定并反映着公司的权利能力和行为能力。公司的经营范围由公司章程规定，并依法登记。公司的经营范围中法律、行政法规规定须经批准的项目，应当依法经过批准。

7.营业期限

公司的营业期限由公司章程确定。

8.有限责任公司股东或者股份有限公司发起人的姓名或者名称

对有限责任公司股东或者股份有限公司发起人的姓名或者名称的登记注册，要依据相应的能证明其真实姓名或者名称的文件、资格证明或身份证明进行。

公司的股东或发起人是企业法人的，应依据该股东或发起人加盖登记主管机关印章的执照复印件登记注册；公司的股东或发起人是其他法人的，应依据能证明其法人资格或名称的有关文件登记注册；公司的股东或发起人是自然人的，应依据其居民身份证复印件或其他能证明其真实姓名的身份证明登记注册。

【做中学5】公司法定代表人依照公司章程的规定，由(　　)担任，并依法登记。

A.董事长　　B.执行董事　　C.经理　　D.监事

解析：答案为ABC。公司法定代表人依照公司章程的规定，由董事长、执行董事或者经理担任，并依法登记。

（三）设立登记

公司设立登记，是指公司设立人按法定程序向公司登记机关申请，并提交法定登记事项文件，经公司登记机关审核准予登记并记录在案，以供公众查阅的行为。

公司的设立登记要经过以下两个主要步骤：

第一步：设立公司应当申请名称预先核准。

设立有限责任公司，应当由全体股东指定的代表或者共同委托的代理人向公司登记机关申请名称预先核准；设立股份有限公司，应当由全体发起人指定的代表或者共同委托的代理人向公司登记机关申请名称预先核准。

预先核准的公司名称保留期为6个月，保留期内不得用于从事经营活动，不得转让。

法律、行政法规或者国务院决定规定设立公司必须报经批准，或者公司经营范围中属于法律、行政法规或者国务院决定规定在登记前须经批准的项目的，应当在报送批准前办理公司名称预先核准，并以公司登记机关核准的公司名称报送批准。

第二步：公司设立的申请与登记。

设立有限责任公司，应当由全体股东指定的代表或者共同委托的代理人向公司登记机关申请设立登记。设立国有独资公司，应当由国务院或者地方人民政府授权的本级人民政府国有资产监督管理机构作为申请人，申请设立登记。法律、行政法规或者国务院决定规定设立有限责任公司必须报经批准的，应当自批准之日起90日内向公司登记机关申请设立登记；逾期申请设立登记的，申请人应当报批准机关确认原批准文件的效力或者另行报批。

设立股份有限公司，应当由董事会向公司登记机关申请设立登记。以募集方式设立股份有限公司的，应当于创立大会结束后30日内向公司登记机关申请设立登记。

依法设立的公司，由公司登记机关发给《企业法人营业执照》，方取得企业法人资格。公司营业执照签发日期为公司成立日期。公司凭公司登记机关核发的《企业法人营业执照》刻制印章，开立银行账户，申请纳税登记。未经公司登记机关登记的，不得以公司名义从事经营活动。

【做中学6】判断题：公司开业日期为公司成立日期。（　　）

解析：答案为错误。公司营业执照签发日期为公司成立日期。

（四）变更登记

公司变更登记事项，应当向原公司登记机关申请变更登记。未经变更登记，公司不得擅自改变登记事项。

公司变更名称的，应当自变更决议或者决定作出之日起30日内申请变更登记。

公司变更住所的，应当在迁入新住所前申请变更登记，并提交新住所使用证明。

公司变更法定代表人的，应当自变更决议或者决定作出之日起30日内申请变更登记。

公司增加注册资本的，应当自变更决议或者决定作出之日起30日内申请变更登记。公司减少注册资本的，应当自公告之日起45日后申请变更登记，并应当提交公司在报纸上登载公司减少注册资本公告的有关证明和公司债务清偿或者债务担保情况的说明。

公司变更经营范围的，应当自变更决议或者决定作出之日起30日内申请变更登记；变更经营范围涉及法律、行政法规或者国务院决定规定在登记前须经批准的项目的，应当自国家有关部门批准之日起30日内申请变更登记。

有限责任公司变更股东的，应当自变更之日起30日内申请变更登记，并应当提交新股东的主体资格证明或者自然人身份证明。

（五）注销登记

公司解散有两种情况：一是不需要清算的，如因合并、分立而解散的公司，因为其债权债务已由合并、分立后继续存续的公司承继；二是应当清算的，即公司债权债务无人承继的。公司解散应当申请注销登记，经公司登记机关注销登记，公司终止。《中华人民共和国公司登记管理条例》规定，有下列情形之一的，公司清算组应当自公司清算结束之日起30日内向原公司登记机关申请注销登记：（1）公司被依法宣告破产；（2）公司章程规定的营业期限届满或者公司章程规定的其他解散事由出现，但公司通过修改公司章程而存续的除外；（3）股东会、股东大会决议解散或者一人有限责任公司的股东、外商投资的公司董事会决议解散；（4）依法被吊销营业执照、责令关闭或者被撤销；（5）人民法院依法予以解散；（6）法律、行政法规规定的其他解散情形。

（六）分公司的登记

分公司是指公司在其住所以外设立的从事经营活动的机构。分公司不具有企业法人资格。

分公司的登记事项包括：名称、营业场所、负责人、经营范围。分公司的经营范围不得超出公司的经营范围。

公司设立分公司的，应当自决定作出之日起30日内向分公司所在地的公司登记机关申请登记；法律、行政法规或者国务院决定规定必须报经有关部门批准的，应当自批准之日起30日内向公司登记机关申请登记。

分公司被公司撤销、依法责令关闭、吊销营业执照的，公司应当自决定作出之日起30日内向该分公司的公司登记机关申请注销登记。申请注销登记应当提交公司法定代表人签署的注销登记申请书和分公司的《营业执照》。公司登记机关准予注销登记后，应当收缴分公司的《营业执照》。

（七）登记程序

申请公司、分公司登记，申请人可以到公司登记机关提交申请，也可以通过信函、电报、电传、传真、电子数据交换和电子邮件等方式提出申请。通过电报、电传、传真、电子数据交换和电子邮件等方式提出申请的，应当提供申请人的联系方式以及通信地址。

公司登记机关应当根据申请人提交的申请文件、材料、申请事项，分别作出是否受理的决定。公司登记机关决定予以受理的，应当出具《受理通知书》；决定不予受理的，应当出具《不予受理通知书》，说明不予受理的理由，并告知申请人享有依法申请行政复议或者提起行政诉讼的权利。

公司登记机关对决定予以受理的登记申请，应当分别情况在规定的期限内作出是否准予登记的决定。

【做中学7】判断题：申请公司、分公司登记，申请人可以到公司登记机关提交申请，不能通过信函、电报、电传、传真、电子数据交换和电子邮件等方式提出申请。（　　）

解析：答案为错误。申请公司、分公司登记，申请人可以到公司登记机关提交申请，也可以通过信函、电报、电传、传真、电子数据交换和电子邮件等方式提出申请。

四、股东出资形式、股东权利

股东出资是公司资本确定、维持原则的基本要求，出资是股东最基本、最重要的义务。股东的出资形式可以多样化，但也有必要的限制。

（一）股东出资形式

股东可以用货币出资，也可以用实物、知识产权、土地使用权等可以用货币估价并可以依法转让的非货币财产作价出资。但是，股东不得以劳务、信用、自然人姓名、商誉、特许经营权或者设定担保的财产等作价出资。

股东或者发起人可以以其依法持有的在中国境内设立的公司的股权出资。该用于出资的股权应当权属清楚、权能完整、可以转让且已进行价值评估。具有下列情形的股权不得用于出资：（1）已被设立质权；（2）股权所在公司章程约定不得转让；（3）法律、行政法规或者国务院决定规定，股权所在公司股东转让股权应当报经批准而未经批准；（4）法律、行政法规或者国务院决定规定不得转让的其他情形。

债权人可以依法将其享有的对在中国境内设立的公司的债权，转为公司股权。但应当符合以下情形之一：(1)债权人已经履行债权所对应的合同义务且不违反法律、行政法规、国务院决定或者公司章程的禁止性规定；(2)经人民法院生效裁判或者仲裁机构裁决确认；(3)公司破产重整或者和解期间，列入经人民法院批准的重整计划或者裁定认可的和解协议。

用以转为公司股权的债权有两个以上债权人的，债权人对债权应当已经分割。债权转为公司股权的，公司应当增加注册资本。

《最高人民法院关于适用〈中华人民共和国公司法〉若干问题的规定(三)》[以下简称"《公司法》司法解释(三)"]规定，股东未履行或者未全面履行出资义务，公司或者其他股东请求其向公司依法全面履行出资义务的，人民法院应予支持。公司债权人请求未履行或者未全面履行出资义务的股东在未出资本息范围内对公司债务不能清偿的部分承担补充赔偿责任的，人民法院应予支持；未履行或者未全面履行出资义务的股东已经承担上述责任，其他债权人提出相同请求的，人民法院不予支持。股东在公司设立时未履行或者未全面履行出资义务，依照上述规定提起诉讼的原告，请求公司的发起人与被告股东承担连带责任的，人民法院应予支持；公司的发起人承担责任后，可以向被告股东追偿。

股东在公司增资时未履行或者未全面履行出资义务，依照上述规定提起诉讼的原告，请求未尽《公司法》规定的忠实和勤勉义务而使出资未缴足的董事、高级管理人员承担相应责任的，人民法院应予支持；董事、高级管理人员承担责任后，可以向被告股东追偿。

股东抽逃出资，公司或者其他股东请求其向公司返还出资本息、协助抽逃出资的其他股东、董事、高级管理人员或者实际控制人对此承担连带责任的，人民法院应予支持。

公司债权人请求抽逃出资的股东在抽逃出资本息范围内对公司债务不能清偿的部分承担补充赔偿责任、协助抽逃出资的其他股东、董事、高级管理人员或者实际控制人对此承担连带责任的，人民法院应予支持；抽逃出资的股东已经承担上述责任，其他债权人提出相同请求的，人民法院不予支持。

有限责任公司的股东未履行出资义务或者抽逃全部出资，经公司催告缴纳或者返还，其在合理期间内仍未缴纳或者返还出资，公司以股东会决议解除该股东的股东资格，该股东请求确认该解除行为无效的，人民法院不予支持。

《公司法》司法解释(三)规定，出资人以划拨土地使用权出资，或者以设定权利负担的土地使用权出资，公司、其他股东或者公司债权人主张认定出资人未履行出资义务的，人民法院应当责令当事人在指定的合理期间内办理土地变更手续或者解除权利负担；逾期未办理或者未解除的，人民法院应当认定出资人未依法全面履行出资义务。

《公司法》规定，对作为出资的非货币财产应当评估作价，核实财产，不得高估或者低估作价。法律、行政法规对评估作价有规定的，从其规定。但根据2014年修订的《公司注册资本登记管理规定》，登记机关不再要求非货币出资一律要经过具有评估资格的资产评估机构评估作价，即对非货币财产的评估作价，可以由股东协商一致确定。

《公司法》司法解释（三）规定，出资人以非货币财产出资，未依法评估作价，公司、其他股东或者公司债权人请求认定出资人未履行出资义务的，人民法院应当委托具有合法资格的评估机构对该财产评估作价。评估确定的价额显著低于公司章程所定价额的，人民法院应当认定出资人未依法全面履行出资义务。

《公司法》司法解释（三）还规定，出资人以房屋、土地使用权或者需要办理权属登记的知识产权等财产出资，已经交付公司使用但未办理权属变更手续，公司、其他股东或者公司债权人主张认定出资人未履行出资义务的，人民法院应当责令当事人在指定的合理期间内办理权属变更手续；在前述期间内办理了权属变更手续的，人民法院应当认定其已经履行了出资义务；出资人主张自其实际交付财产给公司使用时享有相应股东权利的，人民法院应予支持。出资人以前述规定的财产出资，已经办理权属变更手续但未交付给公司使用，公司或者其他股东主张其向公司交付，并在实际交付之前不享有相应股东权利的，人民法院应予支持。

（二）股东权利

股东权利简称股权，是指股东基于股东资格而享有的从公司获取经济利益并参与公司管理的权利。股东权利主要有资产收益权、参加重大决策权和选择、监督管理者的权利。资产收益权，主要体现为股利分配请求权，也包括优先认股权、剩余财产分配权等；参加重大决策权，包括增加或者减少公司资本、发行公司债券、修改公司章程、对外投资担保、公司的合并与分立等；选择、监督管理者的权利，例如选举谁当董事、谁当监事。

除以上三项基本权利外，股东的其他权利还有：股东身份权、知情权、质询权、提案权、异议股东股权收购请求权、请求解散权、诉讼权等。

公司股东应当遵守法律、行政法规和公司章程，依法行使股东权利，不得滥用股东权利损害公司或者其他股东的利益；不得滥用公司法人独立地位和股东有限责任损害公司债权人的利益。公司股东滥用股东权利给公司或者其他股东造成损失的，应当依法承担赔偿责任。公司股东滥用公司法人独立地位和股东有限责任，逃避债务，严重损害公司债权人利益的，应当对公司债务承担连带责任。

【做中学8】股东可以用（　　）等可以用货币估价并可以依法转让的非货币财产作价出资。

A.货币　　B.实物　　C.知识产权　　D.土地使用权

解析：答案为BCD。股东可以用货币出资，也可以用实物、知识产权、土地使用权等可以用货币估价并可以依法转让的非货币财产作价出资。

【做中学9】股东不得以（　　）等作价出资。

A.劳务　　B.信用　　C.自然人姓名　　D.商誉

E.特许经营权　　F.设定担保的财产

解析：答案为ABCDEF。股东不得以劳务、信用、自然人姓名、商誉、特许经营权或者设定担保的财产等作价出资。

案例分析

我国《公司法》规定：有限责任公司，股东以其出资额为限对公司承担责任，公司以其全部资产对公司的债务承担责任。美国矿产公司提起本案诉讼的实质是要否认联发贸易公司的公司人格。股东滥用公司人格、利用有限责任的面纱侵犯公司及其债权人利益的行为，包括转移财产逃避债务并以其财产成立新公司，或者新公司成立后抽逃资本，或者将公司财产与股东财产混同，或者股东任意干预公司的事务使公司的经营自主权名存实亡，等等。

从本案的实际情况看，联发贸易公司的设立过程以及注册资本的变更均经过了政府主管部门的批准，美国矿产公司并没有证据证明厦门联发公司有出资不实、抽逃资本、转移财产恶意逃债等事实存在。况且，美国矿产公司是在联发贸易公司成立六年后与联发贸易公司进行的贸易行为。即使联发贸易公司在设立过程中存在某些瑕疵，但美国矿产公司不能提供足够的证据否认联发贸易公司的公司人格。

故厦门联发公司不应对联发贸易公司的债务承担连带赔偿责任。

知识拓展

扫描右侧二维码，在线查看《企业名称预先核准申请书》范本。

企业名称预先核准申请书

参考答案

同步训练

一、单选题

1.张某与潘某欲共同设立一家有限责任公司。关于公司的设立，下列哪一说法是错误的？（　　）

A.张某、潘某签订公司设立书面协议可代替制定公司章程

B.公司的注册资本可约定为50元人民币

C.公司可以张某姓名作为公司名称

D.张某、潘某二人可约定以潘某住所作为公司住所

2.在我国，公司设立的登记机关是（　　）。

A.工商行政管理机关　　B.税务机关

C.财政机关　　D.公安机关

3.公司的法律特征不包括（　　）。

A.合法性　　B.营利性

C.集团　　D.独立性

4.根据我国公司法，有限责任公司的设立申请人是（　　）。

A.全体股东（发起人）　　B.全体发起人指定的代表

C.全体发起人共同委托的代理人　　D. B或C

5.公司股东与公司对公司债务所承担的责任分别是（　　）。

A.有限责任、无限责任　　B.无限责任、有限责任

C.有限责任、有限责任　　D.无限责任、无限责任

二、判断题

1.我国的公司类型仅限于有限责任公司和股份有限公司两种。（　　）

2.子公司不具有法人资格，不能独立承担民事责任。（　　）

3.公司章程对公司、股东、董事、监事、高级管理人员均具有约束力。(　　)

4.法律意义上的公司资产也就是注册资本。(　　)

5.分公司不具备法人资格。(　　)

三、案例分析题

甲企业(有限责任公司)欠被服有限责任公司货款100万元，乙企业(合伙企业)欠被服有限责任公司货款120万元，丙企业(个人独资企业)欠被服有限责任公司货款50万元。

(1)被服有限责任公司向甲企业的股东张某、李某要求偿还100万元，理由是甲企业无力偿还，张某和李某均表示，他们设立公司时，出资已到位，没有偿还100万元的义务。(2)被服有限责任公司向乙企业的合伙人赵某要求偿还120万元。赵某提出，自己与另一合伙人王某有约定，2人各自对外承担50%的债务，因此只愿偿还给被服有限责任公司60万元。(3)被服有限责任公司向丙企业业主黄某要求偿还50万元。黄某提出，自己的注册资本是10万元，因此应当在10万元内承担责任。

请问：

1.对甲企业的债务适用哪部法律的规定？张某和李某的主张是否正确？为什么？

2.对乙企业的债务适用哪部法律的规定？赵某的主张是否正确？为什么？

3.对丙企业的债务适用哪部法律的规定？黄某的主张是否正确？为什么？

任务 2.2　有限责任公司

视听资源

案例导入

北京新奥特集团诉华融公司股权转让合同纠纷二审案

2002年6月28日，华融公司与新奥特集团等签订《股权转让协议》约定：新奥特集团等以不低于3亿元的价格收购华融公司持有的北广集团有限公司的全部股权。同日，北广集团有限公司召开股东会，就上述收购事项进行决议。北广集团有限公司的另一股东电子公司未在相关决议上签章认可，并于9月23日，提起仲裁请求确认其所享有的优先购买权。2002年9月27日，华融公司与新奥特集团等签订《股权转让协议书》，约定：新奥特集团等于9月28日前交付股权转让款3亿元，若华融公司在仲裁中败诉，造成协议无法履行，新奥特集团不得追究其承担其中2亿资金占有产生的利息责任等。2002年12月9日，仲裁机构作出裁决，电子公司有权行使优先购买权。依据上述裁决，华融公司将其拟转让给新奥特集团的55%股权转让给了电子公司。新奥特集团提起诉讼，请求判令华融公司赔偿因违反股权转让协议造成的损失。北京市高级人民法院判决华融公司对合同目的不能实现负有责任，应酌情赔偿新奥特集团的损失。华融公司向最高人民法院提起上诉，称其对不能履行股权转让协议无任何过错，不应承担损失。

（案例来源：江必新等著：《最高人民法院指导性案例裁判规则理解与适用·公司卷》，中国法制出版社2012年版）

请根据你所了解的公司法知识判断该案应如何处理，并说明理由。

知识准备

一、有限责任公司的概念和特征

（一）有限责任公司的概念

有限责任公司简称有限公司，是指依法在中国境内设立，股东以其认缴的出资额为限对公司承担责任，公司以其全部资产对公司债务承担责任的企业法人。我国《公司法》第三条规定：公司是企业法人，有独立的法人财产，享有法人财产权。公司以其全部财产对公司的债务承担责任。有限责任公司的股东以其认缴的出资额为限对公司承担责任。

（二）有限责任公司的特征

1.股东责任的有限性。每个股东以其认缴的出资额为限对公司承担责任。

2.公司以其全部资产为限对公司债务承担责任。

3.有限责任公司的股东有最高人数的限制。我国《公司法》规定，有限责任公司由五十个以下股东出资设立。

4.股权转让应符合法定程序及公司章程规定，当股东向股东以外的人转让股权，应当经其他股东过半数同意。经股东同意转让的股权，在同等条件下，其他股东对该股权有优先购买权。

5.有限责任公司不能公开募集股份和发行股票。有限责任公司不能公开募集股份，不能发行股票，生产经营过程中所需资金只能由其他合法方式融资取得。

【做中学1】有限责任公司的特征有（　　）。

A.股东以其认缴的出资额为限对公司承担责任

B.公司以资产为限承担债务责任

C.有限责任公司由1个以上50个以下股东共同出资设立

D.股东向股东以外的人转让股权，无须经其他股东同意

E.公司不能公开募集股份，不能发行股票

解析：答案为ABCE。参见本任务中有关有限责任公司特征的内容。

二、有限责任公司的设立

（一）设立条件

1.股东符合法定人数

有限责任公司由五十个以下股东出资设立，允许设立一人公司和国有独资公司。

2.有符合公司章程规定的全体股东认缴的出资额

公司法取消了最低注册资本、首次出资比例以及货币出资比例等限制，将注册资本的实缴登记制改为认缴登记制。法律、行政法规以及国务院决定对有限责任公司注册资本实缴、注册资本最低限额另有规定的，从其规定。另有规定的情形主要是指证券法对证券公司、商业银行法对商业银行、保险法对保险公司、国际货物运输代理业管理规定对国际货运代理公司最低注册资本的要求等。

公司成立后，股东不得抽逃出资。

3.股东共同制定公司章程

公司章程是记载公司组织、活动基本准则的公开性法律文件。公司章程有“公司宪法”或“公司基本法”之称，制定公司章程是设立公司的必备条件和必经程序。股东应当在公司章程上签名、盖章。公司章程对公司、股东、董事、监事、高级管理人员具有约束力。

有限责任公司章程应当载明下列事项：（1）公司名称和住所；（2）公司经营范围；（3）公司注册资本；（4）股东的姓名或者名称；（5）股东的出资方式、出资额和出资时间；（6）公司的机构及其产生办法、职权、议事规则；（7）公司法定代表人；（8）股东会会议认为需要规定的其他事项。

4.有符合法律规定的公司名称，建立符合有限责任公司要求的组织机构

公司名称中必须标明“有限责任公司”或者“有限公司”字样，名称必须符合有关法律、行政法规的规定。公司应该建立符合有限责任公司要求的组织机构，即股东会、董事会（或者执行董事）和监事会（或者监事）。

5.有公司住所

设立公司必须有住所。公司住所是公司主要办事机构所在地。经公司登记机关登记的公司住所只能有一个。

（二）设立程序

有限责任公司的设立原则主要采用准则主义，即除法律法规明确规定须经审批的外，只要具备有限责任公司的设立条件，即可向公司登记机关直接办理注册登记。主要设立程序是：

（1）股东共同制定章程。

（2）申请名称预先核准。我国实行公司名称预先核准制度，在设立有限责任公司时，应向公司登记机关申请拟设立公司的名称的预先核准。

（3）报经有关部门审批。并非所有公司设立前都要经过审批，只有法律、行政法规

规定设立公司必须报经审批的，才应当在公司登记前依法办理批准手续。

（4）申请设立登记。

（5）登记发照。

公司登记机关核准登记发给《企业法人营业执照》，方取得企业法人资格。公司营业执照签发日期为公司成立日期。

有限责任公司成立后，应当向股东签发出资证明书。出资证明书应当载明下列事项：（1）公司名称；（2）公司成立日期；（3）公司注册资本；（4）股东的姓名或者名称、缴纳的出资额和出资日期；（5）出资证明书的编号和核发日期。出资证明书由公司盖章。

有限责任公司应当置备股东名册。股东名册是公司为记载股东情况及其资本事项而设置的簿册。记载于股东名册的股东，可依股东名册主张行使股东权利。公司应当将股东的姓名或者名称及其出资额向公司登记机关登记，登记事项发生变更的，应当向公司登记机关办理变更登记。未经登记或者变更登记的，不得对抗第三人。

【做中学2】有限责任公司章程应当载明下列事项：（　　）。

A.公司名称和住所

B.公司经营范围

C.公司注册资本

D.股东的姓名或者名称、出资方式、出资额和出资时间

E.公司的机构及其产生办法、职权、议事规则

F.公司法定代表人

解析：答案为ABCDEF。详见有限责任公司章程相关规定。

三、有限责任公司的组织机构

我国《公司法》对有限责任公司组织机构的设置做了灵活的规定，一般的有限责任公司，其组织机构为“三会”，即股东会、董事会、监事会；股东人数较少和规模较小的有限公司，其组织机构可以为股东会、执行董事和监事；一人有限责任公司不设股东会。

（一）股东会

有限责任公司股东会由全体股东组成，股东会是公司的权力机构，依照《公司法》行使职权。

1.股东会的职权

（1）决定公司的经营方针和投资计划；（2）选举和更换非由职工代表担任的董事、监事，决定有关董事、监事的报酬事项；（3）审议批准董事会的报告；（4）审议批准监

事会或者监事的报告；（5）审议批准公司的年度财务预算方案、决算方案；（6）审议批准公司的利润分配方案和弥补亏损方案；（7）对公司增加或者减少注册资本作出决议；（8）对发行公司债券作出决议；（9）对公司合并、分立、解散、清算或者变更公司形式作出决议；（10）修改公司章程；（11）公司章程规定的其他职权。

股东会作出决议原则上采取召集会议的方式，但对前述所列事项股东以书面形式一致表示同意的，可以不召开股东会会议，直接作出决定，并由全体股东在决定文件上签名、盖章。

2.股东会的召开

股东会会议分为首次会议、定期会议和临时会议。

首次股东会会议，由出资最多的股东召集和主持，依照《公司法》规定行使职权。

定期会议也叫普通会议、股东常会、股东年会，应当依照公司章程的规定按时召开。有限责任公司设立董事会的，股东会会议由董事会召集，董事长主持；董事长不能履行职务或者不履行职务的，由副董事长主持；副董事长不能履行职务或者不履行职务的，由半数以上董事共同推举一名董事主持。有限责任公司不设董事会的，股东会会议由执行董事召集和主持。董事会或者执行董事不能履行或者不履行召集股东会会议职责的，由监事会或者不设监事会的公司的监事召集和主持；监事会或者监事不召集和主持的，代表十分之一以上表决权的股东可以自行召集和主持。

临时会议也叫特别会议，是指在定期会议以外必要的时候，由于法定事由出现或者根据有关人员、机构的提议而临时召开的股东会议。代表十分之一以上表决权的股东，三分之一以上的董事，监事会或者不设监事会的公司的监事提议召开临时会议的，应当召开临时会议。

召开股东会会议，应当于会议召开十五日前通知全体股东；但是，公司章程另有规定或者全体股东另有约定的除外。股东会应当对所议事项的决定作成会议记录，出席会议的股东应当在会议记录上签名。

股东会会议由股东按照出资比例行使表决权，但是，公司章程另有规定的除外。股东会的议事方式和表决程序，除公司法有规定的外，由公司章程规定。股东会会议作出修改公司章程、增加或者减少注册资本的决议，以及公司合并、分立、解散或者变更公司形式的决议，必须经代表（全体股东）三分之二以上表决权的股东通过。

（二）董事会

1.董事会的设立及职权

有限责任公司董事会是一般有限责任公司的必设、常设业务执行机关，享有业务执行权和日常经营的决策权，向股东会负责。

董事会成员为三人至十三人，由股东会选举产生。两个以上的国有企业或者两个以上的其他国有投资主体投资设立的有限责任公司，其董事会成员中应当有公司职工代表；其他有限责任公司董事会成员中可以有公司职工代表。董事会中的职工代表由公司职工通过职工代表大会、职工大会或者其他形式民主选举产生。

董事会设董事长一人，可以设副董事长。董事长、副董事长的产生办法由公司章程规定。董事任期由公司章程规定，但每届任期不得超过三年。董事任期届满，连选可以连任。董事任期届满未及时改选，或者董事在任期内辞职导致董事会成员低于法定人数的，在改选出的董事就任前，原董事仍应当依照法律、行政法规和公司章程的规定，履行董事职务。

董事会行使下列职权：（1）召集股东会会议，并向股东会报告工作；（2）执行股东会的决议；（3）决定公司的经营计划和投资方案；（4）制订公司的年度财务预算方案、决算方案；（5）制订公司的利润分配方案和弥补亏损方案；（6）制订公司增加或者减少注册资本以及发行公司债券的方案；（7）制订公司合并、分立、解散或者变更公司形式的方案；（8）决定公司内部管理机构的设置；（9）决定聘任或者解聘公司经理及其报酬事项，并根据经理的提名决定聘任或者解聘公司副经理、财务负责人及其报酬事项；（10）制定公司的基本管理制度；（11）公司章程规定的其他职权。

2.董事会的召开和议事规则

董事会会议由董事长召集和主持；董事长不能履行职务或者不履行职务的，由副董事长召集和主持；副董事长不能履行职务或者不履行职务的，由半数以上董事共同推举一名董事召集和主持。

董事会的议事方式和表决程序，除《公司法》有规定的外，由公司章程规定。

董事会应当对所议事项的决定作成会议记录，出席会议的董事应当在会议记录上签名。

董事会决议的表决，实行一人一票。

股东会（或者股份公司的股东大会）、董事会的决议内容违反法律、行政法规的无效。

股东会（或者股份公司的股东大会）、董事会的会议召集程序、表决方式违反法律、行政法规或者公司章程，或者决议内容违反公司章程的，股东可以自决议作出之日起六十日内，请求人民法院撤销。但会议召集程序或者表决方式仅有轻微瑕疵，且对决议未产生实质影响的，人民法院不予支持。

根据《最高人民法院关于适用〈中华人民共和国公司法〉若干问题的规定（四）》

［以下简称"《公司法》司法解释（四）"］第五条的规定，股东会（或者股份公司的股东大会）、董事会决议存在下列情形之一，当事人主张决议不成立的，人民法院应当予以支持：（1）公司未召开会议的，但依据公司法规定（即前述股东以书面形式一致表示同意的）或者公司章程规定可以不召开股东会或者股东大会而直接作出决定，并由全体股东在决定文件上签名、盖章的除外；（2）会议未对决议事项进行表决的；（3）出席会议的人数或者股东所持表决权不符合公司法或者公司章程规定的；（4）会议的表决结果未达到公司法或者公司章程规定的通过比例的；（5）导致决议不成立的其他情形。

3.经理的设立及职权

有限责任公司的经理是负责公司日常经营管理的高级管理人员。有限责任公司可以设经理（是选设机构而非必设机构），由董事会决定聘任或者解聘。经理对董事会负责，行使下列职权：（1）主持公司的生产经营管理工作，组织实施董事会决议；（2）组织实施公司年度经营计划和投资方案；（3）拟订公司内部管理机构设置方案；（4）拟订公司的基本管理制度；（5）制定公司的具体规章；（6）提请聘任或者解聘公司副经理、财务负责人；（7）决定聘任或者解聘除应由董事会决定聘任或者解聘以外的负责管理人员；（8）董事会授予的其他职权。

公司章程对经理职权另有规定的，从其规定。经理列席董事会会议。

股东人数较少或者规模较小的有限责任公司，可以设一名执行董事，不设董事会。执行董事的职权由公司章程规定。执行董事可以兼任公司经理。执行董事在担任董事的同时也担任公司其他内部管理职务；非执行董事除了担任公司的董事外不再担任公司其他管理职务，只参加董事会，行使一般的董事权利。

（三）监事会

1.监事会或监事的设立

监事会是经营规模较大的有限责任公司的常设内部监督机关，专司监督职能。有限责任公司监事会成员不得少于三人；股东人数较少或者规模较小的有限责任公司，可以设一名至二名监事，不设监事会。

监事会应当包括股东代表和适当比例的公司职工代表，其中职工代表的比例不得低于三分之一，具体比例由公司章程规定。监事会中的职工代表由公司职工通过职工代表大会、职工大会或者其他形式民主选举产生。

监事会设主席一人，由全体监事过半数选举产生。监事会主席召集和主持监事会会议；监事会主席不能履行职务或者不履行职务的，由半数以上监事共同推举一名监事召集和主持监事会会议。

董事、高级管理人员不得兼任监事。

监事的任期每届为三年。监事任期届满，连选可以连任。监事任期届满未及时改选，或者监事在任期内辞职导致监事会成员低于法定人数的，在改选出的监事就任前，原监事仍应当依照法律、行政法规和公司章程的规定，履行监事职务。

2.监事会或监事的职权

监事会、不设监事会的公司的监事行使下列职权：（1）检查公司财务；（2）对董事、高级管理人员执行公司职务的行为进行监督，对违反法律、行政法规、公司章程或者股东会决议的董事、高级管理人员提出罢免的建议；（3）当董事、高级管理人员的行为损害公司的利益时，要求董事、高级管理人员予以纠正；（4）提议召开临时股东会会议，在董事会不履行《公司法》规定的召集和主持股东会会议职责时召集和主持股东会会议；（5）向股东会会议提出提案；（6）依照《公司法》的规定，对董事、高级管理人员提起诉讼；（7）公司章程规定的其他职权。

监事可以列席董事会会议，并对董事会决议事项提出质询或者建议。监事会、不设监事会的公司的监事发现公司经营情况异常，可以进行调查；必要时，可以聘请会计师事务所等协助其工作，费用由公司承担。监事会、不设监事会的公司的监事行使职权所必需的费用，由公司承担。

监事会每年度至少召开一次会议，监事可以提议召开临时监事会会议。监事会的议事方式和表决程序，除《公司法》有规定的外，由公司章程规定。监事会决议应当经半数以上监事通过。监事会应当对所议事项的决定作成会议记录，出席会议的监事应当在会议记录上签名。

【做中学3】（　　）提议召开临时会议的，应当召开股东会临时会议。

A.代表十分之一以上表决权的股东

B.四分之一以上的董事

C.监事会

D.不设监事会的公司的监事

解析：答案为ACD。代表十分之一以上表决权的股东，三分之一以上的董事，监事会或者不设监事会的公司的监事提议召开临时会议的，应当召开临时会议。

【做中学4】股东会会议作出（　　）的决议，必须经代表三分之二以上表决权的股东通过。

A.修改公司章程

B.增加或者减少注册资本

C.公司合并、分立、解散

D.发行公司债券

解析：答案为ABC。股东会会议作出修改公司章程、增加或者减少注册资本的决议，以及公司合并、分立、解散或者变更公司形式的决议，必须经代表三分之二以上表决权的股东通过。其中不包括发行公司债券。

四、一人有限责任公司的特别规定

（一）一人有限责任公司的概念

一人有限责任公司，是指只有一个自然人股东或者一个法人股东的有限责任公司。一人有限责任公司也是独立的企业法人，具有完全的民事权利能力、民事行为能力和民事责任能力，是有限责任公司中的特殊类型。

（二）一人有限责任公司的特别规定

确认一人公司的存在，有利于吸引民间投资，扩大投资渠道。但由于一人公司权力集中于唯一的股东，为避免发生股东滥用非法人地位、损害债权人利益的情况，《公司法》规定了特别适用的法律规则。

1.出资的限制

一个自然人只能投资设立一个一人有限责任公司。该一人有限责任公司不能投资设立新的一人有限责任公司。

2.公示的要求

一人有限责任公司应当在公司登记中注明自然人独资或者法人独资，并在公司营业执照中载明。

3.组织机构的规定

一人有限责任公司不设股东会。股东行使股东会职权，作出决定时，应当采用书面形式，并由股东签名后置备于公司。

4.公司财务的监督

一人有限责任公司应当在每一会计年度终了时编制财务会计报告，并经会计师事务所审计。这是为了防止股东既是出资人又是经营管理者，因缺乏监督而导致财会资料不实的情况发生。

5.公司法人人格的否认

为了防止一人有限责任公司的股东滥用公司法人人格与有限责任制度，将公司财产混同于个人财产，抽逃资产，损害债权人利益，《公司法》规定，一人有限责任公司的股东不能证明公司财产独立于股东自己的财产的，股东应当对公司债务承担连带责任。

一人有限责任公司没有特别规定的，适用一般有限责任公司的规定。

五、国有独资公司的特别规定

（一）国有独资公司的概念

国有独资公司，是指国家单独出资、由国务院或者地方人民政府授权本级人民政府国有资产监督管理机构履行出资人职责的有限责任公司。国有独资公司的股东具有单一性和特定性，即只能是国有资产监督管理机构。

国有独资公司，是针对中国的特殊国情，借鉴现代各国通行的公司法制度，为促进国有企业制度改革而专门设立的一种特殊的公司形态。

国有独资公司没有特别规定的，适用一般有限责任公司的规定。

（二）国有独资公司的特别规定

1.公司章程

《公司法》第六十五条规定："国有独资公司章程由国有资产监督管理机构制定，或者由董事会制订报国有资产监督管理机构批准。"

2.股东权的行使

国有独资公司不设股东会，由国有资产监督管理机构行使股东会职权。国有资产监督管理机构可以授权公司董事会行使股东会的部分职权，决定公司的重大事项，但公司的合并、分立、解散、增加或者减少注册资本和发行公司债券，必须由国有资产监督管理机构决定；其中，重要的国有独资公司合并、分立、解散、申请破产的，应当由国有资产监督管理机构审核后，报本级人民政府批准。上述所称重要的国有独资公司，按照国务院的规定确定。

3.董事会

国有独资公司设董事会，依照《公司法》规定的董事会的职权、国有资产监督管理机构的授权行使职权。董事每届任期不得超过三年。董事会成员中应当有公司职工代表。董事会成员由国有资产监督管理机构委派，但是，董事会成员中的职工代表由公司职工代表大会选举产生。董事会设董事长一人，可以设副董事长。董事长、副董事长由国有资产监督管理机构从董事会成员中指定。

4.国有独资公司其他特殊规定

国有独资公司设经理，由董事会聘任或者解聘。经国有资产监督管理机构同意，董事会成员可以兼任经理。国有独资公司经理行使职权，与一般有限责任公司经理相同。

国有独资公司的董事长、副董事长、董事、高级管理人员，未经国有资产监督管理机构同意，不得在其他有限责任公司、股份有限公司或者其他经济组织兼职。

国有独资公司监事会成员不得少于五人，其中职工代表的比例不得低于三分之一，具体比例由公司章程规定。监事会成员由国有资产监督管理机构委派，但是，监事会成员中的职工代表由公司职工代表大会选举产生。监事会主席由国有资产监督管理机构从监事会成员中指定。国有独资公司监事会行使的职权包括：检查公司财务；对董事、高级管理人员执行公司职务的行为进行监督，对违反法律、行政法规、公司章程或者股东会决议的董事、高级管理人员提出罢免的建议；当董事、高级管理人员的行为损害公司的利益时，要求董事、高级管理人员予以纠正；国务院规定的其他职权。

【做中学5】国有独资公司监事会行使的职权范围包括（　　）。

A.检查公司财务

B.对董事、高级管理人员执行公司职务的行为进行监督

C.对违反法律、行政法规、公司章程或者股东会决议的董事、高级管理人员提出罢免的建议

D.当董事、高级管理人员的行为损害公司的利益时，要求董事、高级管理人员予以纠正

E.对董事、高管提起诉讼

解析：答案为ABCD。参见《公司法》第七十条的规定。

六、有限责任公司的股权转让

有限责任公司的股东出资之后不可以抽回，但可以依法转让。这种转让具体包括股东之间相互转让股权、向股东以外的人转让股权和人民法院强制转让股东的股权等情形。

（一）股东之间转让股权

有限责任公司的股东之间可以相互转让其全部或者部分股权。公司法对股权内部转让无限制，因为股东之间转让股权不会有新的股东加入。

（二）股东向股东以外的人转让股权

与股份公司不同，有限公司股东人数少，且股东之间具有封闭性、紧密型和人合性。股权对外转让，意味着新的股东加入，原有股东通常希望对股权流向能有所控制。因此，《公司法》及其相关司法解释规定，有限责任公司的股东向股东以外的人转让股

权，应当经其他股东过半数同意。股东应就其股权转让事项以书面或者其他能够确认收悉的合理方式通知其他股东征求同意。其他股东自接到书面通知之日起满三十日未答复的，视为同意转让。其他股东半数以上不同意转让，不同意的股东不购买的，人民法院应当认定视为同意转让。

经股东同意转让的股权，其他股东主张转让股东应当向其以书面或者其他能够确认收悉的合理方式通知转让股权的同等条件的，人民法院应当予以支持。

有限责任公司的转让股东，在其他股东主张优先购买后又不同意转让股权的，对其他股东优先购买的主张，人民法院不予支持，但公司章程另有规定或者全体股东另有约定的除外。其他股东主张转让股东赔偿其损失合理的，人民法院应当予以支持。

有限责任公司的股东向股东以外的人转让股权，未就其股权转让事项征求其他股东意见，或者以欺诈、恶意串通等手段，损害其他股东优先购买权，其他股东主张按照同等条件购买该转让股权的，人民法院应当予以支持，但其他股东自知道或者应当知道行使优先购买权的同等条件之日起三十日内没有主张，或者自股权变更登记之日起超过一年的除外。

前述规定的其他股东仅提出确认股权转让合同及股权变动效力等请求，未同时主张按照同等条件购买转让股权的，人民法院不予支持，但其他股东非因自身原因导致无法行使优先购买权，请求损害赔偿的除外。

股东以外的股权受让人，因股东行使优先购买权而不能实现合同目的的，可以依法请求转让股东承担相应民事责任。

两个以上股东主张行使优先购买权的，协商确定各自的购买比例；协商不成的，按照转让时各自的出资比例行使优先购买权。

公司章程对股权转让另有规定的，从其规定。

（三）人民法院强制转让股东股权

人民法院依照法律规定的强制执行程序（拍卖、变卖或者其他方式）转让股东的股权时，应当通知公司及全体股东，其他股东在同等条件下有优先购买权。其他股东自人民法院通知之日起满二十日不行使优先购买权的，视为放弃优先购买权。

依照上述规定转让股权后，公司应当注销原股东的出资证明书，向新股东签发出资证明书，并相应修改公司章程和股东名册中有关股东及其出资额的记载。对公司章程的该项修改不需再由股东会表决。

（四）请求转让

具备法定条件的股东，可以依法请求转让自己的股权给公司，进而退出公司。

1.投反对票股东退出公司的法定条件

有下列情形之一的，对股东会该项决议投反对票的股东可以请求公司按照合理的价格收购其股权：（1）公司连续五年不向股东分配利润，而公司该五年连续盈利，并且符合本法规定的分配利润条件的；（2）公司合并、分立、转让主要财产的；（3）公司章程规定的营业期限届满或者章程规定的其他解散事由出现，股东会会议通过决议修改章程使公司存续的。可见，股东退出公司应当满足两个条件：一是具备上述情形之一，二是对股东会上述决议投了反对票。

2.投反对票股东退出公司的法定程序

具备上述法定条件的股东，退出公司的法定程序是：（1）应当以合理的价格请求公司收购其股权；（2）应当尽量通过协商的方式解决；（3）自股东会会议决议通过之日起六十日内，股东与公司不能达成股权收购协议的，股东可以自股东会会议决议通过之日起九十日内向人民法院提起诉讼。

另外，自然人股东死亡后，其合法继承人可以继承股东资格；但是，公司章程另有规定的除外。

【做中学6】关于有限责任公司的股东向股东以外的人转让股权，下列表述合法的是（　　）。

A.应当经其他股东过半数同意

B.股东应就其股权转让事项以书面或者其他能够确认收悉的合理方式通知其他股东征求同意

C.其他股东自接到书面通知之日起满三十日未答复的，视为同意转让。

D.其他股东半数以上不同意转让，不同意的股东不购买的，人民法院应当认定视为同意转让

E.两个以上股东主张行使优先购买权的，协商确定各自的购买比例；协商不成的，视为放弃优先购买权

解析：答案为ABCD。有限责任公司的股东向股东以外的人转让股权，应当经其他股东过半数同意。股东应就其股权转让事项以书面或者其他能够确认收悉的合理方式通知其他股东征求同意。其他股东自接到书面通知之日起满三十日未答复的，视为同意转让。其他股东半数以上不同意转让，不同意的股东不购买的，人民法院应当认定视为同意转让。两个以上股东主张行使优先购买权的，协商确定各自的购买比例；协商不成的，按照转让时各自的出资比例行使优先购买权。

案例分析

华融公司和新奥特集团在签订股权转让协议时，均知悉公司法规定的其他股东在同等条件下享有优先购买权，也知悉电子公司不放弃优先权的态度。双方在认为电子公司已丧失优先权的情况下签订了股权转让协议。后由于电子公司实际行使优先权的行为，最终导致本案股权转让协议终止履行。因为华融公司与新奥特集团在签约时，应当预见该合同可能因电子公司行使优先权而终止，造成合同终止履行，对此双方均有过错。最高人民法院判决，新奥特集团因准备合同履行及实际履行中产生的损失应由华融公司、新奥特集团各自承担50%。

同步训练

参考答案

一、单选题

1.有限责任公司的权力机构是(　　)。

A.股东大会　　B.股东会

C.董事会　　D.监事会

2.有限责任公司董事的任期由公司章程规定，但每届任期不得超过(　　)。

A. 3年　　B. 2年

C. 5年　　D. 7年

3.我国《公司法》规定的有限责任公司的股东人数为(　　)。

A. 2个以上，没有上限　　B. 50个以下，没有下限

C. 2个以上，30个以下　　D. 1个以上，50个以下

4.根据公司法律制度的相关规定，下列各项中，不属于有限责任公司监事会职权的是(　　)。

A.检查公司财务　　B.解聘公司财务负责人

C.提议召开临时股东会会议　　D.建议罢免违反公司章程的经理

5.某有限责任公司股东甲、乙、丙、丁分别持有公司5%、20%、35%和40%的股权，该公司章程未对股东行使表决权及股东会决议方式作出规定。下列关于该公司股东会会议召开及决议作出的表述中，符合《公司法》规定的是(　　)。

A.甲可以提议召开股东会临时会议

B.只有丁可以提议召开股东会临时会议

C.只要丙和丁表示同意，股东会即可作出增加公司注册资本的决议

D.只要乙和丁表示同意，股东会即可作出变更公司形式的决议

二、判断题

1.乙有限责任公司不设监事会，只设了一名监事甲，甲有权提议召开临时股东会会议。(　　)

2.有限责任公司以公司的资产对外担保，根据《公司法》规定，必须经代表2/3以上表决权的股东通过才能作出决议。(　　)

3.有限责任公司股东的三项基本权利：收益权、决策权和选择管理者的权利。(　　)

4.申请公司、分公司登记，申请人可以到公司登记机关提交申请，不可以通过信函、电报、电传、传真、电子数据交换和电子邮件等方式提出申请。(　　)

5.分公司的经营范围不得超出公司的经营范围。(　　)

三、案例分析题

甲、乙、丙、丁四人出资设立太平有限公司，拟定章程为：除每年一个会议外，还可以召开临时会议，临时会议必须经代表1/2以上表决权的股东或1/2以上董事提出召开。在申请设立登记时，公司登记机关指出了公司章程存在问题，经全体股东会协商后予以纠正。2014年3月公司成立，注册资本为3 600万元，其中甲以工业产权作价出资800万元，乙以现金出资1 200万元，丙、丁各以现金出资800万元。公司成立后，由甲召集和主持了股东会首次会议，设立了董事会。5月，公司董事会发现，甲作为出资的工业产权实际价额为600万元，为了使公司注册资本达到3 600万元，公司董事会提出解决方案，即由甲补足其差额200万元，如果甲不能补足差额，则由其他股东按照出资比例出资分担该差额。2015年6月，公司董事会确定了一个增资方案，提出将公司注册资本增到5 000万元。增资方案提交股东会表决时，甲、乙、丙同意，丁反对。股东会通过了增资决议，并授权董事会执行。2016年，太平有限公司在北京依法成立了北京分公司。北京分公司在经营过程中，因违反合同被诉至法院。原告以太平有限公司是北京分公司的总公司为由，要求太平有限公司承担违约责任。

请问：

1.太平有限公司在设立前拟定的章程中有关召开临时股东会的决定是否合法？为什么？

2.太平有限公司首次股东会由甲召集和主持，是否符合《公司法》的规定？为

什么？

3.太平有限公司作出的关于甲出资不足的解决方案，是否符合《公司法》的规定？为什么？

4.太平有限公司股东会作出的增资决议，是否符合《公司法》的规定？为什么？

5.太平有限公司是否应为北京分公司承担责任？为什么？

任务 2.3　股份有限公司

视听资源

案例导入

张桂平诉王华股权转让合同纠纷案

原告张桂平和被告王华于2002年9月20日成立南京浦发建设发展股份有限公司。2004年10月22日签订《股份转让协议》及《过渡期经营管理协议》，原告以8 300万元受让被告的股份，被告承诺在股份转让手续办理完毕前，授权原告代行其一切权利义务；任何一方违约，须向对方支付4.15亿元的特别违约金。按照约定，原告应该在2004年12月31日前支付最后的4 000万元，原告于2005年1月4日支付给被告3 800万元，尚有200万元没有支付。故被告于2005年1月8日通知原告构成根本性违约，终止股权转让协议。后原告诉至江苏省高级人民法院。本案争议焦点之一是《股份转让协议》及《过渡期经营管理协议》是否有效的问题。

（案例来源：江必新等著：《最高人民法院指导性案例裁判规则理解与适用·公司卷》，中国法制出版社2012年版）

试用你所了解的《公司法》知识，分析涉案《股份转让协议》及《过渡期经营管理协议》是否有效，并说明理由。

注：本案审判时适用修订前的《公司法》，修订后的《公司法》已将限制发起人转让股份的期限由3年缩短为1年。由于新《公司法》并未取消禁售期，本案对实践仍有重要指导意义。

知识准备

一、股份有限公司的概念和特征

（一）股份有限公司的概念

股份有限公司简称股份公司，是指全部资本分为金额相等股份，股东以其所持股份为限对公司承担责任，公司以其全部资产对公司债务承担责任的企业法人。股份公司是现代公司的典型形态。

（二）股份有限公司的特征

股份有限公司具有以下特征：

（1）股东责任的有限性。股份有限公司是通过发行股票集资，资本总额分为等额的股份，每个股东以其所持股份为限对公司承担责任。

（2）公司以其全部资产为限对公司债务承担责任。

（3）股东人员的广泛性、公开性。股份有限公司通常都以发行股票的方式公开募集资本，这种募集方式使得股东人数众多，分布广泛。股东人数无上限限制，任何投资者只要认购股票和支付股款，都可成为股份有限公司的股东。

（4）股份公开、财务公开原则。股份有限公司的经营状况不仅要向股东公开，还必须向社会公开，使社会公众了解公司的经营状况。

（5）股份的自由性、流通性。为提高股份的融资能力和吸引投资者，股份必须有较高程度的流通性，股票必须能够自由转让和交易。

二、股份有限公司的设立

（一）设立方式

股份有限公司的设立，可以采取发起设立或者募集设立的方式。

发起设立，又称同时设立或单纯设立，是指由发起人认购公司应发行的全部股份而设立公司。发起人，是指为设立公司而签署公司章程、向公司认购出资或者股份并履行公司设立职责的人。有限责任公司只能采取发起设立方式，有限责任公司设立时的股东都是发起人。发起设立在程序上较为简单。

募集设立，是指由发起人认购公司应发行股份的一部分，其余股份向社会公开募集或者向特定对象募集而设立公司。公开募集设立具有较强的资金筹集能力，但因公司股东数量多、分散性高、流动性高，因此往往只适用于资合性较强的股份有限公司。又因其具有较大的社会影响，稳定性较差，为保护广大投资者利益和正常的经济秩序，法律规定对公开募集设立了严格而复杂的程序和限制条件。因此，这种设立方式又称渐次设立或复杂设立。

股份有限公司的发起设立和向特定对象募集设立，实行准则设立原则；但某些特殊行业在申请登记前，须经行业监管部门批准，如证券公司的设立须经中国证监会批准，以核准设立为例外。

股份有限公司的公开募集设立，实行核准设立原则。

（二）设立条件

设立股份有限公司，应当具备下列条件：

（1）发起人符合法定人数。设立股份有限公司，应当有二人以上二百人以下为发起人，其中须有半数以上的发起人在中国境内有住所。发起人承担公司筹办事务，他们应当签订发起人协议，明确各自在公司设立过程中的权利和义务。

（2）有符合公司章程规定的全体发起人认购的股本总额或者募集的实收股本总额。股份有限公司采取发起设立方式设立的，注册资本为在公司登记机关登记的全体发起人认购的股本总额。在发起人认购的股份缴足前，不得向他人募集股份。股份有限公司采取募集方式设立的，注册资本为在公司登记机关登记的实收股本总额。法律、行政法规以及国务院决定对股份有限公司注册资本实缴、注册资本最低限额另有规定的，从其规定。

（3）股份发行、筹办事项符合法律规定。

（4）发起人制订公司章程，采用募集方式设立的经创立大会通过。股份有限公司章程应当载明下列事项：①公司名称和住所；②公司经营范围；③公司设立方式；④公司股份总数、每股金额和注册资本；⑤发起人的姓名或者名称、认购的股份数、出资方式和出资时间；⑥董事会的组成、职权和议事规则；⑦公司法定代表人；⑧监事会的组成、职权和议事规则；⑨公司利润分配办法；⑩公司的解散事由与清算办法；⑪公司的通知和公告办法；⑫股东大会会议认为需要规定的其他事项。

（5）必须有公司名称，建立符合股份有限公司要求的组织机构。

（6）必须有公司住所。

（三）设立程序

1.发起设立的程序

（1）签订发起人协议。（2）制订公司章程。（3）申请名称预先核准。（4）发起人认缴股款。发起人书面认足公司章程规定其认购的股份，并按照公司章程规定缴纳出资。以非货币财产出资的，应当依法办理其财产权的转移手续。发起人不依照前款规定缴纳出资的，应当按照发起人协议承担违约责任。（5）选举董事会和监事会成员。（6）申请设立登记。董事会向公司登记机关报送公司章程以及法律、行政法规规定的其他文件，申请设立登记。公司登记机关审查报送的登记资料，认为符合登记条件的，予以登记注册，向公司颁发营业执照，营业执照的签发日期为公司成立日期。（7）公告。股份有限公司应在其被核准登记后的30日内发布登记公告，并应当在公告之日起30日内将发布的公告报送公司登记机关备案。

2.募集设立的程序

（1）签订发起人协议。（2）制订公司章程。（3）申请名称预先核准。（4）发起人认购股份。以募集设立方式设立股份有限公司的，发起人认购的股份不得少于公司股份总数的百分之三十五；但是，法律、行政法规另有规定的，从其规定。（5）向国务院证券监督管理机构申请募股。未经国务院证券监督管理机构核准，发起人不得向社会公开募集股份。（6）公告招股说明书，制作认股书。招股说明书应当附有发起人制订的公司章程，并载明下列事项：发起人认购的股份数，每股的票面金额和发行价格，无记名股票的发行总数，募集资金的用途，认股人的权利、义务，本次募股的起止期限及逾期未募足时认股人可以撤回所认股份的说明。认股书应当载明招股说明书所列事项，由认股人填写认购股数、金额、住所，并签名、盖章。认股人按照所认购股数缴纳股款。（7）签订承销协议和代收股款协议。发起人向社会公开募集股份，应当由依法设立的证券公司承销，签订承销协议。发起人向社会公开募集股份，应当同银行签订代收股款协议。代收股款的银行应当按照协议代收和保存股款，向缴纳股款的认股人出具收款单据，并负有向有关部门出具收款证明的义务。在募集设立方式下，发起人和认股人应当一次缴纳出资额。发行股份的股款缴足后，必须经依法设立的验资机构验资并出具证明。（8）召开创立大会。发起人应当自股款缴足之日起三十日内主持召开公司创立大会。创立大会由发起人、认股人组成。发行的股份超过招股说明书规定的截止期限尚未募足的，或者发行股份的股款缴足后，发起人在三十日内未召开创立大会的，认股人可以按照所缴股款并加算银行同期存款利息，要求发起人返还。发起人应当在创立大会召开十五日前将会议日期通知各认股人或者予以公告。创立大会应有代表股份总数过半数的发起人、认股人出席，方可举行。创立大会行使下列职权：审议发起人关于公司筹办情况的报告；通过公司章程；选举董事会成员；选举监事会成员；对公司的设立费用进行审核；对发起人用于抵作股款的财产的作价进行审核；发生不可抗力或者经营条件发生重大变化直接影响公司设立的，可以作出不设立公司的决议。创立大会对前款所列事项作出决议，必须经出席会议的认股人所持表决权过半数通过。发起人、认股人缴纳股款或者交付抵作股款的出资后，除未按期募足股份、发起人未按期召开创立大会或者创立大会决议不设立公司的情形外，不得抽回其股本。（9）申请设立登记。董事会应于创立大会结束后三十日内，向公司登记机关报送下列文件，申请设立登记：公司登记申请书；创立大会的会议记录；公司章程；验资证明；法定代表人、董事、监事的任职文件及其身份证明；发起人的法人资格证明或者自然人身份证明；公司住所证明；国务院证券监督管理机构的核准文件。公司登记机关核准登记发给《企业法人营业执照》，取得企业法人资格。公司营业执照的签发日期为公司成立日期。（10）公告。股份有限公司应在其被核准登记后的三十日内发布登记公告，并应当在公告之日起三十日内将发布的公告报送公司登记机关备案。

3.股份有限公司发起人的责任

（1）公司成立后的资本补足责任。

股份有限公司成立后，发起人未按照公司章程的规定缴足出资的，应当补缴；其他发起人承担连带责任。股份有限公司成立后，发现作为设立公司出资的非货币财产的实际价额显著低于公司章程所定价额的，应当由交付该出资的发起人补足其差额；其他发起人承担连带责任。

（2）公司成立后的损害赔偿责任。

在公司设立过程中，由于发起人的过失致使公司利益受到损害的，应当对公司承担赔偿责任。

（3）公司不能成立时的责任。

公司因故未成立，债权人请求全体或者部分发起人对设立公司行为所产生的费用和债务承担连带清偿责任的，人民法院应予支持。部分发起人依照前述规定承担责任后，请求其他发起人分担的，人民法院应当判令其他发起人按照约定的责任承担比例分担责任；没有约定责任承担比例的，按照约定的出资比例分担责任；没有约定出资比例的，按照均等份额分担责任。因部分发起人的过错导致公司未成立，其他发起人主张其承担设立行为所产生的费用和债务的，人民法院应当根据过错情况，确定过错一方的责任范围。

发起人因履行公司设立职责造成他人损害，公司成立后受害人请求公司承担侵权赔偿责任的，人民法院应予支持；公司未成立，受害人请求全体发起人承担连带赔偿责任的，人民法院应予支持。公司或者无过错的发起人承担赔偿责任后，可以向有过错的发起人追偿。

公司不能成立时，对认股人已缴纳的股款，发起人负返还股款并加算银行同期存款利息的连带责任。

（4）公司设立阶段的合同责任。

发起人为设立公司以自己名义对外签订合同，合同相对人请求该发起人承担合同责任的，人民法院应予支持。公司成立后对前述规定的合同予以确认，或者已经实际享有合同权利或者履行合同义务，合同相对人请求公司承担合同责任的，人民法院应予支持。

发起人以设立中公司名义对外签订合同，公司成立后合同相对人请求公司承担合同责任的，人民法院应予支持。公司成立后有证据证明发起人利用设立中公司的名义为自己的利益与相对人签订合同，公司以此为由主张不承担合同责任的，人民法院应予支持，但相对人为善意的除外。

【做中学1】关于股份有限公司的募集设立，下列说法合法的是（　　）。

A.以募集设立方式设立股份有限公司的，发起人认购的股份不得少于公司股份总数的百分之三十五

B.未经国务院证券监督管理机构核准，发起人不得向社会公开募集股份

C.发起人应当自股款缴足之日起三十日内主持召开公司创立大会

D.发起人、认股人缴纳股款或者交付抵作股款的出资后，除未按期募足股份、发起人未按期召开创立大会或者创立大会决议不设立公司的情形外，不得抽回其股本

E.创立大会应有代表股份总数二分之一以上的发起人、认股人出席，方可举行

解析：答案为ABCD。创立大会应有代表股份总数过半数的发起人、认股人出席，方可举行（二分之一以上包含二分之一，不等于过半数）。所以，选项E错误。

三、股份有限公司的组织机构

（一）股东大会

股份有限公司股东大会由全体股东组成，股东大会是公司的权力机构和必设机关。

1.股东大会的职权

《公司法》中关于有限责任公司股东会职权的规定，适用于股份有限公司股东大会。此外，根据中国证券监督管理委员会发布的《上市公司章程指引》的规定，上市公司的股东大会还有权对公司聘用、解聘会计师事务所作出决议，审议公司在一年内购买、出售重大资产超过公司最近一期经审计总资产30%的事项，审议批准变更募集资金用途事项，审议股权激励计划。此外，其还有权审议批准下列担保行为：（1）本公司及本公司控股子公司的对外担保总额，达到或超过最近一期经审计净资产的50%以后提供的任何担保；（2）公司的对外担保总额，达到或超过最近一期经审计总资产的30%以后提供的任何担保；（3）为资产负债率超过70%的担保对象提供的担保；

（4）单笔担保额超过最近一期经审计净资产10%的担保；（5）对股东、实际控制人及其关联方提供的担保。

2.股东大会的形式

股东大会分为股东年会和临时股东大会。

股东大会应当每年召开一次年会，公司章程规定具体的召开时间。上市公司股东大会年会应当于上一会计年度结束后的六个月内举行。

有下列情形之一的，应当在两个月内召开临时股东大会：（1）董事人数不足《公司法》规定人数或者公司章程所定人数的三分之二时；（2）公司未弥补的亏损达实收股本总额三分之一时；（3）单独或者合计持有公司百分之十以上股份的股东请求时；（4）董事会认为必要时；（5）监事会提议召开时；（6）公司章程规定的其他情形。

3.股东大会的召开

股东大会会议由董事会召集，董事长主持；董事长不能履行职务或者不履行职务的，由副董事长主持；副董事长不能履行职务或者不履行职务的，由半数以上董事共同推举一名董事主持。

董事会不能履行或者不履行召集股东大会会议职责的，监事会应当及时召集和主持；监事会不召集和主持的，连续九十日以上单独或者合计持有公司百分之十以上股份的股东可以自行召集和主持。

召开股东大会会议，应当将会议召开的时间、地点和审议的事项于会议召开二十日前通知各股东；临时股东大会应当于会议召开十五日前通知各股东；发行无记名股票的，应当于会议召开三十日前公告会议召开的时间、地点和审议事项。

单独或者合计持有公司百分之三以上股份的股东，可以在股东大会召开十日前提出临时提案并书面提交董事会；董事会应当在收到提案后二日内通知其他股东，并将该临时提案提交股东大会审议。临时提案的内容应当属于股东大会职权范围，并有明确议题和具体决议事项。股东大会不得对前两款通知中未列明的事项作出决议。

无记名股票持有人出席股东大会会议的，应当于会议召开五日前至股东大会闭会时将股票交存于公司。

4.股东大会的决议

股东出席股东大会会议，所持每一股份有一表决权。但是，公司持有的本公司股份没有表决权。股东可以委托代理人出席股东大会会议，代理人应当向公司提交股东授权委托书，并在授权范围内行使表决权。

股东大会作出决议，必须经出席会议的股东所持表决权过半数通过。但是，股东大会作出修改公司章程、增加或者减少注册资本的决议，以及公司合并、分立、解散或者变更公司形式的决议，必须经出席会议的股东所持表决权的三分之二以上通过。

《公司法》和公司章程规定公司转让、受让重大资产或者对外提供担保等事项必须经股东大会作出决议的，董事会应当及时召集股东大会会议，由股东大会就上述事项进行表决。

股东大会通常采用直接投票制，即一股一票表决权。但为了保护中小股东的合法权益，《公司法》规定，股东大会选举董事、监事，可以依照公司章程的规定或者股东大会的决议，实行累积投票制。累积投票制，是指股东大会选举董事或者监事时，每一股份拥有与应选董事或者监事人数相同的表决权，股东拥有的表决权可以集中使用。例如某股份公司中，A股东有5%股份，B股东有5%股份，C股东有5%股分，D股东有5%股份，E股东有80%股份，共100股，选五位董事。如果采取直接投票制，那么大股东可使自己推选的五个董事（每个董事投80票对所有小股东20票的绝对优势）全部当选；而采取累积投票制，则1股投5票，所有股东选票500票，小股东合计票数100，大股东合计票数400票，大股东平均到每个人的票数是80票，所以小股东联合后的100票就比大股东平均到每个人的80票多。如此一来，大股东最多决定四个董事，小股东至少决定一个董事。

《上市公司治理准则》规定，单一股东及其一致行动人拥有权益的股份比例在30%及以上的上市公司，应当采取累积投票制，且应在公司章程里规定该制度的实施细则。

股东大会应当对所议事项的决定制作成会议记录，主持人、出席会议的董事应当在会议记录上签名。会议记录应当与出席股东的签名册及代理出席的委托书一并保存。

（二）董事会

1.董事会的性质和组成

股份有限公司董事会是公司的经营决策和业务执行机构，依法对公司进行经营管理。董事会成员为五人至十九人。董事会成员中可以有公司职工代表。董事会中的职工代表由公司职工通过职工代表大会、职工大会或者其他形式民主选举产生。

董事会设董事长一人，可以设副董事长。董事长和副董事长由董事会以全体董事的过半数选举产生。

《公司法》中关于有限责任公司董事任期的规定，适用于股份有限公司董事。

2.董事会的职权

《公司法》中关于有限责任公司董事会职权的规定，适用于股份有限公司董事会。

3.董事会会议的召开

董事会每年度至少召开两次会议，每次会议应当于会议召开十日前通知全体董事和监事。

代表十分之一以上表决权的股东、三分之一以上董事或者监事会，可以提议召开董事会临时会议。董事长应当自接到提议后十日内，召集和主持董事会会议。董事会召开临时会议，可以另定召集董事会的通知方式和通知时限。

董事长召集和主持董事会会议，检查董事会决议的实施情况。副董事长协助董事长工作，董事长不能履行职务或者不履行职务的，由副董事长履行职务；副董事长不能履行职务或者不履行职务的，由半数以上董事共同推举一名董事履行职务。

4.董事会的决议

董事会会议应有过半数的董事出席方可举行。董事会作出决议，必须经全体董事的过半数通过。董事会决议的表决，实行一人一票。

董事会会议，应由董事本人出席；董事因故不能出席，可以书面委托其他董事代为出席，委托书中应载明授权范围。董事会应当对会议所议事项的决定作成会议记录，出席会议的董事应当在会议记录上签名。

董事应当对董事会的决议承担责任。董事会的决议违反法律、行政法规或者公司章程、股东大会决议，致使公司遭受严重损失的，参与决议的董事对公司负赔偿责任。但经证明在表决时曾表明异议并记载于会议记录的，该董事可以免除责任。

5.经理

股份有限公司设经理，由董事会决定聘任或者解聘。董事会可以决定由董事会成员兼任经理。

《公司法》中关于有限责任公司经理职权的规定，适用于股份有限公司经理。

（三）监事会

1.监事会的性质和组成

监事会是股份有限公司的监督机构，其成员不得少于三人。监事会应当包括股东代表和适当比例的公司职工代表，其中职工代表的比例不得低于三分之一，具体比例由公司章程规定。监事会中的职工代表由公司职工通过职工代表大会、职工大会或者其他形式民主选举产生。

监事会设主席一人，可以设副主席。监事会主席和副主席由全体监事过半数选举产生。监事会主席召集和主持监事会会议；监事会主席不能履行职务或者不履行职务的，由监事会副主席召集和主持监事会会议；监事会副主席不能履行职务或者不履行职务的，由半数以上监事共同推举一名监事召集和主持监事会会议。董事、高级管理人员不得兼任监事。高级管理人员简称高管，是指公司的经理、副经理、财务负责人，上市公司董事会秘书和公司章程规定的其他人员。《公司法》中关于有限责任公司监事任期的规定，适用于股份有限公司监事。

2.监事会的职权

《公司法》中关于有限责任公司监事会职权的规定，适用于股份有限公司监事会。监事会行使职权所必需的费用，由公司承担。

3.监事会会议的召开和议事规则

监事会每六个月至少召开一次会议。监事可以提议召开临时监事会会议。监事会的议事方式和表决程序，除《公司法》有规定的外，由公司章程规定。监事会决议应当经半数以上监事通过。监事会应当对所议事项的决定作成会议记录，出席会议的监事应当在会议记录上签名。

【做中学2】股份有限公司有下列情形之一的，应当在两个月内召开临时股东大会：(　　)。

A.董事人数不足《公司法》规定人数或者公司章程所定人数的三分之二时

B.公司未弥补的亏损达实收股本总额三分之一时

C.单独或者合计持有公司百分之十以上股份的股东请求时

D.董事会认为必要时

E.监事人数不足《公司法》规定人数或者公司章程所定人数的三分之二时

解析：答案为ABCD。详见《公司法》第一百条关于召开临时股东大会的相关规定。

【做中学3】判断题：股份有限公司董事会的决议违反法律、行政法规或者公司章程、股东大会决议，致使公司遭受严重损失的，参与决议的所有董事对公司负赔偿责任。即使有证据证明在表决时曾表明异议并记载于会议记录的，该董事也不可免除责任。(　　)

解析：答案为错误。股份有限公司董事应当对董事会的决议承担责任。董事会的决议违反法律、行政法规或者公司章程、股东大会决议，致使公司遭受严重损失的，参与决议的董事对公司负赔偿责任。但经证明在表决时曾表明异议并记载于会议记录的，该董事可以免除责任。

四、上市公司的特别规定

上市公司，是指其股票在证券交易所上市交易的股份有限公司。

上市公司在一年内购买、出售重大资产或者担保金额超过公司资产总额百分之三十的，应当由股东大会作出决议，并经出席会议的股东所持表决权的三分之二以上通过。

上市公司董事与董事会会议决议事项所涉及的企业有关联关系的，不得对该项决议行使表决权，也不得代理其他董事行使表决权。该董事会会议由过半数的无关联关系董事出席即可举行，董事会会议所作决议须经无关联关系董事过半数通过。出席董事会的无关联关系董事人数不足三人的，应将该事项提交上市公司股东大会审议。

上市公司必须依照法律、行政法规的规定，公开其财务状况、经营情况及重大诉讼，在每会计年度内半年公布一次财务会计报告。

上市公司设立独立董事，具体办法由国务院规定。独立董事是指不在公司担任除董事之外的其他职务，并与其所受聘的上市公司及其主要股东不存在可能妨碍其进行独立判断的关系的董事。独立董事除了应履行董事的一般职责外，主要职责在于对控股股东及其选任的上市公司的董事、高级管理人员，以及其与公司进行的关联交易等进行监督。独立董事对上市公司及全体股东负有诚信与勤勉义务。

上市公司设董事会秘书，负责公司股东大会和董事会会议的筹备、文件保管以及公司股东资料的管理，办理信息披露事务等事宜。上市公司董事会秘书是公司的高级管理人员。

五、股份有限公司的股份发行和转让

股份有限公司的资本划分为股份，每一股的金额相等，股份采取股票的形式。股票是公司签发的证明股东所持股份的凭证。股票应当载明下列主要事项：公司名称，公司成立日期，股票种类、票面金额及代表的股份，股票的编号。股票由法定代表人签名，公司盖章。

（一）股份发行

1.股份发行的原则

股份的发行，实行公平、公正的原则，同种类的每一股份应当具有同等权利。同次发行的同种类股票，每股的发行条件和价格应当相同；任何单位或者个人所认购的股份，每股应当支付相同价额。

2.股份发行的种类、价格

发起人的股票，应当标明发起人股票字样。

公司发行的股票，可以为记名股票，也可以为无记名股票。公司向发起人、法人发行的股票，应当为记名股票，并应当记载该发起人、法人的名称或者姓名，不得另立户名或者以代表人姓名记名。公司发行记名股票的，应当置备股东名册，记载下列事项：股东的姓名或者名称及住所，各股东所持股份数，各股东所持股票的编号，各股东取得股份的日期。发行无记名股票的，公司应当记载其股票数量、编号及发行日期。

股票发行价格可以按票面金额，也可以超过票面金额，但不得低于票面金额。

股票采用纸面形式或者国务院证券监督管理机构规定的其他形式。

股份有限公司成立后，即向股东正式交付股票。公司成立前不得向股东交付股票。

公司发行新股，股东大会应当对下列事项作出决议：新股种类及数额，新股发行价格，新股发行的起止日期，向原有股东发行新股的种类及数额。

公司经国务院证券监督管理机构核准公开发行新股时，必须公告新股招股说明书和财务会计报告，并制作认股书。

公司发行新股，可以根据公司经营情况和财务状况，确定其作价方案。

公司发行新股募足股款后，必须向公司登记机关办理变更登记，并公告。

（二）股份转让

股份可以依法转让。

1.股份转让的方式

股份转让应当在依法设立的证券交易场所进行或者按照国务院规定的其他方式进行。上市公司的股票，依照有关法律、行政法规及证券交易所交易规则上市交易。

记名股票，由股东以背书方式或者法律、行政法规规定的其他方式转让；转让后由公司将受让人的姓名或者名称及住所记载于股东名册。股东大会召开前二十日内或者公司决定分配股利的基准日前五日内，不得进行前述股东名册的变更登记。但是，法律对上市公司股东名册变更登记另有规定的，从其规定。

记名股票被盗、遗失或者灭失，股东可以依照《中华人民共和国民事诉讼法》规定的公示催告程序，请求人民法院宣告该股票失效。人民法院宣告该股票失效后，股东可以向公司申请补发股票。

无记名股票的转让，由股东将该股票交付给受让人后即发生转让的效力。

2.股份转让的限制

为防止发起人“圈钱后”向公众投资者转嫁投资风险，法律规定，发起人持有的本公司股份，自公司成立之日起一年内不得转让，因司法强制执行、继承、遗嘱、依法分割财产等导致最后股份变动的除外。

为保持公司上市前后股权结构稳定，法律规定，公司公开发行股份前已发行的股份，自公司股票在证券交易所上市交易之日起一年内不得转让，因司法强制执行、继承、遗嘱、依法分割财产等导致最后股份变动的除外。

为防止董事、监事、高级管理人员进行有利益冲突的交易，法律规定，公司董事、监事、高级管理人员应当向公司申报所持有的本公司的股份及其变动情况，在任职期间每年转让的股份不得超过其所持有本公司股份总数的百分之二十五；所持本公司股份自公司股票上市交易之日起一年内不得转让；上述人员离职后半年内，不得转让其所持有的本公司股份；因司法强制执行、继承、遗嘱、依法分割财产等导致最后股份变动的除外。上市公司董事、监事、高级管理人员所持股份不超过1 000股的，可一次全部转让，不受上述转让比例的限制。公司章程可以对公司董事、监事、高级管理人员转让其所持有的本公司股份作出其他限制性规定。

公司不得收购本公司股份。但是，有下列情形之一的除外：（1）减少公司注册资本；（2）与持有本公司股份的其他公司合并；（3）将股份用于员工持股计划或者股权激励；（4）股东因对股东大会作出的公司合并、分立决议持异议，要求公司收购其股份；（5）将股份用于转换上市公司发行的可转换为股票的公司债券；（6）上市公司为维护公司价值及股东权益所必需。公司因前述第1项、第2项规定的情形收购本公司股份的，应当经股东大会决议；公司因前述第3项、第5项、第6项规定的情形收购本公司股份的，可以依照公司章程的规定或者股东大会的授权，经三分之二以上董事出席的董事会会议决议。公司依照前述规定收购本公司股份后，属于第1项情形的，应当自收购之日起十日内注销；属于第2项、第4项情形的，应当在六个月内转让或者注销；属于第3项、第5项、第6项情形的，公司合计持有的本公司股份数不得超过本公司已发行股份总额的百分之十，并应当在三年内转让或者注销。上市公司收购本公司股份的，应当依照《中华人民共和国证券法》的规定履行信息披露义务。上市公司因前述第3项、第5项、第6项规定的情形收购本公司股份的，应当通过公开的集中交易方式进行。

公司不得接受本公司的股票作为质押权的标的。

【做中学4】公司不得收购本公司股份。但是，有下列情形之一的除外：（　　）。

A.增加公司注册资本

B.与持有本公司股份的其他公司合并

C.将股份奖励给本公司职工

D.股东因对股东大会作出的公司合并、分立决议、变更公司形式持异议，要求公司收购其股份的

解析：答案为BCD。公司不得收购本公司股份，但是我国法律对此有例外情形的规定，详见《公司法》第一百四十二条。

六、有限责任公司和股份有限公司的区别

（一）概念

有限责任公司简称有限公司，是指全部资本不区分为金额相等股份，股东以其认缴的出资额为限对公司承担责任，公司以其全部资产对公司债务承担责任的企业法人。

股份有限公司简称股份公司，是指全部资本分为金额相等股份，股东以其所持股份为限对公司承担责任，公司以其全部资产对公司债务承担责任的企业法人。

（二）特征

有限责任公司的资本不分为等额股份，不能发行股票，股东以其出资额为限对公司负责。

股份有限公司的资本分为等额股份，表现为发行股票，股东以其所持股份为限对公司负责。

（三）设立条件

有限责任公司是闭合性公司，股东有最高人数限制，即最多五十人。它只能采取发起设立方式，设立程序、条件简单。

股份有限公司是开放性公司，股东无最高人数限制，采取股份公开、财务公开原则。它既可以采取募集设立，也可以公开发行股票募集资金并上市，设立程序条件复杂，限制严格。

（四）组织机构的名称

一般的有限责任公司，其组织机构为“三会”，即股东会、董事会、监事会；股东人数较少和规模较小的有限责任公司，其组织机构可以为股东会、执行董事和监事；一人有限责任公司不设股东会。

股份有限公司必设的组织机构：股东大会、董事会和监事会。

（五）股权（股份）转让

有限责任公司股东股份转让以法律限制为原则，以自由转让为例外。对外转让股份，应当通知其他股东，经其他股东过半数同意。经股东同意转让的股权，在同等条件下，其他股东有优先购买权。

股份有限公司股东所拥有的股票以自由转让原则，以法律限制为例外。除了对发起人、“董、监、高”等特定人员在特定时期的限制外，股票可以自由交易和转让。股票转让无须通知原股东，无须经其他股东同意，原股东也无优先购买权。

案例分析

《公司法》第一百四十一条禁止的发起人在公司成立之日起一年（审判时为三年）内转让股份，但法律并不禁止发起人为公司成立一年（审判时为三年）后转让股份而预先签订合同。只要不实际交付股份，就不会引起股东身份和股权关系的变更，即拟转让股份的发起人仍然是公司的股东，其作为发起人的法律责任并不会因签订转让股份的协议而免除。因此，发起人与他人订立合同约定在公司成立一年之后转让股权的，并不违反《公司法》第一百四十一条的禁止性规定，应认定为合法有效。

本案原告和被告所签订的《过渡期经营管理协议》的性质属于股份或股权的托管协议，双方形成事实上的股份托管关系，即法律上和名义上的股东仍是王华，而实际上王华作为浦发公司股东的权利和义务由张桂平享有、承担。由于我国《公司法》对公司股份的托管行为和托管关系并无禁止性规定，因此，本案当事人所签订的《过渡期经营管理协议》合法有效。尽管双方在协议中约定过渡期内王华作为浦发公司股东的一切义务和责任由张桂平承担，但这种约定只在双方当事人之间内部有效，而对第三人并不具有法律约束力。法院判决：本案原告、被告作为浦发公司的发起人，在浦发公司成立两年后，于2004年10月22日签订《股份转让协议》及《过渡期经营管理协议》，约定“过渡期”后王华将所持的标的股份转让于张桂平名下。上述约定并不违反《公司法》关于发起人禁售期的规定，不违反浦发公司章程的相关规定，亦不损害社会公共利益，应认定为合法有效。

同步训练

参考答案

一、单选题

1.由发起人认购公司发行的全部股份而设立公司，称为（　　）。

A.募集设立　　B.发起设立

C.认购设立　　D.核准设立

2.股份有限公司的发起人中须有（　　）在中国境内有住所。

A.1/3以上　　B.1/2以上

C.1/5以上　　D.2/3以上

3.以募集方式设立的股份有限公司，发起拟订的章程草案须经（　　）通过。

A.出席创立大会的认股人所持表决权的2/3以上

B.全体发起人、认股人所持表决权的2/3以上

C.出席创立大会的认股人所持表决权的过半数

D.全体认股人所持表决权的过半数

4.公司收购本公司股份后，属于减少公司注册资本情形的，应当自收购之日起（　　）内注销；属于与持有本公司股份的其他公司合并情形的，应当在（　　）内转让或者注销。

A. 10日；6个月　　B. 10日；60日

C. 5日；6个月　　D. 5日；60日

5.下列不属于股份公司股东大会行使的职权是（　　）。

A.决定聘任或解聘公司经理及其报酬事项

B.对公司聘用、解聘会计师事务所作出决议

C.对发行公司债券作出决议

D.审议批准公司的利润分配方案和弥补亏损方案

二、判断题

1.在发起设立股份有限公司的方式中，经主管机关批准，社会公众可以参加股份认购。（　　）

2.股份有限公司的发起人应为2～200人。（　　）

3.根据《公司法》，全体发起人的货币出资额不得低于公司注册资本的20%。（　　）

4.以募集方式设立股份有限公司的，应于创立大会结束后15日内向公司登记机关申请设立登记。（　　）

5.经股东大会批准，公司可以接受本公司的股票作为质押权的标的。（　　）

三、案例分析题

有四个发起人拟采用募集方式设立一家股份有限公司，公司总注册资本为1 500万元，每个发起人各承担100万元，其余1 100万元向社会募集。为了吸引投资者购买，他们将每股1元的股票优惠到每股0.9元开始募集。一个月后，股款全部募足，发起人召开创立大会，参加人所代表的股份总数为7%。四个发起人中的两个人突然改变主意，抽回了股本。创立大会决定仍要成立公司，并向公司登记机关提交了申请书，但公司登记机关认为公司设立过程违法之处较多，不予登记。此时，发起人也心灰意懒，宣布不成立公司了，各股东的股本也随即退回。但这样一来，公司在设立的过程中所产生的费

用已达12万元，发起人以外的股东要求赔偿的利息损失也有3万元。对合计15万元的债务，各发起人之间相互推诿，谁也不愿意承担，各债权人于是推选两名代表到法院起诉四个发起人，要求偿还债务。四个发起人辩称，公司不能成立，大家都有责任，因此个人损失自己承担。

请问：

1.该股份有限公司成立过程中有哪些违法之处？

2.本案四个发起人是否应承担公司不能成立的债务？为什么？

任务 2.4 公司董事、监事、高级管理人员的资格和义务

视听资源

案例导入

损害股东利益责任纠纷案

李健原系道清选煤公司股东，后其将自己在道清选煤公司的股份转让给通化矿业集团。因李健认为道清选煤公司董事长郝贵东在履行职务时就精煤销售价格低于市场价格给公司造成损失，损害了李健作为道清选煤公司的股东期间的权益，故向人民法院提起股东直接诉讼，要求郝贵东对自己进行赔偿。

[案例来源：《李健与郝贵东、通化矿业（集团）有限责任公司损害股东利益责任纠纷申诉、申请民事裁定书》，最高人民法院（2016）最高法民申84号]

请根据你所了解的公司法知识判断：法院是否应支持李健的诉讼请求？并说明理由。

知识准备

一、公司董事、监事、高级管理人员的资格

在公司组织结构下，股东并不直接参与公司管理。股东只能通过选举董事组成董事会，由董事会聘任经理来负责公司的日常经营管理活动，而监事会负责监督。在所有权和控制权分离的情况下，为保证董事、监事、高级管理人员有正确履行职责的能力和条件，《公司法》规定，有下列情形之一的人员，不得担任公司的董事、监事、高级管理人员：

（1）无民事行为能力或者限制民事行为能力；

（2）因犯有贪污、贿赂、侵占财产、挪用财产或破坏社会主义市场秩序，被判处刑罚，执行期满未逾5年，或者因犯罪被剥夺政治权利，执行期满未逾5年；

（3）担任破产清算的公司、企业的董事长或厂长、经理，并对该公司、企业的破产负有个人责任的，自该公司、企业破产清算完结之日起未逾3年；

（4）担任因违法被吊销营业执照、责令关闭的公司、企业的法定代表人，并负有个人责任的，自该公司、企业被吊销营业执照之日起未逾3年；

（5）个人所负数额较大的债务到期未清偿。

公司违反前述规定选举、委派董事、监事或者聘任高级管理人员的，该选举、委派或者聘任无效。董事、监事、高级管理人员在任职期间出现上述所列情形的，公司应当解除其职务。

二、公司董事、监事、高级管理人员的义务

董事、监事、高级管理人员应当遵守法律、行政法规和公司章程，对公司负有忠实义务和勤勉义务。董事、监事、高级管理人员不得利用职权收受贿赂或者其他非法收入，不得侵占公司的财产。

董事、高级管理人员不得有下列行为：

（1）挪用公司资金；

（2）将公司资金以其个人名义或者以其他个人名义开立账户存储；

（3）违反公司章程的规定，未经股东会、股东大会或者董事会同意，将公司资金借贷给他人或者以公司财产为他人提供担保；

（4）违反公司章程的规定或者未经股东会、股东大会同意，与本公司订立合同或者进行交易；

（5）未经股东会或者股东大会同意，利用职务便利为自己或者他人谋取属于公司的商业机会，自营或者为他人经营与所任职公司同类的业务；

（6）接受他人与公司交易的佣金归为己有；

（7）擅自披露公司秘密；

（8）违反对公司忠实义务的其他行为。

董事、高级管理人员违反上述规定所得的收入应当归公司所有。与不参与公司经营决策而只负责监督的监事相比，董事、高级管理人员负责公司经营管理，故对其忠实义务要求较高。

公司管理层应当接受质询和监督。股东会或者股东大会要求董事、监事、高级管理人员列席会议的，董事、监事、高级管理人员应当列席并接受股东的质询。董事、高级管理人员应当如实向监事会或者不设监事会的有限责任公司的监事提供有关情况和资

料，不得妨碍监事会或者监事行使职权。

三、股东诉讼

董事、监事、高级管理人员执行公司职务时违反法律、行政法规或者公司章程的规定，给公司造成损失的，应当承担赔偿责任；公司亦应当向其主张损害赔偿。董事会作为公司的法定代表机关，应该代表公司主张权利。

（一）股东代表诉讼

股东代表诉讼，又叫股东派生诉讼、股东代为诉讼、股东间接诉讼，是指公司的合法权益受到不法侵害而公司怠于起诉时，具有法定资格的股东以自己的名义起诉，所获赔偿归于公司的一种诉讼制度。股东代表诉讼的目的是保护公司利益和股东的共同利益，而不仅仅是个别股东的利益。为保护个别股东利益而进行的诉讼是股东直接诉讼。

根据责任人身份的不同和具体情况的不同，提起股东代表诉讼有以下几种程序：

1.股东对董事、监事、高级管理人员给公司造成损失行为提起股东代表诉讼的程序

（1）股东通过监事会或者监事提起诉讼。董事、高级管理人员执行公司职务时违反法律、行政法规或者公司章程的规定，给公司造成损失的，有限责任公司的股东、股份有限公司连续一百八十日以上单独或者合计持有公司百分之一以上股份的股东，可以书面请求监事会或者不设监事会的有限责任公司的监事向人民法院提起诉讼。

（2）股东通过董事会或者董事提起诉讼。监事违反法律、行政法规或者公司章程的规定，给公司造成损失的，前述股东可以书面请求董事会或者不设董事会的有限责任公司的执行董事向人民法院提起诉讼。

前述规定的一百八十日以上连续持股期间，应为股东向人民法院提起诉讼时，已期满的持股时间；规定的合计持有公司百分之一以上股份，是指两个以上股东持股份额的合计。

（3）股东直接提起诉讼。监事会、不设监事会的有限责任公司的监事，或者董事会、执行董事收到前述规定的股东书面请求后拒绝提起诉讼，或者自收到请求之日起三十日内未提起诉讼，或者情况紧急、不立即提起诉讼将会使公司利益受到难以弥补的损害的，前述规定的股东有权为了公司的利益以自己的名义直接向人民法院提起诉讼。

2.股东对他人给公司造成损失行为提起诉讼的程序

公司董事、监事、高级管理人员以外的他人侵犯公司合法权益，给公司造成损失的，上述股东可以依照上述规定，为了公司的利益通过书面请求董事会或董事、监事会或监事向人民法院提起诉讼，或者直接以自己的名义向人民法院提起诉讼。

（二）股东直接诉讼

股东直接诉讼是指股东对董事、高级管理人员损害个别股东利益行为而提起的诉讼。董事、高级管理人员违反法律、行政法规或者公司章程的规定，损害股东利益的，股东可以依法直接向人民法院提起诉讼。

【做中学1】有下列情形之一的人员，不得担任公司的董事、监事、高级管理人员：（　　）。

A. 无民事行为能力或者限制民事行为能力

B. 因犯有贪污、贿赂、侵占财产、挪用财产罪或破坏经济秩序罪，被判处刑罚，执行期满未逾5年，或者因犯罪被剥夺政治权利，执行期满未逾5年

C. 担任破产清算的公司、企业的董事长或厂长、经理，并对该公司、企业的破产负有个人责任的，自该公司、企业破产清算之日起未逾3年

D. 担任因违法被吊销营业执照、责令关闭的公司、企业的法定代表人，并负有个人责任的，自该公司、企业被吊销营业执照之日起未逾3年

E. 个人所负数额较大的债务到期未清偿

解析：答案为ABCDE。详见《公司法》关于不得担任公司的董事、监事、高级管理人员的规定。

案例分析

首先，根据《公司法》第一百四十九条的规定，公司高管人员给公司造成损失的应向公司承担赔偿责任。本案中，李健并非代表道清选煤公司向公司董事长提起诉讼，也并未要求公司董事长郝贵东向道清选煤公司承担赔偿责任。况且，李健已将其股权全部转让，已不具备股东资格，无权代表道清选煤公司向公司高管人员提起公司代表诉讼。据此，李健不具备原告主体资格。其次，本案中即便存在李健所主张的公司董事长郝贵东低价销售精煤的行为，是对道清选煤公司造成损失，仅是间接损害了李健作为股东的利益，而与其自身财产权益之间并没有直接的因果关系。因其股权已转让，李健主张的所谓损失与其并无利害关系。再次，虽然李健在起诉状中将《中华人民共和国民法通则》第一百零六条（公民、法人违反合同或者不履行其他义务的，应当承担民事责任。公民、法人由于过错侵害国家的、集体的财产，侵害他人财产、人身的，应当承担民事责任。没有过错，但法律规定应当承担民事责任的，应当承担民事责任）的规定作为其行使请求权的法律依据，但本案系李健基于其曾是公司股东的身份而对公司董事提起的诉讼，并非一般意义上的侵权之诉，故应当适用《公司法》的相关规定审查其与本案是

否存在直接利害关系。基于前述分析，应裁定驳回李健起诉。

同步训练

参考答案

一、多选题

1.董事、高级管理人员不得有下列行为：（　　）。

A.挪用公司资金

B.将公司资金以其个人名义或者以其他个人名义开立账户存储

C.违反公司章程的规定，未经股东会、股东大会或者董事会同意，将公司资金借贷给他人或者以公司财产为他人提供担保

D.违反公司章程的规定或者未经股东会、股东大会同意，与本公司订立合同或者进行交易

2.董事、高级管理人员不得有下列行为：（　　）。

A.未经股东会或者股东大会同意，利用职务便利为自己或者他人谋取属于公司的商业机会，自营或者为他人经营与所任职公司同类的业务

B.接受他人与公司交易的佣金归为己有

C.擅自披露公司秘密

D.违反对公司忠实义务的其他行为

二、判断题

1.董事、监事、高级管理人员不得利用职权收受贿赂或者其他非法收入，不得侵占公司的财产。（　　）

2.董事、高级管理人员执行公司职务时违反法律、行政法规或者公司章程的规定，给公司造成损失的，有限责任公司的股东、股份有限公司连续一百八十日以上单独或者合计持有公司百分之一以上股份的股东，可以书面请求监事会或者不设监事会的有限责任公司的监事向人民法院提起诉讼。（　　）

3.董事、高级管理人员违反法律、行政法规或者公司章程的规定，损害股东利益的，股东不可以向人民法院提起诉讼。（　　）

三、案例分析题

原告诉称：原告与第一被告是第二被告某有限责任公司的合法股东。从2013年至

2017年间，第二被告一直为第一被告提供包装产品。2018年1月21日，第一被告与第二被告进行了对账，第一被告确认欠第二被告5 149 497.08元。对账后，除其中第一被告所欠的200万元双方同意冲抵账外，余款3 149 497.08元一直未付。为此，原告曾多次找第一被告协商。原告还于2018年1月25日与第一被告召开董事会，同意第一被告欠第二被告的款项可以通过诉讼解决。但第二被告起诉后，第一被告的原法定代表人周某利用其作为第二被告法定代表人的特殊身份，出尔反尔，不同意起诉，以致第二被告的起诉被法院裁定驳回起诉，以达到其逃避债务的目的。现原告作为第二被告的合法股东，请求判令第一被告偿还余款3 149 497.08元及利息给第二被告。

请问：

原告的诉讼请求应得到法院的支持吗？为什么？

任务 2.5　公司债券与公司财务、会计

视听资源

案例导入

上市公司发行公司债券、新股案

某股份有限公司是上市公司，经济效益良好。为了进一步筹集生产经营资金，该公司准备发行公司债券，由董事会制订了方案，作出了决议。经过向国务院证券管理部门申请，获得批准。公司于是一次性发行可转换为股票的公司债券3 000万元人民币，此时公司的净资产额为6 000万元人民币。债券发行后，由于市场竞争激烈，公司产品积压，销售不旺，出现亏损，公司便将筹集的债券用于弥补亏损，但仍然不能扭转亏损的局面。董事会于是决定，向社会公开发行新股，以募集资金，并决定采取溢价发行、平价发行、低价发行三种方式。公司成立销售部，专门负责销售所发行的股票。另外，考虑到将来公司债券到期后还要还本付息，公司于是要求所有债券持有人将债券转换为公司的股票，从而与公司共担风险。

请回答下列问题并说明理由：

1.某股份有限公司发行公司债券有无不妥之处？

2.某股份有限公司发行公司债券筹集的资金可否用于弥补公司亏损？

3.某股份有限公司发行新股的决定和方式有无不妥之处？

4.某股份有限公司能否发行新股？

5.某股份有限公司可以要求所有债券持有人将债券转换成公司股票吗？

知识准备

一、公司债券的概念与特征

（一）公司债券的概念

公司债券，是指公司依照法定程序发行、约定在一定期限还本付息的有价证券。

公司以实物券方式发行公司债券的，必须在债券上载明公司名称、债券票面金额、利率、偿还期限等事项，并由法定代表人签名，公司盖章。

（二）公司债券的特征

公司债券与公司股票有不同的法律特征。

1.法律性质不同

公司债券表示的是债权人对公司享有的债权，股票代表的是股东对公司享有的是股权。

2.法定的权利和义务不同

公司债券的持有人是公司的局外人，仅仅是公司的债权人，有权按照约定期限取得利息，收回本金，但无参与公司经营的法定权利，也无权分享公司剩余财产，但在公司清算时，有权比公司股东优先得到债务清偿。债券持有人对公司的经营状况不承担责任；而股票的持有人是公司的股东，是组成公司的成员，有权参加股东大会并进行投票，参与公司的经营决策，有权分享股利和剩余财产分配，但同时在自己股份内承担风险责任。

3.期限不同

公司债券本息到期归还，公司股票所代表的股金则不可抽回。

4.收益风险与方式不同

公司债券收益即利息是固定的，不管公司盈利与否都须支付；公司股票的收益即红利可能较高，可能较低，也可能没有，决定于公司盈利水平，风险比债券大。

5.收益支付时间不同

债券的利息从税前利润中支付，股利从税后利润中支付。

二、公司债券的种类和发行

（一）公司债券的种类

1.记名公司债券和无记名公司债券

以是否记名为标准，公司债券分为记名公司债券和无记名公司债券。

记名公司债券，即在券面上登记持有人姓名或名称，支取本息要凭印鉴领取，转让时必须背书并到债券发行公司登记的公司债券；不记名公司债券，即券面上不需载明持有人姓名，还本付息及流通转让仅以债券为凭，不需登记。

发行记名公司债券的，应当在公司债券存根簿上载明下列事项：债券持有人的姓名或者名称及住所；债券持有人取得债券的日期及债券的编号；债券总额，债券的票面金额、利率、还本付息的期限和方式；债券的发行日期。发行记名公司债券的，应当在公司债券存根簿上载明债券总额、利率、偿还期限和方式、发行日期及债券的编号。

2.可转换公司债券和不可转换公司债券

以是否可以转换成发行公司的股票为标准，可以将公司债分为可转换公司债券（简称“转债”）和不可转换公司债券。我国《公司法》规定，只有上市公司可以申请发行可转换为股票的公司债券，并在公司债券募集办法中规定具体的转换办法。上市公司发行可转换为股票的公司债券，除了应当符合公开发行债券的条件外，还应当符合经国务院批准的国务院证券监督管理机构规定的上市公司发行新股的条件。发行可转换为股票的公司债券，应当在债券上标明可转换公司债券字样，并在公司债券存根簿上载明可转换公司债券的数额。

发行可转换为股票的公司债券的，公司应当按照其转换办法向债券持有人换发股票，但债券持有人对转换股票或者不转换股票有选择权。

（二）公司债券的发行

1.公司债券的发行条件

为筹集生产经营资金，公司可以依法发行债券。公开发行公司债券，应当符合下列条件：（1）具备健全且运行良好的组织机构；（2）最近三年平均可分配利润足以支付公司债券一年的利息；（3）国务院规定的其他条件。

公开发行公司债券筹集的资金，必须按照公司债券募集办法所列资金用途使用；改变资金用途，必须经债券持有人会议作出决议。公开发行公司债券筹集的资金，不得用于弥补亏损和非生产性支出。

2.再次发行债券的限制性规定

公司存在下列情形的，不得再次公开发行公司债券：（1）对已发行的公司债券或其他债务有违约或者迟延支付本息的事实，仍处于继续状态；（2）违反《公司法》的规定，改变公开募集公司债券所募资金的用途。

3.公司债券发行的程序

（1）作出决议或决定。由董事会制订方案，股东会作出决议；国有独资公司发行公司债券，应由国家授权投资的机构或者国家授权的部门作出决定。

（2）申请发行。公司在作出公开发行公司债券的决议或者决定后，必须依照公司法规定的条件，向国务院授权的部门或者国务院证券监督管理机构提交规定的申请文件。所提交的申请文件，必须真实、准确、完整，包括公司营业执照、公司章程、公司债券募集办法等。

（3）发行申请的注册。国务院证券监督管理机构或者国务院授权的部门依照法定条件负责公司债券发行申请的注册，应当自受理发行申请文件之日起三个月内作出是否予以注册的决定；不予注册的，应当说明理由。

（4）与证券公司签订承销协议。

（5）公告募集办法。发行公司债券申请经批准后，应当公告债券募集办法。在募集办法中应当载明下列事项：公司名称，债券募集资金的用途，债券总额和债券的票面金额，债券利率的确定方式，还本付息的期限和方式，债券担保情况，债券的发行价格、发行的起止日期，公司净资产额，已发行的尚未到期的公司债券总额，公司债券的承销机构。

（6）认购公司债券。

【做中学】下列选项属于公开发行公司债券必须符合的条件的是：（　　）。

A.股份有限公司的净资产不低于人民币三千万元，有限责任公司的净资产不低于人民币六千万元

B.具备健全且运行良好的组织机构

C.最近三年平均可分配利润足以支付公司债券一年的利息

D.筹集的资金投向符合国家产业政策

E.债券的利率不超过国务院限定的利率水平

解析：答案为BC。详见公开发行公司债券的相关法律规定。

三、公司利润分配和公积金

（一）利润分配

公司利润是指公司当年利润减除应纳所得税的余额。根据《中华人民共和国公司法》《中华人民共和国企业所得税法》等相关法律的规定，公司应当按照如下顺序进行税后利润分配：（1）弥补以前年度亏损。公司的法定公积金不足以弥补以前年度亏损的，在依照规定提取法定公积金之前，应当先用当年利润弥补亏损。（2）提取法定公积金。（3）提取任意公积金。（4）向股东分配利润。公司弥补亏损和提取公积金后所余税后利润，有限责任公司股东按照实缴的出资比例分取红利；但是，全体股东约定不按照出资比例分取红利除外。股份有限公司按照股东持有的股份比例分配，但股份有限公司章程规定不按持股比例分配的除外。

公司法在股利的分配上，贯彻“无盈不分”的原则，即公司只有在弥补亏损、提取法定公积金后有剩余利润时，才可向股东分配股利。股东会、股东大会或者董事会违反前款规定，在公司弥补亏损和提取法定公积金之前向股东分配利润的，股东必须将违反

规定分配的利润退还公司。公司持有的本公司股份不得分配利润。

（二）公积金

公积金是公司在资本之外保留的资金金额，又称为附加资本或准备金。公司可将其用于增强自身财力，扩大营业范围或者预防意外亏损。公积金分为盈余公积金和资本公积金两类。

（1）盈余公积金是从公司税后利润中提取的公积金，分为法定公积金和任意公积金。

法定公积金又称强制公积金，是《公司法》规定必须从税后利润中提取的公积金。公司分配当年税后利润时，应当提取利润的百分之十列入公司法定公积金。《公司法》规定，公积金累计额为公司注册资本的百分之五十以上的，可以不再提取。法定公积金主要用于公司弥补亏损、扩大生产或者转增资本。

任意公积金是公司在法定公积金之外，依照公司章程或者股东会（股东大会）决议而从税后利润中提取的公积金。《公司法》规定，公司从税后利润中提取法定公积金后，经股东会或者股东大会决议，还可以从税后利润中提取任意公积金。《公司法》对任意公积金提取比例、最低限额及用途均无规定，相关事项由公司自行决定。

（2）资本公积金是直接由资本原因等形成的公积金。股份有限公司以超过股票票面金额的发行价格发行股份所得的溢价款，以及国务院财政部门规定列入资本公积金的其他收入，应当列为公司资本公积金。公司的公积金用于弥补公司的亏损、扩大公司生产经营或者转为增加公司资本。但是，资本公积金不得用于弥补公司的亏损。法定公积金转为资本时，所留存的该项公积金不得少于转增前公司注册资本的百分之二十五。

案例分析

1.某股份有限公司发行公司债券，董事会无权作出决议。股份公司发行公司债券需要股东大会作出决议，董事会无权作出决议。

2.某股份有限公司发行公司债券筹集的资金不可用于弥补公司亏损。发行债券筹集的资金必须用于核准的生产经营用途，不得用于弥补亏损和非生产性支出。

3.某股份有限公司发行新股的决定和方式违法。股份公司发行新股需要股东大会作出决议，申请获得注册后，由证券承销公司负责发行，股票发行时不能低于其票面金额发行。该公司由董事会来作出决议，且由公司所成立的销售部负责销售都是错误的，公司采用低价发行的方式也是错误的。

4.某股份有限公司不能自行发行新股。股份公司未符合新股发行条件、未取得发行注册是不能发行新股的。

5.某股份有限公司不能单方要求所有债券持有人将债券转换成公司股票。因为是否转换成股票的问题，债券持有人有选择权而公司没有选择权。

同步训练

参考答案

一、多选题

1.公司存在下列哪些情形的，不得再次公开发行公司债券？（　　）

A.前一次公开发行的公司债券尚未募足

B.对已发行的公司债券有违约或者延迟支付本息的事实，仍处于继续状态

C.违反规定，改变公开募集公司债券所募资金的用途

D.对公司其他债务有违约或者迟延支付本息的事实，仍处于继续状态

2.下列选项属于公司债券募集办法中应当载明事项的是：（　　）。

A.公司名称

B.债券总额和债券的票面金额

C.债券利率的确定方式

D.还本付息的期限和方式

3.下列选项属于公司债券募集办法中应当载明事项的是：（　　）。

A.债券发行的起止日期

B.公司净资产额

C.已发行的尚未到期的公司债券总额

D.公司债券的承销机构

4.下列有关《公司法》规定的法定公积金的表述，正确的是：（　　）。

A.法定公积金又称强制公积金，是《公司法》规定必须从税后利润中提取的公积金

B.公司分配当年税后利润时，应当提取利润的百分之十列入公司法定公积金

C.公司法定公积金累计额为公司注册资本的百分之五十以上的，可以不再提取

D.法定公积金主要用于弥补亏损、扩大生产或者转增资本

E.公司的法定公积金不足以弥补以前年度亏损的，在依照相关规定提取法定公积金之前，应当先用当年利润弥补亏损

5.下列有关《公司法》规定的资本公积金的表述，正确的是：（　　）。

A.是直接由资本原因等形成的公积金。股份有限公司以超过股票票面金额的发行

价格发行股份所得的溢价款，应当列为公司资本公积金

B.国务院财政部门规定列入资本公积金的其他收入，应当列为公司资本公积金

C.公司的公积金用于弥补公司的亏损、扩大公司生产经营或者转为增加公司资本。但是，资本公积金不得用于弥补公司的亏损

D.法定公积金转为资本时，所留存的该项公积金不得少于转增前公司注册资本的百分之二十五

二、判断题

1.公司弥补亏损和提取公积金后所余税后利润，有限责任公司股东按照实缴的出资比例分取红利；但是，全体股东约定不按照出资比例分取红利除外。(　　)

2.股份有限公司按照股东持有的股份比例分配，股份有限公司章程规定不按持股比例分配的违法。(　　)

3.股东会、股东大会或者董事会，在公司弥补亏损和提取法定公积金之前向股东分配利润的，股东必须将违反规定分配的利润退还公司。(　　)

4.公司持有的本公司股份可以分配利润。(　　)

三、案例分析题

兴达公司是改制企业，现共有25名自然人股东，谢某、刘某系该公司的股东。在本案起诉前，谢某、刘某因认为公司法定代表人及其他一些管理人员侵害公司及谢某、刘某的利益，双方发生纠纷，谢某、刘某在诉讼中提出由兴达公司给谢某、刘某40万元补偿款的调解方案。兴达公司为此召开股东会，股东会通过决议，决议内容为兴达公司给予每位股东发放补偿款40万元，谢某、刘某签字表示不同意。后公司通过转账方式向每位股东支付40万元。谢某、刘某诉至法院，请求确认上述股东会决议无效。谢某、刘某认为公司发放的40万元是分红款，兴达公司认为是福利。

请问：

本案如何处理？为什么？

任务2.6　公司合并、分立、增资、减资、解散和清算

视听资源

案例导入

股东对公司债务承担连带清偿责任案

原告上海存亮贸易有限公司（以下简称“存亮公司”）诉称：其向被告常州拓恒机械设备有限公司（以下简称“拓恒公司”）供应钢材，拓恒公司尚欠货款1 395 228.6元。被告房恒福、蒋志东和王卫明为拓恒公司的股东。拓恒公司未年检，被工商部门吊销营业执照，至今未组织清算。因其怠于履行清算义务，导致公司财产流失、灭失，存亮公司的债权得不到清偿。根据法律规定，房恒福、蒋志东和王卫明应对拓恒公司的债务承担连带责任。故请求判令拓恒公司偿还存亮公司货款1 395 228.6元及违约金，房恒福、蒋志东和王卫明对拓恒公司的债务承担连带清偿责任。

被告蒋志东、王卫明辩称：（1）两人从未参与过拓恒公司的经营管理；（2）拓恒公司实际由大股东房恒福控制，两人无法对其进行清算；（3）拓恒公司由于经营不善，在被吊销营业执照前已背负了大量债务，资不抵债，并非由于蒋志东、王卫明怠于履行清算义务而导致拓恒公司财产灭失；（4）蒋志东、王卫明也曾委托律师对拓恒公司进行清算，但由于拓恒公司财物多次被债权人哄抢，导致无法清算，因此蒋志东、王卫明不存在怠于履行清算义务的情况。故请求驳回存亮公司对蒋志东、王卫明的诉讼请求。

被告拓恒公司、房恒福未到庭参加诉讼，亦未进行答辩。

法院经审理查明：拓恒公司尚欠货款1 395 228.6元。房恒福、蒋志东和王卫明为拓恒公司的股东，所占股份分别为40%、30%、30%。拓恒公司因未进行年检，被工商部门吊销营业执照，至今股东未组织清算。现拓恒公司无办公经营地，账册及财产均下落不明。拓恒公司在其他案件中因无财产可供执行被中止执行。

（案例来源：江必新等著：《最高人民法院指导性案例裁判规则理解与适用·公司

卷》，中国法制出版社2012年版）

请根据你所了解的公司法知识判断：房恒福、蒋志东和王卫明应否对拓恒公司的债务承担连带清偿责任？并说明理由。

知识准备

一、公司合并

公司合并，是指两个或两个以上的公司订立合并协议，不需要经过清算，依照法定程序直接结合成为一个公司的法律行为。

（一）合并的形式

公司的合并分为吸收合并和新设合并两种形式。吸收合并又称存续合并，它是指一个公司吸收其他公司后存续，被吸收的公司解散；新设合并是指两个或两个以上的公司合并组成一个新的公司，原合并各方解散。

为防止公司合并侵害债权人和股东的利益，《公司法》规定公司的合并程序是：由合并各方签订合并协议，编制资产负债表及财产清单，由参与合并公司各自的股东大会或股东会作出决定或决议，通知、公告债权人，办理合并登记手续。股份有限公司的合并，还必须经国务院授权的部门或者省级人民政府批准。

公司应当自作出合并决议之日起十日内通知债权人，并于三十日内在报纸上公告。债权人自接到通知书之日起三十日内，未接到通知书的自公告之日起四十五日内，可以要求公司清偿债务或者提供相应的担保。公司不清偿债务或者不提供相应的担保的，公司不得合并。

公司合并，应当自合并决议或决定作出之日起九十日后申请登记。

（二）合并各方债权债务的承继

公司合并时，合并各方的债权、债务，应当由合并后存续的公司或者新设的公司承继。

二、公司分立

公司分立是指一个公司通过依法签订分立协议，不经过清算程序，分为两个或两个以上公司的法律行为。公司分立，其财产作相应的分割，应当编制资产负债表及财产清单。

公司应当自作出分立决议之日起十日内通知债权人，并于三十日内在报纸上公告。除了没有赋予债权人要求公司清偿债务或者提供相应担保的权利，公司分立程序与公司合并程序基本相同。

公司合并、分立的，应当自公告之日起四十五日后申请登记，提交合并协议和合并、分立决议或者决定，以及公司在报纸上登载公司合并、分立公告的有关证明和债务清偿或者债务担保情况的说明。法律、行政法规或者国务院决定规定公司合并、分立必须报经批准的，还应当提交有关批准文件。

（一）分立的形式

公司分立有两种形式：一是派生分立，是指公司以其部分资产另设一个或数个新的公司，原公司存续；二是新设分立，是指公司的全部资产分别划归两个或两个以上的新公司，原公司解散。

（二）分立前各方债务的承担

公司分立前的债务由分立后的公司承担连带责任。但是，公司在分立前与债权人就债务清偿达成的书面协议另有约定的除外。

三、公司注册资本的增加和减少

（一）公司注册资本的增加

公司增加注册资本，是指公司经股东会（股东大会）决议使公司的注册资本在原来的注册资本的基础上予以扩大的民事法律行为。公司为了扩大经营规模或者经营范围，或为了与公司的实际资产相符，或为了提高公司的资本信誉，有时需要增加注册资本。公司注册资本的增加不会损害公司债权人的利益，因此，没有必要增设保护债权人的特别程序。

但是，资本增加涉及股东的利益和公司本身财产的变化，因此，《公司法》规定增资必须经过股东会（股东大会）作出特别决议才能进行。

有限责任公司增加注册资本时，股东认缴新增资本的出资，依照《公司法》设立有限责任公司缴纳出资的有关规定执行。股份有限公司为增加注册资本发行新股时，股东认购新股，依照《公司法》设立股份有限公司缴纳股款的有关规定执行。

公司增加注册资本，应当依法向公司登记机关办理变更登记。

（二）公司注册资本的减少

公司减少注册资本，指公司经股东会（股东大会）决议使公司的注册资本在原来的注册资本的基础上予以减少的民事法律行为。一般情况下，公司的注册资本不得减少。但是，如果出现净资产大大少于注册资本，或者在派生分立情况下，原公司的资产减少等情况，公司就可以减少注册资本。由于减少注册资本直接关系到公司的发展前景，关系到公司的偿债能力，因而直接关系到广大股东和债权人的利益，所以《公司法》对此规定了严格的程序。

公司减少注册资本的内部程序：由董事会制定公司减少注册资本的方案，交由股东（大）会作出决议。

公司减少注册资本的外部程序：公司需要减少注册资本时，必须编制资产负债表及财产清单。公司应当自作出减少注册资本决议之日起十日内通知债权人，并于三十日内在报纸上公告。债权人自接到通知书之日起三十日内，未接到通知书的自公告之日起四十五日内，有权要求公司清偿债务或者提供相应的担保。

公司减少注册资本，应当依法向公司登记机关办理变更登记。

四、公司解散和清算

（一）公司解散

公司解散是公司基于章程规定或者法定的除破产以外的解散事由而停止营业活动，并进入清算程序，而使公司消失的法律行为。公司因下列原因解散：

（1）公司章程规定的营业期限届满或者公司章程规定的其他解散事由出现；

（2）股东会或者股东大会决议解散；

（3）因公司合并或者分立需要解散；

（4）依法被吊销营业执照、责令关闭或者被撤销；

（5）公司经营管理发生严重困难，继续存续会使股东利益受到重大损失，通过其他途径不能解决的，持有公司全部股东表决权百分之十以上的股东，可以请求人民法院解散公司。

公司有上述第（1）项情形的，可以通过修改公司章程而存续。

《最高人民法院关于适用〈中华人民共和国公司法〉若干问题的规定（二）》[以下简称"《公司法》司法解释（二）"]对前述第5项情形中的"公司经营管理发生严重困难"进行了界定：（1）公司持续两年以上无法召开股东会或者股东大会，公司经营管理发生严重困难的；（2）股东表决时无法达到法定或者公司章程规定的比例，持续两年以上不能作出有效的股东会或者股东大会决议，公司经营管理发生严重困难的；（3）公司董事长期冲突，且无法通过股东会或者股东大会解决，公司经营管理发生严重困难的；（4）经营管理发生其他严重困难，公司继续存续会使股东利益受到重大损失的情形。

股东以知情权、利润分配请求权等权益受到损害，或者公司亏损、财产不足以偿还全部债务，以及公司被吊销企业法人营业执照未进行清算等为由，提起解散公司诉讼的，人民法院不予受理。

股东提起解散公司诉讼应当以公司为被告。原告以其他股东为被告一并提起诉讼的，人民法院应当告知原告将其他股东变更为第三人；原告坚持不予变更的，人民法院应当驳回原告对其他股东的起诉。原告提起解散公司诉讼应当告知其他股东，或者由人民法院通知其参加诉讼。其他股东或者有关利害关系人申请以共同原告或者第三人身份参加诉讼的，人民法院应予准许。

人民法院审理解散公司诉讼案件，应当注重调解。当事人协商同意由公司或者股东收购股份，或者以减资等方式使公司存续，且不违反法律、行政法规强制性规定的，人民法院应予支持。当事人不能协商一致使公司存续的，人民法院应当及时判决。

经人民法院调解公司收购原告股份的，公司应当自调解书生效之日起六个月内将股份转让或者注销。股份转让或者注销之前，原告不得以公司收购其股份为由对抗公司债权人。

人民法院关于解散公司诉讼作出的判决，对公司全体股东具有法律约束力。

人民法院判决驳回解散公司诉讼请求后，提起该诉讼的股东或者其他股东又以同一事实和理由提起解散公司诉讼的，人民法院不予受理。

股东提起解散公司诉讼，同时又申请人民法院对公司进行清算的，人民法院对其提出的清算申请不予受理。人民法院可以告知原告，在人民法院判决解散公司后，依据《民法典》第七十条、《公司法》第一百八十三条及《公司法》司法解释（二）第七条的规定，自行组织清算或者另行申请人民法院对公司进行清算。

（二）公司清算

公司清算，是指公司解散或被依法宣布破产后，依法处理公司未了的事务，使公司的法人资格归于消灭的法律行为。进入清算程序，是为了公平分配财产、保护股东、债权人和职工利益。公司除了因合并或分立解散无须清算，以及因破产而解散的公司使用破产清算程序外，其余原因引起的解散，均须经过清算程序。

1.清算组的成立

解散的公司，应当在解散事由出现之日起十五日内成立清算组，开始自行清算。有限责任公司的清算组由股东组成，股份有限公司的清算组由董事或者股东大会确定的人员组成。

有下列情形之一，债权人、公司股东、董事或其他利害关系人申请人民法院指定清算组进行清算的，人民法院应予受理：（1）公司解散逾期不成立清算组进行清算的；（2）虽然成立清算组但故意拖延清算的；（3）违法清算可能严重损害债权人或者股东利益的。

人民法院受理公司清算案件，应当及时指定有关人员组成清算组。清算组成员可以从下列人员或者机构中产生：（1）公司股东、董事、监事、高级管理人员；（2）依法设立的律师事务所、会计师事务所、破产清算事务所等社会中介机构；（3）依法设立的律师事务所、会计师事务所、破产清算事务所等社会中介机构中具备相关专业知识并取得执业资格的人员。人民法院指定的清算组成员有下列情形之一的，人民法院可以根据债权人、公司股东、董事或其他利害关系人的申请，或者依职权更换清算组成员：（1）有违反法律或者行政法规的行为；（2）丧失执业能力或者民事行为能力；（3）有严重损害公司或者债权人利益的行为。

2.清算组的职权

清算组在清算期间行使下列职权：（1）清理公司财产，分别编制资产负债表和财产清单；（2）通知、公告债权人；（3）处理与清算有关的公司未了结的业务；（4）清缴所欠税款以及清算过程中产生的税款；（5）清理债权、债务；（6）处理公司清偿债务后的剩余财产；（7）代表公司参与民事诉讼活动。

3.清算组成员的义务和责任

清算组成员应当忠于职守，依法履行清算义务。清算组成员不得利用职权收受贿赂或者其他非法收入，不得侵占公司财产。清算组成员因故意或者重大过失给公司或者债权人造成损失的，应当承担赔偿责任。

4.债权通知和债权的申报与登记

清算组应当将公司解散清算事宜自成立之日起十日内书面通知全体已知债权人，并并于六十日内根据公司规模和营业地域范围在全国或者公司注册登记地省级有影响的报纸上进行公告。

清算组未按照前述规定履行通知和公告义务，导致债权人未及时申报债权而未获清偿，债权人主张清算组成员对因此造成的损失承担赔偿责任的，人民法院应依法予以支持。

债权人应当自接到通知书之日起三十日内，未接到通知书的自公告之日起四十五日内，向清算组申报其债权。

债权人申报债权，应当说明债权的有关事项，并提供证明材料。清算组应当对债权进行登记。在申报债权期间，清算组不得对债权人进行清偿。

公司清算时，债权人对清算组核定的债权有异议的，可以要求清算组重新核定。清算组不予重新核定，或者债权人对重新核定的债权仍有异议，债权人以公司为被告向人民法院提起诉讼请求确认的，人民法院应予受理。

债权人在规定的期限内未申报债权，在公司清算程序终结前补充申报的，清算组应予登记。债权人补充申报的债权，可以在公司尚未分配财产中依法清偿。公司尚未分配财产不能全额清偿，债权人主张股东以其在剩余财产分配中已经取得的财产予以清偿的，人民法院应予支持；但债权人因重大过错未在规定期限内申报债权的除外。但债权人或者清算组，以公司尚未分配财产和股东在剩余财产分配中已经取得的财产，不能全额清偿补充申报的债权为由，向人民法院提出破产清算申请的，人民法院不予受理。

5.公司财产的清算

清算组在清理公司财产、编制资产负债表和财产清单后，应当制定清算方案，并报股东会、股东大会或者人民法院确认。

公司财产在分别支付清算费用、职工的工资、社会保险费用和法定补偿金，缴纳所欠税款，清偿公司债务后的剩余财产，有限责任公司按照股东的出资比例分配，股份有限公司按照股东持有的股份比例分配。

清算期间，公司存续，但不得开展与清算无关的经营活动。公司财产在未依照前述规定清偿前，不得分配给股东。

人民法院指定的清算组在清理公司财产、编制资产负债表和财产清单时，发现公司财产不足清偿债务的，可以与债权人协商制作有关债务清偿方案。债务清偿方案经全体债权人确认且不损害其他利害关系人利益的，人民法院可依清算组的申请裁定予以认可。清算组依据该清偿方案清偿债务后，应当向人民法院申请裁定终结清算程序。债权人对债务清偿方案不予确认或者人民法院不予认可的，清算组应当依法向人民法院申请宣告破产。

公司经人民法院裁定宣告破产后，清算组应当将清算事务移交给人民法院。公司被依法宣告破产的，依照有关企业破产的法律实施破产清算。

6.公司注销的公告与登记

公司清算程序终结，是指清算报告经股东会、股东大会或者人民法院确认完毕。公司清算结束后，清算组应当制作清算报告，报股东会、股东大会或者人民法院确认（其中公司自行清算的，清算方案应当报股东会或者股东大会决议确认；人民法院组织清算的，清算方案应当报人民法院确认），并报送公司登记机关，申请注销公司登记，公告公司终止。

未经确认的清算方案，清算组不得执行。执行未经确认的清算方案给公司或者债权人造成损失，公司、股东或者债权人主张清算组成员承担赔偿责任的，人民法院应依法予以支持。

人民法院组织清算的，清算组应当自成立之日起六个月内清算完毕。因特殊情况无法在六个月内完成清算的，清算组应当向人民法院申请延长。

《公司法》司法解释（二）规定，有限责任公司的股东、股份有限公司的董事和控股股东未在法定期限内成立清算组开始清算，导致公司财产贬值、流失、毁损或者灭失，债权人主张其在造成损失范围内对公司债务承担赔偿责任的，人民法院应依法予以支持。有限责任公司的股东、股份有限公司的董事和控股股东因怠于履行义务，导致公司主要财产、账册、重要文件等灭失，无法进行清算，债权人主张其对公司债务承担连带清偿责任的，人民法院应依法予以支持。上述情形系实际控制人原因造成，债权人主张实际控制人对公司债务承担相应民事责任的，人民法院应依法予以支持。

有限责任公司的股东、股份有限公司的董事和控股股东，以及公司的实际控制人在公司解散后，恶意处置公司财产给债权人造成损失，或者未经依法清算，以虚假的清算报告骗取公司登记机关办理法人注销登记，债权人主张其对公司债务承担相应赔偿责任的，人民法院应依法予以支持。

公司解散应当在依法清算完毕后，申请办理注销登记。公司未经清算即办理注销登记，导致公司无法进行清算，债权人主张有限责任公司的股东、股份有限公司的董事和控股股东，以及公司的实际控制人对公司债务承担清偿责任的，人民法院应依法予以支持。公司未经依法清算即办理注销登记，股东或者第三人在公司登记机关办理注销登记时承诺对公司债务承担责任，债权人主张其对公司债务承担相应民事责任的，人民法院应依法予以支持。

有限责任公司的股东、股份有限公司的董事和控股股东，以及公司的实际控制人为二人以上的，其中一人或者数人按照上述规定承担民事责任后，主张其他人员按照过错大小分担责任的，人民法院应依法予以支持。

公司解散时，股东尚未缴纳的出资均应作为清算财产。股东尚未缴纳的出资，包括到期应缴未缴的出资，以及依照公司法的规定分期缴纳尚未届满缴纳期限的出资。

公司财产不足以清偿债务时，债权人主张未缴出资股东，以及公司设立时的其他股东或者发起人在未缴出资范围内对公司债务承担连带清偿责任的，人民法院应依法予以支持。

清算组成员从事清算事务时，违反法律、行政法规或者公司章程给公司或者债权人造成损失，公司或者债权人主张其承担赔偿责任的，人民法院应依法予以支持。

有限责任公司的股东、股份有限公司连续一百八十日以上单独或者合计持有公司百分之一以上股份的股东，依据《公司法》第一百五十一条第三款（即他人侵犯公司合法权益，给公司造成损失的，符合条件的股东可提起股东代表诉讼）的规定，以清算组成员有前述行为为由向人民法院提起诉讼的，人民法院应予受理。

公司已经清算完毕注销，上述股东参照《公司法》第一百五十一条第三款的规定，直接以清算组成员为被告、其他股东为第三人向人民法院提起诉讼的，人民法院应予受理。

解散公司诉讼案件和公司清算案件由公司住所地人民法院管辖。公司住所地是指公司主要办事机构所在地。公司办事机构所在地不明确的，由其注册地人民法院管辖。基层人民法院管辖县、县级市或者区的公司登记机关核准登记公司的解散诉讼案件和公司清算案件；中级人民法院管辖地区、地级市以上的公司登记机关核准登记公司的解散诉讼案件和公司清算案件。

【做中学1】公司合并程序包括（　　）。

A.应当由公司的股东大会或股东会作出决定或决议

B.由合并各方签订合并协议

C.编制资产负债表及财产清单

D.通知、公告债权人

E.办理合并登记手续

解析：答案为ABCDE。详见公司合并的规定。

【做中学2】关于公司合并的规定的表述，合法的是（　　）。

A.公司应当自作出合并决议之日起十日内通知债权人，并于三十日内在报纸上公告

B.债权人自接到合并通知书之日起三十日内，未接到通知书的自公告之日起四十五日内，可以要求公司清偿债务或者提供相应的担保

C.公司不应要求清偿债务或者不提供相应的担保的，公司不得合并

D.公司合并，应当自合并决议或决定作出之日起90日后申请登记

解析：答案为ABCD。详见公司合并的规定。

案例分析

存亮公司按约供货后，拓恒公司未能按约付清货款，应当承担相应的付款责任及违约责任。房恒福、蒋志东和王卫明作为拓恒公司的股东，应在拓恒公司被吊销营业执照后及时组织清算。因房恒福、蒋志东和王卫明怠于履行清算义务，导致拓恒公司的主要财产、账册等均已灭失，无法进行清算。房恒福、蒋志东和王卫明怠于履行清算义务的行为，违反了《公司法》及其司法解释的相关规定，应当对拓恒公司的债务承担连带清偿责任。拓恒公司作为有限责任公司，其全体股东在法律上应一体成为公司的清算义务

人。《公司法》及其司法解释并未规定蒋志东、王卫明所辩称的例外条款，因此无论蒋志东、王卫明在拓恒公司中所占的股份为多少，是否实际参与了公司的经营管理，两人在拓恒公司被吊销营业执照后，都有义务在法定期限内依法对拓恒公司进行清算。

拓恒公司在其他案件中因无财产可供执行被中止执行的情况，只能证明人民法院在执行中未查找到拓恒公司的财产，不能证明拓恒公司的财产在被吊销营业执照前已全部灭失。拓恒公司的三名股东怠于履行清算义务与拓恒公司的财产、账册灭失之间具有因果联系，蒋志东、王卫明的该项抗辩理由不成立。蒋志东、王卫明委托律师进行清算的委托代理合同及律师的证明，仅能证明蒋志东、王卫明欲对拓恒公司进行清算，但事实上对拓恒公司的清算并未进行。据此，不能认定蒋志东、王卫明依法履行了清算义务。法院判决：房恒福、蒋志东和王卫明怠于履行清算义务的行为，违反了《公司法》及其司法解释的相关规定，应当对拓恒公司的债务承担连带清偿责任。

同步训练

参考答案

一、多选题

1. 下列关于公司减少注册资本的规定的表述，合法的是(　　)。

　A. 公司需要减少注册资本时，必须编制资产负债表及财产清单

　B. 公司应当自作出减少注册资本决议之日起十日内通知债权人，并于三十日内在报纸上公告

　C. 债权人自接到通知书之日起三十日内，未接到通知书的自公告之日起四十五日内，有权要求公司清偿债务或者提供相应的担保

　D. 由董事会制定公司减少注册资本的方案并作出决议

2. 公司因下列原因解散：(　　)。

　A. 公司章程规定的营业期限届满或者公司章程规定的其他解散事由出现

　B. 股东会或者股东大会决议解散

　C. 因公司合并或者分立需要解散

　D. 依法被吊销营业执照、责令关闭或者被撤销

　E. 公司经营管理发生严重困难，继续存续会使股东利益受到重大损失，通过其他途径不能解决的，持有公司全部股东表决权百分之五以上的股东，可以请求人民法院解散公司

3. 下列关于公司解散时清算组的规定的表述，合法的有(　　)。

A.解散的公司，应当在解散事由出现之日起十五日内成立清算组，开始清算

B.有限责任公司的清算组由股东组成

C.股份有限公司的清算组由董事或者股东大会确定的人员组成

D.逾期不成立清算组进行清算的，债权人可以申请人民法院指定有关人员组成清算组进行清算。人民法院应当受理该申请，并及时组织清算组进行清算

4.下列选项中属于公司解散时清算组的职权的有（　　）。

A.清理公司财产，分别编制资产负债表和财产清单

B.通知、公告债权人

C.处理与清算有关的公司未了结的业务

D.清缴所欠税款以及清算过程中产生的税款

E.清理债权、债务

F.处理公司清偿债务后的剩余财产

G.代表公司参与民事诉讼活动

二、判断题

1.公司合并时，合并各方的债权、债务，应当由合并后存续的公司或者新设的公司承继。（　　）

2.公司分立前的债务由分立后的公司承担连带责任。公司在分立前与债权人就债务清偿达成的书面协议另有约定的无效。（　　）

3.清算组成员因故意或者重大过失给公司或者债权人造成损失的，应当承担赔偿责任。（　　）

4.在申报债权期间，清算组可以对债权人进行清偿。（　　）

三、案例分析题

2013年，持股49%的某科技公司股东杨某以持股51%的周某强行拿走公司资产及公司财务、档案资料，公司形成僵局为由，诉请解散公司。庭审时，杨某称目前该科技公司原有项目仍在继续经营，且其未提供其他证据证明该科技公司存在经营管理发生严重困难情况。

请问：

法院应该判决公司解散吗？理由是什么？

项目小结

- 公司法律制度
  - 公司法基本理论
    - 公司的概念与特征
    - 公司的分类
    - 公司的登记管理
    - 股东出资形式、股东权利
  - 有限责任公司
    - 有限责任公司的概念与特征
    - 有限责任公司的设立
    - 有限责任公司的组织架构
    - 一人有限责任公司的特别规定
    - 国有独资公司的特别规定
    - 有限责任公司的股权转让
  - 股份有限公司
    - 股份有限公司的概念与特征
    - 股份有限公司的设立
    - 股份有限公司的组织架构
    - 上市公司的特别规定
    - 股份有限公司的股份发行与转让
    - 股份有限公司与有限责任公司的区别
  - 公司董事、监事、高级管理人员的资格和义务
    - 公司董事、监事、高级管理人员的资格
    - 公司董事、监事、高级管理人员的义务
    - 股东诉讼
  - 公司债券与公司财务、会计
    - 公司债券的概念与特征
    - 公司债券的种类与发行
    - 公司利润分配与公积金
  - 公司合并、分立、增资、减资、解散和清算
    - 公司合并
    - 公司分立
    - 公司注册资本的增加和减少
    - 公司的解散和清算

考核评价

本项目职业能力测试与考核采用百分制，将过程考核与结果考核相结合，加大技能考核比重。过程考核主要包括职业态度、组织纪律、团队合作、实训练习，占40%。结果考核以实务考核为主，占60%。

考核评价记录表

过程考核（40%）				结果考核（60%）	
职业态度（10%）	组织纪律（10%）	团队合作（10%）	实训练习（10%）	考核内容	分值比重
教师根据课堂表现进行评价，采取扣分制	教师电子考勤（每次课电子签到）	学生小组评价	教师根据学生提交的实训练习情况进行评价	有限责任公司	30%
				股份有限公司	30%

教学项目3　合同法律制度

学习目标

1. 了解合同的概念、调整对象与分类；

2. 掌握合同的订立、合同的内容、合同的效力、合同的履行；

3. 掌握合同的变更、合同的转让、合同的终止；

4. 理解违约责任；

5. 理解合同的相对性原理。

任务 3.1　合同的基本知识

视听资源

案例导入

生活中，我们会遇到如下类似情形：甲和乙到民政局办理结婚登记手续，张三从银行贷款买房，李四从超市购买牛奶等生活日用品，丙从孤儿院收养了一名孤儿，等等。

根据上述资料，请同学们思考：

上述情形是否属于《中华人民共和国民法典》合同编的调整范围？

知识准备

一、合同与合同法律制度

（一）合同

《民法典》第四百六十四条规定："合同是民事主体之间设立、变更、终止民事法律关系的协议。"民事主体包括自然人、法人、非法人组织。他们的法律地位是平等的。

不是平等主体，不可能形成合同关系，而是形成其他法律关系。比如，公安机关对犯罪嫌疑人的抓捕，是刑事法律关系，不是合同关系。再比如，违章停车被交警贴罚单，是行政法律关系，也不是合同关系。

法人是具有民事权利能力和民事行为能力、依法独立享有民事权利和承担民事义务的组织。根据《民法典》总则编的规定，法人包括有限责任公司、股份有限公司、事业单位、社会团体、基金会、社会服务机构、国家机关、农村集体经济组织、城镇农村的合作经济组织、居民委员会、村民委员会等。

非法人组织是不具有法人资格，但是能够依法以自己的名义从事民事活动的组织。根据《民法典》的规定，非法人组织包括个人独资企业、合伙企业、不具有法人资格的专业服务机构等。

【做中学1】以下属于合同关系的是(　　)。

A.张敏从商场买了一件衣服　　B.过年时，小明收到了压岁钱

C.王杰托同学捎了一份午饭　　D.赵波闯红灯被罚款20元

解析：答案为ABC。A是买卖合同，B是赠与合同，C是委托合同，ABC都是平等主体的自然人之间设立民事权利义务关系的协议，都是合同关系。D是行政处罚，是行政法律关系，不是合同关系。

(二)合同法律制度

合同法律制度是调整平等主体之间商品交换关系的法律规范。原《中华人民共和国合同法》于1999年3月15日由第九届全国人民代表大会第二次会议通过，自1999年10月1日起施行。后来，最高人民法院先后通过了《关于适用〈中华人民共和国合同法〉若干问题的解释(一)》《关于适用〈中华人民共和国合同法〉若干问题的解释(二)》。2021年1月1日《民法典》施行后，上述法律和司法解释已同时废止。目前，除《民法典》合同编及《最高人民法院关于审理买卖合同纠纷案件适用法律问题的解释》等外，《民法典》总则编、物权编及其他相关司法解释对合同也起着重要规范作用。

(三)《民法典》合同编的适用范围

《民法典》合同编不仅调整因合同产生的债权债务关系，其有些规定还适用于非因合同产生的债权债务关系，比如基于侵权行为产生的债权债务关系。《民法典》第四百六十八条规定："非因合同产生的债权债务关系，适用有关该债权债务关系的法律规定；没有规定的，适用本编通则的有关规定，但是根据其性质不能适用的除外。"另外，有关身份关系的协议可以参照适用《民法典》合同编的规定。《民法典》第四百六十四条第二款规定："婚姻、收养、监护等有关身份关系的协议，适用有关该身份关系的法律规定；没有规定的，可以根据其性质参照适用本编规定。"比如，离婚财产分割协议、忠诚协议、财产约定、子女间赡养父母协议、成年意定监护协议的效力认定等。

此外，在涉外合同中，能否适用《民法典》合同编的规定要具体情况具体分析，不能一概而论。涉外合同的当事人可以选择处理合同争议所适用的法律，但法律另有规定的除外。涉外合同的当事人对此没有选择的，适用与合同有最密切联系国家的法律。根据《民法典》合同编第四百六十七条的规定，在中华人民共和国境内履行的中外合资经营企业合同、中外合作经营企业合同、中外合作勘探开发自然资源合同，适用中华人民共和国法律。

【做中学2】以下属于《民法典》合同编调整范围的是(　　)。

A.潘安与赵媛到民政局登记结婚　　　　　　B.张三从银行贷款10万元

C.李萍买了一箱牛奶　　　　　　　　　　　D.尹义夫妇收养了一个孤儿

解析：答案为BC。结婚、离婚都是婚姻关系，A不是《民法典》合同编的调整范围。B是借款合同，C是买卖合同，B和C是平等主体间有关财产关系设立的协议，都属于《民法典》合同编的调整范围。D是收养关系，不是《民法典》合同编的调整范围。

二、合同的分类

合同可以按照不同的标准进行分类：

（一）有名合同与无名合同

以《民法典》合同编或者其他法律是否对合同规定有确定的名称为标准，合同可分为有名合同与无名合同。有名合同是立法上规定了确定名称的合同。如《民法典》合同编典型合同分编中的有名合同有19类：买卖合同，供用电、水、气、热力合同，赠与合同，借款合同，保证合同，租赁合同，融资租赁合同，保理合同，承揽合同，建设工程合同，运输合同，技术合同，保管合同，仓储合同，委托合同，物业服务合同，行纪合同，中介合同，合伙合同等。无名合同是立法上还没有规定确定名称的合同。《民法典》合同编规定："本法或者其他法律没有明文规定的合同，适用本编通则的规定，并可以参照适用本编或者其他法律最相类似合同的规定。"这说明《民法典》合同编也承认无名合同。

（二）单务合同与双务合同

以合同当事人双方是否互负义务为标准，合同可分为单务合同与双务合同。单务合同是指仅有一方当事人承担义务的合同，如赠与合同。双务合同是指双方当事人互负对价义务的合同，如买卖合同、租赁合同等。大多数合同是双务合同。

（三）诺成合同与实践合同

以合同除当事人双方的意思表示一致外，是否还要交付标的物为标准，合同可分为诺成合同与实践合同。诺成合同是指当事人意思表示一致即可成立的合同。实践合同是指在当事人意思表示一致以外，还需要实际交付标的物才能成立的合同。常见的实践合同有自然人之间的借款合同、保管合同、定金合同等。根据《民法典》合同编及物权编的规定，赠与合同、质押合同不再是实践合同。有的著作也把诺成合同称为不要物合同，把实践合同称为要物合同。大多数合同是诺成合同。

（四）有偿合同与无偿合同

以当事人权利的获得是否支付代价为标准，合同可分为有偿合同与无偿合同。有偿合同是指当事人互为给付一定代价（包括金钱、财产、劳务）的合同。如买卖合同的买方为获得对方的货物而支付价款，借款合同的借款人为获得出借人的借款而支付利息，承揽合同的承揽人为获得对方的报酬而提供劳务等。无偿合同是指一方当事人承担给付一定代价的义务，而他方当事人不承担给付义务的合同，如赠与合同、无偿的委托合同等。大多数合同是有偿合同。

（五）要式合同和不要式合同

根据合同的成立是否需要具备法律规定的形式和手续，合同可分为要式合同和不要式合同。要式合同是指法律规定必须采取一定的形式或者履行一定的程序才能成立的合同，如融资租赁合同、建设工程合同、技术开发合同、技术转让合同等，这些合同必须采用书面形式才能成立。不要式合同是指法律不要求采取一定形式，当事人自由选择一种形式即可成立的合同。该类合同的形式可由当事人协商确定。大多数合同是不要式合同。

（六）主合同和从合同

根据合同之间的依存关系，合同可分为主合同和从合同。主合同是指不需要有其他合同的存在就可以独立成立的合同。从合同是指从属于其他合同而存在的合同。比如贷款买房，当事人之间签订了商品房买卖合同，又签订了贷款合同。其中，商品房买卖合同是主合同，贷款合同是从合同。

【做中学3】陈静把自己的一间卧室出租给了王丽丽，月租金600元。该租赁合同是（　　）。

A.有名合同　　B.无名合同　　C.单务合同　　D.双务合同　　E.诺成合同

F.实践合同　　G.有偿合同　　H.无偿合同　　I.要式合同　　J.不要式合同

解析：答案为ADEGJ。租赁合同是《民法典》合同编上有确定名称的合同，A对，B不对。陈静把卧室租给王丽丽居住，王丽丽交付租金，双方互负义务，是双务合同，不是单务合同，D对，C不对。租赁合同是诺成合同，双方意思表示一致就成立，E对，F不对。陈静和王丽丽双方都要支付给对方代价，是有偿合同，G对，H不对。不定期的租赁合同不需要特别的形式和手续，是不要式合同，J对，I不对。

三、合同的相对性

合同的相对性，是指合同主要在特定的合同当事人之间发生权利义务关系，当事人只能基于合同向另一方当事人提出请求或提起诉讼，不能向没有合同关系的第三人提出合同上的请求，也不能擅自为第三人设定合同上的义务。

《民法典》第四百六十五条第二款规定："依法成立的合同，仅对当事人具有法律约束力，但是法律另有规定的除外。"该规定体现了合同的相对性原则。

比如，张三欠李四一万元，李四只能向张三要，向王五要是不行的，因为王五不是借款合同的当事人。张三与李四的借款合同关系，只在合同的当事人张三和李四之间存在权利义务关系。这就是合同的相对性原理。合同相对性原理是理解合同法的"钥匙"。

合同的相对性主要体现在如下四个方面：

1.主体的相对性

主体的相对性，指合同关系只能发生在特定的主体之间，只有合同一方当事人能够向另一方当事人基于合同提出请求或者提起诉讼。

2.内容的相对性

内容的相对性，指除法律另有规定、合同另有约定以外，只有合同当事人才能享有某个合同所规定的权利，并承担该合同规定的义务，任何第三人不能主张合同上的权利。在双务合同中，合同内容的相对性还表现在一方的权利就是另一方的义务，权利和义务是相互对应的。

3.责任的相对性

责任的相对性，是指违约责任只发生在合同当事人之间，合同以外的人不负违约责任。违约责任的相对性要求：（1）违约当事人应对违约行为承担违约责任；（2）在因第三人的行为造成违约的情况下，债务人仍应向债权人承担违约责任；（3）债务人只向合同中的债权人承担违约责任，而不是向第三人承担违约责任。《民法典》第五百九十三条对合同责任的相对性作了明确规定："当事人一方因第三人的原因造成违约的，应当依法向对方承担违约责任。当事人一方和第三人之间的纠纷，依照法律规定或者按照约定处理。"

4.合同相对性的例外

根据《民法典》合同编的规定，以下情形都属于合同相对性的例外：

（1）合同代位权。《民法典》合同编第五百三十五条规定："因债务人怠于行使其债权或者与该债权有关的从权利，影响债权人的到期债权实现的，债权人可以向人民法院请求以自己的名义代位行使债务人对相对人的权利，但是该权利专属于债务人自身的除外。代位权的行使范围以债权人的到期债权为限。债权人行使代位权的必要费用，由债务人负担。"合同代位权的规定，突破了合同的相对性，使得债权人可以向合同关系以外的第三人提起诉讼，主张权利。

（2）合同撤销权。《民法典》合同编第五百三十八条规定："债务人以放弃其债权、放弃债权担保、无偿转让财产等方式无偿处分财产权益，或者恶意延长其到期债权的履行期限，影响债权人的债权实现的，债权人可以请求人民法院撤销债务人的行为。”第五百三十九条规定：“债务人以明显不合理的低价转让财产、以明显不合理的高价受让他人财产或者为他人的债务提供担保，影响债权人的债权实现，债务人的相对人知道或者应当知道该情形的，债权人可以请求人民法院撤销债务人的行为。”第五百四十条规定：“撤销权的行使范围以债权人的债权为限。债权人行使撤销权的必要费用，由债务人负担。”合同撤销权的规定，突破了合同的相对性，使得债权人可以向合同关系以外的第三人提起诉讼，主张权利。

（3）买卖不破租赁。《民法典》合同编第七百二十五条：“租赁物在承租人按照租赁合同占有期限内发生所有权变动的，不影响租赁合同的效力。”比如，张三把自己的一辆轿车出租给了李四，租期6个月。在这期间，张三把车又卖给了王五，在租期未到的时候，王五有没有权利要求李四把车交给他呢？没有。李四依然可以按照和张三签订的租赁合同，一直租用到6个月期满为止。买卖不破租赁，使得租赁合同的承租人可以以自己的租赁权对抗新的所有权人，突破了合同的相对性。

（4）死亡不破租赁。《民法典》合同编第七百三十二条：“承租人在房屋租赁期限内死亡的，与其生前共同居住的人或者共同经营人可以按照原租赁合同租赁该房屋。”死亡不破租赁，使得租赁合同的承租人可以以自己的租赁权对抗新的所有权人，突破了合同的相对性。

（5）建设工程合同的分包人与承包人、货运合同的多个承包人的责任。《民法典》合同编第七百九十一条第二款、第八百三十四条关于分包人与承包人共同对发包人承担连带责任、单式联运合同中某一区段的承运人与总的承运人共同向托运人承担连带责任的规定，也都突破了合同的相对性。因为这两种合同中，分包人与发包人，托运人与某一区段的承运人之间并无合同关系。

【做中学4】王大山是王峰的父亲，王峰跟父母住在一起，王大山租住了赵宝成的房子。2018年2月5日，双方签订了房屋租赁协议，租期1年。2018年3月10日，王大山突然去世。赵宝成以王大山去世为由，要求王峰母子10天内搬出。赵宝成的做法是否正确？（　　）

解析：答案为不正确。尽管房屋租赁合同是王大山和赵宝成签的，但是死亡不破租赁是合同相对性原理的例外。承租人王大山在房屋租赁期间死亡，与王大山生前共同居住的王峰母子可以按照原租赁合同租赁该房屋，一直租住到2019年2月4日。所以，赵宝成要求王峰母子搬出去的做法不正确。

案例分析

案例导入中的第2种情形“张三从银行贷款买房”，第3种情形“李四从超市购买牛奶等生活日用品”，属于我国《民法典》合同编的调整范围。《民法典》合同编规定，平等主体的自然人、法人、其他组织之间，有关民事权利义务关系设立、变更、终止的协议，属于《民法典》合同编的调整范围。但是，涉及婚姻、收养、监护等有关身份关系的协议，适用有关该身份关系的法律规定，即《民法典》婚姻家庭编和继承编的规定；只有在《民法典》婚姻家庭编和继承编没有规定时，才可以根据其性质参照适用合同编规定。

结婚、离婚都是婚姻关系，婚姻关系是典型的身份关系，第1种情形“甲和乙到民政局办理结婚登记手续”，不是合同法的调整范围，应当适用《民法典》婚姻家庭编的规定。第2种情形是借款合同，第3种情形是买卖合同，这两种情形都是平等主体间有关财产关系设立的协议，属于《民法典》合同编的调整范围。第4种情形“丙从孤儿院收养了一名孤儿”是收养关系，不属于《民法典》合同编的调整范围，应当适用《民法典》婚姻家庭编的规定。

同步训练

参考答案

一、单选题

1.以下属于合同关系的是（　　）。

A.佘祥林、赵作海被错判、错关申请国家赔偿　　B.李广借了卫青100元钱

C.张三与李四登记结婚　　D.杨艳闯红灯被罚款10元

2.以下属于《民法典》合同编调整范围的是（　　）。

A.王萍和刘宇登记结婚　　B.李达强从银行贷款2万元

C.林晓晓向法院起诉离婚　　D.杜敏夫妇收养了一个孤儿

二、判断题

1.陈静花30元从书店买了一本书。该买卖合同是双务合同。（　　）

2.李玲借给了徐艳5 000元钱，约定月利息2%。该借款合同是有偿合同。（　　）

三、案例分析题

2017年11月10日，张斌与李宁签订了买卖合同。张斌把5 000斤潍坊萝卜卖给了

济南的李宁，李宁要求张斌把萝卜运到济南。张斌于是和王亮签订了运输合同，要求王亮将5 000斤萝卜按约定的时间运到济南，运费800元。王亮在运输过程中，由于孙涛逆行，发生交通事故，萝卜大部分损毁，王亮没能按约定将萝卜运到济南。

请问：

李宁向谁主张违约责任？张斌向谁主张违约责任？

任务 3.2 合同的订立

视听资源

案例导入

10月8日，甲厂向乙厂发函称其可提供X型号设备，请乙厂报价。10月10日，乙厂复函表示愿以5万元购买一台，甲厂10月12日复函称每台价格6万元，10月30日前回复有效。乙厂于10月19日复函称愿以5.5万元购买一台，甲厂收到后未作回复。后乙厂反悔，于10月26日发函称同意甲厂当初6万元的报价。

根据上述资料，请同学们思考：

1.甲厂10月8日的发函是要约邀请吗?

2.乙厂10月10日的复函是要约吗?

3.甲厂10月12日的复函是新要约吗?

4.乙厂10月26日的发函是承诺吗?

知识准备

一、合同当事人的资格

合同当事人应当具备相应的资格，当事人包括自然人、法人和非法人组织。当事人订立合同，应当具有相应的民事权利能力和民事行为能力。当事人依法可以委托代理人订立合同。

（一）自然人

根据《民法典》总则编的规定，自然人从出生时起到死亡时止，具有民事权利能力。自然人的民事权利能力一律平等。但是，自然人的民事行为能力根据年龄、智力等分成三种情形：完全民事行为能力人、限制民事行为能力人和无民事行为能力人。

1.完全民事行为能力人

十八周岁以上且智力正常的自然人，是完全民事行为能力人，可以独立实施民事法律行为。十六周岁以上的未成年人，以自己的劳动收入为主要生活来源的，视为完全民事行为能力人。比如，十六周岁的张三初中毕业后就参加了工作，每月有两千元的工资。张三就属于以自己的劳动收入为主要生活来源的人，被视为完全民事行为能力人，可以独立实施民事法律行为。

2.限制民事行为能力人

八周岁以上的未成年人和不能完全辨认自己行为的成年人为限制民事行为能力人，实施民事法律行为由其法定代理人代理或者经其法定代理人同意、追认，但是可以独立实施纯获利益的民事法律行为或者与其年龄、智力相适应的民事法律行为。比如，十周岁的小明过年收到压岁钱，就是纯获利益的民事法律行为，自己可以决定要还是不要，不需要法定代理人同意。

3.无民事行为能力人

不满八周岁的未成年人和完全不能辨认自己行为的成年人为无民事行为能力人，由其法定代理人代理实施民事法律行为，不具备合同当事人资格。

（二）法人和其他组织

法人的民事权利能力和民事行为能力，从法人成立时产生，到法人终止时消灭。比如，对企业法人而言，公司营业执照签发的日期是公司成立日期。

非法人组织，包括个人独资企业、合伙企业、不具有法人资格的专业服务机构等。非法人组织自登记或者有关机关批准时成立，自成立时起，具有民事权利能力和民事行为能力。非法人组织的财产不足以清偿债务的，其出资人或者设立人承担无限责任。法律另有规定的，依照其规定。

【做中学1】下列具备合同当事人资格的有（　　）。

A.二十岁智力正常的甲　　B.五岁的乙　　C.丙有限公司　　D.丁律师事务所

解析：答案为ACD。A是完全民事行为能力的自然人，B是无民事行为能力的自然人，C是法人，D是其他组织。只有B中的乙因年龄只有五岁，属于无民事行为能力人，不具备合同当事人资格。

二、合同订立的程序

根据《民法典》合同编的规定，当事人订立合同，采取要约、承诺方式。也就是说，当事人订立合同，要经过要约、承诺两个阶段。

（一）要约

要约是希望与他人订立合同的意思表示。发出要约的人是要约人，要约所指向的对方当事人是受要约人。

1.要约的条件

要约应当具备以下条件：（1）内容具体确定。要约内容至少应当包括当事人名称或者姓名、标的、数量。要约人必须是确定的，受要约人可以是特定的，也可以是不特定的。（2）表明经受要约人承诺，要约人即受该意思表示约束。比如，张三对李四说，现有西瓜1万斤，每斤1.5元，如有购买意向，请于2018年4月10日前来提货。这是不是要约？是要约。有特定的当事人张三和李四，有标的，有数量，还有价格。满足了要约内容至少应当包括当事人名称或者姓名、标的和数量的条件，内容具体确定。

【做中学2】甲给乙发电报，现有钢材10吨，每吨4 400元，如有意购买，请于2018年7月10日前来提货。这是不是要约？

解析：是要约。有特定的当事人甲和乙，有标的钢材，有数量10吨，且有价格。满足了要约内容至少应当包括当事人名称或者姓名、标的和数量的条件，内容具体确定。

【做中学3】某家电商场柜台上摆放的一款笔记本电脑，标价是每台5 000元。这是不是要约？

解析：是要约。向不特定的受要约人发出的。

2.要约邀请

要约邀请是希望他人向自己发出要约的表示。《民法典》第四百七十三条规定："拍卖公告、招标公告、招股说明书、债券募集办法、基金招募说明书、商业广告和宣传、寄送的价目表等为要约邀请。商业广告和宣传的内容符合要约条件的，构成要约。"比如，某学校门口外的商贩张三在卖橘子，边卖边吆喝：又大又甜的橘子，价钱便宜，快来买了！张三的行为是要约邀请，他是希望他人向自己发出订立合同的要约。商业广告和宣传的内容符合要约条件的，视为要约。

3.要约的生效时间

《民法典》第一百三十七条规定，以对话方式作出的意思表示，相对人知道其内容时生效；以非对话方式作出的意思表示，到达相对人时生效。

《民法典》第一百三十九条规定："以公告方式作出的意思表示，公告发布时生效。"悬赏广告就是以公告方式作出的意思表示，自悬赏广告发布时生效。张贴、网上发布、报刊刊登、电台电视广播等，都属于发布。《民法典》第四百九十九条规定："悬赏人以公开方式声明对完成特定行为的人支付报酬的，完成该行为的人可以请求其支付。"

4.要约的撤回与撤销

要约可以撤回。撤回要约的通知应当在要约到达受要约人之前或者与要约同时到达受要约人。

要约可以撤销。撤销要约的意思表示以对话方式作出的，该意思表示的内容应当在受要约人作出承诺之前为受要约人所知道；撤销要约的意思表示以非对话方式作出的，应当在受要约人作出承诺之前到达受要约人。有下列情形之一的，要约不得撤销：（1）要约人以确定承诺期限或者其他形式明示要约不可撤销；（2）受要约人有理由认为要约是不可撤销的，并已经为履行合同做了合理准备工作。

5.要约的失效

有下列情形之一的，要约失效：（1）要约被拒绝；（2）要约被依法撤销；（3）承诺期限届满，受要约人未作出承诺；（4）受要约人对要约的内容作出实质性变更。

【做中学4】甲公司于4月2日向乙公司发出订购一批实木沙发的要约，要求乙公司于4月8日前答复。4月3日，乙公司收到该要约。4月4日，甲公司欲改向丙公司订购实木沙发，遂向乙公司发出撤销要约的信件，该信件于4月5日到达乙公司。4月6日，甲公司收到乙公司的回复，乙公司表示暂无实木沙发，问甲公司是否愿意选购布艺沙发。根据合同法律制度的规定，甲公司要约失效的时间是（　　）。

A.4月3日　　B.4月4日　　C.4月6日　　D.4月8日

解析：答案为C。甲公司在要约中要求乙公司于4月8日前答复（确定了承诺期限），该要约不可撤销，因此4月5日撤销要约的通知到达时，不产生撤销要约的效力。受要约人对要约的内容作出实质性变更的（将实木沙发变更为布艺沙发），原要约失效。

（二）承诺

承诺是受要约人同意要约的意思表示。

1.承诺的条件

承诺应当具备以下条件：（1）承诺必须由受要约人作出；（2）承诺必须向要约人作出；（3）承诺必须在有效期限内作出；（4）承诺的内容应当与要约的内容一致。

2.承诺的方式

承诺应当以通知的方式作出，但根据交易习惯或者要约表明可以通过行为作出承诺的除外。在不违反法律、行政法规强制规定的前提下，常见的“交易习惯”有：（1）在交易行为当地或者某一领域、某一行业通常采用并为交易对方订立合同时所知道或者应当知道的做法；（2）当事人双方经常使用的习惯做法。对于交易习惯，由提出主张的一方当事人承担举证责任。

3.承诺的期限

要约确定的期限叫作承诺期限。承诺应当在要约确定的期限内到达要约人。要约没有确定承诺期限的，承诺应当依照下列规定到达：（1）要约以对话方式作出的，应当即时作出承诺；（2）要约以非对话方式作出的，承诺应当在合理期限内到达。要约以信件或者电报作出的，承诺期限自信件载明的日期或者电报交发之日开始计算。信件未载明日期的，自投寄该信件的邮戳日期开始计算。要约以电话、传真、电子邮件等快速通讯方式作出的，承诺期限自要约到达受要约人时开始计算。

【做中学5】张三以信件发出要约，信件未载明承诺开始日期，仅规定承诺期限为8天。8月5日，张三将信件投入邮箱；邮局将信件加盖8月6日邮戳发出；8月10日，信件送达受要约人李四的办公室；李四因外出，直至8月12日才知悉信件内容。根据合同法律制度的规定，该承诺期限的起算日为（　　）。

A. 8月5日　　B. 8月6日　　C. 8月10日　　D. 8月12日

解析：答案为B。信件未载明日期的，自投寄该信件的邮戳日期开始计算。

4.承诺的生效时间

承诺自通知到达要约人时生效。承诺不需要通知的，自根据交易习惯或者要约的要求作出承诺的行为时生效。采用数据电文形式订立合同的，也同样适用《民法典》第一百三十七条第二款的规定，即承诺生效时合同成立。

【做中学6】2017年9月30日，甲以手机短信形式向乙发出购买一盏台灯的要约，乙于当日回短信同意要约。由于“十一”国庆期间短信系统繁忙，甲于10月3日才收到乙的短信，因个人原因10月8日才阅读乙的短信，并于10月9日回复乙“短信收到”。根据合同法律制度的规定，甲乙之间买卖合同的成立时间是（　　）。

A. 2017年9月30日　　B. 2017年10月3日

C. 2017年10月8日　　D. 2017年10月9日

解析：答案为B。承诺到达对方时生效，乙的承诺2017年10月3日到达甲，承诺生效，合同成立。

5.承诺的撤回

承诺可以撤回。撤回承诺的通知应当在承诺通知到达要约人之前或者与承诺通知同时到达要约人。

6.承诺的迟延

受要约人超过承诺期限发出承诺的，或者在承诺期限内发出承诺，按照通常情形不能及时到达要约人的，为新要约；但是，要约人及时通知受要约人该承诺有效的除外。

受要约人在承诺期限内发出承诺，按照通常情形能够及时到达要约人，但是因其他原因致使承诺到达要约人时超过承诺期限的，除要约人及时通知受要约人因承诺超过期限不接受该承诺外，该承诺有效。

7.承诺的内容

承诺的内容应当与要约的内容一致。受要约人对要约的内容作出实质性变更的，为新要约。有关合同标的、数量、质量、价款或者报酬、履行期限、履行地点和方式、违约责任和解决争议方法等的变更，是对要约内容的实质性变更。承诺对要约的内容作出非实质性变更的，除要约人及时表示反对或者要约表明承诺不得对要约的内容作出任何变更外，该承诺有效，合同的内容以承诺的内容为准。

【做中学7】下面这段对话，哪一句是要约邀请？哪一句是要约？哪一句是承诺？

张三：苹果多少钱一斤？

李四：三块一斤。

张三：我买三斤。

解析：“苹果多少钱一斤”是要约邀请，因为张三希望李四报价，向自己发出要约。“三块一斤”是要约，因为李四明确希望以这个价格和张三订立合同。“我买三斤”是承诺，因为受要约人张三作出了完全同意要约的意思表示。

三、合同成立的时间与地点

（一）合同成立的时间

合同成立，一般来说，是谈判和讨价还价的过程，要经过要约、新要约、更新的要约和承诺的过程。由于合同订立的方式不同，合同成立的时间也不同，分为以下三种情况：

（1）承诺生效时合同成立，但是法律另有规定或者当事人另有约定的除外。

（2）当事人采用合同书形式订立合同的，自当事人均签名、盖章或者按指印时合同成立。在签名、盖章或者按指印之前，当事人一方已经履行主要义务，对方接受时，该合同成立。法律、行政法规规定或者当事人约定合同应当采用书面形式订立，当事人未采用书面形式但是一方已经履行主要义务，对方接受时，该合同成立。

（3）当事人采用信件、数据电文等形式订立合同要求签订确认书的，签订确认书时合同成立。

（4）电子合同，自用户选择该商品或者服务并提交订单成功时，合同成立。《中华人民共和国电子商务法》第四十九条规定：“电子商务经营者发布的商品或者服务信息符合要约条件的，用户选择该商品或者服务并提交订单成功，合同成立。当事人另有约定的，从其约定。电子商务经营者不得以格式条款等方式约定消费者支付价款后合同不成立；格式条款等含有该内容的，其内容无效。"《民法典》第四百九十一条作了类似规定："当事人一方通过互联网等信息网络发布的商品或者服务信息符合要约条件的，对方选择该商品或者服务并提交订单成功时合同成立，但是当事人另有约定的除外。"

（5）国家订货合同，承诺生效时合同成立。国家订货合同实行强制缔约，一方当事人应当发出要约，另一方当事人有义务作出承诺，承诺作出，国家订货合同成立。《民法典》第四百九十四条规定："国家根据抢险救灾、疫情防控或者其他需要下达国家订货任务、指令性任务的，有关民事主体之间应当依照有关法律、行政法规规定的权利和义务订立合同。依照法律、行政法规的规定负有发出要约义务的当事人，应当及时发出合理的要约。依照法律、行政法规的规定负有作出承诺义务的当事人，不得拒绝对方合理的订立合同要求。"

第1种情形中所指的"法律另有规定"，包括第2、第3、第4种情形，以及实践合同和经过批准成立的合同。实践合同的成立，不仅需要承诺生效，还需要交付特定物。经批准成立的合同，不仅需要承诺生效，还需要审批通过。

【做中学8】甲、乙两公司拟签订一份书面买卖合同。甲公司签字盖章后尚未将书面合同邮寄给乙公司时，即接到乙公司按照合同约定发来的货物。甲公司经清点后将该批货物入库，次日将签字盖章后的书面合同发给乙公司。乙公司收到后，即在合同上签字盖章。根据合同法律制度的规定，该买卖合同的成立时间是（　　）。

A. 甲公司签字盖章时　　B. 乙公司签字盖章时

C. 甲公司接受乙公司发来的货物时　　D. 甲公司将签字盖章后的合同发给乙公司时

解析：答案为C。当事人约定采用合同书形式且在合同书上签字盖章但当事人没有签字盖章的，只要当事人一方已经履行主要义务，对方接受的，该合同成立。

（二）合同成立的地点

由于合同订立的方式不同，合同成立的地点也不同，有以下三种情况：

（1）承诺生效的地点为合同成立的地点。

（2）采用数据电文形式订立合同的，收件人的主营业地为合同成立的地点；没有主营业地的，其住所地为合同成立的地点。当事人另有约定的，按照其约定。

（3）当事人采用合同书形式订立合同的，最后签名、盖章或者按指印的地点为合同成立的地点，但是当事人另有约定的除外。

【做中学9】王某和赵某拟订一份书面合同。双方在甲地谈妥合同的主要条款，王某于乙地在合同上签字，其后，赵某于丙地在合同上盖章，合同的履行地为丁地。根据合同法律制度的规定，该合同成立的地点是(　　)。

A.甲地　　B.乙地　　C.丙地　　D.丁地

解析：答案为C。如果双方当事人未在同一地点签字或者盖章，则以当事人中最后一方签字或者盖章的地点为合同的成立地点。

四、合同的内容

合同的内容由当事人约定，是当事人双方协商一致的结果。合同的类型和性质不同，合同的内容也不同。

(一)一般条款

《民法典》合同编规定，合同一般包括以下条款：(1)当事人的名称或者姓名和住所；(2)标的；(3)数量；(4)质量；(5)价款或者报酬；(6)履行期限、地点和方式；(7)违约责任；(8)解决争议的方法。当事人可以参照各类合同的示范文本订立合同。

(二)格式条款

格式条款是当事人为了重复使用而预先拟定，并在订立合同时未与对方协商的条款。目前，大量行业存在格式条款，比如保险、电信、银行、铁路、供电、城市供水、民用航空、医院等多采用格式条款。本来，合同是当事人双方协商一致的结果，体现的是双方的意思表示。然而，格式条款却是一方当事人单方制定的，且不可协商修改，对方当事人要么签要么不签，没有选择余地。这样一来，格式条款就只体现了拟订合同一方的意思，内容难免会有不公平的地方。因此，《民法典》合同编对格式条款作出专门规定，以保证合同相对人的合法权益。

采用格式条款订立合同的，提供格式条款的一方应当遵循公平原则确定当事人之间的权利和义务，并采取合理的方式提示对方注意免除或者减轻其责任等与对方有重大利害关系的条款，按照对方的要求，对该条款予以说明。提供格式条款的一方未履行提示或者说明义务，致使对方没有注意或者理解与其有重大利害关系的条款的，对方可以主张该条款不成为合同的内容。“采取合理的方式”是指提供格式条款的一方对格式条款中免除或者限制其责任的内容，在合同订立时采用足以引起对方注意的文字、符号、字体等特别标识，并按照对方的要求对该格式条款予以说明。提供格式条款一方对已尽合理提示及说明义务承担举证责任。比如，保险合同中，保险人除了在保险单上提示投保人注意外，还应当对免责条款的概念、内容及法律后果等以书面或者口头的形式向投保人作出解释。一旦出现纠纷，保险人应当对已尽合理提示及说明义务承担举证责任。

格式条款具有下列情形之一的，该条款无效：（1）具有《民法典》总则编第六章第三节和第五百零六条规定的无效情形，包括无民事行为能力人实施的民事法律行为，虚假意思表示的民事法律行为，违反法律、行政法规强制性规定的民事法律行为，违背公序良俗的民事法律行为，恶意串通的民事法律行为，以及造成对方人身损害、因故意或者重大过失造成对方财产损失的免责条款；（2）提供格式条款的一方不合理地免除或者减轻其责任、加重对方责任、限制对方主要权利；（3）提供格式条款一方排除对方主要权利。

对格式条款的理解发生争议的，应当按照通常理解予以解释。对格式条款有两种以上解释的，应当作出不利于提供格式条款一方的解释。格式条款和非格式条款不一致的，应当采用非格式条款。比如，某玉米买卖合同中，有“玉米只能喂猪”的格式条款，卖方对此未尽合理提示及说明义务，买方认为按照通常理解，玉米既可以人吃也可以喂猪。存在两种解释的，应当作出“玉米既可以人吃也可以喂猪”的不利于卖方的解释，而不是“玉米只能喂猪”的解释。

（三）免责条款

《民法典》合同编第五百零六条规定，合同中的下列免责条款无效：（1）造成对方人身损害的；（2）因故意或者重大过失造成对方财产损失的。比如，雇佣合同中，有“雇主对雇员的死伤概不负责”的条款，该条款无效。

【做中学10】根据合同法律制度的规定，属于有效格式条款的有（　　）。

A.有两种以上解释的格式条款

B.恶意串通损害国家利益的格式条款

C.损害社会公共利益的格式条款

D.违反法律强制性规定的格式条款

解析：答案为A。对格式条款有两种以上解释的，应该作出不利于提供格式条款一方的解释，但格式条款有效。所以，选项A为有效格式条款。根据《民法典》关于格式条款无效情形的规定，选项B、C、D为无效格式条款。

五、合同的形式

当事人订立合同，可以采用书面形式、口头形式或者其他形式。

（一）书面形式

书面形式是合同书、信件、电报、电传、传真等可以有形地表现所载内容的形式。

以电子数据交换、电子邮件等方式能够有形地表现所载内容，并可以随时调取查用的数据电文，视为书面形式。

（二）口头形式

口头形式是指合同当事人面对面或者通过电话等通信设备交谈达成协议的形式。

（三）其他形式

其他形式即默示形式。比如，顾客将货币投入自动售货机内，买卖合同成立。顾客将货币投入自动存款机（ATM）内，储蓄存款合同成立。

《民法典》对“其他形式”的规定，体现在该法第四百八十条等条文中。第四百八十条规定：“承诺应当以通知的方式作出；但是根据交易习惯或者要约表明可以通过行为作出承诺的除外。”比如，大型超市提供给顾客使用的自助寄存柜，顾客通过一系列行为把物品放入柜中后，借用合同成立。

【做中学11】判断题：甲站在路边招手打出租，该合同是通过其他形式订立的。（　　）

解析：正确。甲和出租车司机都没有用语言或者文字明确表示意见，都是通过行为这种默示方式进行的，属于法律规定的“其他形式”。

六、缔约过失责任

缔约过失责任是指当事人在订立合同的过程中，因故意或者过失导致合同未成立、未生效、无效或者被撤销，给对方当事人造成损失而应当承担的损害赔偿责任。《民法典》规定，当事人在订立合同过程中有下列情形之一，造成对方损失的，应当承担损害赔偿责任：（1）假借订立合同，恶意进行磋商；（2）故意隐瞒与订立合同有关的重要事实或者提供虚假情况；（3）有其他违背诚信原则的行为。

案例分析

根据案例导入中的情况，分析如下：

1.甲厂10月8日的发函中无价格，内容不具体、不确定，属于要约邀请。

2.乙厂10月10日的复函明确了价格，使得内容具体、确定，构成要约。

3.甲厂10月12日的复函对乙厂10月10日的要约价格进行了修改（实质性变更），构成新要约。乙厂10月19日的复函，对甲厂10月12日的要约价格进行了修改，构成新要约，甲厂10月12日的要约失效。

4.由于甲厂10月12日的要约已经失效，乙厂10月26日的发函也就不能构成承诺。乙厂10月26日的发函应视为新要约。

同步训练

参考答案

一、单选题

1.根据合同法律制度的规定，下列情形中，不属于发出要约邀请的是（　　）。

A.甲公司向数家贸易公司寄送价目表

B.乙公司通过报刊发布招标公告

C.丙公司在其运营中的咖啡自动售货机上载明“每杯一元”

D.丁公司向社会公众发布招股说明书

2.甲公司9月1日通过报纸发布广告，称其有某型号的电脑出售，每台售价4 000元，随到随购，数量不限，广告有效期至9月30日。乙公司委托张三携带金额8万元的支票于9月29日到甲公司购买电脑，但甲公司称广告所述电脑已全部售完。乙公司为此受到一定的经济损失。根据合同法律制度的规定，下列表述正确的是（　　）。

A.甲公司的广告构成要约，乙公司的行为构成承诺，甲公司不承担违约责任

B.甲公司的广告构成要约，乙公司的行为构成承诺，甲公司应当承担违约责任

C.甲公司的广告不构成要约，乙公司的行为不构成承诺，甲公司不承担民事责任

D.甲公司的广告构成要约，乙公司的行为不构成承诺，甲公司不承担民事责任

3.甲公司于11月1日向乙公司发出要约，出售一批原材料，要求乙公司在1个月内给予答复，该要约于11月2日到达乙公司。当月，因市场行情变化，该种原材料市场价格大幅上升，甲公司拟撤销该要约。根据合同法律制度的规定，下列关于甲公司能否撤销要约的表述中，正确的是（　　）。

A.不可以撤销该要约，因该要约确定了承诺期限

B.可以撤销该要约，撤销通知在乙公司发出承诺通知之前到达乙公司即可

C.可以撤销该要约，撤销通知在承诺期限届满前到达乙公司即可

D.可以撤销该要约，撤销通知在乙公司发出承诺通知之前发出即可

4.甲公司于6月10日向乙公司发出要约订购一批红木，要求乙公司于6月15日前答复。6月12日，甲公司欲改向丙公司订购红木，遂向乙公司发出撤销要约的信件，于6月14日到达乙公司。而6月13日，甲公司收到乙公司的回复，乙公司表示红木缺货，问甲公司能否用杉木代替。根据合同法律制度的规定，甲公司的要约失效的时间为（　　）。

A.6月12日　　B.6月13日　　C.6月14日　　D.6月15日

5.根据合同法律制度的规定，下列情形中，要约没有发生过法律效力的是(　　)。

A.撤回要约的通知与要约同时到达受要约人

B.撤销要约的通知在受要约人发出承诺通知之前到达

C.同意要约的通知到达要约人

D.受要约人对要约的内容作出实质性变更

二、判断题

1.甲给乙发电报称：我厂现有钢材10吨，每吨4 400元，如有意购买，请于7月10日前来提货。乙给甲回电报说：我方同意你方的条件，并将于7月8日前去你厂提货。乙给甲的电报是不是承诺?(　　)

2.某家电商场内，摆放着众多空调，其中一台标价3 400元。这是不是要约?(　　)

3.王某与吴某通过电子邮件签订的化妆品买卖合同属于书面形式的合同。(　　)

4.在一份保险合同履行过程中，当事人对合同所规定的“意外伤害”条款的含义产生了不同理解。投保人认为其所受伤害应属于赔付范围，保险公司则认为不属于赔付范围。双方争执不下，诉至法院。法院认为当事人的观点都有合理性，但还是采用了对投保人有利的解释。法院的做法是正确的。(　　)

三、案例分析题

请看下面这段对话：

甲：西瓜多少钱一斤?

乙：两块钱一斤。

甲：我买一个。

请分析：

上面这段对话，哪一句是要约邀请?哪一句是要约?那一句是承诺?

任务 3.3　合同的效力

视听资源

案例导入

张龙与李虎签订买卖毒品的合同，张龙卖给李虎甲基苯丙胺（俗称冰毒）5克，价格1 000元，李虎10月10日前到张龙住处提货。

根据上述资料，请同学们思考：

1.有效合同应具备哪些条件？

2.该买卖合同是否有效？

知识准备

一、合同的生效

合同的生效是指依法成立的合同，发生相应的法律效力。合同成立与合同生效不同。《民法典》规定，除法律另有规定或者当事人另有约定外，承诺生效时合同成立。成立的合同能不能生效，要看合同是不是符合法律规定。

（一）原则上自成立时生效

除法律另有规定或者当事人另有约定外，依法成立的合同，自成立时生效。

（二）自批准时生效

法律、行政法规规定合同应当办理批准等手续的，依照其规定。比如，外商投资企业合同自批准之日起生效。未办理批准等手续影响合同生效的，不影响合同中履行报批等义务条款以及相关条款的效力。应当办理申请批准等手续的当事人未履行义务的，对方可以请求其承担违反该义务的责任。另外，法律、行政法规规定合同变更、转让、解除等情形应当办理批准等手续的，适用前述规定。

（三）自条件成就或期限届满时生效（或失效）

《民法典》规定，当事人对合同的效力可以附条件或者附期限，但是按照其性质不得附条件或者期限的除外。比如，法定抵销不得附条件。又比如，以违法犯罪作为赠与的条件是不行的。

附生效条件的合同，自条件成就时生效。比如，甲对乙说，如果这个星期天下雨，我把伞借给你用。星期天下雨了，条件成就，甲把伞借给了乙。附解除条件的合同，自条件成就时失效。比如，甲把自己的房子出租给了乙，合同中约定，一旦甲的儿子回来，合同解除。这就是附解除条件的合同。当事人为自己的利益不正当地阻止条件成就的，视为条件已成就；不正当地促成条件成就的，视为条件不成就。

附生效期限的合同，自期限届至时生效。附终止期限的合同，自期限届满时失效。比如，甲对乙说，你过20岁生日那天，送你一部手机，属于附生效期限的合同。

【做中学1】甲问乙烤地瓜多少钱一斤，乙说五块钱一斤，甲说我买一个。该合同是否生效？

解析：生效。《民法典》规定，除法律另有规定或当事人另有约定外，承诺生效时合同成立，依法成立的合同自成立时生效。

二、有效合同

有效合同是指法律承认其效力的合同。有效合同需具备三个条件，缺一不可。（1）当事人具有相应的民事行为能力。对自然人而言，一般来说，要有完全民事行为能力。限制民事行为能力人和无民事行为能力人不能亲自签订合同，需要其法定代理人代理。但是，限制民事行为能力人订立的纯获利益的合同或者与其年龄、智力、精神健康状况相适应的合同有效。对法人和非法人组织而言，自其成立时起，具有民事权利能力和民事行为能力。（2）意思表示真实。当事人的行为是当事人内心真实的想法，没有出现欺诈、胁迫等情形。（3）不违反法律、行政法规的强制性规定，不违背公序良俗。比如，买卖合同中的标的是毒品、管制枪支弹药等禁止流通物，属于违反了法律的强制性规定。

三、无效合同

无效合同是指不具有法律约束力和不具有履行效力的合同。无效合同自始没有法律约束力。合同无效的，不影响合同中独立存在的有关解决争议方法的条款的效力。合同部分无效，不影响其他部分效力的，其他部分仍然有效。

根据《民法典》的规定，有下列情形之一的，合同无效：（1）无民事行为能力人订立的合同。（2）合同当事人以虚假的意思表示订立的合同。比如，名为买卖合同实为赠与合同。（3）违反法律、行政法规强制性规定的合同，但是，该强制性规定不导致该合同无效的除外。（4）违背公序良俗的合同。（5）恶意串通，损害他人合法权益的合同。此处的“恶意”是与“善意”相对应的，都不是道德评价，不是指人心地善良还是邪恶。“恶意”是指知道，“善意”是指不知道。（6）限制民事行为能力人订立的与其年龄、智力、精神健康状况不相适应的合同，且该合同未经其法定代理人同意或者追认的。但是，纯获利益的合同有效。

合同中的下列免责条款无效：（1）造成对方人身伤害的。（2）因故意或者重大过失造成对方财产损失的。合同部分无效，不影响其他部分效力的，其他部分仍然有效。比如，雇佣合同中，有一个条款约定，雇员履行雇佣合同过程中无论什么原因造成人身伤亡的，雇主均不负任何责任，所有责任全部由雇员自己承担。该条款是无效的。一旦发生雇员受伤或者死亡的情况，雇主还是要承担法律责任。该条款无效，不代表整个合同无效，合同的其他条款依然有效。

《民法典》第五百零三条规定：“无权代理人以被代理人的名义订立合同，被代理人已经开始履行合同义务或者接受相对人履行的，视为对合同的追认。”

《民法典》第五百零四条规定：“法人的法定代表人或者非法人组织的负责人超越权限订立的合同，除相对人知道或者应当知道其超越权限外，该代表行为有效，订立的合同对法人或者非法人组织发生效力。”

《民法典》第五百零五条规定：“当事人超越经营范围订立的合同的效力，应当依照《民法典》总则编和合同编的有关规定确定，不得仅以超越经营范围确认合同无效。”

《民法典》规定，合同无效，因该合同取得的财产，应当予以返还；不能返还或者没有必要返还的，应当折价补偿。有过错的一方应当赔偿对方由此所受到的损失；双方都有过错的，应当各自承担相应的责任。法律另有规定的，依照其规定。

四、可撤销合同

可撤销合同，是指因订立的合同不是当事人的真实意思表示，经有撤销权的合同当事人行使撤销权，使已经生效的合同归于无效的合同。

根据《民法典》的规定，以下三种合同可以撤销：

（1）因重大误解订立的合同。根据《民法典》第一百四十七条的规定，基于重大误解订立的合同，行为人有权请求人民法院或者仲裁机构予以撤销。行为人因对行为的性质、对方当事人、标的物的品种、质量、规格和数量等的错误认识，使行为的后果与自己的意思相悖，并造成较大损失的，可以认定为重大误解。比如，误认租赁为买卖，误认甲为乙与之签订了合同，误认水晶为钻石等，都是重大误解。

（2）因显失公平订立的合同。根据《民法典》第一百五十一条的规定，一方利用对方处于危困状态、缺乏判断能力等情形，致使合同成立时显失公平的，受损害方有权请求人民法院或者仲裁机构予以撤销。一方当事人利用优势或者利用对方没有经验，致使双方的权利与义务明显违反公平、等价有偿原则的，可以认定为显失公平。

（3）因欺诈、胁迫订立的合同。《民法典》第一百四十八条、第一百四十九条、第一百五十条规定，一方或者第三人以欺诈、胁迫的手段，使对方在违背真实意思的情况下订立的合同，受欺诈方或者受胁迫方有权请求人民法院或者仲裁机构予以撤销。请需要特别注意的是，第三人实施欺诈订立的合同，必须是对方知道或者应当知道该欺诈行为的，受欺诈方才有权请求撤销。《民法典》第一百四十九条规定："第三人实施欺诈行为，使一方在违背真实意思的情况下实施的民事法律行为，对方知道或者应当知道该欺诈行为的，受欺诈方有权请求人民法院或者仲裁机构予以撤销。"比如，张三和李四是好朋友，张三长期经销蓝田玉，张三得知王五要购买李四的蓝田玉。尽管张三知道这块玉不是蓝田玉，但为了促成这笔交易，还是对王五说这块玉是蓝田玉中的上品，极力劝说王五购买。王五听信了张三的游说，购买了这块玉。在这一买卖合同中，李四和王五是合同的当事人，相对于买卖合同中的李四和王五来说，张三属于第三人。第三人张三欺诈王五，李四（即法条中的"对方"）知道，王五有权请求法院或者仲裁机构撤销这个买卖合同。

具有撤销权的合同当事人，应在法律规定的时限内行使撤销权。《民法典》规定，有下列情形之一的，撤销权消灭：（1）当事人自知道或者应当知道撤销事由之日起一年内、重大误解的当事人自知道或者应当知道撤销事由之日起九十日内没有行使撤销权；（2）当事人受胁迫，自胁迫行为终止之日起一年内没有行使撤销权；（3）当事人知道撤销事由后明确表示或者以自己的行为表明放弃撤销权。当事人自民事法律行为发生之日起五年内没有行使撤销权的，撤销权消灭。

同无效合同一样，被撤销的合同自始没有法律约束力。合同部分无效，不影响其他部分效力的，其他部分仍然有效。根据《民法典》第五百零七条的规定，合同被撤销后，不影响合同中独立存在的有关解决争议方法的条款的效力。这点同样适用于合同不生效、合同无效、合同终止三种情形。

合同被撤销后，行为人因该合同取得的财产，应当予以返还；不能返还或者没有必要返还的，应当折价补偿。有过错的一方应当赔偿对方由此所受到的损失；各方都有过错的，应当各自承担相应的责任。法律另有规定的，依照其规定。

【做中学2】张三与李四是邻居，家住某经济不发达的农村。张三的儿子深夜突发疾病，去医院治疗急需现金。张三向李四借款10 000元，答应第二天归还。李四同意借款，但是提出张三必须支付李四利息4 000元。张三为救儿子，不得已答应了李四的要求。张三与李四的约定是什么性质的合同？

解析： 属于可撤销合同。因为李四利用张三处于危困状态，迫使张三在违背真实意思的前提下订立了显失公平的合同，张三可以申请人民法院或者仲裁机构予以撤销。

五、效力待定合同

效力待定合同是指合同订立后还未生效，必须经权利人同意或者追认后才能生效的合同。

根据《民法典》的规定，以下两种合同是效力待定的合同：

1.限制民事行为能力人订立与其年龄、智力、精神健康状况不相适应的合同

《民法典》规定，限制民事行为能力人订立的纯获利益的合同或者与其年龄、智力、精神健康状况相适应的合同有效，订立的其他合同经法定代理人同意或者追认后有效。

法律为避免合同相对人的利益因为合同效力待定而受损，特别规定了相对人的催告权和撤销权。相对人可以催告法定代理人自收到通知之日起三十日内予以追认。法定代理人未作表示的，视为拒绝追认。民事法律行为被追认前，善意相对人有撤销的权利。撤销应当以通知的方式作出。

2.无权代理人订立的合同

根据《民法典》第一百七十一条的规定，行为人没有代理权、超越代理权或者代理权终止后仍然以被代理人名义订立的合同，未经被代理人追认的，对被代理人不发生效力，由行为人承担责任。

相对人可以催告被代理人自收到通知之日起三十日内予以追认。被代理人未作表示的，视为拒绝追认。行为人实施的行为被追认前，善意相对人有撤销的权利。撤销应当以通知的方式作出。行为人实施的行为未被追认的，善意相对人有权请求行为人履行债务或者就其受到的损害请求行为人赔偿。但是，赔偿的范围不得超过被代理人追认时相对人所能获得的利益。相对人知道或者应当知道行为人无权代理的，相对人和行为人按照各自的过错承担责任。

需要注意的是，表见代理有效。行为人没有代理权、超越代理权或者代理权终止后，仍然实施代理行为，相对人有理由相信行为人有代理权的，代理行为有效。表见代理的详细内容，可以查看教学项目1中的任务1.3“代理”部分。

【做中学3】张三委托李四购买5斤茶叶，但是，李四未经张三同意，擅自与王五签订了购买10斤茶叶的合同。李四与王五的合同是什么性质的合同？

解析： 属于效力待定的合同。因为李四超越了代理权，如果张三在三十日内没有追认，该合同对张三不发生效力，由李四自己承担责任。同时，善意相对人王五在张三行使追认权之前，可以撤销该合同。

案例分析

根据案例导入中的情况，分析如下：

1.有效合同须同时具备三个条件：（1）行为人具有相应的民事行为能力。一般来说，自然人须有完全民事行为能力。限制民事行为能力人和无民事行为能力人不能亲自签订合同，需要其法定代理人代理。但是，限制民事行为能力人订立的纯获利益的合同或者与其年龄、智力、精神健康状况相适应的合同有效。对法人和非法人组织而言，自其成立时起，具有民事权利能力和民事行为能力。（2）意思表示真实。当事人的行为是当事人内心真实的想法，没有出现欺诈、胁迫等情形。（3）不违反法律、行政法规的强制性规定，不违背公序良俗。

2.该买卖合同无效。合同内容违反了法律、行政法规的强制性规定。

知识拓展

扫描右侧二维码，在线查看关于表见代理概念、构成要件和效果的相关介绍。

表见代理

参考答案

同步训练

一、单选题

1.甲把自己的房子出租给乙使用，合同中约定，一旦甲的儿子回来，合同解除。该合同属于（　　）。

A.附生效条件的合同　　B.附解除条件的合同

C.附生效期限的合同　　D.附终止期限的合同

2.甲与乙约定，甲卖给乙一把手枪，价格1 500元，钱货当面结清。该合同属于（　　）。

A.有效合同　　B无效合同

C.效力待定合同　　D.可撤销合同

3. 15岁的小林参加中学生科技创意大赛，其作品获得组委会奖励。张某对其作品非常感兴趣，现场支付给小林5万元，买下该作品的制作方法。下列关于该合同效力的表述中，符合合同法律制度规定的是（　　）。

A.该合同可撤销，因小林是限制民事行为能力人

B.该合同无效，因小林是限制民事行为能力人

C.该合同有效，因该合同对小林而言是纯获利益的

D.该合同效力待定，因需要由小林的法定代理人决定是否追认

4.小明年满8周岁，精神、智力正常。他在学校门口的文具店看中一支中性笔（定价5元），并用自己的零用钱买下。下列关于小明购买中性笔行为效力的表述中，正确的是（　　）。

A.小明是无民事行为能力人，其购买中性笔的行为须经法定代理人追认才有效

B.小明是限制民事行为能力人，其购买中性笔的行为有效

C.小明是无民事行为能力人，其购买中性笔的行为无效

D.小明是限制民事行为能力人，其购买中性笔的行为须经法定代理人追认方为有效

5.甲原是乙公司的采购员，现已离职。丙公司是乙公司的客户，已被告知甲离职的事实，但当甲持乙公司盖章的空白合同书，想以乙公司名义与丙公司买卖50台电视机时，丙公司仍然与张三签订了买卖合同。根据合同法律制度的规定，下列表述中，正确的是（　　）。

A.甲的行为构成无权代理，合同效力待定

B.甲的行为构成无权代理，合同无效

C.丙公司有权在乙公司追认合同之前，行使撤销权

D.丙公司可以催告乙公司追认合同，如乙公司在1个月内未作表示，合同有效

二、判断题

1.甲对乙说："你过18岁生日那天，送你一条金项链。"这是附生效期限的合同。（　　）

2. 10岁的小明过年时收到了大姑给的1 000元压岁钱，该合同有效。（　　）

三、案例分析题

王科委托刘涛购买50台空调，但是，刘涛未经王科同意，擅自与赵杰签订了购买60台空调的合同。

请问：

刘涛与赵杰的合同是什么性质的合同？

任务 3.4　合同的履行

视听资源

案例导入

潍坊市甲公司购买临沂市乙公司的一批木材，甲公司与乙公司签订了一份买卖合同，但合同中未约定交货地和付款地，双方就此也没有达成补充协议，按照合同有关条款或者交易习惯也不能确定。

根据上述资料，请同学们思考：

临沂市既是付款地，也是交货地，对吗？

知识准备

合同的履行是指合同生效后，当事人按照合同约定全面履行自己的义务，使合同目的得以实现的行为。

合同义务主要通过合同的履行来实现。当事人应当按照约定全面履行自己的义务。在合同的履行中，当事人应当遵循诚实信用原则，根据合同的性质、目的和交易习惯履行通知、协助、保密等义务。当事人在履行合同过程中，应当避免浪费资源、污染环境和破坏生态。

一、合同履行的具体规则

《民法典》规定，合同生效后，当事人就质量、价款或者报酬、履行地点等内容没有约定或者约定不明确的，可以协议补充；不能达成补充协议的，按照合同相关条款或者交易习惯确定。依照上述规定仍不能确定的，适用下列规则：

（一）合同内容约定不明时的履行规则

针对合同内容约定不明的情况，《民法典》第五百一十一条具体规定了如下履行规则：

（1）质量要求不明确的，按照强制性国家标准履行；没有强制性国家标准的，按照推荐性国家标准履行；没有推荐性国家标准的，按照行业标准履行；没有国家标准、行业标准的，按照通常标准或者符合合同目的的特定标准履行。

（2）价款或者报酬不明确的，按照订立合同时履行地的市场价格履行；依法应当执行政府定价或者政府指导价的，依照规定履行。

（3）履行地点不明确，给付货币的，在接受货币一方所在地履行；交付不动产的，在不动产所在地履行；其他标的，在履行义务一方所在地履行。

（4）履行期限不明确的，债务人可以随时履行，债权人也可以随时请求履行，但是应当给对方必要的准备时间。

（5）履行方式不明确的，按照有利于实现合同目的的方式履行。

（6）履行费用的负担不明确的，由履行义务一方负担；因债权人原因增加的履行费用，由债权人负担。

【做中学1】甲、乙两公司的住所地分别位于潍坊和海口，甲向乙购买一批海南产的香蕉，1个月后交货。但合同对于履行地点以及价款均无明确约定，双方也未能就有关内容达成补充协议，依照合同其他条款及交易习惯也无法确定。根据合同法律制度的规定，下列关于合同履行价格的表述中，正确的是（　　）。

A.按合同订立时海口的市场价格履行　　B.按合同履行时海口的市场价格履行

C.按合同履行时潍坊的市场价格履行　　D.按合同订立时潍坊的市场价格履行

解析：答案为A。本题首先需要确定履行地。履行地点约定不明确，给付货币的，在接受货币一方所在地履行。乙公司作为接受货币一方，履行地点为海口。其次，价款约定不明确的，按照订立合同时履行地海口的市场价格履行。

（二）电子合同的履行规则

《民法典》第五百一十二条规定，通过互联网等信息网络订立的电子合同的标的为交付商品并采用快递物流方式交付的，收货人的签收时间为交付时间。电子合同的标的为提供服务的，生成的电子凭证或者实物凭证中载明的时间为提供服务时间；前述凭证没有载明时间或者载明时间与实际提供服务时间不一致的，以实际提供服务的时间为准。

电子合同的标的物为采用在线传输方式交付的，合同标的物进入对方当事人指定的特定系统且能够检索识别的时间为交付时间。

电子合同当事人对交付商品或者提供服务的方式、时间另有约定的，按照其约定。

（三）执行政府定价或政府指导价时的履行规则

执行政府定价或者政府指导价的，在合同约定的交付期限内政府价格调整时，按照交付时的价格计价。逾期交付标的物的，遇价格上涨时，按照原价格执行；价格下降时，按照新价格执行。逾期提取标的物或者逾期付款的，遇价格上涨时，按照新价格执行；价格下降时，按照原价格执行。

（四）货币之债的履行

《民法典》第五百一十四条规定，以支付金钱为内容的债，除法律另有规定或者当事人另有约定外，债权人可以请求债务人以实际履行地的法定货币履行。

（五）选择之债的履行

《民法典》规定，标的有多项而债务人只需履行其中一项的，债务人享有选择权；但是，法律另有规定、当事人另有约定或者另有交易习惯的除外。

享有选择权的当事人在约定期限内或者履行期限届满未作选择，经催告后在合理期限内仍未选择的，选择权转移至对方。

当事人行使选择权应当及时通知对方，通知到达对方时，标的确定。标的确定后不得变更，但是经对方同意的除外。

可选择的标的发生不能履行情形的，享有选择权的当事人不得选择不能履行的标的，但是该不能履行的情形是由对方造成的除外。

（六）按份之债和连带之债的履行

在债权人或者债务人是二人以上时，会出现多数人之债的问题。按份之债和连带之债是多数人之债的两个类型。

《民法典》第五百一十七条对按份之债规定，债权人为二人以上，标的可分，按照份额各自享有债权的，为按份债权；债务人为二人以上，标的可分，按照份额各自负担债务的，为按份债务。按份债权人或者按份债务人的份额难以确定的，视为份额相同。

《民法典》第五百一十八条至第五百二十一条，对连带之债的含义、连带债务人之间的关系、连带债权人之间的关系、债权人与连带债务人之间的关系作了明确规定。

连带之债分为连带债权和连带债务。债权人为二人以上，部分或者全部债权人均可以请求债务人履行债务的，为连带债权；债务人为二人以上，债权人可以请求部分或者全部债务人履行全部债务的，为连带债务。连带债权或者连带债务，由法律规定或者当事人约定。

《民法典》规定的保证合同中，保证人和债权人约定承担连带责任保证的，保证人和债务人对债权人的债务就属于连带债务。《民法典》第六百八十八条规定，当事人在保证合同中约定保证人和债务人对债务承担连带责任的，为连带责任保证。连带责任保证的债务人不履行到期债务或者发生当事人约定的情形时，债权人可以请求债务人履行债务，也可以请求保证人在其保证范围内承担保证责任。

对于连带债务人之间的关系，《民法典》第五百一十九条作了明确规定。连带债务人之间的份额难以确定的，视为份额相同。实际承担债务超过自己份额的连带债务人，有权就超出部分在其他连带债务人未履行的份额范围内向其追偿，并相应地享有债权人的权利，但是不得损害债权人的利益。其他连带债务人对债权人的抗辩，可以向该债务人主张。被追偿的连带债务人不能履行其应分担份额的，其他连带债务人应当在相应范围内按比例分担。

对于连带债权人之间的关系，《民法典》第五百二十一条作了明确规定。连带债权人之间的份额难以确定的，视为份额相同。实际受领债权的连带债权人，应当按比例向其他连带债权人返还。连带债权参照适用连带债务的有关规定。

对于债权人与连带债务人之间的关系，《民法典》第五百二十条作了明确规定。部分连带债务人履行、抵销债务或者提存标的物的，其他债务人对债权人的债务在相应范围内消灭；该债务人可以依据前条规定向其他债务人追偿。部分连带债务人的债务被债权人免除的，在该连带债务人应当承担的份额范围内，其他债务人对债权人的债务消灭。部分连带债务人的债务与债权人的债权同归于一人的，在扣除该债务人应当承担的份额后，债权人对其他债务人的债权继续存在。债权人对部分连带债务人的给付受领迟延的，对其他连带债务人发生效力。

（七）向第三人履行、由第三人履行和第三人代为履行

1.向第三人履行

当事人约定由债务人向第三人履行债务的，债务人未向第三人履行债务或者履行债务不符合约定，应当向债权人承担违约责任。

法律规定或者当事人约定第三人可以直接请求债务人向其履行债务，第三人未在合理期限内明确拒绝，债务人未向第三人履行债务或者履行债务不符合约定的，第三人可以请求债务人承担违约责任；债务人对债权人的抗辩，可以向第三人主张。

2.由第三人履行

当事人约定由第三人向债权人履行债务的，第三人不履行债务或者履行债务不符合约定，债务人应当向债权人承担违约责任。

3.第三人代为履行

债务人不履行债务，第三人对履行该债务具有合法利益的，第三人有权向债权人代为履行；但是，根据债务性质、按照当事人约定或者依照法律规定只能由债务人履行的除外。债权人接受第三人履行后，其对债务人的债权转让给第三人，但是债务人和第三人另有约定的除外。

【做中学2】判断题：债权人甲与债务人乙约定由乙向丙履行债务，乙未履行，则

乙应向丙承担违约责任。(　　)

解析：答案为错误。债务人乙应当向债权人甲承担违约责任。

【做中学3】甲、乙签订了一份买卖合同，约定由丙向甲履行债务，但丙履行的债务不符合合同约定。根据合同法律制度的规定，下列表述中，正确的是(　　)。

A.甲有权请求丙承担违约责任　　B.甲有权请求乙承担违约责任

C.甲有权请求乙或丙承担违约责任　　D.甲有权请求乙和丙承担违约责任

解析：答案为B。当事人约定由第三人向债权人履行债务的，第三人不履行债务或者履行债务不符合约定，债务人(乙)应当向债权人(甲)承担违约责任。

(八)中止履行、提前履行、部分履行的规则

1.中止履行

《民法典》第五百二十九条规定，债权人分立、合并或者变更住所没有通知债务人，致使履行债务发生困难的，债务人可以中止履行或者将标的物提存。

2.提前履行

《民法典》第五百三十条规定，债权人可以拒绝债务人提前履行债务，但提前履行不损害债权人利益的除外。债务人提前履行债务给债权人增加的费用，由债务人负担。但是，借款合同是提前履行的例外。根据《民法典》第六百七十七条，借款人提前返还借款的，除当事人另有约定的以外，应当按照实际借款的期间计算利息。

3.部分履行

《民法典》第五百三十一条规定，债权人可以拒绝债务人部分履行债务，但部分履行不损害债权人利益的除外。债务人部分履行债务给债权人增加的费用，由债务人负担。

(九)不影响合同履行的情形

《民法典》第五百三十二条规定，合同生效后，当事人不得因姓名、名称的变更或者法定代表人、负责人、承办人的变动而不履行合同义务。

二、抗辩权的行使

抗辩权是指在双务合同中，一方当事人在对方不履行合同时，依法不履行合同而不构成违约的权利。《民法典》规定，抗辩权包括同时履行抗辩权、先履行抗辩权和不安抗辩权三种。

(一)同时履行抗辩权

同时履行抗辩权是指双务合同的当事人应当同时履行义务的，一方在对方没有履行前，有权拒绝对方要求自己履行合同的权利。《民法典》规定，当事人互负债务，没有

先后履行顺序的，应当同时履行。一方在对方履行之前有权拒绝其履行请求。一方在对方履行债务不符合约定时，有权拒绝其相应的履行请求。比如，甲当面购买乙的苹果，甲和乙需要一手交钱一手交货，甲不付钱则乙可以不给甲苹果，乙不给苹果则甲可以不付乙钱。

（二）先履行抗辩权

先履行抗辩权是指双务合同中应当先履行义务的一方未履行时，对方当事人有拒绝对方要求履行的权利。《民法典》规定，当事人互负债务，有先后履行顺序，应当先履行债务一方未履行的，后履行一方有权拒绝其履行请求。先履行一方履行债务不符合约定的，后履行一方有权拒绝其相应的履行请求。比如，甲与乙签订了向乙购买5 000斤苹果的合同，合同约定苹果每斤2元，甲先付款，在乙收到货款之日起10日内发货。该合同中，甲有先付款的义务，如果甲不付款，则乙有权拒绝发货，且不构成违约。乙拥有的是先履行抗辩权。

（三）不安抗辩权

不安抗辩权是指双务合同中应当先履行义务的一方，有确切证据证明对方有丧失或者可能丧失履行债务能力时，有中止履行合同的权利。《民法典》规定，应当先履行债务的当事人，有确切证据证明对方有下列情形之一的，可以中止履行：（1）经营状况严重恶化；（2）转移财产、抽逃资金，以逃避债务；（3）丧失商业信誉；（4）有丧失或者可能丧失履行债务能力的其他情形。行使不安抗辩权的当事人没有确切证据中止履行的，应当承担违约责任。

行使不安抗辩权的当事人中止履行合同的，应当及时通知对方。对方提供适当担保时，应当恢复履行。中止履行后，对方在合理期限内未恢复履行能力并且未提供适当担保的，视为以自己的行为表明不履行主要债务，中止履行的一方可以解除合同并可以请求对方承担违约责任。

【做中学4】甲、乙双方签订一份钢材买卖合同，约定甲向乙购买钢材1 000吨，甲于5月1日向乙支付全部货款，乙自收到货款之日起半个月内发货。4月30日，甲调查发现，乙因与他人的诉讼纠纷被法院依法查封了财产。甲于是决定暂不向乙付款，并于5月1日将暂不付款的决定及理由通知了乙。根据合同法律制度的规定，下列表述中，正确的是（　　）。

A. 甲无权暂不付款，因为在乙的履行期届至之前，无法确知乙将来是否会违约

B. 甲无权暂不付款，因为甲若怀疑乙届时不能履行合同义务，应先通知乙提供担保，只有在乙不能提供担保时，甲方可中止履行合同

C.甲有权暂不付款，因为甲享有先履行抗辩权

D.甲有权暂不付款，因为甲享有不安抗辩权

解析：答案为D。应当先履行债务的当事人，有确切证据证明对方有"丧失或者可能丧失"履行债务能力的情形时，可以行使不安抗辩权，中止合同履行。

三、情势变更

《民法典》第五百三十三条规定，合同成立后，合同的基础条件发生了当事人在订立合同时无法预见的、不属于商业风险的重大变化，继续履行合同对于当事人一方明显不公平的，受不利影响的当事人可以与对方重新协商；在合理期限内协商不成的，当事人可以请求人民法院或者仲裁机构变更或者解除合同。人民法院或者仲裁机构应当结合案件的实际情况，根据公平原则变更或者解除合同。

情势变更和不可抗力在履行合同方面的影响不同。情势变更导致合同履行困难，不可抗力导致合同履行不能。

四、代位权

代位权是指债务人怠于行使对第三人（次债务人）的到期债权，对债权人造成损害的，债权人可以以自己的名义代位行使债务人对第三人（次债务人）的债权的权利，如图3-1所示。

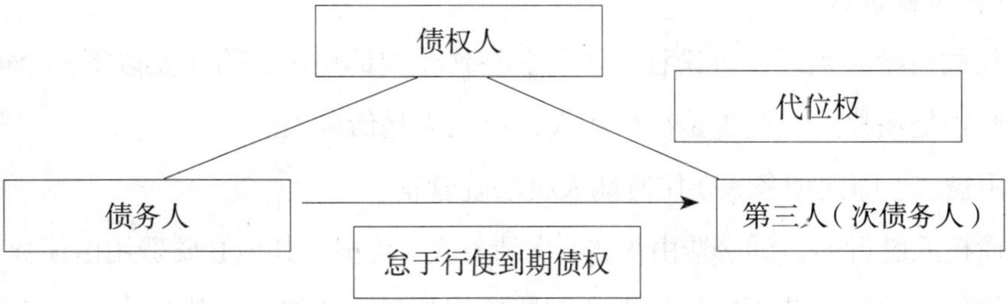

图3-1　代位权示意图

（一）代位权行使的条件

根据法律的规定，债权人提起代位权诉讼，应当符合下列条件：

（1）债权人对债务人的债权合法。

（2）债务人怠于行使其债权或者与该债权有关的从权利，影响债权人的到期债权实现的。该条件是指债务人既不履行到期债务，又不以诉讼方式或者仲裁方式向次债务人主张其债权或者与该债权有关的从权利，影响债权人的到期债权实现的。如果债务人近

以口头或者书面方式催促次债务人（即债务人的债务人）履行债务，而没有向法院起诉或者向仲裁机构申请仲裁，依然构成怠于行使权利。次债务人不认为债务人有怠于行使权利的，应当承担举证责任。

（3）债务人的债权已到期，债权人的债权原则上也应到期。其根据有两点：一是《民法典》第五百三十五条第二款规定，代位权的行使范围以债权人的到期债权为限。二是《民法典》第五百三十六条规定，债权人的债权到期前，债务人的债权或者与该债权有关的从权利存在诉讼时效期间即将届满或者未及时申报破产债权等情形，影响债权人的债权实现的，债权人可以代位向债务人的相对人请求其向债务人履行、向破产管理人申报或者作出其他必要的行为。也就是说，如果债权人的债权没有到期，债权人要行使代位权是有条件的，需要具备债务人的债权或者与该债权有关的从权利存在诉讼时效期间即将届满或者未及时申报破产债权等情形，不具备这个条件且债权人的债权没有到期的，不能行使代位权。

（4）债务人的债权不是专属于债务人自身的债权。专属于债务人自身的债权，是指基于扶养关系、抚养关系、赡养关系、继承关系产生的给付请求权和劳动报酬、退休金、养老金、抚恤金、安置费、人寿保险、人身伤害赔偿请求权等权利。简单地说，扶养关系是平辈之间的关系，比如夫妻之间、兄弟姊妹之间的扶养；抚养关系是长辈对晚辈之间的关系，比如父母对未成年子女的抚养；赡养关系是晚辈对长辈之间的关系，比如成年子女对丧失劳动能力的父母的赡养。

（二）代位权诉讼

代位权的行使必须通过诉讼程序进行。在代位权诉讼中，需注意以下几个问题：

（1）原告是债权人，被告是次债务人，第三人是债务人。

（2）由被告（即次债务人）住所地人民法院管辖。

（3）债权人胜诉的，诉讼费由被告（次债务人）负担，其他必要费用由债务人负担。

（4）代位权的行使范围以债权人的到期债权为限，债权人行使代位权的请求数额超过债务人所负债务额或者超过次债务人对债务人所负债务额的，对超出部分人民法院不予支持。次债务人对债务人的抗辩，可以向债权人主张。

（三）行使代位权的法律效果

债权人行使代位权的必要费用，由债务人负担。次债务人对债务人的抗辩，可以向债权人主张。

代位权诉讼，经人民法院审理后认定代位权成立的，由次债务人向债权人履行清偿义务，债权人与债务人、债务人与次债务人之间相应的债权债务关系即予消灭。债务人对次债务人的债权或者与该债权有关的从权利被采取保全、执行措施，或者债务人破产的，依照相关法律的规定处理。

【做中学5】甲对乙享有50 000元债权，已到清偿期限，但乙一直宣称无能力清偿欠款。甲经调查发现，乙对丁享有3个月后到期的7 000元债权，戊因赌博欠乙8 000元；另外，乙在半年前发生交通事故，因事故中的人身伤害对丙享有10 000元债权，因事故中的财产损失对丙享有5 000元债权。乙无其他可供执行的财产，乙对其享有的债权都怠于行使。根据合同法律制度的规定，下列各项中，甲可以代位行使的债权有（　　）。

A. 乙对丁的7 000元债权　　B. 乙对戊的8 000元债权

C. 乙对丙的10 000元债权　　D. 乙对丙的5 000元债权

解析：答案为D。选项A中，乙对丁的7 000元债权未到期，债权人不能行使代位权。选项B中，债务人对第三人享有合法债权，债权人才能行使代位权，赌债不属于合法债权。选项C中，人身伤害赔偿请求权是专属于债务人自身的债权，债权人不得行使代位权。只有选项D符合条件。

五、撤销权

撤销权是指因债务人以放弃其债权、放弃债权担保、无偿转让财产等方式无偿处分财产权益，或者恶意延长其到期债权的履行期限，影响债权人的债权实现的，债务人的相对人知道或者应当知道该情形的，债权人可以请求人民法院撤销债务人行为的权利。

这里讲的"撤销权"与前面讲的可撤销合同中的撤销权不同。这里的撤销权和代位权，属于合同的保全措施，撤销权的效力会涉及第三人，突破了合同的相对性，目的是维护债务人对债权人的清偿能力。而前面讲的可撤销合同中的撤销权，仅在合同当事人之间有效，效力不会涉及合同相对人以外的第三人。

（一）可撤销的行为

根据法律的规定，可撤销的行为包括无偿行为和有偿行为两种。

1.无偿行为

无偿行为包括债务人放弃到期债权、无偿转让财产、放弃未到期债权、放弃债权担保、恶意延长到期债权的履行期。这五种行为，不论第三人（即受让人或者受益人）是善意还是恶意，债权人均可行使撤销权予以撤销。

2.有偿行为

有偿行为包括债务人以明显不合理低价转让财产和以明显不合理高价收购他人财

产。这两种行为，只有第三人（即受让人或者受益人）是恶意的，债权人才可行使撤销权予以撤销。

（二）撤销权诉讼

撤销权的行使必须通过诉讼程序进行。在撤销权诉讼中，需注意以下几个问题：

（1）原告是债权人，被告是债务人，第三人是受让人或者受益人。

（2）由被告（债务人）住所地人民法院管辖。

（3）撤销权的行使范围以债权人的债权为限。

（三）行使撤销权的法律效果

债权人行使撤销权的必要费用，由债务人负担。债务人影响债权人的债权实现的行为被撤销的，自始没有法律约束力。

法院经过审理，合同被撤销后，行为人因该行为取得的财产，应当予以返还；不能返还或者没有必要返还的，应当折价补偿。有过错的一方应当赔偿对方由此所受到的损失；各方都有过错的，应当各自承担相应的责任。法律另有规定的，依照其规定。

（四）撤销权的消灭

撤销权自债权人知道或者应当知道撤销事由之日起一年内行使。自债务人的行为发生之日起五年内没有行使撤销权的，该撤销权消灭。根据《民法典》第一百九十九条的规定，此处的“一年”“五年”不适用诉讼时效中止、中断和延长的规定。存续期间届满，撤销权消灭。

【做中学6】甲公司欠乙公司30万元，一直无力偿付，现丙公司欠甲公司20万元，已经到期，但甲公司明确表示放弃对丙公司的债权。根据合同法律制度的规定，对甲公司的行为，乙公司可以采取的措施有（　　）。

A.行使代位权，要求丙公司偿还20万元

B.请求人民法院撤销甲公司放弃债权的行为

C.乙公司行使权利的必要费用可向甲公司主张

D.乙公司应在知道或者应当知道甲公司放弃债权2年内行使撤销权

解析：答案为BC。选项A、B中，债务人放弃到期债权的，债权人可以行使撤销权，不是代位权。选项C中，债权人行使撤销权所支付的律师代理费、差旅费等必要费用，由债务人负担。选项D中，自债权人知道或者应当知道撤销事由之日起1年内行使撤销权。

案例分析

根据《民法典》的规定，履行地点不明确的，给付货币的，在接受货币的一方所在地履行。临沂市的乙公司作为卖方，当然是接受货币的一方，因此，临沂市是付款地。其他标的，不动产除外，在履行义务的一方所在地履行。临沂市的乙公司作为卖方，是交付货物的一方，因此，临沂市是交货地。所以，临沂市既是付款地，也是交货地。

知识拓展

扫描右侧二维码，在线查看民事诉讼第三人的相关知识。

民事诉讼第三人

同步训练

参考答案

一、单选题

1.甲公司向乙公司订购一台生产设备，乙公司委托其控股的丙公司生产该设备并交付给甲公司。甲公司在使用该设备时发现存在严重的质量问题。根据合同法律制度的规定，下列关于甲公司权利的表述中，正确的是(　　)。

A.甲公司有权请求乙公司承担违约责任

B.甲公司有权请求丙公司承担违约责任

C.甲公司有权请求乙、丙公司连带承担违约责任

D.甲公司有权请求乙、丙公司按照责任大小按份承担违约责任

2.甲将一台电脑无偿借给乙使用，期限为3个月。在借用期内，甲和丙订立了买卖该电脑的合同，但未对电脑的交付问题进行约定。下列有关该电脑交付的表述中，正确的是(　　)。

A.丙有权请求甲立即交付电脑

B.丙有权随时请求甲交付电脑，但应当给甲必要的准备时间

C.丙有权请求乙立即交付电脑

D.丙有权随时请求乙交付电脑，但应当给乙必要的准备时间

3.甲与乙签订一份买卖合同，双方约定，甲提供一批货物给乙，货到后1个月内付款。合同签订后甲迟迟没有发货，乙催问甲，甲称由于资金紧张，暂无法购买生产该批货物的原材料，要求乙先付货款，乙拒绝了甲的要求。乙拒绝先付货款的行为在法律上称为(　　)。

A.行使先履行抗辩权　　　　B.行使后履行抗辩权

C.行使同时履行抗辩权　　　D.行使撤销权

4.甲对乙的债务清偿期已届满却未履行，乙欲就甲对他人享有的债权提起代位权诉讼。根据合同法律制度的规定，甲享有的下列债权中，乙可代位行使的是（　　）。

A.抚恤金请求权　　B.劳动报酬请求权

C.人身伤害赔偿请求权　　D.财产损害赔偿请求权

二、判断题

1.根据合同法律制度的规定，债务人怠于行使其到期债权，对债权人造成损害的，债权人可以请求人民法院予以撤销。（　　）

2.根据合同法律制度的规定，债务人以明显不合理的低价转让财产，受让人不知道该情形，对债权人造成损害的，债权人可以请求人民法院予以撤销。（　　）

3.根据合同法律制度的规定，债务人恶意延长到期债权的履行期，对债权人造成损害的，债权人可以请求人民法院予以撤销。（　　）

三、案例分析题

在甲、乙签订的合同中，甲为债权人，乙为债务人，甲对乙的债权标的额为50万元。乙又是丙的债权人，债权标的额为200万元，乙因怠于行使对丙的到期债权，致使甲的到期债权得不到清偿。

请分析以下问题：

1.甲是否可以行使代位权？

2.如果甲可以行使代位权，他该如何行使？

3.如果甲可以行使代位权，其数额是多少？

4.如果甲对乙的债权标的额为200万元，乙对丙的债权标的额为50万元，甲行使代位权的数额是多少？

任务 3.5　合同的变更和转让

视听资源

案例导入

张三于2021年7月向某家具店定作结婚家具一套，双方商定家具店应于8月11日交货。8月7日，家具店通知张三，因家具店发生火灾，烧毁了部分已做好的家具，要求延迟履行合同。那时，张三因与其未婚妻闹矛盾，婚礼推迟，但对家具店的要求没有作出答复。8月15日，张三与其未婚妻正式分手，婚礼取消。张三于8月17日通知家具店，取消家具定作的合同。此时，家具店已按张三的要求做好了全套家具，因此不允许取消合同，双方发生争议。

根据上述材料，请同学们思考：

张三和家具店的合同是不是已经变更？

知识准备

依法成立的合同，对当事人具有法律约束力。当事人应当按照约定履行自己的义务，不得擅自变更或者解除合同。依法成立的合同，受法律保护。合同的变更和转让，是指合同成立后，因主观、客观原因使得合同内容或者合同主体发生了变化。

一、合同的变更

合同的变更仅指合同内容的变更，不包括合同主体的变更，合同主体的变更属于合同的转让。

《民法典》规定，当事人协商一致，可以变更合同。当事人对合同变更的内容约定不明确的，推定为未变更。

需要注意的是，承揽合同中的定作人和货运合同的托运人具有法定变更权。即一方当事人单方通知对方变更合同的权利，不需要与对方协商一致。《民法典》第七百七十七条规定，定作人中途变更承揽工作的要求，造成承揽人损失的，应当赔偿损失。《民法典》第八百二十九条规定，在承运人将货物交付收货人之前，托运人可以要求承运人中止运输、返还货物、变更到达地或者将货物交给其他收货人，但是应当赔偿承运人因此受到的损失。

合同变更的效力仅对变更后未履行的部分有效，对已履行的部分没有溯及力，但当事人另有约定的除外。

二、合同的转让

合同的转让是指合同主体的变更，即合同当事人将合同的权利和义务全部或者部分转让给第三人。合同转让分为债权转让、债务承担、债务加入和债权债务的概括转移。

（一）债权转让

债权转让是指债权人将合同的权利全部或者部分转让给第三人的行为。转让权利的债权人叫让与人，接受权利的第三人叫受让人。

下列三种情形，债权不得转让：

（1）根据债权性质不得转让。比如，演出合同、雇佣合同、出版合同等，因为这些合同是基于当事人特定身份订立的。

（2）按照当事人约定不得转让。

（3）依照法律规定不得转让。比如，《民法典》第四百二十一条规定，最高额抵押担保的债权确定前，部分债权转让的，最高额抵押权不得转让，但当事人另有约定的除外。

《民法典》第五百四十五条规定，当事人约定非金钱债权不得转让的，不得对抗善意第三人。当事人约定金钱债权不得转让的，不得对抗第三人。由此可知，约定金钱债权不得转让的，只在当事人之间具有约束力，不能约束任何第三人。不管第三人是善意还是恶意，对任何第三人都不发生效力。

《民法典》规定，债权人转让权利，不需要经债务人同意，但应当通知债务人。未经通知，该转让对债务人不发生效力。债权转让的通知不得撤销，但经受让人同意的除外。这是债权转让的程序要求。

对债权人而言，将合同权利全部转让给第三人时，原债权人退出原债权债务关系，受让人取代原债权人，成为新的债权人。债权人将合同部分权利转让给第三人时，原债权人仅就转让部分丧失债权，受让人和原债权人会形成按份之债或者连带之债。

对受让人而言，债权人转让债权的，受让人取得与债权有关的从权利，但该从权利专属于债权人自身的除外。受让人取得从权利不因该从权利未办理转移登记手续或者未转移占有而受到影响。比如，甲房地产公司把房子卖给张三，交付并办理了过户手续，甲公司与张三约定房屋有一年的维修期。后来张三又把房子卖给了李四，李四在使用的过程中发现房屋漏水。此时，维修义务是房屋买卖合同的从权利，作为受让人的李四有权直接要求甲公司维修房屋，甲公司不得以与李四不存在合同关系拒绝。

对债务人而言，债务人接到债权转让通知后，债务人对让与人的抗辩，可以向受让人主张。债务人接到债权转让通知时，债务人对让与人享有债权，并且债务人的债权先于转让的债权到期或者同时到期的。有下列情形之一的，债务人可以向受让人主张抵销：（1）债务人接到债权转让通知时，债务人对让与人享有债权，且债务人的债权先于转让的债权到期或者同时到期；（2）债务人的债权与转让的债权是基于同一合同产生。比如，李四卖给张三5 000斤苹果，共1万元，约定任何一方违约应支付给守约方1 000元违约金，后来李四把1万元的债权转让给了王五。在这里，李四是债权人，张三是债务人，王五是受让人。后来李四迟延交货构成违约，李四应支付给张三1 000元。作为苹果买卖合同债务人的张三，基于同一个买卖合同，因李四的违约对李四拥有1 000元的债权，这1 000元就是债务人张三的债权。李四把1万元债权转让给王五后，张三可以向王五主张抵消1 000元的债务，只付给王五9 000元即可。因为债务人张三的债权1 000元与李四转让的债权1万元是基于同一个买卖合同产生的，债务人张三可以向受让人王五主张抵销。

因债权转让增加的履行费用，由让与人负担。

【做中学1】甲向乙借款300万元，于2017年12月30日到期。丁提供保证担保，双方约定丁仅对乙承担保证责任。后乙从甲处购买价值50万元的货物，约定2018年1月1日付款。2017年10月1日，乙将债权让与丙，并于2017年10月15日通知甲，但未告知丁。根据合同法律制度的规定，下列各项中，正确的有（　　）。

A. 2017年10月1日债权让与在乙、丙之间生效

B. 2017年10月15日债权让与对甲生效

C. 2017年10月15日甲可向丙主张抵销50万元

D. 2017年10月15日后丁的保证债务继续有效

解析：答案为AB。选项A、B中，债权人转让权利，不需要经债务人同意，但应当通知债务人；未经通知，该转让对债务人不发生效力。选项C中，债务人对让与人享有债权，并且其债权先于转让的债权到期或者同时到期的，债务人可以向受让人主张抵销。本题中，由于乙转让给丙的债权于2017年12月30日到期，而甲的50万元债权2018年1月1日才到期，甲无权向丙主张抵销。选项D中，在保证期间，债权

人依法将主债权转让给第三人的，保证债权同时转让，保证人在原保证担保的范围内对受让人承担保证责任；但是保证人与债权人事先约定仅对特定的债权人承担保证责任或者禁止债权转让的，保证人不再承担保证责任。本题中，甲乙双方约定丁仅对乙承担保证责任，即该从权利专属于债权人乙，因此，2017年10月15日后丁的保证债务无效。

（二）债务承担

债务承担是指债务人将合同的义务全部或者部分转移给第三人的行为。

《民法典》规定，债务人将债务全部或者部分转移给第三人的，应当经债权人同意。债务人或者第三人可以催告债权人在合理期限内予以同意，债权人未作表示的，视为不同意。债务人转移债务的，新债务人可以主张原债务人对债权人的抗辩；原债务人对债权人享有债权的，新债务人不得向债权人主张抵销。债务人转移债务的，新债务人应当承担与主债务有关的从债务，但是该从债务专属于原债务人自身的除外。

（三）债务加入

债务加入，是指债务人不退出原债权债务关系，第三人加入债权债务关系中，与债务人共同向债权人履行债务，第三人和债务人成为共同债务人。

《民法典》第五百五十二条规定，第三人与债务人约定加入债务并通知债权人，或者第三人向债权人表示愿意加入债务，债权人未在合理期限内明确拒绝的，债权人可以请求第三人在其愿意承担的债务范围内和债务人承担连带债务。

债务加入不需要债权人的同意，只需通知债权人即可，这点与债务承担不同。

（四）债权债务的概括转移

债权债务的概括转移，是指当事人一方经对方同意，将自己在合同中的权利和义务一并转让给第三人的行为。

《民法典》规定，当事人一方将自己在合同中的权利和义务一并转让给第三人时，除了当事人一方必须经对方同意外，还应当遵守债权转让和债务转移的相关规定。在债权债务的概括转移中，最典型的是合同当事人订立合同后，发生合并或者分立。比如，法人订立合同后合并的，由合并后的法人行使合同权利，履行合同义务；法人订立合同后分立的，除债权人和债务人另有约定的以外，由分立的法人对合同的权利和义务享有连带债权，承担连带债务。

【做中学2】甲公司欲将两个业务部门分出设立乙公司和丙公司，并在公司分立决议中明确，甲公司以前所负的债务由新设的乙公司承担。分立前甲公司欠丁企业货款12万元，现丁企业要求偿还。根据合同法律制度的规定，下列关于该12万元债务承担的表述中，正确的是(　　)。

A. 由甲公司承担

B. 由乙公司承担

C. 由甲、乙、丙三个公司平均承担

D. 由甲、乙、丙三个公司连带承担

解析：答案为D。在分立时，如果债务人甲公司与债权人丁企业明确约定“甲公司以前所负的债务由新设的乙公司承担”，则丁企业只能要求乙公司清偿债务。本题中，“甲公司以前所负的债务由新设的乙公司承担”只是甲公司的内部决议，并非债务人甲公司和债权人丁企业的约定，该决议对债权人丁企业没有约束力，因此，甲、乙、丙三个公司应当对丁企业的债务承担连带责任。

案例分析

《民法典》第五百四十四条规定：“当事人对合同变更的内容约定不明确的，推定为未变更。”家具店8月7日要求延期履行合同，但张三没有给予答复，应认为双方对变更合同履行期限没有达成一致意思，故合同没有变更。

同步训练

参考答案

一、单选题

甲公司欠乙公司300万元货款。后甲公司将部分优良资产分立出去另成立丙公司，甲、丙公司在分立协议中约定，该笔债务由甲、丙公司按3∶7的比例分担，但甲、丙公司未与乙公司达成债务清偿协议。债务到期后，乙公司要求甲公司清偿300万元，遭到拒绝。根据合同法律制度的规定，下列关于该笔债务清偿的表述中，正确的是(　　)。

A. 乙公司只能向甲公司主张清偿

B. 乙公司只能向丙公司主张清偿

C. 应当由甲、丙公司按连带责任方式向乙公司清偿

D. 应当由甲、丙公司按分立协议约定的比例向乙公司清偿

二、判断题

1. 债权人转让权利，不需要经债务人同意，但应当通知债务人。(　　)

2. 债务人将债务全部转移给第三人的，应当经债权人同意。(　　)

三、案例分析题

甲房地产公司与乙建材有限公司签订了石材采购合同。后乙公司存续分立为乙建材有限公司与丙建材有限公司两家单位，乙建材有限公司向甲房地产公司请求，将合同的供货主体变更为丙建材有限公司，并由丙公司收取货款，甲房地产公司同意了。经协商一致，甲、乙、丙三家公司签订了权利义务转让协议。

请问：

甲、乙、丙三家公司签订的权利义务转让协议是否有效？

任务 3.6　合同的终止

视听资源

案例导入

甲小学因为六一儿童节学生表演节目的需要，向乙服装厂订购了100套童装，约定在六一儿童节前一周交付。5月28日，甲小学向乙服装厂催要童装，却被告知，因布匹供应问题6月3日才能交付童装，甲小学因此打算解除合同。

根据上述资料，请同学们思考：

甲小学有没有权利单方面解除合同？

知识准备

合同的终止是指合同生效后，因具备法定情形或者当事人约定的情形，当事人之间的权利义务消灭的行为。《民法典》规定，债权债务终止后，当事人应当遵循诚信等原则，根据交易习惯履行通知、协助、保密、旧物回收等义务。债权债务终止时，债权的从权利同时消灭，但是法律另有规定或者当事人另有约定的除外。合同的权利义务关系终止，不影响合同中结算和清理条款的效力。

《民法典》规定，债权债务终止的情形有：（1）债务已经履行；（2）债务相互抵销；（3）债务人依法将标的物提存；（4）债权人免除债务；（5）债权债务同归于一人；（6）法律规定或者当事人约定终止的其他情形。合同解除的，该合同的权利义务关系终止。

一、清偿

清偿，即履行，是指债务人已经按照合同约定全面履行了合同义务。这是合同终止的正常形态。一般来说，由债务人本人向债权人清偿债务。当事人约定，由第三人代为清偿的，也发生清偿的效力。

关于清偿的顺序，《民法典》第五百六十条规定，债务人对同一债权人负担的数项债务种类相同，债务人的给付不足以清偿全部债务的，除当事人另有约定外，由债务人在清偿时指定其履行的债务。债务人未指定的，应当优先履行已经到期的债务；数项债务均到期的，优先履行对债权人缺乏担保或者担保最少的债务；均无担保或者担保相等的，优先履行债务人负担较重的债务；负担相同的，按照债务到期的先后顺序履行；到期时间相同的，按照债务比例履行。由此可知，清偿的顺序是：约定清偿优先，指定清偿次之，法定清偿最后。

《民法典》第五百六十一条规定，债务人在履行主债务外还应当支付利息和实现债权的有关费用，其给付不足以清偿全部债务的，除当事人另有约定外，应当按照下列顺序履行：（1）实现债权的有关费用；（2）利息；（3）主债务。

二、解除

合同解除是指合同有效成立后，没有履行或者没有全部履行前，双方当事人协商一致或者一方当事人在具备法定情形时行使解除权，提前终止合同效力的行为。合同解除分为协商解除和法定解除两种。

（一）协商解除

当事人协商一致，可以解除合同。当事人可以约定一方解除合同的事由。解除合同的事由发生时，解除权人可以解除合同。

按照合同自愿原则，合同因当事人协商一致而缔结，合同当然也可以因当事人协商一致而解除。不论是提前在合同中约定解除事由，还是事后双方协商，均可。

（二）法定解除

法定解除是指当事人一方在具备法定情形时行使解除权，提前终止合同效力的行为。

《民法典》规定，具有下列情形之一的，当事人可以单方解除合同：

（1）因不可抗力致使不能实现合同目的。不可抗力，是指不能预见、不能避免并不能克服的客观情况，如地震、台风等。

（2）在履行期限届满之前，当事人一方明确表示或者以自己的行为表明不履行主要债务。需注意的是，不履行“主要债务”才能行使法定解除权。

（3）当事人一方迟延履行主要债务，经催告后在合理期限内仍未履行。需注意的是，对该条，不履行“主要债务”并且经“催告”后依然不履行的，才能行使法定解除权，不经“催告”不能解除。

（4）当事人一方迟延履行债务或者有其他违约行为致使不能实现合同目的。比如，甲超市中秋节前从乙食品公司订购了一批月饼，合同约定，乙公司必须在农历八月初十前送到。但是，乙公司直到农历八月十六日才把月饼送来，使甲超市错过了最佳销售时间，致使不能实现合同目的，甲超市有权单方解除合同。

(5)法律规定的其他情形。比如，承揽合同中，定作人在承揽人完成工作前可以随时解除合同(《民法典》第七百八十七条)。货运合同中，托运人可以单方解除合同(《民法典》第八百二十九条)。委托合同中，委托人或者受托人都有权单方解除委托合同(《民法典》第九百三十三条)。另外，《民法典》第六百三十二条、第六百三十三条、第七百三十一条等均涉及单方解除权问题。

以持续履行的债务为内容的不定期合同，当事人可以随时解除合同，但是应当在合理期限之前通知对方。比如租赁合同、保管合同、借用合同、仓储合同等，都可以成为“以持续履行的债务为内容的不定期合同”。

(三)解除权的行使

法律规定或者当事人约定解除权行使期限，期限届满当事人不行使的，该权利消灭。法律没有规定或者当事人没有约定解除权行使期限，自解除权人知道或者应当知道解除事由之日起一年内不行使，或者经对方催告后在合理期限内不行使的，该权利消灭。

当事人一方依法主张解除合同的，应当通知对方。合同自通知到达对方时解除；通知载明债务人在一定期限内不履行债务则合同自动解除，债务人在该期限内未履行债务的，合同自该期限届满时解除。对方对解除合同有异议的，任何一方当事人均可以请求人民法院或者仲裁机构确认解除行为的效力。

当事人一方未通知对方，直接以提起诉讼或者申请仲裁的方式依法主张解除合同，人民法院或者仲裁机构确认该主张的，合同自起诉状副本或者仲裁申请书副本送达对方时解除。

(四)合同解除的效果

合同解除后，尚未履行的，终止履行；已经履行的，根据履行情况和合同性质，当事人可以请求恢复原状或者采取其他补救措施，并有权请求赔偿损失。

合同因违约解除的，解除权人可以请求违约方承担违约责任，但是当事人另有约定的除外。

主合同解除后，担保人对债务人应当承担的民事责任仍应当承担担保责任，但是担保合同另有约定的除外。

【做中学1】根据合同法律制度的规定，下列关于合同解除的表述中，正确的有(　　)。

A.租赁物危及承租人安全的，无论承租人订立合同时是否知道租赁物质量不合格，

承租人都可以随时解除合同

B.承揽合同的定作人可以随时解除承揽合同

C.委托合同的委托人可以随时解除委托合同

D.委托合同的受托人可以随时解除委托合同

解析：答案为ABCD。根据《民法典》第七百三十一条，租赁物危及承租人的安全或者健康的，即使承租人订立合同时明知该租赁物质量不合格，承租人仍然可以随时解除合同。《民法典》第七百八十七条规定，承揽合同中，定作人可以随时解除合同。《民法典》第九百三十三条规定，委托合同中委托人或者受托人都有权单方解除委托合同。

三、抵销

抵销是指当事人双方互负债务时，双方相互充抵债务，使得双方的债务在对等额度内消灭的行为。抵销分为法定抵销和约定抵销。

（一）法定抵销

《民法典》规定，当事人互负债务，该债务的标的物种类、品质相同的，任何一方可以将自己的债务与对方的到期债务抵销。一般来说，债务的标的物种类、品质相同的只有金钱和种类物，比如钱可以与钱抵销、品质相同的小麦可以抵销等。当事人主张抵销的，应当通知对方。通知自到达对方时生效。抵销不得附条件或者附期限。

根据《民法典》的规定，下列债务不得抵销：

（1）根据债务性质不得抵销的。比如，应当支付给下岗工人的生活保障金不得抵销工人欠企业的债务，演出、教学等提供劳务的债务不得抵销。

（2）当事人约定不得抵销的。

（3）依照法律规定不得抵销的。比如，《中华人民共和国民事诉讼法》第二百五十条第一款规定："被执行人未按执行通知履行法律文书确定的义务，人民法院有权扣留、提取被执行人应当履行义务部分的收入。但应当保留被执行人及其所扶养家属的生活必需费用。"据此，当事人不得将债务人及其所扶养家属的生活必需费用用以抵销债务。

（二）约定抵销

《民法典》规定，当事人互负债务，标的物种类、品质不相同的，经协商一致，也可以抵销。

【做中学2】陈某租住王某的房屋，租期至2018年8月。王某欠陈某10万元货款，应于2018年7月偿付。至2018年8月，王某尚未清偿货款，但要求收回房屋并请求陈某支付1万元租金。根据合同法律制度的规定，下列关于陈某的权利的表述中，正确的有（　　）。

A.陈某可以留置该房屋作为担保

B.陈某可以出售房屋并优先受偿

C.陈某可以用应付租金抵销1万元货款

D.陈某可以行使同时履行抗辩权而不交还房屋

解析：答案为C。选项A中，留置权的行使对象仅限于动产，不包括不动产，房屋是不动产。选项B中，在陈某与王某的货款债务中，并未将王某的房屋设为担保物，陈某不享有任何优先受偿权。选项C中，当事人互负到期债务，该债务的标的物种类、品质相同的，任何一方可以将自己的债务与对方的债务抵销。选项D中，同时履行抗辩权的行使限于“同一双务合同”，本题中，“租金”和“货款”分属两个不同的合同。

四、提存

提存是指由于债权人的原因，债务人难以履行债务，将标的物交给提存机关，从而终止合同权利义务的行为。

（一）提存的原因

《民法典》规定，有下列情形之一，难以履行债务的，债务人可以将标的物提存：（1）债权人无正当理由拒绝受领；（2）债权人下落不明；（3）债权人死亡未确定继承人、遗产管理人，或者丧失民事行为能力未确定监护人；（4）法律规定的其他情形。

标的物不适合提存或者提存费用过高的，债务人依法可以拍卖或者变卖标的物，提存所得的价款。《民法典》第五百七十一条规定，债务人将标的物或者将标的物依法拍卖、变卖所得价款交付提存部门时，提存成立。提存成立的，视为债务人在其提存范围内已经交付标的物。

（二）提存的法律效果

标的物提存后，债务人应当及时通知债权人或者债权人的继承人、遗产管理人、监护人、财产代管人。标的物提存后，毁损、灭失的风险由债权人承担。提存期间，标的物的孳息归债权人所有。提存费用由债权人负担。

债权人可以随时领取提存物。但是，债权人对债务人负有到期债务的，在债权人未履行债务或者提供担保之前，提存部门根据债务人的要求应当拒绝其领取提存物。

债权人领取提存物的权利，自提存之日起五年内不行使而消灭，提存物扣除提存费用后归国家所有。但是，债权人未履行对债务人的到期债务，或者债权人向提存部门书面表示放弃领取提存物权利的，债务人负担提存费用后有权取回提存物。

【做中学3】债权人甲下落不明，致使债务人乙难以履行债务，乙依法将标的物提存。提存期间，该标的物发生意外毁损。根据合同法律制度的规定，下列关于对该标的物损失承担的表述中，正确的是（　　）。

A.应由甲承担　　B.应由乙承担

C.应由甲、乙共同承担　　D.应由提存机关承担

解析：答案为A。标的物提存后，毁损、灭失的风险由债权人承担，甲是债权人。

五、免除

《民法典》规定，债权人免除债务人部分或者全部债务的，债权债务部分或者全部终止，但是债务人在合理期限内拒绝的除外。

六、混同

《民法典》规定，债权和债务同归于一人的，债权债务终止，但是损害第三人利益的除外。比如，甲公司和乙公司合并设立丙公司，甲公司对乙公司的借款，因债权和债务同归于丙公司，甲、乙公司的权利义务终止。

案例分析

根据案例导入中的情况，分析如下：《民法典》规定，当事人一方迟延履行债务或者有其他违约行为致使不能实现合同目的，当事人可以单方解除合同。乙服装厂迟延履行债务致使甲小学错过了六一儿童节的演出，不能实现合同目的，甲小学无须催告，可以单方面解除合同。

同步训练

参考答案

一、单选题

1.债权人甲下落不明，为履行到期债务，债务人乙将标的物提存。根据合同法律制度的规定，下列表述中，正确的是（　　）。

A.提存费用由乙负担

B.标的物提存后，毁损、灭失的风险由乙承担

C.甲领取提存物的权利，自提存之日起5年内不行使则消灭

D.若甲自提存之日起5年内不领取提存物，提存物归乙所有

2.甲与乙签订了一份买卖合同，约定甲将其收藏的一幅名画以20万元卖给乙。其后，甲将其对乙的20万元债权转让给丙并通知了乙。甲将名画交付给乙前，该画因不可抗力灭失。根据合同法律制度的规定，下列判断中，正确的有（　　）。

A.乙对甲主张解除合同，并拒绝丙的给付请求

B.乙对甲主张解除合同，但不得拒绝丙的给付请求

C.乙不得对甲主张解除合同，但可以拒绝丙的给付请求

D.乙不得对甲主张解除合同，也不得拒绝丙的给付请求

3.某热电厂从某煤矿购煤200吨，约定交货期限为9月30日，付款期限为10月31日。9月30日，煤矿交付200吨煤，热电厂经检验发现煤的含硫量远远超过约定标准，根据政府规定不能在该厂区燃烧。基于上述情况，热电厂的下列主张中，不符合合同法律制度规定的是（　　）。

A.行使先履行抗辩权　　B.要求煤矿承担违约责任

C.行使不安抗辩权　　D.解除合同

二、判断题

1. 2017年3月，甲大学与乙企业签订一份设备改造的技术服务合同，约定自2017年7月1日至2017年12月1日，甲大学负责对乙企业的自动生产线进行技术改造。合同签订后，乙企业为履行合同做了相关准备工作。5月，甲大学通知乙企业，因负责该项目的技术人员辞职，不能履行合同。根据合同法律制度的规定，乙企业有权解除合同，并要求甲大学赔偿损失。（　　）

2.甲公司与乙公司签订一份买卖合同。合同约定：若发生合同纠纷，须交A市仲裁委员会仲裁。后因乙公司违约，甲公司依法解除合同，并要求乙公司赔偿损失。双方对赔偿数额发生争议，甲公司就该争议向A市仲裁委员会申请仲裁。乙公司认为，因合同被解除，合同中的仲裁条款已失效，故甲公司不能向A市仲裁委员会申请仲裁。乙公司的观点是正确的。（　　）

三、案例分析题

债务人甲因债权人乙下落不明，于是将作为合同标的物的一套名贵西服交当地公证机关提存。

根据合同法律制度的规定，请分析：提存期间乙的权利义务有哪些？

任务 3.7　违约责任

视听资源

案例导入

刘超捷诉中国移动通信集团江苏有限公司
徐州分公司电信服务合同纠纷案

2009年11月24日，原告刘超捷在被告中国移动通信集团江苏有限公司徐州分公司（以下简称“移动徐州分公司”）营业厅申请办理“神州行标准卡”，手机号码为1590520××××，付费方式为预付费。原告当场预付话费50元，并参与移动徐州分公司充50元送50元的活动。在业务受理单所附《中国移动通信客户入网服务协议》中，双方对各自的权利和义务进行了约定，其中第四项特殊情况的承担中的第1条约定，在下列情况下，乙方（被告）有权暂停或限制甲方（原告）的移动通信服务，由此给甲方造成的损失，乙方不承担责任：（1）甲方银行账户被查封、冻结或余额不足等非乙方原因造成的结算时扣划不成功的；（2）甲方预付费使用完毕而未及时补交款项（包括预付费账户余额不足以扣划下一笔预付费用）的。

2010年7月5日，原告在中国移动官方网站网上营业厅通过银联卡网上充值50元。2010年11月7日，原告在使用该手机号码时发现该手机号码已被停机，原告到被告的营业厅查询，得知被告于2010年10月23日因话费有效期到期而暂停移动通信服务，此时账户余额为11.70元。原告认为被告单方终止服务构成合同违约，遂诉至法院。

（案例来源：最高人民法院指导案例64号，2016年6月30日发布）

根据上述资料，请同学们思考：

继续履行合同是违约责任的承担方式吗？

知识准备

一、违约责任的概念

违约责任是指合同当事人不履行合同义务或者履行合同义务不符合约定时，依照法律规定或者合同约定应当承担的法律责任。《民法典》第四百六十五条第一款规定，依法成立的合同，受法律保护。因此，违反合同约定，应当承担违约责任。

二、违约责任的承担方式

《民法典》规定，当事人一方不履行合同义务或者履行合同义务不符合约定的，应当承担继续履行、采取补救措施或者赔偿损失等违约责任。当事人一方明确表示或者以自己的行为表明不履行合同义务的，对方可以在履行期限届满之前请求其承担违约责任。

（一）继续履行

继续履行既是为了实现合同目的，也是一种违约责任。《民法典》规定，当事人一方未支付价款、报酬、租金、利息，或者不履行其他金钱债务的，对方可以请求其支付。当事人一方不履行非金钱债务或者履行非金钱债务不符合约定的，对方可以请求履行，但是有下列情形之一的除外：（1）法律上或者事实上不能履行。比如，张三卖给李四一支手枪，手枪在我国是禁止流通物，属于法律上不能履行。再比如，张三把张大千的一幅画卖给李四，不料交付前，因为失火画被烧毁，属于事实上不能履行。（2）债务的标的不适于强制履行或者履行费用过高。演出合同、出版合同等具有很强的人身性，属于债务的标的不适于强制履行的合同。（3）债权人在合理期限内未请求履行。非金钱债务有上述规定的除外情形之一，致使不能实现合同目的的，人民法院或者仲裁机构可以根据当事人的请求终止合同权利义务关系，但是不影响违约责任的承担。

（二）第三人替代履行

当事人一方不履行债务或者履行债务不符合约定，根据债务的性质不得强制履行的，对方可以请求其负担由第三人替代履行的费用。比如，《民法典》第一千二百三十四条规定的生态环境破坏的替代修复责任就属于这种情况。

（三）采取补救措施

《民法典》规定，履行不符合约定的，应当按照当事人的约定承担违约责任。对违约责任没有约定或者约定不明确的，依照《民法典》第五百一十条的规定仍不能确定的，受损害方根据标的的性质以及损失的大小，可以合理选择请求对方承担修理、重作、更换、退货、减少价款或者报酬等违约责任。修理、重作、更换、退货、减少价款或者报酬等，属于采取的补救措施。

（四）赔偿损失

《民法典》规定，当事人一方不履行合同义务或者履行合同义务不符合约定的，在履行义务或者采取补救措施后，对方还有其他损失的，应当赔偿损失。

损失赔偿额应当相当于因违约所造成的损失，包括合同履行后可以获得的利益；但是不得超过违约一方订立合同时预见到或者应当预见到的因违约可能造成的损失。

（五）支付违约金

违约金是指合同当事人一方或者双方不履行合同义务或者履行合同不符合约定，按照合同约定或者法律规定，向对方支付的一定数额的货币。

当事人可以约定一方违约时应当根据违约情况向对方支付一定数额的违约金，也可以约定因违约产生的损失赔偿额的计算方法。约定的违约金低于造成的损失的，人民法院或者仲裁机构可以根据当事人的请求予以增加；约定的违约金过分高于造成的损失的，人民法院或者仲裁机构可以根据当事人的请求予以适当减少。

另外，当事人就迟延履行约定违约金的，违约方支付违约金后，还应当履行债务。

【做中学1】甲、乙签订一份买卖合同，约定违约方应向对方支付违约金15.5万元。后甲违约，给乙造成实际损失15万元。根据合同法律制度的规定，下列表述中，正确的是（　　）。

A.甲应向乙支付违约金15.5万元，不再支付其他费用或者赔偿损失

B.甲应向乙赔偿损失15万元，不再支付其他费用或者赔偿损失

C.甲应向乙赔偿损失15万元，并支付违约金15.5万元，共计30.5万元

D.甲应向乙赔偿损失15万元及其利息

解析：答案为A。本题中，尽管约定的违约金高于实际损失，但并未达到过高的程度，不能减少，应当按照约定来履行。因此，甲应向乙支付违约金15.5万元。甲向乙支付违约金15.5万元之后，不再支付其他费用或者赔偿损失。

（六）定金罚则

当事人可以约定一方向对方给付定金作为债权的担保。债务人履行债务的，定金应当抵作价款或者收回。《民法典》规定，给付定金的一方不履行约定的债务或者履行债务不符合约定，致使不能实现合同目的的，无权请求返还定金；收受定金的一方不履行约定的债务或者履行债务不符合约定，致使不能实现合同目的的，应当双倍返还定金。这就是定金罚则。定金的数额由当事人约定，但不得超过主合同标的额的百分之二十，超过的部分不产生定金的效力，人民法院不予支持。

当事人既约定违约金，又约定定金的，一方违约时，对方可以选择适用违约金或者定金条款。这说明，违约金和定金不能并用，只能择其一。定金不足以弥补一方违约造成的损失的，对方可以请求赔偿超过定金数额的损失。

【做中学2】根据合同法律制度的规定，下列关于不同种类违约责任相互关系的表述中，正确的有（　　）。

A. 当事人就迟延履行约定违约金的，违约方支付违约金后，还应当履行债务

B. 当事人依法请求人民法院增加违约金后，又请求对方赔偿损失的，人民法院不予支持

C. 当事人既约定违约金，又约定定金的，一方违约时，对方可以同时适用违约金和定金条款

D. 当事人执行定金条款后不足以弥补所受损害的，仍可以请求赔偿损失

解析：答案为ABD。选项C中，当事人既约定违约金，又约定定金的，一方违约时，对方可以选择适用违约金或者定金条款，二者不能并用，只能择其一。

（七）债权人拒绝受领、迟延受领的法律责任

《民法典》第五百八十九条规定，债务人按照约定履行债务，债权人无正当理由拒绝受领的，债务人可以请求债权人赔偿增加的费用。在债权人受领迟延期间，债务人无须支付利息。

（八）减损规则

减损规则，是指一方违约后，守约方没有采取适当措施防止损失扩大，导致损失进一步扩大，对进一步扩大的损失违约方不承担赔偿责任。

《民法典》第五百九十一条规定，当事人一方违约后，对方应当采取适当措施防止损失的扩大；没有采取适当措施致使损失扩大的，不得就扩大的损失请求赔偿。当事人因防止损失扩大而支出的合理费用，由违约方负担。

（九）过失相抵规则

过失相抵规则，是合同中作为受损失方的一方对损害的发生也有过错时，应当相应减轻对方的赔偿责任。

《民法典》第五百九十二条第二款规定，当事人一方违约造成对方损失，对方对损失的发生有过错的，可以减少相应的损失赔偿额。

三、违约责任的免除

根据《民法典》的规定，不可抗力是违约责任免除的法定事由。不可抗力，是指不

能预见、不能避免且不能克服的客观情况。当事人一方因不可抗力不能履行合同的，根据不可抗力的影响，部分或者全部免除责任，但法律另有规定的除外。一般来说，不可抗力主要包括以下几种情形：（1）自然灾害。比如，台风、地震、洪水、冰雹、火山喷发等不以人的意志为转移的客观情况。（2）政府行为。比如，征收、征用等。（3）社会异常事件。比如，罢工、骚乱等。

需要注意的是，当事人迟延履行后发生不可抗力的，不能免除其违约责任。当事人一方因不可抗力不能履行合同的，应当及时通知对方，以减轻可能给对方造成的损失，并应当在合理期限内提供证明。

另外，当事人在合同中可以约定免责条款。但是，约定的免责条款，不能违反法律、行政法规的强制性规定，不能违背公序良俗。一旦违反，该约定无效。比如，《民法典》规定，合同中的下列免责条款无效：（1）造成对方人身伤害的；（2）因故意或者重大过失造成对方财产损失的。

案例分析

法院生效裁判认为：电信用户的知情权是电信用户在接受电信服务时的一项基本权利。用户在办理电信业务时，电信业务的经营者必须向其明确说明该电信业务的内容，包括业务功能、费用收取办法及交费时间、障碍申告等。如果用户在不知悉该电信业务的真实情况下进行消费，就会剥夺用户对电信业务的选择权，达不到用户真正追求的电信消费目的。

依据法律的规定，采用格式条款订立合同的，提供格式条款的一方应当遵循公平原则确定当事人之间的权利和义务，并采取合理的方式提请对方注意免除或者限制其责任的条款，按照对方的要求，对该条款予以说明。电信业务的经营者作为提供电信服务合同格式条款的一方，应当遵循公平原则确定与电信用户的权利义务内容，权利义务的内容必须符合维护电信用户和电信业务经营者的合法权益、促进电信业的健康发展的立法目的，有效告知对方注意免除或者限制其责任的条款并向其释明。业务受理单、入网服务协议是电信服务合同的主要内容，确定了原告、被告双方的权利义务内容，入网服务协议第四项约定有权暂停或限制移动通信服务的情形，没有因有效期到期而中止、解除、终止合同的约定。而话费有效期限制直接影响到原告手机号码的正常使用，一旦有效期到期，将导致停机、号码被收回的后果，因此被告对此负有明确、如实告知的义务，且在订立电信服务合同之前就应如实告知原告。如果在订立合同之前未告知，即使在缴费阶段告知，也剥夺了当事人的选择权，有违公平和诚实信用原则。被告主张“通过单联发票、宣传册和短信的方式向原告告知了有效期”，但未能提供有效的证据予以证明。综上，本案被告既未在电信服务合同中约定有效期内容，也未提供有效证据证实已将有效期限制明确告知原告，被告暂停服务、收回号码的行为构成违约，应当承担继续履行等违约责任，故对原告主张“取消被告对原告的话费有效期的限制，继续履行合同”的诉讼请求依法予以支持。据此，法院判决：被告中国移动通信集团江苏有限公司徐州分公司于判决生效之日起十日内取消对原告刘超捷的手机号码为1590520××××的话费有效期的限制，恢复该号码的移动通信服务。一审宣判后，被告提出上诉，二审期间申请撤回上诉，一审判决已发生法律效力。

根据法律的规定，违约责任的承担方式包括：继续履行、采取补救措施、赔偿损失、支付违约金、给付或双倍返还定金。所以，继续履行合同是违约责任的承担方式。

同步训练

参考答案

一、单选题

甲公司卖给乙一批钢材，标的额是10 000元，甲公司要求乙交付定金。根据我国相关法律的规定，乙交付的定金数额最高为（　　）元。

A. 2 000　　B. 3 000　　C. 4 000　　D. 5 000

二、判断题

1.当事人一方不履行合同义务或者履行合同义务不符合约定的，应当承担继续履行、采取补救措施或者赔偿损失等违约责任。（　　）

2.违约金和定金不能并用，只能选择一种。但是，赔偿损失和定金可以并用，数额总和不应高于因违约造成的损失。（　　）

三、案例分析题

甲公司与乙公司于2018年3月6日签订了设备买卖合同，甲为买方，乙为卖方。双方约定：（1）由乙公司于5月31日前分三批向甲公司提供设备6套，价款总计为90万元；（2）甲公司向乙公司给付定金15万元；（3）如一方迟延履行，应向另一方支付违约金12万元。

合同依法生效后，甲公司因故未向乙公司给付定金。3月25日，乙公司向甲公司交付了2套设备，甲公司支付了30万元货款。4月，该种设备价格大幅上涨，乙公司向甲公司提出变更合同，要求将剩余的4套设备价格提高到每套20万元，甲公司不同意，随后乙公司通知甲公司解除合同。6月1日，甲公司仍未收到剩余的4套设备，从而严重影响了其正常生产，因此遭受了50万元的经济损失，于是甲公司诉至法院，要求乙公司增加违约金数额并继续履行合同。

根据上述内容，回答下列问题并说明理由：

1.合同约定甲公司向乙公司给付15万元定金是否合法？

2.乙公司通知甲公司解除合同是否合法？

3.甲公司要求增加违约金数额依法能否成立？

4.甲公司要求乙公司继续履行合同依法能否成立？

项目小结

- 合同法律制度
  - 合同的基本知识
    - 合同与合同法律制度
    - 合同的分类
    - 合同的相对性原理
  - 合同的订立
    - 合同当事人的资格
    - 合同订立的程序
    - 合同成立的时间与地点
    - 合同的内容
    - 合同的形式
    - 缔约过失责任
  - 合同的效力
    - 合同的生效
    - 有效合同
    - 无效合同
    - 可撤销合同
    - 效力待定合同
  - 合同的履行
    - 合同履行的具体规则
    - 抗辩权的行使
    - 代位权
    - 撤销权
  - 合同的变更和转让
    - 合同的变更
    - 合同的转让
  - 合同的终止
    - 清偿
    - 解除
    - 抵销
    - 提存
    - 免除
    - 混同
  - 违约责任
    - 违约责任的概念
    - 违约责任的承担方式
    - 违约责任的免除

考核评价

本项目职业能力测试与考核采用百分制，将过程考核与结果考核相结合，加大技能考核比重。过程考核主要包括职业态度、组织纪律、团队合作、实训练习，占40%。结果考核以实务考核为主，占60%。

考核评价记录表

<table>
<tr><td colspan="4">过程考核（40%）</td><td colspan="2">结果考核（60%）</td></tr>
<tr><td>职业态度
（10%）</td><td>组织纪律
（10%）</td><td>团队合作
（10%）</td><td>实训练习
（10%）</td><td>考核内容</td><td>分值
比重</td></tr>
<tr><td rowspan="2">教师根据课堂表现进行评价，采取扣分制</td><td rowspan="2">教师电子考勤
（每次课电子签到）</td><td rowspan="2">学生小组评价</td><td rowspan="2">教师根据学生提交的实训练习情况进行评价</td><td>合同的订立</td><td>30%</td></tr>
<tr><td>合同的审核</td><td>30%</td></tr>
</table>

教学项目 4　担保法律制度

学习目标

1. 了解担保的概念和担保方式；
2. 理解保证人的资格、保证合同、保证方式以及保证责任；
3. 理解并应用抵押的相关法律规定，包括抵押物、不得抵押的财产、抵押的效力、抵押的设定、抵押权的实现；
4. 理解质押、留置权和定金罚则。

任务 4.1　合同担保的基本知识

视听资源

案例导入

为扩大经营规模，某企业向某银行贷款50万元购置一套机器设备，企业用自己的设备作担保，银行与企业签订了《担保合同》。为帮助企业顺利贷款，某县招商局为该笔银行贷款作保。贷款到期后，该企业无力还款。为追回借款，某银行要求招商局履行担保义务。

根据上面的材料，请思考：

1.担保合同是什么？担保的方式有哪些？

2.担保合同无效的情形有哪些？

知识准备

一、合同担保的概念

商业活动是建立在信用基础上的，没有信用或信用低会导致商业活动受限，资金融通和商品流通也就会受限。债权的担保就是弥补商业信用重要的措施。担保在宏观意义上具有促进资金融通和商品流通、推动社会资源合理配置、维护市场交易安全的积极效用，在微观意义上是督促债务履行、保障债权实现、救济债权损失的重要手段。如房屋买卖合同中，买方没有能力付全款，而卖方既希望将房屋卖出，又希望房款有保障，怎么办呢？买方可以先付一部分房款，然后所购房产再抵押给卖方（或抵押给银行从银行贷款），用该房产为未付房款担保。在买方不支付剩余房款时，卖方可以将该抵押房屋拍卖所得优先受偿，这样买方信用得到了加强，商品房交易就顺利完成了。买方住进了房子，卖方卖了房获得了利润，这就是担保的作用。从《民法典》的内容看，债的担保就是以当事人的一定财产（信用）为基础的，能够用以督促债务人履行债务，保障债权实现的方法。

合同担保的概念，是指法律规定或者当事人约定的确保债务人履行债务，保障债权人的债权得以实现的法律措施，也即用合同的方式将担保的内容予以确定。

在这里还要明确另外一个概念——担保合同。担保合同是民事合同的一种，为促使债务人履行其债务（保障债权人实现债权），债权人和债务人之间，或在债权人、债务人和第三人（即担保人）之间约定的，当债务人不履行或无法履行债务时，保障债权人债权得以实现的协议，也即将担保权人和担保人之间的权利、义务内容以书面的方式加以确定。

担保合同是从合同，担保合同的成立和存在必须以主合同的存在为前提，如借款合同、买卖合同、货物运输合同、加工承揽合同等。担保合同包括保证合同、抵押合同、质押合同、定金合同，当然留置可以约定，也可以根据法律规定执行。担保合同可以是单独订立的书面合同（包括当事人之间具有担保性质的信函、传真等），也可以是在主合同中以担保条款的方式出现。

担保因人的担保和物的担保的不同，也表现为不同的属性。在人的担保即保证中，担保权是一种债权性的请求权，属债权范围；而在物的担保中，担保权则是一种物权性的优先受偿权，故也称为担保物权。

二、担保方式及担保合同无效

（一）担保方式

根据我国法律规定，合同的主要担保方式有保证、抵押、质押、留置和定金五种。保证是以保证人的财产和信用作为担保基础，属于人的担保。抵押、质押、留置，是以一定的财产作为担保基础，属于物的担保。定金是以金钱作为担保基础，属于金钱担保。另外，根据《民法典》的规定，所有权保留买卖、融资租赁、保理等合同也具有担保功能。

保证，是指保证人和债权人约定，当债务人不履行债务时，保证人以自己的信用为债务提供担保的方式。

抵押，是指抵押人和债权人约定，当债务人不履行债务时，债权人有权将担保人的财产折价或者以拍卖、变卖所得价款优先受偿的担保方式。

质押，是指债务人或者第三人将其动产或者权利移交债权人占有，约定当债务人不履行债务时，债权人有权依法将该动产或者权利折价或者以拍卖、变卖所得价金优先受偿的担保方式。

留置，是指债权人按照合同约定占有债务人的动产，债务人不按合同约定的期限履行债务的，债权人有权依照约定或者法律规定留置该财产，以该财产折价或者以拍卖、变卖该财产的价款优先受偿的担保方式。

定金，是指当事人可以约定一方向对方给付一定数额的金钱，给付定金的一方不履行约定的债务或者履行债务不符合约定，致使不能实现合同目的的，无权请求返还定金，收受定金的一方不履行约定的债务或者履行债务不符合约定，致使不能实现合同目的的，应双倍返还的担保方式。

（二）担保合同的无效

《民法典》第三百八十八条规定，主债权债务合同无效的，担保合同无效，但是法律另有规定的除外。

1.从合同的主体、客体、内容三个方面看担保合同无效的情形

（1）主体违法，即民事主体不符合法律规定。根据《民法典》及《最高人民法院关于适用〈中华人民共和国民法典〉有关担保制度的解释》（以下简称为《民法典担保制度司法解释》），主体违法主要有以下七种情形：

一是机关法人提供担保的，人民法院应当认定担保合同无效，但是经国务院批准为使用外国政府或者国际经济组织贷款进行转贷的除外。

二是居民委员会、村民委员会提供担保的，人民法院应当认定担保合同无效，但是依法代行村集体经济组织职能的村民委员会，依照村民委员会组织法规定的讨论决定程序对外提供担保的除外。

三是以公益为目的的非营利性学校、幼儿园、医疗机构、养老机构等提供担保的，人民法院应当认定担保合同无效，但是有下列情形之一的除外：（1）在购入或者以融资租赁方式承租教育设施、医疗卫生设施、养老服务设施和其他公益设施时，出卖人、出租人为担保价款或者租金实现而在该公益设施上保留所有权；（2）以教育设施、医疗卫生设施、养老服务设施和其他公益设施以外的不动产、动产或者财产权利设立担保物权。

登记为营利法人的学校、幼儿园、医疗机构、养老机构等提供担保，当事人以其不具有担保资格为由主张担保合同无效的，人民法院不予支持。

四是公司的法定代表人违反公司法关于公司对外担保决议程序的规定，超越权限代表公司与相对人订立担保合同，人民法院应当依照民法典第六十一条和第五百零四条等规定处理：（1）相对人善意的，担保合同对公司发生效力；相对人请求公司承担担保责任的，人民法院应予支持。（2）相对人非善意的，担保合同对公司不发生效力；相对人请求公司承担赔偿责任的，参照适用本解释第十七条的有关规定。

五是公司的分支机构未经公司股东（大）会或者董事会决议以自己的名义对外提供担保，相对人请求公司或者其分支机构承担担保责任的，人民法院不予支持，但是相对人不知道且不应当知道分支机构对外提供担保未经公司决议程序的除外。

金融机构的分支机构在其营业执照记载的经营范围内开立保函，或者经有权从事担保业务的上级机构授权开立保函，金融机构或者其分支机构以违反公司法关于公司对外担保决议程序的规定为由主张不承担担保责任的，人民法院不予支持。金融机构的分支机构未经金融机构授权提供保函之外的担保，金融机构或者其分支机构主张不承担担保责任的，人民法院应予支持，但是相对人不知道且不应当知道分支机构对外提供担保未经金融机构授权的除外。

担保公司的分支机构未经担保公司授权对外提供担保，担保公司或者其分支机构主张不承担担保责任的，人民法院应予支持，但是相对人不知道且不应当知道分支机构对外提供担保未经担保公司授权的除外。

六是无民事行为能力人不得单独实施民事法律行为，当然也不得单独成为担保人。

七是限制民事行为能力人所提供的担保，未经其法定代理人同意或者事后追认，则担保不发生效力。

（2）客体违法，即抵押物是法律所不允许的。禁止流通的物品，如枪支弹药、毒品，或者抵押物是赃物、遗失物等，这些财产都不能作为抵押物；事业单位的教育设施、医疗卫生设施和其他社会公益设施，因其公益性，法律禁止以其设定抵押。

（3）内容违法，即违反法律、行政法规强制性规定和社会公共利益的担保无效。如约定抵押物在债务人不履行债务后归债权人所有的无效，即流质条款无效。

【做中学1】判断题：学校、幼儿园、医院等以公益为目的的事业单位，社会团体均可成为担保人。（　　）

解析：答案为错误。学校、幼儿园、医院等事业单位，以公益为目的，并不是营利性的企业法人，因此不得为担保人。但这些单位以其教育设施、医疗卫生设施和其他社会公益设施以外的财产为自身债务设定抵押的，抵押有效。

2.担保合同无效的法律责任

担保合同无效，担保人不承担担保责任，但担保人等并不因此逃脱法律责任。《民法典》第三百八十八条第二款规定，担保合同被确认无效后，债务人、担保人、债权人有过错的，应当根据其过错各自承担相应的民事责任。

根据《民法典担保制度司法解释》第十七条的规定，主合同有效而第三人提供的担保合同无效，人民法院应当区分不同情形确定担保人的赔偿责任：（1）债权人与担保人均有过错的，担保人承担的赔偿责任不应超过债务人不能清偿部分的二分之一；（2）担保人有过错而债权人无过错的，担保人对债务人不能清偿的部分承担赔偿责任；（3）债权人有过错而担保人无过错的，担保人不承担赔偿责任。主合同无效导致第三人提供的担保合同无效，担保人无过错的，不承担赔偿责任；担保人有过错的，其承担的赔偿责任不应超过债务人不能清偿部分的三分之一。

承担了担保责任或者赔偿责任的担保人，在其承担责任的范围内向债务人追偿的，人民法院应予支持。同一债权既有债务人自己提供的物的担保，又有第三人提供的担保，承担了担保责任或者赔偿责任的第三人，主张行使债权人对债务人享有的担保物权的，人民法院应予支持。

担保合同无效，承担了赔偿责任的担保人按照反担保合同的约定，在其承担赔偿责任的范围内请求反担保人承担担保责任的，人民法院应予支持。

反担保合同无效的，依照《民法典担保制度司法解释》第十七条的有关规定处理。当事人仅以担保合同无效为由主张反担保合同无效的，人民法院不予支持。

案例分析

担保合同是民事合同的一种，为促使债务人履行其债务（保障债权人实现债权），债权人和债务人之间，或在债权人、债务人和第三人（即担保人）之间约定的，当债务人不履行或无法履行债务时，保障债权人债权得以实现的协议。根据我国法律规定，合同的主要担保方式有保证、抵押、质押、留置和定金五种。

担保合同一般会因主合同无效而无效，或者因主体、客体、内容三个方面不符合法律规定等原因而无效。

同步训练

参考答案

判断题

1.某公司的营销部不得为担保人。（　　）

2.某市人民代表大会、某县人民法院可以为担保人。（　　）

任务 4.2　保　证

视听资源

案例导入

2016年6月22日，王某向其朋友陈某借款4万元，出具借条一张，约定借期为一年，月息6‰。李某在借条保证人处签字。万某出具了保证承诺书，主要内容为“万某自愿为上述借款的归还提供担保，如王某到期不能还清借款，由担保人负责归还”。借款到期后，经陈某多次向王某催要未果，诉至法院。

根据上面的材料，请思考：

1.万某、李某承担什么样的保证责任？保证期间是多长？

2.万某在承担保证责任后，如何行使追偿权？

知识准备

一、保证与保证合同

（一）保证的含义

保证，是指保证人和债权人约定，当债务人不履行债务或者发生当事人约定的情形时，保证人履行债务或者承担责任的担保方式。保证具有以下三个方面的含义：

1.保证是一种双方的民事法律行为

保证须由债权人与保证人双方的意思表示一致才可成立。凡仅由一方的意思表示即可成立的保证，不是民法上的普通保证。如票据法上的保证，即使只有保证人一方的意思表示即可成立。

2.保证是担保债务人履行债务的行为

保证是双方约定由保证人担保债务人履行债务的，所以保证人只能是债务人以外的第三人，也就是说被保证人只能是保证当事人以外的人。保证人与被担保履行债务的债务人不能是一人，因此，凡对自己的行为所作的保证，都不属于担保法上的保证。

3.保证是约定于债务人不履行债务时由保证人承担保证责任的行为

保证人的保证是以债务人不履行债务为生效要件。因此，凡不能发生保证人保证债务，或不是在债务人不履行债务时才负担保证债务的保证，均不是担保法上的保证。

（二）保证合同

1.保证合同的含义

保证合同是为保障债权的实现，保证人和债权人约定，当债务人不履行到期债务或者发生当事人约定的情形时，保证人履行债务或者承担责任的合同。

2.保证合同的性质

《民法典》第六百八十二条规定，保证合同是主债权债务合同的从合同。主债权债务合同无效的，保证合同无效，但是法律另有规定的除外。

保证合同被确认无效后，债务人、保证人、债权人有过错的，应当根据其过错各自承担相应的民事责任。

3.保证合同的形式

保证人与债权人可以就单个主合同分别订立保证合同，也可以协商在最高债权额限度内就一定期间连续发生的债权订立一个最高额保证合同。

《民法典》第六百八十五条规定，保证合同可以是单独订立的书面合同，也可以是主债权债务合同中的保证条款。

第三人单方以书面形式向债权人作出保证，债权人接收且未提出异议的，保证合同成立。

《民法典》第六百九十条规定，保证人与债权人可以协商订立最高额保证的合同，约定在最高债权额限度内就一定期间连续发生的债权提供保证。

最高额保证除适用保证合同的相关规定外，参照适用《民法典》物权编最高额抵押权的有关规定。

4.保证合同的内容

《民法典》第六百八十四条规定，保证合同的内容一般包括被保证的主债权的种类、数额，债务人履行债务的期限，保证的方式、范围和期间等条款。

二、保证人的资格

保证人资格即保证人的条件，是指民事主体成为保证人所应当具备的行为能力和清偿债务的能力。这是在订立保证合同时首先应考虑的一个问题。倘若保证人不适格，将直接导致合同的无效。根据《民法典》的规定，自然人、法人、非法人组织可以为保证人，保证人可以是两人或者两人以上。

不得为保证人的情形包括：

（1）机关法人不得为保证人，但是经国务院批准为使用外国政府或者国际经济组织贷款进行转贷的除外。

（2）以公益为目的的非营利法人、非法人组织不得为保证人。

（3）主债务人不得同时为自己的保证人。

（4）担保合同主体违法的其他情形（参见教学任务4.1）。

三、保证方式

根据《民法典》的规定，保证的方式包括一般保证和连带责任保证。《民法典》第六百八十二条第二款规定，当事人在保证合同中对保证方式没有约定或者约定不明确的，按照一般保证承担保证责任。

（一）一般保证

当事人在保证合同中约定，债务人不能履行债务时，由保证人承担保证责任的为一般保证。

当事人在保证合同中约定了保证人在债务人不能履行债务或者无力偿还债务时才承担保证责任等类似内容，具有债务人应当先承担责任的意思表示的，人民法院应当将其认定为一般保证。比如，在借款合同或其他合同中有“只有债务人到期不能偿还时，才由保证人负责偿还”等表述的，为一般保证。

（二）连带责任保证

当事人在保证合同中约定保证人和债务人对债务承担连带责任的，为连带责任保证。

当事人在保证合同中约定了保证人在债务人不履行债务或者未偿还债务时即承担保证责任、无条件承担保证责任等类似内容，不具有债务人应当先承担责任的意思表示的，人民法院应当将其认定为连带责任保证。比如，在借款合同或其他合同中有“只要债务人到期不偿还，就由保证人无条件负责偿还”等表述的，为连带责任保证。

（三）一般保证和连带责任保证的区别

一般保证和连带责任保证最大的区别，在于保证人是否享有先诉抗辩权。一般保证的保证人享有先诉抗辩权，连带责任保证的保证人不享有。一般保证的保证人只是在主债务人不履行债务时，债权人才可以要求保证人承担保证责任，即保证人对债务享有先诉抗辩权。此处的“不履行”是指主合同纠纷必须先经审判或者仲裁，并就债务人财产依法被强制执行仍不能履行债务。

先诉抗辩权，是指在主合同纠纷未经审判或者仲裁，并就债务人财产依法强制执行仍不能履行债务前，有权拒绝向债权人承担保证责任的权利。这是平衡保证人的义务、责任和债权人利益的重要内容。例如：A为债权人，借给B人民币50万元，C为该债权的一般保证人。待还款期限届满，B没有按时还款。此时，A应先向B要求还款，或是对B进行诉讼，在B的财产被强制执行前，C有权拒绝承担保证责任。这就是C拥有的先诉抗辩权。

连带责任保证的债务人不履行到期债务或者发生当事人约定的情形时，债权人可以请求债务人履行债务，也可以请求保证人在其保证范围内承担保证责任，连带责任保证人不能以债权人未催告主债务人作为履行保证义务的抗辩理由，即连带责任保证中的保证人无先诉抗辩权。

另外，从保证人的数量划分，保证可以分为单独保证和共同保证。单独保证是指同一债务只有一个保证人的保证。共同保证是指同一债务有两个以上（含两人）保证人的保证。《民法典》规定，共同保证中，保证人应当按照保证合同约定的保证份额，承担保证责任；没有约定保证份额的，债权人可以请求任何一个保证人在其保证范围内承担保证责任。

【做中学1】判断题：当事人在保证合同中对保证方式没有约定或者约定不明确的，按照连带责任保证承担保证责任。（　　）

解析：答案为错误。《民法典》第六百八十二条第二款规定，当事人在保证合同中对保证方式没有约定或者约定不明确的，按照一般保证承担保证责任。这是一项重大法律变化，同以前的法律规定正好相反。

【做中学2】判断题：根据《民法典》的规定，保证的方式包括一般保证和连带责任保证。（　　）

解析：答案为正确。从保证人承担责任的方式划分，《民法典》规定，保证的方式包括一般保证和连带责任保证。

四、保证责任

保证责任就是保证人应当承担的法律责任。

（一）保证范围

保证的范围包括主债权及其利息、违约金、损害赔偿金和实现债权的费用。当事人另有约定的，按照其约定。

（二）债权债务等主合同内容的变动对保证责任的影响

1.主合同变更对保证责任的影响

《民法典》六百九十五条规定，债权人和债务人未经保证人书面同意，协商变更主债权债务合同内容，减轻债务的，保证人仍对变更后的债务承担保证责任；加重债务的，保证人对加重的部分不承担保证责任。债权人和债务人变更主债权债务合同的履行期限，未经保证人书面同意的，保证期间不受影响。

2.债权转让对保证责任的影响

《民法典》第六百九十六条规定，债权人转让全部或者部分债权，未通知保证人的，该转让对保证人不发生效力。保证人与债权人约定禁止债权转让，债权人未经保证人书面同意转让债权的，保证人对受让人不再承担保证责任。

3.债务承担对保证责任的影响

《民法典》第六百九十七条规定，债权人未经保证人书面同意，允许债务人转移全部或者部分债务，保证人对未经其同意转移的债务不再承担保证责任，但是债权人和保证人另有约定的除外。第三人加入债务的，保证人的保证责任不受影响。

4.共同保证对保证责任的影响

《民法典》第六百九十九条规定，同一债务有两个以上保证人的，保证人应当按照保证合同约定的保证份额，承担保证责任；没有约定保证份额的，债权人可以请求任何一个保证人在其保证范围内承担保证责任。

【做中学3】甲、乙两公司签订一份买卖合同，约定甲公司向乙公司购买机床一台，价格为300万元。同时，丙公司向乙公司出具一份内容为“丙公司愿为甲公司应付乙公司300万元机床货款承担保证责任”的保函，并加盖了该公司公章。之后，由于市场变化，甲、乙双方协商同意将机床价格变更为350万元，但未通知丙公司。乙公司向甲公司交付机床后，甲公司无力按期支付货款，乙公司遂要求丙公司代为清偿。下列表述中，正确的是(　　)。

A.丙公司出具保函是其单方行为，因此保证不成立

B.丙公司应在300万元范围内承担保证责任

C.在乙公司未就甲公司财产依法强制执行用于清偿债务之前，丙公司无权拒绝乙公司代为清偿的要求

D.丙公司应在350万元范围内承担保证责任

解析：答案为B。丙公司的保函没有约定具体的保证方式，应推定其保证方式为一般保证，丙公司有先诉抗辩权，所以A、C错误。未经保证人同意，甲、乙对主合同价款作了变动，由300万元变为350万元，加重了债务人的负担，丙对加重的部分不承担保证责任，所以D错误。

(三)保证期间

保证期间指主债务履行期届满后，保证人承担保证责任的最长期限。《民法典》第

六百九十二条规定，保证期间不发生中止、中断和延长。债权人与保证人可以约定保证期间，但是约定的保证期间早于主债务履行期限或者与主债务履行期限同时届满的，视为没有约定；没有约定或者约定不明确的，保证期间为主债务履行期限届满之日起六个月。债权人与债务人对主债务履行期限没有约定或者约定不明确的，保证期间自债权人请求债务人履行债务的宽限期届满之日起计算。

《民法典担保制度司法解释》第三十二条规定，保证合同约定保证人承担保证责任直至主债务本息还清时为止等类似内容的，视为约定不明，保证期间为主债务履行期限届满之日起六个月。

保证期间是保护保证人利益的制度，是平衡保证人与债权人利益的结果。债权人在保证期间未向债务人提起诉讼、仲裁或主张权利，保证人不承担保证责任。这也就要求债权人及时行使权利，否则将承受不利后果。

【做中学4】2015年1月19日，屈某借给朋友素某2万元用于生意周转。双方在借条中约定还款日期为2016年3月17日，侯某作为素某借款的担保人，素某、侯某分别在借条落款“借款人”“担保人”处签了名。但双方未约定借款利息，亦未约定担保人侯某的保证方式、保证范围和担保期限。2017年12月，屈某才开始要求侯某承担担保责任，但遭到拒绝。

请问：侯某是否应承担保证责任?

解析：侯某不应承担保证责任。根据我国《民法典》的规定，未约定保证期间的，其保证期间为主债务履行期限届满之日起6个月。主债务履行期限届满之日起6个月后，保证人即可免除保证责任。屈某与侯某未约定担保期限，屈某未在其债务履行期限届满之日起6个月内要求侯某承担保证责任，依照法律规定，侯某可免除保证责任。

五、保证人的抗辩权与追偿权

（一）保证人的抗辩权

前文提及，一般保证和连带责任保证最大的区别，在于保证人是否享有先诉抗辩权。一般保证的保证人享有先诉抗辩权，连带责任保证的保证人不享有。

对于一般保证的保证人，《民法典》第六百八十七条明确规定，一般保证的保证人在主合同纠纷未经审判或者仲裁，并就债务人财产依法强制执行仍不能履行债务前，有权拒绝向债权人承担保证责任，但是有下列情形之一的除外：（1）债务人下落不明，且无财产可供执行；（2）人民法院已经受理债务人破产案件；（3）债权人有证据证明债务人的财产不足以履行全部债务或者丧失履行债务能力；（4）保证人书面表示放弃本款规定的权利。

对于连带责任保证的保证人，《民法典》第六百八十八条规定，连带责任保证的债务人不履行到期债务或者发生当事人约定的情形时，债权人可以请求债务人履行债务，也可以请求保证人在其保证范围内承担保证责任。

无论是一般保证还是连带责任保证，保证人都享有债务人对债权人的抗辩权。债务人放弃抗辩的，保证人仍有权向债权人主张抗辩。对此，《民法典》第七百零一条明确了上述规定。

但是，根据《民法典担保制度司法解释》第三十五条的规定，保证人知道或者应当知道主债权诉讼时效期间届满仍然提供保证或者承担保证责任，又以诉讼时效期间届满为由拒绝承担保证责任或者请求返还财产的，人民法院不予支持；保证人承担保证责任后向债务人追偿的，人民法院不予支持，但是债务人放弃诉讼时效抗辩的除外。

同时，《民法典》第七百零二条规定，债务人对债权人享有抵销权或者撤销权的，保证人可以在相应范围内拒绝承担保证责任。

（二）保证人的追偿权

保证人的追偿权是指保证人在承担保证责任后，要求主债务人予以补偿的权利。保证人行使追偿权的前提条件是保证人已经承担了保证责任，主债务人与债权人之间的债权债务关系归于消灭。由此产生了在保证人与主债务人之间的一种新的债权债务关系。

《民法典》第七百条规定，保证人承担保证责任后，除当事人另有约定外，有权在其承担保证责任的范围内向债务人追偿，享有债权人对债务人的权利，但是不得损害债权人的利益。

【做中学5】甲公司因资金周转需要向张某借款100万元，借期6个月，该借款由李某提供连带责任保证。在该款借期临近届满时，甲公司法定代表人胡某与张某协商续借，张某同意续借，但以再增加两个保证人作为条件。于是胡某又另外找了王某和贾某为其担保。李某、王某、贾某之间互不相识。稍后，李某、王某和贾某先后在甲公司向张某出具的《借条》上作为连带责任保证人签字、捺手印，续借借期仍为6个月。未约定保证期限。续借后，甲公司因经营不善无法如期归还。续借还款期满后的2个月内张某向李某、王某、贾某发出《催款通知书》，要求保证人承担保证责任。该《催款通知书》只有李某收到并签字，未通知王某和贾某，各保证人也未依约承担保证责任。续借还款期满1年后张某向法院起诉，要求判令甲公司归还借款本息及实现债权的费用，要求由李某、王某和贾某承担连带保证责任。

请问：

1.李某是否承担保证责任？王某和贾某的保证期间到底是否已过？保证责任是否已

免除？

2.若王某和贾某的保证期间未过，李某承担保证责任后如何追偿？

解析：王某和贾某不承担保证责任，该案保证期间没有约定，保证期间为还款期满6个月。续借还款期满后的2个月内张某向李某发《催款通知书》，李某签收，因此李某应承担保证责任。但王某和贾某未收到《催款通知书》，续借还款期满1年后张某向法院起诉已过保证期间，因此王某和贾某不承担保证责任。

若王某和贾某的保证期间未过，李某承担保证责任后，有权向债务人甲公司追偿，也可以要求王某和贾某清偿其应当承担的份额。因保证份额没有约定，如果李某要求其他两位保证人承担保证责任，3位保证人应该对未偿还债务部分均担。

案例分析

万某有“如王某到期不能还清借款，由担保人负责归还”的承诺，该保证符合一般保证的特点，因此万某承担一般保证责任。保证合同中对保证方式没有约定或约定不明确的应承担一般保证责任，所以李某承担一般保证责任。

没有特别约定的，保证期间为主债务履行期限届满之日起6个月，本案的保证期间为2017年6月22日至2017年12月22日。

万某偿还债务后，有权向王某追偿。

知识拓展

扫描右侧二维码，在线查看《保证合同》范本。

保证合同

同步训练

参考答案

一、单选题

1.下列有关保证责任的说法中，不正确的是（　　）。

A.保证担保的范围包括主债权及其利息、违约金、损害赔偿金和实现债权的费用，保证合同另有约定的从约定

B.如果保证人与债权人事先约定仅对特定的债权人承担保证责任或者禁止债权转让的，债权转让后，保证人不再承担保证责任

C.债权人与债务人对主合同履行期限作了变动，未经保证人书面同意的，保证期

间为原合同约定的或者法律规定的期间

D. 债权人与债务人协议变动主合同内容，但并未实际履行的，保证人不承担保证责任

2. 甲与乙签订了一份借款合同，甲为借款人，借款数额为30万元。甲以自有的一部价值10万元的汽车作为抵押担保，甲又请求丙为该借款合同提供保证担保。合同到期后，甲无力偿还。如果两项担保对担保责任约定不明确，下列说法正确的是（　　）。

A. 乙应当先要求甲以抵押承担保证责任

B. 乙应当先要求丙以保证承担保证责任

C. 乙既可以先要求甲承担保证责任，也可以先要求丙承担保证责任

D. 因为没有约定，丙不承担保证责任

3. 下列关于一般保证与连带责任保证的表述中，正确的是（　　）。

A. 一般保证的保证范围为主债权，而连带责任保证的保证范围为包括利息、违约金等在内的全部债权

B. 一般保证的保证人承担赔偿责任，而连带责任保证的保证人承担履行责任

C. 一般保证的保证人享有先诉抗辩权，而连带责任保证的保证人不享有此项权利

D. 当事人对承担一般保证责任还是连带保证责任没有约定或约定不明时，保证人应承担连带保证责任

二、案例分析

2021年5月，小陈向朋友小周借款人民币10万元，双方约定借款期限为一年，到期归还。同时，小陈找来了自己的朋友李某，与小周签订了保证合同。合同中约定，李某就小陈向小周的借款承担连带保证责任。

假设一年之后，双方约定的最后还款期限已到，小陈却以种种理由推脱拒绝还款。小周无奈之下，在2022年9月向人民法院提起诉讼，请求保证人李某代小陈偿还借款的本金及利息。

开庭时，李某理直气壮地答辩，声称自己承担保证责任无疑，但只有在小陈无能力偿还该借款时，小周才可以向其要求履行保证义务，现在小陈仍有财产，只是主观上不愿意履行此义务，此时就让自己承担保证责任是不公平的。

请问：

你认为应该怎么处理？

任务4.3　抵　押

视听资源

案例导入

2014年8月20日，王某因做生意资金周转需要向刘某借款50万元，一年后归还本息。李某以其名下的一套90平方米的房子作为抵押，该房子市值约70万元。三方签订了借款抵押协议，共同到某公证处办理房产抵押的公证。李某将其房产证拿来交给刘某保管，但未办理抵押登记。借款期满后，刘某多次向王某催还借款，王某始终借口推脱不还。2015年7月21日，李某将上述抵押房屋连同附属物品以68万元的价格卖给了张某，并办理了房屋产权登记手续。

根据上面的材料，请思考：

1.房屋抵押是否有效？刘某对该抵押房屋享有优先受偿权吗？

2.张某能否取得抵押房屋连同其附属物品的所有权？

知识准备

一、抵押与抵押物

（一）抵押的含义

抵押是指债务人或第三人约定以不转移占有的财产作为担保，在债务人不履行债务时，债权人有权以该财产折价或者以拍卖、变卖该财产的价款优先受偿的担保方式。

债务人或者第三人为抵押人，债权人为抵押权人，提供担保的财产为抵押物。

（二）抵押物

抵押物是抵押人为担保债务的履行和债权的实现而提供的，用于设定抵押权的特定财产。

1.可以抵押的财产

《民法典》第三百九十五条规定，债务人或者第三人有权处分的下列财产可以抵押：

（1）建筑物和其他土地附着物；（2）建设用地使用权；（3）海域使用权；（4）生产设备、原材料、半成品、产品；（5）正在建造的建筑物、船舶、航空器；（6）交通运输工具；（7）法律、行政法规未禁止抵押的其他财产。抵押人可以将上述所列财产一并抵押。

根据《民法典》第三百四十二条，以及《中华人民共和国农村土地承包法》第四十七条、第五十三条的规定，以下两种土地经营权可以抵押：一是通过家庭承包方式取得的土地经营权，二是通过招标、拍卖、公开协商等方式承包农村土地，并且经依法登记取得权属证书的土地经营权。需要注意的是，尽管上述两种集体土地经营权可以抵押，但是《民法典》第四百一十八条作了以下限制，以集体所有土地的使用权依法抵押的，实现抵押权后，未经法定程序，不得改变土地所有权的性质和土地用途。

2.浮动抵押

尽管对生产设备、原材料、半成品、产品这些财产做了抵押，但在抵押财产确定前，财产的范围是不确定的，处于浮动变化中，所以叫浮动抵押。根据《民法典》第三百九十六条的规定，企业、个体工商户、农业生产经营者可以将现有的以及将有的生产设备、原材料、半成品、产品抵押，债务人不履行到期债务或者发生当事人约定的实现抵押权的情形，债权人有权就抵押财产确定时的动产优先受偿。

浮动抵押什么时候能够确定呢？《民法典》第四百一十一条规定，依据该法第三百九十六条的规定设定抵押的，抵押财产自下列情形之一发生时确定：（1）债务履行期限届满，债权未实现；（2）抵押人被宣告破产或者解散；（3）当事人约定的实现抵押权的情形；（4）严重影响债权实现的其他情形。

3.房地一体抵押

建筑物不是海市蜃楼，一定不会悬浮于空中，它必须要依附于土地之上，因此，建筑物与土地不可分离。要取得建筑物所有权，必须要取得相应部分的建设用地使用权，逻辑上建筑物所有权不可能脱离土地独立转让。反映在抵押上，道理亦然。设定抵押是为了在债务人不履行债务时，债权人有权对抵押的建筑物、土地使用权折价、拍卖、变卖，并对其价款优先受偿，最终还是要发生房屋所有权、土地使用权一并转移的结果。如果房地分离，就不能实现抵押的目的。

《民法典》第三百九十七条规定，以建筑物抵押的，该建筑物占用范围内的建设用地使用权一并抵押。以建设用地使用权抵押的，该土地上的建筑物一并抵押。抵押人未依据前款规定一并抵押的，未抵押的财产视为一并抵押。

但是，根据《民法典》第三百九十八条的规定，乡镇、村企业的建设用地使用权不得单独抵押。以乡镇、村企业的厂房等建筑物抵押的，其占用范围内的建设用地使用权一并抵押。

需要注意的是，建设用地使用权抵押后，该土地上新增的建筑物不属于抵押财产。该建设用地使用权实现抵押权时，应当将该土地上新增的建筑物与建设用地使用权一并处分。但是，新增建筑物所得的价款，抵押权人无权优先受偿。《民法典》第四百一十七条对此作了明确规定。

4.不得抵押的财产

《民法典》第三百九十九条规定，下列财产不得抵押：（1）土地所有权；（2）宅基地、自留地、自留山等集体所有土地的使用权，但是法律规定可以抵押的除外；（3）学校、幼儿园、医疗机构等为公益目的成立的非营利法人的教育设施、医疗卫生设施和其他公益设施（此处的“非营利法人”包括事业单位、社会团体、基金会、社会服务机构等）；（4）所有权、使用权不明或者有争议的财产；（5）依法被查封、扣押、监管的财产；（6）法律、行政法规规定不得抵押的其他财产。

二、抵押合同与抵押物登记

（一）抵押合同

抵押合同是抵押权人（通常是债权人）与抵押人（既可以是债务人，也可以是第三人）签订的协议。它可以是单独订立的书面合同，也可以是在主债权合同中设置的抵押条款。总之，当事人应当采用书面形式订立抵押合同。

抵押合同一般包括下列条款：被担保债权的种类和数额，债务人履行债务的期限，抵押财产的名称、数量等情况，担保的范围。以上内容不全时，双方可以协商补正。但抵押合同中不得设置违反法律规定的条款，如流押条款。流押条款指当事人之间约定债务人届期不履行债务时，债权人（即抵押权人）有权直接取得抵押财产的条款。流押条款的约定，不仅与设立抵押的目的相悖，而且容易出现价值较高的物品以较低的价格转移给抵押权人，造成价值转移失衡，损害债务人利益的情形，因此法律予以禁止。

根据《民法典》第二百一十五条规定的债权与物权的区分原则，抵押合同，除法律另有规定或者当事人另有约定外，自抵押合同成立时生效，抵押物是否登记不影响抵押合同生效。

【做中学1】下列关于抵押合同的形式，正确的是（　　）。

A.抵押合同可以口头订立

B.抵押合同必须书面订立

C.抵押合同口头、书面订立均可

D.抵押合同可以采用书面合同以外的其他方式订立

解析：答案为B。抵押需要书面约定，可以单独签订抵押合同，也可以在主合同中约定抵押条款。

（二）抵押物登记

抵押物登记是指抵押权人向法律规定的有关部门将其在特定物上所设定的抵押权的事项予以记载的事实。抵押物登记是不动产抵押生效的必要条件。抵押物登记的目的在于告诉公众在该物上抵押权设立、变更以及消灭的法律信息，是让第三人了解该物抵押权的变动情况，然后，自己决定是否进行有关的法律行为。

对抵押物进行登记能够有效地维护抵押权人的利益得到实现。由于设立抵押制度的目的在于担保债的履行，即保护债权人的利益，如果该抵押物办理了登记，则该登记就具有对抗一切人包括善意第三人的效力，即抵押权人依抵押登记可以向任何第三人主张自己的抵押权，不论是善意第三人还是恶意第三人均不得拒绝。这也就是抵押物的优先受偿权，可以排除他人对抵押物的追偿。

以建筑物和其他土地附着物、建设用地使用权、海域使用权、正在建造的建筑物抵押的，应当办理抵押登记。抵押权自登记时设立。应当办理抵押而未办理抵押登记，抵押权不生效，抵押权人不能就抵押物主张优先受偿。以生产设备、原材料、半成品、产品，交通运输工具，以及正在建造的船舶、航空器抵押的，抵押权自抵押合同生效时设立；未经登记，不得对抗善意第三人。以动产抵押的，不得对抗正常经营活动中已经支付合理价款并取得抵押财产的买受人。

不动产抵押，遵循“房地一体抵押”的原则，即以建筑物抵押的，该建筑物占用范围内的建设用地使用权一并抵押。以建设用地使用权、海域使用权抵押的，该土地、海域上的建筑物、构筑物一并抵押；以建筑物、构筑物抵押的，该建筑物、构筑物占用范围内的建设用地使用权、海域使用权一并抵押。

自2015年3月1日起施行的《不动产登记暂行条例》规定，集体土地所有权，房屋等建筑物、构筑物所有权，森林、林木所有权，耕地、林地、草地等土地承包经营权，建设用地使用权，宅基地使用权，海域使用权，地役权，抵押权，以及法律规定需要登记的其他不动产权利，由不动产登记机构办理登记。

【做中学2】以无地上定着物的土地使用权抵押的，办理抵押物登记的部门是（　　）。

A.不动产登记机构　　B.县级以上政府规定的房地产管理部门

C.林木主管部门　　D.工商行政管理部门

解析： 答案为A。根据《不动产登记暂行条例》的规定，不动产登记机构负责办理抵押物登记。

三、抵押的效力

抵押的效力是指抵押担保对所担保的债权范围，对抵押担保的标的物，对抵押权人、抵押人及第三人的法律效力。

（一）抵押担保的范围

根据《民法典》第三百八十九条的规定，约定优先，当事人有约定的，按照其约定。没有约定的，担保范围包括主债权及其利息、违约金、损害赔偿金、保管担保财产和实现担保物权的费用。

（二）对特殊抵押物的效力

抵押物除了前面讲过的可以抵押的财产、浮动抵押、房地一体抵押、不得抵押的财产外，还包括以下特殊抵押物：从物、孳息、新增建筑物、添附物、所有权、使用权不明或者有争议的财产、被查封、扣押、监管的财产、违法建筑物、以划拨方式取得的建设用地使用权和其上的建筑物、建设用地使用权。

1.从物

《民法典担保制度司法解释》第四十条规定，从物产生于抵押权依法设立前，抵押权人主张抵押权的效力及于从物的，人民法院应予支持，但是当事人另有约定的除外。从物产生于抵押权依法设立后，抵押权人主张抵押权的效力及于从物的，人民法院不予支持，但是在抵押权实现时可以一并处分。

2.孳息

《民法典》第四百一十二条规定，债务人不履行到期债务或者发生当事人约定的实现抵押权的情形，致使抵押财产被人民法院依法扣押的，自扣押之日起，抵押权人有权收取该抵押财产的天然孳息或者法定孳息，但是抵押权人未通知应当清偿法定孳息义务人的除外。收取的孳息应当先充抵收取孳息的费用。

【做中学3】2014年10月，重庆市民李先生以其个人所有的10间门面，为重庆某环保公司向重庆一银行贷款提供担保，并办理了抵押登记。2015年12月，重庆某环保公司因无法按约偿还银行贷款而被诉至法院。重庆市第五中级人民法院一审判决重庆某环保公司返还银行贷款本息，同时判决银行对李先生夫妇所有的10间门面在上述债务范围内享有优先受偿权。2016年5月3日，银行向重庆市第五中级人民法院申请强制执行该生效判决，法院遂依法查封了上述门面，并于2016年6月初根据银行的申请，向租赁户发出了提取租金的协助执行通知书，要求租赁户按照原合同将租金直接交至法院指定账户。2016年10月，此前在另一法院申请强制执行李先生财产的债权人刘先生得知了重庆市第五中级人民法院提取李先生门面租金的消息，向重庆市第五中级人民法院提出书面申请要求对提取的租金参与分配。

请问：刘先生是否有权参与租金分配？

解析：刘先生参与租金分配应视查封时间节点加以区分。查封之前的门面租金有权参与分配，查封日之后的门面租金无权参与分配。抵押权人有权自抵押物被法院扣押之日起收取该抵押财产的天然孳息或者法定孳息。银行作为抵押权人，可以从法院查封涉案门面之日起收取租金，刘先生对查封日之前的门面租金有权参与分配。

3.新增建筑物

《民法典》第四百一十七条规定，建设用地使用权抵押后，该土地上新增的建筑物不属于抵押财产。该建设用地使用权实现抵押权时，应当将该土地上新增的建筑物与建设用地使用权一并处分。但是，新增建筑物所得的价款，抵押权人无权优先受偿。

4.添附物

《民法典担保制度司法解释》第四十一条规定，抵押权依法设立后，抵押财产被添附，添附物归第三人所有，抵押权人主张抵押权效力及于补偿金的，人民法院应予支持。

抵押权依法设立后，抵押财产被添附，抵押人对添附物享有所有权，抵押权人主张抵押权的效力及于添附物的，人民法院应予支持，但是添附导致抵押财产价值增加的，抵押权的效力不及于增加的价值部分。

抵押权依法设立后，抵押人与第三人因添附成为添附物的共有人，抵押权人主张抵押权的效力及于抵押人对共有物享有的份额的，人民法院应予支持。

该法条所称添附，包括附合、混合与加工。

5.所有权、使用权不明或者有争议的财产

《民法典担保制度司法解释》第三十七条规定，当事人以所有权、使用权不明或者有争议的财产抵押，经审查构成无权处分的，人民法院应当依照《民法典》第三百一十一条善意取得的规定处理。

6.被查封、扣押、监管的财产

《民法典担保制度司法解释》第三十七条规定，当事人以依法被查封、扣押、监管的财产抵押，抵押权人请求行使抵押权，经审查查封或者扣押措施已经解除的，人民法院应予支持。抵押人以抵押权设立时财产被查封或者扣押为由主张抵押合同无效的，人民法院不予支持。

7.违法建筑物

《民法典担保制度司法解释》第四十九条规定，以违法的建筑物抵押的，抵押合同无效，但是一审法庭辩论终结前已经办理合法手续的除外。抵押合同无效的法律后果，依照《民法典担保制度司法解释》第十七条担保人的过错程度处理。

当事人以建设用地使用权依法设立抵押，抵押人以土地上存在违法的建筑物为由主张抵押合同无效的，人民法院不予支持。

8.以划拨方式取得的建设用地使用权和其上的建筑物

《民法典担保制度司法解释》第五十条规定，抵押人以划拨建设用地上的建筑物抵押，当事人以该建设用地使用权不能抵押或者未办理批准手续为由主张抵押合同无效或者不生效的，人民法院不予支持。抵押权依法实现时，拍卖、变卖建筑物所得的价款，应当优先用于补缴建设用地使用权出让金。

当事人以划拨方式取得的建设用地使用权抵押，抵押人以未办理批准手续为由主张抵押合同无效或者不生效的，人民法院不予支持。已经依法办理抵押登记，抵押权人主张行使抵押权的，人民法院应予支持。抵押权依法实现时所得的价款，参照前款有关规定处理。

9.建设用地使用权

《民法典担保制度司法解释》第五十一条规定，当事人仅以建设用地使用权抵押，债权人主张抵押权的效力及于土地上已有的建筑物以及正在建造的建筑物已完成部分的，人民法院应予支持。债权人主张抵押权的效力及于正在建造的建筑物的续建部分以及新增建筑物的，人民法院不予支持。

当事人以正在建造的建筑物抵押，抵押权的效力范围限于已办理抵押登记的部分。当事人按照担保合同的约定，主张抵押权的效力及于续建部分、新增建筑物以及规划中尚未建造的建筑物的，人民法院不予支持。

抵押人将建设用地使用权、土地上的建筑物或者正在建造的建筑物分别抵押给不同债权人的，人民法院应当根据抵押登记的时间先后确定清偿顺序。

另外，不动产登记簿记载与抵押合同约定不一致时，如何处理？《民法典担保制度司法解释》第四十七条规定，不动产登记簿就抵押财产、被担保的债权范围等所作的记载与抵押合同约定不一致的，人民法院应当根据登记簿的记载确定抵押财产、被担保的债权范围等事项。

（三）对抵押人的效力

1.占有、使用、收益的权利

抵押人在其财产设定抵押后，仍享有对抵押物进行占有、使用和收益的权利。这也就是抵押权为当事人所钟爱的原因：一方面，抵押人可对抵押物进行占有、使用和收益；另一方面，抵押人又通过抵押担保的方式达到了融资的目的，真正做到了物尽其用。

2.转让抵押财产的权利

《民法典》第四百零六条规定，抵押期间，抵押人可以转让抵押财产。当事人另有约定的，按照其约定。抵押财产转让的，抵押权不受影响。抵押人转让抵押财产的，应当及时通知抵押权人。抵押权人能够证明抵押财产转让可能损害抵押权的，可以请求抵押人将转让所得的价款向抵押权人提前清偿债务或者提存。转让的价款超过债权数额的部分归抵押人所有，不足部分由债务人清偿。

3.关于出租

根据《民法典》第四百零五条、第四百零三条，以及《民法典担保制度司法解释》第五十四条的规定，对于先租赁后抵押的，不动产或者动产都实行“抵押不破租赁”。抵押权设立前，抵押财产已经出租并转移占有的，原租赁关系不受该抵押权的影响。

对于先抵押后租赁的，要区分情况。在先设立的不动产抵押权或者动产抵押已经办理登记的，抵押权都可以对抗租赁权。动产抵押合同订立后未办理抵押登记，抵押人将抵押财产出租给他人并移转占有，抵押权人行使抵押权的，租赁关系不受影响，但是抵押权人能够举证证明承租人知道或者应当知道已经订立抵押合同的除外。

4.再次设定抵押权或者质权等担保物权

在不动产之上仍然可以设定第二、第三顺位的抵押权；在动产之上，除可以设定第二、第三顺位的抵押权外，还可以设定动产质权。

（四）对抵押权人的效力

1.优先受偿权

优先受偿权是抵押权的核心权利，只有抵押权人的债权全部获得清偿以后，有余额的，其他债权人才可以受偿，若无余额，其他债权人即无法受偿。

2.抵押权的保全

在抵押人的行为足以使抵押物的价值减少时，抵押权人有权要求抵押人停止其行为；在抵押物价值减少时，抵押权人有权要求抵押人恢复抵押物的价值或提供与减少的价值相当的担保。

3.收取孳息权

抵押权人对因债务人不履行债务或者发生当事人约定的实现抵押权的情形，致使抵押财产被人民法院依法扣押的，自扣押之日起，抵押权人有权收取该抵押财产的天然孳息或者法定孳息，但是抵押权人未通知应当清偿法定孳息义务人的除外。孳息应当先充抵收取孳息的费用。

4.对抗出租的权利

根据前文所讲的，对于先抵押后租赁的，在先设立的不动产抵押权或者动产抵押已经办理登记的，抵押权都可以对抗租赁权。

5.不得单独转让或作为其他债权的担保

抵押权不得与债权分离而单独转让或者作为其他债权的担保。债权转让的，担保该债权的抵押权一并转让，但法律另有规定或者当事人另有约定的除外。

【做中学4】刘某以自己的一处房产作为抵押向马某借款20万元。因刘某一直拖欠不还款，现马某想将自己对刘某的房产享有的抵押权转让给张某，向张某借款20万元。

请问：马某的做法是否符合法律规定?

解析：不符合法律规定。债权债务合同是主合同，担保合同是从合同。从合同不应当离开主合同。马某要求单独转让房产抵押权是不符合法律规定的。马某可以把对刘某的20万元债权转让给张某，也就是把债权转让，只要通知债务人即可。

四、抵押权的实现

抵押权实现就是抵押权人实现抵押物的价值，从中优先受偿，这是设置抵押的意义所在。抵押物折价或者拍卖、变卖后，其价款超过债权数额的部分归抵押人所有，不足部分由债务人清偿。抵押权人与抵押人协商以抵押物折价或者以拍卖、变卖该抵押物所得的价款受偿；协商不成的，抵押权人可以通过向人民法院提起诉讼的方式实现抵押权。

（一）抵押权实现的条件

1.抵押权必须有效存在

凡法律规定应当办理抵押登记的，只有办理抵押登记，抵押权才有效成立；未办理抵押权登记的，抵押权不成立。法律规定不以登记为要件的抵押，抵押合同成立，抵押就生效；虽然不登记抵押也生效，但未登记的不得对抗第三人。如抵押人A将车辆抵押给B，但该抵押未登记。后A将该车辆卖给了不知情的C。那么，B享有优先求偿权吗?不享有。虽然B的抵押有效，但因该抵押未登记不得对抗善意第三人，其抵押权无法对抗C的所有权，所以B对该车无法行使优先受偿权。

2.债务履行期届满

抵押是为了担保主债权，在主债未到期的时候，担保当然无从谈起。但是存在债务人预期违约、债务人被宣告破产、抵押人的行为足以使抵押物的价值减少的情形时，抵押权人可以要求提前行使抵押权。

（二）抵押实现的方式

以抵押财产折价或者拍卖、变卖后，所得的价款直接清偿债务，价款超过债权数额的部分归抵押人所有，不足部分由债务人继续清偿。

《民法典》第四百一十四条规定，同一财产向两个以上债权人抵押的，拍卖、变卖抵押财产所得的价款依照下列规定清偿：（1）抵押权已经登记的，按照登记的时间先后确定清偿顺序；（2）抵押权已经登记的先于未登记的受偿；（3）抵押权未登记的，按照债权比例清偿。其他可以登记的担保物权，清偿顺序参照适用前款规定。

《民法典》第四百一十五条规定，同一财产既设立抵押权又设立质权的，拍卖、变卖该财产所得的价款按照登记、交付的时间先后确定清偿顺序。必须注意的是，此处的“财产”，仅限于动产。因为质权的客体，要么是动产，要么是特定的权利，不动产一定不会成为质权的客体。抵押权的客体，包括动产、不动产和权利。尽管部分权利可以成为抵押权的客体，但是，可以成为抵押权客体的权利与质权客体的权利并不交叉。因此，一项财产同时符合设立抵押权和质权条件的，就只能是动产了。

《民法典》第三百九十二条规定，被担保的债权既有物的担保又有人的担保的，债务人不履行到期债务或者发生当事人约定的实现担保物权的情形，债权人应当按照约定实现债权；没有约定或者约定不明确，债务人自己提供物的担保的，债权人应当先就该物的担保实现债权；第三人提供物的担保的，债权人可以就物的担保实现债权，也可以请求保证人承担保证责任。提供担保的第三人承担担保责任后，有权向债务人追偿。这也就是说，在存在人的担保的情况下，第三人提供物的担保的，债权人享有选择权；而债务人以自己的财产提供物的担保的，债权人没有选择权。在债务人自己提供物的担保的情况下，要求保证人先承担保证责任，对保证人是不公平的。第三人提供物的担保的，债权人无论是先实现物的担保还是先实现人的担保，物的担保人或者保证人都存在向债务人追索的问题。为保障债权人的债权得以充分实现，法律应当尊重债权人的意愿，允许债权人在这种情况下享有选择权。

【做中学5】山东省五莲县某机械公司向五莲县张某借款500万元，以自有房产设定抵押，并办理了抵押登记。某冷藏厂在借款合同保证人处签章。五莲县某机械公司在借款届期后无力清偿借款。张某能否直接要求冷藏厂承担保证责任？

解析：不能。本案既有物的担保又有人的担保，而债务人提供物的担保，因此张某应该先就债务人房产行使抵押权，不能清偿部分可以要求保证人承担保证责任。

五、最高额抵押

（一）概念

最高额抵押指抵押人与抵押权人协议，在最高债权限额内，以抵押物对一定期间内连续发生的债权作担保。它是限定最高额度的抵押。如A欲向银行贷款，B以自己所有的价值1 000万元的房产为A提供抵押担保，并限定抵押最高额为800万元，期限为1年。在1年内，A可向银行多次贷款，B在800万元范围内以其房产为A的贷款提供担保。贷款期满，以A的实际贷款额来确定B担保的数额，当然B只对800万元以内的贷款担保。

（二）特点

最高额抵押所担保的债权额是确定的，但实际发生的债权额是不确定的。设定最高额抵押时，债权尚未发生，为保证将来债权的实现，抵押权人与抵押人协议商定担保的最高债权额度，抵押人以其抵押财产在此额度内对债权作担保。例如，抵押人以一处房产为抵押物，与债权人签订了一份担保将来可能发生的100万元债权的最高额抵押合同。

最高额抵押是对一定期间内连续发生的债权作担保。一定期间，例如从2001年1月1日至2001年12月31日发生的债权，抵押人对此期间发生的债权作担保。连续发生的债权，是指实际发生的债权次数是不确定的，并且是接连发生的。例如，抵押人在1月份向债权人借款20万元，3月份借了30万元，5月份又借了40万元，6月份还了60万元，8月份又借了40万元，以此类推，抵押人在这一年之内借了还，还了借，只要借款额不超过100万元，抵押物就对这一年之内发生的不超过100万元的借款的偿还作担保。可见，最高额抵押以一次订立的抵押合同，进行一次抵押物登记就可以对一个时期内多次发生的债权作担保，既省时、省力、省钱，又可以加速资金流通，有利于促进经济发展。

最高额抵押担保的债权确定前，债权可以自由转让。《民法典》第四百二十一条规定：“最高额抵押担保的债权确定前，部分债权转让的，最高额抵押权不得转让，但是当事人另有约定的除外。”

最高额抵押担保的债权确定前，抵押权人与抵押人可以通过协议变更债权确定的期间、债权范围以及最高债权额，但是变更的内容不得对其他抵押权人产生不利影响。

案例分析

以房屋进行抵押的，抵押自登记时设立。未经登记，抵押权不发生法律效力。根据法律规定，房地产抵押应当向县级以上地方人民政府规定的部门办理抵押登记，办理房屋抵押登记的部门为县级以上的不动产登记机构（如不动产登记中心），而不是公证机关。刘某虽持有李某的房屋产权证，但该抵押未办理登记，抵押尚未生效。因此，刘某对该抵押房屋不能享有优先受偿权。

张某跟李某签订有买卖合同，并办理了所有权登记，因此，张某能取得房屋连同附属物品的所有权。

知识拓展

扫描右侧二维码，在线查看一例有关物保和人保的分析。

物保和人保

参考答案

同步训练

一、单选题

1.甲将一间房屋作为抵押，向乙借款2万元。抵押期间，知情人丙向甲表示愿以3万元购买该房屋，甲也想将抵押的房屋出卖。对此，下列哪一表述是正确的？（　　）

A.甲有权将该房屋出卖，但须事先告知抵押权人乙

B.甲可以将该房屋出卖，不必征得抵押权人乙的同意

C.甲可以将该房屋卖给丙，但应征得抵押权人乙的同意

D.甲无权将该房屋出卖，因为房屋上已设置了抵押权

2.同一抵押财产上设定两个以上抵押权的，下列关于拍卖、变卖抵押物所得的价款清偿顺序的表述，不正确的是（　　）。

A.按合同生效时间的先后顺序受偿

B.抵押权已经登记的，按照登记的时间先后确定清偿顺序

C.抵押权已经登记的先于未登记的受偿

D.抵押权未登记的，按照债权比例清偿

3.依法应办理抵押登记的，抵押权的生效时间为（　　）。

A.抵押交付之日　　　　B.登记之日

C.签订之日　　　　D.当事人协商之日

4.甲向乙借款并将自己的房子抵押给乙，也办理了抵押登记。抵押后，甲又将该房屋出租给丙，因甲无力还款，乙欲行使抵押权。下列表述正确的是（　　）。

A.甲与丙之间的租赁合同不具有效力，因为该房已抵押给乙

B.甲与丙之间的租赁合同有效，抵押权行使后租赁合同对新的受让人有效

C.甲与丙之间的租赁合同有效，但抵押权行使后租赁合同对新的受让人无效

D.甲与丙之间的租赁合同效力未定

5.以城市房地产抵押的，办理抵押物登记的机构是（　　）。

A.不动产登记机构

B.县级以上政府规定的房地产管理机构

C.林木主管机构

D.工商行政管理机构

二、判断题

1.订立抵押合同时，抵押权人和抵押人在合同中不得约定在债务履行期届满、抵押权人未受清偿时，抵押物的所有权转移给债权人。（　　）

2.财产在抵押之后，又被执行法院扣押，拍卖、变卖所得价款抵押人优先受偿。（　　）

3.抵押权属于用益物权。（　　）

4.土地所有权可以抵押。（　　）

5.在合同中可以约定"甲以其房屋作为抵押向乙借款，若甲到期不还款，该房屋即归乙所有"。（　　）

三、案例分析题

2008年1月，甲公司向乙银行申请贷款，贷款额为100万元，还贷期限为2008年12月。乙银行要求甲提供担保，甲遂以自己的房产作为抵押并签订了抵押合同，但未履行抵押登记手续。此后，甲又向丙以该房产作为抵押借得50万元，以古董抵押借得30万元，并分别办理了登记手续。同时，甲向丁借得30万元，签订合同约定以该古董抵押。三笔借款到期后，甲都未偿还。

请问：

1.本案所涉的抵押是否都有效？为什么？

2.假设变卖房产所得为80万元，古董变卖40万元，乙、丙、丁的债权受偿顺序如何确定？为什么？

任务4.4　质　押

视听资源

案例导入

甲因扩大店面急需资金向乙借款10万元，乙要求甲提供担保，甲将自己的宝马车出质给乙。因自己不会开车，乙将车退了回去。后甲向丙借款10万元，又将该车出质给丙。丙对该车进行了占有。在丙占有期间，丁向丙租用该车，丙未经甲同意，即与丁签订了租赁合同。丁因违章驾驶造成该车灭失。

根据上面的材料，请思考：

1.甲乙之间的质权是否生效？为什么？

2.甲丙之间的质押合同是否生效？丙是否有权出租该车？为什么？

3.甲可就该车的损失向谁主张权利？为什么？

知识准备

一、质押的概念

质押就是债务人或者第三人将其动产或者权利移交债权人占有，当债务人不履行债务时，债权人有权依法就该动产或者权利优先受偿的担保方式。

质押分为动产质押和权利质押两种，不动产不能设定质押。动产质押是指可移动并因此不损害其效用的物的质押，权利质押是指以可转让的权利为标的物的质押。质押财产被称为质物，提供财产的人被称为出质人，享有质权的人被称为质权人。

【做中学1】甲向乙借款20万元做生意，由丙提供价值15万元的房屋作为抵押，并订立了抵押合同。甲因办理登记手续费过高，经乙同意未办理抵押登记手续。甲又将自己的一辆价值6万元的“夏利”车质押给乙，双方订立了质押合同。乙认为将车放在自家附近不安全，决定仍放在甲处。一年后，甲因亏损无力还债，乙诉至法院要求行使抵押权、质权。本案中抵押和质押的效力为：(　　)。

A.抵押、质押均有效　　B.抵押、质押均无效

C.抵押有效、质押无效　　D.质押有效、抵押无效

解析：答案为B。不动产抵押以登记为生效要件，本案中房屋抵押未办理抵押登记，因此无效。质押的特点是转移抵押物的占有，而本案没有把车辆的占有转移给抵押权人，因此质押也无效。

二、动产质押

动产质押是以动产为标的物的质押，即为担保债务的履行，债务人或者第三人将其动产出质给债权人占有的，债务人不履行债务的，债权人有权就该动产优先受偿的担保方式。债务人或者第三人为出质人，债权人为质权人，交付的动产为质押物、质物或质押财产。根据《民法典》的规定，除法律、行政法规禁止转让的动产（如毒品、管制枪支、淫秽物品等）外，所有动产都可以出质。

（一）质权人的权利

1.质权人的优先受偿权

《民法典》第四百三十六条规定，债务人不履行到期债务或者发生当事人约定的实现质权的情形，质权人可以与出质人协议以质押财产折价，也可以就拍卖、变卖质押财产所得的价款优先受偿。质押财产折价或者变卖的，应当参照市场价格。

2.收取孳息的权利

因质权人占有质押财产，因此除合同另有约定外，质权人有权收取质押财产的孳息，当然该孳息应当先充抵收取孳息的费用。

3.要求出质人提供担保或提存的权利

因不可归责于质权人的事由可能使质押财产毁损或者价值明显减少，足以危害质权人权利的，质权人有权请求出质人提供相应的担保；出质人不提供的，质权人可以拍卖、变卖质押财产，并与出质人协议将拍卖、变卖所得的价款提前清偿债务或者提存。

4.物上代位权

担保期间，担保财产毁损、灭失或者被征收等，质权人可以就获得的保险金、赔偿金或者补偿金等优先受偿。被担保债权的履行期限未届满的，也可以提存该保险金、赔偿金或者补偿金等。

（二）质权人的义务

1.妥善保管质物的义务

因保管不善致使质押财产毁损或者灭失的，质权人应当承担赔偿责任。质权人不能

妥善保管质物可能致使其灭失或者毁损的，出质人可以请求质权人将质物提存，或者要求提前清偿债权而返还质押财产。

2.不得随意转质的义务

质权人在质权存续期间，未经出质人同意转质，造成质押财产毁损、灭失的，应当向出质人承担赔偿责任。

3.返还质押财产的义务

债务人履行债务或者出质人提前清偿所担保的债权的，质权人应当返还质押财产。

4.及时行使质权的义务

出质人可以请求质权人在债务履行期限届满后及时行使质权；质权人不行使的，出质人可以请求人民法院拍卖、变卖质押财产。因质权人怠于行使权利造成出质人损害的，由质权人承担赔偿责任。

（三）设立动产质押要注意的问题

设立动产质押，要注意如下问题：

（1）设立质权，当事人应当以书面形式订立质押合同。

（2）质权自出质人交付质押财产时生效。

（3）禁止流质。《民法典》第四百二十八条规定，质权人在债务履行期限届满前，与出质人约定债务人不履行到期债务时质押财产归债权人所有的，只能依法就质押财产优先受偿。

（4）质押财产折价或者拍卖、变卖后，其价款超过债权数额的部分归出质人所有，不足部分由债务人清偿。

（5）质权人在质权存续期间，未经出质人同意，擅自使用、处分质押财产，造成出质人损害的，应当承担赔偿责任。

（6）质权人可以放弃质权。债务人以自己的财产出质，质权人放弃该质权的，其他担保人在质权人丧失优先受偿权益的范围内免除担保责任，但是其他担保人承诺仍然提供担保的除外。

（7）出质人与质权人可以协议设立最高额质权。

（8）为债务人质押担保的第三人，承担担保责任后，有权向债务人追偿。

三、权利质押

权利质押，是指以所有权、用益物权之外的具有可让与性的财产权为标的物而设定的质押。所有权上设立的质权，属于动产质权的范畴；用益物权上设立的担保物权，属于权利抵押权的范畴。

（一）可以质押的权利

可以用于质押的权利有：（1）汇票、本票、支票；（2）债券、存款单；（3）仓单、提单；（4）可以转让的基金份额、股权；（5）可以转让的注册商标专用权、专利权、著作权等知识产权中的财产权；（6）现有的以及将有的应收账款；（7）法律、行政法规规定可以出质的其他财产权利。

（二）权利质押登记及生效

根据《民法典》第四百四十一条至第四百四十五条，以及《民法典担保制度司法解释》第五十八条至第六十一条的规定，权利质押登记及生效规则如下：

（1）以汇票、本票、支票、债券、存款单、仓单、提单出质的，质权自权利凭证交付质权人时设立；没有权利凭证的，质权自办理出质登记时设立。法律另有规定的，依照其规定。

（2）以基金份额、股权出质的，质权自办理出质登记时设立。基金份额、股权出质后，不得转让，但是经出质人与质权人协商同意的除外。出质人转让基金份额、股权所得的价款，应当向质权人提前清偿债务或者提存。

（3）以注册商标专用权、专利权、著作权等知识产权中的财产权出质的，质权自办理出质登记时设立。知识产权中的财产权出质后，出质人不得转让或者许可他人使用，但是出质人与质权人协商同意的除外。出质人转让或者许可他人使用出质的知识产权中的财产权所得的价款，应当向质权人提前清偿债务或者提存。

（4）以应收账款出质的，质权自办理出质登记时设立。应收账款出质后，不得转让，但是出质人与质权人协商同意的除外。出质人转让应收账款所得的价款，应当向质权人提前清偿债务或者提存。

【做中学2】甲因向乙借款将自己的汽车抵押给乙，并办理了抵押登记。后甲因向丙借款，又将自己的汽车出质给丙。现甲无力还款，对该车，乙欲行使抵押权，丙欲行使质权，并引起纠纷。下列选项正确的是（　　）。

A. 乙的抵押权优于丙的质权受偿

B. 丙的质权优于乙的抵押权受偿

C. 乙的抵押权与丙的质权按比例同时受偿

D. 乙的抵押权与丙的质权谁先受偿应由他们抓阄决定

解析：答案为A。因为该抵押进行了登记，所以该抵押可以对抗第三人。

案例分析

1.质权未生效。依法律规定，出质人和质权人应当以书面形式订立质押合同，质权自出质人交付质押财产时生效。

2.甲丙之间的质押合同有效，质押有效。出质人甲以自己的财产为债权人丙提供质押担保，双方签订了质押合同，且将质物交付于丙占有，甲与丙之间的质押生效。丙无权出租该车。质权为担保物权，质权人对质物不享有使用权和收益权，除非是为了保存质物价值的需要，因此，乙无权将该车出租。质物的财产所有权仍归出质人所享有，质权人仅享有质物的占有权。本案中，丙作为质权人，未经出质人甲的同意，不享有将质物出租于丁的权利。

3.向丙主张权利。质权人擅自出租质物给出质人造成损失的，应依法承担赔偿责任。如同上述，质权人在质权关系存续期间，对质物只享有占有权，不享有使用权、租赁权和处分权。擅自使用、租赁、处分质物的行为是侵害出质人权利的行为，因该行为给出质人造成损失的，应承担侵权责任。本案中，丙擅自出租该车，致使承租人违章驾驶造成该车灭失，丙应对该车的损失向甲承担责任。丙承担责任以后，可向丁进行追偿。

知识拓展

扫描右侧二维码，在线查看抵押和质押区别的相关知识。

抵押和质押的区别

同步训练

参考答案

一、单选题

1.根据法律的规定，质权分为（　　）。

A.动产质权和不动产质权

B.不动产质权和权利质权

C.动产质权和权利质权

D.不动产质权、动产质权和权利质权

2.甲与乙签订借款合同，并与乙就自己的汽车出质给乙签订了字据，后甲未将该车交付给乙，而是将该车卖给了丙。当事人为此发生纠纷。下列选项正确的是（　　）。

A.丙不能取得该车的所有权，因为该车已质押给了乙

B.丙能取得该车的所有权，但乙可依质权向丙进行追偿

C.丙能取得该车的所有权，乙不能向丙要求返还该车

D.甲与乙之间的质权生效

3. 2007年8月4日，甲向乙借款2 000元，同时签订了一份书面质押合同，约定甲于同年9月1日将一头怀胎的母牛作为质押物交付给乙，甲如期交付。10月2日，母牛生下小牛一头。下列选项中对本案判断正确的是（　　）。

A.质押合同生效时间是2007年8月4日

B.质押合同生效时间是2007年9月1日

C.质押合同生效时间是2007年10月2日

D.作为质押物，母牛所生的小牛应归乙所有

二、判断题

1.下列权利可以质押：汇票、本票、支票、债券、存款单。（　　）

2.抵押贷款，是指按《民法典》规定的抵押方式以借款或第三人的动产或权利作为质押物发放的贷款。（　　）

3.质押物可以是动产、不动产和权利。（　　）

任务4.5 留置和定金

视听资源

案例导入

2010年5月5日，A公司与张某经营的精密模具加工厂签订了一份《模具采购合同》，约定：张某为A公司定作模具两套，分别为tp-1303底座模具和tp-1303按钮模具，前一套模具定作款为5万元，后一套模具定作款为4万元，合计9万元；张某有义务保证模具的稳定性，在试模合格后送样确认，并及时通知A公司，根据由A公司提供的材料小批量试产5万件产品并确认无问题后方可交模；模具交期为45个工作日，张某必须按约定交期交模，如超期25天模具仍无法修复或无法交模，A公司有权取消合同，回收定金，且有权要求张某赔偿总货款20%的迟延损失；付款方式为合同签订时付30%订金，试模合格并小批量试产累计5万件验证模具合格后付40%，余款30%从上次付款日计算3个月内累计付清。合同签订后，A公司依约支付了定金3万元，并于2010年5月6日向张某出示了tp-1303底座模具和tp-1303按钮模具的图纸。在张某依照图纸的要求定作模具期间，A公司多次要求张某按照修改后的图纸要求进行修模，其中tp-1303按钮模具修改三次并进行试模后，于2010年12月24日交付A公司，而tp-1303底座模具在先后修改五次后，A公司仍要求修改，张某已经试模生产5万件产品。张某进行修改后送去样品，但以A公司没有支付定作款为由拒绝交付tp-1303底座模具。

根据上面的材料，请思考：

1. A公司可否以张某拒绝交付tp-1303底座模具为由解除加工承揽合同？

2. 什么是留置权？行使留置权的条件是什么？张某能否行使留置权？

知识准备

一、留置

（一）留置的概念

留置是债权人按照合同约定占有债务人的动产，债务人不履行债务的，债权人有权依照法律规定或双方约定留置该财产，债务履行期过后以该财产折价或者以拍卖、变卖该财产的价款优先受偿的担保方式。

享有留置权的债权人为留置权人，留置权人留置的财产为留置物。债权人依法留置债务人财产的权利称为留置权。

（二）留置权人的权利和义务

1.留置权人的优先受偿权

留置权人的优先受偿权体现在两个方面：（1）债务人逾期未履行的，留置权人可以与债务人协议以留置财产折价，也可以就拍卖、变卖留置财产所得的价款优先受偿。留置财产折价或者变卖的，应当参照市场价格。（2）同一动产上已经设立抵押权或者质权，该动产又被留置的，留置权人优先受偿。

2.留置权人的孳息收取权

留置权人有权收取留置财产的孳息，但该孳息应当先充抵收取孳息的费用。

3.留置权人的保管义务

留置权人负有妥善保管留置财产的义务。因保管不善致使留置财产毁损、灭失的，应当承担赔偿责任。

4.留置权人的通知义务

留置权人与债务人应当约定留置财产后的债务履行期限；没有约定或者约定不明确的，留置权人应当给债务人六十日以上履行债务的期限，但是鲜活易腐等不易保管的动产除外。

【做中学1】甲商场委托乙服装厂加工西服100套，双方订立了来料加工合同，约定于2021年4月11日前交货，加工费共计2万元，于交货前20日即3月20日支付。后甲商场逾期未支付加工费，乙服装厂将加工的100套西服留置，并通知甲商场在六十日内支付加工费，逾期不支付将变卖部分西服并以变卖的价款优先受偿。六十日期限过后，甲商场仍未支付加工费，乙服装厂遂变卖了50套西服，以变卖的价款偿付加工费及违约金。

甲商场向某仲裁委员会申请仲裁要求乙服装厂承担违约责任，理由是乙服装厂未经自己同意擅自将委托加工的100套西服扣押，后又将其中的50套西服予以变卖，违反了双方订立的合同。

乙服装厂辩称，申请人在合同期满后未支付加工费，所以被申请人根据法律的规定对加工的100套西服进行留置的行为是合法的。被申请人在留置西服后给予申请人六十日的宽限期，期满后，申请人仍未支付加工费，被申请人变卖了50套西服，并以变卖的价款折抵加工费及违约金。被申请人的做法不违反法律规定和合同的约定。

请问：乙服装厂留置100套西服的行为是否合法有效?

解析：留置行为合法有效。按照合同约定，甲商场支付加工费的履行期先于乙服装厂的交货日期，在甲商场没有履行交付加工费义务时，乙服装厂行使了留置权，并给予甲商场六十日的宽限期。乙服装厂将与债权数额相当的西服留置并变卖以实现债权的做法并无不当，不违反法律规定和合同约定。

二、定金

（一）定金的概念

定金是在合同订立或在履行之前支付的一定数额的金钱或替代物作为担保的担保方式。给付定金的一方称为给付定金方，接受定金的一方称为收受定金方。

（二）定金数额

《民法典》第五百八十六条规定，定金的数额由当事人约定；但是，不得超过主合同标的额的百分之二十，超过部分不产生定金的效力。法律规定限制给付数额过大的定金，目的是将定金的惩罚限定在一定的限度内，保持交易的公平。

定金合同自实际交付定金时成立。实际交付的定金数额多于或者少于约定数额的，视为变更约定的定金数额。该规定说明定金合同是实践合同。

《民法典》第五百八十七条规定，债务人履行债务的，定金应当抵作价款或者收回。

【做中学2】下列有关定金的表述中正确的是（　　）。

A.定金数额可以达到主合同标的额的百分之二十

B.定金合同自实际交付定金之日起生效

C.定金的数额由当事人协商确定，法律不加以限制

D.债权人履行债务后，定金不能收回，只能抵作价款

解析：答案为AB。根据《民法典》规定，定金应当以书面形式约定，定金合同从实际交付定金之日起生效，定金的数额由当事人约定，但不得超过主合同标的额的百分

之二十。所以，A、B项正确，C项错误。债务人履行债务后，定金应当抵作价款或者收回。所以，D项错误。

（三）定金罚则

给付定金方不履行债务或者履行债务不符合约定，致使不能实现合同目的的，无权请求返还定金；收受定金方不履行债务的，应当双倍返还定金。

（四）定金与保证金、预付款、违约金的区别

1.定金与保证金

保证金是指合同当事人一方或双方为保证合同的履行，而留存于对方或提存于第三人的金钱。在建设工程、国有土地使用权出让、租赁、期货交易等合同中，经常出现各种各样的保证金。保证金也具有类似定金一样的担保合同实现的作用，但其没有双倍返还的功能。保证金留存或提存的时间和数额是没有限制的，这有别于定金。定金的总额不得超过主合同总价款的百分之二十，而且必须是在合同约定时或者合同签订前给付。

2.定金与预付款

预付款是产品或劳务的接受方为表明自己履行合同的诚意或者为对方履行合同提供一定资金，在对方履行合同前率先向对方支付的部分价金或劳务报酬。实践中，订金、预付金、诚实信用金等都是预付款的别名。预付款实际上是合同应该履行款项的一部分，定金则不然。定金的给付时间既可以在主合同正式订立前（即合同预约阶段），也可以在合同订立后。而预付款一般在合同正式订立之后才能要求给付。

3.定金与违约金

违约金是合同当事人在合同订立时预先约定的或法律规定的，当一方违约时向对方支付的一定数量的金钱。定金为担保方式，违约金为违约责任。

（五）定金、违约金、损坏赔偿的适用

定金具有惩罚性，违约金也具有惩罚性，如果同时并用，则有违公平原则，对于违约方过于苛刻，另一方则获得不应该获得的利益。《民法典》第五百八十八条规定："当事人既约定违约金，又约定定金的，一方违约时，对方可以选择适用违约金或者定金条款。"因此，二者只能选其一适用。

《民法典》第五百八十八条第二款规定："定金不足以弥补一方违约造成的损失的，对方可以请求赔偿超过定金数额的损失。"

【做中学3】甲公司与乙公司依法订立一份总货款为20万元的购销合同。合同约定违约金为货款总值的5%。同时，甲公司向乙公司给付定金5 000元，后乙公司违约，

给甲公司造成损失2万元。甲公司依法最多可要求乙公司偿付多少？（　　）

A. 2万元　　B. 3.5万元　　C. 2.5万元　　D. 3万元

解析：答案为D。定金双倍返还，5 000元×2＝1万元，违约金20万元×5%＝1万元，损失2万元。如果一方违约造成实际损失，另一方适用定金罚则的同时，可同时请求损害赔偿。但是适用定金罚则和损害赔偿的总值不能大于标的物的价金总和。最有利的做法就是选择定金罚则要求支付1万元，同时还可以要求赔偿损失2万元，所以最多3万元。

案例分析

1.张某对tp-1303底座模具先后修改五次，且已经试模生产5万件产品并送去样品，依照双方在《模具采购合同》中关于“试模合格，小批量试产累计5万件验证模具合格后付40%，余款30%从上次付款日计算3个月内累计付清”的约定，tp-1303底座模具定作款的付款条件已经成就。在模具款付款条件已经成就的情况下，A公司拒绝支付定作款，属于违约行为在先，张某未交付tp-1303底座模具不能成为A公司行使合同解除权的正当理由，因此A公司无权解除合同。

2.因A公司违约在先，拒不支付定作款。为追回定作款张某有权拒绝交付tp-1303底座模具，有权对该tp-1303底座模具进行留置，行使留置权。

知识拓展

扫描右侧二维码，在线查看商事留置权相关知识。

商事留置权

同步训练

参考答案

一、单选题

1.小张将其数码相机借给小韩使用，小韩在使用时发生故障，遂将该数码相机交给某相机修理中心修理。相机修好后，小韩却无力支付维修费用，宽限期过后该修理中心遂变卖该相机以实现债权。根据相关规定，下列说法正确的是（　　）。

A.修理中心不知小韩对相机无处分权，行使留置权有效

B.因为小韩对相机无处分权，故修理中心无权行使留置权

C.修理中心应赔偿小张的损失

D.若该相机之前设立过抵押权，则抵押权优先于留置权

2.甲乙签订总价100万元的买卖合同，双方约定：甲向乙交纳10万元定金，货到付款；如一方违约，向对方支付15万元违约金。甲如约交付了定金。合同履行中，乙不能按期交货构成违约，双方解除合同。则乙最多向甲支付（　　）万元。

A. 15　　B. 20　　C. 25　　D. 30

二、案例分析题

2011年5月，某玻璃厂与某运输公司签订了一份运输合同。该合同约定由运输公司为玻璃厂运输玻璃瓶，运输公司负责清点货物数量、规格并签字认可，按玻璃厂指定的时间、地点将货物完好无损地交给收货方，并带回收货方的收条交玻璃厂入账，但未约定何时结算运费。合同签订后，运输公司依约履行，玻璃厂陆续支付运费1.05万元，至2011年10月有1.29万元运费未结算。2012年8月，玻璃厂让运输公司将价值约5.3万元的玻璃瓶运往某制药厂，运输公司却在途中将货物扣至某仓库，并单方委托估价3.2万元。2013年3月10日，玻璃厂为此诉至法院，运输公司提出反诉，其以留置货物符合担保相关法律规定为由，要求玻璃厂给付扣除各种费用后剩余的1.6万余元运费。

请问：

运输公司能否行使留置权？

项目小结

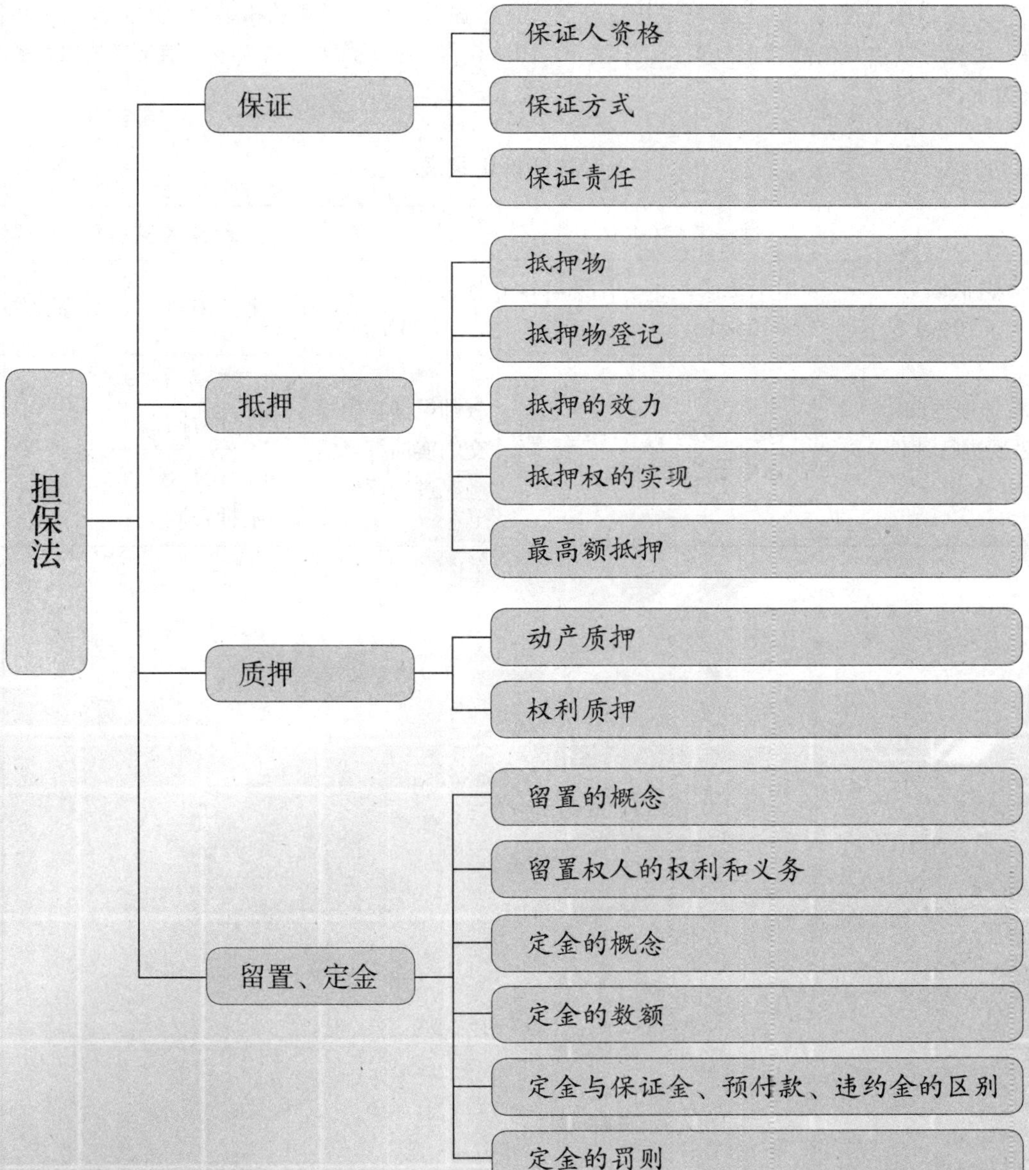
担保法
保证
保证人资格
保证方式
保证责任
抵押
抵押物
抵押物登记
抵押的效力
抵押权的实现
最高额抵押
质押
动产质押
权利质押
留置、定金
留置的概念
留置权人的权利和义务
定金的概念
定金的数额
定金与保证金、预付款、违约金的区别
定金的罚则

考核评价

本项目职业能力测试与考核采用百分制，将过程考核与结果考核相结合，加大技能考核比重。过程考核主要包括职业态度、组织纪律、团队合作、实训练习，占40%。结果考核以实务考核为主，占60%。

考核评价记录表

过程考核（40%）				结果考核（60%）	
职业态度（10%）	组织纪律（10%）	团队合作（10%）	实训练习（10%）	考核内容	分值比重
教师根据课堂表现进行评价，采取扣分制	教师电子考勤（每次课电子签到）	学生小组评价	教师根据学生提交的实训练习情况进行评价	拟一份一般保证合同	20%
				拟一份房屋抵押合同	40%

教学项目 5　知识产权法律制度

学习目标

1. 熟悉知识产权的概念、特征与国际保护；
2. 理解专利权的概念、主体、客体；
3. 掌握专利权的内容、授予条件及各种保护权限；
4. 理解商标的概念、商标申请人的资格和条件，掌握商标注册程序、注册商标专用权及其保护；
5. 理解著作权的概念、主体、客体与内容；
6. 掌握著作权的期限、许可使用、转让及保护。

任务 5.1　知识产权法概述

视听资源

案例导入

公诉机关指控：2013年11月底至2014年6月，被告人郭明升为了谋取非法利益，伙同被告人孙淑标、郭明锋在未经三星（中国）投资有限公司授权许可的情况下，从他人处批发假冒三星手机裸机及配件进行组装，利用在淘宝上开设的“三星数码专柜”网店进行“正品行货”宣传，并以明显低于市场价的价格公开对外销售，共计销售假冒三星手机20 000余部，非法获利200余万元，应当以假冒注册商标罪追究其刑事责任。

法院经审理查明：“SAMSUNG”是三星电子株式会社在中国注册的商标，该商标有效期至2021年7月27日；三星（中国）投资有限公司是三星电子株式会社在中国投资设立，并经三星电子株式会社特别授权负责三星电子株式会社名下商标、专利、著作权等知识产权管理和法律事务的公司。

（案例来源：最高人民法院指导案例87号，2017年3月6日发布）

请问：被告人的行为是否构成假冒注册商标？

一、概念、特征

（一）知识产权的概念

知识产权是人们依法对自己的创造性智力成果、商誉和其他特定相关客体等依法享有的专有权利。

根据应用领域的不同，传统知识产权分为著作权、专利权、商标权，其中著作权自成一体，专利权和商标权被统称为工业产权。随着科技的发展和社会的进步，不断有新的非物质客体被纳入知识产权的保护范围，新型知识产权应运而生，如集成电路布图设计权、植物新品种权、地理标志权和商业秘密权等。

根据《民法典》第一百二十三条第二款的规定，知识产权是权利人依法就下列客体享有的专有的权利：（1）作品；（2）发明、实用新型、外观设计；（3）商标；（4）地理标志；（5）商业秘密；（6）集成电路布图设计；（7）植物新品种；（8）法律规定的其他客体。

（二）知识产权的特征

1.客体具有非物质性

知识产权与物权相比最为突出的特征在于客体的不同。物权的客体是物，而且主要是有体物，知识产权的客体则是具有非物质性的作品、发明创造、外观设计和商标标识等。

2.专有性（排他性）

专有性也叫排他性或者独占性，是指非经知识产权人许可或法律特别规定，他人不得实施受知识产权专有权利控制的行为，即只有经过知识产权人许可或在有法律特别规定的情况下，才能以特定方式加以利用，否则构成侵权。

3.地域性

知识产权的地域性是指，除非有国际条约、双边或多边条约的特别规定，否则知识产权的效力只限于本国境内，因此，在一个国家享有的知识产权在他国不能自动获得保护。

4.时间性

时间性是指多数种类的知识产权的保护期限是有时间限制的，一旦超过法律规定的保护期限就不再受保护。如我国法律对于普通作品著作财产权的保护期限是作者有生之年加死亡后50年；对发明专利的保护期限为20年，20年之后该专利技术即进入公共领域，可以被任何人自由使用。

【做中学1】知识产权具有的四个基本特征是（　　）。

A.客体的非物质性、地域性、独占性和时间性

B.国家性、独占性、地域性和时间性

C.国家授予性、独占性、地域性和实践性

D.客体的非物质性、实践性、地域性和时间性

解析：答案为A。知识产权是一种无形财产，具有权利人在规定时间内的法律确认和保护的地域内权利的垄断性。

知识产权是蕴含创造力和智慧结晶的成果，通过法律的保护，可以免受他人的窃用。知识产权的权利所有人，能够通过向全世界发放许可证或特许经营权来控制和行使自己的权利。知识产权是一种无形资产，能够买卖或转让。中国作为一个发展中国家，在保护知识产权方面还有很多工作要做。由于我国建立现代知识产权制度的时间还不

长，全社会的知识产权意识有待进一步增强，一些严重的侵权行为不仅损害了权利人的权益，而且损害了法律的尊严。为此，我们要进一步完善知识产权法律保护制度，深入落实党的二十大报告提出的“加强知识产权法治保障”要求。目前，我国保护知识产权的法律主要有《中华人民共和国专利法》《中华人民共和国商标法》《中华人民共和国著作权法》等。

二、知识产权的国际保护

知识产权的国际保护主要通过与知识产权保护相关的主要国际条约和公约来实现。

知识产权国际保护条约、公约或协定是指由两个或者两个以上国家签订的约定在参加国、签字国或成员国之间相互提供知识产权保护的双边或多边国际条约、协定或公约。世界知识产权组织管理的主要知识产权国际公约有《保护工业产权巴黎公约》（即《巴黎公约》）、《工业品外观设计国际注册海牙协定》《建立工业品外观设计国际分类洛迦诺协定》《专利法条约》《商标国际注册马德里协定》及其议定书、《商标注册用商品和服务国际分类尼斯协定》《商标注册条约》《保护文学和艺术作品伯尔尼公约》（即《伯尔尼公约》）、《世界知识产权组织版权条约》《保护表演者、录音制品制作者和广播组织罗马公约》（即《罗马公约》）等。

【做中学2】有关知识产权保护的国际公约中，《伯尔尼公约》保护的对象是什么？（　　）

A.注册商标

B.文学、艺术作品

C.录音制品

D.集成电路的布图设计

解析：答案为B。《伯尔尼公约》的全称为《保护文学和艺术作品伯尔尼公约》。

案例分析

根据案例导入中的案情，法院经审理查明：“SAMSUNG”是三星电子株式会社在中国注册的商标，该商标有效期至2021年7月27日，被告人郭明升、郭明锋、孙淑标在未经“SAMSUNG”商标注册人授权许可下，购进假冒“SAMSUNG”注册商标的配件，组装假冒“SAMSUNG”注册商标的手机，并通过网店对外以“正品行货”销售，属于未经注册商标所有权人许可在同一种商品上使用与其相同商标的行为，情节严重，其行为构成假冒注册商标罪。

参考答案

同步训练

一、单选题

1.关于知识产权法的性质，表述正确的是(　　)。

A.知识产权法属于行政法

B.知识产权法属于经济法

C.知识产权法属于民法

D.知识产权法是一个独立的法律部门

2.知识产权的保护对象是(　　)。

A.专利　　B.信息

C.无形物　　D.财产权和人身权

3.《巴黎公约》的保护对象是(　　)。

A.工业产权　　B.商标权

C.著作权　　D.专利权

4.下列不属于传统知识产权的是(　　)。

A.著作权　　B.集成电路布图设计权

C.商标权　　D.专利权

5.下列选项中，不属于《罗马公约》保护对象的是(　　)。

A.表演者的权利

B.广播组织的权利

C.演绎作品作者的权利

D.录音制品制作者的权利

二、判断题

1.知识产权的客体具有非物质性。(　　)

2.在一国境内获得的知识产权可以在他国自动获得保护。(　　)

3.发明专利在我国的保护期限为50年，期限届满自动进入公共领域。(　　)

4.知识产权是人们依法对自己的创造性智力成果、商誉和其他特定相关客体等依法享有的专有权利。(　　)

5.知识产权是一个独立的法律部门。(　　)

三、案例分析题

李某在我国申请了“无机房电梯”的专利权，刘某在甲国也就同一发明申请了专利权，已知我国与甲国并未订有双边保护知识产权的条约或共同参加的知识产权保护国际条约。

请问：

刘某的行为是否构成对李某专利权的侵犯？为什么？

任务 5.2　专利法

视听资源

案例导入

李工程师退休后设计制作了一种新型空气净化仪，获得实用新型专利。甲电器公司看好该专利，与李工程师签订为期5年的限制性实施许可合同。合同约定甲电器厂不得将该技术进行转让。合同签订后，甲考虑自身资金和技术问题，决定和乙电器厂联营生产，双方在未经李工程师同意下约定乙电器厂承担一半专利费。李工程师发现后，起诉甲、乙两个电器厂侵犯了自己的专利权。

请问：甲、乙是否侵犯了李工程师的专利权？

知识准备

一、专利权的概念

专利权是国家根据发明创造人或设计人的申请，以向社会公开发明创造或设计为内容，以及发明创造或设计对社会具有符合法律规定的利益为前提，根据法定程序在一定期限内授予专利权人的一种垄断权，即排除他人实施其专利技术的权利。

目前，我国保护专利权的法律依据主要有：《中华人民共和国专利法》（以下简称《专利法》）及其实施细则，以及《最高人民法院关于审理专利纠纷案件适用法律问题的若干规定》《最高人民法院关于对诉前停止侵犯专利权行为适用法律问题的若干规定》《国防专利条例》等。

二、专利权的主体

法律主体是指活跃在法律之中，享有权利、负有义务和承担责任的人。此处所说的“人”主要是指自然人。在特定情况下，可以将法人等“人合组织”类推为法律主体。专利权的主体是指具体参加特定的专利权法律关系并享有专利权的人。根据《专利法》

的规定，发明人、设计人、职务发明创造的单位、外国人、外国企业或者外国其他组织都可以成为专利权的主体。

（一）发明人或设计人

发明人或设计人是指对发明创造或外观设计的实质性特点做出创造性贡献的人。发明人专指专利法上发明的完成人，设计人专指实用新型或外观设计的完成人。

（二）发明人或设计人的单位

我国《专利法》第六条第一款规定："执行本单位的任务或者主要是利用本单位的物质技术条件所完成的发明创造为职务发明创造。职务发明创造申请专利的权利属于该单位，申请被批准后，该单位为专利权人。该单位可以依法处置其职务发明创造申请专利的权利和专利权，促进相关发明创造的实施和运用。"根据《中华人民共和国专利法实施细则》的规定，执行本单位的任务所完成的发明创造又包括三种情况：（1）在本职工作中作出的发明创造；（2）履行本单位交付的本职工作之外的任务所作出的发明创造；（3）退休、调离原单位后或者劳动、人事关系终止后1年内作出的，与其在原单位承担的本职工作或者原单位分配的任务有关的发明创造。

（三）合作发明与委托发明的权利人

如果两个以上单位或者个人都对发明创造做出了实质性贡献，则该发明创造为合作发明创造。根据《民法典》第八百六十条的规定，对于合作发明创造的专利申请权，属于合作开发的当事人共有。当事人一方转让其共有的专利申请权的，其他各方享有以同等条件优先受让的权利。但是，当事人另有约定的除外。合作开发的当事人一方声明放弃其共有的专利申请权的，除当事人另有约定外，可以由另一方当事人单独申请或者由其他各方共同申请。申请人取得专利权的，放弃专利申请权的一方可以免费实施该专利。合作开发的当事人一方不同意申请的，另一方或者其他各方当事人不得申请该专利。

《专利法》第八条规定："两个以上单位或者个人合作完成的发明创造、一个单位或者个人在接受其他单位或者个人委托所完成的发明创造，除另有协议的以外，申请专利的权利属于完成或者共同完成的单位或者个人；申请被批准后，申请的单位或者个人为专利权人。"

（四）外国人

中国已经加入《巴黎公约》。根据《巴黎公约》，缔约国国民在我国申请专利权时，享有和我国国民相同的待遇。同时，我国《专利法》规定，在中国没有经常居所或者营业所的外国人、外国企业或者外国其他组织在中国申请专利和办理专利事务的，可以委托依法设立的专利代理机构办理。

（五）受让人

发明创造完成之后，无论是申请专利权的权利，还是在提出专利申请之后获得专利权的权利，以及在申请前被批准之后的专利权，都是具有价值的财产性权利，可以被转让、遗弃、赠与或者继承。因此，获得这些权利的人就是受让人。《专利法》规定转让专利申请权或者专利权的，当事人应当订立书面合同，并向国务院专利行政部门登记，由国务院专利行政部门予以公告。专利申请权或者专利权的转让自登记之日起生效。

【做中学1】转让专利申请权或者专利权的，自何时生效？（　　）

A.书面合同订立之日　　B.登记之日

C.公告之日　　D.当事人自行约定

解析：答案为B。根据《专利法》第十条的规定，转让专利申请权或专利权的，当事人应当订立书面合同，并向国务院专利行政部门登记，由国务院专利行政部门予以公告。专利申请权或者专利权的转让自登记之日起生效。

三、专利权的客体

（一）专利权的客体

法律关系的客体是法律关系主体的权利和义务指向的一定的对象，是一定利益的法律形式。专利权的客体，也称为专利法保护的对象，是指依法应授予专利权的发明创造。

1.发明

发明是指人类在利用自然、改造自然的过程中所创造出的具有某种积极意义并表现为技术形式的新的智力成果。简言之，发明是一种新的、有创造性的技术方案。只有符合以下条件的智力成果，才是专利法意义上的“发明”：第一，发明应当包含创新；第二，发明必须利用自然规律或自然现象；第三，违背自然规律的创造不是发明；第四，自然规律本身不是发明；第五，发明是具体的技术性方案。

2.实用新型

实用新型是指为了解决一般实用技术问题而对产品的形状、构造或者其结合所提出的新的技术方案。实用新型虽然也是一种技术方案，但与发明存在很大的区别。具体而言，实用新型具有以下特征：第一，它是具有一定的形状或构造的产品，实用新型只可能是产品；第二，该形状、构造或其结合能够解决技术问题。

实用新型与发明的相同之处是，它也是一种技术方案，即能够正确利用自然规律解决技术问题。如果产品的形状仅能给人美感，却无法解决任何技术问题，则对该产品的设计属于外观设计，而非实用新型。

3.外观设计

外观设计是指对产品的整体或者局部的形状、图案或者其结合以及色彩与形状、图案的结合所作出的富有美感并适于工业应用的新设计。外观设计具有以下特征：第一，是对工业产品外观的设计。需要注意，只有对产品的整体设计才能获得外观设计专利权。在产品中不能分割或者不能单独出售，且不能单独使用的“局部设计”不能获得外观设计专利权。第二，是对产品整体或者局部的形状、图案和色彩的设计。产品的整体或者局部的形状、图案或者其结合，以及色彩与形状、图案的结合均可构成外观设计，因为色彩本身的有限性，色彩不能单独构成外观设计，允许单纯的色彩获得外观设计专利权会导致有限的色彩在短期内被全部垄断，对后来者造成不公平的后果。第三，富有美感并适于工业应用。

【做中学2】我国专利法规定的发明是指对产品、方法或者其改进所提出的（　　）。

A.科学规律　　B.技术方案　　C.技术思想　　D.科学发现

解析：答案为B。根据《专利法》第二条的规定，发明是一种技术方案。

【做中学3】我国专利权的客体不包括（　　）。

A.外观设计　　B.实用新型　　C.发明　　D.文学作品

解析：答案为D。文学作品属于著作权的客体。

（二）专利法不予保护的对象

1.违反法律、社会公德或妨害公共利益的发明创造

对此可以有两种解释：一是发明创造本身就直接违反法律，则不受专利法的保护；二是相关产品或方法既有合法用途，也有非法用途，即某种实施方式受到法律禁止的发明创造仍然可以被授予专利权。例如，自动搓麻将机虽然可以被用于赌博，但也可以被用于合法的消遣娱乐，因此可以获得专利权。

社会公德是指公众普遍认为正当并被广泛接受的伦理道德观念和行为准则。违反社会公德的发明创造不能被授予专利权。如带有暴力凶杀或淫秽内容的图片或者照片的外观设计。

妨害社会公共利益是指发明创造的实施或使用会给公众或者社会造成危害，或者会使国家和社会的正常秩序受到影响。如那些会带来严重环境污染、破坏生态环境的发明创造不能被授予专利权。

2.依赖以违法方式获取或利用的遗传资源完成的发明创造

我国《专利法》第五条第二款规定，对违反法律、行政法规的规定获取或者利用遗传资源，并依赖该遗传资源完成的发明创造，不授予专利权。

3.未经保密审查的发明或者实用新型

向外国申请专利前，未依法报请保密审查的在中国完成的发明或者实用新型发明或者使用新型都涉及技术，在国内外进行专利申请一般均会导致技术的公开，而这些技术可能涉及国家安全或其他重大利益，应当根据《中华人民共和国保守国家秘密法》予以保密，不应通过专利申请而公开。《专利法》第十九条规定，任何单位或者个人将在中国完成的发明或者实用新型向外国申请专利的，应当事先报经国务院专利行政部门进行保密审查。如果没有事先报经国务院专利行政部门进行保密审查，又在中国申请专利的，不授予专利权。

4.专利法特别予以排除的对象

我国《专利法》第二十五条特别列举了六种不能被授予专利权的对象：（1）科学发现；（2）智力活动的规则和方法；（3）疾病的诊断和治疗方法；（4）动物和植物品种；（5）原子核变换方法以及用原子核变换方法获得的物质；（6）对平面印刷品的图案、色彩或者二者的结合作出的主要起标识作用的设计。

【做中学4】下列各项中，我国《专利法》规定不授予专利权的是（　　）。

A.依赖以违法方式获取或利用的遗传资源完成的发明创造

B.科学发现

C.疾病的诊断和治疗方法

D.动物和植物新品种

解析：答案为ABCD。根据《专利法》第五条和第二十五条的规定，四项均不授予专利权。

四、专利权的内容和权限

（一）专利权人的权利

《专利法》第十一条规定，发明和实用新型专利权被授予后，除《专利法》另有规定外，任何单位和个人未经专利权人许可，都不得实施其专利，即不得为生产经营目的制造、使用、许诺销售、销售、进口其专利产品。这意味着发明和实用新型专利权人对于专利产品享有制造权、使用权、许诺销售权、销售权和进口权等专有权利。外观设计专利同样有类似规定。

（二）专利权人的义务

专利权人在享有专利的同时，依法还应当承担如下义务：（1）应当向专利局缴纳专利年费；（2）公开发明创造，获得专利权的发明创造必须以专利说明书的形式将技术方案向公众公开。

（三）专利权的限制

专利权的限制是指专利法规定的，允许第三人在某些特殊情况下可以不经专利权人的许可而实施其专利，且其实施行为并不构成侵权的一种法律制度。

专利权是一种垄断性、排他性的权利。原则上，未经专利权人同意，任何人均不得擅自实施其专利权。但根据专利法的立法目标，需要兼顾专利权人、专利使用者和社会公众利益的平衡，以求最佳社会效益。因此，在给专利权人提供充分保护的同时，为了使用者和社会公众的利益，有时需要对专利权人的权利进行一定限制。这种限制主要有以下几种情况：

1.专利权用尽后的特定实施行为

专利权用尽又称专利权穷竭，是指对于经专利权人许可或以其他方式合法投放市场的专利产品或者依照专利方法直接获得的产品，他人在购买之后无须经过专利权人许可，就可以使用、许诺销售、销售、进口，但以生产经营为目的销售专利产品的行为仍受到专利权人销售权的控制。

2.先用权人的特定实施行为

先用权人，是指在他人申请产品或方法专利权之前，就已经制造了相同的产品、使用了相同的方法，或已经做好了制造或使用的必要准备的人。有时，两个以上的人出于巧合完成了相同的发明创造或设计，其中一人出于某种考虑并未申请专利，而是直接加以制造或使用；而另一人则选择申请专利权，此人获得授权之后，即享有对该专利产品的制造权和对专利方法的使用权。如果选择开始制造产品或使用方法的创造发明人因另一人专利权的存在而无法继续进行制造和使用，则有失公平。

3.临时过境的外国运输工具对专利的使用

运输工具以生产经营目的使用专利产品或方法的行为受到专利权人使用权的控制。例如，某人对一种新型汽车发动机享有专利权，运输公司购买的汽车中如果安装了未经专利权人许可而制造的发动机，则运输公司使用该汽车从事运输的行为构成专利侵权。但是，为了便利跨国交通运输，《巴黎公约》规定对于缔约国境内的船舶、飞机或车辆暂时或偶然进入其他缔约国境内时，在这些运输工具的特定装置上使用专利不构成侵权。

4.将专利作为科学研究和实验对象使用

根据《专利法》，专为科学研究和实验而使用有关专利的，不视为专利侵权。如测试专利产品的性能、评价专利方法的实施效果，以及研究如何改进现有的专利产品或方法等。

5.为提供行政审批信息使用、提供专利药品或专利医疗器械

为提供行政审批所需要的信息，制造、使用、进口专利药品或者专利医疗器械的，以及专门为其制造、进口专利药品或者专利医疗器械的，不视为侵犯专利权。药品专利权和医疗器械专利权过保护期后，任何人都可以自由地仿造相同的药品和医疗器械，由于不再需要支付专利许可费，仿造药品和医疗器械的价格会比较低廉。但法律对这两种产品的上市有严格的条件限制，其必须经过一系列实验，向主管部门提交相关信息，待相关主管部门批准其上市后，才可以销售。如果等到专利保护期届满后才能利用药品和医疗器械进行实验，由于实验和审批都需要较长时间，公众将无法在专利过期后立即享受到廉价且同质的替代产品，实际上是变相延长了专利保护期。但如果提前制造专利产品或医疗器械以做实验之用，又会构成侵权。为了解决这一问题，《专利法》规定为提供行政审批信息而使用或提供专利药品或专利医疗器械的行为，不视为专利侵权。

6.强制许可

（1）防止滥用的强制许可。根据《专利法》第五十三条的规定，在以下两种情形下，国务院专利行政部门根据具备实施条件的单位或者个人的申请，可以给予实施发明专利或者实用新型专利的强制许可：第一，专利权人自专利被授予之日起满三年，且自提出专利申请之日起满四年，无正当理由未实施或者未充分实施其专利的；第二，专利权人行使专利权的行为被依法认定为垄断行为，为消除或者减少该行为对竞争产生的不利影响的。

（2）根据公共利益需要的强制许可。《专利法》第五十四条规定，在国家出现紧急状态或者非常情况时，或者为了公共利益的目的，国务院专利行政部门可以给予实施发明专利或者实用新型专利的强制许可。

（3）制造并出口专利药品的强制许可。《专利法》第五十五条规定，为了公共健康目的，对取得专利权的药品，国务院专利行政部门可以给予制造并将其出口到符合中华人民共和国参加的有关国际条约规定的国家或者地区的强制许可。

（4）为实施从属专利需要的强制许可。《专利法》第五十六条规定，一项取得专利权的发明或者实用新型比前已经取得专利权的发明或者实用新型具有显著经济意义的重大技术进步，其实施又有赖于前一发明或者实用新型的实施的，国务院专利行政部门根据后一专利权人的申请，可以给予实施前一发明或者实用新型的强制许可；国务院专利行政部门根据前一专利权人的申请，也可以给予实施后一发明或者实用新型的强制许可。

【做中学5】专利权人自专利被授予之日起满（　　）年，且自提出专利申请之日起

满（　　）年，无正当理由未实施或者为充分实施其专利的，国务院专利行政部门可以根据申请，给予实施该专利的强制许可。（　　）

A.三、二　　B.四、三　　C.三、四　　D.二、三

解析：答案为C。详见《专利法》第五十三条的规定。

五、授予专利权的条件

（一）发明或者实用新型专利授予的条件

1.新颖性

新颖性是指发明创造是“新”的，而不是“旧”的，已经为人们所知的现有技术是不能被任何人拿去申请专利并获得专利权的。一项发明创造是否具有新颖性，要看其在专利申请日之前有无相同的现用技术存在。但是专利法意义上的“公开”与实际人数并无关系，仅是指脱离了秘密状态，公众有获得的可能性。

2.创造性

创造性是指发明或实用新型与现有技术相比具有突出的实质性特点和显著的进步。

3.实用性

实用性是指发明或实用新型能够在产业上制造或者使用，并能产生积极效果，一项发明或实用新型是否具有实用性，应当看其能否在产业上制造或使用并解决技术问题，以及能否达到积极和有益的效果。

（二）外观设计专利授予的条件

外观设计专利授予的条件不但要求符合新颖性，还要求具备区别于在先设计的特征，而且不能与在先权利相冲突。

1.新颖性

对于外观设计而言，新颖性同样是指产品的外观设计与申请日之前在国内外为公众所知的设计相比是“新”的设计，即不属于现有设计。

2.具备区别于现有设计的特征

外观设计与现有的设计或者现有设计特征的组合相比，应当具有明显区别，这意味着外观设计不但应与每一项现有设计进行单独对比时要在整体视觉效果上有明显区别，还要与两项以上现有设计特征的组合相比具有明显区别。

3.不与他人在先合法权利相冲突

《专利法》第二十三条第三款规定，授予专利权的外观设计不得与他人在申请日以前已经取得的合法权利相冲突。

六、授予专利权的程序

（一）专利的申请

申请发明或者实用新型专利应当向国务院专利行政部门提交如下文件：

1.请求书

请求书中应当说明发明创造的名称，发明人的姓名，申请人姓名或者名称、地址，以及其他事项。

2.说明书及其摘要

《专利法》第二十六条第三款规定，说明书应当对发明或者实用新型作出清楚、完整的说明，以所属技术领域的技术人员能够实现为准；必要的时候，应当有附图。摘要应当简要说明发明或者实用新型的技术要点。

3.权利要求书

权利要求书直接划定了专利保护的范围，申请人取得专利后，权利要求书就成为判断其他人使用相关技术是否构成专利侵权的根据。权利要求书应当以说明书为依据，清楚、简要地限定要求专利保护的范围。

申请外观设计专利除应当提交请求书外，还应当提交如下资料：

1.外观设计图片或者照片

提交外观设计的图片或者照片，应当清楚、全面地反映外观设计的特点。

2.简要说明

对相关产品的名称、用途、类别，以及外观设计的要点、是否要求保护色彩等进行简要说明。

（二）专利的审批

目前，我国对发明专利申请实行的是“早期公开、迟延审查制”，对实用新型和外观设计专利申请则实行形式审查制。

发明专利的审查程序为：

1.初步审查

初步审查主要审查专利申请文件是否齐备、格式和撰写内容是否符合要求、申请人是否有申请资格等形式性的内容。

2.早期公开

《专利法》第三十四条规定，国务院专利行政部门对发明专利申请经过初步审查认为符合要求的，自申请之日起满十八个月即行公布，申请人也可以请求早日公布其申请。

3.实质审查

《专利法》第三十五条规定，发明专利申请自申请日起三年内，国务院专利行政部门可以根据申请人随时提出的请求，对其申请进行实质审查；申请人逾期无正当理由逾期不请求实质审查的，该申请即被视为撤回。国务院专利行政部门认为必要的时候，可以自行对发明专利申请进行实质审查。

4.授权

《专利法》第三十九条规定，发明专利经实质审查没有发现驳回理由的，由国务院专利行政部门作出授予发明专利权的决定，发给发明专利证书，同时予以登记和公告。

我国对实用新型和外观设计专利申请实行形式审查制。《专利法》第四十条规定，实用新型和外观设计专利申请经初步审查没有发现驳回理由的，由国务院专利行政部门作出授予实用新型专利权或者外观设计专利权的决定，发给相应的专利证书，同时予以登记和公告。

七、专利权的期限、终止和无效

（一）专利权的期限

我国《专利法》规定发明专利权的期限为二十年，实用新型专利权的期限为十年，外观设计专利权的期限为十五年，均自申请之日起计算。

自发明专利申请日起满四年，且自实质审查请求之日起满三年后授予发明专利权的，国务院专利行政部门应专利权人的请求，就发明专利在授权过程中的不合理延迟给予专利权期限补偿，但由申请人引起的不合理延迟除外。

为补偿新药上市审评审批占用的时间，对在中国获得上市许可的新药相关发明专利，国务院专利行政部门应专利权人的请求给予专利权期限补偿。补偿期限不超过五年，新药批准上市后总有效专利权期限不超过十四年。

（二）专利权的终止

《专利法》规定，有下列情形之一的，专利权在期限届满前终止：（1）没有按照规定缴纳年费的；（2）专利权人以书面声明放弃其专利权的。专利权在期限届满前终止的，由国务院专利行政部门登记和公告。

（三）专利权的无效

《专利法》第四十五条规定，自国务院专利行政部门公告授予专利权之日起，任何单位或者个人认为该专利权的授予不符合《专利法》有关规定的，可以请求国务院专利行政部门宣告该专利权无效。请求宣告专利权无效或者部分无效的，应当提交专利权无效宣告请求书和必要的证据一式两份。无效宣告请求书应当结合提交的所有证据，具体说明无效宣告请求的理由及所依据的证据。

八、专利权的保护

《专利法》第七章对专利权的保护作了具体规定，涉及专利权的保护范围、专利侵权纠纷的解决方式、侵权责任的承担方式、诉讼时效等内容。

（一）专利权的保护范围

根据《专利法》第六十四条的规定，发明或者实用新型专利权的保护范围以其权利要求的内容为准，说明书及附图可以用于解释权利要求的内容；外观设计专利权的保护范围以表示在图片或者照片中的该产品的外观设计为准，简要说明可以用于解释图片或者照片所表示的该产品的外观设计。

（二）专利侵权纠纷的解决方式

《专利法》第六十五条规定，未经专利权人许可，实施其专利，即侵犯其专利权，引起纠纷的，由当事人协商解决；不愿协商或者协商不成的，专利权人或者利害关系人可以向人民法院起诉，也可以请求管理专利工作的部门处理。管理专利工作的部门处理时，认定侵权行为成立的，可以责令侵权人立即停止侵权行为，当事人不服的，可以自收到处理通知之日起十五日内依照《中华人民共和国行政诉讼法》向人民法院起诉；侵权人期满不起诉又不停止侵权行为的，管理专利工作的部门可以申请人民法院强制执行。进行处理的管理专利工作的部门应当事人的请求，可以就侵犯专利权的赔偿数额进行调解；调解不成的，当事人可以依照《中华人民共和国民事诉讼法》向人民法院起诉。

（三）侵权责任的承担方式

专利侵权责任分为民事责任、行政责任和刑事责任三种。

民事责任的承担方式主要是赔偿损失。侵犯专利权的赔偿数额按照权利人因被侵权所受到的实际损失或者侵权人因侵权所获得的利益确定；权利人的损失或者侵权人获得的利益难以确定的，参照该专利许可使用费的倍数合理确定。对故意侵犯专利权，情节严重的，可以在按照上述方法确定数额的一倍以上五倍以下确定赔偿数额。权利人的损失、侵权人获得的利益和专利许可使用费均难以确定的，人民法院可以根据专利权的类型、侵权行为的性质和情节等因素，确定给予三万元以上五百万元以下的赔偿。赔偿数额还应当包括权利人为制止侵权行为所支付的合理开支。

需要承担行政责任和刑事责任的情形主要有：（1）违反《专利法》规定向外国申请专利，泄露国家秘密的，由所在单位或者上级主管机关给予行政处分；构成犯罪的，依法追究刑事责任。（2）管理专利工作的部门违反规定，参与向社会推荐专利产品等经营活动的，由其上级机关或者监察机关责令改正，消除影响，有违法收入的予以没收；情节严重的，对直接负责的主管人员和其他直接责任人员依法给予处分。（3）从事专利管理工作的国家机关工作人员以及其他有关国家机关工作人员玩忽职守、滥用职权、徇私舞弊，构成犯罪的，依法追究刑事责任；尚不构成犯罪的，依法给予处分。

（四）诉讼时效

侵犯专利权的诉讼时效为三年，自专利权人或者利害关系人知道或者应当知道侵权行为以及侵权人之日起计算。

案例分析

根据案例导入中的案情，法院认为甲、乙电器厂均侵犯了李工程师的专利权。（1）甲厂和李工程师是专利许可使用合同的双方当事人，甲本身可实施该专利，但许可乙使用违反了合同约定。（2）甲、乙两厂联营实质是双方共同实施该专利，而甲厂未经李工程师同意无权许可第三方实施，因此甲、乙签订的合同无效，乙厂无权使用该专利。故甲、乙两厂都属于侵犯专利权的行为。

知识拓展

请简述专利审批的程序。

同步训练

参考答案

一、单选题

1.专利权的客体不包括（　　）。

A.发明　　B.实用新型

C.外观设计　　D.商标

2.对于合作开发所完成的技术成果，合作一方不同意申请专利权的，合作他方（　　）。

A.不得申请专利

B.可以申请专利

C.可通过诉讼解决

D.可以申请，但申请获得专利后，合作方可以免费使用该专利

3.在后取得专利权的发明X，其实施有赖于在前取得专利的发明Y。根据X专利权人的申请，有关部门可以给予其实施Y专利强制许可的条件是：X专利应当比Y专利（　　）。

A.具有经济意义和技术进步　　B.具有显著经济意义的重大技术进步

C.具有显著经济意义　　D.具有技术进步

4.下列不属于实用新型和外观设计专利授予条件的是（　　）。

A.新颖性　　B.创造性

C.实用性　　D.独创性

5.在中国，实用新型和外观设计专利申请（　　）。

A.须经过实质审查后授权　　B.初审合格后即可授权

C.递交申请书后即可授权　　D.经过形式审查和实质审查后才可授权

二、判断题

1.专利权的主体只能是自然人。（　　）

2.目前，我国尚未成为《巴黎公约》的缔约国。（　　）

3.专利法上的发明应当利用自然规律。（　　）

4.老李退休后半年内取得了一项与其在原单位承担的本职工作有关的发明，但直到2年以后才申请专利，该专利权的主体为老李。（　　）

5.实用新型的专利权保护期限为10年。（　　）

三、案例分析题

2000年4月，陶某根据自己的经验积累，完成了“在流沙、地下水、坍塌孔等地质条件下成孔、成桩工艺的方案”。2000年7月，陶某调入某构件厂工作，多次向领导讲解和演示该技术方案。2000年9月，北京市某大楼地基工程施工遇到困难，请求陶某帮助解决。2001年1月，构件厂按照陶某的技术方案，从河南省购买了钻孔机，运至大楼施工工地，并按陶某的技术方案打了两根桩，经检验完全合格，陶某的技术方案首次应用成功。之后，该技术方案在保密的情况下多次被应用并申请了专利。

请问：

该技术方案申请专利的权利属于谁？为什么？

任务 5.3 商标法

视听资源

案例导入

侵犯商标权纠纷案件

银泰百货商标于1999年10月28日核准注册，商标权利人为三江公司。2009年1月27日，三江公司向浙江银泰百货授予商标在全世界范围的普通使用许可。被告泰兴银泰未经三江公司许可，在其经营的场所内外使用带有“银泰”字样的标识进行宣传。原告浙江银泰百货因此诉至法院。

请问：被告是否侵犯了原告的权利？

一、商标、商标法和商标权的概念

（一）商标的概念

商标是商品生产者或经营者用来表明自己、区别他人同类商品的标志。商标具有以下特征：第一，商标是商品或服务的标志，它依附于商品或服务而存在；第二，商标是区别商品来源的标记；第三，任何文字、图形或者其组合不与特定的商品或服务相联系，也就不成为商标。

（二）商标法的概念

商标法是规定因调整商标的注册、使用、管理和保护商标专用权等活动，在国家机关、事业单位、社会团体、个体工商户、公民个人、外国人、外国企业以及商标事务所之间所发生的各种社会关系的法律规范的总称。我国与商标相关的法律法规主要有《中华人民共和国商标法》（以下简称《商标法》）、《中华人民共和国商标法实施条例》（以下简称《商标法实施条例》）以及其他法律法规中有关商标的内容。

（三）商标权的概念

商标权是指商标注册人在法定期限内对其注册商标所享有的受国家法律保护的各种

权利。从内容上看，它包括专用权、禁止权、许可权、转让权等。其中，专用权是最重要的权利。

二、商标注册

（一）商标注册的原则

1.保护商标专用权与保障消费者和生产者、经营者共同利益的原则

保护商标专用权是商标法的核心和基础，与此同时要求商标所有人保证商品的质量、维护商标信誉，以及保障消费者的利益。

2.注册原则

注册原则是确立商标专用的原则，是指商标专用权通过注册登记取得，不论商标是否经过申请人使用，只要经过商标主管机关依法注册，申请人便取得商标专用权，并受法律保护。

3.申请在先原则

申请在先原则是指对于两个或两个以上的申请人在同一种商品或类似商品上，以相同或近似的商标申请注册的，初步审定并公告申请在先的商标，驳回在后申请人的申请，不予公告。

4.审查原则

审查原则是商标主管机关在授予商标专用权之前，对商标注册申请，既进行形式审查又进行实质审查，经审查符合注册条件的方予以注册。

5.自愿注册原则

自愿注册原则是指商标使用权人可以自行选择是否将使用的商标申请注册。

6.统一注册、分级管理的原则

我国之所以实行该原则是由我国市场经济与商标自身的特点所决定的，为了防止地区分割、部门分割状态的出现，为更有效地保护、管理商标，由商标局统一集中负责商标的管理和核准注册。

7.商标注册与商标评审相结合的商标确权原则及司法救济原则

【做中学1】下列属于商标注册原则的是（　　）。

A.注册原则　　B.申请在先原则

C.自愿注册原则　　D.审查原则

解析：答案为ABCD。详见《商标法》第三章“商标注册的审查和核准”。

（二）商标注册申请人的资格和条件

我国《商标法》第四条第一款规定：“自然人、法人或者其他组织在生产经营活动中，对其商品或者服务需要取得商标专用权的，应当向商标局申请商标注册。不以使用为目的的恶意商标注册申请，应当予以驳回。”

外国人或者外国企业在中国申请商标注册的，应当按其所属国和中华人民共和国签订的协议或者共同参加的国际条约办理，或者按照对等原则办理。外国人或者外国企业在中国申请商标注册和办理其他商标事宜的，应当委托依法设立的商标代理机构办理。

【做中学2】外国人在中国申请商标注册的，（　　）委托依法设立的商标代理机构办理。

A.不必　　B.应当　　C.可以　　D.无须

解析：答案为B。详见《商标法》第十八条规定。

（三）商标申请注册的条件

根据《商标法》第八条的规定，任何能够将自然人、法人或者其他组织的商品与他人的商品区别开的标志，包括文字、图形、字母、数字、三维标志、颜色组合和声音等，以及上述要素的组合，均可以作为商标申请注册。

申请注册的商标，应当有显著特征，便于识别，并不得与他人在先取得的合法权利相冲突。下列标志不得作为商标注册：（1）仅有本商品的通用名称、图形、型号的；（2）仅直接表示商品的质量、主要原料、功能、用途、重量、数量及其他特点的；（3）其他缺乏显著特征的。但是，上述所列标志经过使用取得显著特征，并便于识别的，可以作为商标注册。

（四）商标注册的程序

1.商标注册的申请

商标注册申请人按规定的商品分类填报商标注册申请的有关文件，向商标局提出商标注册申请书，送交商标图样、附送有关证明文件、缴纳规费。

2.商标注册的审查

世界各国对注册商标的审查大致可分为形式审查和实质审查两种。商标形式审查是对申请文件的审查，对商标图样规格、清晰程度及必要的说明的审查，分类审查。审查的结果有三种：受理通知书、补正通知书、不予受理通知书。商标实质审查是指商标注册主管机关对商标注册申请是否合乎商标法的规定所进行的检查、资料检索、分析对比、调查研究并决定给予初步审定或驳回申请等一系列活动。

我国对注册商标采用实质审查原则，商标局对受理的商标注册申请依照《商标法》和《商标法实施条例》的有关规定进行审查。

3.商标注册申请的初步审定及公告

初步审定是指对申请注册的商标经过形式审查和实质审查，认为符合《商标法》的有关规定，得出可以核准注册的结论。依照商标法规定，初步审定的商标需要在《商标公告》上公布，此次公告称为“初步审定公告”。初步审定的公告内容有审定号、申请日期、商标、指定使用日期、申请人名称及地址。

4.商标异议

商标异议就是对初步审定的公告的商标提出反对意见，要求撤销初步审定的商标，不予注册。根据《商标法》第三十三条的规定，对初步审定的商标，自公告之日起三个月内，包括在先权利人、利害关系人在内的任何人均可依法提出异议。该三个月期间即异议期，任何一个商标注册申请都要在初步审定公告之日起经过三个月的异议期。

5.核准注册

初步审定公告的商标，从公告之日起经过三个月，无异议的，由商标局核准注册，发给商标注册证，并予以公告。异议人对商标局准予注册的决定不服的，可以向商标评审委员会请求宣告该注册商标无效。

【做中学3】依照《商标法》，对初步审定的商标，任何人均可提出异议的3个月的起算日期为（　　）。

A.申请日　　B.公告日　　C.注册日　　D.使用日

解析：答案为B。详见《商标法》第三十三条规定。

三、注册商标专用权及保护

（一）注册商标专用权

我国《商标法》对注册商标专用权的保护作了规定，我国仅保护注册商标的专用权，未注册商标不享有专用权。《商标法》第五十六条规定，“注册商标的专用权，以核准注册的商标和核定使用的商品为限”，即注册商标所有人实际使用的商标必须与核准注册的商标一致，实际使用注册商标的商品与核定使用的商品必须一致。

【做中学4】甲公司在其电子系列产品上使用“鑫盛”商标至今已有15年，但一直未注册。2006年8月，乙公司将“鑫盛”注册为咨询公司商标，则甲公司（　　）。

A.应停止使用“鑫盛”商标　　B.须将“鑫盛”商标转让给乙公司

C.可继续使用“鑫盛”商标　　D.经乙公司的许可后再使用“鑫盛”

解析：答案为C。甲公司使用的是商品商标，乙公司使用的是服务商标，二者类别不同，不构成侵权，甲公司可以继续使用。

（二）注册商标专用权的保护

注册商标的专用权，以核准注册的商标和核定使用的商品为限。也就是说，注册商标的专用权只在特定的范围内（即核准注册的商标和核定使用的商品）有效。在这个特定范围内，商标注册人享有对其注册商标的专属使用权。核准注册的商标和核定使用的商品，是确定注册商标专用权保护范围的两个具体标准，这两个标准相互依存、缺一不可，共同构成注册商标专用权的保护范围。

根据《商标法》第七章的规定，侵犯注册商标专用权应当承担的法律责任分为行政责任、民事责任和刑事责任。

1.行政责任

《商标法》第六十条规定，因侵犯注册商标专用权引起纠纷的，由当事人协商解决；不愿协商或者协商不成的，商标注册人或者利害关系人可以向人民法院起诉，也可以请求工商行政管理部门处理；工商行政管理部门认定侵权行为成立的，责令立即停止侵权行为，没收、销毁侵权商品和主要用于制造侵权商品、伪造注册商标标识的工具，违法经营额五万元以上的，可以处以违法经营额五倍以下的罚款，没有违法经营额或者违法经营额不足五万元的，可以处以二十五万元以下的罚款。

2.民事责任

对侵犯商标权的行为，被侵权人也可以直接向人民法院起诉，要求侵权人承担侵权的民事责任。侵犯商标专用权的行为承担民事责任的方式为：停止侵害、排除妨碍、消除影响、赔偿损失。人民法院还可以作出罚款，收缴侵权商品、伪造的商标标识和专门用于生产侵权商品的材料、工具、设备等财物的民事制裁决定。

3.刑事责任

依照《商标法》规定，侵犯注册商标构成犯罪的，除赔偿侵权人的损失外，依法追究刑事责任。根据《中华人民共和国刑法》第二百一十三条、第二百一十四条和第二百一十五条的规定，侵犯注册商标相关权利构成犯罪，情节严重、违法所得数额较大或者有其他严重情节的，处三年以下有期徒刑，并处或单处罚金；情节特别严重、违法所得数额巨大或者有其他特别严重情节的，处三年以上十年以下有期徒刑，并处罚金。单位犯罪的，对单位判处罚金，并对其直接负责的主管人员和其他直接责任人员，依照上述规定处罚。

案例分析

被告泰兴银泰将“银泰”作为企业名称字号进行使用，并对外宣称是银泰公司的泰兴店，造成公众对于原告、被告具有同一或关联关系的误认，侵犯了原告已有的企业名称权和注册商标权，构成商标侵权和不正当竞争，给原告浙江银泰造成损害，应承担停止侵害、消除影响、赔偿损失等民事责任。

知识拓展

请简要叙述商标注册的原则？

参考答案

同步训练

一、单选题

1.商标注册申请的审查、核准程序包括以下几项：(1)确定申请日，(2)异议，(3)实质审查，(4)初步审定并公告，(5)核准注册。以下排列顺序正确的一项是(　　)。

A.(1)(2)(3)(4)(5)　　B.(1)(2)(3)(4)(5)

C.(1)(3)(2)(4)(5)　　D.(1)(3)(4)(2)(5)

2.侵犯商标专用权，违法经营数额5万元以上的，可以处以违法经营额(　　)倍以下的罚款。

A. 5　　B. 3

C. 2　　D. 5

3.初步审定公告的商标，从公告之日起经过(　　)个月，无异议的，由商标局核准注册，发给商标注册证，并予以公告。

A. 1　　B. 2

C. 3　　D. 4

4.对商标局驳回异议申请核准注册的决定不服的，异议人可以向(　　)请求宣告该注册商标无效。

A.中华商标协会　　B.仲裁委员会

C.人民法院　　D.商标评审委员会

5.甲于1999年3月1日开始使用“建华”牌商标，乙于同年4月1日开始使用相同的商标。甲、乙分别于2001年5月、2000年12月向商标局申向商标局申请注册“建华”

商标，商标局应初步审定谁的公告申请？(　　)

A.甲，因甲使用在先　　B.乙，因乙申请在先

C.由商标局自由裁定　　D.都不予公告

二、判断题

1.我国对注册商标的审查采用形式审查。(　　)

2.侵犯商标专用权的民事责任承担方式包括停止侵害、排除妨碍、消除影响、赔偿损失。(　　)

3.我国商标注册实行统一注册、分级管理的原则，由商标局统一集中负责商标的管理和核准注册。(　　)

4.商标必须经过申请人使用，方能向商标主管机关依法申请注册，取得商标专用权。(　　)

5.注册商标的专用权，以核准注册的商标和核定使用的商标为限。(　　)

三、案例分析题

北京某酒厂是“华灯”注册商标的商标权人，该商标使用在白酒商品上。河北某酒厂亦在白酒商品上使用未注册商标“华表”，但其酒瓶包装使用与“华灯”注册商标同样相似的装潢。

请问：

河北某酒厂的商品装潢是否侵犯了“华灯”商标权？

任务5.4 著作权法

视听资源

案例导入

贩卖盗版光盘侵权案

夏某、何某各出资五万元，贩卖从广州等地购进的盗版光盘。公安局和文化局进行检查时，将正在贩卖盗版光盘的夏某和何某抓获，并当场缴获非法光盘两万多张。后经版权局鉴定，侵权复制的音像制品、游戏软件共两万多张，另外还有淫秽光盘两千多张。

请问：夏某、何某的行为应如何定性？

知识准备

一、著作权与著作权法

（一）著作权

著作权，是指基于文学艺术和科学作品依法产生的权利。著作权在我国也有学者称之为版权。著作权有狭义和广义之分：狭义的著作权是指各类作品的作者依法享有的权利，其内容包括人身方面的权利和财产方面的权利；广义的著作权还包括表演者、录音录像制作者和广播电视节目的制作者依法享有的权利。著作权自作品创作完成之日起产生。

【做中学1】著作权与下列哪一项是同一概念？（　　）

A.出版权　　　　B.作者权

C.专有权　　　　D.版权

解析：答案为D。著作权法所称的著作权即版权。

（二）著作权法

著作权法是调整因著作权的产生、控制、利用和支配而产生的社会关系的法律规范的总称。广义的著作权法包括著作权法、邻接权法等各种相关的法律规范，以及调整国家与国家之间的就互相提供著作权保护而缔结的国际条约。

我国与著作权相关的法律规范主要见于《中华人民共和国民法典》、《中华人民共和国刑法》、《中华人民共和国著作权法》（以下简称《著作权法》）以及行政法规、最高人民法院的司法解释等文件中。我国参加的与著作权有关的知识产权国际条约和我国与其他国家签订的有关著作权保护的双边条约，通过立法程序，也可以转化为我国著作权法的法源。

二、著作权的主体、客体与内容

（一）著作权的主体

我国《著作权法》规定，著作权人包括作者和其他享有著作权的公民、法人或其他组织。关于作者的认定，法律通常以署名为准。根据《著作权法》第十二条的规定，如无相反证明，在作品上署名的公民、法人或者非法人组织为作者。

【做中学2】著作权人包括（　　）。

A.作者　　　　B.自然人

C.法人　　　　D.非法人组织

解析：答案为ABCD。详见《著作权法》第九条规定。

（二）著作权的客体

著作权的客体是文学、艺术和科学作品。作品是思想和情感的表现形式，作为著作权客体的作品应当具备独创性，并且该表现形式属于文学、艺术和科学范畴。

《著作权法》第三条规定："本法所称的作品，是指文学、艺术和科学领域内具有独创性并能以一定形式表现的智力成果，包括：（一）文字作品；（二）口述作品；（三）音乐、戏剧、曲艺、舞蹈、杂技艺术作品；（四）美术、建筑作品；（五）摄影作品；（六）视听作品；（七）工程设计图、产品设计图、地图、示意图等图形作品和模型作品；（八）计算机软件；（九）符合作品特征的其他智力成果。"

（三）著作权的内容

著作权的内容，是指根据法律规定的著作权人对其作品有权进行控制、利用、支配的具体行为方式，反映了法律对作者与其所创作作品之间的具有人格利益和财产利益的联系方式，包括著作人身权和著作财产权。

著作人身权，是作者基于作品依法享有的以人身利益为内容的权利，是与著作财产权相对应的人身权。根据《著作权法》第十条的规定，著作人身权包括发表权、署名权、修改权和保护作品完整权。

著作财产权是著作权人基于对作品的利用给他带来的财产收益权。根据《著作权法》第十条的规定，著作财产权包括复制权、发行权、出租权、展览权、表演权、放映权、广播权、信息网络传播权、摄制权、改编权、翻译权、汇编权，以及应当由著作权人享有的其他权利。这些著作财产权是相互独立的财产权形态，可由著作权人分别行使或转让。

【做中学3】著作人身权包括（　　）。

A.发表权　　B.署名权

C.修改权　　D.发行权

解析：答案为ABC。详见《著作权法》第十条规定。

三、著作权的保护期限

著作权是一种有时间限制的权利，但因著作人身权和著作财产权所要维护的利益性质不同，二者的期间也有区别。著作人身权中的署名权、修改权、保护作品完整权的保护期不受限制。

公民的作品，其发表权和著作财产权的保护期为作者终生及其死亡后50年，截止于作者死亡后第50年的12月31日；如果是合作作品，截止于最后死亡的作者死亡后第50年的12月31日。

法人或者其他组织的作品，著作权（署名权除外）由法人或其他社会组织享有的职务作品，其发表权的保护期为50年，截止于作品创作完成后第50年的12月31日；其著作财产权的保护期为50年，截止于作品首次发表后第50年的12月31日，但是作品自创作完成后50年内未发表的，《著作权法》不再提供保护。

视听作品的发表权的保护期为50年，截止于作品创作完成后第50年的12月31日；其著作财产权的保护期为50年，截止于作品首次发表后第50年的12月31日，但是作品自创作完成后50年内未发表的，《著作权法》不再提供保护。

【做中学4】署名权、修改权和保护作品完整权的保护期限是（　　）。

A.永久

B. 50年

C. 50年，截止于作者死亡后的第50年的1月1日

D. 50年，截止于作者死亡后的第50年的12月31日

解析：答案为A。详见《著作权法》第二十二条规定。

四、著作权的许可使用、转让、保护和限制

（一）著作权的许可使用

著作权许可使用是著作权人授权他人以一定的方式，在一定的时期和一定的地域范围内商业性使用其作品并收取报酬的行为。著作权许可使用是一种重要的民事法律行为，通过著作权许可使用可以在许可人和被许可人之间产生一定的权利义务关系。著作权人利用许可使用合同可以将著作财产权中的一项或多项内容许可他人使用，同时向被许可人收取一定数额的著作权许可使用费。

我国《著作权法》第二十六条规定，使用他人作品应当同著作权人订立许可使用合同，但该法规定可以不经许可的除外。许可使用合同包括下列主要内容：（1）许可使用的权利种类；（2）许可使用的权利是专有使用权或者非专有使用权；（3）许可使用的地域范围、期间；（4）付酬标准和办法；（5）违约责任；（6）双方认为需要约定的其他内容。

（二）著作权的转让

著作权的转让，是指著作权人将著作财产权的任何一项或几项权能，或全部著作财产权，从一个民事主体合法地转移到另一个民事主体支配下的行为。其法律后果是，著作权一经转让，出让人便丧失了该权利。我国《著作权法》规定，转让著作财产权，应当订立书面合同，并指明作品的名称，转让的权利种类、地域范围，转让价金，交付转让价金的日期和方式，违约责任以及双方认为需要约定的其他内容，这是著作财产权转让合同的主要内容。

【做中学5】著作权法规定著作权转让合同的主要条款有（　　）。

A.作品的名称

B.转让的权利种类、地域范围

C.转让价金及支付日期和方式

D.许可的方式

解析：答案为ABCD。详见《著作权法》第二十五条规定。

（三）著作权的保护

《著作权法》第五十二条规定，有下列侵权行为的，应当根据情况，承担停止侵害、消除影响、赔礼道歉、赔偿损失等民事责任：（1）未经著作权人许可，发表其作品的；（2）未经合作作者许可，将与他人合作创作的作品当作自己单独创作的作品发表的；（3）没有参加创作，为谋取个人名利，在他人作品上署名的；（4）歪曲、篡改他人

作品的；（5）剽窃他人作品的；（6）未经著作权人许可，以展览、摄制电影和以类似摄制电影的方法使用作品，或者以改编、翻译、注释等方式使用作品的，《著作权法》另有规定的除外；（7）使用他人作品，应当支付报酬而未支付的；（8）未经视听作品、计算机软件、录音录像制品的著作权人、表演者或者录音录像制作者许可，出租其作品或者录音录像制品的原件或者复制件的，《著作权法》另有规定的除外；（9）未经出版者许可，使用其出版的图书、期刊的版式设计的；（10）未经表演者许可，从现场直播或者公开传送其现场表演，或者录制其表演的；（11）其他侵犯著作权以及与著作权有关的权利的行为。

《著作权法》第五十三条规定，有下列侵权行为的，应当根据情况，承担停止侵害、消除影响、赔礼道歉、赔偿损失等民事责任；侵权行为同时损害公共利益的，由主管著作权的部门责令停止侵权行为，予以警告，没收违法所得，没收、无害化销毁处理侵权复制品以及主要用于制作侵权复制品的材料、工具、设备等，违法经营额五万元以上的，可以并处违法经营额一倍以上五倍以下的罚款；没有违法经营额、违法经营额难以计算或者不足五万元的，可以并处二十五万元以下的罚款；构成犯罪的，依法追究刑事责任：（1）未经著作权人许可，复制、发行、表演、放映、广播、汇编、通过信息网络向公众传播其作品的，《著作权法》另有规定的除外；（2）出版他人享有专有出版权的图书的；（3）未经表演者许可，复制、发行录有其表演的录音录像制品，或者通过信息网络向公众传播其表演的，《著作权法》另有规定的除外；（4）未经录音录像制作者许可，复制、发行、通过信息网络向公众传播其制作的录音录像制品的，《著作权法》另有规定的除外；（5）未经许可，播放、复制或者通过信息网络向公众传播广播、电视的，《著作权法》另有规定的除外；（6）未经著作权人或者与著作权有关的权利人许可，故意避开或者破坏技术措施的，故意制造、进口或者向他人提供主要用于避开、破坏技术措施的装置或者部件的，或者故意为他人避开或者破坏技术措施提供技术服务的，法律、行政法规另有规定的除外；（7）未经著作权人或者与著作权有关的权利人许可，故意删除或者改变作品、版式设计、表演、录音录像制品或者广播、电视上的权利管理信息的，知道或者应当知道作品、版式设计、表演、录音录像制品或者广播、电视上的权利管理信息未经许可被删除或者改变，仍然向公众提供的，法律、行政法规另有规定的除外；（8）制作、出售假冒他人署名的作品的。

（四）著作权的限制

著作权的限制作为一项法律制度，包括著作权法普遍规定的对著作权的合理使用、法定许可使用和强制许可使用制度。

1.合理使用

根据《著作权法》第二十四条的规定，著作权人以外的人在某些情况下使用他人已经发表的作品，即行使依法属于著作权人有权行使的权利，可以不经著作权人的许可，不向其支付报酬，但应当指明作者的姓名、作品名称，并且不得不合理地损害著作权人的合法权益。

2.法定许可使用

法定许可使用制度，是指根据法律的直接规定，可以不经著作权人许可，以特定的方式有偿使用他人已经发表的作品的行为，并且这种使用应当尊重著作权人的其他各项人身权利和财产权利。

3.著作权的强制许可使用

强制许可使用是指在特定条件下，由管理著作权事务的机关根据情况，将对已经发表的作品进行特殊使用的权利授予申请获得此项使用权的人，并把授权的依据称为“强制许可证”，故该制度又称“强制许可证制度”。强制许可需经使用人事先申请，由主管机关个案批准授权后方可使用，并向著作权人支付报酬，未获主管机关授权不得使用。

案例分析

根据案例导入中的案情，法院认为夏、何二人以营利为目的，未经著作权许可，发行音乐、电影、电视作品光盘及计算机软件，情节严重，其行为已构成侵犯著作权罪。

侵犯著作权罪在客观方面表现为侵犯著作权和与著作权有关权益，情节严重的行为。依照《中华人民共和国刑法》第二百一十七条的规定，下列侵权行为可构成该罪：（1）未经著作权人许可，复制发行、通过信息网络向公众传播其文字作品、音乐、美术、视听作品、计算机软件及法律、行政法规规定的其他作品的；（2）出版他人享有专有出版权的图书的；（3）未经录音录像制作者许可，复制发行、通过信息网络向公众传播其制作的录音录像的；（4）未经表演者许可，复制发行录有其表演的录音录像制品，或者通过信息网络向公众传播其表演的；（5）制作、出售假冒他人署名的美术作品的；（6）未经著作权人或者与著作权有关的权利人许可，故意避开或者破坏权利人为其作品、录音录像制品等采取的保护著作权或者与著作权有关的权利的技术措施的。本案当事人的行为属于上述第1种和第3种行为。

知识拓展

著作权的限制制度有哪些？

同步训练

参考答案

一、单选题

1.以下著作人身权中，其保护期受到限制的是(　　)。

A.署名权　　B.修改权

C.发表权　　D.保护作品完整权

2.下列关于著作权许可使用合同的说法，错误的是(　　)。

A.应当采用书面形式

B.可以由作者与被许可人订立

C.合同有效期限由双方当事人约定

D.只要合同未明确约定授予使用权的性质，则使用者获得是专有使用权

3.下列著作权中，可以转让的是(　　)。

A.发表权　　B.署名权

C.保护作品完整权　　D.信息网络传播权

4.甲作词作曲，创作了一首歌曲——《沸腾的母爱》。在这首歌曲发表前，甲请歌手乙试唱。2005年，该歌曲发表，同年中秋之夜，在某养老院为老人们表演节目时，乙演唱了甲创作的《沸腾的母爱》，受到了老人们的欢迎。乙的行为是一种(　　)。

A.合理使用　　B.法定许可使用行为

C.法定免费许可使用行为　　D.侵权行为

5.关于著作权的强制许可使用制度，下列说法错误的是(　　)。

A.强制许可需经使用人申请

B.需经主管机关个案批准授权

C.我国著作权法中规定了强制许可制度

D.强制许可不需要向著作权人支付报酬

二、判断题

1.公民的作品，其发表权和著作财产权的保护期为50年。(　　)

2.转让著作财产权，应当订立书面合同。(　　)

3.法人作品的保护期限起始日为作品登记日。(　　)

4.法定许可使用制度，是指根据法律的直接规定，可以不经著作权人许可，以特定

的方式无偿使用他人已经发表的作品的行为。（　　）

5.著作权的合理使用、法定许可使用和强制许可使用制度都属于对著作权的限制制度。（　　）

三、案例分析题

李某自学英语多年，经常做笔译练习。李某的同事赵某常在报刊上发表一些文章。李某为了提高翻译水平，常将见到的文章顺手拿过来做翻译练习。一次，李某将赵某在报纸上发表过的一篇文章进行翻译。赵某见到李某翻译自己的文章，提出李某这样做未经自己许可，是侵犯自己的著作权。李某辩称：自己只是做翻译练习，并不打算发表，但赵某坚持认为李某侵犯了自己的著作权，并要求李某今后不得再翻译自己的作品。双方为此发生争执。

请问：

李某是否侵犯赵某的著作权？为什么？

项目小结

- 知识产权法
  - 知识产权法概述
    - 概念、特征
      - 概念
      - 特征
    - 知识产权国际保护
  - 专利法
    - 专利法的概念
    - 专利权的主体
      - 发明人或设计人
      - 发明人或设计人的单位
      - 合作发明与委托发明的权利人
      - 外国人
      - 受让人
    - 专利权的客体
      - 专利权的客体
      - 专利法不予保护的对象
    - 专利权的内容和权限
      - 专利权人的权利
      - 专利权人的义务
      - 专利权的限制
    - 授予专利权的条件
      - 发明或实用新型专利授予条件
      - 外观设计专利授予条件
    - 授予专利权的程序
      - 专利的申请
      - 专利的审批
    - 专利权的期限、终止和无效
      - 专利权的期限
      - 专利权的终止
      - 专利权的无效
    - 专利权的保护
  - 商标法
    - 商标和商标法的概念
      - 商标的概念
      - 商标法的概念
    - 商标注册
      - 注册原则
      - 商标注册及其申请人的条件
      - 注册的程序
    - 注册商标专用权及保护
      - 注册商标专用权
      - 注册商标专用权保护
  - 著作权法
    - 著作权与著作权法
      - 著作权
      - 著作权法
    - 著作权主体、客体与内容
      - 著作权主体
      - 著作权客体
      - 著作权内容
    - 著作权保护期限
    - 著作权的许可使用、转让、保护和限制
      - 著作权的许可使用
      - 著作权的转让
      - 著作权的保护
      - 著作权的限制

考核评价

本项目职业能力测试与考核采用百分制，将过程考核与结果考核相结合，加大技能考核比重。过程考核主要包括职业态度、组织纪律、团队合作、实训练习，占40%。结果考核以实务考核为主，占60%。

考核评价记录表

<table>
<tr><th colspan="4">过程考核（40%）</th><th colspan="2">结果考核（60%）</th></tr>
<tr><td>职业态度
（10%）</td><td>组织纪律
（10%）</td><td>团队合作
（10%）</td><td>实训练习
（10%）</td><td>考核内容</td><td>分值
比重</td></tr>
<tr><td rowspan="2">教师根据课堂表现进行评价，采取扣分制</td><td rowspan="2">教师电子考勤
（每次课电子签到）</td><td rowspan="2">学生小组评价</td><td rowspan="2">教师根据学生提交的实训练习情况进行评价</td><td>拟一份商标注册申请书</td><td>30%</td></tr>
<tr><td>拟一份专利申请书</td><td>30%</td></tr>
</table>

教学项目 6　个人独资企业和合伙企业法律制度

学习目标

1. 了解个人独资企业的概念、特征与设立条件；
2. 理解个人独资企业投资人及事务管理；
3. 理解合伙企业的概念及分类；
4. 掌握普通合伙企业设立条件、事务执行、入伙、退伙、合伙财产、解散与清算的法律规定；
5. 熟悉特殊普通合伙企业的概念、责任承担的法律规定；
6. 熟悉有限合伙企业的特殊法律规定事项；
7. 理解合伙企业解散和清算。

任务 6.1　个人独资企业法

视听资源

案例导入

丁某拟设立个人独资企业。2018年2月1日，丁某将设立申请书等申请设立登记文件提交到拟设立个人独资企业所在地的工商行政管理机关。设立申请书的有关内容如下：丁某以其房产、劳务和现金8万元出资，企业名称为甲贸易有限公司。2月10日，该工商行政管理机关发给丁某“企业登记驳回通知书”。2月15日，丁某将修改后的登记文件交到该工商行政管理机关。2月25日，张某领取了该工商行政管理机关于2月20日签发的个人独资企业营业执照。该个人独资企业（以下简称“甲企业”）成立后，丁某委托王某管理甲企业事务，并书面约定，凡签订金额超过2万元的合同均须取得丁某同意。乙企业明知丁某与王某的约定，仍与代表甲企业的王某签订了标的额为3万元的买卖合同。丁某知道后以王某超出授权范围为由主张合同无效，但乙企业以个人独资企业的投资人对受托人职权的限制不得对抗第三人为由主张合同有效。

根据上述资料，请同学们思考下列问题：

1.丁某2月1日提交的设立申请书中有哪些内容不符合法律规定？

2.甲企业的成立日期是哪一天？简要说明理由。

3.乙企业主张合同有效的理由是否成立？简要说明理由。

知识准备

一、个人独资企业的概念、特征与设立条件

（一）个人独资企业的概念

我国法律所称的个人独资企业是指在中国境内设立，由一个自然人投资，财产为投资人个人所有，投资人以其个人财产对企业债务承担无限责任的经营实体。

（二）个人独资企业的特征

个人独资企业具有如下几点特征：

（1）个人独资企业是由一个自然人投资的企业，这里的自然人仅指中国公民。这是个人独资企业在投资主体上与合伙企业、公司的区别。《中华人民共和国合伙企业法》规定的普通合伙企业的投资人人数为2人以上（含2人），而公司的投资人不仅包括自然人，还包括法人和非法人组织。

（2）个人独资企业的投资人对企业的债务承担无限责任。投资人以其个人财产对企业债务承担无限责任有三层意思：一是企业的债务全部由投资人承担；二是投资人承担企业债务的责任范围不限于出资，其责任财产包括独资企业的全部财产和其他个人财产；三是投资人对企业债权人直接负责。

（3）个人独资企业的内部机构设置简单，经营管理方式灵活。

（4）个人独资企业是非法人企业。

【做中学1】下列选项中属于个人独资企业特征的是（　　）。

A.个人独资企业是由一个自然人投资的企业

B.投资人对企业的债务承担有限责任

C.个人独资企业内部机构设置复杂

D.个人独资企业是法人企业

解析：答案为A。个人独资企业的特征包括：（1）个人独资企业是由一个自然人投资的企业，这里的自然人仅指中国公民；（2）个人独资企业的投资人对企业的债务承担无限责任；（3）个人独资企业的内部机构设置简单，经营管理方式灵活；（4）个人独资企业是非法人企业。所以选项B、C、D是错误的。

（三）个人独资企业的设立

1.个人独资企业的设立条件

设立个人独资企业应当具备下列条件：

（1）投资人为一个自然人，且只能是中国公民。法律、行政法规禁止从事营利性活动的人，不得作为投资人申请设立个人独资企业。

（2）有合法的企业名称。个人独资企业的名称中不得使用“有限”“有限责任”或者“公司”字样。

（3）有投资人申报的出资。个人独资企业可以用货币出资，也可以用实物、土地使用权、知识产权或者其他财产权利出资。投资人可以以个人财产出资，也可以以家庭共有财产作为个人出资。以家庭共有财产作为个人出资的，投资人应当在设立、变更登记申请书上予以注明。

（4）有固定的生产经营场所和必要的生产经营条件。

（5）有必要的从业人员。

【做中学2】根据法律规定，个人独资企业投资人的出资方式不包括（　　）。

A.劳务　　B.货币　　C.商标权　　D.房屋

解析：答案为A。个人独资企业可以用货币出资，也可以用实物、土地使用权、知识产权或者其他财产权利出资，不包括劳务，所以选A。

2.个人独资企业的设立程序

（1）申请。申请设立个人独资企业，应当由投资人或者其委托的代理人向个人独资企业所在地的登记机关提交：

①个人独资企业设立申请书。设立申请书应当载明企业的名称和住所、投资人的姓名和住所、投资人的出资额和出资方式、经营范围等事项。

②投资人身份证明。

③生产经营场所使用证明等文件。

④委托代理人申请设立登记时，应当出具投资人的委托书和代理人的合法证明。

个人独资企业不得从事法律、行政法规禁止经营的业务；从事法律、行政法规规定须报经有关部门审批的业务，应当在申请设立登记时提交有关部门的批准文件。

（2）工商登记。登记机关应当在收到设立申请文件之日起15日内，对符合《中华人民共和国个人独资企业法》（以下简称《个人独资企业法》）规定条件的，予以登记，发给营业执照；对不符合《个人独资企业法》规定条件的，不予登记，并应当给予书面答复，说明理由。

个人独资企业的营业执照的签发日期，为个人独资企业成立日期。在领取个人独资企业营业执照前，投资人不得以个人独资企业名义从事经营活动。

3.个人独资企业分支机构的设立

个人独资企业设立分支机构，应当由投资人或者其委托的代理人向分支机构所在地的登记机关申请登记，领取营业执照。分支机构经核准登记后，应将登记情况报该分支机构隶属的个人独资企业的登记机关备案。分支机构的民事责任由设立该分支机构的个人独资企业承担。

4.个人独资企业的变更

个人独资企业存续期间登记事项发生的变更，如企业名称、住所、经营范围、经营期限等方面发生的改变，应当在作出变更决定之日起的15日内依法向登记机关申请办理变更登记。

【做中学3】个人独资企业的设立条件包括（　　）。

A.有合法的企业名称

B.有必要的从业人员

C.投资人为一个自然人

D.有固定的生产经营场所和必要的生产经营条件

解析：答案为ABCD。详见《个人独资企业法》相关规定。

二、个人独资企业投资人与事务管理

（一）个人独资企业投资人

个人独资企业投资人对本企业的财产依法享有所有权，其有关权利可以依法进行转让或继承。个人独资企业投资人在申请企业设立登记时明确以其家庭共有财产作为个人出资的，应当依法以家庭共有财产对企业债务承担无限责任。法律、行政法规禁止从事营利性活动的人，不得作为投资人申请设立个人独资企业。我国现行法律、行政法规所禁止从事营利性活动的人包括法官、检察官、人民警察和国家公务员。

【做中学4】下列人员中，能够成为个人独资企业投资人的是（　　）。

A检察官　　B.国家公务员　　C.某国有企业下岗工人　　D.警察

解析：答案为C。法律、行政法规禁止从事营利性活动的人，不得作为投资人申请设立个人独资企业。我国现行法律、行政法规所禁止从事营利性活动的人包括法官、检察官、人民警察和国家公务员。

（二）个人独资企业事务管理

个人独资企业投资人可以自行管理企业事务，也可以委托或者聘用其他具有民事行为能力的人负责企业的事务管理。投资人委托或者聘用他人管理个人独资企业事务，应当与受托人或者被聘用的人签订书面合同，明确委托的具体内容和授予的权利范围。

受托人或者被聘用的人员应当履行诚信、勤勉义务，按照与投资人签订的合同负责个人独资企业的事务管理。投资人对受托人或者被聘用的人员职权的限制，不得对抗善意第三人。投资人委托或者聘用的管理个人独资企业事务的人员不得有下列行为：（1）利用职务上的便利，索取或者收受贿赂；（2）利用职务或者工作上的便利侵占企业财产；（3）挪用企业的资金归个人使用或者借贷给他人；（4）擅自将企业资金以个人名义或者以他人名义开立账户储存；（5）擅自以企业财产提供担保；（6）未经投资人同意，从事与本企业相竞争的业务；（7）未经投资人同意，同本企业订立合同或者进行交易；（8）未经投资人同意，擅自将企业商标或者其他知识产权转让给他人使用；（9）泄露本企业的商业秘密；（10）法律、行政法规禁止的其他行为。

【做中学5】2017年3月1日，李某以个人财产出资5万元设立个人独资企业。企业成立后，李某聘请刘某管理企业事务，同时对刘某的职权予以限制，凡刘某对外签订标的额超过2万元的合同，须经李某同意。2017年5月7日，刘某未经李某同意，以个人独资企业的名义与善意的第三人丁某签订了购买价值5万元货物的合同。

请问：

根据《个人独资企业法》的规定，刘某与丁某签订的合同是否有效？并说明理由。

解析：刘某与丁某签订的合同有效。根据《个人独资企业法》的规定，投资人对受托人或者被聘用的人员职权的限制，不得对抗善意第三人。本题中，丁某是善意的第三人，所以合同有效。

三、个人独资企业的解散和清算

（一）个人独资企业的解散

个人独资企业的解散是指个人独资企业因出现某些法律事由而导致其民事主体资格消灭的行为。个人独资企业有下列情形之一时，应当解散：（1）投资人决定解散；（2）投资人死亡或者被宣告死亡，无继承人或者继承人决定放弃继承；（3）被依法吊销营业执照；（4）法律、行政法规规定的其他情形。

（二）个人独资企业的清算

个人独资企业的清算是处理解散企业未了结的法律关系的程序。清算结束，进行注销登记，个人独资企业才最后消灭。个人独资企业解散，由投资人自行清算或者由债权人申请人民法院指定清算人进行清算。投资人自行清算的，应当在清算前15日内书面通知债权人，无法通知的，应当予以公告。债权人应当在接到通知之日起30日内，未接到通知的应当在公告之日起60日内，向投资人申报其债权。个人独资企业解散后，原投资人对个人独资企业存续期间的债务仍应承担偿还责任，但债权人在5年内未向债务人提出偿债请求的，该责任消灭。

个人独资企业解散的，财产应当按照下列顺序清偿：（1）所欠职工工资和社会保险费用，（2）所欠税款，（3）其他债务。个人独资企业财产不足以清偿债务的，投资人应当以其个人的其他财产予以清偿。

个人独资企业清算结束后，投资人或者人民法院指定的清算人应当编制清算报告，并于15日内到登记机关办理注销登记。

【做中学6】个人独资企业解散后，原投资人对个人独资企业存续期间的债务（　　）。

A.不再承担责任

B.当其个人财产不足清偿时，以家庭其他成员财产承担责任

C.仍应承担责任，但债权人在2年内未向债务人提出偿债请求的，该责任消灭

D.仍应承担责任，但债权人在5年内未向债务人提出偿债请求的，该责任消灭

解析：答案为D。个人独资企业解散后，原投资人对个人独资企业存续期间的债务仍应承担偿还责任，但债权人在5年内未向债务人提出偿债请求的，该责任消灭。

案例分析

1.（1）以劳务出资不符合规定。根据法律规定。个人独资企业可以用货币出资，也可以用实物、土地使用权、知识产权或者其他财产权利出资。个人独资企业的投资人不能以劳务出资。（2）企业名称不符合规定。个人独资企业的名称中不能使用“有限”“有限责任”“公司”字样。

2.甲企业的成立日期为2月20日。根据法律规定，个人独资企业营业执照的签发日期，为个人独资在业成立日期。

3.乙企业主张合同有效的理由不成立。根据规定，投资人对受托人或者被聘用的人员职权的限制，不得对抗善意第三人。在本题中，乙企业明知丁某与王某的约定，不属于善意第三人，所以该合同有效的理由不成立。

同步训练

参考答案

一、单选题

1.个人独资企业投资人及其债务责任的下列表述中，正确的是（　　）。

A.投资人可以是中国公民，也可以是外国公民

B.投资人可以是自然人，也可以是法人

C.投资人对企业债务承担有限责任

D.对企业债务承担无限责任

2.下列个人独资企业的管理方式中，说法不正确的是（　　）。

A.自行管理　　B.委托管理　　C.聘任管理　　D.只能自己管理

3.根据《个人独资企业法》的规定，受托人或者被聘用人管理个人独资企业的依据是（　　）。

A.投资人的任命书

B.个人独资企业法规定的受托人或者被聘用的人的职权

C.投资人与受托人或者被聘用的人签订的书面合同

D.投资人的决定

4.张某于2012年3月成立一家个人独资企业。同年5月，该企业与甲公司签订一份买卖合同。根据合同，该企业应于同年8月支付给甲公司货款15万元，后该企业一直未支付该款项。2013年1月，该企业因故解散。2015年5月，甲公司起诉张某，要求张某偿还上述15万元债务。下列有关此事的表述中，正确的是（　　）。

A.因该企业已经解散，甲公司的债权已经消灭

B.甲公司可以要求张某以个人财产承担15万元的债务

C.甲公司请求张某偿还债务已超过诉讼时效，其请求不能得到支持

D.甲公司请求张某偿还债务的期限应于2015年1月届满

5.根据《个人独资企业法》的规定，个人独资企业分支机构的民事责任由（　　）承担。

A.分支机构独立承担

B.设立分支机构的个人独资企业和其投资人共同承担

C.设立分支机构的个人独资企业承担

D.该分支机构聘用的经营管理人员承担

二、判断题

1.个人独资企业的投资人以其个人财产对企业债务承担有限责任。（　　）

2.个人独资企业的投资人为一个自然人，既可以是中国公民，也可以是外国公民。（　　）

3.个人独资企业在未取得营业执照之前，不可以以个人独资企业的名义从事经营活动。（　　）

三、案例分析

中国公民李某投资设立了一家个人独资企业。刚开始的几年，李某自行经营，盈利50万元。后因李某年老体弱很难继续经营管理企业，便委托张某进行管理。因张某经

营管理不善，企业连年亏损，现欠债30万元，李某决定解散该企业。

请根据《个人独资企业法》的规定，回答下列问题：

1.李某可以采取哪些方式进行企业事务的管理？

2.张某经营不善造成的30万元亏损应由谁承担？

3.企业解散后，财产的清偿顺序是怎样的？

任务 6.2　合伙企业法

视听资源

案例导入

赵、钱、孙、李四人准备成立一家普通合伙企业，经协商以口头形式订立了合伙协议。协议约定：（1）赵和钱各出3万元，对合伙企业承担无限责任；孙以劳务作价出资5万元，以出资额为限对合伙企业债务承担责任；鉴于李刚满14周岁没有个人收入来源，只以过年收的压岁钱出资1万元，且对合伙企业不承担任何责任。（2）该合伙企业名称为“利龙公司”，由赵执行合伙企业事务，但签订5万元以上的合同须经其他合伙人一致同意。其他合伙人不得过问合伙企业事务。

合伙协议经过修订，合伙企业得以成立。

合伙企业经营期间发生下列事项：（1）赵的朋友周看到该合伙企业经营状况良好，便经赵同意加入该合伙企业。周认为自己是后加入的，对入伙前的合伙企业债务不承担责任。（2）钱觉得合伙企业的业务很赚钱，自己就开了一家经营同样业务的个人独资企业。（3）赵以合伙企业的名义与某公司签订了一份金额为20万元的合同。

根据上述资料，请同学们分析下列问题并说明理由：

1.合伙协议中存在哪些不符合法律规定之处？

2.周是否已经成为该合伙企业的合伙人？他对入伙前的合伙企业债务不承担责任的观点是否正确？

3.钱能否开设该个人独资企业？

4.赵与某公司签订的金额为20万元的合同，其他合伙人能否以其超过合伙协议约定的限额为由拒付某公司的货款？

知识准备

一、合伙企业的概念及分类

（一）合伙企业的概念

合伙企业是指自然人、法人和其他组织依照《中华人民共和国合伙企业法》（以下简称《合伙企业法》）的规定，在中国境内设立的普通合伙企业和有限合伙企业。

（二）合伙企业的分类

根据合伙人对合伙企业债务承担的责任不同，合伙企业可分为普通合伙企业和有限合伙企业。普通合伙企业由普通合伙人组成，合伙人对合伙企业债务承担无限连带责任。《合伙企业法》对普通合伙人承担责任的形式有特别规定的，从其规定。有限合伙企业由普通合伙人和有限合伙人组成，普通合伙人对合伙企业债务承担无限连带责任，有限合伙人以其认缴的出资额为限对合伙企业债务承担责任。

这里所说的无限连带责任，包含两层含义：一是连带责任，即所有的合伙人对合伙企业债务都有责任向债权人偿还，债权人可以从中选择数人或个别人请求其清偿。被请求的合伙人应当清偿合伙企业的全部债务，不得以自己承担的份额为由拒绝；当某一合伙人偿还的债务超过自己所应承担的数额时，有权向其他合伙人追偿；合伙人对合伙企业债务的清偿，均对其他合伙人发生清偿的效力。二是无限责任，即合伙企业的全部资产不足以清偿其债务时，所有的合伙人要以自己的其他财产予以偿还。

二、普通合伙企业

（一）普通合伙企业的概念

普通合伙企业，是指由普通合伙人组成，合伙人对合伙企业债务依《合伙企业法》的规定承担无限连带责任的一种企业组织形式。它包括特殊的普通合伙企业。

（二）普通合伙企业的设立条件

1.有两个以上合伙人

合伙人可以是自然人，也可以是法人或其他组织。合伙企业合伙人至少为二人以上，《合伙企业法》未对合伙企业合伙人数的上限作出规定。

《合伙企业法》对合伙人的资格进行了以下限定：（1）合伙人为自然人的，应当具有完全民事行为能力；无民事行为能力人和限制行为能力人不得成为合伙企业的合伙人。当然，并非所有的完全行为能力人都能成为合伙人，法律、行政法规禁止从事营利性活动的人，不得成为合伙企业的合伙人，如国家公务员、党政机关领导干部、警官、检察官、法官、商业银行的工作人员等。(2)国有独资公司、国有企业、上市公司以及公益性的事业单位、社会团体不得成为普通合伙人。

【做中学1】下列能够成为合伙企业普通合伙人的是（ ）。

A.派出所所长王某　B.国有企业　C.上市公司　D.集体所有制法人企业

解析：答案为D。《合伙企业法》规定，国有独资公司、国有企业、上市公司以及公益性的事业单位、社会团体不得成为普通合伙人。所以B、C不选。法律、行政法规禁止从事营利性活动的人，不得成为合伙企业的合伙人，如国家公务员、党政机关领导干部、警官、检察官、法官、商业银行的工作人员等。所以A不选。

2.有书面合伙协议

合伙协议，是指由各合伙人通过协商成立的，明确相互间权利义务关系的书面合同。合伙协议应该载明下列事项：合伙企业的名称和主要经营场所的地点，合伙目的和合伙经营范围，合伙人的姓名或者名称、住所，合伙人的出资方式、数额和缴付期限，利润分配、亏损分担方式，合伙事务的执行，入伙与退伙，争议解决办法，合伙企业的解散与清算，违约责任。

合伙协议经全体合伙人签名、盖章后生效。合伙人按照合伙协议享有权利，履行义务。修改或者补充合伙协议，应当经全体合伙人一致同意；但是，合伙协议另有约定的除外。

合伙协议未约定或者约定不明确的事项，由合伙人协商决定；协商不成的，依照《合伙企业法》和其他有关法律、行政法规的规定处理。

3.有合伙人认缴或者实际缴付的出资

合伙协议生效后，合伙人按照合伙协议的规定缴纳出资。合伙人可以用货币、实物、知识产权、土地使用权或者其他财产权利出资，也可以用劳务出资。

合伙人以实物、知识产权、土地使用权或者其他财产权利出资，需要评估作价的，可以由全体合伙人协商确定，也可以由全体合伙人委托法定评估机构评估。

合伙人以劳务出资的，其评估办法由全体合伙人协商确定，并在合伙协议中载明。

【做中学2】根据合伙企业法律制度的规定，下列出资形式中，只能由全体合伙人协商确定价值评估办法的是（ ）。

A.劳务　B.知识产权　C.实物　D.土地使用权

解析：答案为A。《合伙企业法》规定，合伙人以实物、知识产权、土地使用权或者其他财产权利出资，需要评估作价的，可以由全体合伙人协商确定，也可以由全体合伙人委托法定评估机构评估；合伙人以劳务出资的，其评估办法由全体合伙人协商确定，并在合伙协议中载明。

4.有合伙企业的名称和生产经营场所

普通合伙企业应当在其名称中标明“普通合伙”字样，其中，特殊的普通合伙企业，应当在其名称中标明“特殊普通合伙”字样。有限合伙企业应当在其名称中标明“有限合伙”字样。合伙企业的名称必须和“合伙”联系起来，名称中必须有“合伙”二字，不得带有“公司”“有限责任”字样。

经企业登记机关登记的合伙企业主要经营场所只能有一个，并应当在其企业登记机关登记管辖区域内。

5.法律、行政法规规定的其他条件

（三）合伙企业财产

1.合伙企业财产的构成

根据《合伙企业法》的规定，合伙人的出资、以合伙企业名义取得的收益和依法取得的其他财产，均为合伙企业的财产。由此可见，合伙企业财产由三部分构成：一是合伙人的出资，包括原始出资和追加出资；二是合伙企业在存续期间取得的收益；三是依法取得的其他财产，如合法取得的赠与、获奖等财产。

根据《合伙企业法》的规定，除该法另有规定的外，合伙人在合伙企业清算前，不得请求分割合伙企业的财产；合伙人在合伙企业清算前私自转移或者处分合伙企业财产的，合伙企业不得以此对抗善意第三人。

【做中学3】根据合伙企业法律制度的规定，下列选项中，属于合伙企业财产的有（　　）。

A.合伙人缴纳的实物出资

B.合伙企业借用的某合伙人的机器设备

C.合伙企业对某公司的债权

D.合伙企业合法接受的赠与财产

解析：答案为ACD。《合伙企业法》规定，合伙人的出资、以合伙企业名义取得的收益和依法取得的其他财产，均为合伙企业的财产。B项中的机器设备仅是借用而不是合伙人投入，所以不属于合伙企业的财产。

2.合伙企业财产的出质与转让

（1）合伙企业财产出质。

合伙人以其在合伙企业中的财产份额出质的，须经其他合伙人一致同意；未经其他合伙人一致同意，其行为无效，由此给善意第三人造成损失的，由行为人依法承担赔偿责任。

【做中学4】甲、乙、丙三人投资设立了一家普通合伙企业。甲在向不知情的丁借款时以其在合伙企业中的财产份额出质，合伙人乙和丙得知后表示反对。对此，下列各项中正确的有（　　）。

A.甲的出质行为有效

B.甲的出质行为无效

C.如果因出质行为无效给丁造成损失，合伙企业应当承担赔偿责任

D.如果因出质行为无效给丁造成损失，甲应当承担赔偿责任

解析：答案为BD。根据《合伙企业法》规定，合伙人以其在合伙企业中的财产份额出质的，须经其他合伙人一致同意；未经其他合伙人一致同意，其行为无效，由此给善意第三人造成损失的，由行为人依法承担赔偿责任。

（2）合伙人财产份额转让。

根据《合伙企业法》的规定，除合伙协议另有约定外：①合伙人之间转让在合伙企业中的全部或者部分财产份额时，应当通知其他合伙人。②合伙人向合伙人以外的人转让其在合伙企业中的全部或者部分财产份额时，须经其他合伙人一致同意。在同等条件下，其他合伙人有优先购买权。合伙人以外的人依法受让合伙人在合伙企业中的财产份额的，经修改合伙协议即成为合伙企业的合伙人，依照《合伙企业法》和修改后的合伙协议享有权利，履行义务。

【做中学5】甲、乙、丙三位合伙人设立普通合伙企业，企业经营一段时间后，丙合伙人决定将自己在合伙企业的财产份额转让给丁。经查，该转让行为在合伙协议中没有约定。根据《合伙企业法》的规定，丙应（　　）。

A.转让财产份额后通知其他合伙人

B.转让财产份额后通知合伙企业的事务执行人

C.转让前须经全体合伙人一致同意

D.转让前须经半数以上的合伙人同意

解析：答案为C。根据《合伙企业法》的规定，除合伙协议另有约定外，合伙人向合伙人以外的人转让其在合伙企业中的全部或者部分财产份额时，须经其他合伙人一致同意。

（四）合伙事务执行

1.合伙事务执行的形式

按照《合伙企业法》的规定，合伙事务执行的形式主要包括以下两种：

（1）全体合伙人共同执行。

这是合伙事务执行的基本形式，适宜合伙人数较少的企业。在这种形式下，每一个合伙人都参与企业的经营管理，对外代表合伙企业。

（2）委托一名或者数名合伙人执行。

按照合伙协议的约定或者经全体合伙人决定，可以委托一个或者数个合伙人对外代表合伙企业，执行合伙事务，其他合伙人不再执行合伙事务。这种形式适宜合伙人数较多的企业。

作为合伙人的法人、其他组织执行合伙事务的，由其委派的代表执行。

2.合伙人在执行合伙事务中的权利与义务

（1）合伙人在执行合伙事务中的权利。

①合伙人对执行合伙事务享有同等权。根据《合伙企业法》的规定，合伙人不论出资多少，责任承担都是相同的，即都承担无限连带责任，故对执行合伙事务享有同等的权利。

②不执行合伙事务的合伙人的监督权。合伙事务的执行事关每一位合伙人的切身利益，因此不执行合伙事务的合伙人有权监督执行事务合伙人执行合伙事务的情况。

③合伙人对合伙企业会计账簿等财务资料的查阅权。作为营利性组织，合伙企业的财务、经营状况是每一位合伙人最为关注的，而查阅会计账簿等财务资料则是了解合伙企业的财务、经营状况的最佳途径，所以其成为合伙人的一项重要权利。

④合伙事务执行人提出异议权。合伙人分别执行合伙事务的，合伙事务执行人可以对其他合伙人执行的事务提出异议。提出异议时，应当暂停该项事务的执行。如果发生争议，可由全体合伙人共同决定。

⑤合伙人撤销委托权。受委托执行合伙事务的合伙人如果不按照合伙协议或者全体合伙人的决定执行事务的，其他合伙人可以决定撤销该委托。

（2）合伙人在执行合伙事务中的义务。

①报告义务。合伙事务执行人应当定期向其他合伙人报告事务执行情况以及合伙企业的经营和财务状况，其执行合伙事务所产生的收益归合伙企业，所产生的费用和亏损由合伙企业承担。

②竞业禁止义务。合伙人不得自营或者同他人合作经营与本合伙企业相竞争的业务。

③自我交易禁止义务。除合伙协议另有约定或者经全体合伙人一致同意外，合伙人不得同本合伙企业进行交易。

④损害禁止义务。合伙人不得从事损害本合伙企业利益的活动。

3.合伙事务执行的决议办法

合伙人对合伙企业有关事项作出决议，按照合伙协议约定的表决办法办理。合伙协议未约定或者约定不明确的，实行合伙人一人一票并经全体合伙人过半数通过的表决办法。

除合伙协议另有约定外，合伙企业的下列事项应当经全体合伙人一致同意：改变合伙企业的名称；改变合伙企业的经营范围、主要经营场所的地点；处分合伙企业的不动产；转让或者处分合伙企业的知识产权和其他财产权利；以合伙企业名义为他人提供担保；聘任合伙人以外的人担任合伙企业的经营管理人员；增加或者减少对合伙企业的出资等。

被聘任的合伙企业的经营管理人员应当在合伙企业授权范围内履行职务。

被聘任的合伙企业的经营管理人员，如果其超越合伙企业授权范围履行职务，或者在履行职务过程中因故意或者重大过失给合伙企业造成损失的，依法承担赔偿责任。

【做中学6】某普通合伙企业委托合伙人杨某执行合伙事务，根据《合伙企业法》的规定，下列关于杨某执行合伙事务的权利义务的表述中，正确的是（　　）。

A.只能由杨某对外代表该合伙企业

B.除合伙协议另有约定外，杨某可以自行决定改变该合伙企业主要经营场所的地点

C.除合伙协议另有约定外，杨某可以自行处分该合伙企业的不动产

D.可以自营与该合伙企业竞争的业务

解析：答案为A。根据《合伙企业法》的规定，按照合伙协议的约定或者经全体合伙人决定，可以委托一个或者数个合伙人对外代表合伙企业，执行合伙事务，其他合伙人不再执行合伙事务。因此，选项A的表述正确。改变合伙企业主要经营场所的地点、处分合伙企业的不动产，除合伙协议另有约定外，应当经全体合伙人一致同意。因此，选项B、C的表述错误。合伙人不得自营或者同他人合作经营与本合伙企业相竞争的业务。因此，选项D的表述错误。

4.合伙企业损益的分配的原则

合伙企业的利润分配、亏损分担，按照合伙协议的约定办理；合伙协议未约定或者约定不明确的，由合伙人协商决定；协商不成的，由合伙人按照实缴出资比例分配、分担；无法确定出资比例的，由合伙人平均分配、分担。

合伙协议不得约定将全部利润分配给部分合伙人或者由部分合伙人承担全部亏损。

（五）合伙企业与第三人的关系

1.对外代表权的效力

合伙企业对合伙人执行合伙事务以及对外代表合伙企业权利的限制，不得对抗善意

第三人。

这里所说的善意第三人，是指不知道合伙企业对合伙事务执行人职权的限制，善意与合伙企业进行民事法律行为的人。

【做中学7】甲、乙、丙共同投资设立普通合伙企业，甲被推荐为合伙事务执行人。合伙协议约定：甲对合伙企业5万元以内的开支和50万元以内的业务可以自行决定。甲的下列行为属于法律禁止或无效的是（　　）。

A.未经乙、丙同意，向善意的某公司支付宣传费7万元

B.未经乙、丙同意，与善意的某公司签订60万元的合同

C.未经乙、丙同意，将自有房屋转让给普通合伙企业

D.未经乙、丙同意，向某公司支付5万元货款

解析：答案为C。根据《合伙企业法》的规定，除合伙协议另有约定或者经全体合伙人一致同意外，合伙人不得同本合伙企业进行交易。所以C选项是错误的。A、B选项中，因为对方是善意第三人，尽管超越职权限制，也不得对抗善意第三人，所以是有效的。D选项是甲的经营职权。

2.企业和合伙人的债务清偿

（1）企业的债务清偿。

①先企业后个人。合伙企业对其债务，应先以其全部财产进行清偿。合伙企业不能清偿到期债务的，合伙人承担无限连带责任。

②内部追偿。合伙人由于承担无限连带责任，清偿数额超过其亏损分担比例的，有权向其他合伙人追偿。

【做中学8】甲、乙、丙为普通合伙企业的合伙人。该合伙企业向丁借款15万元。甲、乙、丙之间约定，如果到期合伙企业无力偿还该借款，甲、乙、丙各自负责偿还5万元。借款到期时，该合伙企业没有财产向丁清偿。根据合伙企业法律制度的规定，下列关于该债务清偿的表述中，正确的有（　　）。

A.丁有权直接向甲要求偿还15万元

B.只有在甲、乙确实无力清偿的情况下，丁才有权要求丙偿还15万元

C.乙仅负有向丁偿还5万元的义务

D.丁可以根据各合伙人的实际财产情况，要求甲偿还10万元，乙偿还3万元，丙偿还2万元

解析：答案为AD。根据《合伙企业法》的规定，合伙人对合伙企业债务承担无限连带责任，合伙人之间的分担比例对债权人没有约束力。债权人可以根据自己的清偿利

益，请求全体合伙人中的一人或者数人承担全部清偿责任，也可以按照自己确定的比例向各合伙人分别追索。

（2）合伙人的债务清偿。

①合伙人发生与合伙企业无关的债务，相关债权人不得以其债权抵销其对合伙企业的债务，也不得代位行使合伙人在合伙企业中的权利。

②合伙人的自有财产不足清偿其与合伙企业无关的债务的，该合伙人可以以其从合伙企业中分取的收益用于清偿；债权人也可以依法请求人民法院强制执行该合伙人在合伙企业中的财产份额用于清偿。人民法院强制执行合伙人的财产份额时，应当通知全体合伙人，其他合伙人有优先购买权；其他合伙人未购买，又不同意将该财产份额转让给他人的，依照《合伙企业法》的规定为该合伙人办理退伙结算，或者办理削减该合伙人相应财产份额的结算。

【做中学9】甲普通合伙企业的合伙人赵某欠个体工商户钱某10万元债务，钱某欠甲合伙企业5万元债务已到期。赵某的债务到期后一直未清偿。钱某的下列做法中，符合《合伙企业法》规定的是（　　）。

A.代位行使赵某在甲普通合伙企业中的权利

B.自行接管赵某在甲普通合伙企业中的财产份额

C.请求人民法院强制执行赵某在甲普通合伙企业中的财产份额用于清偿

D.主张以其债权抵销其对甲普通合伙企业的债务

解析：答案为C。根据《合伙企业法》的规定，合伙人发生与合伙企业无关的债务，相关债权人不得以其债权抵销其对合伙企业的债务，也不得代位行使合伙人在合伙企业中的权利。合伙人的自有财产不足清偿其与合伙企业无关的债务的，该合伙人可以以其从合伙企业中分取的收益用于清偿；债权人也可以依法请求人民法院强制执行该合伙人在合伙企业中的财产份额用于清偿。

（六）入伙、退伙及退伙效力

1.入伙

入伙，是指合伙企业存续期间，合伙人以外的第三人加入合伙，从而取得合伙人资格的行为。

（1）入伙的条件和程序。新合伙人入伙，要符合以下两项条件：①除合伙协议另有约定外，应当经全体合伙人一致同意；②依法订立书面入伙协议，并且订立入伙协议时，原合伙人应尽到告知义务，即原合伙人应当向新合伙人如实告知原合伙企业的经营状况和财务状况。

（2）入伙的效力。入伙的新合伙人与原合伙人享有同等权利，承担同等责任。如果原合伙人愿意以优厚的条件吸引新合伙人入伙，或者新合伙人为了入伙接受更苛刻的条件，可以在入伙协议另行约定。但该约定对外不具有法律效力。根据《合伙企业法》的规定，新合伙人对入伙前合伙企业的债务承担无限连带责任。

【做中学10】孙某打算加入原由赵某、钱某设立的普通合伙企业，下列各项中，不属于孙某入伙必须符合的条件是（　　）。

A.赵某、钱某一致同意，并与张某签订书面入伙协议

B.赵某、钱某向张某告知该合伙企业的经营和财务状况

C.孙某应向赵某、钱某告知自己的个人负债情况

D.孙某应当停止其已经从事的与该合伙企业相竞争的业务

解析：答案为C。根据《合伙企业法》的规定，孙某欲加入赵某、钱某设立的普通合伙企业应满足的条件为：全体合伙人同意，订立书面入伙协议，同时原合伙人负有告知义务。A、B两项属于孙某在入伙时必须满足的条件。《合伙企业法》没有规定孙某的告知义务，孙某无须说明自己的个人负债情况，所以C项应选。《合伙企业法》规定，普通合伙企业合伙人不得自营或者同他人合作经营与本合伙企业相竞争的业务，所以D项不选。

2.退伙

退伙，是指合伙人在合伙企业存续期间，退出合伙企业，从而丧失合伙人资格的行为。退伙主要有自愿退伙和法定退伙两种情形。

（1）自愿退伙，是指合伙人基于自愿的意思表示而退伙。依据退伙的条件不同，自愿退伙又分为协议退伙和通知退伙。

①协议退伙。合伙协议约定合伙期限的，在合伙企业存续期间，有下列情形之一的，合伙人可以退伙：合伙协议约定的退伙事由出现；经全体合伙人一致同意；发生合伙人难以继续参加合伙的事由；其他合伙人严重违反合伙协议约定的义务。

【做中学11】《合伙企业法》规定，合伙协议约定合伙期限的，在合伙企业存续期间，有下列情形之一的，合伙人可以退伙的有（　　）。

A.合伙协议约定的退伙事由出现

B.全体合伙人过半数同意

C.发生合伙人难以继续参加合伙的事由

D.其他合伙人严重违反合伙协议约定的义务

解析：答案为ACD。《合伙企业法》规定，合伙协议约定合伙期限的，在合伙企业

存续期间，有下列情形之一的，合伙人可以退伙：合伙协议约定的退伙事由出现；经全体合伙人一致同意；发生合伙人难以继续参加合伙的事由；其他合伙人严重违反合伙协议约定的义务。

②通知退伙。合伙协议未约定合伙期限的，合伙人在不给合伙企业事务执行造成不利影响的情况下，可以退伙，但应当提前三十日通知其他合伙人。

合伙人违反协议退伙、通知退伙规定退伙的，应当赔偿由此给合伙企业造成的损失。

【做中学12】合伙人通知退伙的，应当符合的条件包括（　　）。

A.其他合伙人严重违反合伙协议约定的义务

B.合伙人的退伙不会给合伙企业事务执行造成不利影响

C.合伙人在合伙企业中的全部财产份额被人民法院强制执行

D.提前60日通知其他合伙人

解析：答案为B。《合伙企业法》规定，合伙协议未约定合伙期限的，合伙人在不给合伙企业事务执行造成不利影响的情况下，可以退伙，但应当提前三十日通知其他合伙人。

（2）法定退伙，是指基于法律规定而退伙。根据退伙条件不同，法定退伙分为当然退伙和除名退伙。

①当然退伙。合伙人有下列情形之一的，当然退伙：作为合伙人的自然人死亡或者被依法宣告死亡；个人丧失偿债能力；作为合伙人的法人或者其他组织依法被吊销营业执照、责令关闭、撤销，或者被宣告破产；法律规定或者合伙协议约定合伙人必须具有相关资格而丧失该资格；合伙人在合伙企业中的全部财产份额被人民法院强制执行。

此外，合伙人被依法认定为无民事行为能力人或者限制民事行为能力人的，经其他合伙人一致同意，可以依法转为有限合伙人，普通合伙企业依法转为有限合伙企业。其他合伙人未能一致同意的，该无民事行为能力或者限制民事行为能力的合伙人退伙。当然退伙生效日是退伙事由实际发生之日。

②除名退伙。除名退伙是指因为合伙人出现特定事由，由合伙企业将其开除所引起的退伙。合伙人有下列情形之一的，经其他合伙人一致同意，可以决议将其除名：未履行出资义务；因故意或者重大过失给合伙企业造成损失；执行合伙事务时有不正当行为；发生合伙协议约定的事由。

对合伙人的除名决议应当书面通知被除名人。被除名人接到除名通知之日，除名生效，被除名人退伙。被除名人对除名决议有异议的，可以自接到除名通知之日起三十日内，向人民法院起诉。

【做中学13】根据《合伙企业法》的规定，下列各项中，不符合普通合伙企业合伙人当然退伙情形的是（　　）。

A.合伙人丧失偿债能力

B.合伙人被宣告破产

C.合伙人在合伙企业中的全部财产份额被人民法院强制执行

D.合伙人未履行出资义务

解析：答案为D。根据《合伙企业法》的规定，合伙人未履行出资义务为除名退伙的情形。

3.退伙效力

退伙效力，是指退伙时退伙人在合伙企业中的财产份额和民事责任的承担变动。退伙效力有两种情况：财产继承和退伙结算。

（1）财产继承。

合伙人死亡或者被依法宣告死亡的，对该合伙人在合伙企业中的财产份额享有合法继承权的继承人，按照合伙协议的约定或者经全体合伙人一致同意，从继承开始之日起，取得该合伙企业的合伙人资格。有下列情形之一的，合伙企业应当向合伙人的继承人退还被继承合伙人的财产份额：继承人不愿意成为合伙人；法律规定或者合伙协议约定合伙人必须具有相关资格，而该继承人未取得该资格；合伙协议约定不能成为合伙人的其他情形。合伙人的继承人为无民事行为能力人或者限制民事行为能力人的，经全体合伙人一致同意，可以依法成为有限合伙人，普通合伙企业依法转为有限合伙企业。全体合伙人未能一致同意的，合伙企业应当将被继承合伙人的财产份额退还该继承人。

（2）退伙结算。

除合伙人死亡或被依法宣告死亡的情形外，应对退伙人的退伙按如下规定进行结算：

①合伙人退伙，其他合伙人应当与该退伙人按照退伙时的合伙企业财产状况进行结算，退还退伙人的财产份额。退伙人对给合伙企业造成的损失负有赔偿责任的，相应扣减其应当赔偿的数额。退伙时有未了结的合伙企业事务的，待该事务了结后进行结算。

②退伙人在合伙企业中财产份额的退还办法，由合伙协议约定或者由全体合伙人决定，可以退还货币，也可以退还实物。

③合伙人退伙时，合伙企业财产少于合伙企业债务的，退伙人应当依照法律的规定分担亏损。

合伙人退伙不能解除既往的债务连带责任，即只要债务发生时该合伙人资格未丧失的，即使退伙，也仍然对该债务承担清偿责任。所以《合伙企业法》规定，退伙人对基于其退伙前的原因发生的合伙企业债务，承担无限连带责任。

【做中学14】判断题：合伙人死亡或者被依法宣告死亡的，对该合伙人在合伙企业中的财产份额享有合法继承权的继承人，从继承开始之日起，自动取得该合伙企业的合伙人资格。(　　)

解析：答案为错误。《合伙企业法》规定，合伙人死亡或者被依法宣告死亡的，对该合伙人在合伙企业中的财产份额享有合法继承权的继承人，按照合伙协议的约定或者经全体合伙人一致同意，从继承开始之日起，取得该合伙企业的合伙人资格。因此，该说法是错误的。

（七）特殊的普通合伙企业

特殊的普通合伙企业，是一种特殊的合伙形式，是以专业知识和专门技能为客户提供有偿服务的专业服务机构。特殊的普通合伙企业名称中应当标明“特殊普通合伙”字样。其特殊性体现在如下方面：

1.责任承担

（1）一个合伙人或者数个合伙人在执业活动中因故意或者重大过失造成合伙企业债务的，应当承担无限责任或者无限连带责任，其他合伙人以其在合伙企业中的财产份额为限承担责任。这里所说的重大过失，是指合伙人在民事行为能力范围内能够预见而没有预见，或者已预见但没有采取应对措施从而造成严重后果。

（2）合伙人在执业活动中非因故意或者重大过失造成的合伙企业债务以及合伙企业的其他债务，由全体合伙人承担无限连带责任。

2.责任追偿

合伙人执业活动中因故意或者重大过失造成的合伙企业债务，以合伙企业财产对外承担责任后，该合伙人应当按照合伙协议的约定对给合伙企业造成的损失承担赔偿责任。

3.职业风险防范

特殊的普通合伙企业应当建立执业风险基金、办理职业保险进行风险防范。

执业风险基金用于偿付合伙人执业活动造成的债务。执业风险基金应当单独立户管理。其建立的目的是化解经营风险。

职业保险，是指承保各种专业技术人员因工作上的过失或者疏忽大意所造成的合同一方或者他人的人身伤害或者财产损失的经济赔偿责任的保险。工作中难免会出现意外而造成对外的经济赔偿责任，该保险建立的目的是化解工作人员工作中承担的经济责任，以解后顾之忧。

【做中学15】判断题：根据《合伙企业法》的规定，特殊的普通合伙企业中的某个合伙人在执业活动中因故意造成合伙企业债务时，其他合伙人不承担责任。(　　)

解析：答案为错误。根据《合伙企业法》的规定，特殊的普通合伙企业中一个合伙人或者数个合伙人在执业活动中因故意或者重大过失造成合伙企业债务的，应当承担无限责任或者无限连带责任，其他合伙人以其在合伙企业中的财产份额为限承担责任。

三、有限合伙企业

(一)有限合伙企业的概念

有限合伙企业是指由有限合伙人和普通合伙人共同组成，普通合伙人对合伙企业债务承担无限连带责任，有限合伙人以其认缴的出资额为限对合伙企业债务承担责任的合伙组织。

(二)有限合伙企业设立的特殊规定

1.有限合伙企业的人数

有限合伙企业由二个以上五十个以下合伙人设立。但是，法律另有规定的除外。有限合伙企业至少应当有一个普通合伙人。国有独资公司、国有企业、上市公司以及公益性的事业单位、社会团体不得成为有限合伙企业的普通合伙人。

根据《合伙企业法》的规定，有限合伙企业仅剩有限合伙人的，应当解散；有限合伙企业仅剩普通合伙人的，转为普通合伙企业。

2.有限合伙企业的名称

有限合伙企业名称中应当标明“有限合伙”字样，不能标明“普通合伙”“特殊普通合伙”“有限公司”“有限责任公司”字样。

3.有限合伙企业协议

合伙协议除符合普通合伙企业合伙协议的规定外，还应当载明下列事项：普通合伙人和有限合伙人的姓名或者名称、住所；执行事务合伙人应具备的条件和选择程序；执行事务合伙人权限与违约处理办法；执行事务合伙人的除名条件和更换程序；有限合伙人入伙、退伙的条件、程序以及相关责任；有限合伙人和普通合伙人相互转变程序。

4.有限合伙人的出资形式

有限合伙人可以用货币、实物、知识产权、土地使用权或者其他财产权利作价出资。有限合伙人不得以劳务出资。

5.有限合伙企业出资义务

有限合伙人应当按照合伙协议的约定按期足额缴纳出资；未按期足额缴纳的，应当承担补缴义务，并对其他合伙人承担违约责任。

6.有限合伙企业登记事项

有限合伙企业登记事项中应当载明有限合伙人的姓名或者名称及认缴的出资数额。

【做中学16】根据《合伙企业法》的规定，下列关于有限合伙企业设立的表述中，不正确的是（　　）。

A.有限合伙企业至少应当有一个普通合伙人

B.有限合伙企业名称中应当标明“有限合伙”字样

C.有限合伙人可以以劳务出资

D.国有企业可以成为有限合伙人

解析：答案为C。根据《合伙企业法》规定，有限合伙企业至少应当有一个普通合伙人，国有独资公司、国有企业、上市公司以及公益性的事业单位、社会团体不得成为有限合伙企业的普通合伙人。有限合伙企业名称中应当标明“有限合伙”字样。所以A、B、D说法正确。有限合伙人不能以劳务出资。所以C正确。

（三）有限合伙企业事务执行的特殊规定

1.有限合伙企业的事务执行人

有限合伙企业由普通合伙人执行合伙事务。执行事务合伙人可以要求在合伙协议中确定执行事务的报酬及报酬提取方式。

2.禁止有限合伙人执行合伙事务

有限合伙人不执行合伙事务，不得对外代表有限合伙企业。但有限合伙人的下列行为，不视为执行合伙事务：参与决定普通合伙人入伙、退伙；对企业的经营管理提出建议；参与选择承办有限合伙企业审计业务的会计师事务所；获取经审计的有限合伙企业财务会计报告；对涉及自身利益的情况，查阅有限合伙企业财务会计账簿等财务资料；在有限合伙企业中的利益受到侵害时，向有责任的合伙人主张权利或者提起诉讼；执行事务合伙人怠于行使权利时，督促其行使权利或者为了本企业的利益以自己的名义提起诉讼；依法为本企业提供担保。

【做中学17】判断题：有限合伙人可以参与决定普通合伙人入伙、退伙。（　　）

解析：答案为正确。根据《合伙企业法》的规定，有限合伙人参与决定普通合伙人入伙、退伙等事项不视为执行合伙事务。

《合伙企业法》另外规定，第三人有理由相信有限合伙人为普通合伙人并与其交易的，该有限合伙人对该笔交易承担与普通合伙人同样的责任。有限合伙人未经授权以有限合伙企业名义与他人进行交易，给有限合伙企业或者其他合伙人造成损失的，该有限合伙人应当承担赔偿责任。

【做中学18】甲作为有限合伙企业的有限合伙人未经授权以合伙企业的名义与乙公司进行交易，该交易给合伙企业造成损失5万元。根据《合伙企业法》的规定，该笔交易造成的损失，应由（　　）。

A.甲承担赔偿责任　　B.合伙企业承担

C.甲和合伙企业共同承担无限责任　　D.甲承担无限责任，合伙企业承担有限责任

解析：答案为A。根据《合伙企业法》的规定，有限合伙人未经授权以有限合伙企业名义与他人进行交易，给有限合伙企业或者其他合伙人造成损失的，该有限合伙人应当承担赔偿责任。

3.有限合伙企业的利润分配

有限合伙企业不得将全部利润分配给部分合伙人；但是，合伙协议另有约定的除外。

4.有限合伙企业有限合伙人的权利

（1）自我交易权。有限合伙人可以同本有限合伙企业进行交易；但是，合伙协议另有约定的除外。

（2）竞业经营权。有限合伙人可以自营或者同他人合作经营与本有限合伙企业相竞争的业务；但是，合伙协议另有约定的除外。

（四）有限合伙企业财产出质与转让的特殊规定

1.财产出质

有限合伙人可以将其在有限合伙企业中的财产份额出质；但是，合伙协议另有约定的除外。这里所说的财产份额出质，是有限合伙人以其在合伙企业中的财产份额对外进行权利质押。

2.财产转让

有限合伙人可以按照合伙协议的约定向合伙人以外的人转让其在有限合伙企业中的财产份额，但应当提前三十日通知其他合伙人。在同等条件下，其他合伙人有优先购买权。

（五）有限合伙人债务清偿的特殊规定

1.收益清偿

有限合伙人的自有财产不足清偿其与合伙企业无关的债务的，该合伙人可以以其从有限合伙企业中分取的收益用于清偿；债权人也可以依法请求人民法院强制执行该合伙人在有限合伙企业中的财产份额用于清偿。

2.优先购买

人民法院强制执行有限合伙人的财产份额时，应当通知全体合伙人。在同等条件

下，其他合伙人有优先购买权。

（六）有限合伙企业入伙与退伙的特殊规定

1.入伙

新入伙的有限合伙人对入伙前有限合伙企业的债务，以其认缴的出资额为限承担责任。

2.退伙

有限合伙企业仅有当然退伙一种情况。

（1）当然退伙的情形。

合伙人有下列情形之一的，当然退伙：作为合伙人的自然人死亡或者被依法宣告死亡；作为合伙人的法人或者其他组织依法被吊销营业执照、责令关闭、撤销，或者被宣告破产；法律规定或者合伙协议约定合伙人必须具有相关资格而丧失该资格；合伙人在合伙企业中的全部财产份额被人民法院强制执行。

（2）退伙的特殊规定。

作为有限合伙人的自然人在有限合伙企业存续期间丧失民事行为能力的，其他合伙人不得因此要求其退伙。

作为有限合伙人的自然人死亡、被依法宣告死亡或者作为有限合伙人的法人及其他组织终止时，其继承人或者权利承受人可以依法取得该有限合伙人在有限合伙企业中的资格。

【做中学19】下列各项中，属于普通合伙人当然退伙但不属于有限合伙人当然退伙情形的是（　　）。

A.作为合伙人的自然人死亡

B.作为合伙人的法人被依法宣告破产

C.自然人在合伙企业存续期间丧失偿债能力

D.合伙人丧失相关资格

解析：答案为C。根据《合伙企业法》规定，作为有限合伙人的自然人在有限合伙企业存续期间丧失民事行为能力的，其他合伙人不得因此要求其退伙。而作为普通合伙人的自然人在合伙企业存续期间丧失民事行为能力的，为当然退伙的情形。

（3）退伙后的责任。

有限合伙人退伙后，对基于其退伙前的原因发生的有限合伙企业债务，以其退伙时从有限合伙企业中取回的财产承担责任。

【做中学20】判断题：退伙后的有限合伙人对基于其退伙前的原因发生的有限合伙企业的债务，以其认缴的出资额为限承担责任。（　　）

解析：答案为错误。《合伙企业法》规定，有限合伙人退伙后，对基于其退伙前的原因发生的有限合伙企业债务，以其退伙时从有限合伙企业中取回的财产承担责任。

（七）合伙人性质转变的特殊规定

除合伙协议另有约定外，普通合伙人转变为有限合伙人，或者有限合伙人转变为普通合伙人，应当经全体合伙人一致同意。有限合伙人转变为普通合伙人的，对其作为有限合伙人期间有限合伙企业发生的债务承担无限连带责任。普通合伙人转变为有限合伙人的，对其作为普通合伙人期间合伙企业发生的债务承担无限连带责任。

【做中学21】甲为有限合伙企业的有限合伙人，经全体合伙人一致同意，甲转为普通合伙人。下列关于甲对其作为有限合伙人期间有限合伙企业发生的债务承担责任的表述中，符合《合伙企业法》规定的是（　　）。

A.以其认缴的出资额为限承担责任

B.以其实缴的出资额为限承担责任

C.承担无限连带责任

D.不承担责任

解析：答案为C。根据《合伙企业法》的规定，有限合伙人转变为普通合伙人的，对其作为有限合伙人期间有限合伙企业发生的债务承担无限连带责任。因此，选项C正确。

四、合伙企业解散和清算

（一）合伙企业解散

合伙企业解散，是指合伙人解除合伙协议，合伙企业终止活动。有下列情形之一的，合伙企业应解散：合伙期限届满，合伙人决定不再经营；合伙协议约定的解散事由出现；全体合伙人决定解散；合伙人已不具备法定人数满三十天；合伙协议约定的合伙目的已经实现或者无法实现；依法被吊销营业执照、责令关闭或者被撤销；法律、行政法规规定的其他原因。

【做中学22】根据《合伙企业法》的规定，下列各项中，属于合伙企业应当解散的情形有（　　）。

A.合伙人因决策失误给合伙企业造成重大损失

B.合伙企业被依法吊销营业执照

C.合伙企业的合伙人已有两个月低于法定人数

D.合伙协议约定的合伙目的无法实现

解析：答案为BCD。根据《合伙企业法》的规定，合伙人已不具备法定人数满三十天，合伙协议约定的合伙目的已经实现或者无法实现，依法被吊销营业执照、责令关闭或者被撤销，合伙企业应解散。

（二）合伙企业清算

1.确定清算人

合伙企业解散，应当由清算人进行清算。清算人由全体合伙人担任；经全体合伙人过半数同意，可以自合伙企业解散事由出现后十五日内指定一个或者数个合伙人，或者委托第三人，担任清算人。自合伙企业解散事由出现之日起十五日内未确定清算人的，合伙人或者其他利害关系人可以申请人民法院指定清算人。

2.清算人职责

清算人在清算期间执行下列事务：清理合伙企业财产，分别编制资产负债表和财产清单；处理与清算有关的合伙企业未了结事务；清缴所欠税款；清理债权、债务；处理合伙企业清偿债务后的剩余财产；代表合伙企业参加诉讼或者仲裁活动。

3.清算的通知公告

清算人自被确定之日起十日内将合伙企业解散事项通知债权人，并于六十日内在报纸上公告。债权人应当自接到通知书之日起三十日内，未接到通知书的自公告之日起四十五日内，向清算人申报债权。债权人申报债权，应当说明债权的有关事项，并提供证明材料。清算人应当对债权进行登记。清算期间，合伙企业存续，但不得开展与清算无关的经营活动。

4.清偿顺序

合伙企业债务清偿严格遵循下列顺序：（1）支付清算费用；（2）支付职工工资；（3）支付社会保险费用；（4）支付法定补偿金；（5）缴纳所欠税款；（6）清偿债务；（7）合伙人进行分配。

【做中学23】某普通合伙企业决定解散，经清算人确认：企业欠职工工资和社会保险费用80 000元，欠国家税款100 000元，另外发生清算费用50 000元。下列几种清偿顺序中，符合《合伙企业法》规定的是（　　）。

A.先支付清算费用，再支付职工工资和社会保险费用，然后缴纳税款

B.先缴纳税款，再支付职工工资和社会保险费用，然后支付清算费用

C.先支付清算费用，再缴纳税款，然后支付职工工资和社会保险费用

D.先支付职工工资和社会保险费用，再缴纳税款，然后支付清算费用

解析：答案为A。根据《合伙企业法》的规定，合伙企业的财产清偿顺序为：（1）支付清算费用；（2）支付职工工资；（3）支付社会保险费用；（4）支付法定补偿金；（5）缴纳所欠税款；（6）清偿债务；（7）合伙人进行分配。

5.清算结束有关事宜

（1）清算结束，清算人应当编制清算报告，经全体合伙人签名、盖章后，在十五日内向企业登记机关报送清算报告，申请办理合伙企业注销登记。

（2）合伙企业注销后，原普通合伙人对合伙企业存续期间的债务仍应承担无限连带责任。

（3）合伙企业不能清偿到期债务的，债权人可以依法向人民法院提出破产清算申请，也可以要求普通合伙人清偿。

（4）合伙企业依法被宣告破产的，普通合伙人对合伙企业债务仍应承担无限连带责任。

案例分析

根据案例导入中的案情，分析如下：

（1）合伙协议中下列各项不合法：①口头形式订立合伙协议；②李某对合伙企业承担有限责任；③赵某成为普通合伙人，且对合伙企业不承担任何责任；④该合伙企业名称为“利龙公司”；⑤由张某执行合伙企业事务，其他合伙人不得过问合伙企业事务。根据《合伙企业法》的规定：①合伙协议必须作成书面形式；②普通合伙企业的合伙人对企业债务承担无限连带责任；③无民事行为能力和限制行为能力人不得成为普通合伙企业合伙人；④合伙企业名称中必须带有“普通合伙”字样，不得带有“有限”“有限责任”“公司”字样；⑤执行合伙企业事务的合伙人对外代表合伙企业，不执行合伙事务的合伙人有权监督执行事务合伙人执行合伙事务的情况。

（2）①周某没有成为合伙人。根据《合伙企业法》的规定，新合伙人入伙，必须征得合伙人一致同意，并签订入伙协议。在本案例中，周某仅仅征得合伙人赵某的同意，不满足入伙的条件。②周某的观点是不合法的。根据《合伙企业法》的规定，新合伙人对入伙前合伙企业的债务承担无限连带责任。

（3）钱某不能开设与该合伙企业经营相同业务的个人独资企业。根据《合伙企业法》的规定，合伙人不得自营或者同他人合作经营与本合伙企业相竞争的业务。

（4）赵某与某公司签订的合同，其他合伙人不能以其超过合伙协议约定的限额为由拒付某公司的货款。根据《合伙企业法》的规定，合伙企业对合伙人执行合伙事务以及对外代表合伙企业权利的限制，不得对抗善意第三人。

知识拓展

扫描右侧二维码，在线查看合伙制企业与公司制企业的区别。

合伙制企业与公司制企业的区别

同步训练

参考答案

一、单选题

1.根据《合伙企业法》的规定，除合伙协议另有约定外，无须经全体合伙人一致通过的是（　　）。

A.改变合伙企业名称

B.以合伙企业的名义为他人提供担保

C.合伙人之间转让合伙企业中的部分财产份额

D.改变合伙企业的经营范围

2.根据《合伙企业法》的规定，下列人员中，不应对合伙企业债务承担连带责任的是（　　）。

A.合伙企业债务发生后办理退伙的退伙人

B.被聘任的合伙企业经营管理人员

C.合伙企业债务发生后办理入伙的新合伙人

D.合伙企业的全体合伙人

3.甲、乙、丙拟设立一个普通合伙企业，出资比例为4∶4∶2。合伙协议约定的利润分配和亏损分担的下列表述中，不符合《合伙企业法》规定的是（　　）。

A.按4∶4∶2的比例分配损益

B.在合伙人之间平均分配损益

C.按3∶3∶4的比例分配损益

D.利润按3∶3∶4的比例分配，亏损由丙承担

4.下列关于有限合伙企业设立条件的表述中，不符合《合伙企业法》规定的是（　　）。

A.有限合伙企业至少应当有1个普通合伙人

B.有限合伙企业中的合伙人一律不得以劳务作为出资

C.有限合伙人可以用知识产权作价出资

D.有限合伙企业登记事项中应载明有限合伙人的姓名或名称

5.关于有限合伙企业的表述中，下列说法错误的是(　　)。

A.有限合伙企业的合伙人为2～50人

B.有限合伙人不能以劳务出资

C.合伙企业名称中应设有“有限合伙”字样

D.有限合伙人可以同本企业进行交易，但不得经营与本企业相竞争的业务

二、多选题

1.某普通合伙企业决定委托合伙人甲执行合伙事务，甲的下列做法正确的有(　　)。

A.对外代表合伙企业

B.拒绝其他合伙人执行合伙事务

C.同本合伙企业进行交易

D.要求合伙企业承担执行合伙事务所产生的亏损

2.关于普通合伙企业的事务执行，下列说法正确的有(　　)。

A.合伙人可以将合伙事务委托给一个或者数个合伙人执行

B.执行合伙事务的合伙人对外代表合企业

C.不执行合伙事务的合伙人可以自营同本合伙企业相竞争的业务

D.合伙企业可以从合伙人之外聘任经营管理人员

3.甲上市公司与公民乙共同出资设立一合伙企业，经营干果批发。3年后，因经营亏损，该合伙企业财产不足以清偿全部债务。下列有关合伙人承担责任的表述中，符合《合伙企业法》规定的有(　　)。

A.甲上市公司以其认缴的出资额为限对合伙企业债务承担责任

B.公民乙以其认缴的出资额为限对合伙企业债务承担责任

C.甲上市公司对合伙企业债务承担无限责任

D.公民乙对合伙企业债务承担无限责任

三、判断题

1.除合伙协议另有约定外，普通合伙企业的合伙人不得自营或者同他人合作经营与本合伙企业相竞争的业务。(　　)

2.合伙协议不得约定将全部利润分配给部分合伙人或者由部分合伙人承担全部亏损。(　　)

3.有限合伙企业至少应当有一个普通合伙人。（　　）

四、案例分析题

2017年1月，甲、乙、丙、丁四个人决定投资设立一普通合伙企业，并签订了书面合伙协议。合伙协议的部分内容如下：（1）甲以货币出资10万元，乙以实物折价出资8万元，经其他三人同意，丙以劳务折价出资6万元，丁以货币出资4万元；（2）甲、乙、丙、丁按约定的比例分配利润和承担风险；（3）由甲执行合伙企业事务，对外代表合伙企业，其他三人均不再执行合伙企业事务，但签订代销合同应经其他合伙人同意。合伙协议中未约定合伙企业的经营期限。合伙企业在存续期间，发生下列事实：

（1）2017年5月，甲擅自以合伙企业的名义与善意第三人A公司签订了代销合同。乙获知后，认为该合同不符合合伙企业利益，经与丙、丁商议后，即向A公司表示对该合同不予承认，因为甲合伙人无单独与第三人签订代销合同的权力。

（2）2017年10月，合伙人丁提出退伙，其退伙并不会给合伙企业造成任何不利影响。2017年12月，合伙人丁撤资退伙。于是，合伙企业又接纳戊新入伙，戊出资4万元。2018年1月，合伙企业的债权人A公司就合伙人丁退伙前发生的债务24万元要求合伙企业的现合伙人甲、乙、丙、戊及退伙人丁共同承担连带清偿责任。丁以自己已经退伙为由，拒绝承担清偿责任。戊以自己新入伙为由，拒绝对其入伙前的债务承担清偿责任。

（3）执行合伙事务的合伙人甲为了改善企业经营管理，于2018年2月独自决定聘任合伙人以外的B担任该合伙企业的经营管理人员；并以合伙企业名义为C公司提供担保。

（4）2018年3月，合伙人乙在与D公司的买卖合同中，无法清偿D公司的到期债务8万元。D公司于2018年4月向人民法院提起诉讼，人民法院判决D公司胜诉。D公司于2018年5月向人民法院申请强制执行合伙人乙在合伙企业中的全部财产份额。

根据以上事实，回答下列问题并说明理由：

1.甲以合伙企业名义与A公司所签的代销合同是否有效？

2.丁的主张是否成立？并说明理由。如果丁向A公司偿还了24万元的债务，丁可以向哪些当事人追偿？追偿的数额是多少？

3.戊的主张是否成立？

4.甲聘任B担任合伙企业的经营管理人员及为C公司提供担保的行为是否合法？

5.合伙人乙被人民法院强制执行其在合伙企业中的全部财产份额后，合伙企业决定对乙进行除名。合伙企业的做法是否符合法律规定？

6.合伙人丁的退伙属于何种情况？其退伙应符合哪些条件？

项目小结

- 个人独资企业法
  - 个人独资企业投资人与事务管理
  - 个人独资企业的解散和清算
  - 个人独资企业的概念、特征与设立条件
- 合伙企业法
  - 合伙企业的概念及分类
  - 普通合伙企业
  - 有限合伙企业
  - 合伙企业的解散和清算

考核评价

本项目职业能力测试与考核采用百分制，将过程考核与结果考核相结合，加大技能考核比重。过程考核主要包括职业态度、组织纪律、团队合作、实训练习，占40%。结果考核以实务考核为主，占60%。

考核评价记录表（一）

过程考核（40%）				结果考核（60%）	
职业态度（10%）	组织纪律（10%）	团队合作（10%）	实训练习（10%）	考核内容	分值比重
教师根据课堂表现进行评价，采取扣分制	教师电子考勤（每次课电子签到）	学生小组评价	教师根据学生提交的实训练习情况进行评价	个人独资企业的设立	30%
				个人独资企业的事务管理	30%

考核评价记录表（二）

过程考核（40%）				结果考核（60%）	
职业态度（10%）	组织纪律（10%）	团队合作（10%）	实训练习（10%）	考核内容	分值比重
教师根据课堂表现进行评价，采取扣分制	教师电子考勤（每次课电子签到）	学生小组评价	教师根据学生提交的实训练习情况进行评价	普通合伙企业	40%
				有限合伙企业	20%

教学项目 7　外商投资企业法律制度

学习目标

1. 了解外商投资的概念，了解外商投资企业的概念和适用范围；

2. 理解外商投资企业的组织形式、融资方式；

3. 理解外商投资促进、投资保护和投资管理。

任务 7.1　外商投资法的基本规定

视听资源

案例导入

吴素芹与一汽—大众汽车有限公司、陕西新丰泰博奥汽车有限责任公司产品责任纠纷案

奥迪车驾驶员张某在驾驶中发生事故不幸身亡，奥迪车配备的8个气囊全未弹开，并且该车是存在安全隐患被要求召回的车辆。张某的母亲吴素芹认为事发时车辆气囊未打开才导致张某死亡，因此将一汽—大众有限公司和经销商陕西新丰泰博奥汽车有限责任公司告上法庭。最终，法院判决赔偿死者母亲丧葬费、死亡赔偿金、精神损害赔偿金共计54万余元。

［案例来源：中国裁判文书网，陕西省西安市中级人民法院（2017）陕01民终9913号民事判决，2017年12月12日发布］

根据上述资料，请同学们思考：

一汽—大众汽车有限公司属于哪一类外商投资企业？上述案件中的纠纷为何如此处理？

知识准备

一、外商投资企业的概念

外商投资企业，是指全部或者部分由外国投资者投资，依照中国法律在中国境内经登记注册设立的企业。它不包括外商投资企业的分支机构。外商投资者包括外国的自然人、企业或者其他组织。外商投资，是指外国的自然人、企业或者其他组织直接或者间接在中国境内进行的投资活动，包括下列情形：

（1）外国投资者单独或者与其他投资者（包括中国的自然人在内）共同在中国境内

设立外商投资企业；

（2）外国投资者取得中国境内企业的股份、股权、财产份额或者其他类似权益；

（3）外国投资者单独或者与其他投资者（包括中国的自然人在内）共同在中国境内投资新建项目；

（4）法律、行政法规或者国务院规定的其他方式的投资。

投资合同，是指外国投资者即外国的自然人、企业或者其他组织因直接或者间接在中国境内进行投资而形成的相关协议，包括设立外商投资企业合同、股份转让合同、股权转让合同、财产份额或者其他类似权益转让合同、新建项目合同等协议。

【做中学1】外商投资者包括（　　）。

A.外国的自然人　　B.外国企业　　C.外国的政府机构　　D.外国其他组织。

解析：答案为ABD。本题考核点是《外商投资法》第二条外商投资者的范围。

【做中学2】填空：外商投资企业，是指全部或者部分由外国投资者投资，依照（　　　　）在（　　　　）经登记注册设立的企业。

解析：中国法律、中国境内。本题考核点是外商投资企业的适用范围。

二、外商投资企业法律规范

外商投资企业法律规范是调整国家协调经济运行过程中发生的关于外商投资企业的经济关系的法律规范的总称。党的二十大报告指出，为“加快构建新发展格局，着力推动高质量发展”，要“推进高水平对外开放”，“合理缩减外资准入负面清单，依法保护外商投资权益，营造市场化、法治化、国际化一流营商环境”。

我国的外商投资企业法律规范包括：

（1）2019年3月15日，十三届全国人大二次会议表决通过的《中华人民共和国外商投资法》（以下简称《外商投资法》），一共六章四十二条。这是我国历史上第一个全面系统的外资立法，为外商投资领域的制度建设搭起了“四梁八柱”，是贯彻落实中央扩大对外开放、促进外商投资决策部署的重要举措。该法律规定了对外商投资实行准入前国民待遇加负面清单管理制度、投资促进制度、投资保护制度、投资管理制度等内容。

（2）2019年12月12日，国务院第74次常务会议通过的《中华人民共和国外商投资法实施条例》（以下简称《外商投资法实施条例》），一共六章四十九条。在外商投资法的基础上，在投资促进、投资保护、投资管理等方面做出了更具体的制度设计，进一步增强了外资领域法律制度的可操作性。

（3）2019年12月26日发布的《关于适用〈中华人民共和国外商投资法〉若干问题

的解释》，一共七条。其主要是为了依法平等保护中外投资者合法权益，营造稳定、公平、透明的法治化营商环境，就人民法院审理平等主体之间的投资合同纠纷案件适用法律问题而作出的司法解释。

以上三个法律规范均自2020年1月1日起施行。《中华人民共和国中外合资经营企业法》《中华人民共和国外资企业法》《中华人民共和国中外合作经营企业法》同时废止。

除此之外，我国还相继出台了一系列行政法规、规章、政策。例如：2019年10月23日，国务院公布的《优化营商环境条例》自2020年1月1日起施行。《鼓励外商投资产业目录（2020年版）》自2021年1月27日起施行。《外商投资准入特别管理措施（负面清单）（2020年版）》自2020年7月23日起施行。《自由贸易试验区外商投资准入特别管理措施（负面清单）（2020年版）》自2020年7月23日起施行。2019年7月，国务院印发《中国（上海）自由贸易试验区临港新片区总体方案》。

国家依法保护外国投资者在中国境内的投资、收益和其他合法权益。在中国境内进行投资活动的外国投资者、外商投资企业，应当遵守中国法律法规，不得危害中国国家安全、损害社会公共利益。

三、外商投资企业的组织形式、组织机构及其活动准则

外商投资企业的组织形式、组织机构及其活动准则，适用《中华人民共和国公司法》《中华人民共和国合伙企业法》等法律的规定。外商投资法施行前依照《中华人民共和国中外合资经营企业法》《中华人民共和国外资企业法》《中华人民共和国中外合作经营企业法》设立的外商投资企业，在外商投资法施行后5年内，可以依照《公司法》《合伙企业法》等法律的规定调整其组织形式、组织机构等，并依法办理变更登记，也可以继续保留原企业组织形式、组织机构等。自2025年1月1日起，对未依法调整组织形式、组织机构等并办理变更登记的现有外商投资企业，市场监督管理部门不予办理其申请的其他登记事项，并将相关情形予以公示。现有外商投资企业的组织形式、组织机构等依法调整后，原合营、合作各方在合同中约定的股权或者权益转让办法、收益分配办法、剩余财产分配办法等，可以继续按照约定办理。

四、外商投资企业的出资方式、出资期限和出资比例

（一）出资方式

外商投资企业的组织形式是有限责任公司或股份有限公司的，根据《公司法》第二十七条之规定，股东可以用货币出资，也可以用实物、知识产权、土地使用权等可以

用货币估价并可以依法转让的非货币财产作价出资；但是，法律、行政法规规定不得作为出资的财产除外。对作为出资的非货币财产应当评估作价，核实财产，不得高估或者低估作价。法律、行政法规对评估作价有规定的，从其规定。因此，外商投资企业各方可以用下列方式出资：

（1）货币，即以现汇（外方）、现金（中方）出资。外商投资者出资的外币，按缴款当日中国人民银行公布的基准汇率折算成人民币或者套算成约定的外币。中国出资者出资的人民币现金，需要折算成外币的，按缴款当日中国人民银行公布的基准汇率折算。

（2）实物，即以建筑物、厂房、机器设备或其他物料作价出资。作为外商投资者出资的机器设备或其他物料必须符合下列条件：①必须确实是适合我国需要的先进技术和设备；②应当是合营企业生产所必需的；③作价不得高于同类机器设备或其他物料当时的国际市场价格。

（3）知识产权。作为外商投资者出资的知识产权，必须符合下列条件之一：①能显著改进现有产品的性能、质量，提高生产效率的；②能显著节约原材料、燃料、动力的。外商投资者以知识产权作为出资，应提交该知识产权的有关资料，包括专利证书或者商标注册证书的复印件、与中国出资者签订的作价协议等有关文件，作为投资合同的附件。外商投资者以机器设备或其他物料、知识产权作为出资的，应报审批机关批准。

（4）土地使用权。中国出资者可以以土地使用权出资。如果土地使用权未作为中国出资者出资的一部分，外商投资企业应向中国政府缴纳土地使用费。如果土地使用权作为中国出资者出资的一部分，其作价金额应与取得同类土地使用权所应缴纳的使用费相同。土地使用费作为中国出资者投资的，在合同的有效期限内不得调整。

以实物、知识产权、土地使用权作为出资的，其作价由投资各方按照公平合理的原则协商确定，或者聘请投资各方同意的第三者评定。以货币出资的，应当将货币出资足额存入外商投资企业在银行开设的账户；以非货币财产出资的，应当依法办理其财产权的转移手续。

【做中学3】外商投资企业是有限责任公司的，出资各方以（　　）方式进行出资。

A. 现金　　B. 知识产权　　C. 土地使用权　　D. 实物

解析：答案为ABCD。本题考核点是外商投资企业的出资方式。

外商投资企业的组织形式是合伙企业的，按照《合伙企业法》关于出资的规定。普通合伙企业合伙人可以用货币、实物、知识产权、土地使用权或者其他财产权利出资，也可以用劳务出资。合伙人以实物、知识产权、土地使用权或者其他财产权利出资，需要评估作价的，可以由全体合伙人协商确定，也可以由全体合伙人委托法定评估机构评估。合伙人以劳务出资的，其评估办法由全体合伙人协商确定，并在合伙协议中载明。有限合伙人可以用货币、实物、知识产权、土地使用权或者其他财产权利作价出资。有限合伙人不得以劳务出资。有限合伙人应当按照合伙协议的约定按期足额缴纳出资；未按期足额缴纳的，应当承担补缴义务，并对其他合伙人承担违约责任。有限合伙企业登记事项中应当载明有限合伙人的姓名或者名称及认缴的出资数额。

【做中学4】外商投资企业是普通合伙企业的，各方的出资方式包括（　　）。

A.货币　　B.机器　　C.劳务　　D.土地使用权　　E.知识产权

解析：答案为ABCDE。本题考核点是外商投资企业的出资方式。

（二）出资期限和出资比例

根据2014年6月17日实施的《商务部关于改进外资审核管理工作的通知》，取消对外商投资（含台、港、澳投资）的公司首次出资比例、货币出资比例和出资期限的限制或规定。认缴出资额、出资方式、出资期限由投资者（股东、发起人）自主约定，并在投资合同、公司章程中载明。

五、外商投资企业的投资总额和注册资本

（一）投资总额

外商投资企业的投资总额，是指按照投资合同、章程规定的生产规模需要投入的基本建设资金和生产流动资金的总和。投资各方的出资达不到投资总额，也可以企业的名义向银行贷款等作为投资，因此，企业的投资总额一般包括两个部分，即中外各方出资的自有资金和企业向银行的贷款等。

（二）注册资本

外商投资企业的注册资本，是指为设立外商投资企业在市场监督管理部门登记的全体股东认缴的出资总额。注册资本可以用人民币表示，也可以用可自由兑换货币表示。因公司法取消了最低注册资本制，实行认缴资本制。所以，外商投资企业对注册资本没有数额限制。

六、外商投资企业的投资项目

国家对外商投资实行准入前国民待遇加负面清单管理制度。准入前国民待遇，是指在投资准入阶段给予外国投资者及其投资不低于本国投资者及其投资的待遇。负面清

单，是指国家规定在特定领域对外商投资实施的准入特别管理措施。国家对负面清单之外的外商投资，给予国民待遇。外商投资准入负面清单由国务院投资主管部门会同国务院商务主管部门等有关部门提出，报国务院发布或者报国务院批准后由国务院投资主管部门、商务主管部门发布。国家根据进一步扩大对外开放和经济社会发展需要，适时调整负面清单。中华人民共和国缔结或者参加的国际条约、协定对外国投资者准入待遇有更优惠规定的，可以按照相关规定执行。

国家根据国民经济和社会发展需要，制定鼓励外商投资产业目录，列明鼓励和引导外国投资者投资的特定行业、领域、地区。

《鼓励外商投资产业目录（2020年版）》包括全国鼓励外商投资产业目录和中西部地区外商投资优势产业目录。属于《鼓励外商投资产业目录（2020年版）》的外商投资项目，可以依照法律、行政法规或者国务院的规定享受税收、土地等优惠待遇。

《外商投资准入特别管理措施（负面清单）（2020年版）》。全国外资准入负面清单条目已减至33条。《自由贸易试验区外商投资准入特别管理措施（负面清单）（2020年版）》的条目已减至30条，继续发挥自贸试验区开放"试验田"作用。外资准入负面清单是我国实行准入前国民待遇加负面清单管理制度的基本依据。负面清单以外的外商投资，按照内外资一致原则管理，给予国民待遇。各地区、各部门不得在负面清单之外的领域单独针对外资设置准入限制。

七、法律责任

为保障外商投资的法治营商环境，《外商投资法》规定了对外国投资者和外商投资企业及行政机关工作人员、政府采购的采购人、采购代理机构的违法行为进行惩戒规制。

（一）外国投资者和外商投资企业违法应承担的法律责任

1.《外商投资法》第三十六条第一款规定，外国投资者投资外商投资准入负面清单规定禁止投资的领域的，由有关主管部门责令停止投资活动，限期处分股份、资产或者采取其他必要措施，恢复到实施投资前的状态；有违法所得的，没收违法所得。

该条第二款规定，外国投资者的投资活动违反外商投资准入负面清单规定的限制性准入特别管理措施的，由有关主管部门责令限期改正，采取必要措施满足准入特别管理措施的要求；逾期不改正的，依照该条第一款规定处理。

该条第三款规定，外国投资者的投资活动违反外商投资准入负面清单规定的，除依照该条第一款、第二款规定处理外，还应当依法承担相应的法律责任。

2.外国投资者、外商投资企业违反《外商投资法》规定，未按照外商投资信息报告制度的要求报送投资信息的，由商务主管部门责令限期改正；逾期不改正的，处十万元以上五十万元以下的罚款。

3.对外国投资者、外商投资企业违反法律、法规的行为，由有关部门依法查处，并按照国家有关规定纳入信用信息系统。

（二）外国投资者和外商投资企业因投资产生的投资合同纠纷相关法律规定

2020年1月1日起施行的《最高人民法院关于适用〈中华人民共和国外商投资法〉若干问题的解释》规定，依法平等保护中外投资者合法权益，并对人民法院审理平等主体之间的投资合同纠纷案件适用法律问题作出如下解释：

1.对《外商投资法》第四条所指的外商投资准入负面清单之外的领域形成的投资合同，当事人以合同未经有关行政主管部门批准、登记为由主张合同无效或者未生效的，人民法院不予支持。如果投资合同签订于《外商投资法》施行前，但人民法院在《外商投资法》施行时尚未作出生效裁判的，适用该规定认定合同的效力。

2.外国投资者投资外商投资准入负面清单规定禁止投资的领域，当事人主张投资合同无效的，人民法院应予支持。

3.外国投资者投资外商投资准入负面清单规定限制投资的领域，当事人以违反限制性准入特别管理措施为由，主张投资合同无效的，人民法院应予支持。人民法院作出生效裁判前，当事人采取必要措施满足准入特别管理措施的要求，当事人主张上述规定的投资合同有效的，应予支持。

4.在生效裁判作出前，因外商投资准入负面清单调整，外国投资者投资不再属于禁止或者限制投资的领域，当事人主张投资合同有效的，人民法院应予支持。

5.人民法院审理香港特别行政区、澳门特别行政区投资者、定居在国外的中国公民在内地、台湾地区投资者在大陆投资产生的相关纠纷案件，可以参照适用上述解释。

（三）行政机关及其工作人员违法承担的法律责任

1.行政机关工作人员在外商投资促进、保护和管理工作中滥用职权、玩忽职守、徇私舞弊的，或者泄露、非法向他人提供履行职责过程中知悉的商业秘密的，依法给予处分；构成犯罪的，依法追究刑事责任。

2.行政机关及其工作人员利用行政手段强制或者变相强制外国投资者、外商投资企业转让技术的，对直接负责的主管人员和其他直接责任人员依法给予处分。

3.政府和有关部门及其工作人员有下列情形之一的，依法依规追究责任：

（1）制定或者实施有关政策不依法平等对待外商投资企业和内资企业；

（2）违法限制外商投资企业平等参与标准制定、修订工作，或者专门针对外商投资企业适用高于强制性标准的技术要求；

（3）违法限制外国投资者汇入、汇出资金；

（4）不履行向外国投资者、外商投资企业依法作出的政策承诺以及依法订立的各类合同，超出法定权限作出政策承诺，或者政策承诺的内容不符合法律、法规规定。

（四）政府采购的采购人、采购代理机构违法承担的法律责任

政府采购的采购人、采购代理机构以不合理的条件对外商投资企业实行差别待遇或者歧视待遇的，依照《中华人民共和国政府采购法》及其实施条例的规定追究其法律责任；影响或者可能影响中标、成交结果的，依照《中华人民共和国政府采购法》及其实施条例的规定处理。

政府采购监督管理部门对外商投资企业的投诉逾期未作处理的，对直接负责的主管人员和其他直接责任人员依法给予处分。

【做中学5】判断题：外国投资者投资外商投资准入负面清单规定禁止投资的领域，当事人主张投资合同无效的，人民法院应予支持。（　　）

解析：答案为正确。详见《最高人民法院关于适用〈中华人民共和国外商投资法〉若干问题的解释》第三条。

【做中学6】判断题：行政机关及其工作人员利用行政手段强制外商投资企业转让技术的，对直接责任人员依法给予处分。（　　）

解析：答案为错误。根据《外商投资法实施条例》第四十三条的规定，行政机关及其工作人员利用行政手段强制或者变相强制外国投资者、外商投资企业转让技术的，对直接负责的主管人员和其他直接责任人员依法给予处分。

案例分析

一汽一大众公司属于中外合资经营企业。

本案纠纷属于产品责任纠纷。本案的争议焦点是涉案的奥迪车是否存在产品缺陷，以及一汽一大众公司与新丰泰公司是否承担产品责任及如何承担。涉案奥迪车的安全气囊是否存在产品缺陷应当以是否存在危及人身、他人财产安全的不合理的危险为判断标准。涉案奥迪车因前部安全气囊无法正确开启，存在安全隐患，属于一汽一大众公司在国内召回范围内的汽车，并且在发生交通事故剧烈碰撞时，涉案汽车的安全气囊全部没有打开。司法鉴定结论也指出在事故中涉案奥迪车正面气囊具备了打开的条件，却没有打开，说明系统工作不正常，因此应当认定涉案奥迪车存在产品缺陷。大众公司与新丰泰公司承担连带赔偿责任。

同步训练

参考答案

一、单选题

1.《外商投资法》施行前依照《中华人民共和国中外合资经营企业法》《中华人民共和国外资企业法》《中华人民共和国中外合作经营企业法》设立的外商投资企业，在《外商投资法》施行后（　　）内，可以依照《中华人民共和国公司法》《中华人民共和国合伙企业法》等法律的规定调整其组织形式、组织机构等，并依法办理变更登记，也可以继续保留原企业组织形式、组织机构等。

A. 5年　　B. 3年

C. 1年　　D. 2年

2.下列不属于外商投资企业的是（　　）。

A.韩国大宇

B.广州宝洁有限公司

C.一汽—大众汽车有限公司

D.美国TERUI公司在中国上海的分支机构

3.《中华人民共和国外商投资法》于（　　）开始施行。

A. 2019年3月15日　　B. 2020年1月1日

C. 2019年10月1日　　D. 2019年9月1日

4.《中华人民共和国外商投资法》于（　　）十三届全国人大二次会议表决通过。

A. 2019年3月15日　　B. 2020年1月1日

C. 2019年10月1日　　D. 2018年3月15日

5.《中华人民共和国外商投资法实施条例》于2019年12月12日国务院第74次常务会议通过，于（　　）开始施行。

A. 2019年3月15日　　B. 2020年1月1日

C. 2019年10月1日　　D. 2019年9月1日

二、多项选择题

1.作为外商投资者出资的工业产权或者专有技术，必须符合（　　）条件。

A.能显著改进现有产品的性能、质量　　B.提高生产效率

C.能显著节约原材料、燃料、动力　　D.符合行业标准

2.在《外商投资法》实施后，外商投资企业的组织形式、组织机构及其活动准则，适用(　　)等法律的规定。

A.《中华人民共和国公司法》　　B.《中华人民共和国合伙企业法》

C.《中华人民共和国外商投资法》　　D.《中华人民共和国合同法》

3.作为外商投资者出资的机器设备或其他物料必须符合下列条件：(　　)

A.必须确实是适合我国需要的先进技术和设备

B.应当是合营企业生产所必需的

C.作价不得高于同类机器设备或其他物料当时的国际市场价格

D.存在所有权争议的

4.政府有关部门及其工作人员有下列情形之一的，依法追究责任：(　　)

A.制定或者实施有关政策不依法平等对待外商投资企业和内资企业

B.违法限制外商投资企业平等参与标准制定、修订工作，或者专门针对外商投资企业适用高于强制性标准的技术要求

C.违法限制外国投资者汇入、汇出资金

D.不履行向外国投资者、外商投资企业依法作出的政策承诺以及依法订立的各类合同，超出法定权限作出政策承诺，或者政策承诺的内容不符合法律、法规规定

5.政府采购监督管理部门对外商投资企业的投诉逾期未作处理的，对(　　)和(　　)依法给予处分。

A.直接负责的主管人员　　B.直接责任人员

C.部门领导　　D.接待投诉人员

三、名词解释

1.外商投资企业

2.投资合同

3.准入前国民待遇

4.负面清单

四、判断题

1.外商投资企业不包括外国公司、企业和其他经济组织在中国境内设立的分支机构。(　　)

2.外商投资企业，应当遵守中国法律法规，不得危害中国国家安全、损害社会公共利益。(　　)

3.外国投资者在依法需要取得许可的行业、领域进行投资的，无须办理相关许可手续。(　　)

4.国家对负面清单之外的外商投资，给予国民待遇。(　　)

5.我国《外商投资法》明确规定了外商投资的出资期限和出资比例。(　　)

6.外商投资准入负面清单之外的领域，当事人以投资合同未经有关行政主管部门批准为由主张合同无效的，人民法院予以支持。(　　)

五、案例分析题

美国胡安公司计划在中国境内出资成立德利技术有限责任公司，投资项目为生物工程与生物医学工程技术、生物质能源开发技术。美国胡安公司注册资本100万美元，其中外币出资50万美元，其余50万美元是用机器设备、知识产权作价。后发现，机器设备的作价比同类机器设备当时的国际市场正常价格还要高。在经营2年期间，德利技术有限责任公司一直偷偷地针对某农作物进行转基因品种选育并小量生产，后被我国有关部门发现。

另外，德利技术有限责任公司至今未与招聘的部分员工签订劳动合同，也没有为其缴纳养老保险、医疗保险。后因经营不善，严重亏损，美国胡安公司决定解散德利技术有限责任公司；向审批机关提交终止申请书，经审批机关核准。德利技术有限责任公司没有经过清算，美国胡安公司就自行处理财产，将该企业的资金汇至美国。

请问：

1.外商投资者的投资项目是否符合我国政策规定？

2.德利技术有限责任公司对某农作物进行转基因品种选育并生产是否符合我国政策规定？

3.我有关部门发现德利技术有限责任公司的行为后，应当如何处理？

4.德利技术有限责任公司还存在哪些违法行为？

任务 7.2　外商投资法的各项制度

视听资源

案例导入

奥嘉（香港）有限公司与东海县防腐塑料合金管道厂、东海县东蔡村民委员会中外合资经营合同纠纷案

申请再审人奥嘉（香港）有限公司（以下简称“奥嘉公司”）因与被申请人东海县防腐塑料合金管道厂（以下简称“东海管道厂”）、东海县东蔡村民委员会（以下简称“东蔡村委会”）中外合资经营合同纠纷一案，不服江苏省高级人民法院（2010）苏商外终字第0073号民事裁定，向最高人民法院申请再审。

奥嘉公司申请再审称，李庆友律师的授权委托书标明其代理权限为“特别代理——代为承认、否认仲裁请求，提出反请求，进行和解、举证、代收一切法律文书等”，“等”表示意犹未尽、没有写完的意思，因此在委托书中没有写上的东西，李庆友也有权照做；李庆友律师的授权是“特别授权”，委托人应当为被授权人的所作所为承担一切应有的法律责任；无论东海管道厂、东蔡村委会事后是否愿意承认李庆友所签的《变更协议书》，李庆友的行为都是委托人授权之后的法律行为，该协议书在法律上有效。

［案例来源：中国裁判文书网，最高人民法院（2012）民申字第1101号民事裁定，2013年11月20日发布］

根据上述资料，请同学们思考：

1.该外商投资企业的组织形式是什么？

2.外商投资企业是否和国内企业具有同等的法律地位？

3.关于委托代理中特别授权应如何理解？

知识准备

一、投资促进制度

为营造稳定、公平、透明、良好的法治营商环境，《外商投资法》第九条至第十九条规定了投资促进制度。《外商投资法实施条例》第六条至第二十条就投资促进制度进行了更加详细的可操作规定，包括平等适用法律、政策、强制性标准等，外商投资服务体系，公平竞争参与政府采购活动，依法享受各种优惠待遇等。

1.外商投资企业依法平等适用国家支持企业发展的各项政策。政府及其有关部门在政府资金安排、土地供应、税费减免、资质许可、标准制定、项目申报、人力资源政策等方面，应当依法平等对待外商投资企业和内资企业。政府及其有关部门制定的支持企业发展的政策应当依法公开；对政策实施中需要由企业申请办理的事项，政府及其有关部门应当公开申请办理的条件、流程、时限等，并在审核中依法平等对待外商投资企业和内资企业。

2.国家制定与外商投资有关的行政法规、规章、规范性文件，或者政府及其有关部门起草与外商投资有关的法律、地方性法规，应当根据实际情况，采取书面征求意见以及召开座谈会、论证会、听证会等多种形式，听取外商投资企业和有关商会、协会等方面的意见和建议；对反映集中或者涉及外商投资企业重大权利义务问题的意见和建议，应当通过适当方式反馈采纳的情况。与外商投资有关的规范性文件、裁判文书等，应当依法及时公布，未经公布的不得作为行政管理依据。与外商投资企业生产经营活动密切相关的规范性文件，应当结合实际，合理确定公布到施行之间的时间。

3.国家建立健全外商投资服务体系，为外国投资者和外商投资企业提供法律法规、政策措施、项目信息等方面的咨询和服务。各级人民政府应当按照政府主导、多方参与的原则，建立健全外商投资服务体系，不断提升外商投资服务能力和水平。政府及其有关部门应当通过政府网站、全国一体化在线政务服务平台集中列明有关外商投资的法律、法规、规章、规范性文件、政策措施和投资项目信息，并通过多种途径和方式加强宣传、解读，为外国投资者和外商投资企业提供咨询、指导等服务。

4.国家与其他国家和地区、国际组织建立多边、双边投资促进合作机制，加强投资领域的国际交流与合作。

5.国家根据需要，设立特殊经济区域，或者在部分地区实行外商投资试验性政策措施，促进外商投资，扩大对外开放。特殊经济区域，是指经国家批准设立、实行更大力度的对外开放政策措施的特定区域。国家在部分地区实行的外商投资试验性政策措施，经实践证明可行的，根据实际情况在其他地区或者全国范围内推广。

6.国家根据国民经济和社会发展需要，鼓励和引导外国投资者在特定行业、领域、地区投资。外国投资者、外商投资企业可以依照法律、行政法规或者国务院的规定享受优惠待遇。国家根据国民经济和社会发展需要，制定鼓励外商投资产业目录，列明鼓励和引导外国投资者投资的特定行业、领域、地区。鼓励外商投资产业目录由国务院投资主管部门会同国务院商务主管部门等有关部门拟订，报国务院批准后由国务院投资主管部门、商务主管部门发布。

外国投资者、外商投资企业可以依照法律、行政法规或者国务院的规定，享受财政、税收、金融、用地等方面的优惠待遇。外国投资者以其在中国境内的投资收益在中国境内扩大投资的，依法享受相应的优惠待遇。

7.国家制定的强制性标准平等适用于外商投资企业，不得专门针对外商投资企业适用高于强制性标准的技术要求。国家保障外商投资企业和内资企业依法平等参与国家标准、行业标准、地方标准和团体标准的制定、修订工作。外商投资企业可以根据需要自行制定或者与其他企业联合制定企业标准。外商投资企业可以向标准化行政主管部门和有关行政主管部门提出标准的立项建议，在标准立项、起草、技术审查以及标准实施信息反馈、评估等过程中提出意见和建议，并按照规定承担标准起草、技术审查的相关工作以及标准的外文翻译工作。

国家强化标准制定的信息公开和社会监督。标准化行政主管部门和有关行政主管部门应当建立健全相关工作机制，提高标准制定、修订的透明度，推进标准制定、修订全过程信息公开。

8.国家保障外商投资企业依法通过公平竞争参与政府采购活动。政府采购依法对外商投资企业在中国境内生产的产品、提供的服务平等对待。政府及其有关部门不得阻挠和限制外商投资企业自由进入本地区和本行业的政府采购市场。政府采购的采购人、采购代理机构不得在政府采购信息发布、供应商条件确定和资格审查、评标标准等方面，对外商投资企业实行差别待遇或者歧视待遇，不得以所有制形式、组织形式、股权结构、投资者国别、产品或者服务品牌以及其他不合理的条件对供应商予以限定，不得对外商投资企业在中国境内生产的产品、提供的服务和内资企业区别对待。

外商投资企业可以依照《中华人民共和国政府采购法》及其实施条例的规定，就政府采购活动事项向采购人、采购代理机构提出询问、质疑，向政府采购监督管理部门投诉。采购人、采购代理机构、政府采购监督管理部门应当在规定的时限内作出答复或者处理决定。政府采购监督管理部门和其他有关部门应当加强对政府采购活动的监督检查，依法纠正和查处对外商投资企业实行差别待遇或者歧视待遇等违法违规行为。

9.外商投资企业可以依法在中国境内或者境外通过公开发行股票、公司债券等证券以及公开或者非公开发行其他融资工具、借用外债等方式进行融资。

10.县级以上地方人民政府可以根据法律、行政法规、地方性法规的规定，在法定权限内制定费用减免、用地指标保障、公共服务提供等方面的外商投资促进和便利化政策措施。县级以上地方人民政府制定外商投资促进和便利化政策措施，应当以推动高质量发展为导向，有利于提高经济效益、社会效益、生态效益，有利于持续优化外商投资环境。

11.各级人民政府及其有关部门应当按照便利、高效、透明的原则，简化办事程序，提高办事效率，优化政务服务，进一步提高外商投资服务水平。有关主管部门应当编制和公布外商投资指引，为外国投资者和外商投资企业提供服务和便利。外商投资指引应当包括投资环境介绍、外商投资办事指南、投资项目信息以及相关数据信息等内容，并及时更新。

【做中学1】判断题：国家制定的强制性标准平等适用于外商投资企业，在特殊情况下，可以对外商投资企业制定更严格的强制性标准。

解析：答案为错误。国家制定的强制性标准平等适用于外商投资企业，不得专门针对外商投资企业适用高于强制性标准的技术要求。

【做中学2】判断题：外商投资企业依法平等适用国家支持企业发展的各项政策。

解析：答案为正确。

二、投资保护制度

为了保障外商投资企业的合法权益，《外商投资法》第二十条至第二十七条规定了投资保护制度。《外商投资法实施条例》第二十一条至第三十二条就投资保护制度进行了更加详细的可操作规定，包括不实行征收制度、知识产权保护制度、商业秘密保守制度、政策承诺补偿制度、外商投资企业投诉工作机制、依法结社自由等。

1.国家对外国投资者的投资不实行征收。在特殊情况下，国家为了公共利益的需要，可以依照法律规定对外国投资者的投资实行征收或者征用。征收、征用应当依照法定程序、以非歧视性的方式进行，并按照被征收投资的市场价值及时给予公平、合理的补偿。外国投资者对征收决定不服的，可以依法申请行政复议或者提起行政诉讼。

2.外国投资者在中国境内的出资、利润、资本收益、资产处置所得、取得的知识产权许可使用费、依法获得的补偿或者赔偿、清算所得等，可以依法以人民币或者外汇自由汇入、汇出，任何单位和个人不得违法对币种、数额以及汇入、汇出的频次等进行限制。外商投资企业的外籍职工和香港、澳门、台湾职工的工资收入和其他合法收入，可以依法自由汇出。

3.国家保护外国投资者和外商投资企业的知识产权，保护知识产权权利人和相关权利人的合法权益；对知识产权侵权行为，严格依法追究法律责任。国家加大对知识产权侵权行为的惩处力度，持续强化知识产权执法，推动建立知识产权快速协同保护机制，健全知识产权纠纷多元化解决机制，平等保护外国投资者和外商投资企业的知识产权。

国家鼓励在外商投资过程中基于自愿原则和商业规则开展技术合作。技术合作的条件由投资各方遵循公平原则平等协商确定。行政机关（包括法律、法规授权的具有管理公共事务职能的组织）及其工作人员不得利用实施行政许可、行政检查、行政处罚、行政强制以及其他行政手段，强制或者变相强制外国投资者、外商投资企业转让技术。标准制定中涉及外国投资者和外商投资企业专利的，应当按照标准涉及专利的有关管理规定办理。

4.行政机关及其工作人员对于履行职责过程中知悉的外国投资者、外商投资企业的商业秘密，应当依法予以保密，不得泄露或者非法向他人提供。行政机关依法履行职责，确需外国投资者、外商投资企业提供涉及商业秘密的材料、信息的，应当限定在履行职责所必需的范围内，并严格控制知悉范围，与履行职责无关的人员不得接触有关材料、信息。

行政机关应当建立健全内部管理制度，采取有效措施保护履行职责过程中知悉的外国投资者、外商投资企业的商业秘密；依法需要与其他行政机关共享信息的，应当对信息中含有的商业秘密进行保密处理，防止泄露。

5.各级人民政府及其有关部门制定涉及外商投资的规范性文件，应当符合法律法规的规定；没有法律、行政法规依据的，不得减损外商投资企业的合法权益或者增加其义务，不得设置市场准入和退出条件，不得干预外商投资企业的正常生产经营活动。政府及其有关部门制定涉及外商投资的规范性文件，应当按照国务院的规定进行合法性审核。

外国投资者、外商投资企业认为行政行为所依据的国务院部门和地方人民政府及其部门制定的规范性文件不合法，在依法对行政行为申请行政复议或者提起行政诉讼时，可以一并请求对该规范性文件进行审查。

6.地方各级人民政府及其有关部门应当履行向外国投资者、外商投资企业依法作出的政策承诺以及依法订立的各类合同，不得以行政区划调整、政府换届、机构或者职能调整以及相关责任人更替等为由违约毁约。政策承诺，是指地方各级人民政府及其有关部门在法定权限内，就外国投资者、外商投资企业在本地区投资所适用的支持政策、享受的优惠待遇和便利条件等作出的书面承诺。政策承诺的内容应当符合法律、法规规定。因国家利益、社会公共利益需要改变政策承诺、合同约定的，应当依照法定权限和程序进行，并依法对外国投资者、外商投资企业因此受到的损失及时予以公平、合理的补偿。

7.国家建立外商投资企业投诉工作机制，及时处理外商投资企业或者其投资者反映的问题，协调完善相关政策措施。国务院商务主管部门会同国务院有关部门建立外商投资企业投诉工作部际联席会议制度，协调、推动中央层面的外商投资企业投诉工作，对地方的外商投资企业投诉工作进行指导和监督。县级以上地方人民政府应当指定部门或者机构负责受理本地区外商投资企业或者其投资者的投诉。县级以上人民政府及其有关部门应当按照公开透明、高效便利的原则，建立健全外商投资企业投诉工作机制，及时处理外商投资企业或者其投资者反映的问题，协调完善相关政策措施。国务院商务主管部门、县级以上地方人民政府指定的部门或者机构应当完善投诉工作规则、健全投诉方式、明确投诉处理时限。投诉工作规则、投诉方式、投诉处理时限应当对外公布。

外商投资企业或者其投资者认为行政机关及其工作人员的行政行为侵犯其合法权益的，除通过外商投资企业投诉工作机制申请协调解决外，还可以依法申请行政复议、提起行政诉讼。外商投资企业或者其投资者通过外商投资企业投诉工作机制申请协调解决的，有关方面进行协调时可以向被申请的行政机关及其工作人员了解情况，被申请的行政机关及其工作人员应当予以配合。协调结果应当以书面形式及时告知申请人。外商投资企业或者其投资者依法申请协调解决有关问题的，不影响其依法申请行政复议、提起行政诉讼。

对外商投资企业或者其投资者通过外商投资企业投诉工作机制反映或者申请协调解决问题，任何单位和个人不得压制或者打击报复。除外商投资企业投诉工作机制外，外商投资企业或者其投资者还可以通过其他合法途径向政府及其有关部门反映问题。

8.外商投资企业可以依法成立和自愿参加商会、协会。除法律、法规另有规定外，外商投资企业有权自主决定参加或者退出商会、协会，任何单位和个人不得干预。商会、协会依照法律法规和章程的规定开展相关活动，加强行业自律，及时反映行业诉求，为会员提供信息咨询、宣传培训、市场拓展、经贸交流、权益保护、纠纷处理等方面的服务，维护会员的合法权益。

【做中学3】在特殊情况下，国家为了公共利益的需要，可以依照法律规定对外国投资者的投资实行（　　）或者（　　）。

A.回收　　B.没收

C.征用　　D.征收

解析：答案为CD。详见《外商投资法》第二十条。

【做中学4】外商投资企业认为行政机关的行政行为侵犯其合法权益的，可以通过（　　）解决。

A.外商投资企业投诉工作机制申请协调解决　　B.行政复议

C.行政诉讼　　D.民事诉讼

解析：答案为ABC。详见《外商投资法》第二十六条规定。

三、投资管理制度

为了加强外商投资管理，《外商投资法》第二十八条至第三十五条规定了投资管理制度。《外商投资法实施条例》第三十三条至第四十条就投资管理制度进行了更加详细的可操作规定。这些制度包括负面清单制度、外商投资信息报告制度、外商投资安全审查制度等。

1.外商投资准入负面清单规定禁止投资的领域，外国投资者不得投资。外商投资准入负面清单规定限制投资的领域，外国投资者进行投资应当符合负面清单规定的股权要求、高级管理人员要求等限制性准入特别管理措施。外商投资准入负面清单以外的领域，按照内外资一致的原则实施管理。

2.外国投资者在依法需要取得许可的行业、领域进行投资的，应当依法办理相关许可手续。有关主管部门应当按照与内资一致的条件和程序，审核外国投资者的许可申请，法律、行政法规另有规定的除外。

有关主管部门在依法履行职责过程中，对外国投资者拟投资负面清单内领域，但不符合负面清单规定的，不予办理许可、企业登记注册等相关事项；涉及固定资产投资项目核准的，不予办理相关核准事项。有关主管部门应当对负面清单规定执行情况加强监督检查，发现外国投资者投资负面清单规定禁止投资的领域，或者外国投资者的投资活动违反负面清单规定的限制性准入特别管理措施的，依照《外商投资法》第三十六条的规定（见任务7.1中的“法律责任”部分）予以处理。

3.外商投资企业的登记注册，由国务院市场监督管理部门或者其授权的地方人民政府市场监督管理部门依法办理。国务院市场监督管理部门应当公布其授权的市场监督管理部门名单。外商投资企业的注册资本可以用人民币表示，也可以用可自由兑换货币表示。

4.外商投资企业开展生产经营活动，应当遵守法律、行政法规有关劳动保护、社会保险的规定，依照法律、行政法规和国家有关规定办理税收、会计、外汇等事宜，并接受相关主管部门依法实施的监督检查。

5.外国投资者并购中国境内企业或者以其他方式参与经营者集中的，应当依照《中华人民共和国反垄断法》的规定接受经营者集中审查。

6.国家建立外商投资信息报告制度。外国投资者或者外商投资企业应当通过企业登记系统以及企业信用信息公示系统向商务主管部门报送投资信息。国务院商务主管部门、市场监督管理部门应当做好相关业务系统的对接和工作衔接，并为外国投资者或者外商投资企业报送投资信息提供指导。

外商投资信息报告的内容和范围按照确有必要的原则确定；通过部门信息共享能够获得的投资信息，不得再行要求报送。外商投资信息报告的内容、范围、频次和具体流程，由国务院商务主管部门会同国务院市场监督管理部门等有关部门按照确有必要、高效便利的原则确定并公布。商务主管部门、其他有关部门应当加强信息共享，通过部门信息共享能够获得的投资信息，不得再行要求外国投资者或者外商投资企业报送。外国投资者或者外商投资企业报送的投资信息应当真实、准确、完整。

7.国家建立外商投资安全审查制度，对影响或者可能影响国家安全的外商投资进行安全审查。依法作出的安全审查决定为最终决定。

【做中学5】判断题：外商投资准入负面清单规定禁止投资的领域，外国投资者不得投资。

解析：答案为正确。《外商投资法》第二十八条规定，外商投资准入负面清单规定禁止投资的领域，外国投资者不得投资。

案例分析

1.该外商投资企业的组织形式是有限责任公司。

2.该外商投资企业和国内企业具有同等法律地位，享受准入前国民待遇，平等适用国家支持企业发展的法律法规和各项政策。

3.东海管道厂代理人李庆友律师的代理权限为“特别代理——代为承认、否认仲裁请求，提出反请求，进行和解，举证，代收一切法律文书等”，李庆友的代理权限仅限于参与仲裁程序，变更纠纷解决方式并不属于其代理权范围，其无权代理管道厂签署《变更协议书》。东海管道厂在《变更协议书》签署之后4日即向奥嘉公司发出《声明》，明确指出其没有授权李庆友变更合资经营合同内容，不承认李庆友签订的《变更协议书》。因此，李庆友律师以东海管道厂名义与奥嘉公司签署《变更协议书》事先没有获得东海管道厂的授权，事后也没有得到东海管道厂的追认，《变更协议书》对东海管道厂无拘束力。最高人民法院最终裁定驳回奥嘉公司的再审申请。

同步训练

参考答案

一、多项选择题

1.国家在外商投资方面建立了（　　）制度。

A.外商投资信息报告制度　　B.外商投资安全审查制度

C.准入前国民待遇加负面清单管理制度　　D.外商投资企业投诉工作机制

2.地方各级人民政府在法定权限内，就外国投资者、外商投资企业在本地区投资所适用的支持政策、享受的优惠待遇和便利条件等作出的书面承诺，称为（　　）。因国家利益、社会公共利益需要改变的，应当依照法定权限和程序进行，并依法对外国投资者、外商投资企业因此受到的损失及时予以公平、合理的（　　）。

A.政策承诺　　B.政策允诺

C.补偿　　D.赔偿

3.《外商投资法》规定了（　　）制度。

A. 投资促进制度　　B.投资保护制度

C.投资管理制度　　D.投资保障制度

4.国家鼓励在外商投资过程中基于（　　）原则和（　　）规则开展技术合作。技术合作的条件由投资各方遵循（　　）原则平等协商确定。

A. 自愿　　B.商业

C.公平　　D.法治

5.外国投资者或者外商投资企业报送的投资信息应当（　　）。

A.真实　　B.准确

C.完整　　D. 合法

二、判断题

1.外商投资企业的注册资本可以用人民币表示，也可以用可自由兑换货币表示。（　　）

2.外国投资者在依法需要取得许可的行业、领域进行投资的，无须再办理许可手续。（　　）

3.行政机关不得强制或者变相强制外国投资者、外商投资企业转让技术。（　　）

4.地方各级人民政府因国家利益需要改变政策承诺的，无须对外商投资企业进行补偿。（　　）

5.外商投资准入负面清单规定限制投资的领域，外国投资者进行投资应当符合负面清单规定的条件。（　　）

6.国家保障外商投资企业依法通过公平竞争参与政府采购活动。对外商投资企业不得实行差别待遇或者歧视待遇。（　　）

三、案例分析题

2019年3月，山东某制鞋有限公司与韩国某外资企业签订加工承揽合同，由山东某制鞋公司按照韩方的要求加工运动鞋50 000双。运动鞋的品牌使用韩国某外资企业经国家商标局核准注册的“大洋”品牌。制作完成后交由韩方销售，中方不得自行销售。除此之外，中方生产的运动鞋未经韩方许可，不得擅自使用“大洋”品牌的标志，不得生产和该运动鞋相同或相近的样式。在合同履行过程中，双方均是以自己的名义进行付款、发货、收货。山东某制鞋公司按照要求制作出“大洋”牌运动鞋并按期交付对方，但该韩国企业以运动鞋质量不合格为由迟迟不予付款。山东某制鞋公司随后自行生产带有“大洋”品牌标志的运动鞋并销售。韩国某外资企业某制鞋公司获悉后遂向法院起诉，要求山东某制鞋有限公司承担侵权责任。山东某制鞋有限公司提起反诉，要求韩国某外资企业支付拖欠的货款及利息，并赔偿损失。

根据上述资料，请问：

1.本案涉及的中国法律包括哪些？

2.《外商投资法》就保护外商投资企业知识产权方面是如何规定的？

3.山东某制鞋公司随后自行生产带有“大洋”品牌标志的运动鞋并销售，侵犯的是韩国外资企业的什么权利？

4.本案中人民法院对于外商投资企业应该本着什么原则来审理？

项目小结

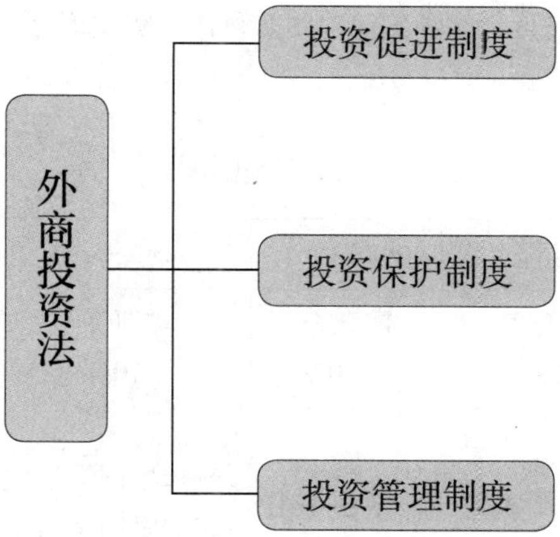

考核评价

本项目职业能力测试与考核采用百分制，将过程考核与结果考核相结合，加大技能考核比重。过程考核主要包括职业态度、组织纪律、团队合作、实训练习，占40%。结果考核以实务考核为主，占60%。

考核评价记录表

过程考核（40%）				结果考核（60%）	
职业态度（10%）	组织纪律（10%）	团队合作（10%）	实训练习（10%）	考核内容	分值比重
教师根据课堂表现进行评价，采取扣分制	教师电子考勤（每次课电子签到）	学生小组评价	教师根据学生提交的实训练习情况进行评价	外商投资法的基本规定	30%
				外商投资法的各项制度	30%

教学项目 8　其他法律制度

学习目标

1. 理解不正当竞争行为的概念；

2. 掌握不正当竞争行为的种类；

3. 了解不正当竞争行为的法律责任；

4. 理解消费者、消费者权益保护法的概念；

5. 掌握消费者的权利、经营者的义务；

6. 掌握消费者权益争议的解决途径。

任务 8.1　反不正当竞争法

视听资源

案例导入

伊利“QQ星”诉蒙牛“未来星”不正当竞争案

伊利公司于2016年3月向北京市海淀区人民法院起诉蒙牛公司“未来星营养果汁酸奶饮品”存在不正当竞争。伊利公司在起诉书中称：“QQ星营养果汁酸奶饮品”是伊利公司于2012年上市销售的专为儿童设计的饮品，包括香蕉口味和草莓口味。该产品包装、装潢设计独特，是根据迪士尼卡通形象在国内首创的3D立体包装。该产品自2012年面世以来，获得多个奖项。经过广告投放与宣传，获得了极高的知名度，市场占有率极高，是相关公众广为知晓的有一定影响的商品。然而，蒙牛公司于2015年4月上市了名为“未来星营养果汁酸奶饮品”的产品，该产品也包括香蕉和草莓两个口味，包装、装潢以卡通形象为蓝本，也是3D立体形状，且卡通形象特点与“QQ星”类似。作为同类产品，伊利公司与蒙牛公司的产品被并列摆放在货架上，造成消费者混淆和误认。蒙牛公司的产品销售范围广、销量大。伊利公司认为，被控侵权产品包装、装潢与伊利公司的产品包装、装潢在组成要素、设计风格等方面相同或近似，产品名称也近似，以相关公众的一般注意力为标准，极易产生对产品来源的混淆和误认。蒙牛公司的行为构成不正当竞争，请求法院判令蒙牛公司停止销售该产品，并发表声明消除影响，赔偿经济损失200万元、合理支出100万元。伊利公司同时起诉了位于海淀区的一家超市，要求其停止销售蒙牛公司的涉案产品。

（案例来源：北京市海淀区人民法院2016年案件快报）

请试分析：

该案将如何宣判？

知识准备

一、不正当竞争行为的概念

不正当竞争行为是指经营者在生产经营活动中，违背自愿、平等、公平、诚信的原则和商业道德，违反不正当竞争法规定，扰乱市场竞争秩序，损害其他经营者或者消费者的合法权益的行为。

（一）不正当竞争的特征表现

1.不正当竞争的主体是经营者

经营者，是指从事商品生产、经营或者提供服务（以下所称商品包括服务）的自然人、法人和非法人组织。

2.不正当竞争行为违背了自愿、平等、公平、诚信的原则和商业道德

不正当竞争行为通常表现为违法者采取欺诈的方式进行竞争，从中谋取非法利益，这是不正当竞争的行为特征，也是不正当竞争的主要特征。

3.不正当竞争行为侵犯的客体是国家正常的经济秩序和其他经营者或者消费者的合法权益

具体来说，不正当竞争行为侵犯的客体主要是以下三种：一是经营者的利益。它既包括与经营者发生直接竞争关系的竞争者的利益，也包括与经营者发生供需关系或者潜在竞争关系的其他市场参与者的显在的和潜在的利益。二是消费者的利益。法律禁止欺骗性、假冒等行为，是保护消费者利益的直接体现。三是公众利益，即扰乱了正常的市场竞争秩序。

（二）不正当竞争行为的监督检查主管机关

《中华人民共和国反不正当竞争法》（以下简称《反不正当竞争法》）第四条规定："县级以上人民政府履行工商行政管理职责的部门对不正当竞争行为进行查处；法律、行政法规规定由其他部门查处的，依照其规定。"

【做中学1】按照《反不正当竞争法》的规定，对不正当竞争行为具有法定监督检查权的是（　　）以上人民政府工商行政管理部门。

A.省级　　B.市级　　C.县级　　D.乡级

解析：答案为C。《反不正当竞争法》规定，县级以上人民政府履行工商行政管理职责的部门对不正当竞争行为进行查处。

二、不正当竞争行为的表现形式

不正当竞争行为的表现形式多样，包括：商业混淆、商业贿赂、虚假宣传、侵犯商业秘密、不正当有奖销售、诋毁竞争对手的商业信誉、互联网不正当竞争行为等。

（一）商业混淆

经营者不得实施下列混淆行为，引人误认为是他人商品或者与他人存在特定联系：

（1）擅自使用与他人有一定影响的商品名称、包装、装潢等相同或者近似的标识；

（2）擅自使用他人有一定影响的企业名称（包括简称、字号等）、社会组织名称（包括简称等）、姓名（包括笔名、艺名、译名等）；

（3）擅自使用他人有一定影响的域名主体部分、网站名称、网页等；

（4）其他足以引人误认为是他人商品或者与他人存在特定联系的混淆行为。

【做中学2】甲厂生产的碳酸饮料产品在市场上销量很好，乙厂为了增加自己生产碳酸饮料产品的销量，采用与甲厂非常类似的产品包装，但厂址与商标不同。对此事件的正确表述为（　　）。

A. 两种产品的包装类似，足以使消费者产生混淆，故乙厂的行为属于不正当行为

B. 尽管包装类似，但是消费者应该可以区分两种产品的不同，故乙厂的行为不构成不正当竞争行为

C. 乙厂的产品表明了自己的商标和厂址，故不构成侵权

D. 甲厂没有申请专利权，故乙厂的行为是正当竞争行为

解析：答案为A。《反不正当竞争法》规定，擅自使用与他人有一定影响的商品名称、包装、装潢等相同或者近似的标识，引人误认为是他人商品或者与他人存在特定联系的，为不正当竞争行为。甲厂的碳酸饮料产品销量很好，其商品名称、包装在市场上已经具有一定影响。而乙厂采用与甲厂具有一定影响的碳酸饮料产品非常类似的包装，即使厂址、商标不同，但已经足以引起他人误认，属于法律规定的混淆行为。

（二）商业贿赂

经营者不得采用财物或者其他手段贿赂下列单位或者个人，以谋取交易机会或者竞争优势：

（1）交易相对方的工作人员；

（2）受交易相对方委托办理相关事务的单位或者个人；

（3）利用职权或者影响力影响交易的单位或者个人。

经营者在交易活动中，可以以明示方式向交易相对方支付折扣，或者向中间人支

付佣金。经营者向交易相对方支付折扣、向中间人支付佣金的，应当如实入账。接受折扣、佣金的经营者也应当如实入账。

【做中学3】某汽车“4S”店在“十一”某品牌汽车促销广告中声明：“凡在本店当场购买某品牌汽车者，会给总价款百分之五的折扣，介绍推销者给付总价款百分之一的佣金。”该汽车“4S”店给付的折扣与佣金在其账面上均有明显记载。该公司给付折扣和佣金的行为是(　　)。

A.不正当竞争行为　　　　B.变相贿赂行为

C.正当促销销售行为　　　　D.降价排挤竞争对手

解析：答案为C。《反不正当竞争法》规定，经营者在交易活动中，可以以明示方式向交易相对方支付折扣，或者向中间人支付佣金。经营者向交易相对方支付折扣、向中间人支付佣金的，应当如实入账。接受折扣、佣金的经营者也应当如实入账。本例中，某汽车“4S”店给付的折扣与佣金账面上均有明显记载。所以为法律所允许，属于正当促销销售行为。

（三）虚假宣传

经营者不得对其商品的性能、功能、质量、销售状况、用户评价、曾获荣誉等作虚假或者引人误解的商业宣传，欺骗、误导消费者。

经营者不得通过组织虚假交易等方式，帮助其他经营者进行虚假或者引人误解的商业宣传。

【做中学4】央视2016年“3・15”晚会曝光了网购刷单内幕：央视“3・15”记者在某网购零售平台上开了一家卖面膜的店铺，只要支付给“刷客”千元佣金，便可在三天内立马升级为蓝钻，拥有200多条好评。即使店内没有一件真实商品，也可通过网上的“代发空包”服务，将一件件并不真实存在的包裹签收。

请问：

该“电商卖家”违反了《反不正当竞争法》中的哪一项规定?

解析：答案为虚假宣传。《反不正当竞争法》规定，经营者不得对其商品的性能、功能、质量、销售状况、用户评价、曾获荣誉等作虚假或者引人误解的商业宣传，欺骗、误导消费者；经营者不得通过组织虚假交易等方式，帮助其他经营者进行虚假或者引人误解的商业宣传。本例中，“电商卖家”(央视“3・15”记者)采用支付佣金的方式，作虚假的用户评价、组织虚假交易，所以属于虚假宣传。

（四）侵犯商业秘密

反不正当竞争法所称的商业秘密，是指不为公众所知悉、具有商业价值并经权利人采取相应保密措施的技术信息、经营信息等商业信息。

技术信息由生产配方、工艺流程、技术诀窍、设计图纸等构成。经营信息包括管理方法、产销策略、客户名单、货源情报等。

【做中学5】下列各项中，属于商业秘密具备的要素有（　　）。

A.秘密性　　B.实用性　　C.保密性　　D.价值性

解析：答案为ACD。《反不正当竞争法》规定，商业秘密是指不为公众所知悉、具有商业价值并经权利人采取相应保密措施的技术信息、经营信息等商业信息。

经营者不得实施下列侵犯商业秘密的行为：

（1）以盗窃、贿赂、欺诈、胁迫、电子侵入或者其他不正当手段获取权利人的商业秘密；

（2）披露、使用或者允许他人使用以前项手段获取的权利人的商业秘密；

（3）违反保密义务或者违反权利人有关保守商业秘密的要求，披露、使用或者允许他人使用其所掌握的商业秘密；

（4）教唆、引诱、帮助他人违反保密义务或者违反权利人有关保守商业秘密的要求，获取、披露、使用或者允许他人使用权利人的商业秘密。

经营者以外的其他自然人、法人和非法人组织实施上述所列违法行为的，视为侵犯商业秘密。

第三人明知或者应知商业秘密权利人的员工、前员工或者其他单位、个人实施上述所列违法行为，仍获取、披露、使用或者允许他人使用该商业秘密的，视为侵犯商业秘密。

（五）不正当有奖销售

经营者进行有奖销售不得存在下列情形：

（1）所设奖的种类、兑奖条件、奖金金额或者奖品等有奖销售信息不明确，影响兑奖；

（2）采用谎称有奖或者故意让内定人员中奖的欺骗方式进行有奖销售；

（3）抽奖式的有奖销售，最高奖的金额超过五万元。

【做中学6】按照《反不正当竞争法》的规定，下列情形中，属于不正当有奖销售行为的是（　　）。

A.孟州有限责任公司采用抽奖式的附奖销售，最高奖的金额为六万元

B.夏花有限责任公司采用谎称有奖的方式进行有奖销售

C.梦圆有限责任公司利用有奖销售的手段销售质次价高的商品

D.利龙有限责任公司所设的有奖销售的奖品为汽车一辆

解析：答案为ABD。《反不正当竞争法》规定，经营者进行有奖销售不得存在下列情形：(1)所设奖的种类、兑奖条件、奖金金额或者奖品等有奖销售信息不明确，影响兑奖；(2)采用谎称有奖或者故意让内定人员中奖的欺骗方式进行有奖销售；(3)抽奖式的有奖销售，最高奖的金额超过五万元。A选项中最高奖的金额为六万元，超过了五万元；B选项中夏花有限责任公司采用谎称有奖的方式进行有奖销售；D选项中利龙有限责任公司所设的有奖销售的奖品为汽车一辆，没有具体详细说明汽车的信息，影响兑奖。C选项属于《产品质量法》的调整范围。

(六)诋毁竞争对手的商业信誉

经营者不得编造、传播虚假信息或者误导性信息，损害竞争对手的商业信誉、商品声誉。

【做中学7】甲商场为打垮竞争对手乙商场，在网上发帖谎称乙商场销售假皮鞋，乙商场的商誉因此受到伤害。根据《反不正当竞争法》规定，下列对甲商场发帖行为定性的表述中，正确的是(　　)。

A.侵犯商业秘密　　B.诋毁竞争对手的商业信誉

C.虚假宣传　　D.混淆行为

解析：答案为B。根据《反不正当竞争法》规定，经营者不得编造、传播虚假信息或者误导性信息，损害竞争对手的商业信誉、商品声誉。本例中，甲商场在网上发帖谎称乙商场销售假皮鞋，乙商场的商誉因此受到伤害，属于诋毁竞争对手商业信誉的行为。

(七)互联网不正当竞争行为

经营者利用网络从事生产经营活动，应当遵守《反不正当竞争法》的各项规定。

经营者不得利用技术手段，通过影响用户选择或者其他方式，实施下列妨碍、破坏其他经营者合法提供的网络产品或者服务正常运行的行为：

(1)未经其他经营者同意，在其合法提供的网络产品或者服务中，插入链接、强制进行目标跳转；

(2)误导、欺骗、强迫用户修改、关闭、卸载其他经营者合法提供的网络产品或者服务；

(3)恶意对其他经营者合法提供的网络产品或者服务实施不兼容；

(4)其他妨碍、破坏其他经营者合法提供的网络产品或者服务正常运行的行为。

【做中学8】奇虎公司针对腾讯公司的QQ聊天软件开发了“360扣扣保镖”软件。该软件具有阻止QQ进程加载特定插件、加载扫描模块、弹出窗口等对QQ软件功能进行破坏、删除、篡改的行为，还具备屏蔽QQ加载模块、替换360浏览器、备份和恢复QQ、拦截QQ升级四项隐藏功能。2011年6月，腾讯公司起诉奇虎公司实施不正当竞争行为。

请问：

奇虎公司是否违反了《反不正当竞争法》的规定？说明理由。

解析：奇虎公司违反了《反不正当竞争法》的规定。根据规定，经营者不得利用技术手段，通过影响用户选择或者其他方式，实施妨碍、破坏其他经营者合法提供的网络产品或者服务正常运行的行为。本例中，奇虎公司开发的“360扣扣保镖”软件，阻止腾讯公司的QQ聊天软件进程加载特定插件、加载扫描模块、弹出窗口等对QQ软件功能进行破坏、删除、篡改的行为，还具备屏蔽QQ加载模块、替换360浏览器、备份和恢复QQ、拦截QQ升级四项隐藏功能。妨碍、破坏腾讯公司合法提供的网络产品或者服务正常运行的行为，属于实施妨碍、破坏网络产品或服务正常运行行为，违反了《反不正当竞争法》的规定。

三、不正当竞争行为的法律责任

经营者违反《反不正当竞争法》规定，应当承担民事责任、行政责任和刑事责任，其财产不足以支付的，优先用于承担民事责任。

（一）民事责任

经营者违反《反不正当竞争法》规定，给他人造成损害的，应当依法承担民事责任。经营者的合法权益受到不正当竞争行为损害的，可以向人民法院提起诉讼。

因不正当竞争行为受到损害的经营者的赔偿数额，按照其因被侵权所受到的实际损失确定；实际损失难以计算的，按照侵权人因侵权所获得的利益确定。经营者恶意实施侵犯商业秘密行为，情节严重的，可以在按照上述方法确定数额的一倍以上五倍以下确定赔偿数额。赔偿数额还应当包括经营者为制止侵权行为所支付的合理开支。

经营者实施《反不正当竞争法》规定的混淆行为、侵犯商业秘密行为的，权利人因被侵权所受到的实际损失、侵权人因侵权所获得的利益难以确定的，由人民法院根据侵权行为的情节判决给予权利人五百万元以下的赔偿。

【做中学9】经营者非恶意的不正当竞争行为给被侵害的经营者造成的损失难以估计，被侵害人可以请求的赔偿额为（　　）。

A.受害人在被侵权期间所获得利润

B.侵权人在侵权期间所获得利润和可期待的利润

C.侵权人在侵权期间所获得的利润

D.侵权人在侵权期间因侵权所获得利润的2倍

解析：答案为C。详见《反不正当竞争法》第十七条规定。

（二）行政责任

1.经营者违反《反不正当竞争法》规定实施混淆行为的行政处罚

（1）责令停止违法、没收违法商品、罚款、吊销营业执照

由监督检查部门责令停止违法行为，没收违法商品。违法经营额五万元以上的，可以并处违法经营额五倍以下的罚款；没有违法经营额或者违法经营额不足五万元的，可以并处二十五万元以下的罚款。情节严重的，吊销营业执照。

（2）责令改正、消除影响

经营者登记的企业名称违反《反不正当竞争法》关于商业混淆行为规定的，应当及时办理名称变更登记；名称变更前，由原企业登记机关以统一社会信用代码代替其名称。

2.经营者违反《反不正当竞争法》规定进行商业贿赂的行政处罚

经营者违反《反不正当竞争法》规定贿赂他人的，由监督检查部门没收违法所得，处十万元以上三百万元以下的罚款。情节严重的，吊销营业执照。

3.经营者违反《反不正当竞争法》规定作虚假商业宣传的行政处罚

由监督检查部门责令停止违法行为，处二十万元以上一百万元以下的罚款；情节严重的，处一百万元以上二百万元以下的罚款，可以吊销营业执照。经营者违反《反不正当竞争法》规定，属于发布虚假广告的，依照《中华人民共和国广告法》的规定处罚。

4.经营者等违反《反不正当竞争法》规定侵犯商业秘密的行政处罚

由监督检查部门责令停止违法行为，没收违法所得，处十万元以上一百万元以下的罚款；情节严重的，处五十万元以上五百万元以下的罚款。

5.经营者违反《反不正当竞争法》规定进行有奖销售的行政处罚

由监督检查部门责令停止违法行为，处五万元以上五十万元以下的罚款。

6.经营者违反《反不正当竞争法》规定损害竞争对手商业、商品声誉的行政处罚

由监督检查部门责令停止违法行为、消除影响，处十万元以上五十万元以下的罚款；情节严重的，处五十万元以上三百万元以下的罚款。

7.经营者违反《反不正当竞争法》规定实施互联网不正当竞争行为的行政责任

由监督检查部门责令停止违法行为，处十万元以上五十万元以下的罚款；情节严重的，处五十万元以上三百万元以下的罚款。

8.经营者违反《反不正当竞争法》规定从事不正当竞争行为有补救措施的行政责任

有主动消除或者减轻违法行为危害后果等法定情形的，依法从轻或者减轻行政处罚；违法行为轻微并及时纠正，没有造成危害后果的，不予行政处罚。

9.经营者违反《反不正当竞争法》规定受到行政处罚的追加处理

由监督检查部门记入信用记录，并依照有关法律、行政法规的规定予以公示。

10.妨害监督检查部门依照《反不正当竞争法》履行职责，拒绝、阻碍调查的行政责任

由监督检查部门责令改正，对个人可以处五千元以下的罚款，对单位可以处五万元以下的罚款，并可以由公安机关依法给予治安管理处罚。

11.受处罚当事人的救济途径

当事人对监督检查部门作出的决定不服的，可以依法申请行政复议或者提起行政诉讼。

12.主管机关工作人员违法的行政责任

监督检查部门的工作人员滥用职权、玩忽职守、徇私舞弊或者泄露调查过程中知悉的商业秘密的，依法给予处分。

（三）刑事责任

违反《反不正当竞争法》规定，构成犯罪的，依法追究刑事责任。

【做中学10】违反《反不正当竞争法》规定，侵犯商业秘密时，监督检查部门应当责令停止违法行为，没收违法所得，可以根据情节处以10万元以上（　　）以下的罚款。

A. 200万元　　　　B. 500万元

C. 50万元　　　　C. 100万元

解析：答案为B。根据《反不正当竞争法》规定，经营者违反该法规定侵犯商业秘密的，由监督检查部门责令停止违法行为，没收违法所得，处10万元以上100万元以下的罚款；情节严重的，处50万元以上500万元以下的罚款。

案例分析

法院认为，伊利公司与蒙牛公司均从事牛奶制品方面的经营，均是我国乳品行业的领军企业。伊利公司“QQ星”、蒙牛公司“未来星”是两家公司各自旗下独立的、专门针对儿童群体研发的牛奶品牌，在该领域展开激烈竞争。双方在产品类别、用户群体、盈利模式、市场细分领域等方面均有重合，存在直接竞争关系。蒙牛公司推出同类产品的时间晚于伊利公司，且伊利公司的涉案产品知名度高，包装、装潢显著独

特，属于知名商品所特有，伊利公司对此享有的相应权益受到法律保护。蒙牛公司与伊利公司之间长期存在的激烈竞争关系，蒙牛公司不可能对伊利公司涉案产品的包装、装潢并不知晓，其存在攀附恶意。因此，法院认定蒙牛公司构成不正当竞争，应立即停止使用涉案产品包装、装潢的不正当竞争行为，涉案海淀区某超市应立即停止销售涉案侵权产品；同时，蒙牛公司应当消除影响，并赔偿伊利公司经济损失及合理开支共计215万元。

知识拓展

扫描右侧二维码，在线查看“优乐美”奶茶纠纷案件相关材料。

“优乐美”纠纷

参考答案

同步训练

一、单选题

1.为保障社会主义市场经济的健康发展，鼓励和保护公平竞争，制止不正当行为，保护(　　)的合法权益，制定《反不正当竞争法》。

A.消费者　　B.经营者

C.消费者和经营者　　D.竞争者

2.经营者在市场交易中，应当遵循自愿、平等、公平、诚实信用的原则，遵守(　　)。

A.职业道德　　B.法律和商业道德

C.社会规范　　D.商业惯例

3.经营者违反《反不正当竞争法》的规定，应当承担民事责任、行政责任和刑事责任，其财产不足以支付的，优先用于承担(　　)。

A.民事责任　　B.行政责任

C.刑事责任　　D.经济责任

4.经营者采用财物或者其他手段进行贿赂以销售或购买商品，构成犯罪的，依法追究其(　　)。

A.民事责任　　B.刑事责任

C.赔偿责任　　D.经济责任

5.妨害监督检查部门依照《反不正当竞争法》履行职责，拒绝、阻碍调查的，由监督检查部门责令改正，对个人可以处(　　)以下的罚款，对单位可以处5万元以下的罚款，并可以由公安机关依法给予治安管理处罚。

A. 1 000元　　B. 2 000元

C. 5 000元　　D. 50 000元

二、判断题

1.经营者违反《反不正当竞争法》的规定，应当承担民事责任、行政责任和刑事责任，其财产不足以支付的，优先用于承担民事责任。(　　)

2.监督检查部门调查涉嫌不正当竞争行为，可以进入涉嫌不正当竞争行为的经营场所进行检查。(　　)

3.恶意对其他经营者合法提供的网络产品或者服务实施不兼容，属于不正当竞争行为。(　　)

4.利用有奖销售推销质次价高的商品属于不正当竞争。(　　)

5.使用人不知道是他人利用盗窃手段获取的商业秘密的，不属于不正当竞争行为。(　　)

三、案例分析题

某省利龙酒厂生产的白酒一直默默无闻，在当地影响力很小。为改变现状，该厂在2018年5月18日举办了“利龙牌”白酒新闻发布会。省内有关负责人及各界人士对“利龙牌”和另外两种在本省具有一定影响力的名牌白酒进行品尝评级，还邀请了本市公证处在现场监督审查。事后，该厂大肆宣传其所生产的“利龙牌”白酒名列第一。但事实是评比人员并无评比白酒并授予名次的资格，参评产品的来源采样也无合法监督程序，评委中很多人是该厂经销商和关系单位人员，该厂又为众多评委提供了价格昂贵的纪念品。

根据所学知识，分析并回答下列问题：

1.该厂的行为构成哪些不正当竞争行为？

2.该厂应当承担什么样的责任？

任务 8.2　消费者权益保护法

视听资源

案例导入

王某诉天津某汽车服务有限公司买卖合同纠纷案

2013年9月28日，王某向天津某汽车服务有限公司（以下简称“汽车公司”）购买欧蓝德JE3A2693的小型越野客车一辆，价款249 800元。汽车公司为王某代缴车辆购置税等共计34 777元，收取上牌费900元。2013年10月15日，汽车公司向王某交付车辆。2014年2月7日，汽车公司通知王某该车辆应当被召回。2013年6月4日，三菱汽车销售（中国）有限公司发布召回部分进口欧蓝德汽车公告，召回时间为2013年6月5日至2014年6月4日，召回车辆范围包括王某所购车辆。缺陷情况系供应商制造原因，导致电动动力转向控制组件的监视内部微机电源的元件出现故障，可能出现电源监视线路错误启动等后果，存在安全隐患。维修措施为更换电动动力转向控制组件（EPS-ECU）。王某王毅遂向天津市滨海新区人民法院起诉，请求退还汽车，汽车公司返还购车款285 477元，三倍赔偿购车款749 400元。

（案例来源：最高人民法院网，《消费者维权典型案例》，2015年6月15日发布，http://www.court.gov.cn/zixun-xiangqing-14729.html）

请问：

汽车公司的行为是否构成欺诈？王某如何维权？

知识准备

一、消费者的概念

消费者，是指为生活消费需要而购买、使用商品或接受服务的人。

（一）消费者的法律特征

消费者的法律特征有如下几点：

（1）消费者的消费在性质上属于生活消费，如衣食住行、医疗、文化、教育、保险等消费。

（2）消费者消费的客体是商品和服务，但法律禁止购买、使用的商品和禁止接受的服务，如毒品、枪支弹药、色情演出等，不属于法律规定的商品和服务。

（3）消费者的消费方式包括购买、使用商品或接受服务。农民购买、使用直接用于农业生产的生产资料时，参照消费者保护法执行。所以，消费者保护法将农民购买、使用直接用于农业生产的生产资料行为也纳入了保护范围。

【做中学1】下列哪项是消费者？（　　）

A.公司安排小明购买1吨大米　　B.小明设立了公司，他去购买原材料

C.小明到商店买酒自己喝　　D.小明偷偷购买了一支气枪

解析：答案为C。消费者，是指为生活消费需要而购买、使用商品或接受服务的人。其他选项不符合消费者的法律特征。

（二）消费者权益保护法

消费者权益保护法是规范和调整在保护消费者权益过程中所产生的社会关系的法律规范的总称。《中华人民共和国消费者权益保护法》（以下简称《消费者权益保护法》）是我国第一部以保护消费者权益为基本内容的法律，它的颁布与施行，标志着我国以消费者为主体的市场经济向法治化迈出了一大步。

（三）国际消费者权益日

每年的3月15日是国际消费者权益日，由国际消费者联盟组织于1983年确定。原国家工商行政管理总局于1999年3月15日在全国统一开通了“12315”消费者申诉举报专用电话。

二、消费者的权利

消费者的权利，是指消费者在消费活动中依法享有的为一定行为或要求他人为一定行为的权利。

（一）安全保障权

安全保障权是消费者最基本的权利，即消费者享有在购买、使用商品和接受服务时人身、财产安全不受损害的权利。消费者有权要求经营者提供的商品和服务，符合保障人身、财产安全的要求。

【做中学2】张小姐在某商场购物时因地面湿滑而摔倒，张小姐的（　　）权受到了侵害。

A.知情　　B.安全保障

C.受尊重　　D.监督

解析：答案为B。消费者在购买商品时享有人身、财产安全不受损害的安全保障权。

（二）知悉真情权

知悉真情权是指消费者所享有的知悉其购买、使用的商品或者接受的服务的真实情况的权利。消费者有权知悉的情况具体包括商品的价格、产地、生产者、等级、主要成分、生产日期、有效期限、检验合格证明、售后服务等相关情况。

（三）自主选择权

自主选择权即消费者自主选择商品和服务的权利。它包括有权选择提供商品或服务的经营者，有权自主选择商品品种或服务方式，有权自主决定是否购买任何一种商品或是否接受任何一项服务，有权对商品或服务进行比较、鉴别和挑选而不受强制。

【做中学3】小丁在某手机店挑选手机，挑选了一个小时，但最后没有购买。准备离开时，店员拦住他，要求其购买。该店员的行为侵犯了小丁的（　　）。

A.公平交易权　　B.自主选择权

C.安全权　　D.知情权

解析：答案为B。消费者在购买商品时，有权对商品进行比较和挑选而不受强制。

（四）公平交易权

经营者与消费者之间的交易应在平等的基础上达到公正的结果，消费者有权拒绝经营者的强制交易。

【做中学4】经营者向消费者提供的商品质次价高、短斤少两，侵害了消费者的（　　）。

A.安全权　　B.知情权

C.公平交易权　　D.自主选择权

解析：答案为C。消费者在购买商品时有权获得质量保障、价格合理、质量准确等公平交易条件，经营者短斤少两的行为侵害了消费者的公平交易权。

（五）获得赔偿权

获得赔偿权是指消费者购买、使用商品或者接受服务时受到人身、财产损害时有要求经营者依法予以赔偿的权利。享有获得赔偿权的主体包括商品的购买者、使用者，接受服务者，第三人。求偿的内容包括：（1）人身损害的赔偿，无论是生命健康还是精神方面的损害均可要求赔偿；（2）财产损害的赔偿，包括直接损失及可得利益的损失。

（六）依法结社权

依法结社权是指消费者享有依法成立维护自身合法权益的社会团体的权利，如依法成立消费者协会。

（七）获得知识权

获得知识权是指消费者享有获得有关消费和消费者权益保护方面的知识的权利。消费者应当提高自我保护意识，努力掌握所需商品或者服务的知识和使用技能。

（八）受尊重权

消费者在购买、使用商品或接受服务时，享有其人格尊严、民族风俗习惯得到尊重的权利，享有姓名权、肖像权、隐私权等个人信息得到保护的权利。消费者在消费过程中不受非法搜查、检查、侮辱、诽谤。

（九）批评监督权

消费者享有对商品和服务以及保护消费者权利工作进行监督的权利，有权检举、控告侵害消费者权益的行为和国家机关及其工作人员在保护消费者权益工作中的违法失职行为，有权对保护消费者权益工作提出批评、建议。

【做中学5】根据《消费者权益保护法》的规定，消费者在购买、使用商品和接受服务时享有哪些权利？（　　）

A.享有人身、财产安全不受损害的权利　　B.有权没收经营者的不合格商品

C.有权自主选择商品或者服务　　D.享有个人信息依法得到保护的权利

解析：答案为ACD。《消费者权益保护法》为消费者设立了安全保障权、自主选择权、公平交易权、获得赔偿权等九项权利，没有规定消费者享有没收经营者不合格商品的权利。

【做中学6】消费者在购买、使用商品和接受服务时，享有其（　　）得到尊重的权利。

A.人格尊严　　B.个人性格

C.民族风俗习惯　　D.作为名人的特殊身份

解析：答案为AC。《消费者权益保护法》规定，消费者享有受尊重权，享有其人格尊严、民族风俗习惯得到尊重的权利。

【做中学7】违背消费者的意愿搭售商品的行为，侵犯了消费者的（　　）。

A.安全保障权　　B.知情权

C.自主选择权　　D.公平交易权

解析：答案为CD。违背消费者意愿搭售商品，损害了消费者自主选择商品品种的权利，同时，该交易也未在平等的基础上进行。故该行为侵害了消费者自主选择权和公平交易权。

三、经营者的义务

在消费法律关系中，消费者的权利就是经营者的义务。

（一）履行法定及约定的义务

经营者向消费者提供商品或者服务，应当依照《消费者权益保护法》和其他有关法律、法规的规定履行义务。经营者和消费者有约定的，应当按照约定履行义务，但双方的约定不得违背法律、法规的规定。

【做中学8】经营者以预收款方式提供商品或服务，应按（　　）提供。

A.经营者的规定　　B.经营者与消费者之间的约定

B.消费者的要求　　D.消费者协会的要求

解析：答案为B。经营者和消费者有约定的，应当按照约定履行义务，但该约定不得违反法律、法规等强制性规定。

（二）听取意见及接受监督义务

经营者应当听取消费者对其提供的商品或者服务的意见，接受消费者的监督。

（三）保证商品和服务安全的义务

经营者应当保证其提供的商品或者服务符合保障人身、财产安全的要求。对可能危及人身、财产安全的商品和服务，经营者应当向消费者作出真实的说明和明确的警示，并说明和标明正确使用商品或者接受服务的方法以及防止危害发生的方法。宾馆、商场、餐馆、银行、机场、车站、港口、影剧院等经营场所的经营者，应当对消费者尽到安全保障义务。

【做中学9】经营者对可能有危险性的商品，应当向消费者（　　）。

A.作出真实的说明　　B.作出明确的警示

C.说明正确使用方法　　D.标明正确使用方法

解析：答案为ABCD。对可能危及人身、财产安全的商品和服务，应当向消费者作出真实的说明和明确的警示，并说明和标明正确使用商品或者接受服务的方法以及防止危害发生的方法。

（四）缺陷报告及补救义务

经营者发现其提供的商品或者服务存在缺陷，有危及人身、财产安全危险的，应当立即向有关行政部门报告和告知消费者，并采取停止销售、警示、召回、无害化处理、销毁、停止生产或者服务等措施。采取召回措施的，经营者应当承担消费者因商品被召回支出的必要费用。

【做中学10】某商场销售A品牌洗衣机在市场上流通一个月后发现存在安全隐患，故该商场经理发出召回商品的通知。下列哪一项表述是正确的？（　　）

A.召回商品的额外费用由消费者承担

B.该洗衣机被召回后不进行任何处理

C.私下召回该洗衣机

D.该商场承担消费者因商品被召回的必要费用

解析：答案为D。商品存在缺陷被召回的，应采用公开方式召回，并在召回后采取无害化处理或销毁等相关措施，召回费用由相应的经营者承担。

（五）提供真实信息的义务

真实的信息是消费者自主选择商品或服务的前提和基础。经营者向消费者提供有关商品或者服务的质量、性能、用途、有效期限等信息，应当真实、全面，不得作虚假或者引人误解的宣传。

（六）标明真实名称和标记的义务

经营者应当标明其真实名称和标记。租赁他人柜台或者场地的经营者，应当标明其真实名称和标记，便于确定责任承担者。

（七）出具凭证或单据的义务

经营者提供商品或者服务，应当按照国家有关规定或者商业惯例向消费者出具发票等购货凭证或者服务单据；消费者索要发票等购货凭证或者服务单据的，经营者必须出具。

【做中学11】甲美容院在向消费者推销某面部保健服务时，不正确的是：（　　）。

A.向消费者提供有关该服务的质量、性能、用途、有效期限等信息，真实、全面，没有作虚假或引人误解的宣传

B.对消费者就其提供的保健服务的质量等问题提出的询问，作出真实、明确的答复

C.该美容院标明其真实名称和标记

D.消费者向该美容院索要发票，根据商业惯例，美容属于服务行业，可以不提供发票

解析：答案为D。消费者索要发票等购货凭证或者服务单据的，经营者必须出具，不得因各种理由不予提供发票或者单据。

（八）保证质量义务

经营者应当保证在正常使用商品或者接受服务的情况下其提供的商品或者服务应当

具有的质量、性能、用途和有效期限；但消费者在购买该商品或者接受该服务前已经知道其存在瑕疵，且存在该瑕疵不违反法律强制性规定的除外。

经营者提供的机动车、计算机、电视机、电冰箱、空调器、洗衣机等耐用商品或者装饰装修等服务，消费者自接受商品或者服务之日起六个月内发现瑕疵，发生争议的，由经营者承担有关瑕疵的举证责任。

【做中学12】张某从“4S”店购买了一辆车，刚开了3个月就坏了，发生了争议。此时谁来承担有关瑕疵的举证责任？如果车辆在6个月以后出现了问题，发生了争议，此时谁来承担有关瑕疵的举证责任？（　　）

A. 张某；“4S”店　　B. “4S”店；张某

C. 张某；张某　　D. “4S”店；“4S”店

解析：答案为B。经营者提供机动车等耐用商品在6个月内出现瑕疵的，由经营者承担举证责任；若在6个月以上出现瑕疵的，由消费者承担举证责任。

（九）履行“三包”等义务

经营者提供的商品或者服务不符合质量要求的，消费者可以依照国家规定、当事人约定退货，或者要求经营者履行更换、修理等义务。没有国家规定和当事人约定的，消费者可以自收到商品之日起七日内退货；七日后符合法定解除合同条件的，消费者可以及时退货，不符合法定解除合同条件的，可以要求经营者履行更换、修理等义务。

依照上述规定进行退货、更换、修理的，经营者应当承担运输等必要费用。

（十）“远程销售”经营者无理由退货义务

经营者采用网络、电视、电话、邮购等方式销售商品，消费者有权自收到商品之日起七日内退货，且无须说明理由，但下列商品除外：（1）消费者定作的；（2）鲜活易腐的；（3）在线下载或者消费者拆封的音像制品、计算机软件等数字化商品；（4）交付的报纸、期刊。

除上述所列商品外，其他根据商品性质并经消费者在购买时确认不宜退货的商品，不适用无理由退货。

消费者退货的商品应当完好。经营者应当自收到退回商品之日起七日内返还消费者支付的商品价款。退回商品的运费由消费者承担；经营者和消费者另有约定的，按照约定。

【做中学13】小王从淘宝商家购得一件商品，感觉不划算，想退货。小王购买的下列哪些商品不能在7天以内无理由退货？（　　）

A. 定作的衣服　　B. 快餐

C. 当天的《中国消费者报》　　D. 一个足球

解析：答案为ABC。A属于消费者定作的，B属于鲜活易腐的，C属于报纸、期刊。ABC都属于不能在7天内无理由退货的范围。

【做中学14】小欢在网上购买了一件秋天的外套，收到货后发现与网上展示的色泽差太远，她想退货，但卖家拒绝了，认为颜色的差别并不是质量问题。小欢和卖家未对退货运费另行约定。根据《消费者权益保护法》，小欢想行使“后悔权”，则（　　）。

A.需在收到商品7日内退货　　B.无须说明理由

C.外套应当完好　　D.需承担退货运费

解析：答案为ABCD。经营者采用网络方式销售商品，消费者有权自收到商品之日起7日内退货，且无须说明理由，但应保证商品完好，退回商品的运费也应由消费者承担。

（十一）不得单方作出对消费者不利规定的义务

经营者在经营活动中使用格式条款的，应当以显著方式提请消费者注意。

经营者不得以格式条款、通知、声明、店堂告示等方式，作出排除或者限制消费者权利、减轻或者免除经营者责任、加重消费者责任等对消费者不公平、不合理的规定，不得利用格式条款并借助技术手段强制交易。

格式条款、通知、声明、店堂告示等含有上述所列内容的，其内容无效。

【做中学15】某消费者到A酒店进行餐饮消费，该酒店在酒店醒目位置贴有“谢绝自带酒水”的告示。下列对该告示的说法错误的是（　　）。

A.该条款属于酒店服务合同的合法条款

B.根据《民法典》及《消费者权益保护法》的规定，提供格式条款一方免除其责任、加重对方责任、排除对方主要权利的，该条款无效。所以该条款属于无效条款

C.A酒店谢绝自带酒水属于餐饮经营者利用其优势地位，作出的加重消费者责任的不公平、不合理的规定，是霸王条款

D.消费者可以请求人民法院确认该霸王条款无效

解析：答案为A。该酒店的告示限制了消费者自带酒水的权利，其内容无效。

（十二）不得侵犯消费者人格权的义务

经营者不得对消费者进行侮辱、诽谤，不得搜查消费者的身体及其携带的物品，不得侵犯消费者的人身自由。

（十三）“远程销售”、金融服务经营者的信息披露、风险提示义务

采用网络、电视、电话、邮购等方式提供商品或者服务的经营者，以及提供证券、

保险、银行等金融服务的经营者，应当向消费者提供经营地址、联系方式、商品或者服务的数量和质量、价款或者费用、安全注意事项和风险警示、售后服务等信息。

（十四）消费者信息保密义务

经营者收集、使用消费者个人信息，应当遵循合法、正当、必要的原则，明示收集、使用信息的目的、方式和范围，并经消费者同意，不得违反法律、法规的规定和双方的约定收集、使用信息。

经营者及其工作人员对收集的消费者个人信息必须严格保密，不得泄露、出售或者非法向他人提供。

经营者未经消费者同意或者请求，或者消费者明确表示拒绝的，不得向其发送商业性信息。

【做中学16】消费者到某“4S”店购买一辆小轿车，在购车时登记了其姓名、住址、电话等个人信息。“4S”店为宣传该款车的销量，在对外广告时擅自使用了该消费者的个人信息。该“4S”店侵犯了消费者的（　　）。

A.公平交易权

B.在购买、使用商品和接受服务时享有人身、财产安全不受损害的权利

C.自主选择商品或服务的权利

D.个人信息依法得到保护权

解析：答案为D。该“4S”店未经消费者同意擅自使用消费者的个人信息，该行为侵害了消费者的合法权益。

【做中学17】经营者的下列哪项行为，未违反《消费者权益保护法》规定的义务？（　　）

A.店堂告示“商品一旦售出概不退换”

B.店堂告示“谢绝自带酒水”

C.顾客购买两条毛巾索要发票，经营者以“小额商品，不开发票”为由加以拒绝

D.出售蛋类食品的价格经常变化

解析：答案为D。消费者享有7天内无理由退货的权利，故A项违反规定。根据《民法典》及《消费者权益保护法》的规定，提供格式条款一方免除其责任、加重对方责任、排除对方主要权利的，该条款无效，故B项违反法律规定。消费者索要发票等购货凭证或者服务单据的，经营者必须出具，不得因各种理由不予提供发票或者单据，故C项违反法律规定。D项不违反相关规定。

四、消费者权益争议的解决

（一）争议解决的途径

消费者和经营者发生消费者权益争议的，可以通过下列途径解决：

1.与经营者协商和解

当消费者和经营者因商品或服务发生争议时，协商和解应作为首选方式。协商和解必须在自愿平等的基础上进行。

2.请求消费者协会或者依法成立的其他调解组织调解

消费者协会的职能之一就是对消费者的投诉事项进行调查、调解。消费者协会作为保护消费者权益的社会团体，调解经营者和消费者之间的争议，应依照法律、行政法规及公认的商业道德行事，并由双方自愿接受和执行。对侵害众多消费者合法权益的行为，中国消费者协会以及在省、自治区、直辖市设立的消费者协会，可以向人民法院提起诉讼。

【做中学18】下列关于消费者组织说法正确的是（　　）。

A.消费者组织为了筹集保护消费者权益的经费可以从事一定的商品经营和营利性活动

B.消费者组织通过抽查检验，可以收取一定费用向社会推荐优质的商品和服务

C.消费者组织可以收取必要的咨询费用

D.依法成立的消费者组织依照法律、法规及其章程的规定，开展保护消费者合法权益的活动

解析：答案为D。消费者组织作为保护消费者权益的社会团体，不能从事经营行为，不得收取费用，因此D项正确。

3.向有关行政部门投诉

有关行政部门是指工商、物价、技术监督及与消费者有关的专业部门。有关行政部门对消费者的投诉及其与经营者的争议，可依法进行调解；也可依法行使职权，作出处理决定；对有违法行为的经营者，可依法给予行政处罚。消费者向有关行政部门投诉的，该部门应当自收到投诉之日起七个工作日内，予以处理并告知消费者。

4.根据与经营者达成的仲裁协议提请仲裁机构仲裁

提起仲裁的前提条件是双方订有仲裁协议或书面仲裁条款。与其他解决争议的方式相比，仲裁具有灵活便利的特点，实行“一裁终局”。

5.向人民法院提起诉讼

这是解决争议的终极方式，也是消费争议当事人依法保护自身合法权益的行之有效的手段。与其他解决争议的方式相比，诉讼具有法定性、权威性和强制性的特点。

（二）法律责任

消费者的权益无法行使或受到损害时，《消费者权益保护法》规定可采取相应的措施对违法者予以制裁。

1.赔偿责任的主体

（1）销售者。

销售者负有先行赔偿义务。消费者在购买、使用商品时，其合法权益受到损害的，可以向销售者要求赔偿。

（2）生产者。

生产者和销售者负有连带责任。消费者或者其他受害人因商品缺陷造成人身、财产损害的，可以向销售者要求赔偿，也可以向生产者要求赔偿。属于生产者责任的，销售者赔偿后，有权向生产者追偿。属于销售者责任的，生产者赔偿后，有权向销售者追偿。

【做中学19】甲公司生产易拉罐饮料。消费者乙从丙超市购入易拉罐饮料，在开瓶盖时易拉罐炸裂，致使与乙邻座的丁眼部受伤，经鉴定属于易拉罐质量问题。下列答案中正确的是（　　）。

A.丁不是消费者，只能向乙赔偿

B.因为是丙超市销售的，所以丁只能向丙赔偿

C.因为该易拉罐是甲公司生产的，所以丁只能向甲赔偿

D.丁可以向甲，也可以向丙要求赔偿

解析：答案为D。消费者或者其他受害人因商品缺陷造成人身、财产损害的，可以向销售者要求赔偿，也可以向生产者要求赔偿。丁作为受害者，即可以向销售者丙要求赔偿，也可以向生产者甲要求赔偿。因此，D正确。

（3）服务者。

消费者在接受服务时，其合法权益受到损害的，可以向服务者要求赔偿。

（4）变更后的企业。

消费者在购买、使用商品或者接受服务时，其合法权益受到损害，因原企业分立、合并的，可以向变更后承受其权利义务的企业要求赔偿。

（5）营业执照持有人与出借人。

使用他人营业执照的违法经营者提供商品或者服务，损害消费者合法权益的，消费者可以向其要求赔偿，也可以向营业执照的持有人要求赔偿。

【做中学20】甲公司借用乙房地产公司的营业执照从事商品房销售，消费者丙从甲公司雇佣的促销员丁处购买一套商品房时合法权益受损，消费者丙就其损失请求赔偿的

对象是（　　）。

A.可以是甲，也可以是乙　　B.只能是乙　　C.只能是丁　　D.只能是甲

解析：答案为A。《消费者权益保护法》规定：使用他人营业执照的违法经营者提供商品或者服务，损害消费者合法权益的，消费者可以向其要求赔偿，也可以向营业执照的持有人要求赔偿。消费者丙可以向经营者甲要求赔偿，也可以向营业执照的持有人乙要求赔偿。因此，A正确，BD不正确。丁作为甲公司的雇员，其履行职务的行为，承担责任的主体为公司。因此，C不正确。

（6）展销会举办者、柜台出租者。

消费者在展销会、租赁柜台购买商品或者接受服务，其合法权益受到损害的，可以向销售者或者服务者要求赔偿。展销会结束或者柜台租赁期满后，也可以向展销会的举办者、柜台的出租者要求赔偿。展销会的举办者、柜台的出租者赔偿后，有权向销售者或者服务者追偿。

【做中学21】消费者甲从乙商场中的柜台租赁者王某处购得电脑一台。不久乙商场倒闭停业，后分立为丁公司和戊公司。丁公司承接原乙商场的一切债权债务，并向社会发布了告示。分立后消费者甲的电脑因质量问题起火损毁。下列哪个说法是正确的？（　　）

A.甲可以向丁公司要求赔偿，也可以向戊公司要求赔偿

B.甲只能向王某要求赔偿

C.甲可以向王某、丁公司或者生产厂家要求赔偿

D.甲可以向丁公司、戊公司或者王某要求赔偿

解析：答案为C。《消费者权益保护法》第四十三条规定：消费者在展销会、租赁柜台购买商品或者接受服务，其合法权益受到损害的，可以向销售者或者服务者要求赔偿。展销会结束或者柜台租赁期满后，也可以向展销会的举办者、柜台的出租者要求赔偿。消费者甲可向销售者王某要求赔偿，也可以向柜台出租者乙商场要求赔偿。因乙商场分立为丁公司和戊公司，丁公司承接原乙商场的一切债权债务。根据《消费者权益保护法》第四十一条的规定，消费者在购买、使用商品或者接受服务时，其合法权益受到损害，因原企业分立、合并的，可以向变更后承受其权利义务的企业要求赔偿。因此，甲可向丁公司要求赔偿。另外，根据《消费者权益保护法》第四十条的规定，消费者或者其他受害人因商品缺陷造成人身、财产损害的，可以向销售者要求赔偿，也可以向生产者要求赔偿。因此，甲也可以生产者要求赔偿。

（7）网络交易平台与销售者、服务者。

消费者通过网络交易平台购买商品或者接受服务，其合法权益受到损害的，可以

向销售者或者服务者要求赔偿。网络交易平台提供者不能提供销售者或者服务者的真实名称、地址和有效联系方式的，消费者也可以向网络交易平台提供者要求赔偿；网络交易平台提供者作出更有利于消费者的承诺的，应当履行承诺。网络交易平台提供者赔偿后，有权向销售者或者服务者追偿。

网络交易平台提供者明知或者应知销售者或者服务者利用其平台侵害消费者合法权益，未采取必要措施的，依法与该销售者或者服务者承担连带责任。

【做中学22】消费者甲通过乙网络交易平台购得某品牌相机一台，后来经过权威部门鉴定发现该相机是冒牌的。下列哪个说法是不正确的？(　　)

A. 甲可以向乙网络交易平台的店主要求赔偿

B. 乙虽然早知道该店主在销售假冒相机，也未采取必要的措施，但销售假冒相机的赔偿责任仍然由店主承担，只要能提供店主的真实名称、地址和有效联系方式的，就与乙无关

C. 乙在网站上向消费者作出假一赔十的承诺，乙网站应当履行，履行后有权向店主追偿

D. 乙不能提供店主的真实名称、地址和有效联系方式的，甲也可以向乙要求赔偿

解析： 答案为B。《消费者权益保护法》第四十四条第二款规定：网络交易平台提供者明知或者应知销售者或者服务者利用其平台侵害消费者合法权益，未采取必要措施的，依法与该销售者或者服务者承担连带责任。乙虽然早知道该店主在销售假冒相机，也未采取必要的措施，依法与该销售者或者服务者承担连带责任。因此，B错误。

(8)经营者、虚假广告的经营者、发布者及商品、服务推荐者。

消费者因经营者利用虚假广告或者其他虚假宣传方式提供商品或者服务，其合法权益受到损害的，可以向经营者要求赔偿。广告经营者、发布者发布虚假广告的，消费者可以请求行政主管部门予以惩处。广告经营者、发布者不能提供经营者的真实名称、地址和有效联系方式的，应当承担赔偿责任。

广告经营者、发布者设计、制作、发布关系消费者生命健康商品或者服务的虚假广告，造成消费者损害的，应当与提供该商品或者服务的经营者承担连带责任。

社会团体或者其他组织、个人在关系消费者生命健康商品或者服务的虚假广告或者其他虚假宣传中向消费者推荐商品或者服务，造成消费者损害的，应当与提供该商品或者服务的经营者承担连带责任。

【做中学23】某电台接受甲公司推销人员保健品的广告业务，该保健品推销人员出示的营业执照和介绍信均系伪造，广告内容多处涉及虚假内容，消费者因该虚假广告买

了保健品致住院。请问下列说法不正确的是（　　）。

A.某电影明星在该广告中参与了该保健品的形象宣传，需要承担一定责任，但不承担连带责任

B.消费者可以请求工商部门对该发布虚假广告的行为予以惩处

C.甲推销人员逃跑以后，由于无法知晓甲的真实名称、地址和有效联系方式的，某电台应当承担赔偿责任

D.该消费者可以向甲推销人员要求赔偿

解析：答案为A。《消费者权益保护法》第四十五条第三款规定：社会团体或者其他组织、个人在关系消费者生命健康商品或者服务的虚假广告或者其他虚假宣传中向消费者推荐商品或者服务，造成消费者损害的，应当与提供该商品或者服务的经营者承担连带责任。

【做中学24】广告的经营者不能提供经营者的（　　）的，应当承担赔偿责任。

A.真实名称　　B.地址　　C.申诉　　D.价格

解析：答案为AB。广告经营者、发布者不能提供经营者的真实名称、地址和有效联系方式的，应当承担赔偿责任。故此题选A、B两项。

2.民事责任

（1）特别法律的适用。

经营者提供商品或者服务有下列情形之一的，除《消费者权益保护法》另有规定外，应当依照其他有关法律、法规的规定，承担民事责任：

①商品或者服务存在缺陷的；

②不具备商品应当具备的使用性能而出售时未作说明的；

③不符合在商品或者其包装上注明采用的商品标准的；

④不符合商品说明、实物样品等方式表明的质量状况的；

⑤生产国家明令淘汰的商品或者销售失效、变质的商品的；

⑥销售的商品数量不足的；

⑦服务的内容和费用违反约定的；

⑧对消费者提出的修理、重作、更换、退货、补足商品数量、退还货款和服务费用或者赔偿损失的要求，故意拖延或者无理拒绝的；

⑨法律、法规规定的其他损害消费者权益的情形。

经营者对消费者未尽到安全保障义务，造成消费者损害的，应当承担侵权责任。

【做中学25】根据消费者权益保护法规定，经营者在提供商品或者服务时，有下列哪些情形之一的，应当承担民事责任？（　　）

A. 商品或者服务存在缺陷的

B. 不具备商品应当具备的使用性能但销售时已作说明的

C. 销售的商品数量不足的

D. 不符合在商品或者其包装上注明采用的商品标准的

解析： 答案为ACD。详见《消费者权益保护法》第四十八条。

（2）人身伤害的民事责任。

经营者提供商品或者服务，造成消费者或者其他受害人人身伤害的，应当赔偿医疗费、护理费、交通费等为治疗和康复支出的合理费用，以及因误工减少的收入。造成残疾的，还应当赔偿残疾生活辅助具费和残疾赔偿金。造成死亡的，还应当赔偿丧葬费和死亡赔偿金。

【做中学26】经营者提供商品或者服务，造成消费者或者其他受害人人身伤害的，应当赔偿（　　）等为治疗和康复支出的合理费用，以及因误工减少的收入。

A. 医疗费　　B. 护理费　　C. 交通费　　D. 精神损失费

解析： 答案为ABC。经营者提供商品或者服务，造成消费者或者其他受害人人身伤害的，应当赔偿医疗费、护理费、交通费等为治疗和康复支出的合理费用，以及因误工减少的收入。

（3）侵害消费者人格尊严等人身权益的民事责任。

经营者侵害消费者的人格尊严、侵犯消费者人身自由或者侵害消费者个人信息依法得到保护的权利的，应当停止侵害、恢复名誉、消除影响、赔礼道歉，并赔偿损失。造成严重精神损害的，受害人可以要求精神损害赔偿。

（4）财产损害的民事责任。

经营者提供商品或者服务，造成消费者财产损害的，应当依照法律规定或者当事人约定承担修理、重作、更换、退货、补足商品数量、退还货款和服务费用或者赔偿损失等民事责任。

（5）预收款方式提供商品或者服务的责任。

经营者以预收款方式提供商品或者服务的，应当按照约定提供。未按照约定提供的，应当按照消费者的要求履行约定或者退回预付款，并应当承担预付款的利息、消费者必须支付的合理费用。

【做中学27】下列关于预付式消费不符合《消费者权益保护法》的是（　　）。

A. 经营者应当按照约定提供商品或者服务

B. 未按照约定提供商品或服务的，应当按照消费者的要求履行约定，承担消费者必

须支付的合理费用

C.经营者未按照约定提供商品或服务的，应当退回预付款，并承担预付款的利息、消费者必须支付的合理费用

D.经营者使用别人的营业执照采取预收款方式提供商品或者服务，产生消费纠纷时，营业执照的持有人不负任何法律责任

解析：答案为D。经营者使用他人营业执照的提供商品或者服务，损害消费者合法权益的，消费者可以向其要求赔偿，也可以向营业执照的持有人要求赔偿。故D选项营业执照持有人不负任何法律责任说法错误。

（6）商品不合格的责任。

依法经有关行政部门认定为不合格的商品，消费者要求退货的，经营者应当负责退货。

（7）欺诈行为的惩罚性赔偿责任。

经营者提供商品或者服务有欺诈行为的，应当按照消费者的要求增加赔偿其受到的损失，增加赔偿的金额为消费者购买商品的价款或者接受服务的费用的三倍；增加赔偿的金额不足五百元的，为五百元。法律另有规定的，依照其规定。

经营者明知商品或者服务存在缺陷，仍然向消费者提供，造成消费者或者其他受害人死亡或者健康严重损害的，受害人有权要求经营者依照法律规定赔偿损失，并有权要求所受损失二倍以下的惩罚性赔偿。

【做中学28】甲从A商场购买了一台假冒产地的电吹风，价格为100元，甲要求该商场赔偿。根据《消费者权益保护法》的规定，甲依法可以获得增加的赔偿金额为（　　）。

A. 100元　　B. 200元　　C. 300元　　D. 500元

解析：答案为D。《消费者权益保护法》第五十五条第一款规定：经营者提供商品或者服务有欺诈行为的，应当按照消费者的要求增加赔偿其受到的损失，增加赔偿的金额为消费者购买商品的价款或者接受服务的费用的三倍；增加赔偿的金额不足五百元的，为五百元。甲增加赔偿的金额不足500元，赔偿额为500元。

【做中学29】甲从A商场购得某品牌高压锅一个。A商场明知该高压锅在1个月前发生了爆炸事故，但由于未有人员伤亡，后由厂家予以赔偿了事，但A商场仍然继续销售给甲。后甲在使用过程中，又发生爆炸事故，造成甲邻居家小孩被炸伤。下列哪个说法是正确的？（　　）

A.甲邻居家小孩不是消费者，不适用《消费者权益保护法》

B.对邻居小孩的赔偿，应当由甲、A商场或生产商共同赔偿

C.对甲及邻居家小孩，应由A商场或生产商按照《消费者权益保护法》赔偿实际损

失，甲和邻居家小孩还有权要求赔偿损失的二倍以下的惩罚性赔偿

D.对甲及邻居家小孩，应由A商场或生产商按照消费者权益保护法赔偿实际损失，某甲和邻居小孩还有权要求赔偿损失的一倍以下的惩罚性赔偿

解析：答案为C。甲邻居家小孩虽不是消费者，但是由于A商城提供的高压锅在使用过程中使小孩受伤，小孩可以适用《消费者权益保护法》。由于是A商城和厂家明知该品牌高压锅存在问题的情况下，依然继续销售造成邻居家小孩受伤，故甲和邻居家小孩有权要求A商场或生产商按照《消费者权益保护法》赔偿实际损失和二倍以下的惩罚性赔偿。

3.行政责任

（1）应承担行政责任的情形：

①提供的商品或者服务不符合保障人身、财产安全要求的；

②在商品中掺杂、掺假，以假充真，以次充好，或者以不合格商品冒充合格商品的；

③生产国家明令淘汰的商品或者销售失效、变质的商品的；

④伪造商品的产地，伪造或者冒用他人的厂名、厂址，篡改生产日期，伪造或者冒用认证标志等质量标志的；

⑤销售的商品应当检验、检疫而未检验、检疫或者伪造检验、检疫结果的；

⑥对商品或者服务作虚假或者引人误解的宣传的；

⑦拒绝或者拖延有关行政部门责令对缺陷商品或者服务采取停止销售、警示、召回、无害化处理、销毁、停止生产或者服务等措施的；

⑧对消费者提出的修理、重作、更换、退货、补足商品数量、退还货款和服务费用或者赔偿损失的要求，故意拖延或者无理拒绝的；

⑨侵害消费者人格尊严、侵犯消费者人身自由或者侵害消费者个人信息依法得到保护的权利的；

⑩法律、法规规定的对损害消费者权益应当予以处罚的其他情形。

（2）行政处罚方式。

经营者除承担相应的民事责任外，其他有关法律、法规对处罚机关和处罚方式有规定的，依照法律、法规的规定执行；法律、法规未作规定的，由工商行政管理部门或者其他有关行政部门责令改正。可以根据情节处以警告、没收违法所得、罚款、责令停业整顿、吊销营业执照等，并由处罚机关记入信用档案，向社会公布。

（3）对处罚决定不服的救济途径。

经营者对行政处罚决定不服的，可以依法申请行政复议或者提起行政诉讼。

【做中学30】经营者有下列哪些情形之一的，除承担相应的民事责任外，其他有关法律、法规对处罚机关和处罚方式有规定的，依照法律法规的规定执行；法律、法规未作规定的，由工商行政管理部门或者其他有关行政部门处以行政处罚？（　　）

A.生产国家明令淘汰的商品或者销售失效、变质的商品的

B.在商品中掺杂、掺假，以假充真，以次充好，或者以不合格商品冒充合格商品的

C.对商品或者服务作虚假或者引人误解的宣传的

D.提供的商品或者服务不符合保障人身、财产安全要求的

解析：答案为ABCD。根据《消费者权益保护法》第五十六条可知该题答案为ABCD。

4.刑事责任

违反消费者权益保护法，构成犯罪的行为包括：

（1）经营者提供商品或者服务，造成消费者和其他受害人人身伤害或死亡的；

（2）以暴力、威胁等方法阻碍有关行政部门工作人员依法执行职务的；

（3）国家机关工作人员玩忽职守或者包庇经营者侵害消费者合法权益，情节严重，构成犯罪的。

对这些行为应根据情节依法追究刑事责任。

案例分析

法院认为：汽车公司作为经营者，对车辆是否属于被召回的范围应当知道，其抗辩对涉案车辆召回不知情的理由不能成立。汽车公司隐瞒车辆瑕疵而销售，构成商业欺诈。《消费者权益保护法》第五十五条规定：经营者提供商品或者服务有欺诈行为的，应当按照消费者的要求增加赔偿其受到的损失，增加赔偿的金额为消费者购买商品的价款或者接受服务的费用的三倍。但是，本案车辆销售行为发生在《消费者权益保护法》2013年修订前，按照“从旧兼从轻”的原则，适用修订前《消费者权益保护法》第四十九条的规定，汽车公司应当承担“退一赔一”的法律责任。一审法院认为，汽车公司的行为不构成欺诈，故判决驳回王毅的诉讼请求。王毅以原判决认定事实不清，适用法律错误为由提起上诉。天津市第二中级人民法院作出二审判决：撤销本案一审判决，王毅向中进汽车公司退车，中进汽车公司退还王毅购车款249 800元，加倍赔偿王毅249 800元，并赔偿王毅车辆购置税等共计35 677元。

（案例来源：最高人民法院网，《消费者维权典型案例》，2015年6月15日发布，http：//www.court.gov.cn/zixun-xiangqing-14729.html）

同步训练

参考答案

一、单选题

1.小刘花200元在商场购买了一件衣服，后被证实是假货，于是向商场退货并索赔，小刘可要求商场支付的退货费和赔偿金共为(　　)。

A. 500元　　B. 600元　　C. 800元　　D. 1 000元

2.经营者违反《消费者权益保护法》规定，应当承担民事赔偿责任和缴纳罚款、罚金，其财产不足以同时支付的，优先承担(　　)。

A.民事赔偿责任　　B.违约责任

C.刑事责任　　D.罚款、罚金

3.经营者应当保证其提供的商品或者服务符合保障人身、财产安全的要求。对(　　)的商品和服务，应当向消费者作出真实的说明和明确的警示，并说明和标明正确使用商品或者接受服务的方法以及防止危害发生的方法。

A.不合格　　B.未经检验

C.数量不足　　D.可能危及人身、财产安全

二、判断题

1.经营者明知商品或者服务存在缺陷，仍然向消费者提供，造成消费者或者其他受害人死亡或者健康严重损害的，受害人有权要求经营者依照《消费者权益保护法》第四十九条、第五十一条等法律规定赔偿损失，并有权要求所受损失三倍以下的惩罚性赔偿。(　　)

2.对侵害众多消费者合法权益的行为，县消费者协会可以向人民法院提起诉讼。(　　)

三、案例分析题

某商场使用了由东方电梯厂生产、亚林公司销售的自动扶梯。某日营业期间，自动扶梯突然逆向运行，造成顾客王某、栗某和商场职工薛某受伤，其中栗某受重伤，经治疗半身瘫痪，数次自杀未遂。现查明，该型号自动扶梯在全国已多次发生相同问题，但电梯厂均通过更换零部件、维修进行处理，并未停止生产和销售。

请问：

该事件的赔偿主体是谁？其赔偿责任是连带赔偿责任，还是按份赔偿责任？

项目小结

- 反不正当竞争法
  - 商业混淆
  - 商业贿赂
  - 虚假宣传
  - 侵犯商业秘密
  - 不正当有奖销售
  - 诋毁竞争对手的商业信誉
  - 互联网不正当竞争行为

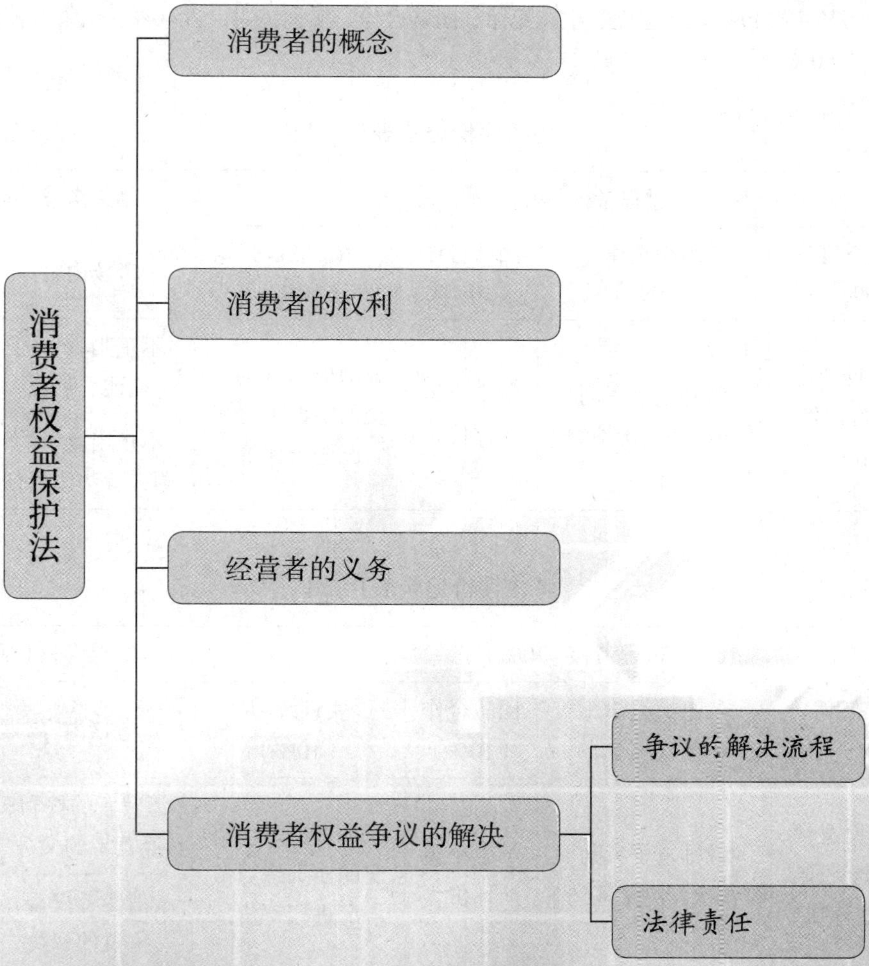
消费者权益保护法
消费者的概念
消费者的权利
经营者的义务
消费者权益争议的解决
争议的解决流程
法律责任

考核评价

本项目职业能力测试与考核采用百分制，将过程考核与结果考核相结合，加大技能考核比重。过程考核主要包括职业态度、组织纪律、团队合作、实训练习，占40%。结果考核以实务考核为主，占60%。

考核评价记录表（一）

<table>
<tr><td colspan="4">过程考核（40%）</td><td colspan="2">结果考核（60%）</td></tr>
<tr><td>职业态度（10%）</td><td>组织纪律（10%）</td><td>团队合作（10%）</td><td>实训练习（10%）</td><td>考核内容</td><td>分值比重</td></tr>
<tr><td rowspan="2">教师根据课堂表现进行评价，采取扣分制</td><td rowspan="2">教师电子考勤（每次课电子签到）</td><td rowspan="2">学生小组评价</td><td rowspan="2">教师根据学生提交的实训练习情况进行评价</td><td>不正当竞争的概述、种类</td><td>30%</td></tr>
<tr><td>不正当竞争的调查、法律责任</td><td>30%</td></tr>
</table>

考核评价记录表（二）

<table>
<tr><td colspan="4">过程考核（40%）</td><td colspan="2">结果考核（60%）</td></tr>
<tr><td>职业态度（10%）</td><td>组织纪律（10%）</td><td>团队合作（10%）</td><td>实训练习（10%）</td><td>考核内容</td><td>分值比重</td></tr>
<tr><td rowspan="2">教师根据课堂表现进行评价，采取扣分制</td><td rowspan="2">教师电子考勤（每次课电子签到）</td><td rowspan="2">学生小组评价</td><td rowspan="2">教师根据学生提交的实训练习情况进行评价</td><td>消费者的权利、经营者的义务</td><td>40%</td></tr>
<tr><td>消费者权益争议的解决</td><td>20%</td></tr>
</table>

广播影视类高考专用丛书

JIXING PINGSHU HUATI BAODIAN

即兴评述话题宝典（真题版）

张福起 杨亚楠 主编

山东人民出版社·济南
国家一级出版社 全国百佳图书出版单位

主　编　张福起　杨亚楠

副主编　王铁燕　刘孟子　黄育梁　樊振国　孙　鑫　刘　虹　尚春晓
周　波　余建三　聂延玉　陈　石　朱仪军　翟德强　张　力
闫廷军　许昌艳　王一晨　夏　亮　李志杰　程晓峰　张　勇
李　国　李　博　刘　毅　许　诺　李虎承　康学鹏　张　云
曾　托　刘玉平　孙晓辉　武善君　张同喜　徐　进　乔　鹏
杨　美　王　钢　李庚武　董曙光　雷薇薇　张文敏　王艺露

编　委　邱　超　李子良　孙　奇　朱可胜　杨　美　孙　超　梁　超
周　健　史迪文　陈艺昊　董坤鹏　靳可理　姜　征　郑　阁
谈　冲　吕　勋　黄波娜　石晶晶　高　干　钟　勇　王翔宇
杨　晗　马文耀　王　超　马士光　白礼伟　苑　杰　庞　舵
李　帅　王　旭　张　标　崔　凯　吕　铭　程　霞　马金焱
吴维凯　张　煜　闫　璐　李梦娇　张扬子　鲍登林　刘星余
张华锋　刘慧泉　卜卫华　郇新明　董　睿　黄英文　马美萍
王金见　张　晓等

作者简介

张福起. 中国影视高考培训联盟秘书长，中央电视台中学生频道特聘教学顾问，影视传媒艺考培训专家，国内某知名传媒艺考培训机构负责人。现致力于影视传媒艺术高考培训、传媒考试教材出版工作，对影视传媒艺考规律和考试政策有较深入的研究，汇集多年研究成果和教学经验编写的《广播影视类高考专用丛书》已由山东人民出版社出版发行，并且成为全国影视传媒艺术类考生和培训机构的首选教材，被誉为影视传媒高考的“必备胜经”。

在多年的考前培训中，采用精英化小班教学的方法，亲自授课并且因人而宜制订合理的教学计划。曾先后参与多所院校的招生考试工作，并与部分院校有良好的招生合作关系。所辅导的学生成功考入中国传媒大学、北京电影学院、中央戏剧学院、上海戏剧学院、浙江传媒学院、南京艺术学院、北京师范大学、四川音乐学院、东北师范大学等高等学府。

杨亚楠. 毕业于国内知名传媒艺术高校，中国影视高考培训联盟优秀讲师，对传媒艺考真题有深入的研究，有多年的授课经验，深受学生的欢迎。

艺考培训咨询 QQ：271993462　706341020　215717385
主编微信号：zhangfuqipx　　微信公众平台：liuyichuanmei
联系邮箱：13505405532@163.com
张福起全国书友会 QQ 群：332862502　　传媒艺考图书出版合作电话：13505405532
中国影视高考培训联盟 QQ 群：1821660（传媒艺考培训机构校长和老师交流群，学生勿加）

前言

即兴评述又称话题评述，是影视传媒专业高考面试的一部分。即兴评述的目的是考查考生快速思维和组织语言的能力、口语的表达能力以及临场不慌的心理素质。

考试形式主要是由考官出题，考生根据一个话题或者一件事情进行分析与评价，一般要求不超过5分钟、不少于3分钟。准备的时间也不长。考生在抽取题目后准备5分钟左右，就进入考场作答。考查即兴评述的专业主要有播音与主持艺术专业、数字传媒艺术专业、广播影视编导专业等，在面试环节所占的分值较高。

由于在考试过程中，考前准备时间和答题时间都非常短，如果考生对考题不熟悉不适应，或者缺乏面试技巧，就会导致考试难度增加，形成对考生个人能力的极大考验。综合往年的考试情况来看，有很多考生就是因为准备不充分而影响了整体考试的成绩。

许多考生反映，在日常的专业学习中，常常因为找不到合适的即兴评述话题及参考答案而苦恼不已。我们在对市面上的相关参考书进行调查时也发现，专门讲解即兴评述的针对性书籍并不多，以致很多考生基本上都是“临阵磨枪”甚至“现场发挥”。实际上关于即兴评述，考生应该了解的是，在面试中考官并不是简单地考查学生那短暂的“三分钟”，而是借此考查考生的思维、逻辑能力以及思考问题的方式。我们出这本书最主要的目的是想让考生明白，即兴评述并不是一道不可攻破的难关，在备考阶段考生完全可以通过对即兴评述的针对性练习在短期内达到很好的效果，轻松地应对考试。具体来说，本书具有以下特点：

一、精选真题，实战训练

本书中出现的所有题目都是各大高校历年的考试真题（2010－2014年），每一道题目后面都标注有高校名称、考试年份以及相关专业，以便不同专业的考生进行针对性练习。

二、分类详细，标记重点

本书根据高校历年来的出题习惯，将所有的考题分为五种类别。具体是：名言俗语类、话题讨论类、社会热点类、学校生活类以及文艺体育类。共包含话题近四百个，基本上涵盖了面试中即兴评述环节所有考试题目的类型，并且每一个话题都经过了编者的精心挑选，极具代表性和典型性，命中率高。同时对于其中一些重复出现的高频考题更是加以重点标注，以便考生能更好地把握考试重点。

三、名师指导，答案全面

本书的答案编写是由高校的面试命题专家和影视艺术类专业考试培训方面的权威教师共同完成的。力求从考生的角度回答问题、从考官的立场审视问题，思路清晰、见解独特、深度剖析，能够让考生更好地掌握即兴评述的答题方法与思路。另外，阅读此书还能提高学生的文化素养，拓宽知识面，对于高考以及未来的成长也有一定的帮助。

我们一直相信，机会总是留给有准备的人，每一次考试对于学生来讲都是一次蜕变，在人山人海的考试大军中会学习的人总是走在最前面。希望通过本书的出版，可以帮助一部分在面试方面缺乏经验、准备不足的学生有所得、有所获，扬起希望的风帆，实现梦想，取得理想的成绩！

编者

目录

第一章　名言俗语类

第二章　话题讨论类

第三章　社会热点类

第四章　学校生活类

第五章 文艺体育类

第一章 名言俗语类

1. “酒香不怕巷子深”。(2010年商丘学院广播电视编导专业招生考试试题)

[参考范例]

尊敬的各位评委老师大家好，我抽到的即兴评述题目是：“酒香不怕巷子深”。

真金不怕红炉火，酒香不怕巷子深。意思是说，如果酒酿得好，即使是放在很深的巷子里，也会有人闻香知味，前来品尝；好东西不会被埋没，是金子终究会发光。但是随着时代的发展与进步，我认为这些话似乎有些片面了。

现在的我们正处于新媒体蓬勃发展的时期，各种信息在大数据下呈爆炸式增长，很多优质的产品都不得不在价格战里狼狈退出，因此，唯有变被动为主动，充分利用广告宣传的作用，才能立于不败之地。

茅台酒的国际影响和市场价值有目共睹，但是茅台酒在一开始走向世界时根本不引人注目。当时中国展销商为了吸引外国参观者对茅台酒的注意，故意当众打碎酒瓶，四溢的酒香立刻引来人们纷纷品尝，由此在世博会上一举成名。酒香本身自会说话，而“打碎酒瓶”这一动作恰恰是最关键的自我推销方式。

“千里马”还需“伯乐”相识，毛遂还需挺身自荐，自我营销更是新时代的人们尤其是正处于奋斗期的我们所必需的一项生存技能，只有充分认清自身的优势并自信地勇敢地“推销”自己，才能在快速发展的信息化时代里茁壮成长。就像现在站在评委老师们面前的我，实际上就是在做“自我推销”，为自己争取机会，这样才能让评委老师们更好地认识我，让我有机会离自己的梦想更近一步，所以也希望评委老师能给我一次机会，让我实现自己的理想。谢谢！

2. “己所不欲，勿施于人”。(2010年商丘学院广播电视编导专业招生考试试题)

[参考范例]

尊敬的各位评委老师大家好，我抽到的即兴评述题目是：“己所不欲，勿施于人”。

“己所不欲，勿施于人”出自《论语》，是中国古代思想家、教育家孔子的名言。

这句话揭示的是处理人际关系时的基本原则。从小我们就被教育在待人接物时要宽宏大量，要站在别人的立场上去想事情，如果自己做不到，就不要强迫别人去做。就拿我自己来说，身为纪律委员的我，有一次借职务之便分配给了不喜欢的同学班中最脏最累的活，后来这位同学因为发烧没有来学校，我便接替了他的工作，记得那一天我做到很晚才回家，以前我从来没有反思过我的行为对于这位同学是多么的不公平，对此我很羞愧，第二天便对他郑重地道了歉。

在生活中，与人沟通我们要做到相互体谅，学会换位思考。在碰到问题时，如果矛盾的双方都不愿意停下来为对方多考虑一些，那么问题永远都不能得到解决，甚至可能朝着更坏的方向发展；相反，如果我们能看问题更全面一些，站在对方的角度去思考问题，都主动妥协退让一步，那么问题很快就能被解决掉。只有当我们胸怀一颗宽广而又仁慈的心时，才能真正体会到孔老夫子对于人生的这一感悟。

3. “无规矩不成方圆”。（2010年浙江传媒学院媒体创意专业（影视制片方向）招生考试试题）

［参考范例］

尊敬的各位评委老师大家好，我抽到的即兴评述题目是：“无规矩不成方圆”。

“无规矩不成方圆”是句俗语，强调的是做任何事都要有一定的规矩、规则、章法，否则无法成功。中国是一个拥有数千年历史的文明古国，非常注重礼仪与品德。有序的等级和清晰的章法是一个国家得以平衡的保障。试想如果一个如此庞大的国家没有一套统一的体系的话，社会将是多么杂乱无序。大至国法小至家规，每个人都照章办事，各司其职，社会才能和谐发展。

一方面，规矩就是纪律，是一种约束，更是一种保障。个人的发展离不开规矩。人作为社会和国家的主体，直接决定着国家与社会的前进方向，个人只有尊重客观规律，遵守规矩，充分发挥主观能动性，才能达到自己预定的目标，并在奋斗中磨炼自己的意志，吸取失败的经验，不断充实自己，让个人的潜能得到最大限度的发挥。如果违背了规律，违反了规则，那么必将遭受客观世界无情的惩罚，这样人与社会、国家如何得到协调发展呢？因此，我们倡导遵守规矩，寻求发展。

另一方面，遵守规矩并不等于墨守成规，现代社会需要更新需要突破，一味地保守只会让社会停滞不前，当传统的规矩不再适合现在的生活时，我们应当做的就是创新，打破原有的规矩创造新的规矩重新适应发展，才是最佳的行为方式。

4. “不破规矩，不成方圆”。（2010年大连艺术学院音乐学专业（文化艺术事业服务与管理方向）招生考试试题）

［参考范例］

尊敬的各位评委老师大家好，我抽到的即兴评述题目是：“不破规矩，不成方圆”。

“不破规矩，不成方圆”，很容易使人联想到与其意思相反的俗语“没有规矩，不成方圆”，意思是说做任何事都要有一定的规矩、规则、章法，否则无法成功。既然老传统要求我们恪守秩序，那么现在我们为什么还要“破”老规矩呢？

首先，自古以来，但凡想要得到发展，必定是要经历一番变革，从最初的“商鞅变法”，到20世纪初的“辛亥革命”，再到新中国的建立，从第一次的工业革命，到现代社会的三次科技革命，一代代的更新与交替才有了现在的文明与进步。

其次，规矩并不是一成不变的，时代在演进，科技在进步，当原有的规矩已经无法满足现在的国情，只有打破原有的规矩重新创造适应当今社会发展的新体系才能继续文明的脚步。

“不破规矩，不成方圆”其实并不是“没有规矩，不成方圆”的悖论，两者并不是互相矛盾的，它们是一个承上启下过渡的过程，新的方法需要建立在旧的体系上才能被创造出来，原有的规矩为以后的创造提供了基础与保障，起着借鉴的作用，两者都有着一个共同的目的，那就是社会能够更好地发展。所以，为了社会的长远发展，我们应当在原有规矩的基础上适当地更新创造更适应当今社会环境的新规矩。

5.“学而不思则罔，思而不学则殆”。（大连艺术学院音乐学专业（文化艺术事业服务与管理方向）招生考试试题）

[参考范例]

尊敬的各位评委老师大家好，我抽到的即兴评述题目是：“学而不思则罔，思而不学则殆”。

这句话是孔子所提倡的一种读书学习的方法。指的是一味地读书而不思考，就会因为没有深刻理解书本的意义而不能合理有效地利用书本的知识，甚至会陷入迷茫；而如果一味地空想而不去进行实实在在的学习和钻研，则终究是沙上建塔，一无所得；只有把学习和思考结合起来，才能学到切实有用的真知。

这句话告诉我们，学习其实是有方法的，一味地死读书或空想都是没有意义的。学与思在学习的过程中是两条相互交叉的线，其中任何一方脱离对方而独立存在都不能达到良好的学习效果。只学不思就无法将知识灵活运用、不能真正掌握学问的精髓，只思不学更是只能流于空想而无法将问题解决，只有将学与思结合在一起，在学习的同时加以思考，两者相辅相成，才能使自己成为一个有学识有思想的人。

这一道理在实际的学习生活中同样适用。我认为身为高中生的我们在上完一节课、写完一次作业或者结束一个学期后，不必急于开始下一阶段的学习任务，而是应当对前一学习过程有所反思，静下心来好好思考回顾，从中总结错误疏漏并将其改正弥补，这样才能做到对自己每一段经历的充分利用，让自己有所得、有所获。

6.“梅花香自苦寒来”。（2010 年大连艺术学院音乐学专业（文化艺术事业服务与管理方向）招生考试试题）

[参考范例]

尊敬的各位评委老师大家好，我抽到的即兴评述题目是：“梅花香自苦寒来”。

“宝剑锋从磨砺出，梅花香自苦寒来”出自明朝《警世贤文》，意思是说，宝剑的锐利刀锋是从不断的磨砺中得到的，挨过寒冷冬季的梅花会更加幽香。比喻珍贵的品质或美好的才华是需要通过不断的努力、修炼才能拥有的。

在历史的长河中，大量的事实验证了这一真理。越王勾践为报灭国之仇不忘前耻，满怀壮志，卧薪尝胆，励精图治，最终雪耻灭吴；著名的政治家孙敬由于知识浅陋不得重用，受人鄙视，大受刺激，因而“头悬梁，锥刺股”，下决心认真钻研，最终苦读有成；“一代诗圣”李白少年时求学不成，弃学途中偶遇一老妇人用铁杵磨针而深受启发，后发奋读书，终不负天赋才华，写下大量流芳千古的不朽诗篇。

任何成功都不是一蹴而就的，正所谓“天将降大任于斯人也，必先苦其心志，劳其筋骨，饿其体肤”。我们应该懂得，从来没有不劳而获的道理，一点一滴才能积累成江河，美好的品质也需要时间来衬托，在恶劣的环境中，只有忍受住磨炼不断积极奋发，才能得以发展。就像参加艺考的我们，虽然相比其他的同学，我们用了更多的时间去培训、去考试，或许在这个阶段是苦的，但是因为我们懂得为了梦想忍耐，为了选择坚持，所以并不后悔，毕竟成功总是更加青睐有准备的人！

★ **7. “天生我材必有用”。**（2011 年四川文理学院广播电视编导专业（潍坊考点）招生考试试题）

［参考范例］

尊敬的各位评委老师大家好，我抽到的即兴评述题目是：“天生我材必有用”。

“人生得意须尽欢，莫使金樽空对月。天生我材必有用，千金散尽还复来”。李白的《将进酒》充分地表达了作者对于人生的豁达感悟：上天既然生下我，就一定有需要用到我的地方，就一定有事情需要我去完成；金钱即使全部用尽了，以后也依然会再度拥有。

这句诗同样也是我的人生格言。我认为，人来到这个世界上都是有一定理由的，都是赤裸裸而来、空落落而归，虽然外在的某些条件不同，贫穷与富有、美丽与缺陷不可挑选，但可以选择的是自己在这个世界上留下的痕迹。有的人因为自身的不足而十分自卑，妄自菲薄，不愿意去面对现实；而有的人却可以直面挫折，化悲愤为力量，用渺小却坚定的努力为这个世界增添自信与光芒。

美国女作家海伦·凯勒一岁半时因患猩红热失聪致盲，87 年生活在无声、无光的世界里，这个坚强的女战士面对厄运没有退缩，坚持写作，为残疾人造福，建立慈善机构，最终著成《假如给我三天光明》这一影响后人无数的杰作；来自山东的“中国海伦·凯勒”张海迪，小时候因患血管瘤导致高位截瘫，从此开始了独特的轮椅人生，自学了小学、中学和大学的全部知识，并学习针灸，在当地行医，攻读完成大学和硕士研究生的课程，先后翻译了数十万字的英语小说，用自己的言行感动着全世界。

生活中的挫折并不是我们选择放弃的理由，人一旦降生到人世间就一定可以有属于自己的不一样的精彩。每个人都有自己的长处、都有独一无二的发光点，我们应当学会发掘自己的优点，遇到挫折不退缩不自卑，勇敢地直面人生，去找寻属于自己的一片天！

8. “生活中不是缺少美，而是缺少发现美的眼睛”。（2011 年四川文理学院广播电视编导专业（潍坊考点）招生考试试题）

［参考范例］

尊敬的各位评委老师大家好，我抽到的即兴评述题目是：“生活中不是缺少美，而是缺少发现美的眼睛”。

生活中处处都有美好的风景，但却少有人能注意到它们。

春天嫩柳发芽，微风柔和，空气清新，阳光温暖，是俏丽调皮的美；夏天是个变脸的季节，它时而哭，时而笑，一会儿晴空万里，碧空如洗，一会儿天低云暗，乌云密布，是热情直率的美；秋天一片片庄稼黄熟了，一簇簇枫叶红透了，丰收的硕果映照着收获的人们满足而又幸福的面庞，是多彩成熟的美；冬天整个大地被装饰成一个冰雪王国，王国里的小精灵们——雪花也迫不及待地跑出城堡，只为每个熟睡中的人纯洁而又闲适的梦，是干净单纯的美。在这不断轮回的四季中，人们无意识地接受上天的恩宠，却少有人去珍惜它们，其实美就在我们的身边，唯独缺少的是发现。

不仅在大自然中，就是在我们的生活里，也同样充满各种各样的美。公交车上，戴着鲜艳红领巾的少年，轻轻地站起身把身边颤颤巍巍的老奶奶扶到座位上；马路上，急着赶路的出租车司机师傅，看到前方不小心跑到街上的小狗时缓缓地踩下了刹车；公园里，一对老夫妻互相搀扶着在开得灿烂的荷花旁合影留念；教室里，琅琅的读书声伴着清晨门外大榕树上的鸟语花香……

美决定于看景人的心态。消极的人看待生活是丑恶的，积极的人看待生活是美好的。美存在于每一个角落，等待着人们去发现它，我们要学会观察学会驻足，在忙乱心烦的一瞬间将视线移向远处，原来，美好的风景就在前方。

9. “近朱者赤，近墨者黑”。（2011年黄河科技学院广播电视编导专业招生考试试题）

[参考范例]

尊敬的各位评委老师大家好，我抽到的即兴评述题目是：“近朱者赤，近墨者黑”。

所谓“近朱者赤，近墨者黑”，主要就是说环境对人的影响巨大。引申到人际交往中，就是与品德好的人在一起自身也会变得高尚，与品德不好的人在一起则会因为“沾染”恶习而变坏。

可是真的就那么必然吗？我看未必。以我自己为例。上小学的时候邻居家的小朋友和我分到了一个班，但是他特别调皮贪玩不喜欢学习，所以不受老师和其他家长的喜爱。老师开家长会的时候得知我们是邻居，还特地对我妈妈说不要让我和他在一起，以免被他带坏。爸爸听了之后非常生气，他告诉我，不能因为他学习不好或者表现不出色就看不起他，所有的朋友都不理他已经够让他伤心了，如果我也和他们一样，那不是在他伤口上撒盐吗，为什么不用自己的力量去鼓励他让他变好呢？我记住了爸爸的话，主动要求老师和他做同桌，放学后也督促他不要贪玩快点回家，回到家爸爸还会让他来我们家里写作业。这样一天天下去，我们不但成为了最好的朋友，他的成绩也突飞猛进，后来我们一起考上了重点中学。

到现在为止，我一直记得爸爸的话：近朱者赤，近墨者黑，并不是要将人类明确地分成两拨，好的与好的在一起，坏的与坏的在一起，而且这并不能解决根本问题。近朱者未必赤，近墨者未必黑，我们要做的就是用自己的力量在坏的环境里去努力传播正能量，去努力将它转换为好的，所谓“出淤泥而不染”，其精髓可能就在于此吧。

10. “路遥知马力，日久见人心”。（2011年黄河科技学院广播电视编导专业招生考试试题）

［参考范例］

尊敬的各位评委老师大家好，我抽到的即兴评述题目是：“路遥知马力，日久见人心”。

“路遥知马力，日久见人心”的意思是，只有路途遥远，才可以知道马力气的大小；只有经历的事情多了，时间长了，才可以识别人心的善恶好歹。人与人之间的交往，从认识到了解，友谊、真情并不都是一以贯之的。有些人成为好朋友时轰轰烈烈一腔热血，恨不得为朋友两肋插刀，可等到遇见了事情却“插朋友两刀”；有些人最初相遇时可能互相看不顺眼，但随着时间的流逝才发现彼此之间的价值观与人生观都十分贴近，最后反而成了真正的精神伴侣。时间是考验一切的度量衡，人心是可以被发现的。

这句话启示我们，在交朋友的时候要拥有一个宽广的胸怀，不要因为一点小摩擦小误会就轻易地对朋友发脾气，因为你很可能会因为一个轻率的举动而错失一生的朋友。认清一个人并不是一朝一夕的事情，“试玉要烧三日满，辨才须待七年期”，而真实恰恰是沟通最好的方式，只有彼此付出真心，才经得起时间的检验。

11. 如何理解“不要在一棵树上吊死”？（2011年黄河科技学院广播电视编导专业招生考试试题）

［参考范例］

尊敬的各位评委老师大家好，我抽到的即兴评述题目是：如何理解“不要在一棵树上吊死”？

老舍曾经在《勤有功》里说过：“这一本写失败了，即去另写一本。新事物是取之不竭的，何必一棵树上吊死人？”由此可以看出，当人在一条路上行不通时，我们无需执迷不悟钻牛角尖，死撑到底，或许，放弃眼前的这条路而走另一条路，会得到更好的结果。

据说，阿基米德试图测定王冠上的金银量时，认真探究，首先想到的是用天平称量的方法，然而这看似简单，却并不容易操作。经过一度的坚持后他毅然地放弃了这种方法，并从滴水实验中找到了新的方法；爱迪生为了找到适合做灯丝的材料，先是拿各种纤维做实验，在发现这些材料不合适后，立即更换成其他材料，经过多次选择多次实验，终于在试用了1600多种材料的基础上成功发明了电灯。如果阿基米德和爱迪生都一直执迷不悟坚持之前的想法，或许我们今天就不能享受到如此方便的生活工具了。

所以，“不要在一棵树上吊死”告诉我们，在看待问题的时候不要只是看一个方面，就像有些人学习一门专业，可能会因为得不到理想的结果而选择放弃，甚至对自己的能力产生怀疑，其实这样是不明智的，因为每个人都有属于自己的闪光点，一条路的走不通，或许仅仅说明这条路不适合你，为什么不选择另一条路试试看呢？也许后面的才是更适合你的呢?!

12. “态度决定一切”。（2011年黄河科技学院广播电视编导专业招生考试试题）

[参考范例]

尊敬的各位评委老师大家好，我抽到的即兴评述题目是：“态度决定一切”。

以强大的战斗力、严谨的纪律著称的美国西点军校有一条军规就是“态度决定一切”。他们坚信，没有什么事情会做不好，关键在于你对待事情的态度。如果在事情还没有开始做的时候，你就认为它不可能成功，那么它当然也不会成功；如果你在做事情的时候不认真，那么事情也不会有好的结果。一切都取决于你的态度，你对事情付出了多少，你对事情采取了什么样的态度，就会有什么样的结果。

在我们班的黑板的上方，班主任特意为我们粘贴上了“态度决定一切”的标语，他一直告诫我们，良好的态度是一切成功的前提，现在我们作为正在备战的高三学生，正处于一种对未来又期待又不安的状态，对以后的路或许还有些迷茫，我们要做什么？我们能做什么？这类问题都或多或少地困惑着每一个学生。其实无论将来怎样，我们现在首先要做的都是树立对未来充满希望的信心，因为一个好的态度可以让学生看到前途，有了希望，才会有继续奋斗下去的信心与力量。只有端正态度，明确目的，制订学习计划，一点一滴地积累，我们才能走向成功的彼岸。

13. “认真做事只能把事情做对，用心做事才能把事情做好”。（2011年黄河科技学院广播电视编导专业招生考试试题）

[参考范例]

尊敬的各位评委老师大家好，我抽到的即兴评述题目是：“认真做事只能把事情做对，用心做事才能把事情做好”。

认真做事是基础，用心做事才是核心。海尔集团总裁张瑞敏曾说过：“把每一件简单的事情做好就是不简单，把每一件不平凡的事情做好就是不平凡”。认真做事与用心做事有何区别呢？所谓认真做事，就是按照规定去做，只要不违反规则就可以，这样至少不会把事做错，也没有人会说你不对，只能说你已经认真完成了本职工作。所谓用心做事，就是不但要按照规定去做，而且还要有一定的悟性和创新，要围绕怎样把事情做得更完美来动脑筋，这样，别人就会说你很好地创造性地完成了工作。认真做事可能更多的是迫于外在压力，机械地不折不扣地去完成某件事，而用心做事除了有认真层面的意义外，更多的是发自内心地、用心智做事。虽然上述两种方法都完成了工作，但效果却不一样。只有将两者合为一体，在认真的同时仔细用心地去处理每一个小细节，才能真正把事情做好。

14. “女人工作干得好，不如女人嫁得好”？（2011年黄河科技学院广播电视编导专业招生考试试题）

［参考范例］

尊敬的各位评委老师大家好，我抽到的即兴评述题目是：“女人工作干得好，不如女人嫁得好”？

虽然俗话说“女人工作干得好，不如女人嫁得好”，但这一点我并不认同。

首先，我自己本身就是一个女孩，从小爸爸就教育我要自强，不要依赖于别人的保护。摔倒了自己爬起来，做错事主动承认错误，任何男生做的运动我也有选择的权利，没有必要因为性别的原因而要求特殊待遇，所以我也养成了自立的习惯。

另外，男女平等作为整个世界所提倡的一项原则，2012年也被我国列为基本国策。女人与男人一样平等地拥有公民的权利与义务，同样有能力参与社会活动、工作，甚至有调查得出，在政坛上某些女性有着比男性更为杰出的头脑。

再回归到本题上。女人嫁得好并不代表着就可以一劳永逸了，这也不是“灰姑娘”可以飞上枝头变凤凰的捷径。每个人的幸福观都不同，或许有些人是以结婚生子作为自己的目标，有些人却无法忍受生活的平淡，想要在事业上能够做出一番精彩，这两者并不矛盾，但是若要一味地强调女性可以走捷径，“工作做得好不如嫁人嫁得好”，使女性形成一种等级意识，自动地站在男人背后，为了找到以后的“人体提款机”而放弃眼前或许有些辛苦的耕耘的话，就太不值得了。况且，试问一个只想着自身利益而毫无内涵的女性真的能吸引到优秀的男性吗？我认为身为女性应当有着自立的能力、自强的精神，不倚仗任何人的生活才是真正有水平的生活。

15. “山高人为峰”。（2011年商丘学院广播电视编导专业招生考试试题）

［参考范例］

尊敬的各位评委老师大家好，我抽到的即兴评述题目是：“山高人为峰”。

“山至高处人为峰，海到尽头天是岸”说明，无论目标有多大，只要肯攀登，就能达到“登泰山而小天下”的境界。

联系到实际生活中就是，虽然追求梦想的道路上阻碍重重，但只要有一颗坚定的心，不畏艰险，就一定能够到达成功的彼岸并将挫折踩在脚下。梦想是没有限制的，即使再平凡的人也有权利拥有远大的梦想。“球王”乔丹，从小因为身体瘦弱不适合打篮球而被踢出球队，正是他执着地追求与坚持训练，才使其成为NBA历史上带着六枚总冠军戒指、跑龙套出身的飞人；爱迪生，被老师说成是低能儿的人类历史上最伟大的发明家，只上过三个月的学，后来全靠自己赚钱买试验品和自学获得试验条件，他执着地追求，但直到21岁时还一事无成，后来由普通印刷机起家，终于开始了伟大的发明之路；亚伯拉罕·林肯，美国的第16任总统，出身贫困，一生不断经历失败，执着的精神让他没有放弃向命运抗争，而后成为美国总统，领导人民取得南北战争的胜利，结束了美国的黑奴历史。

太多的前人向我们证明了信念与坚持所能创造的奇迹，有再大再多的梦想都不可笑，可笑的是不为之作出努力。所以，即使艰难，也要选择前进；即使灰头土脸，也要昂首挺胸。因为我们知道，只有通过自己不懈的追求与奋斗，才能无限地接近梦想接近成功。

16. “兔子不吃窝边草”。（2012 年江西师范大学广播电视编导专业招生考试试题）

［参考范例］

尊敬的各位评委老师大家好，我抽到的即兴评述题目是：“兔子不吃窝边草”。

在自然界，有一个奇怪的现象，就是兔子不吃自己窝边的草，偏要跑到老远的地方去吃，而远处的兔子又跑到这里来，吃这里的草，莫非兔子也觉得“家草不如野草香”？其实呢，“兔子不吃窝边草”的表层意思是兔子是不会吃自己窝旁的草的，这有自我保护的意思在里边，但是，人们引用这句俗语，是取它“与邻为善”的引申义。它告诫人们，别在家门口做不应该做的坏事。

自古以来，“远亲不如近邻”的道理一直存在于人与人的交往中，在遇到危难的时候，一般第一个出手相助的都是身边最近的人，邻里、同学、同事，每天生活在一起，学习在一起，工作在一起，有意无意间也积攒了一定的感情，所谓“兔子不吃窝边草”就是在这一关系的基础上产生的。

反过来看，如果“兔子吃了窝边草”，那么首先不利的则一定是兔子自身。吃掉了窝边草，会使它失去保护的屏障，暴露出自己从而自取灭亡；将其推及至人际关系也同样如此，邻里之间如若不能和睦相处，一味地步步为营，只是以自己的利益为中心，那就等于将对外的沟通亲手斩断，人们各自为战，而无法享受到和睦的邻里关系与和谐的人际氛围。

俗话说“相遇即是一种缘”，所以，对身边亲近的人，我们应当以一种感恩的心态去经营彼此的感情，要懂得包容体谅，遇到小摩擦要能够大事化小、小事化了，这样才能共同创造和谐的环境。

17. “艺术来源于生活，又高于生活”。（2012 年洛阳师范学院广播电视编导专业（山东考点）招生考试试题）

［参考范例］

尊敬的各位评委老师大家好，我抽到的即兴评述题目是：“艺术来源于生活，又高于生活”。

首先，艺术来源于生活。艺术并不是凭空产生的，它是有一定依据的，没有生活原型或者现象就没有艺术创作的源头和灵感。生活中所有发生过的点滴小事，都是艺术素材的提供者和原型。

其次，艺术又高于生活。作家通过艺术手段的加工，精练的语言描述，有序的故事情节排列，渲染、夸张、集中矛盾等手法，能使发生在生活中的真人真事更加的生动，耐人寻味；画家在触景生情之后，借助绘画这一媒介来抒发自己内心的情感，表达自己对客观世界的认识，将自身的精神融入其中，以艺术的方式表达出来。

德国古典哲学家、美学家黑格尔，在《美学讲演录》的开篇便提出了艺术美高于自然美的观点，艺术美是艺术家经过反复过滤提炼出的精髓，它是由心灵产生和再生的，心灵和它的产品比自然和它的现象高多少，艺术美也就比自然美高多少。艺术美高于自然美的最直接的原因是精神产生了艺术。精神受环境所影响，但是它也是人类所拥有的独特的意识、思维活动和心理状态，而客观自然的景物本身并没有这种特有的气息。

所以说，"艺术来源于生活，又高于生活"。

★ **18. "读万卷书"还是"行万里路"？**（2012年云南艺术学院戏剧学专业招生考试试题）

［参考范例］

尊敬的各位评委老师大家好，我抽到的即兴评述题目是："读万卷书"还是"行万里路"？

"读万卷书"还是"行万里路"是一个一直存在的命题。有的人认为"读万卷书不如行万里路"，因为好男儿志在四方，外面的世界总是在书本上找不到的，纸上谈兵只能是无用功，不能做井底之蛙，应当走出去多看看，使自己真正地直面挫折，从而有所长、有所获。有的人却认为"行万里路不如读万卷书"，因为博览群书是自古圣贤留下的传统，它是一个必须经历的闭门苦读、"两耳不闻窗外事"的过程，只有在满腹诗书的状态下，遇到问题时才能合理地发挥知识的作用。

我认为"读万卷书"与"行万里路"并不是互相矛盾的，而是相辅相成的。如若只行路而不读书，则会全然没有头绪没有思想，遇到事情无法从理性的角度去思考去分析，这样只能是"瞎走"；而只读书不行路也是不够的，因为博览群书之后，必定会进入求知的第二步，即遍游各地，亲见亲历，这叫"游学"。孔子就曾周游各国；孟子也在闭门读书多年之后，成为当时有名的游士。所以，我认为两者应当结合起来，首先"读万卷书"，获得满腹经纶，然后再"行万里路"，亲历躬行、参证精思，知识水平才会飞跃到一个较高的层次。

现在正处于高中阶段的我们就在经历着"读万卷书"的过程，虽然有时或许会有些枯燥有些累，但是这都是为了以后"行万里路"而做积累，因为只有基础扎实了，"走出去"的时候才不会茫无目的，才能让知识发挥它应有的价值。

19. "衣带渐宽终不悔，为伊消得人憔悴"。（2012年云南艺术学院戏剧学专业招生考试试题）

［参考范例］

尊敬的各位评委老师大家好，我抽到的即兴评述题目是："衣带渐宽终不悔，为伊消得人憔悴”。

作为宋代词人柳永词作《蝶恋花》中的名句，至今已被传诵千年，通过描写主人公自誓甘愿为思念伊人而日渐消瘦憔悴的画面，感动着亿万读者的心。

我更多的还是将其作为学问三境界之一来理解。记得以前语文老师对我们说过，王国维先生曾经提出，做学问的三种境界分别是：“昨夜西风凋碧树，独上高楼，望尽天涯路。”“衣带渐宽终不悔，为伊消得人憔悴。”“众里寻他千百度，蓦然回首，那人却在灯火阑珊处。”其中“衣带渐宽终不悔，为伊消得人憔悴”这一境界，是大多数人难以企及与逾越的。首先，第一境界指出做学问之人应有执着的追求，能够登高望远，能看到形势发展的主要方向，能抓住斗争的主要矛盾。这是取得成功的基础，也是大多数人可以做到的。而第二境界则是一个分水岭，它强调在成功的道路上尽管会遇到各式各样的困难，但是仍要坚持奋斗，继续前进，为了事业一切在所不惜。因为成功所需要付出的代价是无法估量的，所以有很多人在追逐的道路上出于对未知的恐惧而怯懦退缩，然而只有坚持下去不畏任何艰险才能无限接近成功。所以，我一直谨记老师的话，不做被困难吓倒的逃兵，而是扬起风帆一路勇往直前！

20. 谈谈对于“年轻没有什么不可以”这句广告语的看法。（2012 年中国劳动关系学院戏剧影视文学专业招生考试试题）

［参考范例］

尊敬的各位评委老师大家好，我抽到的即兴评述题目是：谈谈对于“年轻没有什么不可以”这句广告语的看法。

对于处在青年阶段的我们来说，虽然看似一无所有，其实却有着很多人无法企及的资本，那就是年轻。青春只有一次，过了就再也没有重来的机会，因为它，很多错误都被原谅，很多误会都被消除，很多泪水都被擦拭。它是一段人人都曾经憧憬、日后都不断回忆的特殊时光，它散发着活力，迸发着激情，闪耀着光芒，挥洒出光和热，是用汗水和笑容共同编织的花环。

因为年轻，所以可以毫无畏惧，没有什么不可以。有人说“初生牛犊不怕虎”，是的，我们志比天高，天马行空，面对困难可以破巨浪斩荆棘，因为我们坚信，如果一个人在年轻时，没有理想，没有激情，没有愿意改变的勇气，那就不配使用“年轻人”这个称号。

虽然允许年轻时犯点错，但我们也知道不能一错再错。应该在错误中汲取教训，在经验里学着成长。或许我们冲动，或许我们轻狂，但爱和力量却溢满我们的心房；或许我们固执，或许我们倔强，但对梦想的执着却引领着方向。丢掉浮躁，丢掉迷惘，我们更加睿智和明朗。正确的道路来之不易，欢乐的甘甜总在苦涩的泪水后面埋藏。我们畅谈未来和理想，献出青春的花朵和生命的泉水，像群星把美好的前程照亮。世界的万花筒散发着诱人的清香，未来的天空下传来迷人的歌唱。我们整装待发，用美梦打扮，从实干开始。拾起激情与勇气，年轻没有什么不可以！

21. 如何看待"人不能在一棵树上吊死"和"明知山有虎，偏向虎山行"？（2013年黄河科技学院广播电视编导专业（山东考点）招生考试试题）

［参考范例］

尊敬的各位评委老师大家好，我抽到的即兴评述题目是：如何看待"人不能在一棵树上吊死"和"明知山有虎，偏向虎山行"？

"在一棵树上吊死"，就是执迷于一种方法或者一条路，不肯放手，不会用别的方法或者新的途径去寻求创新。老舍曾经在《勤有功》里说过："这一本写失败了，即去另写一本。新事物是取之不竭的，何必一棵树上吊死人"。"人不能在一棵树上吊死"告诉我们，在一条路上行不通时，我们无需执迷不悟钻牛角尖，在这条路上死撑到底，或许，放弃眼前这条路而走另一条路，就会豁然开朗。

"明知山有虎，偏向虎山行"出自《阅微草堂笔记》，意思是说即使明知前方有老虎，却还是执意前往，表露出一种"不入虎穴，焉得虎子"的胆识。

"人不能在一棵树上吊死"和"明知山有虎，偏向虎山行"虽然在面对困境时行为的方向不同，一种是向后退一步，一种是坚持前进，但实际上两者告诉我们的道理是一样的。即人应该有开阔的思维，在遇到困难或者阻碍时，换一种方式或者直面挑战都是一种选择，这种选择是不定向的，有时候退一步更能看清整个局势，有时候进一步更有机会接近成功。重要的是选择的人应当具有准确的判断力、果敢的决断力和勇于承担后果的决心，这样才能克服困难，到达成功的彼岸。

★ **22. 对于"理想很丰满，现实很骨感"这句话，你怎么看？**（2013年福建省普通高校编导类专业招生统考试题）

［参考范例］

尊敬的各位评委老师大家好，我抽到的即兴评述题目是：对于"理想很丰满，现实很骨感"这句话，你怎么看？

很多人认为"理想很丰满，现实很骨感"，而我却不赞同这一看法。

首先，必须承认理想与现实是存在一定差距的，理想往往是人们对于未来的一种最佳安排方式，它简单而且纯粹，而现实却复杂得多了，多了些阻碍，多了些困难。很多人都无法适应现实与理想之间的落差，更无法接受在追求理想时所遭遇的失败。但是我要说的是，理想与现实并不是两条无法交会的平行线，理想既不是现实的幻影，现实也不是理想的"噩梦"，有理想的人一定有一颗想要实现它的心，因为对未来怀有憧憬、怀有希望，所以才会拥有理想，但仅仅有理想是不够的，只有将它放到现实中来，通过自身源源不断的努力，才能将它变为现实。没有任何挑战能轻而易举获胜，没有任何发明一次就能成功，没有任何理想随便就能实现。现实生活中有很多勇敢的人，即使遇到再大的挫折，也一直坚持用自己微弱但不灭的力量感动着我们，究其原因就是因为每个人都有着属于自己的理想。

理想是不需要付出代价的，任何人都拥有做梦的权利，而现实却是需要通过每个人的努力、付出一定的代价才能得到的，可是如果理想与现实没有差别的话，生活中还会出现成功与失败吗？人们还能感受到欣喜与沮丧吗？

所以我想对那些将理想抛在脑后的人说，只要你还愿意重拾理想，愿意为之挥洒青春与热血，竭尽全力去改变这种可预知的未来，始终怀抱着一颗对未来充满希望的心，坚持最初的梦想，对于现实中的挫折毫不畏惧，敢于直面，那么你总有一天会找到属于自己的位置，将梦想照近现实。谢谢！

23. 谈谈朱熹的一句话“为学须先立志”。（2014年四川传媒学院播音主持专业（湖北考点）招生考试试题）

[参考范例]

尊敬的各位评委老师大家好，我抽到的即兴评述题目是：谈谈朱熹的一句话“为学须先立志”。

“为学须先立志”是说，在做任何学问前都应当树立一个远大的志向，如果没有志向的话，那么做什么都是徒劳。

战国时期伟大的爱国诗人屈原，从小立志做一位博学之人，他不顾长辈的反对，不论刮风下雨、天寒地冻，躲到山洞里偷读《诗经》，经过多年的努力，创造出了“楚辞”这一文体，在中国文学史上独树一帜，对后世诗歌创作产生了积极影响；北宋末年的民族英雄岳飞，正是在金人入侵的动乱年代里，立下“还我河山”的壮志，一生征战沙场，死而后已，终于留下了千古美名；西汉史学家司马迁，遵从父亲的遗嘱，立志要写成一部能够“藏之名山，传之后人”的史书，就在他着手写这部史书的期间，含冤入狱并遭受残酷的“腐刑”，倍感屈辱痛苦的他曾打算自杀，可是想到自己写史书的理想尚未完成，于是忍辱奋起，前后共历时18年，终于写成《史记》。

从古至今，凡是成功的人都必定有一个坚定的志向，他们为了自己曾经下定决心誓要实现的志向，不畏任何困难，坚定不移地去克服，才有了后来的成就与胜利。所以，身为学生的我们更应当有一个长远的目标，为了它努力学习、奋斗，只有这样，才能体会到梦想实现的喜悦。

24. 毕淑敏说过：“树不可长得太快。一年生当柴，三年五年生当桌椅，十年百年的才有可能成栋梁。故要养深积厚，等待时间。”谈谈你对这句话的理解。（2014年信阳师范学院广播电视编导戏文专业（山东考点）招生考试试题）

[参考范例]

尊敬的各位评委老师大家好，我抽到的即兴评述题目是：谈谈对“树不可长得太快。一年生当柴，三年五年生当桌椅，十年百年的才有可能成栋梁。故要养深积厚，等待时间”这句话的理解。

每一个生命，从呱呱坠地那一刻起，到牙牙学语再到满腹诗书，成为一个有学识有阅历的人，这期间需要经历很多的时间。在这段旅途中，每一个步骤都是循序渐进的，没有谁能还没学会走路就开始跑步，还没学会说话就开始唱歌，每一个阶段都有每一个阶段的道理，由不得任何人催促。

孩子的教育同样如此。二十年寒窗苦读才能换来一份傲人的成绩，想要走捷径走弯路是万万不行的。伤仲永的故事想必我们从小就听过，因为天资过人下笔如有神而被称为“神童”的仲永，被其父拉着到处炫耀卖其书法，后来渐渐变得自满而不求进取，从而沦为与一般人无异的普通人。如今，仍有许多类似的现实例子发生在我们身边：某某三次跳级，自学完高中课程，十三四岁即被保送北大清华，后来却被迫退学，因为不能适应大学生活，自理问题无法解决等等。

“神童”本身不是一个贬义词，它是一个只有少数人才会拥有的上天赐予的“礼物”，然而有些家长却并不能好好利用它，为了一时的利益或者根基并不结实的成功，而对孩子的教育采取了盲目的、快速增长的方法，明明是需要一天一天去积累的成长，却被他们强行压缩，这样是不理智的，也是不利于孩子以后发展的。

人的一生要学习的还有很多，不只是课本上的知识，挫折、痛苦、失败都是每个人必修的课程，时间是最好的良方，每一天都是不能重来的宝贵经历。所以在孩子成长时，应当在其身边慢慢地帮助他前进，养深积厚，等待时间。

25. 毕淑敏说过：“幸福绝大多数是朴素的，它不会像信号弹似的，在很高的天际闪烁红色的光芒。它披着本色外衣，亲切温暖地包裹起我们。幸福不喜欢喧嚣浮华，常常在暗淡中降临。”结合你的经历，谈谈你对这句话的看法。（2014 年信阳师范学院广播电视编导戏文专业（山东考点）招生考试试题）

［参考范例］

尊敬的各位评委老师大家好，我抽到的即兴评述题目是：“幸福绝大多数是朴素的，它不会像信号弹似的，在很高的天际闪烁红色的光芒。它披着本色外衣，亲切温暖地包裹起我们。幸福不喜欢喧嚣浮华，常常在暗淡中降临。”结合你的经历，谈谈对这句话的看法。

每个人的幸福感都不同。对父亲而言，孩子的一个笑脸就是幸福；对妻子而言，给家人做一桌可口的饭菜就是幸福；对儿女而言，家庭和睦就是幸福；对教师而言，桃李满天下就是幸福；对学生而言，一张满分的试卷就是幸福。每个人虽然接收到的方式各不相同，但幸福的本质都是相同的，都是人们对于美好事物的一种向往。

我理解的幸福就是一种对生活的满足感，它不需要轰轰烈烈，更不需要高调宣告，它可能产生于每时每刻，或许在最简单、最平淡的一瞬间，幸福它就悄然而至了。在下着暴雨的马路上，收到一把陌生人递过来的雨伞；在回荡着琅琅读书声的教室里，得到班主任诚心的表扬；在温暖的家里，和爸爸妈妈坐下来吃顿热腾腾的饺子；甚至在陌生的国度，收到同乡人的一个简单的微笑，都会让人感到幸福。我一直相信无论多么灰暗的人生都曾有过幸福的瞬间，它就像是一个不经意掉落在人间的礼物一样，对每个人都毫不吝啬。幸福掌握在自己的手中，而不是在别人的眼中。只要你拥有一颗想要追求幸福并且感恩的心，幸福就会来敲门。

26. 谈谈你对“大胆假设，小心求证”的看法。（2014 年贵州民族大学广播电视编导专业招生考试试题）

［参考范例］

尊敬的各位评委老师大家好，我抽到的即兴评述题目是：谈谈对“大胆假设，小心求证”的看法。

“大胆假设，小心求证”这一观点，是胡适先生在五四时期提出来的。“大胆假设”，是要人们打破旧有观念的束缚，挣脱旧有思想的牢笼，大胆创新，对未解决的问题提出新的假设或解决的可能；“小心求证”，是要求人们不要停在假设或可能的路上，而是要进行证明，小心地证明体现了一种严谨求实的态度，在证明的过程中不能捏造事实，不能按自己的意愿去改变事实，更不能用道听途说的东西去充当事实，而是要尊重事实，尊重证据，不能有半点马虎，千万要“小心”。

有些人认为大胆假设比小心求证更重要，因为创新是解决问题的源泉，只有不断地提出新的创意与可能性，才能使问题得到更好的解答与提升；而有的人却认为小心求证比大胆假设更重要，因为小心求证是用科学严谨的、重事实重证据重实验结果的态度去富有逻辑地论证猜想的过程，是应当具备的科学精神。

我认为两者并不矛盾，就像在平时的学习生活中老师曾经教育我们的，遇到了问题不要退缩，要大胆地提出质疑，然后再仔细地去解决它。在解决问题的过程中，无时无刻不伴随着小心求证与大胆假设两个因素，大胆假设给予小心求证以方向，小心求证验证大胆假设的正误，两者循环往复，互相结合，才能从根本上解决问题，达到良好的效果。

27. “慈悲没有仇敌，宽容没有烦恼”。（2014 年湖南省普通高校编导类专业招生统考试题）

［参考范例］

尊敬的各位评委老师大家好，我抽到的即兴评述题目是：“慈悲没有仇敌，宽容没有烦恼”。

慈悲与宽容，是人与人交往中最重要的两种品质，它是在参透百态人生之后的一种非凡的气度，代表了心灵的充盈和思想的成熟，是一种善待他人幸福自己的姿态。

三国时期的蜀国，在诸葛亮去世后任用蒋琬主持朝政。他的属下有个叫杨戏的，性格孤僻，讷于言语。有人看不惯，在蒋琬面前嘀咕说：“杨戏这人对您如此怠慢，太不像话了！”蒋琬坦然一笑，说：“人嘛，都有各自的脾气秉性。让杨戏当面说赞扬我的话，那可不是他的本性；让他当着众人的面说我的不是，他又会觉得我下不来台。其实，这正是他为人的可贵之处。”后来，有人称赞蒋琬“宰相肚里能撑船”。我们敬爱的周总理，一向被人称作礼貌待人的楷模。有一次，周总理请一位姓朱的理发师给他刮脸，刚刮到一半，周总理忽然咳嗽了一声，朱师傅没提防，刮了个小口子，朱师傅心里一阵紧张，忙说："我工作没有做好，真对不起总理。"周总理微笑着宽慰他说："怎么能怪你呢！全怪我咳嗽没和你打招呼。还幸亏你刀躲得快。"

慈悲的人不会伤害他人，宽容的人不会记恨他人，正因为他们懂得慈爱待人，宽容做事，所以才赢得了别人的尊重，所以才赢得了人生。

28. "每个人都是一朵独特的花"。（2014 年湖南省普通高校编导类专业招生统考试题）

[参考范例]

尊敬的各位评委老师大家好，我抽到的即兴评述题目是："每个人都是一朵独特的花"。

每一个人都是一朵独特的花。我们无法选择自己，但是可以选择生活，只要我们不怨天尤人、自暴自弃，能够像花朵一样努力开放，我们就不会被平庸的土壤埋没，就不会辜负作为一个人的尊严和权利。（摘自鲁先圣《每个人都是一朵独特的花》）

29. "大恩不言谢"。（2014 年湖南省普通高校编导类专业招生统考试题）

[参考范例]

尊敬的各位评委老师大家好，我抽到的即兴评述题目是："大恩不言谢"。

中国有句古话叫作"大恩不言谢"，意为别人对自己的恩情太过重大，自己无法报答，只好记在心里，而感激的话也因为在恩情面前显得很轻薄，所以就不说出口了。

蒲松龄《聊斋志异》中有一篇故事叫《田七郎》，大概意思是说一位叫武承休的富人，梦中受先人指点让他去交结一个叫田七郎的人，醒后他找到田七郎欲与其结交，岂知田母毫不客气地拒绝了武承休。但武承休认定田七郎是可交往之人，善待田七郎之心依旧。后来田七郎为争猎豹，失手殴死人命，武承休四处奔走用重金设法解救他出狱，救了田七郎一命。这时田七郎贤德的母亲才应允儿子与武承休交往，田母告诉儿子说，见到武公子不要言谢，因为小恩可谢，大恩不可谢。此后，田七郎到武府如履家门，对武承休相赠的任何厚遇不再推辞，来者不拒，也从不言谢。

在生活中，当我们得到别人的帮助时，大部分情况下会第一时间去感谢对方，让对方了解到自己的感激之情，但是当心中的感动超过了一定的重量，成为一种需要铭记于心的大恩，甚至要用生命去报答时，又怎能是嘴皮子随便动动就能了了的。这里的"不言谢"，并不是恩情太大就不需要感谢了，反而是另一种感激的方式，是一种中国式的"大丈夫"情怀！

30. "怜悯是一本温情的书"。（2014 年湖南省普通高校编导类专业招生统考试题）

[参考范例]

尊敬的各位评委老师大家好，我抽到的即兴评述题目是："怜悯是一本温情的书”。

怜悯是一种情感的表达方式，它是对于弱者、对于不公的一种体恤。这个世界上有太多弱肉强食、优胜劣汰的事情，与生俱来的落差或许我们无能为力，但是我们却可以正视现实，并且运用自己的力量去努力帮助弱者。

如今的社会有很多与理相悖的事情：乞丐成了“影响市容的城市垃圾”；小摊小贩成了城管眼中的“苍蝇老鼠”；就连出个门有老人摔倒在你面前，也要在扶之前权衡一下利害。人们的价值观随着社会上的某些舆论而有了倾斜，我们与生俱来的美德都到哪儿去了？如果人人都怀着一种冷漠的自保心态，那还能指望谁会在你苦难的时候扶你一把？这个社会还想得到什么进步？

将心比心，谁都会有苍老的那一天，谁都会有需要别人的时候，软弱的人需要保护，幼小的人需要扶持，当你看到自己的爸爸妈妈不小心摔倒在马路上，却没有人上前扶一把的时候，难道不会心痛吗？怜悯是一个人最基本的道德准则，也是我们每个人都应具有的义务，它能让麻木的道德复苏，能使泯灭的良知苏醒。它是一本充满温情的书，需要我们所有人去学习，去传播，去实践。

31. “倾听花开的声音”。(2014年湖南省普通高校编导类专业招生统考试题)

［参考范例］

尊敬的各位评委老师大家好，我抽到的即兴评述题目是：“倾听花开的声音”。

每个孩子都是一朵独特的花，每一朵花都拥有属于自己的肥沃土壤与开放的瞬间，对于这些成长中的孩子，大人们能做的就是静静地守护在身边让其健康地成长，倾听花开的声音。

鲁迅先生认为，要教育好孩子，首先要尊重和理解孩子，“倘不先行理解，一味蛮做，便大碍于孩子的发达”。曾经有一次，先生在家中宴客，在吃鱼圆时，客人均说新鲜可口。唯海婴说：鱼圆是酸的。以为孩子胡说乱闹的妈妈便责备了几句，鲁迅听后，便把海婴咬过的那只鱼圆尝了尝，果然不怎么新鲜，便颇有感慨地说：“孩子说不新鲜，我们不加以查看就抹杀是不对的，看来我们也得尊重孩子说的话啊!”

《皇帝的新装》这则寓言想必我们从小就听过，当所有的大人都在附和讨好着愚蠢的皇帝时，只有小孩子才会无所畏惧地大笑皇帝根本没穿衣服，因为他的世界黑白分明，容不得一丝虚假，那一颗单纯而善良的心是无价的，任何人都没有抹杀它的权力。

倾听花开的声音，让我们一同走进孩子的世界，与他们同思考共感受，尊重他们的选择，用同样纯粹的心去看待问题，等待成长，等待花开。

32. “你若能容下世界，世界便能容下你”。(2014年湖南省普通高校编导类专业招生统考试题)

［参考范例］

尊敬的各位评委老师大家好，我抽到的即兴评述题目是：“你若能容下世界，世界便能容下你”。

有很多人经常抱怨这个世界对自己太不好了，出生在一个普普通通的家庭，拥有一副普普通通的外貌，学习学不好、工作找不到、失恋、离婚等等，觉得是被世界抛弃了的孩子，甚至会产生结束自己生命的想法，事实上这一切灰暗的心理都是自己造成的。

再幸福的人生也有缺憾，再凄凉的人生都有幸福。只有用一颗豁达的心去拥抱这个世界，它才会接纳你。社会是一张彼此联系的人际网络，无人能独自成功，胸中容得下多少人，就能赢得多少人。有时候人生是需要用苦难浸泡的，没有了伤痛，生命就少了炫彩和厚重。失去变淡了痛苦就轻了；拥有看重了快乐就增值了。只有在伤口中盛开的花朵，才是陪伴我们默默前行的风景。不要在意小小的委屈，难过只是你心情的点缀，而不是制约你灵魂的枷锁。

能来到这个世上我们要感激父母，能受到知识的洗礼我们要感激老师，能遇到这么多挫折却依然还在前进我们要感激世界，因为他们，我们才有机会活出自己的精彩，学会包容自己，包容他人，包容世界，生活也才会更加灿烂一些。

★ **33. “人因梦想而精彩”。**（2014 年湖南省普通高校编导类专业招生统考试题）

[参考范例]

尊敬的各位评委老师大家好，我抽到的即兴评述题目是：“人因梦想而精彩”。

人生拥有很多种可能，很多种理想共同组成美好的未来。蝴蝶怀着对鲜花的渴望，破蛹而出；小草怀着对春天的渴望，钻出泥土；向日葵怀着对太阳的渴望，向阳开花；雏鹰怀着对天空的渴望，学会翱翔；蒲公英怀着对土地的渴望，随风飘扬；蜗牛怀着对旅行的渴望，步步爬行。我们怀着对梦想的渴望，努力，前进，爬行，飞翔，只为心中的那一片广阔天地。

永远不要小瞧梦想的伟大。史蒂芬·霍金，二十岁以前，还是一个无忧无虑且才华横溢的小伙子。二十一岁的时候，他突然被告知患了肌肉萎缩症，医生宣布他只剩两年的生命！这个消息对于普通人来说也许只意味着绝望和死亡。但是他没有向命运低头，他以顽强的意志力和一颗追寻梦想的心，使生命一直坚持了六十多年，并做出了伟大的贡献，被称为人类历史上最伟大的人物之一。我一直坚信只要你拥有希望拥有梦想拥有一颗勇敢的心，人生就会有很多种精彩，在梦想面前，任何困难挫折都只是成功前的垫脚石，因为我们知道，心有多大，舞台就有多大！

34. “宽容是一种境界”。（2014 年湖南省普通高校编导类专业招生统考试题）

[参考范例]

尊敬的各位评委老师大家好，我抽到的即兴评述题目是：“宽容是一种境界”。

宽容是一种修养，是一种品质，更是一种美德。宽容不是胆小无能，而是一种海纳百川的大度。

中国历史上有个叫蔺相如的大臣，由于护驾有功，所以官职不断升迁，引起了大将廉颇的忌妒与不满，便处处与蔺相如作对。但是蔺相如面对廉颇的无理取闹，只是笑而避之，从而有了“负荆请罪”这个故事。三国时期的蜀国，在诸葛亮去世后蒋琬主持朝政。他的属下有个叫杨戏的，性格孤僻，讷于言语。有人看不惯，在蒋琬面前嘀咕说：“杨戏这人对您如此怠慢，太不像话了！”蒋琬坦然一笑，说：“人嘛，都有各自的脾气秉性。让杨戏当面说赞扬我的话，那可不是他的本性；让他当着众人的面说我的不是，他又会觉得我下不来台。所以，他只好不做声了。其实，这正是他为人的可贵之处。”后来，有人称赞蒋琬“宰相肚里能撑船”。

正是因为懂得宽容待人，所以他们才赢得了别人的尊重。宽容并不是一味地忍让，它是对于“无知者无罪”和鲁莽的人的一次体谅，宽容是一种境界，用宽容可以换来他人另一次选择的机会，用宽容可以照亮失误害怕的人黑暗的道路，用宽容可以得到和谐大同的美好结局。

35. “远亲不如近邻”。（2010年大连艺术学院音乐学专业（文化艺术事业服务与管理方向）招生考试试题）

［参考范例］

尊敬的各位评委老师大家好，我抽到的即兴评述题目是：“远亲不如近邻”。

现代社会，随着高楼大厦的增多与老四合院老民居的消失，邻里之间渐渐变得冷漠，人与人之间少了交流多了隔阂，一个问候都显得尴尬生疏。有些上班族住了五六年都不曾见过对面的邻居；楼上晒的衣服不小心掉到楼下，宁愿不要了也不愿意去敲邻居的门捡起来；夫妻间吵架吵到震耳欲聋，楼上楼下宁愿带个耳塞也不愿多管闲事……

怀念曾经“抬头不见低头见”的日子：早上起来一句吆喝，我帮你拿份报纸你帮我拿包牛奶，互相问声“您早啊”然后开始充满朝气的一天；下班回来，还没进巷子就闻见红烧肉四处飘散的香味，邻里之间你一口我一口吃着吃着就饱了；谁家吵个架大伙一块出来劝架，谁家结个婚个个开心地相互道喜，谁家搬走了又都含着不舍挂着泪水道一声珍重……

许多人已经遗忘了邻居的重要性，其实，他们是每一天都陪伴在你左右的最熟悉的陌生人，你的快乐、悲伤、惊喜都曾与他们共享，一双双没有任何血缘的手通过这一缘分握在了一起。关系再好的亲人在你出事的时候，也无法立刻分奔到你身边，是邻居，毫无目的不求回报地一次次帮助了你，所谓远亲不如近邻的真谛大概就在于此吧。在现代社会，我们应当重拾邻里之情，相亲相爱互相帮助，主动的一个微笑、一声问候都可能让我们的生活环境变得更加美好。

第二章　话题讨论类

★ **1. 成长的烦恼。**（2010 年成都理工大学广播影视学院导演专业招生考试试题）

［参考范例］

尊敬的各位评委老师大家好，我抽到的即兴评述题目是：成长的烦恼。

小时候，爷爷总是将我高高地举到他的肩膀上，让我像小鸟一样飞翔，每当我问他到底什么时候才可以摸到太阳时，他总是告诉我等我长大了就行了，所以小时候的我每一天都在期待长大。等到后来我终于长大，才发现不但人类无论怎样都无法摸到太阳，而且长大以后还会遇到许多以前没有的烦恼。小时候摔倒了，爸爸妈妈会第一时间跑过来把我抱起来，长大了不但不能流眼泪，还要自己从地上爬起来；小时候回到家就可以找小朋友一起玩耍，长大了却只能面对着无休止的试卷与补习班；小时候最害怕的是在地上爬的毛毛虫，长大了最担心的却是明天未知的考试……

成长确实存在着很多烦恼，可反过来想，这不都是人生旅途中必不可少的经历吗？成长有时充满苦涩，有时掺着几分遗憾，但即使这样，成长的魅力依然无法抗拒。人需要成熟，也需要成长，这是人类繁衍生息的自然规律。烦恼使我变得善于思考，在烦恼中我一天天长大，我知道，烦恼是成长的催化剂。就像那首歌唱的一样："小小少年很少烦恼，眼望四周阳光照。小小少年很少烦恼，但愿永远这样好。一年一年时间飞跑，小小少年在长高。随着年岁由小变大，他的烦恼增加了……"

2. 论成功与失败。（2010 年吉林艺术学院广播电视编导专业招生考试试题）

［参考范例］

尊敬的各位评委老师大家好，我抽到的即兴评述题目是：论成功与失败。

"失败是成功之母"，想必是诠释成功与失败之间关系的最好的一句话了。

德国最伟大的音乐家贝多芬生活十分坎坷。他晚年失聪，只能通过书写与人交谈。在音乐创作过程中，出现了许多难以解决的问题，他失败了许多次，但直到最后都不曾气馁，从不放弃，最后终于创作完成《第九交响曲》并成为一个真正的成功者。

哲人总是教导我们说：成功的道路上永远会挤满失败者，做事情，没有哪件事情会容易成功，但是最后成功的人，肯定是那寥寥可数的几个真正锲而不舍、善于总结失败教训的人。也就是说，那些最终的成功者，他们必然有一种共同的素质——正视失败。那些正视失败的人，都不会惧怕展示自己失败中的缺点和行为的不足，勇于把自己生命中的每一个"愚蠢行为"都暴露在光天化日之下，让别人来指点和纠正，即使是命运之神举起皮鞭来抽打时，也敢于用自己的血肉之躯去承受。

所以，如果你想获得成功，就不要蜷缩在借口的龟壳中，让借口成为缺点和不足的终身避难所。只有敢于真正刺刀见红，让自己能成熟地承受失败的教训，才会有所进步。任何失败者都应该明白，承受痛苦就是为了避免新的痛苦，承认失败就是为了永远离开失败，拥抱成功。

3. 我想象中的大学老师。（2010年云南艺术学院文华学院广播电视新闻学专业招生考试试题）

［参考范例］

尊敬的各位评委老师大家好，我抽到的即兴评述题目是：我想象中的大学老师。

首先，我想象中的大学是一所拥有独立自主意识、理想与激情并存的殿堂。与之前的高中生活不同，大学是一个小型的社会，一群对未来满怀美好期许的、来自五湖四海的同学欢聚一堂，在这里，从早上的第一缕阳光开始，宿舍里、食堂里、教室里、操场上到处都是匆忙的身影，大家共同度过一段奔跑的岁月。而大学里的老师，除了在教书育人上对学生影响甚深以外，更多的是学生思想上、人生观上的启蒙老师。

我希望我的大学老师不但拥有严谨的教学态度与渊博的学识，更多的是对学生因材施教的学习方法的引导和思维方式的转换。从高中到大学，必定要经历一段不短的迷茫期，因为到了大学以后很多东西都没有了唯一的答案，习惯了十几年形成的定向思维，很难从辩证的角度去看待一个问题。我希望这个时候我的老师，能够以一个过来人的身份帮助学生，从宏观的角度去看待问题，帮助学生转换思维方式从而适应内心的成长。另外我还希望大学里的老师能够有一颗年轻的心，愿意与同学进行交流，有崇高的人格魅力，努力发掘每一个学生身上的闪光点。这样老师与学生之间才能达到真正的契合，做到真正的“言传身教”。

这就是我所期待的大学老师。但是在进入大学之前，我们必须得通过层层选拔，比如这一次艺考，就是一次关键的转折点。我希望评委老师能给我一次机会，让我通过自己的努力进入到一所理想的大学，开始一段更加有意义的征程。谢谢！

4. 诚信与理解。（2010年大连艺术学院音乐学专业（文化艺术事业服务与管理方向）招生考试试题）

［参考范例］

尊敬的各位评委老师大家好，我抽到的即兴评述题目是：诚信与理解。

一方面，诚信是日常行为中诚实和守信的合称。即待人处事真诚、老实、讲信誉，一诺千金。它是我们中华民族的传统美德，也是每个良好公民必备的优良品格。另一方面，虽然从道德上讲，撒谎是与诚信相悖的，但有些时候，某些“善意的谎言”是一种“迫不得已”的成全，它的本意是好的，所以更需要得到大家的理解与包容。

美国著名作家欧·亨利的小说《最后一片叶子》讲述的就是一个善意的谎言的故事。当生病的琼珊望着凋零衰落的树叶而凄凉绝望时，充满爱心的画家用精心勾画的一片绿叶去装饰那棵干枯的生命之树，从而重燃一段即将熄灭的生命之光。那位画家看似欺骗了琼珊，可他这包裹着爱心的“善意的谎言”，为琼珊换来了一生美丽的时光，这是多么让人感动的品质啊。

诚实守信固然重要，但在某些特殊情况下也需要“不诚信不守信”，我们应当三确认识诚信与理解的关系。在面对“善意的谎言”时，一份理解，一份包容，能给人温暖，解除痛苦，让双方得到更好的发展，让美好的品德得到最佳的利用。

5. 全力以赴。（2010年大连艺术学院音乐学专业（文化艺术事业服务与管理方向）招生考试试题）

[参考范例]

尊敬的各位评委老师大家好，我抽到的即兴评述题目是：全力以赴。

每个人的一生都不可能是一帆风顺的，难免会遇到意想不到的困难。这些困难好比一座座山峰，如果我们不全力以赴地攀登，就只能在山脚下哭泣。但是只要我们一直保持满腔热情，全身心地投入，那么就不会有越不过的高山。

在德国，许多人对保罗·路德汉这个名字耳熟能详，因为他从事过十几项职业，而且每一项职业都能做得很完美。尤其是晚年时，他喜欢上了写作，只用了不到9个月的时间就出版了小说《莱茵河的夜晚》，并荣登当年最畅销小说榜的榜首。对于自己的成功，他总结说就算注定要做个扫大街的清洁工，他也会对自己的工作全力以赴，就好像米开朗基罗作画、贝多芬作曲或是莎士比亚作诗那般投入。他倾注全力达到最高境界的工作表现，让每个人都为之赞叹，因为这才是对一份职业真正负责。

全力以赴是我们对待成功的态度，只有做到全力以赴，才算对自己的理想问心无愧，百分百的投入或许得不到百分之五十的回报，但百分之五十的付出是绝对不可能接近百分之百成功的。我喜欢的篮球队——凯尔特人队的队训就是“努力与遗憾，哪个更痛苦”。对于现阶段的我们来说，最重要的就是正经历的艺考与即将到来的高考，而我们当前要做的，就是为了梦想全力以赴，做到不为自己的努力后悔，取得良好的成绩！谢谢！

6. 以人为本。（2010年大连艺术学院音乐学专业（文化艺术事业服务与管理方向）招生考试试题）

[参考范例]

尊敬的各位评委老师大家好，我抽到的即兴评述题目是：以人为本。

以人为本，是科学发展观的核心。是中国共产党坚持全心全意为人民服务的根本宗旨的体现。“坚持以人为本”，是中国共产党十六届三中全会《决定》提出的一个新要求。

在我国的古书中，最早明确提出“以人为本”的是春秋时期的齐国名相管仲。他提出，霸王的事业之所以有良好的开端，是因为它是以人民为根本的；这个本理顺了国家才能巩固，这个本搞乱了国家势必危亡。正所谓“水能载舟，亦能覆舟”。如今，新时代的我们同样应强调以人为本。人生在世，离不开吃穿用度、安居出行、旅游娱乐、精神享受乃至一定的政治经济文化社会环境等等。为适应人的种种需要，各行各业应运而生，为人们提供各种直接或间接的服务。人为了自己的生存而建设创造又不断享有和享受着各行各业建设创造的结果，世界在人的改造中变得绚丽夺目，社会在人的创造中呈现勃勃生机，人的需要也因此而变得丰富多彩；另一方面，人又是一切劳动成果最终的和最有价值的评论者。在人的满意不满意、赞成不赞成中，世界与社会不断地向更高、更深、更广的层次迈进，人类的幸福生活也不断得到提高，因此不论是思考还是行动，人都既是主角，又是最终目标，以人为本是一切思考和行动的关键。所以，我们应当做到权为民所用，情为民所系，利为民所谋，处处尊重人、爱护人、理解人、关心人，乃至依靠人、塑造人，真正做到以人为本。

7. 名与利。（2010 年大连艺术学院音乐学专业（文化艺术事业服务与管理方向）招生考试试题）

［参考范例］

尊敬的各位评委老师大家好，我抽到的即兴评述题目是：名与利。

世间有无数种人、无数种活法，有人富贵雍容，有人穷困潦倒，有人纸醉金迷，有人奋发图强，但无论是怎样的生活，都离不开“名”“利”二字。名利是把双刃剑，既可催人奋发图强，亦能使人沉沦而无法自拔。

面对名利作出选择的人可以分为三种：一种是追名者，一种是逐利者，一种是淡泊名利者。名与利自然是好东西，它可以让人瞬间站到巅峰，是一种成功的象征。但有的人为了出名不惜一切代价，四处炒作，无所谓好名坏名，只要能吸引大众的眼球，就认为达到了目标；还有的人被利益蒙蔽了双眼，是非不分，贪污腐败，行贿受贿等等，毫无法律意识。通过这些极端的行为得来的名与利不但是转瞬即逝的泡影，还会让人贻笑大方甚至终身都背上罪犯的指责。

我认为对名利进行取舍，这需要一定的理性。名利是场，名利是网，几多较量，几多迷茫。名利是帆，名利是樯，几多奋斗，几多沮丧。世上没有不为名利的仙人，只有善待名利的智者。在竞争日益激烈、诱惑日趋纷繁的社会里，固守节操、淡泊名利并非易事，只有树立远大的理想和人生追求、乐于奉献的人，才可能经受住各种诱惑的考验，始终不渝地坚守自己的道德准则和理想信念，不重名利，不计得失，以淡泊的情怀书写出高尚的人生。

8. 说贫道富。（2010 年大连艺术学院音乐学专业（文化艺术事业服务与管理方向）招生考试试题）

［参考范例］

尊敬的各位评委老师大家好，我抽到的即兴评述题目是：说贫道富。

贫穷与富有是从古至今都不可避免的两种现象，它既可能在人一出生就存在，也可能通过人们的不懈努力而发生改变。贫与富之间是可以发生转换的，但贫富之间的悬殊差距也是我们应该去思考去改进的。

改革开放以来，我们逐步探索出了一条有中国特色的社会主义道路，取得了举世瞩目的成就，整个社会生活发生了深刻的变化。伴随着改革开放的深入，我国越来越多的人步入了富裕的行列，形成了所谓的先富群体。但是后来有钱的越来越有钱，贫困的越来越贫困，贫富悬殊日益逼近社会所能容忍的红线。这种差距造成了社会的不安，引发了一些不好的现象。有钱者包二奶、玩小姐、造豪宅、建豪坟，纸醉金迷，贪婪纵欲，挥霍无度；没钱者屡屡偷盗抢劫、杀人越货；贪官一个接着一个落马，查出的赃款赃物让人触目惊心。我们不禁开始思考，贫富之间真的无法找到一个合理的平衡点吗？邓小平曾经说过："先让一部分人富起来，再带动另一部分人富起来"。现在，一部分人在国家政策的鼓励下已经先富起来了，那么这些先富起来的人，又该尽怎样的一份社会责任，又该如何来带动那些还没有富起来的人呢？

我认为针对这种现象，先富群体应当树立"共富"意识，勇担社会责任，乐于奉献，义不容辞，责无旁贷。同时，国家也应当出台鼓励先富带动后富的政策加以助推。贫穷并不可怕、富贵也不值得崇拜，只有缩小贫富差距，走上共同富裕的道路，大家都富了，中国才算是真正的国富民强！

9. 勤俭节约。(2010年大连艺术学院音乐学专业（文化艺术事业服务与管理方向）招生考试试题)

[参考范例]

尊敬的各位评委老师大家好，我抽到的即兴评述题目是：勤俭节约。

勤俭节约是中华民族的传统美德。"历览前贤国与家，成由勤俭败由奢"，是历史上的有识之士，从家族兴衰、社稷兴亡、朝代更替的无数经验教训中得到的一条深刻警示。作为一个有思想有公民意识的社会成员，我们必须养成勤俭节约的好习惯。

明朝开国皇帝朱元璋就曾经对手下约法三章：今后不论谁摆宴席，只许四菜一汤，谁若违反，严惩不贷。伟大领袖毛泽东一生粗茶淡饭，睡硬板床，穿粗布衣，生活极为简朴。经济困难时期，他主动减薪、降低生活标准，不吃鱼肉、水果。我的爷爷也是一个勤俭节约的好榜样，因为从小出身贫寒，所以从不乱花钱，记忆中的爷爷，即使是在生活条件已经变好的今天也总是穿着带补丁的衣服，他也一直教育我们不要浪费粮食，因为粒粒皆辛苦。

节约是中华民族的传统美德，是我们民族世代相传的精神财富，也是我们这个民族百折不挠、生生不息的力量源泉。身为社会的一分子，每个公民都要在工作学习生活中自觉弘扬节约的优良作风，养成节约一滴水、一度电、一张纸、一滴油、一粒米的良好习惯。只要我们每个人都从我做起，从具体事做起，真正付诸实践，长期坚持，勤俭节约的传统美德就一定能在全社会进一步发扬光大起来。

★ **10. 幸福是什么？**(2010年大连艺术学院音乐学专业（文化艺术事业服务与管理方向）招生考试试题)

[参考范例]

尊敬的各位评委老师大家好，我抽到的即兴评述题目是：幸福是什么？

记得以前在电视上看过一期节目，其中有一段周立波老师对于幸福的定义让我印象深刻："小时候，幸福是一件东西，得到了就感到很幸福；长大了，幸福是一个目标，达到了就感觉很幸福；成熟后，幸福是一种心态，满足了就感觉很幸福。无论豪富或者赤贫，都不会感觉很幸福。因为，豪富钱多了就担心会失去，不会感觉幸福；赤贫没有钱，吃不饱穿不暖，哪来幸福可言？只有中间的不太富裕不太贫穷的人，才会感觉幸福。其实，幸福就在身边，像影子跟随着你，很多时候，心态决定了幸福的程度和幸福的多少。"

对于我来说，幸福就是如此简单，它不需要具体的要求也不需要特定的场所，只要你的心态得到了满足，幸福就无处不在。幸福是你身边的每一物，幸福是你生命的每一刻，是默默的问候，是静静的关怀。幸福是一对白发老人相互搀扶的双手，是我们童年沾满泥巴的笑脸。幸福是一个人、一杯茶、一本书的静谧，是携侣登高、听风沐雨的闲致。幸福是长辈的一声唠叨，是爱人的一个微笑。

幸福是一种感觉而不是一件物品，不要说谁比谁幸福，因为幸福是无法比较的。有人腰缠万贯却未必幸福，有人身无分文却心情舒畅。对物质财富的追求，仅仅是欲望的满足，而不是幸福的真谛，有时你得让自己游离于物质之外，因为，精神追求带给你的幸福感是同等的物质条件所无法比拟的。你比别人拥有更多的财富，不说明你比别人拥有更多的幸福。所以，放下莫须有的固执，珍惜现在，就是在享受幸福。

11. 金钱与幸福。（2010 年大连艺术学院音乐学专业（文化艺术事业服务与管理方向）招生考试试题）

［参考范例］

尊敬的各位评委老师大家好，我抽到的即兴评述题目是：金钱与幸福。

钱，不能买到幸福，这是众所周知的道理，但是贫穷同样不能代表幸福。有些人很有钱，却还是整天愁眉苦脸，相反，有一些人只有很少的钱却也满意地度过了一生，那是因为他们懂得最大限度地享受他们所拥有的幸福。每个人的幸福观都不同，不同的人对于幸福的定义也不一样，所以不能简单地将金钱与幸福挂钩。

首先，世界的本质是物质的。对于生活在这个世界中的人来说，都是需要依靠物质才能生存下去的。而金钱正是交换物质的筹码，没有金钱就意味着将无法生存于这个社会中，更无法谈及幸福。

但是，从本质上来说，幸福是属于灵魂和心灵的，而不是属于金钱的。金钱，可以买来香车宝马、豪宅美色，甚至官位、奖项，但是很难买到幸福。幸福是一种实实在在的感受，它因人而异，与心灵相关。金钱与幸福是一对矛盾体，它们既对立又统一，虽难以取舍却也不是不可兼得。

只要取之有道，我们就可以尽力地去获取金钱，从而使生活更加富裕，但是却不能被金钱蒙住眼睛，从而失去了眼前的幸福。努力生活，享受当下，是对金钱与幸福的最好诠释。

12. 你是否有一个可交一辈子的朋友？（2010年大连艺术学院音乐学专业（文化艺术事业服务与管理方向）招生考试试题）

［参考范例］

尊敬的各位评委老师大家好，我抽到的即兴评述题目是：你是否有一个可交一辈子的朋友？

首先，我认为我有可以交往一辈子的好朋友。朋友是每个人在人际交往中所必需的，是除了家人以外最亲密的关系伙伴，小的时候有一起玩耍、学习的需求，大点了有分享喜悦、倾诉烦恼的需求和参加集体活动的需求，再大些有恋爱的需求、共事合作的需求等等。在与人的接触中，有共同兴趣爱好的、玩得来的、互相帮助的、有好感的，都会自然而然地成为朋友。交朋友是情感的需求，也是社会生存的重要内容。

那些可以一辈子一直保持交往的朋友，我认为首先需要彼此在价值观、人生观、兴趣、性格上都可以互相适应。交友贵在知心，有时候朋友间并不需要单方面的帮助而只需要相互的理解，即使并不赞同对方的观点，也会主动站在对方的角度去理解他、尊重他。

其次，我认为朋友之间应当秉持着“君子之交淡如水”的原则。真正的朋友，即使平时没有密切的交流，也会让你觉得他们离你不远，当你遇到困难的时候，意想不到的帮助往往出自他们，而当你富贵的时候，他们却不会假意附和。还有，真正的朋友不需要形式上的认可，他就像另外一个自己，做任何事都是站在你的立场去思考，感同身受是彼此之间的默契，没有任何的不舒服。这样的感觉就像俞伯牙与钟子期之间的惺惺相惜、管仲与鲍叔牙的同心结盟、桃园三结义的对天盟誓。

无论是小学还是中学，我都庆幸自己在不同的阶段里都交到了这样的好朋友。朋友，是自己选择的另一个家人，所以我很幸福，也会一直珍视这一份友谊、珍视朋友。

13. 距离产生美。（2011年云南艺术学院广播电视编导专业（影视编导方向）（潍坊考点）招生考试试题）

［参考范例］

尊敬的各位评委老师大家好，我抽到的即兴评述题目是：距离产生美。

很多人都认为“距离产生美”。由于空间上的距离而产生的朦胧感，可以让彼此之间少些紧张多些余地，保留一点神秘或个人的空间。如果连一点个人空间都没有的话，那时间久了也会生厌，所以这时就需要营造一点距离。我认为，短暂的距离应该可以产生美，不然怎么会有“小别胜新婚”这一说法？但是当这种距离变得越来越长，是否还可以产生那种美呢？

在实际生活中，有时候距离并不能产生美，甚至可能还远离了美。例如分居两地的恋人，相隔一个固定的距离，如果再加上相见无期的时间，长久的时间与空间上的距离，有时有可能造成彼此感情上的距离与陌生，甚至移情别恋。因为人的情感是善变的，是需要不断地通过交流来加深和补充的。分开的时间久了，是否还能找到共同的语言？不在同一个空间里，你的苦衷对方是否了解？渐渐的，距离的美变成了记忆里的美，然后再由时间将记忆慢慢淡化。

我认为，距离产生美是有一定限制的。距离是能产生美，但那是在一定情形下，如果过了那个限制，距离产生的可能仅仅只是距离而并非美。时间长了，距离远了，可以冲淡一切，会将很多东西都淡化，将很多的事情从根本上腐蚀，这时所谓的距离美是否还存在呢？不是一直都有人说时间加上空间可以淡化一切么？所以说距离产生美也要受到一定的限制才能体现出它的美。

14. 知足常乐。（2011年长春师范学院广播电视编导专业（济南考点）招生考试试题）

［参考范例］

尊敬的各位评委老师大家好，我抽到的即兴评述题目是：知足常乐。

老一辈人喜欢把“知足常乐”挂在嘴边，经常教育我们对待生活上的任何事都要做到知足常乐，其实这四个字是有很重的分量的，它是说人只有自知满足才会心常快乐。

明朝金溪人胡九韶家境贫寒，他一面教书，一面努力耕作，仅仅可以衣食温饱。每天黄昏时，胡九韶都要到门口焚香，向天拜九拜，感谢上天赐给他一天的清福。妻子笑他说：“我们一日三餐都是菜粥，怎么谈得上是清福？”胡九韶说：“我首先很庆幸生在太平盛世，没有战争兵祸；又庆幸我们全家人都能有饭吃，有衣穿，不至于挨饿受冻；第三庆幸的是家里床上没有病人，监狱中没有囚犯。这不是清福是什么？”

胡九韶的故事充分体现了“知足常乐”这四个字想要传达的精神。你对事的心态决定了你的状态：如果你一直只是抱怨现状、对生活不满，那么生活也不会接纳你，伴随你的只能是愁眉苦脸和郁闷的心情；如果你能够很好地适应现状，并且对已经得到的感到满足，以一颗感恩的心去对待这一切，那么你就会发现自己变得很快乐很轻松。“知足常乐，终身不辱；知止常止，终身不耻”。只有学会知足，快乐才会长伴身边。

15. 简单与美。（2011年长春师范学院广播电视编导专业（济南考点）招生考试试题）

［参考范例］

尊敬的各位评委老师大家好，我抽到的即兴评述题目是：简单与美。

美是一个笼统而又朦胧的词，它没有标准、没有排名、更没有正确答案。在《汉语字典》上它的定义是“好看，漂亮，即在形式、比例、布局、风度、颜色或声音上接近完美或理想境界，使各种感官极为愉悦”。围绕美所产生的形态、方式有很多，其中简单与美的关系最为纯粹。

例如一幅山水画，几笔勾勒，风韵俱备，寥寥数笔，惊艳尽出；一幅人物画，画侧脸，只需一笔，画眼神，只需一点。很简单，却也很精彩。又如一首古诗，“小桥流水人家，古道西风瘦马”，字句简单而朴素，却美得动人心魄。再美的江山，也不过如此。再如一处风景，旭日东升，夕阳西下。当繁复的生活被分解成最简单的片段，就会变得精彩。从唯美的日出开始，到柔和的日落结束，躺在软软的床上，望着窗外的明月，满天的星辰为你闪烁光年外的纤美，很轻松，很惬意。

简单的大自然、简单的人们、简单的生活，都无时无刻不将美体现得淋漓尽致，简单是美的一种表现形式，美是简单的一种情感诉求。因为简单，美也在不知不觉中变得更加纯粹更加直观了。

16. 律人必律己。（2011年长春师范学院广播电视编导专业（济南考点）招生考试试题）

［参考范例］

尊敬的各位评委老师大家好，我抽到的即兴评述题目是：律人必律己。

“律人先律己，正身先正心”是我国历代有识之士正身修心的至理名言。其中，“律人先律己”是说，若想约束管理别人，首先要做的就是管好自己，以身作则，然后才有资格去要求他人。

大多数人在一般情况下，都是以一种旁观者的心态参与到与他人的交往中来，对别人的缺点一目了然，对自己的不足却视而不见。很多时候只是希望别人达到自己的要求，而忽视了自身的存在。假如你审视自身，就会发现一个现象：那就是有的时候，自己要求别人做的，放在自己的身上，却往往做不到，但仍旧一味地要求别人去做，甚至还有些不管不顾的架势，既听不得别人的不满，也不在意会出现什么样的状况，这样不仅无法使人信服还会让对方感到厌烦。

我们不妨在要求他人的时候，多考虑一下实际情况，多从客观公正的角度出发，听听他人的意见，不必非要一味强行，“己所不欲，勿施于人”。另外，在要求别人之前，最重要的就是将自身考虑在内，首先要谨慎地约束管理好自己，然后再去管理别人，只有对自己严厉，才能获得尊重去要求对方。

★ **17. 学会感恩。**（2011年长春师范学院广播电视编导专业（济南考点）招生考试试题）

［参考范例］

尊敬的各位评委老师大家好，我抽到的即兴评述题目是：学会感恩。

感恩是一种人生观，是一种处世哲学，是生活中的大智慧。人生在世，不可能一帆风顺，种种失败、无奈都需要我们勇敢地面对、旷达地处理。这时，是一味地埋怨生活，消沉、萎靡不振？还是对生活满怀感恩，跌倒了再爬起来？

英国作家萨克雷说：“生活就是一面镜子，你笑，它也笑；你哭，它也哭。”你感恩生活，生活将赐予你灿烂的阳光；你不感恩，只知一味地怨天尤人，最终可能一无所有。所以，我们应该学会感恩，从而享受生活赐予我们的美好。

美国的罗斯福总统就常怀感恩之心。据说有一次他家里失窃，被偷去了许多东西，一位朋友闻讯后，忙写信安慰他。罗斯福在回信中写道："亲爱的朋友，谢谢你来信安慰我，我现在很好，感谢上帝：因为第一，贼偷去的是我的东西，而没有伤害我的生命；第二，贼只偷去我部分东西，而不是全部；第三，最值得庆幸的是，做贼的是他，而不是我。"

对任何一个人来说，家中失窃都绝对是不幸的事，而罗斯福却从中找出了感恩的三条理由。学会感恩，你将会发现自己是多么快乐。学会感恩，会让我们的心胸更加宽广，会让我们心无旁骛地享受生活！

18. 不能改变世界就改变自己。（2011年信阳师范学院广播电视编导专业招生考试试题）

[参考范例]

尊敬的各位评委老师大家好，我抽到的即兴评述题目是：不能改变世界就改变自己。

英国著名摇滚乐队"披头士"成员列侬，曾经说过这样一句话："如果不能改变自己，那就改变世界；如果不能改变世界，那就改变自己。"前者强调人在无法改变自身的情况下，可以通过改变世界来完成自身的追求，是勇者的表现；而后者则强调在周围的客观环境无法改变时，人可以通过自身的调整去适应世界，这是大多数人可以做到的一步，是智者的表现。

苏轼不能改变朝廷不重用他的客观现实，就改变自己的心态；林则徐不能改变朝廷的积弱局面，就改变自己投身于造福百姓的民生中；刘伟不能改变残疾的客观现实，就改变自己的生活方式；旭日阳刚面对暂时无法改变的生活环境，就以歌声来让自己快乐……作为社会的一员，每个人都有着与周围的人、周围的环境不协调的一面，不可避免地会产生大大小小的矛盾和冲突，这种情况下大多数人总是想着要去改变周围的人、周围的环境，而不是想着从自己着手，改变自己。却不知，要改变世界还得从自己开始。改变自己说到底就是要自己战胜自己，而能否战胜自己，关键在于能否具有足够的自控力。只要你有足够的自控力，你就能控制自己的大脑，控制自己的说和做。如果能做到这一点，你就成了掌握自己命运的人。

19. 国民素质决定国家素质。（2011年四川文理学院广播电视编导专业（潍坊考点）招生考试试题）

[参考范例]

尊敬的各位评委老师大家好，我抽到的即兴评述题目是：国民素质决定国家素质。

一个完整的国家是由一个个独立的公民组成的，国家是社会契约的产物，是每个公民自愿放弃了一部分自身权益，集合成民主制度，保护另一部分自身私有利益，执行平等、自由原则的集合体。所以，国民的形象就是国家的形象，国民的素质就是国家的素质。

在中国，由于偏重文化知识等应试教育，某些落后地区会忽视对学生能力和品质的培养，再加上有些学生家长帮孩子设定的奋斗目标偏向获得物质财富，重视孩子将来的名誉地位，并不严格要求其个人素质等等，导致国民素质虽然整体趋于良好，但也有某些带有中国标签的行为让人汗颜。例如前段时间为防范震后辐射轻信谣言盲目地哄抢食盐导致食盐脱销；震惊世界的埃及金字塔上潇洒的一笔“XXX到此一游”；到现在为止依然处处可见的“中国式过马路”、随地吐痰、交通事故率持续增长……这些行为都严重影响了中国的形象，使中国处于尴尬的位置。

一个社会，一个国家，想要获得尊严，强大的军事实力和经济实力、先进的科学技术和文化只是基础条件，更重要的是让每个公民都拥有良好的素质，因为公民的素质就代表国家的素质，决定国家的发展。所以每个公民都应当从自身做起，提高个人素质，遵守社会公共秩序和道德，学会尊重和平等，成为一个有良心有责任、讲诚信讲道德的公民，这样我们的国家才能无论是软实力还是硬实力都无比强大，人民生活幸福，这样的国家也才会受人尊重。

20. 什么是真正的友谊？（2011年白城师范学院广播电视编导专业招生考试试题）

［参考范例］

尊敬的各位评委老师大家好，我抽到的即兴评述题目是：什么是真正的友谊？

德国诗人吕克特曾经说过，“真正的友谊无论从正反看都应一样，不可能从前面看是蔷薇而从后面看是刺”。漫漫人生路上，每个人都会遇到无数过客，其中有些人，因为拥有共同的价值观或者心照不宣的默契，从而产生奇妙的反应，这就是友谊。真正的友谊容不得半点牵强和虚伪，它像流水，流走的是浮躁和浅薄，沉淀下来的是真诚和永恒。

“高山流水”的故事想必很多人都知道，俞伯牙与钟子期一个擅琴，一个擅听，是彼此心灵上的知音。当钟子期去世时，俞伯牙痛失知音，一怒之下就把爱琴摔了并发誓再不碰琴；诗人郑少谷与王子衡相距千里，素未谋面，却彼此倾慕，互有赠答，后来郑少谷死了，王子衡惊闻噩耗，哀伤至极，他不顾千里奔波，宽慰亲属，可谓是“生死之交”。此外，还有白居易与元稹的“元白”情深、管仲和鲍叔牙的“管鲍之交”等等，都将友谊这一伟大的特殊感情在这个世界上连绵地传承着。

我认为真正的友谊，并不是两个人一直在一起共同经历喜体验悲，它是能够在交往中互相激动或者互相感染的，是以共同的理想为基础，在共同的生活、工作、斗争中逐步建立起来的。这样的友谊，像松柏一样四季常青，像江河一样永不枯竭，像白玉一样纯真无瑕。它经得起急风暴雨的打击，更经得起时间的考验。

21. 机遇。（2011年白城师范学院广播电视编导专业招生考试试题）

［参考范例］

尊敬的各位评委老师大家好，我抽到的即兴评述题目是：机遇。

俗话说："机不可失，时不再来"。机遇对于每一个人来说至关重要，它有的时候可以改变一个人的命运。面对机遇人们一定要好好把握，当机遇到来的时候，绝对不能犹豫不决、瞻前顾后、毫无主见。但有时候机遇明明已经来到身边，有些人却不懂得如何运用，这又说明："机会只是给有准备的人准备的"。所以，对于机遇，我认为应当同时具有当机立断的决心和充实的储备资源。

牛顿因为一个无意间掉下来的苹果，从而发明了影响后世的万有引力；儒勒·凡尔纳因为在晚宴撞上"胖胖的"大仲马，从而走上文学创作之路成为"科学幻想之父"；德国化学家凯库勒因为一个昏睡的梦，从而发现了苯分子的结构……他们都是因为偶然的一个机遇而创造了影响后人的伟大成就，有些人会觉得他们是上帝偏爱的人，可是他们成功其实并不是偶然的，如果牛顿没有对于这个世界的不同寻常的求知欲，如果儒勒·凡尔纳没有才华横溢的文学基础，如果凯库勒没有对于化学分子孜孜不倦的研究，那他们还会作出这一系列科学发明，或是被伯乐慧眼识珠吗？不会的。他们都是"有准备的人"，而愚者错失机会，智者擅抓机会，成功者创造机会，这是一个不变的定理。所以，我们想要成功，想要抓住机遇，就得从现在开始收拾好行囊，做好准备，这样当机遇轻轻地叩响门扉时，我们就会沉着地应和一声，跟上它的脚步，从容上路。

★ **22. 金钱。**（2011年白城师范学院广播电视编导专业招生考试试题）

[参考范例]

尊敬的各位评委老师大家好，我抽到的即兴评述题目是：金钱。

首先，必须承认金钱对于每个人来说都是重要的，尤其是在当今社会，离开了金钱会寸步难行。因为吃饭需要钱，穿衣需要钱，上学需要钱。虽然很多人对金钱嗤之以鼻，但无论是圣人还是普通人，都需要金钱的帮助才能生活。

其次，很多东西都有两面性，金钱也不例外。对于那些洁身自好、不慕金钱的人来说，金钱是邪恶的东西，它会磨灭人的意志，令人深爱着它而不能自拔；而对于贪图富贵的人来说，金钱则是美好的象征，不但能带来荣华富贵，还能带来荣耀和地位。世界上存在着这两种人，所以对金钱也存在两种不同的诠释。

拿破仑曾拥有许多人梦寐以求的一切——荣耀、权力、财富，但他却说："我这一生没有过一天快乐的日子。"而海伦——又聋又哑眼睛也看不见，她却表示："我发现生命是这样的美好。"这就是有金钱未必幸福而没有金钱却也一样快乐的典范。

所以，不同的人眼中对于金钱的看法也并不相同，心态决定自身的感受。对于金钱，我们也应有一个良好的心态，秉持一个理性的金钱观，取之有道，不可过于贪恋，这样才能既充分利用金钱对人类的作用又不会被金钱所羁绊。

23. 面子与法律。（2011年白城师范学院广播电视编导专业招生考试试题）

[参考范例]

尊敬的各位评委老师大家好，我抽到的即兴评述题目是：面子与法律。

面子是人际交往中的一种“无形压力”，在某些人的定式思维中，它代表了一个人的社会地位，决定着一个人的经济行为，并在人际交往中具有资源交换的重要功能。面子“对人不对事”，与法律制度“对事不对人”的运作要求构成对立，这种对立很多时候导致了国家法律制度从人们的日常生活中隐退。中国的面子文化十分昌盛，严整的法治精神与中国人面子交往的生活图景并不十分合拍，面子文化对司法制度的不断侵蚀导致了中国法治化的进程陷入困境。

如今社会上存在很多握有权力的“大人物”由于所谓的“面子问题”而知法犯法受贿于人的现象，还有部分普通人因为“面子上抹不开”一时冲动走上犯罪之路。这些行为都是与法律背道而驰的，一时的大意就会造成一辈子的阴影。

法律是神圣而又严谨的，容不得任何人以自己的主观感受去改变它。在法律面前，我们应杜绝“面子问题”，坚决抵制因为面子而轻视法律规则的行为，当政者要做到严于律己，以身作则，公平公正不搞特殊化，普通人要做到知法爱法，不犯法，这样上下一心努力协调，才能彻底杜绝因面子问题触犯法律而带来的危害。

24. 梦想与现实。（2011年黄河科技学院广播电视编导专业招生考试试题）

［参考范例］

尊敬的各位评委老师大家好，我抽到的即兴评述题目是：梦想与现实。

每个人都曾有过梦想，实现梦想的一刻固然美好，但有时候梦想却无法照进现实。在追梦的过程中，面对挫折，有人坚持，有人放弃，有人成功，有人失败。人们总是喜欢将梦想与现实隔离开，认为两者具有截然不同的意义，“梦想很丰满，现实很骨感”。事实上梦想与现实是有相关性的，就像成功与失败一样，现实是梦想的老师，要想实现梦想就必须认真面对现实，只有经过现实的打磨梦想才能更显精彩。

小时候的我们拥有做梦的权利，想象如天马行空没有束缚，而长大以后随着阅历的增加与身边环境压力的增大，渐渐地我们不再轻易提起梦想了，它似乎成了个很遥远的词，伴随着我们的童年一起消失了。剩下的就只是背负着对于家庭、对于生活、对于未来的责任去维持生计，甚至终其一生都在平平淡淡中度过。可是有那么一小部分人，他们仍然怀抱着最初的梦想前行，他们不知道放弃的意义，坚持是他们唯一的信念，因为梦想在他们心中分量太重了，所以现实甚至不足以提起。或许最后的结果我们无法评判，或许他们很多年之后还没有成功，但可以肯定的是，他们是这个世界上最接近梦想的人，他们是幸运的，因为他们懂得梦想的本质就是坚持。

梦想是美丽的，现实却是残酷的。当梦想遭遇现实，灿烂的心灵被浇上冷雨，这个时候我们就要给自己打打气，千万不要倦怠，也许，再往前走几步，曙光就会出现！只要你愿意改变自己，那么就向着梦想出发吧！

25. 积累财富和社会责任感。（2011 年商丘师范学院广播电视编导专业招生考试试题）

[参考范例]

尊敬的各位评委老师好，我抽到的即兴评述题目是：积累财富和社会责任感。

社会并不是无数独立个体的集合，而是一个相辅相成不可分割的整体。尽管社会不可能脱离个人而存在，但是个体的力量却可以影响整个社会。在这个集合里，每个人在心里和感觉上，对其他人的伦理关怀和义务就是社会责任感。社会责任感是每个社会成员都应当具有的一份责任。

诚然，今天不乏许多社会关怀现象，很多连自己的生活都得不到保障的人把家当都捐了出来，只为了帮助那些条件更差的人，这些行为让人感动，但从宏观的角度来看，要想使整个社会的慈善能进行得更好，经济实力相对雄厚的某些“企业家”或“演艺人”起着更重要的作用，当财富积累到一定程度，实现“小家”小康以后自然就会向实现“大家”小康的心态转变，但是由于履行“社会责任”完全是一种自愿的行为，所以“社会责任感”的培养就显得格外重要。虽然也有某些不良企业或个人违法敛财偷税漏税欺骗老百姓，但是总的情况还是好的，例如前几年，演员李亚鹏与歌手王菲为兔唇儿童设立的“嫣然天使基金”协会，“中国首富”陈光标的裸捐，记者邓飞牵头社会为贫困儿童做的“免费午餐”等等，他们作为一个个具有社会责任感的人，运用自己的财富影响做了些自己力所能及的事，只为了社会变得更好。

这些行为是值得我们鼓励的，更是值得学习的，要知道拥有财富并不是一件让人崇拜的事，把财富用在好的地方，帮助到更多的人，才是让人尊敬的行为。

★ **26. 细节决定成败。**（2011 年黄河科技学院广播电视编导专业招生考试试题）

[参考范例]

尊敬的各位评委老师大家好，我抽到的即兴评述题目是：细节决定成败。

有一首民谣是这样唱的：“丢了一个钉子，坏了一只蹄铁；坏了一只蹄铁，折了一匹战马；折了一匹战马，伤了一位骑士；伤了一位骑士，输了一场战斗；输了一场战斗，亡了一个帝国。”一个小小的钉子却可以决定一个帝国，细节的重要性由此可见一斑。

在我们生活中发生的很多事情都印证了这一点。记得上初中的时候，包括我在内的六名同学代表全校参加了济南市的科技发明大赛，在总决赛中，因为我们组的一个成员一时疏忽，在组装机器人的时候少放了一块支撑杆，结果导致在展示成果时机器人不慎散架，最终我们只能遗憾地将冠军的宝座拱手相让。当时我们每一个人都难过极了，长达几个月的努力竟毁在了一个小支撑杆上，这让我们深刻地意识到了细节的重要性，从此以后无论是大事还是小事都不敢再马虎了。

想把事情做好的人很多，但是愿意把小事做细的人却不多；这个社会上不缺少精明能干的管理者，但缺乏精益求精的执行者；不缺少各类规章制度，但缺乏不折不扣的执行。中国 14 亿人口，不管有多少小的问题，只要乘以 14 亿，都会成为很大的问题。细节差之毫厘，结果谬之千里，真理和谬论往往只有一步之遥。

这是一个细节制胜的年代，所以我们每一个人都应当了解细节的重要性。无论做人还是做事都必须从自身做起，从小事做起，注重每一个细节，不放过每一个细节，这样才能有所建树。

27. 爱拼才会赢。（2011年黄河科技学院广播电视编导专业招生考试试题）

［参考范例］

尊敬的各位评委老师大家好，我抽到的即兴评述题目是：爱拼才会赢。

拼搏是指一个人面对任何艰难险阻都迎面而上的勇气，是孤注一掷的坚持，是成功前的磨炼。小草因为出土前的奋力一搏，感受到了春天的爱抚；雄鹰因为飞翔前的奋力一搏，感受到了天际的广阔；鲤鱼因为跃过龙门前的奋力一搏，看到了龙门那边的美丽景色……自然界是如此，人生亦是如此。我们只有拼搏，才可以使自己的生命之路变得更加辉煌。

司马迁写《史记》时受到了李陵之祸的株连，身受腐刑，但他矢志不渝，忍辱负重，经过十余年的艰苦奋斗，终于写成了伟大的鸿篇巨制；我国女排名将郎平，从13岁起就在北京业余体校冬练三九，夏练三伏，最终练成了威震体坛的“铁榔头”；法国著名作家巴尔扎克，虽然生活条件不好，可是却立下了“彼以剑峰创其始者，我以笔锋竟其业”的远大志向，为此他努力奋斗，最终写成了《人间喜剧》这部宏大的作品，站在了自己用艰辛拼搏一点一点绘出的美丽抛物线的最高点。

“宝剑锋从磨砺出，梅花香自苦寒来”。身为学生的我们，更应当以拼搏的姿态去努力学习，为自己的未来打下坚实的基础，因为我们懂得，只有爱拼才会赢，只有拼搏才能创造辉煌的人生。

28. 适应环境与改变环境。（2011年黄河科技学院广播电视编导专业招生考试试题）

［参考范例］

尊敬的各位评委老师大家好，我抽到的即兴评述题目是：适应环境与改变环境。

环境是个人的集合。当个人遇上环境，有时候也可以反过来影响环境；又因为个人的力量毕竟有限，所以难免会有受制于环境的时候。到底是顺应环境去改变自己还是适应自己去改变环境呢？这取决于不同的条件与个人的心态，我认为最好的解决方法就是在适应环境的同时去改变环境。

古代“击鼓鸣冤”要先打几十杀威棒，这就是在说环境的事。进了衙门里，无论你有理无理、是原告还是被告，都要按规矩先打几十大板，然后才问事断案。你不适应这个衙门的规矩，就别来这里告事断案。这就是环境的固定性。任何环境都有自己成文或不成文的规则，你要破坏这个规则是不可能的，很多时候你只能接受它，适应它。

但这并不是说我们只能接受现实而不去争取了，人也是有主观能动性的，适应它才能更好地了解它，了解了它才能更好地改变它。新中国的成立就是用革命的、暴力的、强权的方式，打破了旧的封建专制统治，推翻了旧的王朝，这样人民才能生活在一个解放了的充满了温暖和幸福生活的社会环境里，如果还是遵循封建社会的那些老办法去治国的话，那新中国还是"新中国"吗？

有些时候只有先改变自己使自己适应环境后才有资格去想办法来改变环境，将环境中不令人满意的成分降低到最低限度。但改变环境尤其是彻底改变环境是很困难的，我们还需要不断地通过改变自己来进一步适应环境，这样才能达到最好的效果。

29. 公平正义。（2011年云南艺术学院公共事业管理专业招生考试试题）

［参考范例］

尊敬的各位评委老师大家好，我抽到的即兴评述题目是：公平正义。

公平正义，作为社会主义和谐社会的一个重要特征，具有深刻的涵义。构建公平正义和谐社会的重要历史任务，是每一个现代社会孜孜以求的理想和目标。但我国目前还存在着一些有违公平正义的现象：如某些地方政府官员不重视科学发展，强行大搞城市拆迁，公然漠视公民合法的财产权利，衍生了一出出居民"以死抗争"的悲剧事件；城市房价狂涨、居高不下，为求一房安居，许多家庭的几代积累被耗尽，开发商却用"市场经济""居民收入增加"等来迷惑大众、无理辩解，无视大众的心声、政府的宏观调控；一边是企业"恶意欠薪"屡禁不绝，一边是国企高管任意加薪，一边是群众低保难以保障，一边是事业单位、政府机关高额发放职工生活补贴等等。这就需要政府采取有力的措施和方法来消除这些有违公平正义的现象。

社会主义和谐社会应当是公平正义的社会。在和谐社会中，社会各方面的利益关系能够得到妥善协调，人民内部矛盾和其他社会矛盾能够得到正确处理，人民群众的积极性、主动性、创造性能够得到充分发挥，全体人民能够平等友爱、融洽相处，所有这些都是公平正义得到实现的标志。与此同时，公平正义又是社会和谐的重要基础和保障。只有致力于实现和维护社会公平正义，社会主义和谐社会才会获得坚实的基础，才能实现长久的、稳定的和谐。

★ **30. 潮流。**（2012年云南艺术学院广播电视编导专业招生考试试题）

［参考范例］

尊敬的各位评委老师大家好，我抽到的即兴评述题目是：潮流。

潮流能随着社会的发展与时代的进步不断地变化更新，是流动的、实效的，穿着打扮有潮流，衣食住行有潮流，生活方式同样也存在潮流，潮流无处不在。一方面人们可以通过潮流获取时尚信息，掌握社会上的最新资讯，另一方面盲目地追求潮流也会带来弊端，尤其是对青少年的成长有着不好的影响。

如今的社会潮流相比以往变化很大，少男少女们总喜欢把自己乌黑亮泽的黑头发染成枯草似的黄头发，喜欢把漂漂亮亮的刚买来的牛仔裤剪几个大口子，或是拿着自己最心爱的超薄随身听，在大街上晃晃悠悠……问其原因，人人口中都宣称这是“潮流”，不这样就“落伍”了。

我认为其实这些现象并不代表拥有积极意义上的潮流，它们仅仅是一种喜新厌旧的热流，这些现象不会长久，也不值得提倡。尤其是对于我们这个阶段的高中生来说，最重要的任务还是学习，身边的诱惑越大越应懂得自我控制，不要被“潮流”所驱使。并不是社会上的所有的东西都是值得我们学习的，“潮流”虽好，趋之有度，我们应该持一个谨慎的心态，理性地行动，往积极的一面发展，这样才能真正发挥潮流的作用。

★ **31. 个性。**（2012 年云南艺术学院广播电视编导专业招生考试试题）

[参考范例]

尊敬的各位评委老师大家好，我抽到的即兴评述题目是：个性。

人是有主观能动性的，不同的人面对相同的环境可能会产生不同的反应。个性是伴随着生命的延续而变化的。当我们呱呱落地时，就踏上了挑战自我的征程；当我们咿呀学语时，就开始了自我评价的追求；当我们独自撑起一片蓝天时，也就懂得了实现自我的重要。个性是一个人对外界最直观的自我介绍，每个人都有自己独特的个性，张扬个性才能演绎出不同的人生，但是，张扬个性并非为所欲为，这只是不明白张扬个性的正确含义而已，只有懂得约束自我才能最终造就成功。

个性有好也有坏。仅就三国人物而言：关羽和吕布一个义薄云天一个反复无常，谁高谁下，一眼便知；诸葛亮鞠躬尽瘁、孙仲谋知人善任，一言一行可圈可点；董卓专横凶残、刘禅昏庸无能，低劣个性祸国殃民。

所以对待个性，我们应该学会运用辩证的观点，既要倡导张扬个性、尊重和培养个性，又要对放纵个性者加以劝导，甚至对某些人的某些个性还须劝其改一改。这样个性在团体中才会互不冲突，个人心情舒畅、个性飞扬，从而在发展团体的同时，实现自我，形成双赢。

32. 自己的舞台。（2012 年云南艺术学院戏剧学专业招生考试试题）

[参考范例]

尊敬的各位评委老师大家好，我抽到的即兴评述题目是：自己的舞台 。

“想唱就唱，要唱得响亮，就算没有人为我鼓掌，至少我还能够，勇敢地自我欣赏；想唱就唱，要唱得漂亮，就算这舞台多空旷，总有一天能看到，挥舞的荧光棒。”每当我对生活失去勇气，都会想起这首歌，世界虽然很大，但总会有一个角落，那里是只属于我的舞台，专为我的精彩而鼓掌。

依然记得，刚刚迈入初中的校门，处处看上去那么新奇，心里不免有些害怕。通过宣传册上对班主任的介绍，很快找到了老师的身影。随即，不觉犹豫起来了，到底要不要给老师问个好呢？然后转念一想，一日为师，终身为父，老师要带我们三年呢，有什么好怕的！于是便鼓起勇气，大胆地和老师说起话来，同时尽力露出充满自信的笑容。老师也不觉被我感染了，便问："你是不是在小学当过班长呀？"我肯定地点点头："嗯！当过六年的班长！"老师又说："看你这么自信，有种当班长的范儿，我还正在愁咱们班的班长怎么定呢！呵呵。"我也有些不好意思地笑了笑，悬着的心渐渐地伴着明朗的笑声平和了下来。后来，我不仅如愿以偿当上了班长，还成了同学们的"大姐大"。这件事或许十分微不足道，但却是我迈出的战胜自己、敢于表现自我的一小步。

我知道我有一双隐形的翅膀，会带我勇敢地飞翔，让灯光闪烁，让掌声响亮，让自己的人生尽情释放美丽。我的舞台就是我的生活，我的生活无时无刻不在成为我施展自己才华的舞台。

33. 隔阂。（2012 年云南艺术学院戏剧学专业招生考试试题）

［参考范例］

尊敬的各位评委老师大家好，我抽到的即兴评述题目是：隔阂。

亲情、友情、爱情是每个人生命中不可或缺的感情元素，它们像钢筋、混凝土般支撑着人类的精神世界。我们向往血浓于水的亲情、患难与共的友情和至死不渝的爱情，希望它们能永远像金子一样发出耀眼的光芒。然而，随着时光的流逝，娇艳的玫瑰会慢慢枯萎，闪耀的流星会即刻消逝，人与人的感情也会形成一道难以逾越的鸿沟，这便是隔阂。

有人把孩子比作花朵，把父母比作培育花朵的阳光和雨露，这似乎很好地阐述了二者之间的关系，也体现了父母对孩子无私的爱和关怀，但是只要我们放眼社会，就能很容易地发现，其实并不是每一个家庭都能享有幸福美满的生活。当狠心遗弃子女的父母亲二十年后重新向孩子的养母提出要回孩子的收养权，并妄想让孩子亲昵地叫自己一声"爸""妈"时，我想无论是养母还是孩子，大抵都会毫不犹豫地拒绝，因为时间已经扯断了他们彼此间的感情锁链。于是，血不再浓于水，亲情也失去了它原有的色彩。

虽然社会不会因为人与人之间产生的这些隔阂而停滞发展，但是人却可以充分发挥自身的主观能动性去消除隔阂，付出真诚才能收回爱，作出牺牲才能成就伟大，让心与心近一点，让隔阂少一点，人与人之间才能更和谐地相处下去。

34. 食品安全。（2012 年云南艺术学院广播电视编导专业招生考试试题）

［参考范例］

尊敬的各位评委老师大家好，我抽到的即兴评述题目是：食品安全。

有一种麻木，叫藐视生命；有一种残忍，叫心狠无情；有一种行为，叫制假贩假；有一种责任，叫关注民生。

近几年来，随着食品加工过程中化学品和新技术的广泛使用、社会的不断发展，新的食品安全问题不断涌现。面对市场上激烈的竞争，有些企业为牟取暴利，将一只只无形的黑手伸向了我们的日常生活。关于劣质食品的种种报道几乎成了我们隔三岔五就能在媒体上看到的热点话题。比如劣质奶粉、劣质面粉、染白粉丝、注水肉、苏丹红还有前段时间搞得沸沸扬扬的三聚氰胺事件等等，都让人们胆战心惊。面对这种生存环境，很多人不知所措。“民以食为天”，老百姓吃得放心是对一个国家食品工业最基本的要求，如果我们连每天吃的食品是否安全都不确定，那还怎么谈食品安全？因此必须刻不容缓地加强对食品安全的整治力度，提高食品安全系数，让我们吃得安全，吃得放心。

在食品安全问题上，我认为，首先，政府应当加强“农田到餐桌”监管，加强食品检测检验研究，建立科学的检测质量保证体系，理顺食品安全监管体系，其次，进一步完善有关食品安全的法律法规，加强执法力度；再次，公民也应当提高食品安全意识，买放心菜，吃健康菜。这样，三方面一起齐抓共管，才能共同保障食品安全。

35. 蝴蝶效应。（2012年云南艺术学院广播电视编导专业招生考试试题）

［参考范例］

尊敬的各位评委老师大家好，我抽到的即兴评述题目是：蝴蝶效应。

一只南美洲亚马逊河流域热带雨林中的蝴蝶，偶尔扇动几下翅膀，就能够在两周以后引发美国德克萨斯州的一场龙卷风。原因就是蝴蝶扇动翅膀的运动引发了一系列气流的变化，由此带动一系列连锁反应，最终导致其他系统发生极大变化，从而产生了龙卷风。

在西方世界流传着这样一首民谣：丢了一个钉子，坏了一只蹄铁；坏了一只蹄铁，折了一匹战马；折了一匹战马，伤了一位骑士；伤了一位骑士，输了一场战斗；输了一场战斗，亡了一个帝国。

这两个例子都说明了“蝴蝶效应”所带来的影响：一个小小的错误就可能导致致命的伤害，一个微不足道的动作或许会改变一个人的一生。同样，这个道理也适用于我们的学生生活。一天不上课可能就会导致很长时间跟不上老师的思维，一次考得差可能就会影响整个高中三年的平均成绩。对生活中的任何小事，我们都应当防微杜渐，“千里之堤，毁于蚁穴”，一些看似极微小的事情却有可能造成无法挽回的恶果，到那时才醒悟岂不是悔之晚矣?!

36. 风的味道。（2012年云南艺术学院戏剧学专业招生考试试题）

［参考范例］

尊敬的各位评委老师大家好，我抽到的即兴评述题目是：风的味道。

大自然里的风在成年人看来是无色无味无感的，可是在孩子们的眼里，它们可鲜活多啦。

在味道上，春天的风，是甜甜的。温柔醉人的暖风从印度洋吹来，情深意浓。夏天的风，是咸咸的。带着咸味的海风吹来，为大地带来咸湿的气息。秋天的风，是清香的。秋收的季节，秋风吹来，夹杂着果实的清香。冬天的风，是苦苦的。冷风扑面，萧瑟的感觉立刻从人们心里流露出来。在颜色上，春天的风，是五彩斑斓的。春暖花开，各种美丽的花一起盛开；风一吹，给它们披上了一层五彩的衣。夏天的风，是翠绿的。夏日的艳阳，随着夏日的风，一起给夏日的大地披上一层绿衣。秋天的风，是金黄的。成熟的果实或挂在树上，或散落在草地间；秋风一吹，给所有的果实都换上了金黄的玉衣。冬天的风，是雪白的。万物皆因雪白的风的到来，而显得白茫茫一片。在感觉上，春天的风，是温暖中带着丝丝凉意。夏天的风，是闷热中透着点舒服。秋天的风，是清爽的。冬天的风，是冷冽的。

四季的风，有着各种味道，有着各种颜色，也带来各种感觉。但那都是要靠你自己去发现的。

37. 永恒。（2012年中国劳动关系学院戏剧影视文学专业招生考试试题）

[参考范例]

尊敬的各位评委老师大家好，我抽到的即兴评述题目是：永恒。

在历史的长河里，无数的帝王将相都曾渴望过永恒的生命，无论是秦王嬴政派遣五百童男童女海上取药，还是唐太宗秘制仙丹灵药，奈何代代英雄在生命的延续上都无能为力。虽然生命的长短我们不可以决定，但有些东西还是可以以一定的介质永恒存在的。

毛泽东的妻子杨开慧是一位伟大的共产党员，她在长沙郊区开展农民运动被捕入狱后，受尽严刑拷打，却毫不动摇，直面生死，最后英勇就义；白求恩医生在抗日战争时期受派来到中国担任军区卫生部部长，在艰苦的岁月中，他与战士们同甘苦共患难，后因医治伤员手指伤口感染，治疗无效逝世；伟大的战士黄继光为了使得后续部队能够攻下高地，最终用身体挡住了机枪枪口，牺牲了自己的生命……

他们都是为了拯救他人拯救整个民族而壮烈牺牲的，他们虽然早早地结束了生命，但是生命的暂停并没有让时间静止，反而成全了自己精神上的永恒，让人们永远地记住了他们，他们的精神也在这个世界上绵延不断地传扬着。就像臧克家的诗一样，“有的人活着，他已经死了；有的人死了，他还活着”。

38. 星座。（2012年中国劳动关系学院戏剧影视文学专业招生考试试题）

[参考范例]

尊敬的各位评委老师大家好，我抽到的即兴评述题目是：星座。

星座在道家占星学上，是指天上一群群的在天球上投影的位置相近的恒星的组合。近几年由于微博、微信等社交软件的兴起，“星座文化”越来越火，越来越多的人愿意研究星座。就拿我自己来说，以前的我是不信星座的，后来因为几个偶然的巧合，比如我喜欢的颜色、我的性格甚至包括我的好朋友的特点都与我所属星座的描述相符，所以也开始对星座感兴趣了，有时候还会对自己星座的信息格外留意。

喜欢星座的人的心情我可以了解，星座里蕴含的丰富有趣的信息，容易吸引人沉溺其中。特别是在面对现实生活中不确定性的困惑和未来发展中确定性的追求时，喜欢星座的人可以通过星座的暗示在其中起到减压的作用。

但是如果过分地依赖于星座，让星座引导人们的行为，这就接近于迷信的状态了。就像有的人出门前，一定要先查阅一下自己的星座运势看看今天宜不宜出行；交朋友之前，一定要先问对方属于什么星座，若不是“死敌”才敢继续深交下去；还有各种的“逼死××星座系列”等等。这些现象无不说明星座对人的思想意识的强力渗透与影响，人们在普遍地相信星座和跟随星座的同时，正在被星座的定义侵蚀自己的潜意识。

当星座从某种程度上引导了人们的行为，人们奉星座为人生助手甚至导师，一味地生活在星座所描述的世界，亦步亦趋地按照“星座运程”“星座配对”来安排自己的生活、选择自己的人生道路时，只可能更加看不清未来的方向，甚至迷失自我，失去奋斗的决心与勇气。

所以，对待星座，我们应该持一种理性的态度，只是一种娱乐而已，不可一味地执着，应该用科学的世界观看待世界，以积极的人生态度投入到改造世界和改造自己的伟大实践之中。

39. 好事多磨。（2013 年福建省普通高校编导类专业招生统考试题）

［参考范例］

尊敬的各位评委老师大家好，我抽到的即兴评述题目是：好事多磨。

小时候，每当遇到事情不顺利而垂头丧气时，奶奶总会亲切地告诉我“好事多磨”，直到后来在经历了种种的磨炼以后，我才终于参透这句话中的道理：好事多磨，经历的是崎岖与艰难，磨出来的是毅力与信心。

曾经听过这样一个故事：有一位很成功的营销大师，在退休前举行一场规模很大的演讲，许多人慕名早早地来到现场，都想利用这次难得的机会取得大师成功的“真经”。正式开始的时间到了，人们立刻鸦雀无声，都怕错过大师讲述的每一个字。可是大师什么话也没有说，只是叫人搬来一口很大的铁钟和一个小小的木槌。只见大师用手里的小木槌开始敲打铁钟，可是铁钟纹丝不动，它太大了，一个小小的木槌怎能让这么大的铁钟有所反应？四十分钟过去了，大钟依然不动，人群开始哗然，可是大师并不理会人们躁动的任何声音，继续一下又一下地用小木槌敲打铁钟……一个小时过去了，前排的人忽然惊奇地发现，大铁钟竟然随着小木槌的敲打慢慢地、有节奏地动了起来，人群发生一阵欢呼，都为这个不可能变为可能而惊叹不已。这时，大师走向台前说了一句话：“这就是我成功的秘诀。”

每个人的一生都不可能一直一帆风顺，成败与成功之间的差距没有人能够看到，相比那些放弃了的人，有的时候成功仅仅是因为多走了那么一小步。坚持自己的信念和目标，在任何不利或者有利的状况面前毫不动摇，持之以恒，这就是好事多磨这句老话的精髓。

★ **40. 怎样做好自己？**（2013年福建省普通高校编导类专业招生统考试题）

［参考范例］

尊敬的各位评委老师大家好，我抽到的即兴评述题目是：怎样做好自己？

关于怎样做好自己，每个人都有属于自己的一个命题，答案自然也不尽相同。社会是一张无边无际的网，身处其中的每一个个体都不可能独立存在，在这千丝万缕的关系中，怎样做好自己，是一门艺术，更是一门学问。

首先，我认为做人应该有信仰，应该有信心。信仰是引导我们走向成功的航灯，自信是我们到达人生顶峰的动力。美好的前途来自于自强、自立、自信，不达目的誓不罢休，咬定青山毫不放松，打垮自己的往往不是别人而是自己，不要把一次的失败看成是人生的终审。世上没有一帆风顺的事情，只有坚强不屈的信心与毅力。人生在世，应该不怕失败，不言放弃。

其次，善良是人性光辉中最温暖、最美丽、最让人感动的一缕。人不一定要很成功，也不一定要成为英雄豪杰，但一定要善良仁慈。善良是和谐、美好之道，心中充满慈悲、善良，才能感动、温暖人间。没有善良，就不可能有内心的平和，就不可能有世界的祥和与美好。

其次，人应当有良好的教养。所谓教养，就是应该知深浅、明尊卑、懂高低、识轻重，应该讲规矩、守道义。有教养的人，往往不以术而以德，往往不以谋而以道，往往不以权而以礼。有教养的人在自己独处时，超脱自然，会管好自己的心；在与人相处时，能为他人着想，与人为善，淡然从容，管好自己的口。方圆做人，圆通做事，宁静致远，自我反思，则事事放心、顺心。

除此之外，人还应当肯努力，能谦虚。总之，做自己是一个很宏大的命题，有些人可能一辈子也无法作出解答，做好自己，不但需要时间的打磨，更需要个人的毅力与努力奋斗。

41. “既视感”。（2014年浙江传媒学院媒体创意专业（长沙考点）招生考试试题）

［参考范例］

尊敬的各位评委老师大家好，我抽到的即兴评述题目是：“既视感”。

“既视感”是经由日语的法语外来词，指未曾经历过的事情或场景，却仿佛有在某时某地经历过的似曾相识之感。每个人或多或少都有过既视感的体验：在某个时刻，自己所处的环境、自己的言行与他人的言行似曾相识，或觉得与经历过的完全一样，甚至可以“预感”到下一时刻某人会说什么话或作出什么动作。然而这种感觉不会维持很久，在产生既视感后过了一会儿或者就在下一瞬间，眼前的景象就会和记忆中大同小异，之后一切归于正常。

“似曾相识”主要发生在对场景的体验上。这种场景往往是一个大的背景，不需要特别的注意就会跑到脑子里形成无意识的记忆。这种无意识的记忆有时候在一个具体的场景中就会蹦出来，与知觉混在一起。在“似曾相识”的现象中，被调动的大多是无意识的记忆。从童年开始，所有的经历不管是想记的还是不想记的都会在脑子里留下痕迹，并且会在一些极特殊的情况下蹦出来，投射到意识中，于是就产生了“似曾相识”的感觉。

对于“既视感”的存在，我认为还是符合一定的科学道理的，但是对这种现象也要有一个理性的判断，不要过于沉迷，因为过于执着的话就是迷信了，应当对此持一种辩证的态度。

42. 素质教育。（2014 年浙江传媒学院媒体创意专业（长沙考点）招生考试试题）

［参考范例］

尊敬的各位评委老师大家好，我抽到的即兴评述题目是：素质教育。

素质教育，是指一种以提高受教育者诸方面素质为目标的教育模式。它不同于以往传统的应试教育，而更加重视人的思想道德素质提高、能力培养、个性发展、身体健康和心理健康教育。

我们这一代人可以说是受着素质教育的熏陶长大的，以前的学生或许只能在课堂上“死读书，背死书”，成绩是检验他们学习水平的唯一指标。而到了我们这一代，学校对于学生的心理、健康等综合素质的培养和重视程度都大大提高了。短短十几年间，我们见证了素质教育从稚嫩到渐为成熟，从开始的不适应到现在的灵活更新。当然现在的素质教育仍然有着很多不完善的地方，还需要慢慢改进。我认为想要更好地推行素质教育，最重要的就是应当确定素质教育的发展宗旨以及它与应试教育的区别。

第一，素质教育的目标是提高国民素质；而应试教育的目标是“为应试而教，为应试而学”，在此目标导向下，即使客观上能使部分学生的某些素质获得浅层次发展，也只能是片面的，是以牺牲其他方面的发展为代价的。第二，素质教育以提高国民素质为目标，必然要面向全体学生，面向每一位未来的国民；而应试教育则把目光盯在少数升学有望的学生身上，弃多数学生于不顾，甚至不惜给正常儿童扣上“弱智”的帽子，使其不列入分数统计。第三，为了提高国民素质，素质教育强调教育者要有创造精神，能从学校实际出发设计并组织科学的教育教学活动，以促进受教育者在自主活动中将外部教育影响主动内化为自己稳定的身心素质；而应试教育则使教育者跟着考试的指挥棒亦步亦趋，在教学方法上以灌输、说教、被动接受为基本特征。

因此，我们应当对素质教育的未来充满信心，同时也希望逐渐成熟的教育体系能够让下一代的学生享受到比我们还要优质的教育。

43. 霍金“感恩生命”。（2014 年信阳师范学院广播电视编导戏文专业（山东考点）招生考试试题）

［参考范例］

尊敬的各位评委老师大家好，我抽到的即兴评述题目是：霍金“感恩生命”。

每一个来到这个世界上的人，都会与不同的生命相遇，这些不同的人陪我们走过一段又一段的人生旅程。他们或是爱人，或是亲人，或是朋友，或是陌生人，或是指引我们的人，爱我们的人，与我们针锋相对的人，各种各样的人……也正是他们，包括我们自己，共同组成了各自漫长的一生。生命的美好不断地被送到我们身边，感恩生命，是我们对其最伟大的颂歌。

生命是给予，感恩是回赠。上天赋予我们生命，让我们体验人生百态，品味酸甜苦辣，我们回报以一颗感恩的心，感谢这一切让我们成长，感恩生命。人的一生漫长而又短暂。喋喋不休地抱怨让我们身心疲惫，度日如年。仇恨、妒忌只会蒙住我们的双眼，让我们看不清楚前方的路，化作藤蔓缠住我们的脚步，化作荆棘刺入我们的心灵，使我们千疮百孔，满目疮痍，痛苦地度过一生。学会感恩将在我们的心田开发出一片净土，只要我们悉心浇灌，这里将会长成美丽的花田，尽管前行的路上充满着泥泞和荆棘，伴着迷人的芬芳，我们披荆斩棘，勇往直前，最终度过美好的一生。感谢生命中的所有的滋味，它们是那样的奇妙，那样的回味无穷！是那些相遇的人，是那些生命的经历，是那些妙不可言的场景，是它们组成了我们的一生，让我们不虚此行。

44. “把权力关进制度的笼子里”。（2014年湖南省普通高校编导类专业招生统考试题）

［参考范例］

尊敬的各位评委老师大家好，我抽到的即兴评述题目是：“把权力关进制度的笼子里”。

美国总统布什在他的一次演讲中说：“人类千万年的历史，最为珍贵的不是令人炫目的科技，不是浩瀚的大师们的经典著作，而是实现了对统治者的驯服，实现了把他们关在笼子里的梦想。我现在就是站在笼子里向你们讲话。”中国国家主席习近平在中国共产党第十八届中央纪律检查委员会第二次全体会议上强调：“要加强对权力运行的制约和监督，把权力关进制度的笼子里，形成不敢腐的惩戒机制、不能腐的防范机制、不易腐的保障机制。”

这些国家领导人都不约而同地强调制度的力量与权力限制的必要，说明了两者平衡的重要性。一个社会没有组织、没有权力和权威是无法想象的，可不受制约的统治者给人类带来的灾难更是罄竹难书。纵观历史，统治者几乎都是靠暴力镇压和奴才文化而把老百姓关进了笼子，“只许州官放火，不许百姓点灯”。高度集权引发的祸患如同洪水，一旦宣泄出来就难以回收。把统治者关进笼子，就是让人民掌握监督权。统治者只能享受有限的隐私，没有暗箱操作的机会，从而大大减少了腐败发生的可能。所以，把权力关进笼子，让公民监督公共权力的行使，这不仅是民主世界的政治学原理和普世原则，更应该成为共和国公民与政治家共同信守的基本信念和戒律！

45. 少年吃苦是黄金。（2014年福建省普通高校编导类专业招生统考试题）

［参考范例］

尊敬的各位评委老师大家好，我抽到的即兴评述题目是：少年吃苦是黄金。

孟子曾经说过："天将降大任于斯人也，必先苦其心志，劳其筋骨，饿其体肤，空乏其身，行拂乱其所为，所以动心忍性，增益其所不能。"意思是说，安逸的环境容易消磨人的意志，恶劣的环境才可以激起人的忧患意识，使之为改变现状、生存发展而积极奋发，并且最终强大起来。老一辈也常教育我们"吃得苦中苦，方为人上人"。年轻的时候多吃点苦，长大了才能积累更多的资本。

现在由于生活条件好了，我们这一代人绝大多数是独生子女，所以受到的家长的宠爱也越来越多，慢慢地会养成不想吃苦的习惯。中国自古便有"自古英雄多磨难，从来纨绔少伟男"的说法。孩子们大多成了温室里的花朵，自立能力不强，一旦进入社会就可能被当头一棒，甚至于一蹶不振。

吃苦，其实是一种资本，不经一番冰霜苦，哪得梅花放清香？只有受得了苦难和勇于面对困难的人，才可以取得巨大的成就。每个人的一生中都会遇到或多或少的苦难，只有学会毫不退缩迎面而上，抱定"先苦后乐"的信念，才能真正有所建树。就像现阶段的我们，正是"三年磨一剑"的时候，为了能够考上一所理想的大学，我们挑灯夜战、埋头苦读，虽然现在或许有些累，但是当最终有所收获的时候，才会发现以前吃过的苦都是甜的，感谢苦难，感谢困难，因为有了它们，我们才能拥有一颗勇敢拼搏积极向上的心！

46. 压力就是动力。（2014年河北传媒学院广播电视编导专业（山东考点）招生考试试题）

［参考范例］

尊敬的各位评委老师大家好，我抽到的即兴评述题目是：压力就是动力。

自由是一个非常美好的词，很多人形容自己心目中理想的工作时，都希望它没有束缚、没有压力。殊不知，有压力才有动力，才有对职业目标、人生理想的追求与实现。心理专家也说过，人类如果远离压力，只会慢慢地松懈、放弃追求。压力就是动力这种说法在自然界同样适用，而且被世间万物所遵守。水需要重力所给予的压力才会流淌，蒸汽机需要蒸汽所给予机械的压力才会运动，甚至星球之间也需要万有引力所给予的压力才会转动。所以人类更是需要压力才能进步。

在2004年的雅典奥运会上，中国女排从最初的失利，到后来的顽强抗争，凭借优秀的心理素质，顶住巨大压力，并化之为动力。一局、两局，最终在最后一局扭转乾坤，赢得了举世的尊重。同样，在女子体操团体赛中，程菲平衡木失利，但是她在后来的自由体操项目上发挥非常出色，不给对手任何机会。而同样在平衡木项目上失利的美国选手萨克拉莫却没有调整好，最终被压力打倒，以致在后来的自由体操项目上出现重大失误。

压力是把双刃剑，有积极的一面，也有消极的一面。适当的压力就是动力，可以催人奋进，可以激发人们的工作热情，使个人的自我价值得到充分体现。而相反，压力的缺失也会导致积极动机不足、自我价值感来源不足、注意力空置等不良表现。所以，我们应当合理运用压力，将压力转化为动力，以求事半功倍。

47. 关于真理。（2014年贵州民族大学广播电视编导专业招生考试试题）

[参考范例]

尊敬的各位评委老师大家好，我抽到的即兴评述题目是：关于真理。

伟大的古代先哲亚里士多德从17岁开始跟随柏拉图，前后长达20年之久。亚里士多德对老师是很崇敬的，师徒二人也是很好的朋友。然而在追求真理的征程中，亚里士多德非常勇敢、坚决地批评老师的错误和缺点，于是有些人就指责他背叛了老师，亚里士多德对此回敬了一句流传至今的名言："吾爱吾师，吾更爱真理!"

在我们中国，孔子也早就说过"当仁不让于师"，肯定了学生可以挑战老师的行为。今天，教师、学校对培养学生追求真理的热情责任重大，如果教师以自己的权威为第一，真理就永远不能被学生视为具有最高价值的东西，学生对老师的爱，应该源于老师把他们引入了真理的殿堂，老师要容忍学生在追求真理时对自己的质疑。

"吾爱吾师，吾更爱真理"的精神一经培育，就会成长，日久天长，就会结出丰硕的果实。在真理面前，人人平等，不因年龄、身份、地位等不同而有所区别，不因权威、权势而改变自我使命和责任。观点的分歧、思想的差异和冲突难以泯灭知识、思想、智慧、真理爱好者和探求者的情怀，难以冲淡真善美践行者的崇高和伟岸。"弟子不必不如师，师不必贤于弟子，闻道有先后，术业有专攻，如是而已。"这是韩愈《师说》中的句子。作为弟子，学问未必不如自己的老师；而师父的品德也未必比弟子的高尚。学习有个先后过程，不同的人对不同的行业都各有钻研，道理就是这样的。我爱我的老师，但我更追求真理。

48. 幸福需要比较吗?（2014年湖南省普通高校编导类专业招生统考试题）

[参考范例]

尊敬的各位评委老师大家好，我抽到的即兴评述题目是：幸福需要比较吗?

有人说，幸福是需要比较的。只有跟别人比过以后，才能确定自己是不是幸福。我认为幸福不需要比较。因为比较之后得出来的幸福，其实已经不是幸福。

如果我们能够享受自己的生活，不和别人比较，就会减少许多无谓的烦恼。当我们不断给自己充电，去追求成长上进的快乐时，如果也能节制时时刻刻想要赢过别人的念头，学会对自己放宽心，那就能在未来的路途中改变许多，不管自己多么善感、多么失落，即使刻意去伤怀，也都是可以想通的，会变得没有当初那么深刻。许多时候，在看到别人的成功时，我们难免会感到不满足和失落，这时为什么不换个角度想"他只是因为比我们幸运了而已"呢？每个人都有他的独特之处，每个人也都有他独特的美。别人的生活其实与你无关，真正可以比的只能是自己。每个人的幸福观都不一样，在同一件事上的幸福感自然也不同，羡慕与比较只会让自己更加迷茫，陷入到对虚无的追求中。

幸福真的无需比较，而要靠自己慢慢感受，好好珍惜。对他人的成功要像对待自己的成功一样充满热情，学最好的别人，做最好的自己。借人之智，成就自己，此乃成功之道。

49. 光荣与梦想。（2014年湖南省普通高校编导类专业招生统考试题）

[参考范例]

尊敬的各位评委老师大家好，我抽到的即兴评述题目是：光荣与梦想。

在历史的长河里，奔腾着一条波澜壮阔的河流，它川流不息，经久不衰；在历史的浩瀚星空中，闪烁着一颗耀眼迷人的明星，它皎洁深邃，卓尔不群。带着它的光荣与梦想，它正飞速向前发展，它的名字叫——中国！

著名的核物理学家邓稼先，为了祖国的强盛，为了国防科研事业的发展，甘当无名英雄，默默无闻地奋斗了数十年，在中国核武器的研制方面做出了卓越的贡献，却鲜为人知，直到他去世后，人们才知道了他的事迹。中国体育名将邓亚萍，作为运动员，是获得大满贯的“小个子巨人”，是名副其实的“世界乒乓皇后”；作为学生，她是清华、剑桥和诺丁汉大学的硕士、博士，她改变了很多人所认为的运动员“头脑简单”的偏见；作为领导者，她和她的团队无私付出，共同努力，为全世界交上了北京奥运村“零投诉”的满意答卷。她非凡的成绩，是其艰苦努力与过人的才华、不屈不挠的精神相结合的结果，更是中国的骄傲。

这些英雄们在不同的领域为中国带来了荣誉，他们共同追求的目标只有一个，那就是祖国的光荣与梦想。一个国家的梦想需要每一个成员的艰苦奋斗，所以，只有我们这一代人不负“中国梦”的伟大使命，中国这个让我们骄傲的国家才能在世界上赢得尊重！

50. “学会说不，学会对自己负责”。（2014年湖南省普通高校编导类专业招生统考试题）

[参考范例]

尊敬的各位评委老师大家好，我抽到的即兴评述题目是：“学会说不，学会对自己负责”。

敢于说“不”，需要一种实事求是的态度，更需要坚持真理的勇气。

我们要敢于对权威说“不”。有一句话说得好，“真理总是掌握在少数人手中”。我们应该有自己的眼光，有独立思考的能力。不一定大多数人认可的，或某个权威说的，才是对的。不论是做学问、搞研究还是经商，我们都不能盲从，要多想几个为什么。

我们要敢于对自己说“不”，因为人最大的敌人就是自己。成龙从小就跟从师傅学习京剧，在他的演艺生涯中，就因为他敢于对自己说“不”，所以才有了今天的成就。他拍的第一部戏叫《梁山伯与祝英台》，他在其中扮演的角色是一个“死人”，但是他竟连这么一个角色都不会演。面对导演的冷嘲热讽，他大胆地对自己说“不”，认为自己一定可以演好。后来他经过细心琢磨，明白了什么时候该吸气，什么时候该闭气。终于，他成了“死”得最好的人。可见，敢于说“不”代表了顽强和勇于挑战自我、战胜自我、超越自我，同时也能让我们走向一个不畏人生的自我。

我们要敢于对困境说“不”。人生难免要经历苦难和挫折，如果我们有勇气对它们说不，那么苦难就会成为前进之阶，挫折就会成为奠基之石。敢于说“不”，是一种勇敢的反抗，是一种对自身价值观的肯定。因为敢于说“不”，所以才会变得更强！

51. “人生是一道风景”。（2014 年湖南省普通高校编导类专业招生统考试题）

[参考范例]

尊敬的各位评委老师大家好，我抽到的即兴评述题目是：“人生是一道风景”。

奥斯特洛夫斯基在离开这个世界的时候说：“我的整个人生和全部精力都已献给世界上最壮美的事业——为人类的解放而斗争。”是啊，太多太多的伟人用他们毕生的经历，为人类开辟了通往光明的平坦大道，用大写的人字，在天地间描绘出一道人生最壮美的风景。我们的一生不会是一帆风顺的，我们会面对许许多多的坎坷、艰辛、苦难、挫折，然而当暴风骤雨向我们袭来的时候，你会不会满眼惊恐、瑟瑟发抖？当面对泥泞坎坷的时候，你会不会决然地奋力前行？有的人在困难面前失去了信心与勇气，成为懦弱的落伍者；而有的人用青春作笔、用热血为墨，在艰难困苦的境遇中抒写下华美的人生篇章。鲁迅、李大钊、杨靖宇用愤世嫉俗的强烈愿望和勇往直前的斗志在旧中国的历史上留下了一道悲壮的风景；雷锋、焦裕禄、孔繁森用为人民服务的思想和报效祖国的赤诚之心，在新中国的历史上又描绘出一道平凡却亮丽的风景。

风景如画，壮美人生，作为新时代的年轻人，我们需要用自信点燃心中的圣火，只要不改初衷，我们的生命就如同晚秋的枫叶，愈经风霜愈显火红。我们一介平民，虽未必能取得多么伟大的成就，但我们在生命中终究要走出自己的路，走出自己的精彩。这样，当我们白发苍苍回眸走过的岁月和跋涉出的人生轨迹时，我们也会自豪地说：“我没有愧对父母的养育，没有愧对这个时代，没有愧对伟大的祖国，因为我在这个世界上留下了生动而永恒、激情而壮美的人生风景！”

52. 珍惜身边每一份真情。（2014 年湖南省普通高校编导类专业招生统考试题）

[参考范例]

尊敬的各位评委老师大家好，我抽到的即兴评述题目是：珍惜身边每一份真情。

常言道“人间处处有真情”，生活中正是因为有真情的存在才拥有温暖拥有爱。真情，如沁人心脾的甘泉，畅饮甘泉，我们的内心会变得澄澈而又明亮；真情，如熏人欲醉的海风，感受海风，我们的内心会变得纯净而又宽敞；真情，如令人心醉的白雪，领略白雪，我们的内心会变得安静而又平和。珍惜身边的每一份真情、每一个人，才不会错过幸福。

冷冽的冬天，公园内玩耍的小朋友不小心掉进水里了，路人慌忙将孩子救上来，有晨练的大妈把自己的羽绒服脱下来给孩子穿上，并且一直等到“120”把孩子送往医院后，才默默离开；下着大雨的街道上沿街乞讨的残疾人多出了一把为他遮风挡雨的大伞，而伞外却站着一个纤弱的女大学生，泪水模糊了残疾人的双眼却温暖了他的心；汶川地震、湖南雪灾，天灾无情人有情，大家纷纷争先恐后地献血、做义工、捐钱物……数不清的真情一件件发生在我们身边，让我们震撼，更让我们感动。

真情一生难求，一旦拥有便要倍加爱护珍惜。曾经有过这样一句话：“爱人是路，朋友是树，一条路上多棵树，有钱时莫忘路，有难时靠靠树，幸福时别迷路，多抽点时间浇浇树。”只要我们用心去善待、拥抱生活中的每一份真情，这世界就会充满阳光。

第三章 社会热点类

1. 谈一下你对中国加入 WTO 的看法。（2010 年广西艺术学院广播电视编导专业招生考试试题）

［参考范例］

尊敬的各位评委老师大家好，我抽到的即兴评述题目是：谈一下你对中国加入 WTO 的看法。

2001 年 12 月 11 日，中国正式加入世界贸易组织（WTO），从而成为最后加入这个组织的主要贸易国之一，同时也向世界发出了明确的信息：中国准备成为全球经济中一个被赋予了完全权利的成员。加入 WTO 将为中国带来巨大的利益：扩大贸易、推动进一步经济改革、吸引更多的外国投资并促进法治。

加入 WTO 是我国深化改革、扩大开放和建立社会主义市场经济体制的内在要求，是我国经济发展的需要。首先，中国加入 WTO 后，我们也可以大量吸收国外先进的管理经验和管理体制，并将其应用到我国的各个领域，这必将产生深远的影响，能够推动企业的技术进步和技术创新，提高企业的生产技术水平，增强新产品的开发能力和市场竞争力，从而加速我国的经济迅猛发展。其次，我国加入 WTO 后，按照国际通行规则办事，遵守多边贸易规则，增加贸易政策和管理的透明度，将会有助于在国际上进一步树立我国改革开放和负责任的经济大国形象，有助于消除所谓的“中国威胁论”，有助于与他国开展全方位的合作和竞争，加快国内产业结构调整，增强我国企业的竞争力。

加入 WTO 在给我国带来了参与国际舞台的机遇的同时，又给我国各个领域带来了巨大的挑战和压力。因为遵守 WTO 各项协议关于市场开放的规定，会给我们开放市场的速度和步骤形成一定的压力。随着更多的外国产品和服务进入我国市场，我国的企业将面临更激烈的竞争，特别是那些成本高、技术水平低和管理落后的企业，将面临更加严峻的挑战。

所以，我认为加入 WTO 有利又有弊，但总体来讲利大于弊，这对中国来说是一个很好的机遇，应当很好地将其把握住，从而向全世界充分展现中国的形象。

2. 中国的妈妈严格管理孩子，而美国的妈妈不管孩子，让孩子独立，“中国妈妈”在美国成为了贬义词，但中国妈妈是伟大的。怎么看待这个问题？（2010 年中国传媒大学南广学院广播电视编导专业招生考试试题）

［参考范例］

尊敬的各位评委老师大家好，我抽到的即兴评述题目是：中国的妈妈严格管理孩子，而美国的妈妈不管孩子，让孩子独立，“中国妈妈”在美国成为了贬义词，但中国妈妈是伟大的。怎么看待这个问题？

我认为，“中国妈妈”现象的产生原因，应该从中国人的传统生活观念入手分析。首先，中国人似乎把养育孩子当作一项艰巨的任务来完成，视养育孩子为人生重大的付出，常常 24 小时在孩子身边不停地唠叨：小心车啊，别冻着啊，不要乱摸东西啊，多穿点啊……但西方人却更注重体会养育孩子过程中的乐趣，注重享受孩子的天真童稚带来的欣喜。心态不同观念不同所以表现的形式自然也不同。

其次，这也与中国大环境下的传统教育方式有关。我们似乎从一出生就被告知，要守规矩要讲礼仪要好好学习，身边的每一个小伙伴几乎都走着一样的路，所以也就形成了一种惯性的服从心态，孩子的选择权不大，父母对于孩子几乎是一手包办，自然妈妈们就会操心很多，从而落下了“爱攀比”“管得多”的称号。

针对这些现象，我认为我们并不能全盘否定中国妈妈的教育方式，毕竟中国是一个相对传统的国家，西方成功的教育方式拿到中国来并不一定能得到很好的结果，而且中国妈妈对于孩子伦理道德的培养甚至强于西方国家，这都是有利有弊的。当然中国妈妈也可以向美国妈妈学习采取适当开放的心态，让孩子多些选择，从小教育孩子要对自己的行为负责。毕竟，只有教会孩子如何做一个成功的人，教会孩子学会追求自己的目标，学会享受达到目标以后的幸福感和满足感，孩子才会获得真正的幸福。

3. 2009 年 3 月 20 日，号称杭州“最美丽的花园”的太子湾取消收费，引得全国各地的游客蜂拥而至，20 天内亿万人次的光顾使得公园一半的绿地被夷为黄泥。你怎么看待这个问题？（2010 年中国传媒大学南广学院广播电视编导专业招生考试试题）

［参考范例］

尊敬的各位评委老师大家好，我抽到的即兴评述题目是：2009 年 3 月 20 日，号称杭州“最美丽的花园”的太子湾取消收费，引得全国各地的游客蜂拥而至，20 天内亿万人次的光顾使得公园一半的绿地被夷为黄泥。你怎么看待这个问题？

出现这种情况的原因主要有两点。首先是免费公园的短缺性，其次是游客的素质和政府的管理能力也应受到诘问。

(1) 公园本该是属于大众的公共资源，尤其是以自然景观为主体的公园，向公众免费开放，还景于民，更是应该的。俗话说，“水往低处流”。市场经济环境中的人们选择便宜的公园游玩，趋之若鹜地流向免费公园，其实是完全可以理解的。然而国内景点票价总是居高不下，甚至每逢旺季还要涨价，与太子湾公园免费形成了鲜明对比。要刺激旅游消费，景点门票就应全面降价。

(2) 近些年来，关于游客在景区公德意识差的问题频频被曝光于媒体。前不久，十余个游客在景区集体小便引起了不少关注，再往前，中国游客在埃及文物上留下“到此一游”的事件更是掀起轩然大波，迎来一片口诛笔伐。乱扔乱丢、随地小便、乱涂乱画等问题本属于道德范畴，应该靠道德的力量来约束。一旦道德对人们的约束力减小或者丧失，诸如此类有悖道德的事件就会不断上演。而当道德对游客没有了约束力，那就应该考虑用法律来惩戒。这时候政府的作用就很重要了。应引导旅游者自觉遵守社会公共秩序和社会公德，尊重当地的宗教信仰和风俗习惯，注意在公众场合特别是涉外场合的言谈举止，爱护旅游资源，保护生态环境，这样才能做一名中华文明的传播者和中国形象的展示者。

4. 在2010年世博会期间，上海市政府严禁市民穿睡衣上街。谈一谈对这一现象的看法。（2010年上海视觉艺术学院广播电视编导专业招生考试试题）

［参考范例］

尊敬的各位评委老师大家好，我抽到的即兴评述题目是：在2010年世博会期间，上海市政府严禁市民穿睡衣上街。谈一谈对这一现象的看法。

我认为这一项措施多了点“强制”少了点“人情味”。

从1980年代末开始，随着居住和生活条件的改善，上海市民穿睡衣上街就已经成为一种日常生活现象。对于大多数上海人来说，穿睡衣上街或许只是一种不经意的方便的生活习惯，但是在外人看来，五颜六色的各式睡衣却成了一道独特的风景，甚至可以说是一种“行为艺术”。然而，市民们穿什么不仅是一种生活方式的选择，也是市民的一种自我表达方式。政府不能因为自己喜欢或不喜欢什么，就以自己的标准强求市民。市民的正当权利应当受到尊重，一个城市如果管制得太多了，会让一个适应了世界一体化自由开放浪潮的大都市人觉得很不舒服。上海市政府的这项要求，难免会引起个人权益意识日益强化的广大市民的质疑和不满，认为公权对个人的权利造成了侵害。

所以，想要变得规范化、文明化这一个出发点是好的，但政府采取的措施可能过于急迫了，文明的实现不应依靠强制与统一，而应体现自由与包容。换言之，我认为只要不触犯法律，符合社会道德观念，就没必要人为地扼杀公众的文明、自由与个性。

5. 年味越来越淡了，谈谈对这一现象的看法。（2010年上海视觉艺术学院广播电视编导专业招生考试试题）

［参考范例］

尊敬的各位评委老师大家好，我抽到的即兴评述题目是：年味越来越淡了，谈谈对这一现象的看法。

春节是中国最重要的传统节日。门上贴对联，屋顶挂灯笼，再倒悬一个福字，是年味儿！三十晚上包一顿饺子，吃一顿团圆饭，是年味儿！三十晚上，全家看央视春节晚会，虔诚地守岁，是年味儿！但近年来，年味儿淡了的声音此起彼伏。最具文化内涵和传统魅力的春节已伴随国人几千年了，它所蕴含的辞旧迎新、感恩上苍、联络亲情等诸多含义始终都没有变。年味儿主要包含在人与人之间的情感交流中，而很多在外工作、求学、生活的人都有这样的感觉：春节临近，归心似箭。从这一点来看，年味儿并没有淡。

我认为，如今年味儿淡了，并非是传统的年文化消失了，而是传统的年文化在现代文明的发展、现代文化的冲击下显得有些苍白了。人们不再需要为一顿丰盛的年夜饭而期待，不再为过年的一件新衣服而喜上眉梢，不再觉得看地方戏是一种文化享受。

不难看出，年味儿淡了，是由于传统的年文化只有继承没有创新。一个时期以来，我们的年文化一直拘泥于文艺晚会、灯展、游园等单一模式，缺乏新的文化内容，缺乏新的文化形式，缺乏新的文化刺激，难以满足人们日益增长的年文化需求。随着人们生活方式、生活观念的改变，传统的年文化活动已经失去了它的诱惑力。

可见，继承、创新传统的年文化，组织、倡导更多的年文化方式，才是主要的。这就需要文化宣传部门在这方面多加努力，根据群众的意愿和需求，组织安排好群众喜闻乐见的年文化活动。

★ **6. 你如何看待外国节日进入中国这一现象？**（2010 年南昌理工学院广播电视编导专业招生考试试题）

［参考范例］

尊敬的各位评委老师大家好，我抽到的即兴评述题目是：如何看待外国节日进入中国这一现象？

近年来，外国节日在中国越来越受到欢迎和追捧，情人节、圣诞节等几乎成为每个中国人特别是年轻人的必过节日。相反的是，中国的传统节日却备受冷落，甚至许多节日已到了无人问津的地步。这种尴尬的境遇让人为难，中国人该不该过“洋节”这一话题更是激起了越来越多人的讨论。

在我看来，该不该过“洋节”，应从理性的角度辩证地看待，既不能盲目单纯地加以否定和抵触，更不能崇洋媚外地全盘接收和西化。我们不光要看到“洋节”的受欢迎程度，更应当分析它为什么这么受欢迎。年轻人对于外国的节日之所以如此推崇，除了国际文化交流增强、不同文化相互交融的原因之外，还包括精神上的互补。随着近几年我国人民生活的日渐富裕，追求的精神生活也是越来越丰富多彩，许多年轻人、大学生追求时尚、赶时髦，喜欢趁外国节日来临时借机热闹娱乐一下，而且外国节日讲求人性化，比较轻松浪漫，注重情调，所以有新鲜感的外国节日被喜欢也是必然的。

我认为我们在追求洋节的同时，不能忽视对中国传统节日的重视。端午节、清明节、重阳节、春节等，虽然具有固定的程式，充满繁文缛节，但这些传统节日毕竟是我们泱泱中华积淀的民族文化，作为中国人，我们不可丢弃。外国节日在中国的成功流行不容否认，我们也应该看到外国节日背后所蕴含的值得我们借鉴的优秀文化。对于这些优秀文化，我们要包容地接受，并且谦虚地学习如何可以通过娱乐的方式将原本沉重的中国节目拟人化，对低年龄学生进行教育普及与兴趣培养，这样可以促进自身文化传统更快更健康地发展，孕育出更多真正富有中国特色的节日。

7. 人大代表公开自己的财产，有网友认为没有必要。你如何看待这个问题？（2010 年黄冈师范学院广播电视编导专业招生考试试题）

［参考范例］

尊敬的各位评委老师大家好，我抽到的即兴评述题目是：人大代表公开自己的财产，有网友认为没有必要。你如何看待这个问题？

我认为，人大代表财产的公开虽然不是每个官员都必须尽的义务，但是这种行为是可以进行提倡的。

中外许多学者认为，腐败的滋生有多种原因，而打击腐败也绝非使出一套降龙十八掌就能解决的，财产公示制度的有效性，需要整个社会监督和信用体系共同提升，但无论如何，更多的公开和透明是惩治腐败的必要途径。

在国外，官员财产公开和申报制度被称为“阳光法案”或“终端反腐”，许多国家都已建立了比较完备的制度，并得到了广泛的实践。法国、英国、美国、韩国、日本、新加坡、瑞典等国家官员财产公开制度的运行都较为成熟，对于我们战胜腐败顽疾具有一定的借鉴作用。官员作为公权力的拥有者，对他的无论是职责要求还是素质品质要求，都不同于一般群众，正是因为官员拥有公权力，有诸多有利于自己的便利条件，所以才更应该接受社会的监督。

推动官员财产公示是大势所趋，建立透明政府、务实政府也是未来的发展趋势。所以，人大代表公开自己的财产这种行为是值得鼓励的。

8. 如何看待房价继续上涨的问题？（2010 年黄冈师范学院广播电视编导专业招生考试试题）

［参考范例］

尊敬的各位评委老师大家好，我抽到的即兴评述题目是：如何看待房价继续上涨的问题？

近几年，国内各大城市尤其是一线城市房价直线上升一路飘红，“再怎么涨工资也追不上房价涨的速度”“等攒够了钱买房子的时候就该换户主了”……社会上各种调侃房价的段子层出不穷，普通市民对于房价上涨的无奈由此可见一斑。

其实房价的上涨一定程度上是经济高速发展的必然产物。改革开放以来，我国居民收入大幅度增加，投资能力和意识越来越强，购置房产是较富裕居民的理性选择，人们的住房需求逐渐启动，房价被不断地拉升，早买房、买大房的住房消费行为，成为居民应对房价快速上涨的良方。

对于房价的上涨，我认为首先政府要充分认识到抑制房价过快上涨的重要性，并采取相应的具有一定稳定性的调控措施。房价过快上涨，会进一步吸引大量的资金和资源过度投入房地产市场，既不利于房地产业自身的持续健康发展，也会挤压其他产业的发展，导致国民经济产业结构失衡。

另外，人们关于房产保值增值的观念也需要得到更新、转变。现在社会上大部分人都把房产的多少视为一个人功成名就的标杆，更有甚者将拥有房产作为婚姻的基本条件，控制房价仅仅靠政府的管理是不够的，正是因为人人都对买房子乐此不疲，所以房源才会如此紧张。我认为对于买房人们应该更加理性，量力而行，不要因为一时的“面子”而付出自己所不能承受的代价，只有这样，“房价上涨问题”

才有可能得到改善。

9.《中国旅游法》中明确规定12点前退房，对此你有什么看法？（2010年黄冈师范学院广播电视编导专业招生考试试题）

［参考范例］

尊敬的各位评委老师大家好，我抽到的即兴评述题目是：《中国旅游法》中明确规定12点前退房，对此你有什么看法？

“中午12点前退房”的规定源于欧洲。由于欧洲人力资源成本昂贵，酒店一般都外聘清洁工，并在统一的时间内清扫房间，过时单独找人清扫的成本很高，后来这一做法被北美、亚洲等地的饭店业广泛采用。我认为《中国旅游法》的制定引起轩然大波的原因，主要还是在于消费者对于自己的时间被“强制性规定”的不满。

（1）“12点前退房”制度，虽然从表面上看似乎给宾馆带来了更多的空房、更多的客人，从而使其得到更多的盈利，但是由于顾客内心深处的公平心理和节约心理的存在，对时间的强制性规定从总体上看反而会使宾馆的入住率下降，对经营主体可能会是一种损失，从而使当地整体的经济活动受限。

（2）“12点前退房”制度无法实现双赢。行业惯例之所以能够形成，无疑是遵循这个惯例可以使双方的利益得到增加，而我国制定的这项措施，却只能满足宾馆方的自身利益，无法体现出全心全意为消费者服务的理念和宗旨。

对此我认为，宾馆可以不通过实行强制性规定来限制客人以更好地节省资源，而是自行根据宾馆的运行制定不同的入住与退房时间，给宾客以选择和准备的时间，这样两方互相妥协，才能实现双赢。

10.评析一下艾滋病患者逐年增加的现象。（2010年黄冈师范学院广播电视编导专业招生考试试题）

［参考范例］

尊敬的各位评委老师大家好，我抽到的即兴评述题目是：评析一下艾滋病患者逐年增加的现象。

艾滋病是联合国确定的当今三大国际公害之一，目前，全世界有四千多万艾滋病毒感染者，每年新感染人数高达五百多万，死亡三百多万。作为一个世界性、灾难性的疾病，到现在艾滋病患者仍然每年增加的原因主要有以下几点：

（1）随着社会的发展，性开放等各种新潮的思想令许多本该读书学习的青少年过早地接触到性，甚至走向性泛滥和性随意，而且大多数青少年不懂得用安全套保护自己，这导致了青少年艾滋病感染率飙升。我国的性教育显然与青少年的性行为发展不同步。

（2）吸毒已经成为社会问题，许多年轻人拒绝毒品的自我保护意识薄弱，轻易地就落入毒品的陷阱。如果吸毒群体中有人感染HIV或肝炎病毒，就会通过共用注射器方式而互相感染传播。这也是吸毒者感染 HIV 的最主要原因。

(3) 我国教育制度的落后导致大多数人对于艾滋病知识普遍缺乏，有的人甚至连最基础的艾滋病传播途径都不清楚，很多人分不清艾滋病感染者和艾滋病人的区别，而更多的人不知道应该怎样预防艾滋病。在艾滋病由高危人群向普通人群蔓延的今天，我认为有必要将艾滋病知识放到学校的课堂上来宣传，将宣传教育对象进一步扩大，加速艾滋病知识的传播，这样才能有效地预防艾滋病与遏制艾滋病患者的逐年递增。

★ **11. 在手机短信泛滥的今天，传统书信还有价值吗？**（2010 年商丘师范学院广播电视编导专业招生考试试题）

[参考范例]

尊敬的各位评委老师大家好，我抽到的即兴评述题目是：在手机短信泛滥的今天，传统书信还有价值吗？

随着现代科技的进步与手机的普及，在生活中用手机短信进行交流似乎是再平常不过的事情了。用笔写信，曾几何时在历史上长期占据着举足轻重的地位。从殷商时期出于军事目的的飞鸽传书，到唐朝思念亲人的家书传信，直至近代，书信的写作范围更是涉及情感交流、生活需求、信息传递等多个方面。而现在，书信似乎渐渐地退出了我们的生活，这让我们不禁担忧，在未来，它真的会被替代吗？

在我看来，虽然手机短信相比传统书信更具实效性、先进性，但书信却有着独一无二的不可替代的意义，那就是感情。《傅雷家书》中，傅雷先生为孩子傅聪、傅敏写的那些家信，充满了一位普普通通的父亲对儿子的挚爱、期望，以及对国家和世界的高尚情感。《少年维特之烦恼》中，一封封书信将一个懵懂少年在爱情中那种几近透明爱到卑微的感情表现得淋漓尽致。《一封家书》这首歌曲，更是通过歌声表达了书信在日常生活中的独特意义。

手机短信的好处是有很多，而且现在年轻人玩的微信、qq 等更是将书信逼得节节败退，但当许多人沉迷于高科技，日常聚会并不再是畅所欲言，谈笑风生，而是席间坐下，各自玩着手机刷着微博，或是通过 QQ 客户端聊天，正面交流少了，虚拟的世界仿佛成了人的真实生活时，会不会偶尔想起，曾经为了某个原因或者某个人一个字一个字认真写下的信和没日没夜的期待呢？

书信，寄托着人们的精神；书信，传递着人们的情感；书信，沟通着人们的思想。它以一种沉默但却一直都在的决心守候着不断前进的人们。

12. 对于过度包装你怎么看？（2010 年大连艺术学院音乐学专业（文化艺术事业服务与管理方向）招生考试试题）

[参考范例]

尊敬的各位评委老师大家好，我抽到的即兴评述题目是：对于过度包装你怎么看?

现在社会上过度包装现象十分严重：高级茶叶包装盒内挂绢丝，酒类糕点包装盒用上了密度板贴塑，南方水果配备竹木编织的果篮；就拿我来说，去年中秋节的时候买了一盒月饼，看上去包装倒是很精美价格也不便宜，买回家一看，一共才三四个月饼，连一家人都分不过来……这种种现象都暴露了商品包装的过度奢侈，使商品价格远远高于成本。

当然，包装适当美观大方一点，能够吸引消费者的目光，有利于商品销售，是必要的。但过度包装则走向了另一个极端，它夸大了包装的功能，误导了消费观念，损害了消费者和社会的利益。我认为，这种仅仅为了“面子”的行为不值得提倡。

首先，它浪费了大量资源污染了环境。包装工业的原材料如纸张、橡胶、玻璃、钢铁、塑料等，来源于木材、石油、钢铁等，这些都是我国的紧缺资源。如果用于过度包装大量使用，同时缺乏相应的回收利用，就会造成很大的浪费。

其次，过度包装还可能诱发社会奢侈之风，暗藏腐败行为，加剧社会不和谐。各地出现的天价月饼、天价洋酒、天价保健品等，诱发了社会奢侈之风，有悖于我国处于社会主义初级阶段的国情；更有害的是，过度包装的节日礼品被有些人作为“遮羞布”，搭配着贵重的有价证券、礼品甚至金钱，大开行贿方便之门。

所以，对商品进行简单包装我们可以理解，但是过度包装却需要限制甚至打压：消费者不为其买账商家自然就不会去生产，另外政府还可以制定一系列相关政策，鼓励简单包装、绿色包装，共同做到理智、节制、健康地对待商品包装现象。

13. 谈谈对同性恋的看法。(2010 年云南艺术学院文华学院广播电视新闻学专业招生考试试题)

[参考范例]

尊敬的各位评委老师大家好，我抽到的即兴评述题目是：谈谈对同性恋的看法。

这个世界上充满了很多与众不同的人，比如黄种人、白种人、黑人，比如美国人、中国人、犹太人，大多数主流群体与少数非主流群体共同组成了一个地球。同性恋也仅仅是其中一个小小的群体，没有任何特殊性。只有包容与尊重每一个群体的存在，这个社会才能真正意义上地实现公平与公正。

因此，在我看来，首先，同性恋行为并不可耻。心理学上也早就证明过同性恋者的心理很正常，所以说他们也是正常人，只不过性取向与异性恋者不同罢了，没什么好奇怪的。性取向没有高低贵贱之分，爱情也从来就不讲什么对错，爱上同性并不可耻。部分欧美发达国家还允许同性恋者结婚，在那里同性恋者也是受法律保护的对象。有些国家为了普及这方面的知识，甚至规定学校一定要接收一定比例的同性恋者领养的孩子入学。可以说社会上对同性恋的认知度和接受度越来越高，所以这并不是一个“放不上台面”的话题，人们也无需对其过于隐晦。

其次，在对同性恋群体的关怀上，我认为公众如果能用正常的眼光看待他们，而不是像看动物似地对他们进行格外的关注，就是对他们最大的尊重了。毕竟任何一个群体被公众接纳都是需要一段艰难的历程的，同性恋也是如此。所以，现在的我们更应该做的就是尊重他们并且给予他们一定的自由的私人空间，这样才能消除公众对同性恋的歧视。

14. 你如何看待“凤姐”现象？（2010年华中师范大学武汉传媒学院广播电视编导专业招生考试试题）

［参考范例］

尊敬的各位评委老师大家好，我抽到的即兴评述题目是：你如何看待“凤姐”现象？

罗玉凤，因一系列雷人的言论与超高的“征婚要求”而在网络上走红，被人称为“凤姐”。针对罗玉凤的爆红，有人说这是幕后推手的炒作，有人说这是过于追求名与利的个人行为，还有人说这是一种合理的个性张扬……无论是与非，不可否认的是，“凤姐”现象给人们平静的生活带来了很大的震动。

（1）首先，罗玉凤的走红有赖于某些媒体对其表演的“捧场”。某些国内媒体由于对政治导向的逐步弱化，而导致了以经济导向为主的发展趋向，对任何问题的报道都一味地追求收视率和吸引眼球，完全忽略了对现象背后的本质的挖掘和分析。凤姐被各大电视媒体轮流采访，大家想了解的只是她的底线到底在哪儿，却没有一家媒体深刻而全面地研究和分析这个现象背后隐藏的深层次问题。

（2）其次，从受众的层面来看，“凤姐”的走红暴露了部分公众审美价值观的畸形和变态。现代社会，文化消费已成为人们重要的消费内容。文化历来有高低雅俗之分。高雅文化的消费需要受众具备一定的文化修养和情感操守的积淀，参与的心理元素多，审美强度大，容易产生审美疲劳；而俗文化尤其是低俗文化，不需要什么审美门槛，而且它以迎合、满足人性的低级趣味为主，审美强度小，造成审美疲劳的可能性不大，却容易产生生理快感。凤姐的出现突破了大众的底线，迎合了人类享乐的本性，这无形中注定了其拥有众多的受众。

（3）最后，从罗玉凤本身来看，她“想红”的根本原因其实就是对于成功的强烈渴望。如今的社会瞬息万变，人们生活的节奏很快，很多人都梦想在最短的时间内以最少的代价换取成功，而名人效应却能在一定情况下使我们想要做的事情变得相对简单，很多人为了偷懒，就把努力的方向转向成为网络红人，这就为网络红人现象起到了推波助澜的作用。

当然，从好的一面看，罗玉凤现象也有积极的影响，在一定程度上反映了人作为一个主体的主观能动性，现在是个性为王的时代，罗玉凤坦率真诚的个性也符合了这个时代的发展趋向。

15. 你如何看待“贾君鹏，你妈妈喊你回家吃饭”这一网络现象？（2010年华中师范大学武汉传媒学院广播电视编导专业招生考试试题）

［参考范例］

尊敬的各位评委老师大家好，我抽到的即兴评述题目是：你如何看待“贾君鹏，你妈妈喊你回家吃饭”这一网络现象？

几乎没人知道贾君鹏是什么人，他干过什么事，但仅凭有人在网络上发了个12字的帖子“贾君鹏，你妈妈喊你回家吃饭”，他就成了中文网络世界的奇迹。这不禁让我们发问：这帖子为何如此之红？

（1）小帖子蕴含大信息量。

贾君鹏一夜成名后，有人将这帖子形容为一篇引人入胜的超微型小说。帖子虽然只有十多个字，但小说要素俱全。人物上，有一个含辛茹苦的母亲、一个爱玩魔兽的儿子，还有儿子的一个好友，共三人。但这三个人物都被限定在一个情节中，所涉及的内容包括未成年人教育、网瘾、魔兽，立意上又体现了友情、亲情等因素。我们既可以把它看作一篇超微型小说，也可以把它视为一句网络流行语。

（2）贾君鹏事件的真正意义蕴含在宏观的文化分析中。

长久以来，在中国网络社会中，一直弥漫着社会文化的压抑感，多元混杂的并且长期被压抑的情绪需要寻找一个话语的宣泄口。当公众的情绪难以在现实中表达出来时，他们就会寻求一种相对自由的公共空间，这便是网络。

总之，无需追问发这个帖子的人的真实动机，也不必去核查这个帖子的内容是真是假。今天，这个帖子的真假与否，已经被“跟帖现象”巨大的社会意义掩盖了。

16. 三名大学生为了营救落水少年牺牲了生命，而负责打捞三名大学生遗体的公司却索要钱财，并声称不先交钱就不打捞。请评价这三名“90后”的大学生及这则材料。（2010年商丘学院广播电视编导专业招生考试试题）

［参考范例］

尊敬的各位评委老师大家好，我抽到的即兴评述题目是：三名大学生为了营救落水少年牺牲了生命，而负责打捞三名大学生遗体的公司却索要钱财，并声称不先交钱就不打捞。请评价这三名“90后”的大学生及这则材料。

三名大学生面对落水儿童奋不顾身、舍己救人甚至牺牲了年轻的生命，而打捞公司打捞尸体时竟然漫天要价，面对同学们的“跪求”，不仅不为所动，还理所当然地挟尸要价，这样的行为令人心寒。

回想汶川大地震时，日本搜救队在找到一具遇难者的遗体后会全体整装在这个遇难者的遗体面前肃立，两相对比，我不知道公众会作何感想，但是在我看来，对于遇难者遗体的不同态度，实际上就是文明与野蛮、尊重与亵渎的分界。生命具有最高的且无可替代的价值，三名青春骄人的大学生的香消玉殒，以自我牺牲的方式对短暂的人生作出了完美的诠释。与之形成鲜明对比的是，三个鲜活灿烂的年轻生命被捞尸者弃如敝履，他们为追逐金钱而利欲熏心，此时无价的自我奉献凸显了低廉的利益崇拜，崇高的舍己救人遭遇了卑劣的乘人之危。这种行为是遭人唾弃的，作出这种行为的人不能看到生命的真正价值，更不能理解崇高的意义，有的只是满眼的浮华与金钱，是应当受到道德上的严厉谴责的。只有当全民上下纷纷对这种行为进行口诛笔伐，行为人才会迫于压力自我反省，今后这种“挟尸要价”的事情才可能有所减少甚至杜绝。

★ **17. 你如何看待山寨文化？**（2010年浙江传媒学院媒体创意专业（影视制片方向）招生考试试题）

［参考范例］

尊敬的各位评委老师大家好，我抽到的即兴评述题目是：你如何看待山寨文化？

“山寨”一词，出自粤语，原指那些没有牌照、难入正规渠道的小厂家、小作坊，因大量出现的“山寨手机”而渐渐被人们所熟知。后来，“山寨数码相机”“山寨电影”“山寨T恤”甚至“山寨明星”“山寨百家讲坛”纷纷出炉，山寨文化由此而诞生。

山寨文化的产生实际上是一种自然现象，它是民间孕育多年的“草根文化”的一次集中爆发，也是一种形式意义上的民意表达。近些年来，我国文化的生存土壤发生了很大变化。随着经济基础的雄厚、社会结构的分化，大众文化需求不断增长，文化自觉性日益增强，文化的生长空间空前扩大，文化的多样存在成为必然。在发展中，主流文化不断得到弘扬，但是亦出现了一些非主流文化，以满足部分阶层、群体的需要。山寨文化的草根性、大众性、民间性、娱乐性、自发性、参与性，使其一诞生便受到了老百姓的热烈欢迎和追捧。

然而，不可否认，山寨常常在颠覆现有制度和秩序的前提下实现，对正规军会造成一定的冲击，甚至还会导致侵权行为。随着山寨文化的繁荣昌盛，其中也出现了一些不健康、不协调，甚至低俗、丑陋的现象。

我认为，和任何事物一样，山寨文化也有其两面性。山寨文化其实并不能简单地与创新画等号，也不能被视为低俗文化而一棍子打死。对于山寨文化，我们必须正确地理解它的发展背景和出现的时代意义。在一个将经济发展作为首要任务的致力于培育市场的国家，合理规范、正面引导山寨文化，倡导借鉴、学习、改良的思想意识和行为，将会给社会带来巨大的财富，也会为科技进步打下扎实的基础。

18. 兵马俑走出陕西进行全国巡回展览引起轰动，取得了很好的经济和社会效益，请结合这一现象谈一下自己的看法。（2008年北京电影学院公共事业管理专业招生考试试题）

［参考范例］

尊敬的各位评委老师大家好，我抽到的即兴评述题目是：兵马俑走出陕西进行全国巡回展览引起轰动，取得了很好的经济和社会效益，请结合这一现象谈一下自己的看法。

世界的第八大奇观——秦始皇兵马俑，不仅是世界考古史上最伟大的发现之一，也是西安的"瑰宝"、游客必去的景点之一。限于地理位置，迄今为止仍有许多游客还未一睹其壮美的真貌，兵马俑全国巡回展览的顺利进行，不但方便了各个地区人们的参观，更有利于全面地宣传兵马俑这一文化遗产，从而取得良好的经济效益。

首先，通过巡回展览，可以让更多的普通人了解兵马俑文化，探索历史奇迹之谜，打造一场文化的盛宴。其次，通过展览还可以迅速提升兵马俑这一文化品牌的影响力，扩大知名度。另外，通过全国巡回展览的方式，结合暑假或周末节点，能够为项目带来源源不断的观展人流，丰富的文化体验活动更能让人气集聚。

这是一次具有广泛影响力的文化盛事，媒体争先的报道，强力助推品牌发展及信息传播。兵马俑的走出陕西走进全国，是一次成功的突破，将经济效益与社会效益良好地结合在了一起。我国的许多历史文物、文化遗址都可以借鉴兵马俑这一方式，不要一味地局限于当地，应当更多地学会走出去，让更多的人有机会接触到我国优秀的历史文物和广博的地理资源，从而有机会将中国的传统文化发扬光大。

19. 自90年代起白领阶层悄然发展，请就他们的特征作一分析。（2008年北京电影学院公共事业管理专业招生考试试题）

[参考范例]

尊敬的各位评委老师大家好，我抽到的即兴评述题目是：自90年代起白领阶层悄然发展，请就他们的特征作一分析。

白领是指有着教育背景和工作经验的、从事脑力劳动的阶层，是西方社会对企业中不需要做大量体力劳动的工作人员的通称。因其具有高质量的生活与光鲜靓丽的外表等优势，所以让很多社会新人尤其是大学毕业生们趋之若鹜十分向往，殊不知，在华丽的外表下，白领们其实也有着不为人知的心酸。白领的主要特征有以下几点：

（1）白领职业阶层的主体是25到40岁之间的人群，许多人的价值观、人生观定型于改革开放以后。对这些白领来说，高收入的工作机会和高品质的生活方式同等重要。白领喜欢多样化的生活方式，不断地寻找新的时尚，通过自己的服饰、住房等来表明自身对生活质量的追求。

（2）对于白领阶层而言，在现实生活中，他们考虑更多的是如何获得更多的利益机会。因此，他们比较关心金融和房地产市场的变化，例如汇率或者是股市的波动。因为这些变化直接与自身的经济利益有关。这种务实的价值取向，贯穿着白领职业阶层的生活态度。在白领阶层中，投资房地产，进行外汇、国债、基金交易的大有人在。而近两年大量涌现的财经类媒体则满足了白领人士的需要。

（3）白领人群在心理上普遍具有紧张感和焦虑感。在白领的职业领域里，大多数岗位的竞争是非常激烈的。今天的高薪职位，明天可能因为一项新的人事变动或者行业的变化而变得一文不值。所以，白领的各方面压力，也是导致有些人不堪重负的原因之一。

20. 90年代以来的调查表明，对“人生最大的幸福”的回答前三位是事业有成、有个温暖的家、有知心朋友。而为社会做贡献则排到了第六位，对集体主义的观念，比如个人的事再大也是小事、国家的事再小也是大事，持否定态度的人已达三分之一。请评析这一现象。（2008年北京电影学院公共事业管理专业招生考试试题）

［参考范例］

尊敬的各位评委老师大家好，我抽到的即兴评述题目是：90年代以来的调查表明，对“人生最大的幸福”的回答前三位是事业有成、有个温暖的家、有知心朋友。而为社会做贡献则排到了第六位，对集体主义的观念，比如个人的事再大也是小事、国家的事再小也是大事，持否定态度的人已达三分之一。请评析这一现象。

这一调查结果表明，人们对于集体和社会的意识已经越来越淡薄，越来越以自我为中心，以满足自身的欲望为目的，是一种认知退化的表现。

首先，我们都应该清楚的是，人是生活在社会这个大环境里的，社会为个人提供了一个广阔的舞台，同时社会也为个人提供了人生的游戏规则。任何一个个人意愿的达成，都是在大的社会环境里进行的，也就是说，社会什么样，你就会变成什么样。所以个人首先是要受制于社会的约束的。

其次，我们应该正确地看待个人与集体的关系，不能把个人脱离于集体之外，个人总是集体中的个人，集体总是由个人组成的集体，个人利益与集体利益总是息息相关的，个人只有在集体中，并承担一定的职责、使命，才能使自身价值得以实现，如果脱离了集体，个人就丧失了作为这一集体的成员的资格，也就无须承担这一集体的义务，也无权享受这一集体中的成员能够享受到的权利。

人生的真正价值在于对社会的贡献，在人生的价值中，个人对社会的责任和贡献应该是居于首位的。这是因为：个人对社会的贡献是社会存在和发展的要求，个人对社会的贡献是人生价值的基本标志，个人对社会的贡献是先进人物的主要特色。所以，自我欲望的满足并不代表一个人有所成就，只有当他真正意识到对社会关怀的重要性从而对社会有所贡献、对集体有所认同时，才算真正实现了一个人的价值。

21. 如何看“啃老族”？（2010年大连艺术学院音乐学专业（文化艺术事业服务与管理方向）招生考试试题）

［参考范例］

尊敬的各位评委老师大家好，我抽到的即兴评述题目是：如何看“啃老族”？

“啃老族”一词源自20世纪90年代末的英国，指年龄在23～30岁之间、没有能力独立生活、靠父母供养的年轻人。社会学家称之为“新失业群体”。关于“啃老族”的争议，不仅仅在于他们“无业游民”的身份，更多的是因为这群正处于一生中最美好最有激情最应该为理想奋斗阶段的青年人，却主动地放弃就业，选择成为继续依附在父母身上的“大儿童”。

中国“啃老族”的诞生，多半源于儿时父母的过于溺爱。大多数“啃老族”们因为从小依赖父母惯了，而丧失了在生活中和社会上独立自主的能力，养成了懒惰和只接受别人的劳动果实的习惯，所以长大了只会在父母的羽翼下生活。近年来，随着我国就业形势的严峻和独生子女的日益增多，越来越多的大学生也加入了“啃老族”的行列，并成为其重要组成部分。“啃老族”的产生不但降低了老人的生活质量、健康等，更重要的是导致“啃老族”自身长期与社会绝缘，生活压力日渐增大，在工作生活方面又难以有所进步，故其自信心受到较大打击。

“少年强则国强，少年富则国富”。青年一代若都是“啃老族”，那离国家衰落、民族沦亡也不远了，没有志气的青年是无望的，没有有志青年的民族更加没有明天。“啃老族”的通病是眼高手低，好高骛远，空有凌云壮志却不脚踏实地，殊不知，理想很丰满而现实很骨感，试想这样的青年如何能担当起建设祖国的重担，如何能担负起民族的未来?!

★ **22. 如何看中国制造?**（2010年大连艺术学院音乐学专业（文化艺术事业服务与管理方向）招生考试试题）

［参考范例］

尊敬的各位评委老师大家好，我抽到的即兴评述题目是：如何看中国制造?

随着“中国制造”走向全球，国外民众通过“中国制造”的产品认识了快速发展的中国，但同时也留下了“价廉质次”的不良印象。存在的主要问题有：

（1）技术创新能力不足，缺少关键技术。中国制造业缺乏自主知识产权和知名品牌，究其原因，一是我们引进的技术往往是落后的，在消化、吸收、研发时，国外的新技术又取而代之，周而复始，恶性循环。二是缺乏有效的知识产权保护，企业的创新热情、动力因不能得到预期的回报而受挫。三是关键技术自给率低。

（2）竞争优势层次低下。目前中国劳动密集型产品是粗放型的，出口增长主要依赖低价格和数量推动，产品加工程度低，附加值小，缺少名牌。产业组织不合理，市场结构依然过于分散，企业竞争过度集中于价格竞争。

（3）国际金融危机迫使发达国家重新审视其国内产业结构，探索实体经济再振兴道路，鼓励高端制造业留在国内，甚至从国外向国内回流。国内国外管理水平仍有较大差距，制造业的产品质量、生产效率、经济效益都与发达国家存在很大的差距。

要打造出闪闪发光的“中国制造”，的确还有许多工作要做。中国制造必须在产品的精致化、质量的可靠性上花大力气，在产品的创新上有所作为，下苦功夫。只有这样才可以改变“中国制造”的品牌内涵，使“中国制造”走向“中国精造”甚至“中国创造”。

★ **23. 评析“陪读热”这一现象。**（2010年大连艺术学院音乐学专业（文化艺术事业服务与管理方向）招生考试试题）

[参考范例]

尊敬的各位评委老师大家好，我抽到的即兴评述题目是：评析“陪读热”这一现象。

近几年，在学校里兴起了一股陪读热，上幼儿园陪、上小学陪、上中学陪甚至上大学也陪，这一现象表明家长对孩子教育的重视，但结果却往往事与愿违，弊多利少，事倍功半。

为了孩子，家长们大动干戈、煞费苦心，然而，陪读到底能“陪”出多少大学生？“陪”的效果其实并不理想。有的家长只能给孩子搞好服务，部分家长因文化程度偏低而无法辅导孩子的学习，只有少数家长能从学业上真正辅导、帮助孩子。陪读导致的结果往往是孩子在生活上有了很大的依赖性，自理能力差，娇生惯养。

“宝剑锋从磨砺出，梅花香自苦寒来。”家长本应让孩子从小吃点苦，多历练，特别是中学生，更应该培养集体生活和独立自主的能力。但是现在许多家长对孩子照顾得过于周到。“不经历风雨，怎么见彩虹”？家长无微不至的“保姆型”陪读，无形中削弱了孩子的自立、自理能力。孩子的学习上去了，生活无忧了，但融入社会的能力却受到了极大的限制。与其这样，不如让孩子在生活中学习，在学习中学会生活。

“自古英雄多磨难，从来纨绔少伟男。”在陪读热潮滚滚而来的时候，家长们应理性地对待，不要盲目加入其中。孩子的成长需要独立，需要磨炼，而不是由家长为他们排除万难，铺平道路。为提高孩子的学习成绩而去陪孩子读书，更是家长在孩子成长过程中设下的一块“绊脚石”。的确，一些孩子在家长的陪护下，短期内，学习成绩是提高了，但是生活上的能力却退化了，在倡导素质教育的今天，社会并不需要“高分低能”的人才，只有将学习能力与生活能力均衡发展，才能在这个社会上立足。

24. 过年应不应该放爆竹？（2010年大连艺术学院音乐学专业（文化艺术事业服务与管理方向）招生考试试题）

[参考范例]

尊敬的各位评委老师大家好，我抽到的即兴评述题目是：过年应不应该放爆竹？

“过年到底应不应该放鞭炮”这个问题，近几年一直是社会关注的焦点，很多城市出于环境保护和安全的考虑对相关规定修了又修改了又改，仍然无法让人满意，似乎找不到一个两全其美的方法。因为在中国人看来，过年就是要热热闹闹、全家团聚，而鞭炮在民间则正有“开门爆竹”一说，鞭炮“霹雳巴拉”的效果，更是与中国人欢度春节时那开朗、喜庆、辞旧迎新的状态相符合，如果禁止的话，那年味不是就没有了吗？

但是燃放烟花爆竹确实为我们的社会埋下了不少安全隐患。据专家介绍，突发的震耳欲聋的声响，会极大地伤害人接收次声波的能力，许多人越来越不能感受到次声波了，人的听力在下降。儿童因为爆竹的燃放而影响学习和睡眠自不待言，更有许多儿童甚至成年人因燃放爆竹受伤或者致残。燃放烟花爆竹无疑还是一种极大的浪费。燃放烟花爆竹造成的环境和大气污染也相当严重。

在这方面，我认为有些城市做得很好，这些大都市一直没有采用禁放的方式，而是要求在指定时间、指定地点“限放”。每年从腊月二十三开始，人们就会听到鞭炮声了，到了除夕、正月初一、正月初五等日子，更是鞭炮齐鸣、烟花齐放。这样既能保留“年味”还能在一定程度上控制其燃放量，何乐而不为呢?

25. 如何看待博客现象?（2010年中国戏曲学院国际文化交流专业招生考试试题）

[参考范例]

尊敬的各位评委老师大家好，我抽到的即兴评述题目是：如何看待博客现象?

博客现象可以说是近年来互联网文化领域的一个常见现象。作为一种新的生活方式、工作方式、学习方式和交流方式，“博客”已经被越来越多的人所接受并使用。这一现象主要包括以下特征：

(1) 博客的表现形式是以日志体形式记录，并按文本的发布时间倒序排列，且内容不拘一格，时常更新，信息流动即时。强调个人的自由表达，注重交流与互动，人们可以轻松自如地把自己的生活体验、灵感想法、学术研究、新闻时评等与朋友、同事、网友分享。

(2) 在博客世界中，交流互动和知识共享是其内在的精神。拥有相同的兴趣、喜好和经验的人，或是学有专精的专业人士，通过博客的社会联系，而形成一个个存在于网络之间的虚拟社区。网民们可以沟通思想、寻找与自己的价值观道德观相同的“志同道合”者，在这种环境下，人们的心态更接近于“本我”，也使自身的潜能得到最大限度的挖掘，并展示其才华。

(3) 博客在为我们的生活带来便利的同时，也影响着人们的精神生活。由于博客写下的东西纷繁芜杂，这就会对参与其中的群体产生影响，人们会不由自主地赞同并接受博客中的观点，更值得注意的是，现在博客的参与人群有很大一部分是青少年，他们还处于社会化的过程之中，某些博客发布的不良言论容易引起他们思想观念的变化。博客强烈的自我表达和自我推销意识，也会常常导致博客世界中的“文化失衡”。

博客是时代的产物，它的产生本身并没有错，但是它的发展可能会受网络环境的影响，所以能否让其合理健康地被使用，关键还是在于网络中的我们。我们应当有一个客观公正的心态，理性地对待博客，使博客文化沿着健康的轨迹成长，让更多的人体会到博客为我们带来的乐趣。

26. 怎么看待中美父母不同的教育方式？你比较赞同哪一个？（2010年中国戏曲学院国际文化交流专业招生考试试题）

［参考范例］

尊敬的各位评委老师大家好，我抽到的即兴评述题目是：怎么看待中美父母不同的教育方式？你比较赞同哪一个？

中美父母教育方式的不同，源于大的社会环境的不同与父母本身的教育背景与观念的不同。中国父母重视对孩子的“养育”，他们认为从孩子出生那天起父母就有责任将他养大成人，正如那句古话“子不教，父之过”；而美国父母则重视对孩子的“培育”，他们对孩子实施开放式教育，鼓励孩子自己养活自己，自己对自己负责。在我看来两国的教育方式都有利有弊，都有可以学习的优点与需要改正的缺点。主要区别在以下几点：

（1）中国父母强调个人服从集体，个体要与集体保持一致，如果出现不一致则需要调整自己的行为。美国父母强调个性差异，教师总是根据孩子们不同的个性与能力安排活动，目的是为了使每个孩子都能成为有别于他人的独特个体。

（2）中国父母总是鼓励孩子在尽可能长的时间内专门做好某一件事，以期培养孩子的恒心、耐心，他们大多强调孩子自我意识的社会性发展，注重引导孩子逐步学会适应和控制自己的情感，而美国父母常常鼓励孩子在一段不长的时间内从事多项活动，以期培养孩子的灵活性、创造性，注重儿童自我意识的自然发展，多鼓励儿童自由且自然地表达自己的思想与情感。

（3）中国父母重结果与技能的掌握；无论学习什么，都力求学深学透，无论干什么，都力求完美无缺。美国父母重过程与能力的增减，他们注重孩子的参与意识，孩子们自由选择的机会多，教师还极力鼓励孩子自由发挥、自由创造，以培养孩子的想象力和创造力。

在教育方式上，不能一味地去评判两者哪个更好，应该相互取长补短。比如，中国父母可以多学习美国父母注重孩子独立性、创造性的培养这一优点，而美国父母也可以学习中国父母注重孩子传统品德教育这一优点。

★ **27. 如何看待现代社会的整容现象？**（2010年中国戏曲学院国际文化交流专业招生考试试题）

［参考范例］

尊敬的各位评委老师大家好，我抽到的即兴评述题目是：如何看待现代社会的整容现象？

所谓“爱美之心，人皆有之”，随着现代科学技术的迅猛发展与整容业的发达，越来越多的爱美女孩为了实现自己“丑小鸭变天鹅”的梦想，花费万金甚至远赴国外做整容手术，有些人还因此而“无法自拔”陷入对整容的痴迷中。人无完人，每个人想要更加完美的心是可以理解的，但如果因为相信整容能让你“焕然一新”就盲目草率地不珍惜自己的身体，那就太不理智了。

我认为，关于整容，首先当你一开始有了整容的念头时，其实就是心理上对自己的容貌有了错误的认识，从而活在了一个偏执的想法里面，无法自拔，最终花大把的钱去做整容。然后整容就像一种毒品，有了第一次，就会有第二次，到最后，觉得浑身上下不整一遍，都不舒服。正如所有的东西都有其保质期一样，整容也有它的保质期，到了一定的时间你还要进行修复，不仅副作用大而且费用也十分的高昂。再说虽然技术的提高给整容提高了安全系数，但是整容的风险还是非常大的，每年整容失败的例子有很多，因为整容失败而导致精神分裂和家庭破裂的情况也在不断地增加。所以，不要盲目地追随这种风气。也许对于某些身体上有缺陷的人来说，整容可以给他们的生活带来方便，给他们的心理以安慰。但是大部分健全的人其实并不需要整容。所以对于整容我们应三思而后行。

28. 怎么看待“72 岁老人考大学”？是支持还是反对？（2010 年中国戏曲学院国际文化交流专业招生考试试题）

［参考范例］

尊敬的各位评委老师大家好，我抽到的即兴评述题目是：怎么看待“72 岁老人考大学”？是支持还是反对？

对于“72 岁老人考大学”这件事情我是支持的。中国有一句古话，“活到老，学到老”。从幼年、青年、中年直至老年，学习将伴随人的整个生活历程，并影响人一生的发展。学习永远是没有止境的，而且随着年龄的增长、阅历的增加，反而会因为知识上的不足而产生继续学习的念头。

多萝茜·比林顿曾说过这样一句话：“我们今天所知道的东西，到明天就会过时，如果我们停止学习，就会停滞不前。”无止境地学习，是每一个智者所必需的。人要想不断地进步，就得活到老、学到老。在学习上不能有餍足之心。在信息技术高度发达的知识经济时代，人类唯有把学校教育延长为终身的学习才能适应社会发展的要求。终身学习，讲的是人一生都要学习。人们要想应对千变万化的世界，就必须努力做到活到老、学到老，要有终身学习的态度。更何况现代社会的知识寿命大为缩短，知识被淘汰的速度正在逐渐加快，今天所学习的知识，也许明天就会过时。一个人如果不及时更新自己的知识，很快就会进入所谓的“知识半衰期”，很快就会被淘汰。

任何人都有学习的权利，追求进步与年龄无关，所以 73 岁老人考大学也只是因为他有着对知识的强烈渴望，而这种学习精神我们是要鼓励的。

★ 29. 谈谈对“就业难”的看法。（2010 年中国戏曲学院国际文化交流专业招生考试试题）

［参考范例］

尊敬的各位评委老师大家好，我抽到的即兴评述题目是：谈谈对“就业难”的看法。

目前，大学生就业难问题已成为一个众人关注的热点话题，无论是去年还是今年，就业问题都只有更难没有最难。为什么就业这么难？具体有以下几个原因：

（1）大学毕业生的供需失衡。随着我国高校的扩招，在校生人数和毕业生人数近年迅猛增长，其直接结果就是目前劳动力市场供需关系严重失衡。近几年，每年都有大量的新增大学生劳动力涌入市场，导致大学生供给量绝对值增加。随着世界经济危机影响的逐步显现，劳动力的社会实际需求增长缓慢，与过多的新增大学毕业生的数目相抵消后，形成相对供需失衡，造成了一部分大学生的就业困难。

（2）由于各种因素的影响，我国高等教育改革相对于社会发展需要来说比较滞后，教育思想、教育观念等没能及时更新，已经不适应现代化建设对人才的要求；教材多年未变，专业划分不合理，教学方法过于简单，对知识的传授过于看重，而对能力的培养却比较轻视；学校的人才培养与社会需求脱钩，造成结构性供求矛盾。

（3）大部分高校培养的学生素质不过硬。部分高校的追踪调查结果显示，两年之内能适应工作的毕业生不足七成，甚至有部分毕业生不能适应工作或者不能从事与专业相关的工作。这些都与高校的用人机制和教学管理制度不完善有关。目前大多数高校人事工作缺乏灵活性、流动性和主动性，自己学校需要的人才进不来，别的学校需要的人才也出不去；有的学校追逐热门专业，师资、教材缺乏或是草率应付，培养的毕业生得不到社会的认可。

“就业难”其实一直是一个社会问题，只是近几年才突显出来。针对此现象，我认为，在学生方面，需要他们学有所长、素质过硬，择业时确保自身定位准确；在学校方面，需要各大高校根据市场需求调整专业设置，提高教学质量；在政府方面，需要相关职能部门督促高等院校教育资源合理配置，鼓励大学生自主创业。只有通过三方共同努力制定各类就业优惠政策，才能有效避免“就业难”。

★ **30. 什么是微博？如何看待微博？**（2011年南京艺术学院广播电视编导专业（南京考点）招生考试试题）

［参考范例］

尊敬的各位评委老师大家好，我抽到的即兴评述题目是：什么是微博？如何看待微博？

微博，微型博客的简称，即一句话博客，是一种通过关注机制，分享简短实时信息的广播式的社交网络平台。由于其具有独特的便捷性、原创性和草根性的特点而深受网民们的喜爱。现在越来越多的人喜欢用微博，就拿我自己来说，我也有微博，平时喜欢在微博上写一些生活感悟，与同学们相互打气鼓励，或者分享好看的图片等等。微博的火热催生了一系列“微博行为”，与此同时大量的网络大V、微博红人、草根明星也应运而生，当然，其中也夹杂了一些乌烟瘴气。

微博最大的优势就是互动性极强，博友们可以随时随地地分享心情、感受，议论时事、热点。微博用极少的字表达意思，从而使信息更加简洁与快捷，在这个平台上，有许许多多不同的声音：不同的人从不同的角度、不同的立场去看同一个问题，得出褒贬不一、千奇百怪、各式各样的结论；有提问者，有回答者。我们既可以是参与者，投入到这永无止境的思想争论中去；我们也可以是旁观者，站在战场的边缘，从各家的言论间收集些新奇的想法。

当然由于微博的公开性与无限制性，也会带来一些不和谐的声音，这些声音很可能导致某些微博缺乏思想性、真实性，甚至故意造谣生事、以讹传讹，又由于微博具有传播快捷、使用人群广的特点，因此极可能产生巨大的负面影响。

另外，微博在成功制造了大量草根明星之后，有更多的人想借此出名，而且不在乎是因为什么出名。而事实证明，走低俗路线出名往往比走传统路线出名要快捷得多也有效得多。这就导致了微博上低俗信息横流。

所以，关于微博，我认为它具有两面性，是一把双刃剑，有利也有弊，网民应该保持一个清醒的头脑，用理性的态度对待它，在分享它所带来的乐趣的同时不能过于沉迷。

31. 如何看待“萌”文化？（2011年南京艺术学院广播电视编导专业（南京考点）招生考试试题）

［参考范例］

尊敬的各位评委老师大家好，我抽到的即兴评述题目是：如何看待“萌”文化？

所谓的“萌”，最早起源于日本，本来是指草木的初生之芽，后来日本御宅族和其他的动漫喜好者，用这个词来形容极端喜好的事物——通常是对（尤其是动漫的）女性而言。一般代指可爱的形象。

（1）随着互联网的日益普及，网络用语成为社交流行语的现象屡见不鲜。带有“萌”属性的网络用语如“萝莉”“小正太”迅速走红，成为当下的流行语。同时网络还催生了大批“萌星”。而“萌文化”也凭借大众媒介的传播将自身的娱乐性进行了淋漓尽致的展示。无论是报纸、电视剧还是广播，“卖萌”现象都随处可见，“萌文化”已经随着大众媒介而融入每一个人的生活。

（2）“萌文化”之所以能被广泛接受，能让公众被“萌”到，与其自身的特质是分不开的。当今社会的生活节奏越来越快，每一个人的生存压力也越来越大，太多的责任和压力让我们无从逃避。而“卖萌”则给我们提供了一个宣泄口，可以通过“卖萌”去逃避现实，让自己喘口气。“卖萌”行为很多情况下类似于一个孩童的行为，通过“卖萌”，我们的天性得以释放。并且“萌”实质上是一种态度，代表的是一种年轻的心态，这或许是“萌文化”的生命力之所在。

心理学专家认为，追求“萌”这类新奇时尚，是年轻人与生俱来的本能驱使。我认为“卖萌”文化的流行很正常，每个时代都有这个时代年轻人追捧的时尚，现在的时尚过了若干年后必定会被抛弃更新，成为历史。所以不必为“萌文化”如此广泛的传播而感到大惊小怪，更不必上纲上线过于紧张。它只是年轻人释放活力的一种表达方式，也反映了一个社会的阶段性流行趋向。

32. 谈谈你对东北两千人帮助一个身患绝症的女孩圆梦——去北京看升国旗这一事件的看法。（2011年云南艺术学院广播电视编导专业（影视编导方向）（潍坊考点）招生考试试题）

［参考范例］

尊敬的各位评委老师大家好，我抽到的即兴评述题目是：谈谈你对东北两千人帮助一个身患绝症的女孩圆梦——去北京看升国旗这一事件的看法。

这是一个善意的“谎言”。为了圆一个绝症盲童到天安门广场观看升国旗仪式的梦想，全市超过上千人共同参与，用爱心编织了一个美丽的“谎言”，导演了一出现实版的《幸福时光》。

每一个参与制造梦想的人都如此配合，不仅仅是出于对患病小女孩的同情，更多的是被小女孩单纯的梦想所感动。小孩子的世界里是没有伤痛的，他们不知道死亡的概念，所以很少害怕，他们也不能理解一些类似于“无奈”“遗憾”的词语，所以面对他们那一个个天马行空单纯简单的梦想我们往往自惭形秽。“谎言”固然不对，然而一个“善意的谎言”却可以完成一个女孩最后的简单的梦想。一个善意的谎言会让一个沮丧的人重拾信心，会让一个临死的人对生活充满希望。其实这一个“善意的谎言”又何止“骗”了小女孩一个人呢，甚至我们每一个人都相信了它，都希望奇迹发生。

“善意的谎言”是人们对事物寄托的美好愿望，是人们善良心灵的展现，是人们彼此之间相互安慰的一丝暖意，是人们心底里流露出来的一种柔情。谁也不会去追究它的可信程度，即使听到善意谎言的人明知道它是谎话，也一样会去努力地相信，更不会觉得说谎者虚伪，甚至还要从心里感激他。

无论小女孩到最后有没有康复，我们都可以确定的是，这一刻的她是幸福的。在2000个哥哥姐姐叔叔阿姨的陪伴下，她已经实现了那个小小的梦想。

33. 谈谈对“港台腔”的看法。（2011年江西师范大学广播电视编导专业（潍坊考点）招生考试试题）

［参考范例］

尊敬的各位评委老师大家好，我抽到的即兴评述题目是：谈谈对“港台腔”的看法。

我认为“港台腔”是一种很正常的说话腔调，说惯了闽南话、粤语的人再学普通话就会造成这种情况，这和中国人、印度人说英语免不了“中式英语”“印度腔”是一样的。让很多观众反感的，其实是那些明明是内地人却反而故作姿态模仿“港台腔”的人。

任何一种语言都是在特定的语言环境中成长的，内地的普通话也经历了一定时期的文化积累，具有自己的鲜明特征。普通话作为现代标准汉语，是中国的官方语言，被《宪法》明令在全国推广，如果一味地模仿“港台腔”的发音，则失去了内地的传统与风味。近几年港台节目与港台明星越来越火，海峡两岸三地的关系也越来越密切。主持人模仿“港台腔”其实是一个并不新鲜的现象，内地观众偶尔听之感觉新鲜也并不为过，但刻意模仿、东施效颦就难免有恶俗之嫌，再加上内地各家电视台的节目喜欢跟风，于是导致了“港台腔”的泛滥成灾，受到社会各界的批评。很多人认为有些主持人说话特别做作、发嗲，让人不爽，所以很反感“港台腔”。

我认为“港台腔”无需“封杀”只需“慎用”，我们不可能只因为一个主持人带了“港台腔”就让他下台，也不能因为一个节目里用了“港台腔”就让它停播。

另外“港台腔”的使用也取决于节目的特点：如果是娱乐性节目，那么少许的“港台腔”是锦上添花，不仅拉近了观众与节目的关系，还增添了很多乐趣；如果是新闻类节目，则要用标准的普通话，否则就会显得很不庄重严肃，观众也不会喜欢这样的节目。

34. 如何看待学生中谢师宴的流行？（2011 年长春师范学院广播电视编导专业（济南考点）招生考试试题）

［参考范例］

尊敬的各位评委老师大家好，我抽到的即兴评述题目是：如何看待学生中谢师宴的流行？

吃饭在中国从来不是一件简单的事，而是人与人之间联系、交往的纽带之一，是人们互动、往来的一种手段，所以吃饭在中国一向具有特殊意义。如今，谢师宴作为高中生成功考入大学的感恩宴而大为流行，引起了社会各界的广泛关注，有些人喜欢，有些人则不认同。在我看来，谢师宴会给师生情笼罩上一层物质化和庸俗化的阴影，不应提倡。

(1) 首先，虽然美其名曰学生的谢师宴，但我们都知道，学生是没有经济能力的，所以其实还是家长的谢师宴。办宴席时，有的家长出于攀比的心态，为了面子问题，故意挑选上档次的饭店，这导致很多“天价谢师宴”十分火爆。如果孩子在尚未走向社会时，就受到这样的不良风气的熏染与影响，容易在他们中间也形成一种攀比之风，不比成绩而只比经济条件、比排场，而这将对以后的学习生活不利。

(2) 另一方面，高考结束之后，如果任学生们吆五喝六地大摆升学宴，似乎考上大学就万事大吉，从此就可以高枕无忧了，会使得个别学生得意忘形，以为从此以后不必奋斗就能一路平坦，直至飞黄腾达。

我认为，师恩和谢师，岂是一餐饭所能承载?！在“师恩重如山”面前，谢师宴显得多么的庸俗！真正好的老师，他想看到的不是一桌桌用钱堆起来的“天价谢师宴”，而是学生用自己的努力与奋斗拼出来的一张好的成绩单和一个充满希望的未来！

35. 谈谈你对公交车站台不允许乞讨的看法。（2011 年信阳师范学院广播电视编导专业招生考试试题）

［参考范例］

尊敬的各位评委老师大家好，我抽到的即兴评述题目是：谈谈你对公交车站台不允许乞讨的看法。

乞讨现象，从来就是一种与人类文明相悖却又长期共存的历史现象，其最初来源于部分贫民迫于生计而无奈选择的生存之道，自古绵延至今。乞讨的人无论在哪个国家都是存在的，他们也是政府不能忽视、需要特别关怀的群体，但是如果对其只是一味地救助而不加以管理与限制的话，城市将会毫无秩序可言。

城市中的很多角落都存在乞讨的人，我在上学路上就经常会看到有些乞丐在公交站牌附近乞讨，过往的车辆与行人遇到他们都要"让行"。我认为这种现象需要得到管制。公交站台是一个人口与车辆都较为密集的地方，如果乞讨的人长期聚在这里，追逐锁定目标，车前人后横冲直撞，干扰和吸引等车人的注意，难免会引发各种交通事故。这对公交车驾驶员、要乘车的乘客、乞讨者三方的安全都有一定的威胁。

另一方面，我国目前正处于社会全面转型时期，这种现象在当下的中国难免会产生变异，从而导致目前我国城市中的乞讨者大体形成救助群体、职业群体和违法群体这样的格局，治理难度倍增。公交站台的乞讨者一般都是定时长期驻守在那里的，由于其乞讨的目的、手段多样化以致真假难辨，好心的市民经常被欺骗，久而久之容易造成市民的"同情疲软"，社会公众会逐渐忽视对弱者的同情与救助，最终会导致相互间信任感下降以致出现道德沦丧之势，严重侵蚀社会的良好风气。

所以我对于公交站台不允许乞讨的规定是赞同的。

36. 如何看待男子为筹毒资竟卖儿？（2011年信阳师范学院广播电视编导专业招生考试试题）

[参考范例]

尊敬的各位评委老师大家好，我抽到的即兴评述题目是：如何看待男子为筹毒资竟卖儿？

虎毒尚且不食子，古时候闹大饥荒时虽有"易子而食"的悲剧，但经济高度发达的今天，有些人却能把伟大的生命的孕育当作一场交易，只为了换取那一小袋毒品，这实在是让我们整个社会都为之蒙羞，要有多么狠的心才能够将自己的亲生儿子拱手卖给别人？

吸食毒品本身不仅违反法律伤害自身，而且一旦出现了吸毒者，一个家庭便不能称其为家了。吸毒者在自我毁灭的同时，也破坏自己的家庭，使家庭陷入经济破产、亲属离散甚至家破人亡的困难境地。毒品是恶之源，它控制着吸毒者的思想与行为，甚至让他们觉得或许自己的亲生儿子也只是一袋袋海洛因的兑换品。父母对孩子是有责任的，从你选择将孩子生下来的那一刻起，你就应该明白，他就是你在这个世界上最亲密的一部分，和你流着相同的血液，就是另外一个自己。正常的孩子是需要在父母的呵护下与健康的教育环境下长大的，可是幼小单纯的他怎么会想到，仅仅是因为小小的几袋海洛因，自己就被亲生父亲转卖给了别人？这是多么可悲的事情啊！但凡还有一点人性，怎么会作出如此狠心的事情？！

我认为，应当对这些狠心抛弃孩子的父母进行深刻的教育，并使这种行为受到法律的严厉制裁，因为孩子的成长痕迹是抹不掉的，就算孩子之后被解救出来，这段遭遇也是对他的一次伤害，是他一生也忘不掉的伤痛。

37. 谈谈你对大学生对公司毁约的看法。（2011年信阳师范学院广播电视编导专业招生考试试题）

［参考范例］

尊敬的各位评委老师大家好，我抽到的即兴评述题目是：谈谈你对大学生对公司毁约的看法。

大学生对公司毁约的现象主要发生在应届大学毕业生身上。一些优秀毕业生在得到多家用人单位的青睐，其中部分毕业生在找到更好的工作后，出现毁约情况，原因主要有以下几点：

(1) 将就业当成跳板，获得大城市户口就违约。在大城市就读的外地大学生，常常把获得大城市户口作为就业的硬指标。一般情况下，这些毕业生只在乎能否解决户口问题，往往不考虑该岗位是否适合自己，等一旦取得户口，就违约辞职。

(2) 多处谋职业，不断攀比，签约即毁约，诚信缺失。一些大学生尤其是优秀的大学生，由于很多单位都会向他们敞开大门，所以早早地就把就业合同签了。但后来，随着更多实力雄厚的单位加入到人才招收的行列中，这部分学生开始动摇、后悔，往往会和原签约单位毁约。

(3) 期望值太高，频繁跳槽，先就业再择业加剧了违约现象。某些大学生认为，一旦步入大学校门，毕业之后就会水到渠成地拥有一份令自己满意的工作。但事实是，随着近几年的大学扩招，毕业生人数逐年增加，就业压力一年比一年大。

大学生的违约现象，反映了大学生的诚信问题。作为一名刚刚进入社会的新人，诚信本应是受过高等教育的学生的人生必备第一课，本不该是一个问题，然而现实却令人尴尬。当代大学生是国家未来的建设者和接班人，他们的诚信状况直接关系到我国现代化建设的顺利进行，所以应当严格要求大学生诚实做人。另一方面，我认为大学生在找工作时应当准确地给自己定位，不要盲目撒网，应当对企业持一个诚信的态度，拒绝欺骗，在签署就业协议时要慎重承诺，一旦承诺就要严格信守。

38. 重庆一大学校长在家长会上为母亲洗脚。对此你怎么看？（2011年信阳师范学院广播电视编导专业招生考试试题）

［参考范例］

尊敬的各位评委老师大家好，我抽到的即兴评述题目是：重庆一大学校长在家长会上为母亲洗脚。对此你怎么看？

我认为，身为大学校长能够放下架子当众为母亲洗脚这种行为是好的，身教胜于言传，校长所要提倡的精神我们也是能理解和积极认同的，但是这样大张旗鼓难免有作秀的嫌疑，行为虽可取，方式可以适当改一下。

"子欲养而亲不待"。孝敬父母是我们中华民族的传统美德，是人类最朴素最基本的情感，也是最容易被遗忘和忽略的环节。因为现在的孩子大多是独生子女，从小就习惯以自我为中心，很难做到关心别人，父母对他们的宠爱与照顾也被他们认为是理所当然的，所以往往会忽视孝敬父母这一传统。大学校长以身作则，亲自为母亲洗脚，是为了让孩子们学会感恩，这起到了表率的作用，是值得鼓励的，但是我认为这种方式更适合情感比较单纯的小学生，对于稍大点的孩子尤其是大学生而言，由于他们已经有了自己的独立思想与见解，所以更适合他们的教育方式是适当地引导，而不是直接地命令。用一场看似是为母亲洗脚的表演就想唤起他们感恩的心，这一想法有些简单，可能需要再改变一下方式方法，才能更好地达到预期效果。

39. 谈谈对"赖班族"的看法。（2011年信阳师范学院广播电视编导专业招生考试试题）

［参考范例］

尊敬的各位评委老师大家好，我抽到的即兴评述题目是：谈谈对"赖班族"的看法。

在中国内地，一般上班族的下班时间都在下午五点到六点半之间，但在北京、上海、广州等大城市，许多写字楼即使到了晚上还是透出片片灯火，这群加班的人中有无奈"被加班"的，有为了避开下班高峰期的交通拥挤而"拖班"的，另外也有一群因寂寞不愿回家的"赖班一族"。

（1）"赖班族"们有一个最基本的特征，那就是下班后没有回家的欲望，只想赖在办公室消磨时间。"回到家里也是空荡荡的一个人，不如留在办公室里加班，因为工作是按工作量来算业绩的，所以加班多做一点工资也多一点，一来可以缓解一下自己的寂寞，二来也可以多赚点钱，算是两全其美。"这是"赖班族"的代表言论。

（2）分析"赖班族""赖班"的原因，从表面来看是因为怕孤独、怕寂寞，深入地看其实是个体归属感的问题。每个人都需要有自己的归属感，而且归属感需要丰富多样，比如家庭的温暖、朋友的友情、自己的爱好，只有这些都有，人才能够正常、快乐地生活。如果一个人的归属感过于单一，那么他就容易出现问题。

（3）如果长期以"赖班"减压，就会破坏我们的人际关系建构，导致生活质量下降，甚至影响心理健康。"赖班族"的盛行是当代年轻白领逃避精神上的压力而作出的一种反应，我认为这种行为无法从根本上解决问题。压力大的上班族不妨通过在平时多培养一些小兴趣，比如参与体育运动，从而在群体活动中扩大社交圈，只有这样才能从精神上彻底摆脱"赖班"。

40. 评论"手机短信代替贺年卡"。（2011年信阳师范学院广播电视编导专业招生考试试题）

［参考范例］

尊敬的各位评委老师大家好，我抽到的即兴评述题目是：评论"手机短信代替贺年卡”。

手机是科技进步的产物，它的出现给人们的生活带来了极大的便利，尤其是近几年过春节的时候，越来越多的人喜欢用短信的方式来拜年，很少再有人用传统的贺卡拜年了。短信拜年，方便快捷，相对于传统的贺卡，优势非常明显：一是时效快，几分钟内就可以编写完信息发给自己的朋友，有些手机还具有群发功能，可以同时发给多位朋友。二是手机短信拜年的方式成本低、无污染，可以说是“绿色环保”拜年，大量地节约了社会资源和生态资源。因此，从科技时效方面而言，短信拜年代替传统的贺卡祝福是一种进步。

但是，有些朋友在用短信拜年时，直接将别人发给自己的祝福短信原封不动地转发，内容千篇一律，结果美好的祝福变成了“垃圾短信”，不仅没有起到传达感情的作用，反而破坏了人们的好心情。这样的短信相对于传统的贺年卡而言，显然缺乏真诚，让大家觉得“年味”大打折扣，人们之间的感情似乎也淡漠了，由此而言，短信拜年也会是一种倒退。

其实，短信拜年如果使用得当，人们能够发自内心地为朋友亲自写上几句祝福，一样可以起到传统贺卡交流感情的作用。短信拜年究竟是进步还是倒退，完全取决于你是否真诚地面对生活。

41. 谈谈对“李刚事件”的看法。（2011年信阳师范学院广播电视编导专业招生考试试题）

［参考范例］

尊敬的各位评委老师大家好，我抽到的即兴评述题目是：谈谈对“李刚事件”的看法。

“李刚事件”引发的媒体和网友热议，源于肇事者李一帆的那句惊天豪语“我爸是李刚”。这件事的发生首先在一定程度上说明了家庭教育的缺失，这也正是中国式教育的悲哀之所在。在中国，家长包办一切，孩子从出生到上学、工作、结婚等等，都是在家长的呵护、依靠中长大，他们得到的是无微不至的关怀，在家庭中被尊为贵人，受尽宠爱。当他们逐渐脱离家庭走进社会的时候，竟显得那样无知。李刚儿子的可悲之处，一方面是司法家庭的孩子对法律的无知，另一方面是对其父亲手中权力的误读，须知掌握着人民赋予的权力就要永远为人民的利益服务。

其次，“李刚事件”除了反映出家庭教育问题外，还折射出更深层次的社会问题，折射出老百姓内心更多的愤懑之情。中国百姓之难，难在求官办事。求官办事难，难在官员难见。见到了，钱不到位，脸难看。某些官员走路架子大，说话口气大，做事排场大，而且给百姓办事难。官员如此，官二代必然上行下效，摆出一副官老爷的姿态来，致使百姓要忍受官员及其子弟的双重压迫。所以李刚才会从他父亲那里延续不公平的行为准则。

所以，“李刚事件”不仅仅是李刚这个家庭的悲剧，更是整个社会的悲剧。

42. 如何看待"超女"王贝整容致死这一事件？（2011年信阳师范学院广播电视编导专业招生考试试题）

[参考范例]

尊敬的各位评委老师大家好，我抽到的即兴评述题目是：如何看待"超女"王贝整容致死这一事件？

超级女声王贝整容意外死亡一事被炒得沸沸扬扬，整容这一热点话题再度被人们提起。

王贝拥有一副人人羡慕的好嗓子，相比于大多数人她已经算是成功的了，本应在最美的年龄里享受最好的时光，然而她却在追求美貌的道路上搁浅。王贝的悲剧应当引起我们所有人的思考：为了美貌就算赌上性命也在所不惜，这样真的值得吗？今天随着现代科学技术的突飞猛进与整容业的发达，越来越多的爱美女孩为了实现自己"丑小鸭变天鹅"的梦想，不远万里甚至远赴国外做整容手术，其中也有一部分像王贝一样的人因为整容失败，而留下了一辈子的遗憾甚至丧失了生命。

对于整容，我觉得，人造的总归是不自然的；对人造美女，我是比较排斥的。

在当代社会，美女的标准已经悄然发生了改变。美女不仅要有姣好的容貌和苗条的身材，同时还要拥有智慧。这种智慧不是尔虞我诈，而是面对纷繁的社会，有一套自己的从容处世的哲学。无论古今中外，美与善、美与真都是不可割裂的。失去了善，美也会变得丑陋；离开了真，美也就成了欺骗。

但是，反观人造美女，她们只不过是在有明显先天性缺陷的地方进行了修补，让外形获得了改观。这种改变使其恢复了自信，能够积极地生活，从这个角度说整容具有一定的意义。然而，这种做法确实无法改变她们内在的气质和修养，只不过使她们的虚荣心获得了满足而已。再说虽然技术的提高给整容提高了安全系数，但是整容的风险还是非常大的，每年整容失败的例子有很多，因整容失败而导致精神分裂和家庭破裂的情况也是不断地增加着。所以说不应盲目地追随这种风气。因此，要想成为真正的美女，重要的还是先从提高内心的修养开始。

43. 对青少年追星族，你有什么看法？（2011年商丘师范学院广播电视编导专业招生考试试题）

[参考范例]

尊敬的各位评委老师大家好，我抽到的即兴评述题目是：对青少年追星族，你有什么看法？

青少年正处于"英雄崇拜期"，不少青少年所追的"星"将成为他们人生道路上的楷模、榜样，他们会将追星的意念、热情转化为他们为事业成功而努力奋斗的动力。这种意义上的追星，其实质与"榜样"教育殊途同归。

青少年是需要榜样的。我们也要有意识地为未成年人树立榜样。传统的榜样教育模式历来是社会树立榜样，然后倡导青少年去学，然而社会树立的榜样并非都能得到青少年由衷的敬佩与热爱。因此青少年也就未必能将这种向榜样的学习变成为一种自觉的行为、内在的意愿，从而会使这种学习流于形式。而青少年追星则不同，“星”是他们自己确立的，他们由衷地敬佩，心甘情愿地去学习，想方设法去努力提高自己。这种学习是自发的、自觉的，时时刻刻都存在。所以这时候“星”的影响力特别大，感召力也特别强，效果也特别明显。如当今著名歌星蔡国庆，少年时期便崇拜李谷一。他立志要像李谷一老师那样去唱歌。经过不懈的努力，他终于成功了。如今，他唱红了中国，也唱出了国门，成为第一位赴日本录制个人音带的中国通俗歌手。

青少年的追星现象，表明他们在为自己寻找、确立偶像。他们自觉地为自己树立一个美好的典范，并抱着极大的热情和毅力去追求、去拼搏，这对少男少女的身心健康发展都是极为重要的，对他们将来走向社会以及事业的成功也是很有益处的。当然，因为青少年的人生阅历还不够丰富，我们在支持他们追星的同时，还要进行正确的引导，以免他们因过于狂热而失去正确的判断力，甚至耽误了宝贵的学习时间。

44. 请你谈谈对全民学英语的看法。（2011 年商丘师范学院广播电视编导专业招生考试试题）

［参考范例］

尊敬的各位评委老师大家好，我抽到的即兴评述题目是：请你谈谈对全民学英语的看法。

不记得是从什么时候开始，身边学英语的人越来越多了，从研究生、本科生到中学生都在开展外语学习。许多地方甚至在幼儿园时期就开始英语启蒙教学，外教越来越抢手，各类的英语培训班，还有疯狂英语、新感念英语等等层出不穷，全国都掀起了学习英语的高潮。与此同时，我们的母语汉语正在逐步沦为边缘化语种，这让家长老师们也很矛盾。

英语是世界性语言，国际交流少不了英语的运用。全民学习英语，在一定程度上体现了我们与国际的联系已经变得越来越紧密，也表示我们正在步入国际化的洪流。但是，英语毕竟只是一门语言，是一种交流的方式，是素质教育的一部分，我认为不应当普遍性地成为继续接受教育和人才使用的必要条件，更没有必要将它作为一项硬性教育去强化学生学习。

有着五千年悠久历史与文化的中国，不去重视自己的语言，不去继承、发展自己的语言，而是一味地要求全民学习别国的语言，这本身就是一种历史的倒退。把大把的时光、大部分的精力浪费在学习语言上，这在很大程度上遏制了青年人的思维，遏制了国人的发展，也间接影响了我们的创新。

我国有灿烂的文化、悠久的历史，世界上也只有汉语是一直继承发展下来的语种，也只有中华民族的文化是没有断层的，对我们人类的发展起着很重要的作用。所以我认为，在提倡大家学习外语的同时，更应该注重本国的语言，只有将本国文化了解清楚，才能学习到其他国家语言的精髓。

★ **45. 一些明星吸毒自毁前程，引起社会反响，对此你有什么看法？**（2011年商丘师范学院广播电视编导专业招生考试试题）

［参考范例］

尊敬的各位评委老师大家好，我抽到的即兴评述题目是：一些明星吸毒自毁前程，引起社会反响，对此你有什么看法？

纵观国内外娱乐圈，明星涉嫌藏毒、吸毒的丑闻屡见不鲜。曾经红遍亚洲的日本著名女艺人酒井法子、台湾明星萧淑慎等，都多次涉毒被抓。最为严重的是2014年下半年，中国内地在短短三个月里就被发现有多达11名明星吸毒，其中不乏像柯震东、房祖名这样的人气偶像。如此多的明星为了毒品飞蛾扑火、自毁前程，不禁让人感叹毒品邪恶的力量所带来的危害。

明星吸毒的途径无非就是同一个“圈子”里的熟人领着上路，自己禁不住诱惑，从此走入歧途。由于工作的特殊性，明星的身体与心理容易处于不稳定状态，再加上交际圈、生活方式等问题，演艺圈往往是“吸毒重灾区”。凡是吸毒者，无论是普通人还是明星发作时，大多会不顾廉耻，丧失自尊，无法进行正常的生活、学习和工作，普遍丧失了正常的人生观、价值观，人格扭曲，难以自拔。即使是很有才华的人，一旦吸毒，也就等于掉进了死神和魔鬼的陷阱，都不可避免地走向堕落的深渊，从而毁掉自己的生活和前途。

毒品对人的危害是显而易见的，人人都应远离毒品。而明星，作为一个长期生活在镁光灯下的特殊群体，他们的一举一动都会影响很多人，所以更应对自己高标准严要求，为普通观众尤其是为自己的粉丝起到一个良好的表率作用，彻底与毒品绝缘，从而做一个合格的精神引导者。另一方面，针对明星吸毒，法律与公众应当一视同仁，公众与粉丝也应起到监督的作用，对于那些禁不住诱惑吸食毒品的明星，我们应当绝不手软，不能因人而异，应该坚决打击涉毒行为。

46. 谈谈你对“职业乞丐”的看法。（2011年商丘师范学院广播电视编导专业招生考试试题）

［参考范例］

尊敬的各位评委老师大家好，我抽到的即兴评述题目是：谈谈你对“职业乞丐”的看法。

“职业乞丐”，是指以各种方式伪造困难情况通过乞讨来欺骗大众的群体。他们的行为已不为社会道德所容，职业乞讨者的真实目的只有一个：金钱。

从某种意义上来说，“职业乞丐”是打着乞讨的名义骗钱的人。他们靠可怜的外表博得人们的同情，达到成功行乞的目的，他们收入不菲，薪水超过白领。一些“职业乞丐"在快车道路口强行行乞，遇上车辆就拿一块毛巾或一个鸡毛掸子上前擦几下，然后要钱，司机给一元还赚少，用手比划十元，不给不走，让司机很无奈，这种行为最大的危害是容易造成交通事故。这些"职业乞丐"不仅严重影响了城市形象，还亵渎了市民的爱心，他们中的个别人甚至还拐骗、唆使青少年行乞。如果不对此加以惩处，不仅有违社会公平和善良正义，更会败坏社会风气，让好逸恶劳之风蔓延开来，而且极有可能使真正需要帮助的人失去获得帮助的机会。

个人有时是不可能对乞丐的真伪进行鉴别的，这个责任必然要落到公共力量的代表——政府的肩上，政府必须加强对乞讨者的管理和规范：对乞丐的基本情况进行了解，对于真正没有能力的人给予帮助，对于"职业乞丐"则要进行严厉的惩罚，从而坚决地抵制"职业乞丐"的乞讨行为，引导他们用自己的双手通过劳动养活自己。

47. 大学毕业典礼上，女大学生穿暴露旗袍，对此进行分析。（2011年商丘师范学院广播电视编导专业招生考试试题）

［参考范例］

尊敬的各位评委老师大家好，我抽到的即兴评述题目是：大学毕业典礼上，女大学生穿暴露旗袍，对此进行分析。

在大学毕业典礼上，一群充满激情、个性张扬的大学生，为了给自己留下一个更有意义的回忆，以穿着旗袍的创意方式庆祝毕业，竟然被套上"太暴露、没有规矩"的帽子，我认为这种看法太过"古板"！

或许是源于中国人的一种传统，凡是正式场合总是认为应当庄重严肃些，才能显出我们"文明"的一面。就像毕业前的纪念照，从小学到大学无一例外地都是一个形式，老师校长坐在第一排，其他的学生统一列队站在旁边，面带微笑，结果有的人毕业几年之后翻看毕业照时已经连谁是谁都分不清了。这种照法已存在许多年，存在许多年的东西便理所当然地成了一种传统。若不按照传统的方式去做，就等于离了谱，会让一些人接受不了。现在若是某个学校的学生在照毕业纪念照时做了一个较为出格的动作，必定会立即招致"不正经"或"有失大学生风范"的说法。哪怕是穿旗袍和唐装照相，仍难免会引来孔老夫子们的口水一片。我认为大学生本身就是一个追求个性追求解放的群体，不应该禁锢他们的思想，更何况穿着代表我们中国特色的旗袍，这原本是一件很好的事情，然而却被某部分人上纲上线地歪曲其本意，大呼"有伤风雅"，不免让人感到悲哀。

年轻人本来就是希望的象征，他们无所畏惧，天马行空。死气沉沉和一本正经，他们学不来，也无需去学。一个死气沉沉和一本正经的社会，是毫不张扬也是缺乏活力的社会。大学生毕业照原本只是个人的毕业留念，也是对一个人过去的一段人生经历的总结，青春的他们，张扬一点又有何妨？

48. 北大的餐厅到处扔有整个的馒头和满盘的菜，其他院校也都屡次出现此类现象，针对这一现象进行评析。（2011年商丘师范学院广播电视编导专业招生考试试题）

［参考范例］

尊敬的各位评委老师大家好，我抽到的即兴评述题目是：北大的餐厅到处仍有整个的馒头和满盘的菜，其他院校也都屡次出现此类现象，针对这一现象进行评析。

如今学生食堂尤其是大学生食堂剩菜剩饭浪费现象明显，这一方面是因为部分学生认为食堂的饭菜并不可口，另一方面是因为学生的节能环保意识不强。“滴水凑成河，粒米凑成箩。”“谁知盘中餐，粒粒皆辛苦。”这些传颂千年的名句被贴在高校食堂里，原本是为了告诫学生们不要浪费粮食，现如今却成了浪费现象的绝妙讽刺。

在食堂里，有些女生为了“减肥”而只吃少量的饭；有些人为了凑几菜一汤显得好看甚至不去碰点的饭；甚至于有些人竟然因为别的同学都剩饭了，只有自己不剩饭，害怕丢人而故意剩下……这些现象都说明当代学生的节约意识、环保意识太差，不懂得粮食的珍贵与来之不易。

针对这种现象，我认为，首先，在食堂方面，要做到对学生的总体需求能有个大致把握，过多或过少的准备都会使饭菜得不到充分的利用。其次，还可以根据某部分饭量很小或饭量很大的同学特别定制“半份饭套餐”与“一份半套餐”，这样的话，每个人就可以根据自己的需要来点不同的分量，剩饭的几率就会大大减小。另外，从学生的角度来看，最根本的解决办法就是提高学生自身的节约意识、环保意识，从源头上杜绝剩饭，可以自发地组织“光盘行动”、从自己做起发起“我保证珍惜每一粒粮食”的倡议书等等，这样通过双方的共同努力，才能把剩饭剩菜现象从根本上杜绝。

49. 前不久，人力资源部宣布刚毕业大学生的工资水平与民工相等。请对此发表你的看法。（2011年商丘师范学院广播电视编导专业招生考试试题）

［参考范例］

尊敬的各位评委老师大家好，我抽到的即兴评述题目是：前不久，人力资源部宣布刚毕业大学生的工资水平与民工相等。请对此发表你的看法。

在我看来，刚毕业的大学生与民工是两个完全独立的群体，他们之间没有可比性，因为两者的职业性质不同，谋利方式不同，上升潜力不同，获得的报酬自然也不会相同。

首先，员工工资待遇的高低是由市场的供需关系决定的。刚刚毕业的大学生除了“一纸文凭”外，实际工作经验微乎其微，从进入社会到适应市场，直到能做出贡献，还需要很长的一段过渡期，因此一开始的工资必然不可能理想。工资的提升取决于个人能否为企业带来效益。如果能在职场上摸爬滚打之后，利用从中获得的专业技能为企业带来更高的劳动生产率，企业自然也愿意付出高工资。

其次，民工等技术人员能够有不错薪水的原因，是因为劳动力市场的需求量很大，这是一份“体力活”，这需要高度的体力与技术能力才可以承担得起。在人才市场上，文凭只是求职的标签之一，更重要的标签是人的实际能力，有多少能力，就拿多少工资。如果你在校园里混吃混喝混恋爱四年，毕业后体力活吃不消，技术活做不了，科技活儿搞不懂，你的工资凭什么要比力气大、技术精的农民工高呢？

所以从根本上讲还是能力问题，大学生并不比民工高贵多少，民工也不一定比大学生赚得少，能力大的人自然会得到更好的待遇，能力差的人则只能永远安于现状，不会有多少进步的空间。

50. 如何看待富士康员工跳楼事件？（2011 年白城师范学院广播电视编导专业招生考试试题）

［参考范例］

尊敬的各位评委老师大家好，我抽到的即兴评述题目是：如何看待富士康员工跳楼事件？

2010 年 12 个月里富士康连续发生了 14 起跳楼事件，其员工自杀现象已引起社会各界乃至全球的关注。当今社会，职场圈很多就业人员不堪重压选择了结束宝贵的生命，这不禁让人感到悲哀：究竟是怎样的一种力量，能够让一条条鲜活的生命都失去活下去的勇气而纷纷自杀呢？富士康跳楼事件就是其中的一个典型，我认为导致悲剧产生的原因主要有以下几点：

（1）其一是富士康的管理制度：富士康实行的是绩效管理，组织结构是金字塔式的科层制，对于底层的员工实行严格的目标管理，每个员工以自己的任务目标作为绩效考核和薪酬计算的标准。也就是说工资的多少取决于员工对公司的绝对付出。

（2）其二是绩效管理下产生的富士康员工：富士康的工作制度是每 2 小时可以休息 10 分钟，平均工作时间达到每天 12 小时。员工进入富士康首先要签一份“自愿加班协议书”，即保证每个员工都“自愿”加班。而员工的底薪一般很低，如果要拿高薪，必须靠不断加班来获得。

（3）其三是从人文关怀上来说，富士康没有给员工应有的关爱与尊重，过分注重效率造成了对人性的漠视。富士康为了形成制度化管理忽视了对员工的人文关怀，将员工看作机器，同时，线长等对员工的绩效考核起着决定性的作用，对待员工的方式非常粗暴。

我认为富士康事件对其他企业也有着借鉴作用，一个企业在关注自身的发展效益之外，还应当格外注重员工个人的内心感受。短期的压榨并不能带来长期的效益，企业应当有一个可持续的发展观，让员工信赖企业，愿意为企业付出，才能实现“以员工为本”的思想，从而获得长期效益。

51. 如何看待“老人有偿请子女回家吃饭”这一现象？（2011年南阳师范学院广播电视编导专业招生考试试题）

[参考范例]

尊敬的各位评委老师大家好，我抽到的即兴评述题目是：如何看待“老人有偿请子女回家吃饭”这一现象？

在我看来，亲情是无价的。当亲情被明码标价时，就会散发出铜臭味，也让心存感恩的子女们心里堵得慌。赡养父母是我们做儿女的责任与义务，但赡养不仅仅是物质上的供给，更重要的是精神上的供给。所以，我们应该尽量多打电话，常回家看看。

（1）老人对子女的“有偿回家”，表面上看起来是个案，但却暴露出一个社会问题：“空巢老人”问题。从老人要求的“有偿回家”，可以想象得到老人们是多么希望自己的儿女能回家看看。近年来，随着我国人口日趋老龄化，“空巢老人”问题愈发突出。老人们操劳一辈子，临终落到这般境地，实在让人心痛。“空巢老人”问题已不仅是个人问题，而且是社会问题，是全社会的痛。

（2）自古我国就有尊老爱幼的优良传统。父母含辛茹苦把孩子养大，随着子女们逐渐成人，父母也渐渐地老了，然而他们对子女的期盼是亘古不变的。天下父母对子女的爱难以用言语和文字来表达，正是这些伟大的父爱母爱托起了一代又一代成功的后来人。

（3）作为子女，即使工作再忙也应该帮助年老的父母安排好日常生活，保持与父母的联系。在精神上多关心父母，常回家看看，听听他们的心声。作为政府，应当完善老年服务中心等养老设施，推动和发展老年文体活动，丰富老年人的精神生活。

因此，我们在谴责那些不顾老人感受、只顾自己“幸福”和“前途”的儿女的同时，还要呼吁全社会来重视“空巢老人”问题。

52. 谈谈你对“捐款排行榜”的看法。（2011年南阳师范学院广播电视编导专业招生考试试题）

[参考范例]

尊敬的各位评委老师大家好，我抽到的即兴评述题目是：谈谈你对“捐款排行榜”的看法。

我认为捐款排行榜的建立是多此一举、没有必要的，因为爱心是不能以金钱的多少来衡量的，建立排行榜会导致捐款的攀比之风，容易形成道德要挟，从而丧失慈善的初衷。

虽然每个捐款人的经济状况都不一样，但大家的心却是一样的，金钱的多少并不能代表一切。就好比一个实力雄厚的大企业拿出100万，可能这笔钱仅仅是用于产品广告宣传的十几秒费用，然而一个普通的白领捐出10万，则可能是他5年来省吃俭用攒下的工资。曾经，网上有一副画面感动了万千网民：一个乞丐撸起袖子，伸出胳臂抢着献血。他的话震撼了我的心："我没有钱，但我有血！"爱有多深，怎么可以用金钱这把标尺去衡量？

其实，捐钱的多少，有时只表示其贫富的程度或者是能力的大小，而并非爱的程度的体现。搞捐款排行榜，难免让爱心变味。因为，偶然的一次排行榜说明不了问题。慈善行为的作出应该是常态的，突发性的灾害需要大家献爱心，平时遇到的各种各样的灾难或困难，也同样需要大家献爱心。爱不是炒作，爱是驱赶了名利欲望之后不求回报的付出；爱不是攀比炫耀的工具，是纯洁无私的给予、自然流露的纯真；爱，更不是牟取名利的枷锁，榨干最后一滴爱的方式永远不会成为爱。爱无须像这样搞排行、攀比，无须倾囊相助，更无须人尽皆知。

53. 如何看待越来越猖獗的盗版现象？该如何打击？（2011年河北传媒学院广播电视编导专业（济南考点）招生考试试题）

[参考范例]

尊敬的各位评委老师大家好，我抽到的即兴评述题目是：如何看待越来越猖獗的盗版现象？该如何打击？

如今盗版猖獗，几乎遍布所有行业，以致我们经常能在生活中看到盗版的产品，比如盗版书、盗版碟、盗版软件等等。尽管近年来各国都在一定程度上采取了反盗版措施，以对盗版行径进行打击，但时至今日，盗版现象不仅没有得到有效的根除，反而还有日益蔓延之势。盗版之所以拥有如此广泛的群众基础，主要原因有：(1)"物美价廉，经济实惠"。(2)消费者版权意识缺乏。(3)消费者的个人消费习惯使然。(4)跟风现象严重。(5)政府整治力度不够。

猖獗的盗版具有很大的危害，它能使一个国家的科技、文化创新能力降低，也能使一个国家的声誉、形象受到很大的损害，大打折扣。所以打击盗版刻不容缓。

从政府方面来看，应当制定一系列完善的打击盗版的法令和制度，对于进行盗版交易的个人与企业进行严厉的惩罚，同时还应当向人们宣传盗版的危害性，提高人们支持正版的意识；从个人来看，我们应当坚持从自我做起，主动抵制盗版，支持正版，做到不买盗版的产品，看到有进行盗版交易的行为主动举报，只有这样，才能根治盗版的猖獗。

★ **54. 谈谈对芙蓉姐姐、犀利哥等网络红人的看法。**（2011年黄河科技学院广播电视编导专业招生考试试题）

[参考范例]

尊敬的各位评委老师大家好，我抽到的即兴评述题目是：谈谈对芙蓉姐姐、犀利哥等网络红人的看法。

无论是"芙蓉姐姐"还是"犀利哥"，他们的走红，都是因为自身的某种特质在网络作用下被放大，与网民的审美、审丑、娱乐、刺激、偷窥以及看客等心理相契合，有意或无意间受到网络世界的追捧，才成为了“网络红人”。网络红人的产生，是本体的主动参与、媒体的舆论导向以及看客的凑热闹心理共同发挥作用的结果，少了其中任何一方都不可能成功，所以三方都是这场新闻炒作的“出力者”。

首先从“红人”本身来说，他们是主动“被称赞”或“被骂”的，他们的特征往往具有一种象征性的隐喻色彩——张扬个性、另类和非大众化。他们不盲从于现实潮流，讲究符合自己性格的言行、个性，从服装、衣着，到语言表达、审美倾向，甚至到情感取向、价值观，莫不如此。他们渴望被人关注，即使关注的方式不那么文明；出名是他们唯一的目的，赔上名誉也在所不惜。当然也有部分网络名人是以正能量的形式出现的，对大众来说也有一定的正面影响。

其次，从媒体与看客的角度来看，媒体与看客的存在一定程度上鼓励了网络红人的走红，因为愿意看的人多了，演员自然演得就更起劲了。这其中也包括某些不良媒体没有职业原则，只求“爆点”不求真实，通过不断地吹捧或者贬低一个人，为其贴上某个特殊的标签，从而满足部分看客的需求。

面对网络红人现象，社会大众必须要有一种理性客观的心态。在今天日益多元化的时代，社会固然可以对个人作秀给予足够的宽容，但这并不妨碍人们对网络文化现象的反思、对健康积极的生活方式的倡导。毕竟，个性的张扬与社会的和谐稳定之间，必须要有适度的平衡。这也是每一种社会文化在发展过程中必须面对的问题。

55. 谈谈对哥本哈根气候会议的看法。（2011 年黄河科技学院广播电视编导专业招生考试试题）

［参考范例］

尊敬的各位评委老师大家好，我抽到的即兴评述题目是：谈谈对哥本哈根气候会议的看法。

哥本哈根气候会议是被喻为“拯救人类的最后一次机会”的会议，是一份具有划时代意义的全球气候协议书，毫无疑问，这次会议对地球今后的气候变化走向将起着决定性的影响。基于现实困境，各国政府、非政府组织、学者、媒体和民众都非常关注本次哥本哈根世界气候大会，哥本哈根的议题近年来一直是各大国际外交场合的重点议题。而焦点问题主要集中在“责任共担”。中国作为最大的发展中国家，针对气候不断恶化，本着环境问题人人有责的态度，应该做到以下几点：

（1）落实科学发展观，坚持走可持续发展道路。可持续发展就是要促进人与自然和谐相处，实现经济发展和人口、资源、环境相协调，保证资源一代接一代地永续利用，保证人类一代接一代地永续发展。在当前形势下，我国只有按照科学发展的要求，坚持保护环境和节约资源的基本国策，走可持续发展之路。

（2）加强国际合作。善于合作，是时代的要求。善于合作，有助于事业的成功。气候变化影响着人类生活的各个方面。没有一个国家能在气候变化的巨大挑战面前独善其身，也没有一个国家能单独承担应对气候变化的重任。因此，我国只有与国际社会加强合作，才能应对全球气候变化。

（3）树立责任意识，积极承担责任。气候变化，是世界各国共同面临的严重问题，是全人类面临的共同挑战。因此，世界各国只有坚持“共同但有区别责任”的原则，根据自身情况，积极承担起自己的责任，才能有效解决气候变化问题。其中，发达国家应当为发展中国家应对气候变化提供资金、技术等方面的支持，发展中国家也要为减缓和适应气候变化做出应有贡献。

环保是全世界的责任和义务，是全人类的共同责任，是摆在我们面前亟待解决的问题。只有全世界人民携手，才能创建人类文明的美好明天。我们期待着，努力着。

56. 谈谈你对“全职妈妈”的看法。（2011年中国传媒大学南广学院广播电视编导专业（济南考点）招生考试试题）

［参考范例］

尊敬的各位评委老师大家好，我抽到的即兴评述题目是：谈谈你对“全职妈妈”的看法。

对于“全职妈妈”这一工作我是持肯定态度的。在以前，只要一提起“全职太太”“全职妈妈”，很多人的第一反应是这是对女性的歧视，是女性自立能力不强、只会依靠别人的体现，只有能力差的女人才会被留在家里做“全职”。然而随着社会的包容性不断增强、家庭对于孩子健康成长的意识的提高，“全职妈妈”的重要性已经被越来越多的家庭看到了，很多精英女士愿意放下待遇丰厚的工作来选择做“全职妈妈”，亲自教育孩子，我认为这不但有利于孩子的健康成长，更有利于家长与孩子间的感情培养。

（1）首先，全职妈妈为孩子的生长发育营造了一个良好的生活环境。孩子从出生的那一刻起，最重要的任务就是生长，在婴幼儿生长的过程中，由于其身体柔弱，即使满足最基本的生理需要（吃、喝、拉、撒），也需要他人给予帮助，全职妈妈辞职在家，不必外出工作，可以有更多的时间和精力照顾家庭和孩子，把家庭整理得温暖和舒心，为孩子提供丰富的营养，为孩子准备卫生舒适的衣服，从而给孩子提供一个温馨舒适的生长环境，这正说明了全职妈妈为孩子的生长发育提供了一个现实平台。

（2）全职妈妈辞职在家，既可以有更多的时间和精力去阅读有关婴幼儿教养的书、在网上查看或交流有关育儿的信息，接受幼儿教育新观念，也可以有更多的时间陪在幼儿身旁，把新的育儿观念直接用于实践，指导幼儿养成良好的日常行为习惯和道德礼貌习惯。

（3）另外值得提出的一点是，“全职妈妈”并不是指24小时守护在孩子旁边，任何决定都为他想好，任何事情都为他做好，这样就是“贴身保姆”了。作为一位母亲、一个孩子的引导者，应当科学地去选择教育方式，身教重于言教，要做到“适时全职”和“适度关爱”。“全职妈妈”就像是一份职业，付出的是母亲无微不至的关爱，得到的是孩子一天天健康的成长。

57. 如何看待公车私用现象？（2011年商丘学院广播电视编导专业招生考试试题）

［参考范例］

尊敬的各位评委老师大家好，我抽到的即兴评述题目是：如何看待公车私用现象？

在我国，公车私用现象比较严重。甚至有的领导干部不但自己开着公车办私事，甚至连亲属的车都不用个人加油了。公车开支居高不下，一直为社会所诟病，被人称为“车轮上的腐败”。公车私用现象实质上暴露的是公共权力的滥用，是利用职权牟取个人私利。其行为的某些特征，与贪污、非法占有公共财物等十分相近，因此必须加以禁止。

但是，尽管近年来国家加大了对公车私用控制和管理的力度，许多地方也纷纷出台了相应的“禁令”，一些地方甚至先后推行了新一轮的“车改”，可公车私用之风依然没有得到根治。这不是说公车私用之风是什么不治之症，关键是要对症下药，并且要有遏制这种不良风气的决心。

要改变公车私用的现状，首先要做的就是加强监督。老百姓的力量是巨大的，而且群众的眼睛也是雪亮的。在这件事上，只有让老百姓成为主力军，让他们能并且敢去监督，让这些私自滥用公车的人真正成为“过街老鼠”，人人都敢打，公车改革才会出现新局面。要做到有效地监督，首先应强制性地对公务车辆添加明显标志，以便于百姓区分；其次还要建立一种投诉的渠道，比如建立一个投诉网站。相信只要广泛发动群众，治理公车私用一定能收到明显效果。

在加强监管的同时，我们也要加强对违规使用公车行为的处罚力度。在新加坡及欧洲一些国家，之所以连总理外出办理私人事务都要驾驶自家的私车，就是因为他们把公车私用与贪污侵占几乎一样看待，绝不允许任何人占公家的便宜。我们也要在领导干部中树立这种意识，一旦出现公车私用，就要像处理贪污行为一样从严处罚，从源头上杜绝这类事情的发生。相信通过各方面的共同努力，这种现象一定能够得到遏制。

58. “洋文凭”情怀在中国人心中越来越重，“洋文凭”的地位在中国人心中越来越高，谈谈你的看法。（2011年云南艺术学院公共事业管理专业招生考试试题）

［参考范例］

尊敬的各位评委老师大家好，我抽到的即兴评述题目是：“洋文凭”情怀在中国人心中越来越重，“洋文凭”的地位在中国人心中越来越高，谈谈你的看法。

伴随着全球化的进程与经济贸易一体化的发展，世界各国中国留学生人数的增长速度越来越迅猛，越来越多的人选择到国外求学，去拿一张“洋文凭”以获得更好的就业机会。殊不知留学市场良莠不齐，海外学历也真假难辨，稍不留神，辛苦几年换回的可能只是一个虚假文凭。

我认为，如此多的假文凭的出现，在一定程度上反映了中国市场的需求。国内的家长似乎不怎么在意文凭的真正来历，却更看重它的“洋”身份，当然，不能否认，国外的某些教育资源确实比国内先进，但是在众多名校的光芒下，也存在着很多“野鸡大学”滥竽充数的现象。正是因为中国家长对于洋文凭的崇拜，才最终导致了“洋学历”的泛滥。

如今随着归国留学人员的日益增多，国内“海归”变“海待”的现象更加普遍。这种对于“洋文凭”的狂热，我们也应当适当给其降降温，应当正确认识“文凭”的意义与教育的作用，评判人才的标准应该是他们的真实素质和能力，而不是简单化地唯学历取人。要以真才实干识人用人，而不是偷懒地肤浅地拿一纸文凭来决定一个人的命运，那么假文凭自然丧失了市场，假的洋文凭也同样没有了用武之地。教育其实是最具人文情怀的事业，从理念到内容，从教材到教法，从评价到考试，从升学到毕业，都理应给学生更多的自由度和选择权，不应只是一味地追求“洋文凭”。无论学生的学历怎样，最终进入社会考核的唯一标准仍然是实力，只有不断提升自身的能力，才能真正地不被时代淘汰。

59.《三字经》该不该删？（2011年上海视觉艺术学院文化产业管理专业（成都考点）招生考试试题）

[参考范例]

尊敬的各位评委老师大家好，我抽到的即兴评述题目是：《三字经》该不该删？

《三字经》是中华民族珍贵的文化遗产，它短小精悍、朗朗上口，千百年来，家喻户晓。其内容涵盖了历史、天文、地理、道德以及一些民间传说，所谓“熟读《三字经》，可知千古事”。然而现在，如果仅仅是为了能让学生更好地阅读凝缩版的“三字经”，而对其做删减，美其名曰“取其精华，去其糟粕”，我认为是没有必要的。

首先，《三字经》全篇内容分为六个部分，每一部分都有一个中心，都有其特殊的含义。虽然说是要“取其精华，去其糟粕”，但精华与糟粕的界限没有一个人敢说自己绝对清楚，这是历史的经验所证明了的，很多时候，你以为取的是精华，去的是糟粕，但最终结果却恰恰相反，精华没有得到，糟粕反倒留下了。历史常常有这种诡异之处。再比如，你取来的精华中，换一个角度，换一个标准，换一个接受个体，又未必没有糟粕。

对于古代典籍的删减与修改是需要反复讨论和慎重对待的，随便地处理、擅自地删节，会破坏历史文本的完整性，把一篇经典文本割裂得鸡零狗碎，肢解得面目全非，这绝非尊重历史的态度。《三字经》之类的传统文化，都是经过百年的衰微，随着民族崛起和经济发展复兴起来的，如今已经越来越被人们认同和重视，这是值得鼓励的一点。我们只有珍视我们的文化，多一点了解，多一点宽容，才能把自己的文化继承发展下来。

60. 如何看待网络水军？（2011年上海视觉艺术学院文化产业管理专业（成都考点）招生考试试题）

[参考范例]

尊敬的各位评委老师大家好，我抽到的即兴评述题目是：如何看待网络水军？

所谓网络水军，就是指公关公司或者企业在网上临时招聘的一些网络闲散力量，他们通过某时期内集中地发帖、跟帖等方式，来为其公司和产品进行宣传，或者采用隐晦的方式来打击竞争对手，从而获取一定的经济利益。水军作为网络时代衍生出的新事物，有其合理之处，但也由于自身的缺陷而饱受非议。

随着网络信息的广泛化与大数据的传播，网络舆论的作用越来越明显，它对于社会舆论的影响是巨大的，甚至可以推动社会舆论的走向。在微博、微信等社交平台上，每时每刻都汇集着大量的信息，这些信息中由网络水军所制造的不在少数，而那些真假难辨、事实不清的不良信息最有可能是网络水军操作的结果。网络水军存在的弊病之一就是制造不良信息，并大量造势对竞争对手恶意诋毁。当然，并不是所有的网络水军都会如此做事，他们也有好的一面。在如今的互联网用户心中，网络上的咨询往往比电视、报纸等传统媒体上的咨询来得更加真实、更加快速、更加客观，而年轻网民更乐意通过互联网来获取各种资讯。从这一点来看，那些真实、客观的资讯，通过网络水军原封不动地加以推广，必然可以让更多的互联网用户看到，从而了解社会的现状、认清社会中存在的问题。

网络水军是一把双刃剑，它究竟是利是弊，一方面要看使用者的尺度，更重要的还是要依靠网络水军中的每一位参与者不忘自身的社会责任、坚守自身的道德和职业操守底线，对于所要造势、发布的舆论信息坚持客观、真实的原则，杜绝发布虚假、混淆互联网用户视线的信息，从而使网络水军对互联网的发展起到积极作用。

61. 谈谈对政府开销大的看法。（2011年上海视觉艺术学院文化产业管理专业（成都考点）招生考试试题）

[参考范例]

尊敬的各位评委老师大家好，我抽到的即兴评述题目是：谈谈对政府开销大的看法。

据财政部、发改委、统计局联合调研，中国政府公务用车（不包括医院、学校、国企、军队以及超编配车），每年要花费1500亿～2000亿元。有专家认为，这还是一个大大缩水的数字。若加上公款吃喝和公款出国，“三公消费”将占到全年财政总收入的两成以上。中国政府管理范围广，需要用钱的地方自然不会少，这是可以理解的。但政府的主要职能是确保社会公平。政府在行政上的支出少一点，就能用更多一点的钱来促进公平，反之就会影响社会稳定。

过高的行政开支不仅造成浪费，更会成为滋生腐败的温床，并引发公众的不满，削弱政府的公信力。历史给了我们足够的警示。历代封建王朝，几乎都遇到过政府机构日趋庞大，百姓不堪重负而引发矛盾激化的社会问题。很多国家也都经历过因行政开支过高，财政赤字太大，民众负担沉重，执政党地位难保的政治动荡期。如何减少行政开支是世界各国政府永远的难题。解决这个问题没有一劳永逸的办法。成功的经验表明，只有根据实际情况不断调整，借助有效的管理和监督机制，才能达到节省开支的目的。

中国政府的动员力和高效率，已为世界所见证。如果再能实现相对较低的运行成本，势必会极大地提高中国的国家竞争力，这也是中国人对政府管理、国家发展模式的新探索。

62. 如何看待三个部门管不了一块沥青？（2011年上海视觉艺术学院文化产业管理专业（成都考点）招生考试试题）

[参考范例]

尊敬的各位评委老师大家好，我抽到的即兴评述题目是：如何看待三个部门管不了一块沥青？

一块短期内至少绊倒过3人、被遗撒在北京顺义区顺平路辅线铁路桥下的一块沥青，竟然找不到管事的部门，在三个部门管不了一块沥青的这幕讽刺剧中，相关职能部门的懒政与推诿被演绎得淋漓尽致。

职能部门不履职，公众必然遭殃。一个部门乃至几个“有关部门”懒惰，害的则是整个社会。无论是公路局、环卫局还是城管大队，他们的成立都是为了给公民提供便利，能够规范而又文明地协调好社会公共设施与公民的和谐关系。小商小贩乱摆乱放、随地乱扔垃圾这些影响市容的行为都能管得了，为什么一块妨碍行人正常交通的沥青却无人认领了呢？当整个城市受到伤害时，政府工作人员总是义不容辞冲锋在前，然而当渺小的个人受到不公平待遇或者阻碍时，却很少有相关部门能够做到第一时间就去了解情况并及时处理。这是社会普遍存在的现象。其实，城市是个人的集合体，换句话来说，城市是为个人服务的，只有个人的正当利益不受到伤害和威胁，城市的面貌才会呈现出美好的一面。

所以，作为城市的“守护者”，相关部门应当端正态度把好每一关，不逃避责任，这样才能更好地有效地执行其责任。

63. 谈谈对法国著名钢琴家教残疾儿童弹钢琴的看法。（2011年上海视觉艺术学院文化产业管理专业（成都考点）招生考试试题）

[参考范例]

尊敬的各位评委老师大家好，我抽到的即兴评述题目是：谈谈对法国著名钢琴家教残疾儿童弹钢琴的看法。

残疾人并不可怜，可怜的是面对现状却没有想要去改变的心，他不知道既然上帝为他关上一扇窗，那么，就会为他开启另外一道门。对于残疾人来说，正常人并不可恨，可恨的是那些看到他们的残缺不但不给予帮助，反而对他们指指点点，拿他们取乐的人。法国著名钢琴家就是因为看到了上帝为残疾儿童打开的那一道门，所以才用自己的善心去引导他们，让他们明白，他们并不特殊，也不比别人差，只要他们愿意，一样可以创造属于自己的奇迹。

贝多芬出身贫寒，从小随父亲学习音乐，8 岁即开始演奏，虽然 50 岁就耳朵失聪，可是有着伟大理想的他，克服种种困难，经过不懈努力，一生创作了许多优秀作品，深受世界各国人民的喜爱，他的成就对同时代及以后欧洲音乐艺术的发展都有着巨大的影响。海伦·凯勒曾经说过："世界上最美的事物，不一定能用眼睛看到或用手摸到，它们是必须用心灵去体会的。"的确是这样，残疾人虽然身体上存在一点缺陷，但他们的生活也是丰富多彩的，他们的生活也会充满快乐。他们也可以和正常的孩子一样，与钢琴做伴，以音符为舞，伴着优美的音乐跳出华丽的人生，虽然付出的艰辛可能会是正常孩子的好几倍，然而这样最后得到的快乐不也是加倍的吗？

所以，我们也应用正确的态度去对待这些孩子，让他们知道在这个世界上每个孩子都有自己的特点，他们与正常的孩子是没有区别的，只要有梦想，肯付出，一样可以拥抱成功。

64. 刘翔微博粉丝数量突破 700 万。对此你怎么看？（2012 年云南艺术学院广播电视编导专业招生考试试题）

[参考范例]

尊敬的各位评委老师大家好，我抽到的即兴评述题目是：刘翔微博粉丝数量突破 700 万。对此你怎么看？

随着近几年微博等社交网络媒体的发展，很多明星尤其是体育圈的红人，纷纷涉足"微博圈"，原本体育迷们只能在现场支持或者在电视机前观看选手的精彩表演，现在有了微博的推广，普通的观众不但能够一窥神秘的体育圈明星私下的状态，拉近他们与明星的关系，并且在一定程度上提升了体育明星的形象。

刘翔微博的爆红就是很好的一个例子。除此之外，像刘翔这样的明星还有很多，他们比赛中表现突出、技术卓越、有一定的社会知名度、能产生巨大的号召力和感染力。他们在微博发布的个人比赛信息、个人日常生活信息以及对一些事件的言论都会成为人们关注的焦点。明星微博的"粉丝"将所关注的明星微博加入自己的关注名单后，便可以在明星微博更新的第一时间收到关注更新通知，从而能够随时随地以最快的速度获取明星们的动态，并可以发表自己的评论以实现与明星的互动。正是这种平民化的特点使明星的微博受到高度关注，粉丝数量不断攀升。

这种现象是一种全新的互联网式改革，对体育项目的宣传与推广来说，明星微博也是一个非常好的平台，拉近了明星与粉丝之间的距离，更具亲和力。微博的一大特点就是信息碎片化，在微博影响下体育赛事也同样碎片化，降低了赛事报道的门槛，也赋予了体育爱好者最大限度的参与权利，进一步调动了人们的参与热情，使得体育赛事的受众参与度得到大大的提高。同时还将体育这一受众群基本固定的领域通过娱乐的形式进行扩大，让大众能够更好地了解体育，爱上体育。

65. 商场美女裸身推销沐浴露。对此你怎么看？（2012年云南艺术学院广播电视编导专业招生考试试题）

[参考范例]

尊敬的各位评委老师大家好，我抽到的即兴评述题目是：商场美女裸身推销沐浴露。对此你怎么看？

为了推销一件产品，不惜用“裸身”这样的代价来博取大众的眼球，这是一个何等可悲的现象。

曾几何时，当众裸体在每一位中国人看来，都是一件极为有伤风化的事情，也与中国千百年留存下来的传统美德有悖。然而随着现代社会的开放、网络信息的发达以及部分人道德底线的丧失，人们似乎对于这些有“爆点”的事情见怪不怪了。促使人们作出这样行为的核心动力就是为了获利。青年女子当众光裸身子是为了获取一定的报酬，商家是为了使消费者对产品产生联想、加深记忆以引起消费欲望，从而对产品与品牌起到宣传推广的效果，可谓“两全其美”。

这件事从另一方面说明，在这个世界上，很多人为了赚钱已经没有尊严，商家为了暴利已经没有道德，他们的思想观念已经腐朽、畸形。为了提高产品的知名度并最终达到获利的目的而冒着风险走偏门，虽然在某种意义上对产品与品牌起到了推广宣传的作用，却招致了大众的唾骂，反而造成负面影响。

我认为，针对这种行为，有关部门应该进行及时处理，如果视而不见，就必然会有更多的商家去仿效，并且花样会日益繁多，让原本就有些污秽的社会风气每况愈下。另外，国民的道德意识也应有所提高，不应听任这种现象发生而置之不理甚至去捧场凑热闹，我们应当严厉谴责这种行为，因为它严重损害了人们的道德底线，只有明确地拒绝此种行为的传播，才能在源头上杜绝此类现象。

66. 每四百个中国人中就有一个千万富翁。对此你怎么看？（2012年云南艺术学院广播电视编导专业招生考试试题）

[参考范例]

尊敬的各位评委老师大家好，我抽到的即兴评述题目是：每四百个中国人中就有一个千万富翁。对此你怎么看？

每四百个中国人中就会有一个千万富翁，这一说法看似把中国一下子提到了国际经济的一线水平上，然而其中的心酸却只有我们中国人自己懂。实际的现状是：富人的扎堆聚集与总体水平的落后都无一不让每一个中国人汗颜。

现在的中国人消费水平明显提高，尤其是富人阶层的消费能力在整个国际上都可以说是出类拔萃的，具体体现在中国“串包团”席卷巴黎和香港的名牌包店，“炒房团”包抄新加坡、英伦和美国等等。关于这一点，冯小刚的电影《大腕》说得再明白不过：不求最好，但求最贵。甚至于像英美这样的发达国家都对中国富人的“豪爽”瞠目结舌，同时也引起了国际舆论的关注。然而事实上真的是这样吗？国内如此悬殊的贫富差异与总体水平的落后，真的可以靠这些“先富起来”的人们改变吗？当然不会。当很多富豪们在国外挥金如土无限风光的时候，事实上中国的很多地区连基本的生活都不能得到保障，部分落后地区甚至于连最基本的电都没有通上，他们过着人们无法想象的生活，他们也代表着中国。中国是一个国土辽阔、资源丰厚的大国，在这片土地上存在着亿万的国民，有光明同样也有黑暗，在富人占据一小部分的同时还有很大一部分人是贫穷的代名词。

所以，每四百人中占有一个千万富翁这种过于极端的数据不能代表一切，高收入群体的存在虽然可以激发人们努力提高自身的能力与素质，但同时也会加剧社会弱势群体的被剥夺感，从而影响社会和谐与稳定。整体的均衡与稳定才是一个国家的最终追求，只有当贫富差距逐渐减少，这个国家的经济才能实现真正意义上的进步。

★ **67. 谈谈对公务员报考热的看法。**（2012年云南艺术学院广播电视编导专业招生考试试题）

［参考范例］

尊敬的各位评委老师大家好，我抽到的即兴评述题目是：谈谈对公务员报考热的看法。

公务员报考热，虽然不是今年才出现的，但是却有越来越火的趋势。对于这一现象，社会各界褒贬不一。细细想来，这里面也确实透露出些许问题。

在房价、物价等居高不下的今天，相对于企业而言，公务员由于待遇较好、工作稳定等优越条件，成了很多人眼中“铁饭碗”“安定”“体面”的代名词。除了工作相对稳定、社会地位高等优点外，国家公务员在住房、医疗等方面也能享受到更多的福利。以住房为例，尽管很多单位已经取消了福利分房，但还是有不少政府机关能够提供集体宿舍，只象征性地收取少量费用。这对于刚刚参加工作的人来说，无疑具有巨大的经济诱惑力。

除此之外，就业难也是一个极为重要的原因。随着高校的迅速扩招，每年的毕业生人数不断增加，他们中的很多人面临着毕业即失业的窘境。同时，许多深感工作压力大或工资待遇低的社会在职人员，在金融危机的肆虐下也感受到了企业工作的不稳定性，希望借公务员考试改变自己的处境。事业单位招考同样也面临这种情况。

其实，公务员报考热并不可怕，可怕的是它反映出的就业不充分等问题。让莘莘学子学有所用、回报社会、服务大众才是更重要更关键的问题。我期待着有一天，人们对于公务员报考的热情，是真正来源于“人民公仆”这四个字的感召，而不是附加了众多其他因素的选择。

68. 怎么看把财产的继承权留给猫？（2012年云南艺术学院广播电视编导专业招生考试试题）

［参考范例］

尊敬的各位评委老师大家好，我抽到的即兴评述题目是：怎么看把财产的继承权留给猫？

看过电影《加菲猫2》的人，应当都对电影中那只叫“王子”的猫继承一座美丽城堡的情节记忆犹新，很多观众都被其中“王子”的幸运所逗乐。然而当电影中的剧情发生在现实生活中，当真有人将财产的继承权留给自己的宠物猫，这一切显然就没有那么好笑了，我认为这种现象只能反映出人情的极端淡漠，是对现行社会中人与人之间的亲情、感情发出的拷问。

首先，由于长期推行的独生子女政策，现在的这一代人基本上都是独生子女，孩子要学习独立适应一个人成长，家长则因为孩子的长大而愈加孤单，还有一小群恐婚恐育一族更是长期处于单身的状态，导致很多人通过养宠物来寄放自己的感情，他们疲于每天的交际而宁愿把心思放在一只单纯可爱的动物上。

其次，现代人有一个社会通病，就是感情淡漠，邻里之间没有交集、对于长辈尤其是老人没有责任感，习惯放大自身的压力，总是以自我为中心，这使得身边能够百分百交心的人少之又少……

种种的原因使得有人会产生将自己的财产留给一只猫继承的荒诞想法。试想一下，宠物们如果真的继承了遗产，如何合理地使用？基于一般的常识，动物不可能拥有人类的智慧，它再聪明也无法行使自己的权利、履行自己的义务，更不要说行使对财产的收益处分权了。通过遗嘱将财产留给宠物，与主人将财产抛弃又有何异？即使是立遗嘱人在遗嘱中指定了宠物的管理人，那行使遗产处分权的也是管理人，不可能体现宠物的意志。况且一般宠物的寿命不会太长，在它们死后，遗产又该作何处理？为什么没有想过将这笔资金留给其他亲属或者捐赠给国家慈善机构？将遗产留给猫这样的想法站在对于宠物有着特殊感情的主人的立场上虽然可以理解，但是这种行为却是不值得提倡的，它暴露了人与人之间的淡漠交集，如果都效仿这种行为的话，那么人情只会越来越冷漠，这个社会的和谐主调或许也会被更换了。

69. 两个司机撞死一条狗，是选择赔钱5000元还是下跪一小时？他们最后选择下跪，但超过一小时后，狗主人也没有让他们起来。谈谈你的看法。（2012年云南艺术学院新闻学专业招生考试试题）

［参考范例］

尊敬的各位评委老师大家好，我抽到的即兴评述题目是：两个司机撞死一条狗，是选择赔钱5000元还是下跪一小时？他们最后选择下跪，但超过一小时后，狗主人也没有让他们起来。谈谈你的看法。

俗话说："男儿膝下有黄金。"然而为了一条无意中撞死的狗，被主人逼着跪了长达一小时，这种让人瞠目结舌的奇闻竟然当真在现实生活中发生了，实在是让人心寒。

人与动物最大的区别就是人有人格、尊严，我们虽然不知道那两位司机为什么会甘愿选择向一条死狗跪下去，但却绝对相信他们有自己的苦衷：或许5000元钱换一条狗命对他们来说太不值得了；或许他们辛辛苦苦打工一个月，还等着这点钱生存下去。面对生存的压力，人的人格、尊严会变得过于奢侈，甚至一文不值，何况一条狗命值5000元，所以他们选择了下跪，选择了耻辱。

但是另一方面，提出这种不合理要求的主人，却是我们无论如何也不能理解的。首先，他没有资格在事故责任都没有划分清楚的情况下，提出赔偿5000元的要求；其次，他更没有理由提出不赔钱就向狗下跪一小时的不道德要求，强迫他人给狗下跪，践踏的不仅是他人的尊严，更是自己同类的尊严。

两个司机宁愿屈服于狗主人的淫威，也没想到要进行一个守法公民应有的合理反抗，更是让人感叹软弱的无力，正是这一次次软弱的下跪，才使得权贵们把头颅扬得更高，同时也让弱势的自己渐渐趋于进一步被奴化的境地。这实在是一种既可悲又可恨的举止。

道德底线的沉沦并不是解释这一事件的唯一原因，两方都存在错误，权贵们的猖狂需要道德的束缚，而软弱的人也需要挺起胸膛奋力抵制这一行为，只有不断地正确行使自己合法的权益去反抗不公平，这个社会才会有真正的公平。

70. 日本的核辐射引发了抢盐事件，吃盐真的能避免核辐射吗？商人的道德又在哪里？（2012年云南艺术学院新闻学专业招生考试试题）

［参考范例］

尊敬的各位评委老师大家好，我抽到的即兴评述题目是：日本的核辐射引发了抢盐事件，吃盐真的能避免核辐射吗？商人的道德又在哪里？

日本大地震发生后，相比日本人总体上的冷静，我们中国人似乎要躁动得多。仅仅是一条毫无源头毫无根据的谣言，就引发了整个中国的"抢盐热潮"，关于抢盐现象，流言虽说起到了最直接的作用，然而从更深层次看去，则是人们对于谣言思想上的愚昧与无知。

这次谣言的"成功"传播，就是因为部分商人利用了国民的恐慌心理。其实民众的恐慌主要源于对核辐射问题缺乏足够的知识储备，对核辐射本身感到恐惧。受日本核辐射危机影响，中国公众处于亢奋、激动的精神状态，对风传的流言失去理性分析批判能力，表现为一味盲信和盲从，进而形成群体暗示，导致群体感染。在当下食盐供应无比充足的情况下，卖盐是个利润很低的生意，为了能得到更多的利益，随便的一条谣言就能轻易地打破人们的防线，盐商自然谢天谢地，民众对于流言的毫无抵抗性让他们钻了一个大空子。

当然这种"馅饼"是不会那么容易吃的，仅仅几天之后，各大媒体、有关部门都集体出来发声，政府多管齐下，及时辟谣，加大食盐供应，并严惩哄抬盐价的商家，取得了立竿见影的效果。这种为了利益而欺骗百姓制造谣言的行为是有悖道德的，也是政府需要严厉惩罚的，而作为普通民众的我们能做的就是理性面对谣言，不要轻易地盲从，从而让谣言最终止于智者。

71. 你怎么看泡菜文化？（2012年云南艺术学院新闻学专业招生考试试题）

[参考范例]

尊敬的各位评委老师大家好，我抽到的即兴评述题目是：你怎么看泡菜文化？

现在随着韩流的影响与《来自星星的你》等电视剧的风靡，韩国文化越来越被中国人认可并接受，事实上韩国是一个很注重传统文化的礼仪之邦，他们的很多优良文化都有着独特的精神内涵，尤其是典型的“泡菜文化”，更是将韩国的美食与文化巧妙地整合在了一起。

韩国冬天腌制咸菜的风俗，历经多年一直保存至今。腌制成熟的泡菜每克含有一亿个左右的乳酸菌，最高能达到相同重量乳酸的四倍。乳酸菌不仅对肠道有好处，还能给泡菜带来抗菌性。亚洲“非典”流行的时候，韩国却幸免于难，人们认为是泡菜的作用，泡菜因此在整个东亚地区赢得超高人气。对于韩国人来说，泡菜不仅仅是一道小菜，更是一种力量、一种文化的体现。韩国各种关于泡菜的博览会、展示会、研讨会很多，在韩国的许多传统家庭中，一坛泡菜的原味卤汁甚至可以传承九代人：曾祖母传给祖母，祖母传给母亲，再由母亲传给儿媳，然后接着往下传……所以，真正的韩国泡菜被称为“用母爱腌制出的亲情”，岁月愈久，味道愈浓，以至于韩国人把泡菜的好味道称为“妈妈的味道”。也许正是出于对母亲的挚爱和感激之情，韩国人才把泡菜称作“孝子产品”。泡菜在韩国人的日常生活中已经远远超越了一道佐餐菜肴，而升华成了一种特有的传统和文化，成了韩国人生活中不可或缺的部分。

韩国人钟爱泡菜还有另一个原因，那就是韩国人的性情也颇似泡菜——很辣，甚至有点暴烈；很爽，做事干脆麻利。正因为如此，隐藏在韩国人心底的泡菜情结，恐怕永远都会挥之不去。

★ **72. 你怎么看上网的利与弊？**（2010年大连艺术学院音乐学专业（文化艺术事业服务与管理方向）招生考试试题）

[参考范例]

尊敬的各位评委老师大家好，我抽到的即兴评述题目是：你怎么看上网的利与弊？

现在的我们正处于大数据时代，网络的普及使得信息呈爆炸式增长，随着“微博”“博客”等社交软件的流行，青少年对于网络的依赖度也越来越高。网络是一把双刃剑，在给人们带来方便带来时效的同时也存在一定的弊端，面对网络，我们应当做到理智并合理地去利用。

首先，因特网是一个信息极其丰富的百科全书式的世界，信息量大，信息交流速度快，自由度强，人们通过上网，可以实现全球信息共享，可以随意满足自己的需求，在网上浏览世界、认识世界，了解世界最新的新闻信息、科技动态，这极大地开阔了人们的视野，给学习、生活带来了巨大的便利和乐趣。

其次，网络创造了一个虚拟的新世界，在这个新世界里，每一名成员都可以超越时空的制约，十分方便地与相识或不相识的人进行联系和交流，讨论共同感兴趣的话题，建立互动关系。

但是，网络在带来方便的同时，对人们特别是青少年的人生观、价值观和世界观的形成也会构成不良影响。互联网是一张无边无际的“网”，内容虽然丰富却也庞杂，良莠不齐，例如在互联网上频繁接触的西方国家的宣传论调、文化思想等，会与还未形成成熟思考系统的我们头脑中沉淀的中国传统文化观念和我国主流意识形态形成冲突，使价值观产生倾斜，甚至盲从西方。其中某些不良信息和网络犯罪，对青少年的身心健康和安全也构成了一定危害和威胁。

所以，面对网络，我认为正处于青少年时期的我们应当适度上网，吸收利用对我们有用的精华，排除对我们不利的糟粕，正确利用网络资源来充实我们的大脑，从而真正做到“文明上网，上文明网”。

73. 你怎么看经济适用墓的出现？（2012 年云南艺术学院新闻学专业招生考试试题）

［参考范例］

尊敬的各位评委老师大家好，我抽到的即兴评述题目是：你怎么看经济适用墓的出现？

我认为政府方面提出“经济适用墓”这一概念，表面上在一定程度上抑制了高价殡葬现象的蔓延，但是实际运用中的“叫好不叫座”却使这一政策陷入了尴尬的境地。

从大方向上说，政府建“经济适用墓”确实是一件好事，从“经济适用房”到“经济适用墓”，既体现了社会的调节扶助，也表明了人生的艰难。面对“生不起”“住不起”“病不起”“学不起”“死不起”等种种生活压力，需要“经济适用”的人越来越多。如果不“经济”，有的人可能真的是“死无葬身之地”。

虽然“经济适用墓”的出现在一定程度上能够缓解这一紧张，但却让人品味到背后的苦涩。人们既然来到了这个世界，这个世界就应该有他的一席之地，也应当有权利拥有自己的一席之地。当人们辛苦一生，辞别这个世界的时候，理应免费获得一块安身之地。让人“死不起”是社会畸形发展的结果。政府的焦点不应只是在于限制，对于高价殡葬费用的攀升和殡葬业的垄断经营不能置之不理，而是应当科学管理，只有真正地放开殡葬市场的准入门槛，让老百姓有多元化的选择，才能避免“墓奴”的无奈，也不会让人徒生死了以后还要分“三六九等”的感伤。

74. 你怎么看"范跑跑"事件？（2012年云南艺术学院新闻学专业招生考试试题）

[参考范例]

尊敬的各位评委老师大家好，我抽到的即兴评述题目是：你怎么看"范跑跑"事件？

"5·12"汶川特大地震中，多所学校房屋倒塌，在地动山摇的那一刻，都江堰光亚中学教师范美忠选择了独自逃跑，把学生丢在了后面，而且事后他对于自己的行为不但没有愧疚，甚至还发表"连母亲都不顾"的言论，引发网友争议，被称为"范跑跑"。对于"范跑跑"事件，有表示理解的声音，但更多的是道德的谴责。

首先，从人性的角度看，遇到危及自己生命的紧急情况，躲避危险是人的本能。蝼蚁尚且有偷生的欲望，更何况是人。这种行为我们可以理解，不能理解的是他的毫无反省的姿态。作为一个社会人，我们每一个人都承担着相应的社会责任和社会义务，作为一名光荣的人民教师，在危险发生时，保护学生是教师的职责和义务，而"范跑跑"抛弃了自己应尽的责任和义务，违背了一个教师的职业道德和职业操守。我们不难发现其行为背后潜藏着师德意识的淡薄、社会道德的苍白与行为的不理智。一个师德高尚的教师，在危难来临的时候，是不会抛下自己的学生不管而只顾自己的性命仓皇而逃的；一个人如果具备关爱他人的良好的社会道德，也不会抛弃最起码的道德认知在紧张的情形面前作出极端个人主义的行径的；同样，一个理智的人也不会只顾自己的安全而放弃其他人的生命。

"范跑跑"事件，让我们深入发现了潜藏于这种社会现象背后的深刻的社会根源，我们必须着手对我们的社会道德现状进行改善。从人类社会历史来看，道德的提倡与教化，是人区别于动物并且保证人类整体利益最大化的最好选择，只有拥有道德底线的人才能被称为完整的"人"。

75. 某一养殖场内，十多辆挖掘机闯入，造成大量待产母猪和幼崽伤亡，相关部门表示强拆实属无奈之举。谈谈你的看法。（2012年云南艺术学院新闻学专业招生考试试题）

[参考范例]

尊敬的各位评委老师大家好，我抽到的即兴评述题目是：某一养殖场内，十多辆挖掘机闯入，造成大量待产母猪和幼崽伤亡，相关部门表示强拆实属无奈之举。谈谈你的看法。

近年来，随着我国经济的发展，拆迁作为城市化发展进程中不可回避的问题，不管是城市拆迁还是农村拆迁，都极易引发社会矛盾，其中的暴力拆迁事件几乎每天都在上演。如何终结"暴力执法"，实现"和谐拆迁"，是各级地方政府亟待解决的现实问题。

暴力拆迁为何频发？原因很多。如现行规范拆迁行为的立法不到位，拆迁群众缺少及时有效的利益诉求渠道；个别开发商有恃无恐，未完成拆迁则不惜对所谓的"钉子户”停水、断电，甚至威胁、恐吓，强行拆除居民房屋。但在我看来，关键还在于存在着太大的法制漏洞，不管是在立法方面，还是在执法方面，国家机器都被不合理地利用。

要从根本上解决这一问题，就必须建立健全我国的法制系统，合理地利用国家机器。一方面，要建立起有效的不会朝令夕改的相关法律体系，加强法制宣传，树立法律高于一切的不可撼动的权力，让拆迁双方都能够明明白白地依法办事，哪一方都不能钻法律的空子。另一方面，要建立起能够将“为人民服务、对人民负责”这句话落实到实处的“懂法护法、有法必依、执法必严”的执法队伍，这些人的利益、立场要处在拆迁户和被拆迁户之外，既要保证被拆迁户得到应有的合理的拆迁补偿，又要监督开发商和相关政府部门的行为，坚决打击违法乱纪的行为，保证拆迁工程顺利和谐地完成。

76. 重建圆明园有没有必要？（2012年信阳师范学院广播电视编导专业招生考试试题）

[参考范例]

尊敬的各位评委老师大家好，我抽到的即兴评述题目是：重建圆明园有没有必要？

圆明园的毁灭是很多中国人心中永远不能抹去的一道疤，重建圆明园的初衷我们都能理解：恢复民族荣光、抚平历史伤痕，使中国独特的历史文化得以重现。然而时代发展到今天，我们真的能够完全还原圆明园吗？那段被火烧烟熏的历史，那些被英法联军抢走的文物，已经永远不可能复原。即使重建，动用如此高的成本与人力物力，真的值得吗？在我看来，重现圆明园只是一种形式，重建的意义并不大，何况残破的圆明园其实也是一段不可否认的历史，是不能通过重建就随便修复的。

必要的重建能够还原历史，增强人们对于历史的认识。但对于圆明园来说，它之所以被如此多的中国人铭记，并不仅仅因为它曾经的富丽堂皇、溢彩流光，而在于它在民族历史中的意义。正是火烧圆明园，让人们明悉了一个国家积贫积弱的可怕，激发了无数人救国报国的雄心和决心。1860年英法联军的火烧，是对圆明园作为皇家宫苑历史的终结，从那时起，它就摆脱了单纯的文化符号，而具备了历史性、民族性。它是一段历史的真实记载，既记载着中华民族的屈辱，也记载着中华民族的奋进。任何形式的重建，都是在有意摆脱它的历史性和民族性。圆明园被重建起来，或许京城又添了一个文化盛地，可这还是历史上的圆明园吗？还是炎黄子孙心目中的圆明园吗？这种重建难道不是又一种形式的火烧吗？不是对圆明园历史定位的一种终结吗？

以史为鉴，可以知兴替。留着那个毁损的圆明园可以警醒我们及后代子孙，让我们能够奋发图强，时刻不忘落后就要挨打，从而将自己的国家建设得更加强大。

77. 谈一谈“绿领巾”事件。(2012年哈尔滨师范大学广播电视编导专业招生考试试题)

[参考范例]

尊敬的各位评委老师大家好，我抽到的即兴评述题目是：谈一谈“绿领巾”事件。

红领巾是少先队员的标志。对于每一个上过小学的孩子来说，佩戴红领巾都是一件非常荣耀的事情。它代表队旗的一角，用革命先烈的鲜血染成，象征着青春与激情。然而现在的某些学校为了惩罚一些所谓的“差等生”而让孩子们戴着颜色迥异的“绿领巾”，这不禁让人诧异：对于无论是身体还是心理发育都还不健全的孩子们来说，这种行为到底有什么意义？

学校，我们每一个毕业的孩子，都亲切地称她一声“母校”。在我眼中，“母校”作为一个孩子在家庭之外的另一个母亲的角色，应该具有每一个母亲都有的包容以及呵护的能力。她应该不带有任何歧视地去帮助每一个孩子，引导他们健康成长，同时挖掘学生身上与众不同的潜力。然而当身为引导者的学校全然不顾孩子的想法，一味地给学生贴标签，仅仅用学习成绩作为划分的标准时，我们不免会感到心寒。这种贴标签的做法，虽然美其名曰是一种激励的方式，但是明显在孩子的群体中，已经形成了一种等级的划分，不可避免地为“差等生”带来歧视，让“优等生”产生“恃宠而骄”的心理。实际上，教育的字典里不应有“差生”二字。差生只能证明，也许他们在掌握知识方面的智力不如优等生，但决不能因此而否认他们还有其他方面的才能。过早地给刚进入校门的孩子贴标签划等级，是愚蠢荒谬的。

我们应当坚决抵制这种行为，学校也需要反思自己的所谓“教学创新”、办学的理念乃至法律观念等，并组织教师努力学习现代教育思想，更新教育观念。孩子是祖国的花朵，应当真正让他们在自由的空间里成长。

78. 比尔·盖茨把钱捐给慈善机构，而没有留给子女，对此你怎么看？(2012年洛阳师范学院广播电视编导专业(合肥考点)招生考试试题)

[参考范例]

尊敬的各位评委老师大家好，我抽到的即兴评述题目是：比尔·盖茨把钱捐给慈善机构，而没有留给子女，对此你怎么看？

世界首富比尔·盖茨从微软总裁的位置上退下后，将自己名下的580亿美元全部捐给了梅林达·盖茨基金会，分文没留给子女，“裸捐”这一新名词由此而诞生。比尔·盖茨的裸捐是一种全新的以正面影响回馈社会的方式，让人不禁肃然起敬。

盖茨曾经说过这样一句话，他名下的巨额财富“不仅是巨大的权利，也是巨大的义务”。世界上从来就不缺少身家显赫的富豪，也不缺少乐善好施的好人，真正缺少的恰恰是既有钱又懂善之士。从为富不仁的烧钱游戏，到用钱砸人式的炫富斗富，富人圈子里的种种行为总是让人感到沉重和心寒。然而比尔·盖茨的“裸捐”正是对这些行为的不齿。有钱并不值得羡慕，拥有财富的同时还有一颗想要帮助别人的心才是真正值得称赞的。虽然“裸捐”的代价是极端的，不是常人可以接受的，但比尔·盖茨正是用行动启示全世界：捐的多少不是问题，最重要的是想要分享想要行善的那一颗心。

在我看来，不同的人对财富有着不同的理解。有人将财富视为社会共有，在获得财富的同时想方设法以各种不同的方式贡献社会、回馈社会；还有一些人不是这样，他们将财富看得比自己的生命还重要，金钱与权势到死也不愿意放弃。毫无疑问，比尔·盖茨属于前者，而我也希望，通过他的影响能够有越来越多的人主动加入这一行列，肩负起社会责任，共同维护这个家园。

★ **79.“老人跌倒”是否需要扶起？扶起需不需要理由？**（2012 年洛阳师范学院广播电视编导专业（合肥考点）招生考试试题）

[参考范例]

尊敬的各位评委老师大家好，我抽到的即兴评述题目是：“老人跌倒”是否需要扶起？扶起需不需要理由？

从道德、良知的角度上讲，绝对应该助人为乐，毫不犹豫地把老人扶起。但是随着恩将仇报的见义勇为、惹祸上身的助人为乐事件的增多，传统美德陷入了一种莫名的尴尬；“彭宇案”“许云鹤案”的法律判决更是让公众心寒！

我认为，扶与不扶已经不再仅仅是一个动作，而是演变成一种态度，要真的想从根本上解决这一问题，还需要全社会的共同努力才可以。其实问题的关键不是该不该扶而是应该怎么去扶起人们丢掉的道德良知。

面对这一情况，我国应该出台相关的法律减轻甚至免除善意救助者的义务与责任。目前许多国家都通过立法减轻甚至免除善意救护者的责任。比如，美国法律规定，在紧急状态下施救者作出无偿的救助行为而给被救助者造成民事损害的，其责任可以依据一定程序予以免除。

但是我们必须意识到，用法律匡扶善意与正义，还不足以体现社会的文明程度。一个真正文明、健康、有正义感的社会，还需要有较高的道德氛围做基础。作为一个社会的公民，我们绝对没有理由眼睁睁地看着老人摔倒而袖手旁观。

80. 你怎么看小悦悦事件？（2012 年南阳师范学院广播电视编导专业招生考试试题）

[参考范例]

尊敬的各位评委老师大家好，我抽到的即兴评述题目是：你怎么看小悦悦事件？

一个年幼生命的离去，一朵含苞待放的小花提前凋谢，带给我们的是巨大的心灵震撼，小悦悦事件所折射出的社会深层次原因，非“见死不救”的“陌路人”所能承担，它更是一场关于道德危机的全社会的大反思。

近几年发生的一系列相关事件让人们不禁发问：为什么这个社会现在会变得如此冷漠？为什么中华民族的传统美德不见影踪？小悦悦事件发生后，几乎所有民众都将谴责的声音投向了见死不救的路人，一方面我们正义凛然地指责他们毫无人性，不敢伸出援助之手，另一方面，我们却不敢正视整个社会本身，我认为从某方面看，路人的见死不救，是受社会关系和社会心理影响的，是整个社会缺乏信任的一个缩影。社会法律机制的不完善、施救者的权益得不到保障都使这个社会披上了一道灰暗的道德枷锁，彭宇案的教训已经让人寒透了心，无法承受风险的平民又有谁敢随随便便向陌生人伸出援手？我们更应该关注的是如何去改变这种现状，不再让小悦悦的悲剧重演，而不是仅仅去一味地谴责"陌路人"。

在这方面，我认为我国可以参考其他国家成功的做法。法国1994年修订的《法国刑法典》就有"怠于给予救助罪"，具体条文是："任何人对处于危险中的他人，能够个人采取行动，或者能唤起救助行动，且对其本人或第三人均无危险，而故意放弃给予救助的，处5年监禁并扣50万法郎罚金。"美国也有类似的法律条款，规定当发现陌生人受伤时，如果不打"911"电话，就可能构成轻微疏忽罪。整个社会的和谐，需要国家相关法律的制约与公民集体的道德意识，只有两者共同努力，才能避免悲剧的发生。

81. 你怎么看"暴走妈妈"陈玉蓉？（2012年南阳师范学院广播电视编导专业招生考试试题）

[参考范例]

尊敬的各位评委老师大家好，我抽到的即兴评述题目是：你怎么看"暴走妈妈"陈玉蓉？

"暴走妈妈"陈玉蓉，用自己的实际行动以及对儿子最纯粹的爱感动了所有人，"感动中国"人物评选组委会授予陈玉蓉的颁奖词是：这是一场命运的马拉松。她忍住饥饿和疲倦，不敢停住脚步。上苍用疾病考验人类的亲情，她就舍出血肉，付出艰辛，守住信心。她是母亲，她一定要赢，她的脚步为人们丈量出一份伟大的亲情。

母爱一直都是一个亘古不变的话题，古往今来我们赋予了它太多的诠释，也赋予了它太多的内涵。很多人都曾有过疑问，为了孩子，身为母亲到底可以奉献多少？这是一个答案永无止境的问题。陈玉蓉暴走七个月，朴素的母爱愈发沉甸！这位伟大的母亲，用自己的努力证明，只要有爱，一切皆有可能。母爱如水，除了接受和感动，我们又能真正回报多少？而母爱最高尚最珍贵之处也正在于其不计回报的大爱无私。正如奥利弗·温戴尔·荷马所言："青春会逝去；爱情会枯萎；友谊的绿叶也会凋零。而一个母亲内心的希望比它们都要长久。"母亲的爱是这个世界上最长久的爱，它的源泉永远不会枯竭！

"子欲养而亲不待"是很多人心中的遗憾。父母含辛茹苦把我们养育成人，操劳一生，却可能还没来得及享受一点天伦之乐就远离我们而去，而当我们有一天真正了解到父母之爱的伟大和厚重之时，我们一定会为自己年轻时的无知追悔莫及。父母的爱可以永恒，生命却无法永恒。所以现在的我们能做的就是感恩父母，为他们多做些力所能及的事，把爱表达出来，让父母知道我们的感受！

82. 你怎么看北大“中学校长实名推荐制”?（2012年南阳师范学院广播电视编导专业招生考试试题）

［参考范例］

尊敬的各位评委老师大家好，我抽到的即兴评述题目是：你怎么看北大“中学校长实名推荐制”?

“中学校长实名推荐制”是北京大学在2010年推行的一项自主招生政策，目的在于进一步推进自主招生改革，探索多样化人才培养新模式，为不同类型优秀学生的脱颖而出创造条件，从而逐步影响乃至改变高考“一考定终身”的现状，使那些综合素质更加全面、学科特长更加突出的优秀学生有更多的机会进入北大接受教育。

但是获得推荐的学生基本上仍然以分数论英雄，难见偏才或怪才脱颖而出，这引起了社会各阶层的热议。我认为“中学校长实名推荐制”最后沦为仍以分数为标尺，有以下几点原因：

(1) 学校教育深受“以考试分数论英雄”这一传统高考模式的影响，校长们将“中学校长实名推荐制”打回“以考试分数定名单”的原形，与其说是一种明哲保身，毋宁说是一种基于民意的抉择。在偏才、怪才尚未建立全社会的认知度和共识化的前提下，“拼分游戏”是当下高考择才的权威通道，“中学校长实名推荐制”被束之高阁也就不难被理解。

(2)“中学校长实名推荐制”之所以成了“拼分游戏”，不是校长们不愿意践行“中学校长实名推荐制”的宗旨，而是社会上的诸多猜忌和限制，使得校长们不得不防犯民意的反弹。表面上看，“中学校长实名推荐制”给了校长高度的自由裁量权，事实上，在偏才、怪才没有一套标准定义的窘境下，校长也无法界定谁是偏才、怪才。

所以，在诚信制度尚有漏洞、招生录取不够透明的生态环境中，“中学校长实名推荐制”沦落为以分数论英雄，既是意料之外又在情理之中。

83. 村民为抗议化工厂污染严重，集体下跪。谈谈你的看法。（2012年南阳师范学院广播电视编导专业招生考试试题）

［参考范例］

尊敬的各位评委老师大家好，我抽到的即兴评述题目是：村民为抗议化工厂污染严重，集体下跪。谈谈你的看法。

近年来，由于社会环境恶化或公共基本保障不健全等因素，各地发生了很多群体性抗议事件。例如某某小区集体抗议强拆争当“钉子户”；某某市人民集体围堵市干部要求讨说法；某某村民集体下跪要求污染厂停产……这一系列群体矛盾纠纷事件，在一定程度上引发了社会的舆论，让人不禁深思，为什么只有通过强硬的抵触才能换来周旋的余地？

首先，造成这一现象的根源，就是居民的生活受到了直接的威胁，化工厂的存在造成的污染，已严重影响当地村民和学校的正常生活。同时又因为村民的权利有限、法律知识普遍欠缺、没有相关的机构为他们出头，只能通过媒体的传播与舆论的影响才能与上一级进行直接的沟通，所以才会出现这种集体下跪的极端做法。这一现象反映了民众与政府的沟通不顺畅不及时，除了媒体，没有一个相关的中介或者明文的规定可以让两者进行直接沟通，政府是为老百姓服务的，老百姓的基本生活受到了侵害，政府应当第一时间站出来保护他们，然而中国地广人多，政府不可能看到所有的不公，于是就会有一些问题无法得到解决，这就需要法律的作用了。只有政府不断地完善相关法律，民众不断地提升法律意识，针对此类现象，政府对造成环境污染的工厂进行管制与惩罚，并制定相关规定，使民众做到有法可依，这样通过法律这一有力的中介，两者进行直接的沟通，才能有效地避免极端反抗现象的发生。

84. 广州市严禁教师私自开设补习班，发现一次就扣教师工资，并且不发年终奖。谈谈你的看法。（2012 年南阳师范学院广播电视编导专业招生考试试题）

［参考范例］

尊敬的各位评委老师大家好，我抽到的即兴评述题目是：广州市严禁教师私自开设补习班，发现一次就扣教师工资，并且不发年终奖。谈谈你的看法。

教师，是一个神圣的职业，作为“传道授业解惑者”，是履行教育教学职责的专业人员，承担教书育人、培养社会主义事业建设者和接班人、提高民族素质的使命。是同学们成长教育之路上最为重要的人之一，是令人尊敬的人。然而，现在的有些教师却利用家长和孩子的信任，以教师的名分，在外开设收费的私人授课班，这一行为是对教师这一行业的侮辱。

首先，身为教师私自开设补习班违反了国家政策。国家明文规定，在职教师不得组织本班或本校学生在家收费或变相收费补课，严禁利用职务之便动员、诱导、暗示或强制所教学生参与有偿辅导。其次，补习班多利用学生的节假日补课，这些补习误使忙碌的学生负担更重，对于多项补习应接不暇，大大增加了学生的课业负担。补习班多是一个班级的整体授课，家长们担心孩子跟不上学习进度，所以不得不报名参加，这给家长增加了不小的经济负担。纵容补习班带来的有偿家教，无异于饮鸩止渴。学生、家长和社会需要的是言行一致、师德高尚、爱岗敬业的教师，而不是那种课内、课外“两面人”，理念、实践“两层皮”的教师。

广州市的这一规定有力地打击了这一现象的猖獗，教育的本质是为了孩子，如果想要让他们成长得更好，不能只是看到个人的利益，我们不妨多提倡开办一些满足孩子兴趣的社区免费补习班，这样可以给孩子更多的选择，还能学到更多的知识，何乐而不为呢？

85. 你如何看待志愿者拦住小货车“人道救助”800条狗？（2012年华中师范大学武汉传媒学院广播电视编导专业招生考试试题）

［参考范例］

尊敬的各位评委老师大家好，我抽到的即兴评述题目是：你如何看待志愿者拦住小货车“人道救助”800条狗？

志愿者为了解救失去自由的狗狗们团结起来集体行动，这一初衷是好的，然而在危险的高速公路上盲目地、在没有任何证据的情况下就将载狗的车拦下，这一行为确实有失妥当，不值得提倡。

爱狗者和志愿者出于对狗的感情救狗本无可厚非，可是爱狗属于个人情感，不吃狗肉也是个人自由，中国现有的法律并无明文规定禁止吃狗肉，事后调查也证明货主运输狗并无违反法律之处，即使怀疑货主手续有作假的嫌疑，志愿者也无权作有罪推定要求货主放狗，因为这侵犯了货主合法的财产权利。而在高速公路上强行拦车，则有威胁公共交通安全的可能。虽然其行为的目的是保护动物，但是已严重影响道路交通安全，慈善也不是可以违法的借口。如果万一发生事故，那这一车800多只狗有多少能活下来？车上的人能否活下来都是问号。

做公益没错，保护动物也没错，但违法拦截别人的车却是有失妥当的。要想真正地保护这些动物，需要法律的支持。爱狗者可以通过公开呼吁、推动立法、有偿赎买等方式减少吃狗肉的现象，却不能因自己爱狗而强迫他人也爱狗。有关部门也应不断完善相关法律，让想要保护动物的人们有法律的支撑，这样才不会显得那么“无力”、毫无头绪。

86. 现代社会对“70后”“80后”“90后”看法颇多，你对“90后”有何看法？（2012年中国劳动关系学院戏剧影视文学专业招生考试试题）

［参考范例］

尊敬的各位评委老师大家好，我抽到的即兴评述题目是：现代社会对“70后”“80后”“90后”看法颇多，你对“90后”有何看法？

“90后”的我们是一群性格十分鲜明的群体，不同的成长环境使我们的一切都不同于前几个时代的人，少了些保守、踏实，多了些张扬、个性，以年轻、活跃、勇于接受新鲜事物的态度，被大众定义为“玩得酷靠得住”的一代。我们的很多做法或许还不能让所有的人接受，但我们正以自己特有的执着与顽强的拼搏，逐渐征服着这个全新的社会。

相比老一辈人，我们没有经历过历史和政治上的动荡，也没有经历过大的经济波动。由于计划生育政策的影响，“90后”中的大部分都是独生子女。除父母外，亲情观相对淡薄，在这样的生长环境里，有一小部分人相比前几代人来说，显得有些孤僻。我们对新事物的接受能力非常强，喜欢寻求刺激、追求新鲜感，但学习能力也很强，思维活跃、创造性强。经常求新、求变，并且善于从网络上接受新信息、学习新东西。有很多人批评“90后”缺少社会责任感，然而他们不知道的却是“90后”总是在特殊的关键时刻义不容辞，比如“5·12”大地震中很多大学生争先恐后地捐钱、献血等，留下了许多灾难中相互帮助、舍己为人的感人事迹，充分体现了“90后”的社会责任感和强烈的爱国情怀。

当然除了这些优点以外，我们必须承认“90后”也是一个脆弱的群体，有一部分“90后”心理承受能力不强，有些人缺少理想和信仰、功利欲望心强烈、过分自我和追求个性，从而导致少年犯、追星族、网瘾、暴力叛逆等刺激反应现象的出现，为这个社会带来了不和谐。

“90后”终有一天会成为中国的主人翁，我们也将如前几代人一样背负起国家的责任登上社会的舞台，去做出属于这一代人的贡献，而其他人能做的，就是给我们机会，多点宽容，少些指责，将世界敞开给我们，因为总有一天我们会向大家证明我们这一代人的力量。

87. 公交车上，一位农民工为抱小孩的女乘客让座，女乘客嫌脏不坐，你如何看待这一事件？（2012年中国劳动关系学院戏剧影视文学专业招生考试试题）

[参考范例]

尊敬的各位评委老师大家好，我抽到的即兴评述题目是：公交车上，一位农民工为抱小孩的女乘客让座，女乘客嫌脏不坐，你如何看待这一事件？

首先，我为这位农民工朋友感到心痛。作为一名农民工，他们背井离乡，来到陌生的城市，承担着最辛劳、最艰苦的工作，获得的只有微薄的薪水，可以说，他们是城市建设者中极为重要的一员。但是，这位农民工朋友却依然保持着朴素善良的特质，看到一对母女上车后，主动让出自己的座位，没想到换来的却是孩子母亲嫌弃的言语和目光。我想，这样的场景肯定会让这位淳朴的农民工感到心寒。这位母亲的做法不仅缺乏最基本的感恩，更伤害了这位农民工朋友的尊严。

其次，我为这位母亲感到痛心。我们都说：父母是孩子的第一任老师。父母的行为会成为子女心中的榜样，会成为子女在成长过程中模仿的标杆，给子女的人生轨迹产生至关重要的影响。题目中的这位母亲嫌农民工脏，不让孩子坐农民工坐过的座位，该行为一定会在孩子的心里播撒下歧视农民工的种子，这很有可能会扭曲孩子的人生观和价值观。

改革开放后，我国经济发展迅速，城市建设日新月异，越来越多的农民离开农村，投身到城市的建设中来。但是，当下我国尚未建立完善的农民工权利保护制度，农民工的社会地位还比较低，这就使得农民工的权益很难得到有效保障。针对这一现象，国家应当出台相关的法律法规，改善农民工的工作环境，提高农民工的社会地位，让农民工朋友在城市生活得更舒心。同时，还应制定相关的政策，让农民工随迁子女能够在城市顺利入学，解除他们的后顾之忧，让农民工朋友在城市生活得更安心、更放心。总之，通过我们的努力，相信我们能够为农民工朋友创造一个更好的生活和工作环境，不让农民工流汗、流血再“流泪”。

★ 88. 凤姐、芙蓉、江南、菊花……看到这些词你想到了什么？这些词在中国古典文化中都是比较美好的，现在却在网上被恶搞，对此谈谈你的看法。（2013 年中国劳动关系学院戏剧影视文学专业（山东考点）招生考试试题）

［参考范例］

尊敬的各位评委老师大家好，我抽到的即兴评述题目是：凤姐、芙蓉、江南、菊花……看到这些词你想到了什么？这些词在中国古典文化中都是比较美好的，现在却在网上被恶搞，对此谈谈你的看法。

近几年来，随着网络的传播与社交软件的发展，“恶搞”文化风靡一时，“恶搞”行为屡见不鲜、形式层出不穷，很多褒义的正面词语，都在网络的传播下被颠覆，从而产生贬义或者搞笑的含义。随着恶搞现象的增加，在人们的娱乐生活被丰富的同时，其中有些极端过分的恶搞特例，也在摧毁着社会的道德底线并产生不好的效果。

“恶搞”主要是对严肃主题加以解构，从而建构出喜剧或讽刺效果的胡闹娱乐文化。它以标新立异、突破传统的方式呈现出来，具有很强的“眼球”吸引力。恶搞的流行一方面显示着现代社会中人们广泛的娱乐需求，另一方面也表明我们目前缺少缓解情绪、释放被压抑情绪的方式。恶搞可以满足人们的某些需求，比如有些人恶搞是为了显示自我优越感，有些人恶搞是为了成名，但无论是为了什么，都可以达到发泄、释放情绪的目的。恶搞，顾名思义，有一定的恶意搞破坏成分，这也决定了恶搞具有破坏性。当一个个具有正面意义的词语被大众强制地歪曲本意，中国自古以来的传统文化就受到了严重影响，另外，被大众恶搞的人物的生活也受到了影响，恶搞带来的身心伤害是不可估量的。恶搞的破坏性还体现在对网络环境的危害上，当前的网络环境十分复杂，在这种情况下再对网络恶搞一番，可想而知，网络社会是不会有安宁的。

人人都需要言论自由，尤其是在网络技术尤其发达的今天，然而言论自由不代表任何人都能不负责任地在网络上随意地发表言论。恶搞同样如此。恶搞者在恶搞的时候，更多的是需要考虑是否触犯了社会容忍的底线。公众看待恶搞应该更趋向理性，而对于处在社会转型期的我们，也更需要用一种客观、理智的态度来对待恶搞，既不能持一棍子打死的态度，也不能一味地纵容。

89. 谈谈对雾霾现象的看法。（2013 年河南师范大学戏剧影视文学专业（山东考点）招生考试试题）

［参考范例］

尊敬的各位评委老师大家好，我抽到的即兴评述题目是：谈谈对雾霾现象的看法。

雾霾天气给人们的生活造成了恶劣的影响。首先，它严重影响了广大人民群众的身心健康，给老百姓的生活带来了不便；其次，不利于社会生活的正常运转，尤其是公共交通安全受到了严重的威胁；另外，在国际上也给我国的形象带来了不好的影响。雾霾天气的大范围爆发，主要是受天气自身的影响。当然，也源于我国在经济发展的过程中，没有做到真正的保护环境。例如：地面灰尘大，空气湿度低，地面的人流和车流使灰尘搅动起来；近年来城市的汽车越来越多，排放的汽车尾气是形成雾霾的一个重要因素；此外，主要的污染源还包括工厂制造出的二次污染、冬季取暖排放的 CO_2 等污染物。

雾霾天气的治理，我认为应该从以下几点出发：第一，国家相关部门要提前进行预防和告知，让大家做好预防恶劣天气的准备；第二，要逐步改善优化经济发展结构，降低高耗能企业比例，大力发展节能环保经济；第三，加大宣传自我防范雾霾天气的知识；第四，我们每一位公民，在以后的生活中都要从自我做起保护环境。只有通过政府与民众的共同努力，才能有效地治理雾霾现象。

90. 简述社会反腐与社会建设的关系。（2013 年河南师范大学戏剧影视文学专业（山东考点）招生考试试题）

［参考范例］

尊敬的各位评委老师大家好，我抽到的即兴评述题目是：简述社会反腐与社会建设的关系。

（1）党风廉政建设和反腐败工作，是构建社会主义和谐社会的重要政治基础。优良的党风是保持党与群众密切联系的基础条件，必须通过党风廉政建设和反腐败工作来建立。而党与群众的密切联系，党群、干群的融洽关系，不仅是夺取政权的最重要条件，也是巩固党的执政基础，确保社会和谐稳定、国家长治久安的重要政治基础。忽略了这一点，就会丧失构建社会主义和谐社会最重要的群众基础。

（2）反腐倡廉是推进民主法治建设的重要手段。人民群众享有充分的民主和自由，是构建社会主义和谐社会的必然要求，现实生活中存在的有法不依、执法不严、贪赃枉法等腐败行为，严重侵犯了人民群众的民主权利，干扰破坏了社会和谐发展的政治秩序。深入开展党风廉政建设和反腐败工作，就是要严格执行党的纪律，加强对权力的制约和监督，严厉惩处腐败分子，从而推进民主法治建设的进程。

（3）反腐倡廉是维护社会公平正义的重要保证。促进公平正义，激发社会活力，使社会各方面利益关系得到妥善协调，使社会各种各样的矛盾得到正确处理，保证人民群众的各项权利和利益得到维护和实现，保证每一个社会成员都有平等的发展机会，是构建和谐社会不可或缺的基础条件。

（4）反腐倡廉是引领良好社会风尚的重要途径。诚信友爱的社会风尚，是社会和谐的重要表现。党风正则民风淳。党风影响民风，只有良好的党风才能带动良好的社会风尚。一些消极腐败现象的存在，会对人们的思想、行为产生极大的负面影响。开展反腐倡廉工作，就是要在党员干部中树立起正确的世界观、人生观、价值观，影响和带动全社会形成遵纪守法、诚实守信、平等友爱、积极向上的良好社会风尚，营造和谐氛围。

(5) 反腐倡廉是保证社会安定有序的重要举措。社会稳定，人民生活安定有序，是构建和谐社会的重要内容。只有不断加强党风廉政建设，牢固树立廉洁从政观念，严厉打击腐败犯罪行为，才能有效化解矛盾，理顺群众情绪，促进社会和谐。

91. 你怎么看“光盘行动”?（2013年河南师范大学戏剧影视文学专业（山东考点）招生考试试题）

[参考范例]

尊敬的各位评委老师大家好，我抽到的即兴评述题目是：你怎么看“光盘行动”?

“光盘行动”是由一群热心公益的人发起的，全国媒体和民众、餐厅、院校等纷纷响应的，全社会成员均参与支持的大规模公益活动。活动倡导厉行节约，反对铺张浪费，带动大家珍惜粮食、吃光盘子中的食物。“光盘行动”的宗旨是：餐厅不多点、食堂不多打、厨房不多做。

我认为这是一项绿色而又环保的公益活动，它通过提倡节约粮食、从自身做起，使每一个人都参与其中，人人有责，体现的是公民的品质和责任。就拿我们高中生来说，身边的浪费现象就极其严重，尤其是在学生餐厅，很多学生因为饭菜价格实惠往往点了超出自己饭量的饭菜，导致大量的剩饭剩菜只能就这么白白浪费掉。我认为这是一种不负责任的行为，学校餐厅之所以将价格压低就是为了尽力让每一个学生都能“吃上饭”“吃饱饭”，我们也应当贯彻这一理念，对自己打的每一份饭菜都负责节约到底。勤俭节约是我们中华民族良好的传统美德，身为学生我们更应当有所作为才行。

我们都是社会的主人，每个市民都应该从现在做起，从生活习惯开始，从细微处做起，从节约粮食做起，争做节约粮食的传播者、实践者和示范者，通过实际行动加入到节约粮食的行列中来，让节约引领风尚，共同为建设文明、和谐、环保的社会环境做出应有的贡献!

★ **92. 你怎么看“草根文化”?**（2013年哈尔滨师范大学广播电视编导专业（山东考点）招生考试试题）

[参考范例]

尊敬的各位评委老师大家好，我抽到的即兴评述题目是：你怎么看“草根文化”?

“草根文化”，是指伴随着改革开放思想的解放、意识观念的革命、科技进步而引发创新形态、社会形态变革、价值审美等变化，在民间产生的大众平民化现象。具体来讲就是随着社会发展而出现的“平民文化”“大众文化”。

随着2005年湖南卫视大型民间选秀活动《超级女声》的热播，节目立即受到热捧，形成“超女现象”，节目总冠军李宇春、亚军周笔畅等成了万众瞩目的新星，其粉丝遍及各地，形成奇特现象。随后，无论是郭德纲的坚持相声传统的“平民路线”说老百姓喜欢的“段子”，还是2009年春晚跟随师父赵本山搭档小品《不差钱》而大火的小沈阳、鸭蛋，或是近几年登上春晚的《梦想中国》冠军熊汝霖，都说明了“草根文化”的强大渗透力。但是在“草根明星”享受着代表着平等、创新的大众文化的荣誉时，“一夜走红”的暴利也让许多人开始对这个捷径趋之若鹜，众多的模仿、抄袭、炒作等将“草根文化”的弊端暴露了出来。

“草根文化”并非优秀文化的代名词，这里面既有精华，也有糟粕，原生态的东西并非一定就是优秀的，有生命力的东西，也要看是什么生命力，并非一定值得提倡。但是，草根阶层的崛起已是不争的事实。不管怎样，存在即为合理。我认为对于这些具有创新精神、叛逆意识的文化，我们应该用一种包容的态度看待，既要兼顾大雅又要坚持大俗，做到俗中有雅、雅俗共赏。

93. 日本首相安倍晋三访问中国，针对钓鱼岛问题采取强硬态度，对此有何看法？（2013年河南师范大学戏剧影视文学专业（山东考点）招生考试试题）

［参考范例］

尊敬的各位评委老师大家好，我抽到的即兴评述题目是：日本首相安倍晋三访问中国，针对钓鱼岛问题采取强硬态度，对此有何看法？

首相安倍晋三曾多次发表“钓鱼岛是日本的固有领土”的荒唐言论，在仅仅半年多的时间里，日本政府有步骤、有目的地，一手把钓鱼岛这个使中日两国关系最为敏感的问题闹得沸沸扬扬，并使中日两国友好关系降到了两国邦交正常化以来的最低点。安倍晋三的这一系列行为表明他已经在右倾的道路上越走越深了，为迎合日本国内的右翼势力，不惜公开对中国发表攻击性言论，把中日关系推向更加紧张的地步。

首先，在钓鱼岛问题上，钓鱼岛及其附属岛屿是中国固有的领土，其领海及领空的主权属于中国，中国政府和人民维护领土主权的意志是坚定不移的。中华民族任人欺凌的时代早已一去不复返，现在的中国完全有能力也将继续采取必要措施坚决维护领土主权。

其次，日本在钓鱼岛问题上一意孤行，是其处理外交安全事务对抗性思维的自然流露。日本逆世界潮流而动，搬弄是非，鼓吹莫须有的军事威胁，目的就是要制造紧张，挑拨事端，进而为日本发展军力、摆脱战后国际秩序的束缚制造借口。对抗性思维注定会让日本成为地区安全稳定更大的麻烦。

中国政府一贯主张通过对话和磋商妥善管控和解决钓鱼岛问题。日本必须端正态度，与中方相向而行，为排除影响两国关系健康发展的障碍、增进两国政治安全互信、改善国民感情作出实实在在的努力。沉溺幻想，无视历史和现实，日本没有任何前途可言。

94. 一个环卫工人用攒了三年的钱买了一辆二手越野车，受到别人指责，对此谈谈你的看法。（2013年南阳师范学院广播电视编导/戏剧影视文学专业招生考试试题）

[参考范例]

尊敬的各位评委老师大家好，我抽到的即兴评述题目是：一个环卫工人用攒了三年的钱买了一辆二手越野车，受到别人指责，对此谈谈你的看法。

针对这一现象，我认为环卫工人攒钱买车是他自己的决定，没有人有权利去批评他甚至阻止他，每个人的价值观不同，并不能说只有富人才有资格享受奢侈品，而穷人就没有权利去争取更好的生活。

有些人或许觉得环卫工人的做法未免有些太“浪费”了，本来生活水平就不高还非要“打肿脸充胖子”，用三年里辛辛苦苦攒下的钱去买一辆二手的越野车太不值得了，为什么不将这些钱花在刀刃上，改善一下自己的生活条件？对于这一说法，我认为，值不值得只有买的人自己清楚，物质的多少并不能决定人的幸福与否。有些有钱人每天行走于物质间却变得麻木，没有什么可以刺激到他们，也感觉不到快乐；而有些穷人虽以某些看似离自己很远的物质为目标，比如一辆二手的越野车，但他却愿意为了它去奋斗去挣钱，愿意用攒下的所有的钱去换这辆车，因为那是他的目标，也是他的理想。

谁说理想必须是一些空而虚的精神追求？有时候它也可以很物质，你眼中的不值得有可能是别人眼中很珍惜很重要的东西。只要是自己通过努力赚来的钱，只要是在法律道德允许的范围内，把它用在哪里只需要听从自己的意愿，感受是自己的，得到的快乐也是自己的。只要自己认为值得就好了。

95. 2012年以后，坐动车的人越来越少，来回车厢空空，铁路部门也没有像航空公司一样有优惠活动，从而造成了很大的社会资源浪费，你怎么看待社会资源浪费现象？（2013年中国传媒大学南广学院广播电视编导专业（文艺编导方向）招生考试试题）

[参考范例]

尊敬的各位评委老师大家好，我抽到的即兴评述题目是：2012年以后，坐动车的人越来越少，来回车厢空空，铁路部门也没有像航空公司一样有优惠活动，从而造成了很大的社会资源浪费，你怎么看待社会资源浪费现象？

随着近几年各大航空公司为了挽留大量流失的乘客，费尽心机大打价格战，铁路部门与航空公司的竞争越来越激烈，很多旅客为了低廉的飞机票与更为快速的交通方式，从而选择了航空公司，造成了回流现象。动车这一前几年大受追捧的交通方式，也渐渐走下坡路，越来越多的空闲车厢形成的社会资源浪费现象，更是给铁路部门带来了前所未有的压力。

针对这一资源浪费现象，我认为铁路部门必须给予重视，采取措施应对乘客的流失。

首先，在价格上，可以参照航空公司的成功做法，允许高铁、动车组列车根据情况施行车票优惠方案，尤其是叫好不叫座的一等座，更需要价格上的优惠才能达到合理的配置。

另外，虽然现在的总乘客人数可能有所下滑，但铁路这一最主要的交通方式，在人们生活中的重要性却不容忽视，其优势还是航空远远比不上的。铁路部门应当充分利用这一优势加大宣传，让更多的人了解乘坐动车或者高铁的好处。火车作为交通工具，具有运量能力大、受气候影响小、风霜雨雪都不怕的特点，再加上快捷、经济、安全等优势，已经成为地域是否发达的标志之一。特别是我国近年来十分重视高铁建设，到现在已形成骨干网、区域网和大城市之间的城际高铁等网络，四纵四横贯穿南北西东，从客观上为人们出行选择铁路创造了必要的物质条件。国家也应对铁路运输给予更多的支持，这样才能共同协作，减少社会资源的浪费。

96. 曾几何时，重庆电视台改版为红色频道，禁止播出商业广告，对此发表你的看法。（2013年武汉体育学院广播电视编导专业（河北考点）招生考试试题）

［参考范例］

尊敬的各位评委老师大家好，我抽到的即兴评述题目是：曾几何时，重庆电视台改版为红色频道，禁止播出商业广告，对此发表你的看法。

重庆卫视的这次改版之所以取得了“轰动效应”，是因为重庆卫视完全取消了广告播出，减少了娱乐节目，此举为的是要打造“主流媒体、公益频道”。然而这个焕然一新的红色频道的推广并没有达到理想的效果，大幅度的收视率跌落与民众的质疑，都说明改版确实存在着很多不容忽视的现实问题。

首先，这是逆市场规律而行。媒体作为喉舌，正在逐步市场化，这是媒体自身发展的需要，也是社会发展的必然。如今，重庆突然把商业化调整为革命化，无视市场规律，必然会遭受市场规律的惩罚。于是，就造成了收视率大跌、人员裁减，毫无疑问，人心定然不满。

其次，这是逆教育科学化潮流而行。知识的传承，已不再是强制式的灌输，而是需要根据个体的发展，因材施教，因人施教。借助媒体的优势轰炸式地对市民的大脑进行填充，并不能达到用红色武装大脑的目的，相反，经过这么多年的教育科学化改革、素质教育的探索和发展，教育已经有了一定的成果，个体对知识、艺术的接受更具选择性，学己所好，专己所长，从而在就业与创业中能够更好地发挥自己的优点。当这种强制式的红色渲染在市民中产生抵触情绪时，这种红色教育怕是适得其反。

艺术需要尊重。这里的尊重是对艺术创造者的尊重和对艺术接受者的尊重。对创造者的尊重是必须把其创作的艺术当作艺术，而不能是某种工具；对接受者的尊重是要考虑接受者的需求，当享受变为骚扰，艺术就没有了灵魂和血肉，最后只剩下一具骷髅吓唬着他人。所以“改版需慎行，重庆仍需努力啊”。

97. 根据东莞的“扫黄”新闻，谈一下媒体的作用。（2014年浙江传媒学院媒体创意专业（长沙考点）招生考试试题）

[参考范例]

尊敬的各位评委老师大家好，我抽到的即兴评述题目是：根据东莞的“扫黄”新闻，谈一下媒体的作用。

2014年广东省东莞市一起因媒体曝光而导致的官方大规模、大面积扫除娱乐场所色情业的“东莞扫黄事件”发生后，舆论哗然，备受公众关注，引发了巨大争议。其中，有“毁三观”的错误认知，也掺杂一些没有特定政治内涵的情绪化宣泄。普通网友表现出某种情感泛滥和议论偏激还不奇怪，但某些活跃网友（大V）甚至部分官方新闻网站的推波助澜，使得部分不明事实的跟风者丧失了基本的法律道德意识。

我认为这种行为是不明智的。媒体如果跟着网络情绪走，成为意见领袖和网络民粹的尾巴，会加剧网络舆论场的认知混乱。当然大部分媒体还是有自己的道德底线的，不畏舆论的压力勇敢地发出声音，严厉谴责了色情业的严重危害性。“黄”与“赌”和“毒”一样，都是败坏社会风气、破坏社会秩序、影响安定团结、腐坏人心灵的毒瘤。我们要深刻认识到涉黄问题的严重危害性，坚决遏制涉黄问题的蔓延，有效净化社会风气。从法律的角度客观地看待事情是媒体应负的责任。当社会上发生民众普遍关注的热点问题时，需要媒体站出来领导舆论。新闻媒体肩负着宣传者、监督者和引导者的重要使命，应当充分利用新闻的舆论导向作用，宣传正确的指导思想，而不是被大众的思想所左右，应当真正地做到为网络信息去伪存真，为网民情绪扶正抑偏。

98. “屌丝”是一种文化现象，你知道它的意思吗？它为什么会广泛流传？（2014年杭州师范大学钱江学院广播电视编导专业（山东考点）招生考试试题）

[参考范例]

尊敬的各位评委老师大家好，我抽到的即兴评述题目是：“屌丝”是一种文化现象，你知道它的意思吗？它为什么会广泛流传？

“屌丝”在网络中常指一个人符合矮、穷、丑这些特征，也指生活中一些比较逼仄的人物。某些网民喜欢用“屌丝”来自嘲。“屌丝”文化是网络文化发展过程中的一种衍生文化，是一种解构文化，既有自暴自弃的颓废，也有蔑视主流的骨气，以自嘲来消解正统，以降格来反对崇高。

“屌丝”文化的兴起有很多原因，在“屌丝”出现以前，面对社会上的种种不公，人们常常会以鲁迅笔下阿Q的“精神胜利法”来自我满足、自我安慰，并以此掩饰对于社会的不满。而“屌丝”也是对于现状的自嘲，是另一种方式的“精神胜利法”。“屌丝”所反映的集体焦虑，不仅是文化问题，更是当下中国社会问题的折射。有学者认为，“它并不是简单的青春情绪，而是现实社会矛盾不断堆积的征兆”。

自称为“屌丝”的大多是一些年轻人，其中以“80后”为主。经历了高校扩招带来的就业压力，面临着买房、婚姻、升迁等现实问题的严峻考验，“理想很丰满，现实很骨感”，这无疑激发起他们的反叛情绪和迷茫无助，所以他们用“屌丝”自嘲，这不仅形象地展示了他们的生存现状，更是对于自身压力的一种心灵释放。

跟很多流行的文化元素一样，“屌丝”文化也有其两面性。一方面，“屌丝”文化中存在着一些消极的价值观，它所推崇的那种玩世的态度，对于主流文化来说，在一定程度上存在着“消解”的消极影响。但是在另一方面，“屌丝”文化借助网络这个给予所有人自由平等表现自己的舞台，在草根思想的碰撞下形成了新兴的网络文化，“屌丝”文化是一面镜子，不仅照出了每个人心中的脆弱和坚强，也照出了人们在残酷的现实面前默默抗争的勇气。

99. 最近在微博上流行一个词叫作“中国式过马路”：就是凑够一撮人就可以走了，跟红绿灯是没有关系的。对此你怎么看？（2014年云南艺术学院广播电视编导专业（河北考点）招生考试试题）

［参考范例］

尊敬的各位评委老师大家好，我抽到的即兴评述题目是：最近在微博上流行一个词叫作“中国式过马路”：就是凑够一撮人就可以走了，跟红绿灯是没有关系的。对此你怎么看？

“中国式过马路”已经成为现代城市交通管理的一个“顽疾”，很多人甚至已经见怪不怪地将其归为“中国特色”的一种。事实上这一现象所折射出的，不仅仅是管理手段的乏力和无奈，还有国人规则意识的淡薄。

“中国式过马路”现象之所以如此猖獗，其中一个原因就是国人有着盲从与侥幸的心理。行人“闯红灯”的惩罚并没有实际的约束力。“只要我们大家一起过马路，就没有车敢撞我们。”“就是这一次半次，应该不要紧的。”“反正大家都走了，车子肯定不敢来”……法不责众是“中国式过马路”最主要的原因。只要有一个时间匆忙的理由，就可以置交通法规于不顾，横闯红灯而去，而许多正常行驶的机动车不得不小心翼翼地对“闯红灯”的行人进行避让。这无疑增强了行人的侥幸心理。

另一方面，城市交通规划和管理不到位，也在客观上导致了“闯红灯”行为的发生。比如一些城市的非机动车道变成了事实上的机动车道，路边的人行道变成了汽车的临时停车场，有的红绿灯时间间隔太短，来不及让行人通过等等。

要想改善这一现象，我认为不仅需要城市管理者对“闯红灯”行为有所处罚，对区域交通设计、信号灯指示灯时间等有所改善，树立更完备的行为规则，出台相关法律法规并严格执行，还需要国人提高交通规则意识，只有从自身做起，时刻亮起心中道德的信号灯，共同遵守和捍卫良性规则，才能彻底杜绝“中国式过马路”。

100. 女汉子有什么特点？（2014年福建省普通高校编导类专业招生统考试题）

［参考范例］

尊敬的各位评委老师大家好，我抽到的即兴评述题目是：女汉子有什么特点？

女汉子，一般指行为和性格向男性靠拢的一类女性，拥有个性豪爽、不拘小节、独立、不怕吃苦、缺少女人味等大众认为女性不应拥有的特质。随着社交信息的发展，网络上越来越多的新型名词被创造了出来，其中“女汉子”这一称呼因其新鲜、有代表性等特点更是广受网友的好评。

女汉子的性格特点是：她们不会撒娇，性格大大咧咧；不喜欢化妆；异性缘好，与男生称兄道弟；出口成“脏”，讨厌别人说她们扭扭捏捏；头脑灵活，打大型游戏小菜一碟；非常独立、自强、个性显著。

现代社会节奏很快，竞争激烈，女性在男女竞争中多处于劣势地位，升学、就业、谈恋爱、成立家庭、养育孩子，往往女性都会受到或多或少的歧视。为了更好地在竞争中生存，有些女性不得不把自己培养成独立、自主、强悍的女汉子形象。女汉子的养成也和家庭教育有关，有的家庭从小就注重女孩子独立、自强特质的培养。婚前财产公证等现象的出现，也倒逼着女性和男人一样去奋斗，并接受一种观念——不能完全依赖男性，更重要的是依赖自己。

我认为女汉子们虽然没有很强悍的外表，但往往性格乐观，能独立承担社会责任，大多得体大方，在工作中果断冷静，愿意和男人一样去应对生活压力，在生活中能够收放自如。“女汉子”并不是一个贬义词，这也是为什么很多女性自称“女汉子”的原因，她们坚强的性格会帮助她们成功，成为一个真正的有价值的女人。

101. 谈谈小资行为的特点。（2014年福建省普通高校编导类专业招生统考试题）

[参考范例]

尊敬的各位评委老师大家好，我抽到的即兴评述题目是：谈谈小资行为的特点。

“小资”这个词不知是从什么时候开始流行起来的，原本为“小资产阶级”的简称，特指向往西方思想生活，追求内心体验、物质和精神享受的年轻人，一般为都市白领。小资行为则是指一系列小资群体的典型性行为，包括业余运动喜欢打网球、打高尔夫；出门必打出租车；英文名才是本名；喜欢喝咖啡、品烟、看文艺电影等等。这些行为一般是建立在一定的基础上的鲜明性的行为，具体有以下几个特点：

（1）小资行为是在一定物质基础上产生的。所谓“经济基础决定上层建筑”，没有足够的金钱作为强大的后盾、支撑，之后的所谓小资符号都是无用功。小资群体在这个社会上有着一定的地位与财富，经济上的富裕造就了精神生活上的大量渴求，才会产生后来情感上的孤独。这种孤独跟寂寞有本质的区别，这是一种与年龄、魅力成正比增长的孤独。这种孤独感，更多地来源于本身的地位与生活环境的限制，是自我悲悯感。

（2）小资行为对于大众来说，有人可以理解，有人却认为这是另一种矫情。在我看来，每一个阶级都有其共有规律，小资产阶级也是如此。我们可能在看到他们光鲜靓丽的外表时，却看不到他们为了一个季度的 offer 而连续加班几个月，甚至过度地消费自己年轻的身体。他们喜欢像风一样自由地生活，可以天马行空，可以自由散漫，可是他们也在城市气派的写字楼里努力地工作，只为了能得到更好的生活。所以，我认为小资生活并不是矫情，它只是一部分特殊群体释放压力的一种行为，小资也不是拜金文艺的代名词，小资群体应当被大众更好地认识，也应当被给予更多的理解。

102. 深圳一个 11 岁女孩在电梯内殴打一个 1 岁男婴并致其重伤，引起了社会广大群体对家庭教育的关注。请你对此进行评析。（2014 年江西师范大学广播电视编导专业（山东考点）招生考试试题）

［参考范例］

尊敬的各位评委老师大家好，我抽到的即兴评述题目是：深圳一个 11 岁女孩在电梯内殴打一个 1 岁男婴并致其重伤，引起了社会广大群体对家庭教育的关注。请你对此进行评析。

看了这条新闻，首先我感到很心痛，不仅仅是为这一个无辜被虐的男婴感到心疼，更多的是为这一名年仅 11 岁的女孩感到难过，我不知道她为什么会对一个幼小的生命下此毒手，更不知道这个孩子经历过什么才会使自己的性格扭曲成这样。每一个孩子的成长都需要呵护，然而面对这一惨案，我们却无从下手，因为我们都明白，真正的凶手并不是孩子，而是孩子背后那深不见底的教育黑洞。

很多人都将指责指向这个女童，认为她是精神障碍者，甚至有人剖析她有反社会人格，可有没有人认真想过，一个仅仅 11 岁的孩子的成长，家庭承担了多少责任？社会又给予了多少责任？这个年龄的她自知能力是很弱的，对于道德对于法律都是处在一个刚刚启蒙的关键节点上。家庭可以是爱的港湾，也可以是恨的根源。如果养育者粗暴地对待孩子，不尊重孩子的独立性，那么这个孩子就会有一个分裂的人格，她也由此经常生活在强烈的心理冲突中，一点小小的刺激就会引发她激烈的反应。当小孩子看到了“灰暗地带”就会无形中给自己暗示，从而形成或低迷或逆反的应对方式。

另外，除了家庭，现在的学校教育对孩子思想道德品质的培养，也存在空洞和脱离实际的现象。教育过程脱离青少年的主体，教育形式脱离社会及青少年的现实，教育结果认识与行为严重脱离，很多“青少年暴力事件”被隐藏在校园里，受到侵害的孩子敢怒不敢言，从而助涨了“谁厉害听谁的”这种恶习。这些都是会造成一个心理健康的孩子走上迷失之路的分叉点之一。

这个女童的成长历程我们无法全面地了解，她所承受的压力或创伤我们也无法感同身受，最终的悲剧只是成长扭曲积累的过程，来自于各个方面的压力使她这个小小的身体在某一个时刻终于爆发。

这一惨案提醒我们教育环境的重要性。家长应该本着“勿以善小而不为，勿以恶小而为之”的原则，引导孩子憧憬美好，向其灌输向善的力量；而学校应更多关注学生人格、道德意识的培养和爱护生命的教育，注重对学生德智体美劳全面教学的实施，重视孩子的心理健康。每一朵花都值得呵护，每一个孩子的成长也需要善意的引导，只有这样他们才能健康地成长，这个社会上也才会少些令人痛心的暴力现象。

103. 谈一谈你对校长猥亵女学生这件事的看法。（2014 年上饶师范学院广播电视编导专业（山东考点）招生考试试题）

[参考范例]

尊敬的各位评委老师大家好，我抽到的即兴评述题目是：谈一谈你对校长猥亵女学生这件事的看法。

教师作为一门传道授业解惑的职业已经在中华文明中延续了千年，无论在哪个朝代教师都是品格高尚、受人尊敬的代名词，但是近几年出现的一系列教师甚至校长猥亵女学生的案例却让人们越来越心寒，不得不对教师以及整个社会的道德水平进行重新审视。是怎样的心灵扭曲让罪恶的魔掌伸向了孩子？是怎样的丧心病狂让一个有思想有道德的社会人变成了不知羞耻的禽兽？针对这样的现象，我们必须作出改变，保护孩子，不要让她们在恐慌中成长。

（1）孩子是祖国明天的栋梁，少年强则中国强。无数的案例告诉我们，中国关于未成年人的法律需要不断地完善，无数的幼女性侵案告诉我们，国家需要加大对这方面的宣传、量刑力度才能还孩子一片晴朗的天空。

（2）事实上，国外对于儿童性启蒙和性教育的认识要比我们早很多。在日本称之为“纯洁教育”，在瑞典叫作“爱的教育”，都是从幼儿园开始就向儿童渗透性别、性差异的常识。我们应当学习国外的做法，在进一步加强学校和教师队伍管理乃至社会道德管理的同时，切实加强反儿童性侵害教育，维护未成年人的权益。

（3）另外我们还应当加强各行各业的职业道德教育。教育缺失的后果无疑是严重的，教育的建设不但影响着知识的建设，而且影响着社会道德的建设。合理的教育可以让孩子知道面对侵害该如何做，可以让侵害人在侵害时考虑到事情的后果，可以让心理扭曲者得到一定的纠正。

“一切为了孩子”不仅仅是天下父母的心声，更应该是整个社会的集体自觉。希望政府相关部门积极采取措施，让孩子们远离性侵害，保证校园安全，使社会道德环境也进一步得到改善。只有这样，我们的未来才是有希望的、可持续的。

★ **104. 李双江之子因强奸罪获刑十年，谈谈你对这件事的看法。**（2014 年上饶师范学院广播电视编导专业（山东考点）招生考试试题）

[参考范例]

尊敬的各位评委老师大家好，我抽到的即兴评述题目是：李双江之子因强奸罪获刑十年，谈谈你对这件事的看法。

李××事件一经媒体报道，引起了社会各界的高度关注与舆论争议，随着案子的终审，触犯法律的人都受到了应有的惩罚，重新审视这一案件，我认为它带给我们的启示，不仅仅是星二代身处这个社会所表现出来的浮躁与轻狂，更多的是李××背后家庭教育的严重缺失。

从事件本身来看，作为名人的儿子，做什么事情都容易引起关注，这可能也给李××带来某种无形的压力。李双江老年得子，自然对李××十分疼爱以至于最后发展成为溺爱。后来李××到美国学习，在没有父母陪伴的情况下更是比较自由，不知不觉地接受了美国的一些思想。这些都是使他后来犯罪的原因。

从家庭教育来看，李××的事件也给广大的中国家长敲响了警钟。父母作为孩子的第一位老师，家庭教育对孩子的成长至关重要。学会做人是成长成才的第一课，父母为孩子付出最多的就是教会孩子如何做人。可是现实中，有些家长把精力都放在了孩子的学业上，而忽视了他们的品行教育，忽视了教会他们如何与他人相处和合作能力的培养。现在的中国大多是“421”家庭，爷爷奶奶、姥姥姥爷、爸爸妈妈六个人带一个小孩，捧在手里怕摔了，含在嘴里怕化了，孩子是家里的“小皇帝”，大人都围着孩子转，长此以往，孩子就养成了衣来伸手、饭来张口等不良习惯。溺爱中成长起来的孩子往往会过于以自我为中心，心中没有他人，一旦愿望受阻遇挫，就会诉诸暴力，父母的溺爱往往会使孩子缺乏规则意识，做事没有边界感和底线，所以才会产生如此多让人悔不当初的悲剧。

这些例子都提醒我们，未成年人的成长需要正确的引导，稍一疏忽就可能造成终生的悔恨。未成年人的犯罪和周围的环境是密切相关的。因此我们每个人、每个家庭，以及学校、社会、政府，都需要反思一下自己的责任，通过切实和有效的行动来避免类似事件的发生。

105. 长沙一幼儿园老师和幼儿园学生做“叠汉堡包”的游戏，由垫子隔开，上下三排孩子，最上面还压着一名女老师，秀着“一字马”，摆着舞蹈 pose，一脸笑容。针对这一事件，谈谈你的看法。（2014 年上饶师范学院广播电视编导专业（河北考点）招生考试试题）

[参考范例]

尊敬的各位评委老师大家好，我抽到的即兴评述题目是：长沙一幼儿园老师和幼儿园学生做“叠汉堡包”的游戏，由垫子隔开，上下三排孩子，最上面还压着一名女老师，秀着“一字马”，摆着舞蹈 pose，一脸笑容。针对这一事件，谈谈你的看法。

在这件事上，我认为首先校方确实做得有些欠妥当，虽然校方解释说这个活动全程都采取有安全防范措施，是在安全范围内，组织这个游戏也是为了锻炼孩子们抗压、团队协作的能力，但是让一个成年人压在孩子身上这一做法还是有危险性的，孩子不会表达，被压疼了也不敢说，很容易就会造成身体上的伤害，这种行为不应当提倡。

从另一方面来讲，家长的反应会不会也有些过于“激动”了？每个家长都关心自己的孩子、害怕孩子受欺负，这种心情我可以理解。尤其是近几年，发生在校园的多起恶意伤害中小学生、幼儿园儿童的案件更是造成了在校学生家长的恐慌，他们对于这类事情很敏感。但是爱孩子，就应该让孩子永远处在一个绝对安全的环境中吗？就无法容忍孩子经受任何一点风险的挑战吗？曾经的我们，摸爬滚打摔，甚至远超于以上的程度，不是一样健健康康地长大了吗？家长何必如此“过敏”！家长凭自己的观感进行猜测，夹杂有太多的个人感情色彩。网友也顺势集体炮轰学校和涉事老师，要求重罚老师等等，这些都是缺乏理智的行为。校方做错了，自然会有相关部门进行调查并作出处罚，不需要网友的指点，更不需要通过舆论制造恐慌气氛，将现在的幼儿园描述成一个险象环生的“鬼屋”，将老师们概括成“施暴的代名词”，让家长们更加质疑校方，校方则步步小心害怕引起舆论，这是一个死循环，只会让人人自危，让社会更加不稳定。家长们多给予一些信任，学校多用些心思，政府多加强管理，大家一起为孩子着想，才能让他们更加健康地成长！

106. 男子见义勇为抓小偷，被小偷捅了两刀，被偷者——女大学生将男子送医，付了1000元的医药费，就走了，后来男子给女大学生打电话，女大学生说“自己已经付了医药费，不关自己的事”，以此事件做即兴评述。（2014年上饶师范学院广播电视编导专业（河北考点）招生考试试题）

[参考范例]

尊敬的各位评委老师大家好，我抽到的即兴评述题目是：男子见义勇为抓小偷，被小偷捅了两刀，女大学生将男子送医，付了1000元的医药费，就走了，后来男子给女大学生打电话，女大学生说“自己已经付了医药费，不关自己的事”，以此事件做即兴评述。

这个好心人本来是没有义务去抓小偷的，道德上的使命感驱使他作出了见义勇为的举动，这本是一个值得表扬值得提倡的正面典型。然而身为被救助者，不但没有感恩反而作出一副事不关己咄咄逼人的姿态，这种反应不禁让人哑口无言。

如果每个人都像这个女大学生一样，因为胆小或者不想惹事等原因选择对救助自己的人视而不见，那么下一次遇到这种情况谁还愿意去见义勇为？就像前段时间引起争议的“彭宇案”一样，本来是好心做善事结果却反被诬告。难能可贵的是，当彭宇被释放后，有记者问他下一次遇到这种情况时还会扶老人吗？他的回答很坚定：“扶！为什么不扶？我一直相信这个世界上还是好人多。”

就是这样，善良的人会一直善良，正是因为有了他们的存在，才会一直有人像他们一样去行善，这是一种正能量的传播。陌生的人尚且如此，身为被好心人帮助过的当事人，不更应该勇敢地站出来，站在正义的一方去指责错误的一方吗？点点滴滴才能汇成江河，一件件正能量的小事才会让这个社会成长得更为和谐、更为健康。

107. 对外交官上街摆摊这一事件你怎么看？（2014年宜春学院广播电视编导专业（河北考点）招生考试试题）

[参考范例]

尊敬的各位评委老师大家好，我抽到的即兴评述题目是：对外交官上街摆摊这一事件你怎么看？

外交官上街摆摊，虽然让人怀疑有炒作之嫌，但我认为这是一次很好的尝试。通过这种活动，可以有效地利用外交官“走出去”的形象来达到慈善的目的，是值得鼓励和提倡的。

在很多人眼中，外交官给人的感觉是非常郑重而又严肃的，在这个职位上的人一般都是不苟言笑的，因为他的一言一行都代表着国家的形象。他们是为一个国家从事外交事务的官员，他们的任务就是代表本国与其他国家进行双边或多边谈判，服务政治、服务外交、服务人民，执行党和国家的对外政策、维护国家的权益等，衣冠整洁、言行举止优雅大方，神秘而又具有权威。国家对他们有着绝对的信任，我们也因为他们的成绩而骄傲。以前的外交官是很少与民众做直接接触的，一般都是由人大代表将民众的提议或要求转达给国家，外交官再通过与国际上其他国家的谈判为民众争取利益。

这次的外交官上街摆摊行动给了外交官们一个平台，也给了民众一个机会，从而让更多的人知道他们，了解他们，通过这次活动，我们看到原来他们也会为了慈善而做简简单单的事，也会为简单的小成就而开心，这次行动拉近了政府与民众的关系，利用外交官这一“国家形象”的主动示好，感动民众，与民众在一个起点上做慈善，我认为这一创意是很好的。这也是大数据社会发展的趋势之一，随着越来越多的政府部门及其人员主动放下架子与民众建立各种联系，我们的社会管理也会越来越系统，越来越透明。民众对政府人员多一些信任，少一些挑剔，让双方因为慈善这一美好的使命而相连在一起，才能共同为这个社会做更多的贡献。

★ **108. 谈谈你对微信的看法。**（2014年宜春学院广播电视编导专业（河北考点）招生考试试题）

［参考范例］

尊敬的各位评委老师大家好，我抽到的即兴评述题目是：谈谈你对微信的看法。

随着网络的普及与发展，越来越多的社交软件走进人们的生活并占据着很重要的位置，微信也因其独特的实时性交流、一对一的真正对话、100％的信息送达等优势而成为亚洲地区最大用户群体的移动即时通讯软件。

随着微信技术的推出及微信技术本身的定位，人们的社交范围得到更进一步的微化，社交内容更为自由、开放。从资讯发布到信息沟通，从社交维护到情感维系，各个领域皆可见微信的身影。一时间，作为工具的微信，俨然演绎为一种“新文化”，而被视作新潮、开化的符号。不仅熟人间用它互通有无，媒介、企业也通过它拓展影响。

微信技术的广泛使用直接引导了人们生活模式的改变，然而在这些好的现象背后，同样也存在着不可忽视的隐患。随着信息时代的不断发展变革，人类对网络的依赖性已然明显可见，从办公到私人之间的联系都离不开信息网络。越来越多的人只能在网上“口若悬河”，生活中反而会产生更大的落差从而形成孤僻的性格，另一方面，微信的低门槛、零成本的特点，使其迅速成为了广大商家偏爱的广告、营销工具。在这种缺乏统一性和管控的商业运行模式中，商家之间的竞争就失去了其准确性、合理性，逐步演变成恶性的广告平台。人们上当受骗的几率也大大地增加，个人的隐私也得不到有效的保护。

所以，我认为微信是一把双刃剑，有利也有弊，人们应当正确地利用它好的一面，不要被诱惑蒙住双眼，要文明上网，理性聊微信。

109. 富豪为三岁的儿子买下幼儿园，对此你如何看待？（2014年湖南省普通高校编导类专业招生统考试题）

[参考范例]

尊敬的各位评委老师大家好，我抽到的即兴评述题目是：富豪为三岁的儿子买下幼儿园，对此你如何看待？

我认为这种行为是很不理智的。如果仅仅是为了让孩子少受委屈，就买下幼儿园，那以后孩子读小学，难道也要买小学？读大学，还要买大学？如果这些都可以买，那么孩子的未来，你能买吗？孩子的成长需要自己去创造，做父母的不能为其包办一切。挫折教育是一个人成长所必需的一课，而家长则是孩子成长路上的引导者，不应该一味地去溺爱他，这样只会让孩子养成以自我为中心的坏习惯，过度的保护只会害了孩子。

花重金买下幼儿园，从表面上看，这是对孩子的爱，是怕孩子受委屈，其实，深层原因是对教育的不信任。无论是有钱人还是没钱的人，身为父母爱护子女的心情都是一样的，都希望孩子能够享受公平的教育，享受高质量的教育，在幼儿园里被教师视若亲生。可是现实生活却没有想象的那么美好，公立幼儿园门槛高、私立幼儿园多数无证经营、幼儿园老师多次被举报虐童等等，这一系列现象都让家长们感到恐慌，所以才会产生买下幼儿园的极端想法。

针对这一现状，我认为，首先，家长方面应该让孩子在正常的环境中生长，应该给予孩子更多的空间，让他们学会面对各种问题的能力，而不是躲在父母的保护之下；而政府方面也应对幼儿园进行更加严格的管控，针对幼儿教师的培训也应加强，对于缺乏资质、违反法律的幼儿园和老师给予严厉的惩处，让孩子们做到人人有学上，让家长们对孩子在学校的一切都感到放心，这样家长还有理由质疑学校吗？

110. 河南大学进行的社会实践是假扮农民工，对此你如何看待？（2014年湖南省普通高校编导类专业招生统考试题）

[参考范例]

尊敬的各位评委老师大家好，我抽到的即兴评述题目是：河南大学进行的社会实践是假扮农民工，对此你如何看待？

本来是很有意义的社会实践，如今却变成了河南大学导演的热闹大戏，近百名大学生作为“群演”在寒风中瑟瑟发抖两个小时，只是为了迎接社会实践单位的公司领导的视察，真的是好一出“大悲剧”！

我们所理解的社会实践，应该是名副其实的社会实践，而不是挂着羊头卖狗肉、弄虚作假，甚至掺杂利益勾连的“社会实践”。学校把社会实践活动纳入大学生的考评内容，是让大学生利用自己学到的知识为社会服务，是大学教育与社会服务进行对接的一种方式。弄虚作假且勾连利益的“社会实践”已经变了味，脱离了社会实践的本意。本来，要求学生参与一定的社会实践，就是着眼于学生参与社会事务，为以后踏入社会积累人生经验。如果学生在社会实践方面造假，无疑已经扭曲了社会实践的原有面貌。这种建立在利益勾连和弄虚作假基础上的所谓“社会实践”，只会更加扭曲社会实践的意义，并且给学生一种邪恶的诱致作用。学校的社团组织学生参加弄虚作假的所谓“社会实践”，是对学校、社团以及学生本人的共同伤害。

荒唐的“大学生扮民工迎视察”，拆穿的不止是一层西洋镜。这其实和各地频频上演的“领导悬浮照”“冒雨视察”一样，是典型的弄虚作假。如果此风不刹，任其发展下去，最终我们每个人都是受害者。针对此类现象，首先，学校方面应当加强管理，对学生的社会实践进行项目审查，不要一味地走形式，应当对学生的社会实践能力有所了解，可以开设相关的指导课程进行兴趣培养等等；其次，学生方面也应当对自己负责，毕竟现在的实践也是为以后的就业打基础，学生应当对自己的未来有所规划，可以选择将社会实践纳入实习规划，从实践中积累经验，真正地做到学以致用。

第四章 学校生活类

1. 你对春节晚会中能背诵《百家姓》的神童有什么看法？（2010年商丘师范学院广播电视编导专业招生考试试题）

［参考范例］

尊敬的各位评委老师大家好，我抽到的即兴评述题目是：你对春节晚会中能背诵《百家姓》的神童有什么看法？

在春晚上背诵《百家姓》，从积极的一面来看，鼓舞了中国传统文化在低龄学生里的普及。另一方面，近几年越来越多的小神童的出现，我认为未必是一个好现象。从7岁神童侯鸿儒的软禁式教育，到14岁天才大学生王思涵的被责令退学，都无不在重复着现代版“伤仲永”的悲剧。中国父母望子成龙望女成凤的心情非常迫切，有些甚至于忽略了先天遗传的作用，而开始人造神童，采取拔苗助长的“摧残式教育”，把孩子往“神童”路上赶。这种做法既灭杀了孩子的天性，也难以造就出现代社会真正的“智慧型人才”。

在春晚上让孩子去进行神童式“表演”，在一定程度上是一种炫耀，助长了对孩子的“拔苗助长”式教育。首先对于这个小女孩来说，她不一定会走上普通孩子正常的教育流程，可能会遵循家长的意愿连续跳级，或许很早就会被大学录取，那么她会不会是下一个“仲永”呢？我们不知道。当孩子们的心理还没有发育到很成熟的阶段，如果家长盲目地让他们提前进入社会，由于孩子的自控力不强，很多生活上的道理也无法一一理解，那么对他们的发展是很不利的。

其次，在春晚这个受众如此之广的大舞台上进行表演，一部分家长会被这一成功所鼓动，社会上的许多“天才培育班”也会越来越有市场，很多智力水平正常的孩子也被迫去“开发第二脑力”，这样会严重破坏孩子的健康教育。

“悲剧神童”说明了应试教育内容的片面性、行为的短期性、目标的功利性。要想这样的悲剧不再上演，就必须尊重教育的客观规律，讲究对创新精神和创新思维的培养，只有这样，才能更好地帮助孩子健康成长。

★ **2. 如何看待穷学生与富学生享受的教育的不同？**（2010年云南艺术学院文华学院广播电视新闻学专业招生考试试题）

［参考范例］

尊敬的各位评委老师大家好，我抽到的即兴评述题目是：如何看待穷学生与富学生享受的教育的不同？

教育公平是社会基本的公平，在人的生存问题和温饱问题得到基本解决以后，教育就成为人的最基本的需要。教育公平对社会的影响是潜在的、长期的。实现教育公平直接关系到社会公平的实现，关系到社会主义和谐社会的建设。

现在社会上存在很多教育不公平的现象，体现在穷学生与富学生之间更是明显。农村孩子普遍难进名校。“出身越底层，上的学校越差”这一趋势，正在被加剧和固化。三十多年来，国家的转型在继续，但底层个体命运的转型却在逐渐陷入停顿。其次，就算是在一个学校里，也同样存在着差异。有钱的父母可以请最好的老师辅导孩子，并花钱培养孩子的各种特长以利加分；而那些勉强甚至举债供孩子读书的父母，他们的孩子就只能被那些有名师辅导的孩子慢慢地超越了。这些现象都在说明教育公平的重要性。“不公平是社会不安定的因素，是人类历史发展的破坏力”。教育不公平不但会进一步加大整个社会的不公平，制造不稳定因素，而且会影响和谐社会的建设，乃至危害国家的安全。只有实现教育公平，让孩子们站在同一个起点上，才能创造更和谐的社会。

针对这一现象，首先政府应当注重通过立法来保障教育的平等和公正，确保每个公民享有受教育的权利和机会均等；其次要制定和执行特殊的优惠政策，鼓励并支持教师到教育基础薄弱的学校任教，或定期安排教师校际互换，实行一帮一结对子等政策，逐步实现教师资源的平衡。只有这样，教育公平才能够被实现，学生才能够在同一个起点上起跑。

3. 谈谈玩网络游戏对中学生的利弊。（2010年商丘学院广播电视编导专业招生考试试题）

［参考范例］

尊敬的各位评委老师大家好，我抽到的即兴评述题目是：谈谈玩网络游戏对中学生的利弊。

随着信息化社会的迅速发展，计算机走进了千家万户，网络世界时时刻刻联系着我们的现实生活。而网络游戏给中学生的生活带来了多方面的影响，其中有利也有弊，中学生应当正视这些问题，理性上网。

中学生在繁忙的学习后利用业余时间玩网络游戏，能够调节紧张的情绪，消除疲劳；其中有趣味的智力游戏有助于开发中学生的智力，在游戏中增长历史、地理、政治等方面的知识，如《三国志》等游戏，能让学生在轻松的游戏中认识一些历史人物及历史故事；能让他们从原先相对狭小的物理空间进入一个完全开放的虚拟空间，扩大自身的人际交往层面；锻炼了社会交际能力，促进了学生甄别现实与虚拟空间真伪的能力。

当然这其中也存在着很多过度沉迷于网络游戏的中学生，他们花费大量心血构筑自己的角色，对游戏中自己角色的关注超过了真实生活中的自己。因为玩电子游戏废寝忘食，浪费时间、浪费金钱，从而荒废学业。另外当他们对游戏的依赖性越来越大，自己的人际交往能力反而因上网成瘾而萎缩，形成不切实际的自我意识，导致严重的社会交流障碍、对亲情和社会的冷漠等，今后如何直面社会，参与各种交流、合作、竞争就成了问题。还有某些暴力游戏会引导学生走上犯罪的道路等等。

所以，作为一名中学生应当理性上网，对于网络游戏有所节制，可以把它当作放松心情、丰富课余生活的调味品，不可过于沉迷，只有提高自身的控制能力，才能更好地发挥网络的优势。

★ 4. 现在网络流行语盛行，影响了人们尤其是青少年的生活，谈谈你的看法。（2010年商丘学院广播电视编导专业招生考试试题）

［参考范例］

尊敬的各位评委老师大家好，我抽到的即兴评述题目是：现在网络流行语盛行，影响了人们尤其是青少年的生活，谈谈你的看法。

面对网络语言的流行，有人认为，网络语言丰富了汉语的语言词汇，应当促进其发展；也有人认为，网络语言是一些年轻网民自娱自乐的方式，应任其自生自灭。我认为，网络语言的流行是一种数据文化发展趋势，但是不应放任这种语言直接出现在孩子的作业、媒体的报道甚至政府公文中。如果随便把一些奇怪费解的语言文字引进来，不仅很多人不懂，而且也会影响现代汉语的纯洁性。

试想，如果孩子们对网络语言比对标准的现代汉语都熟悉，那么就不仅会让语言变得混乱，而且还会产生新的文盲。这种现象对我们加强语言规范、促进汉语的健康发展提出了新的挑战。

语言的发展离不开规范。在语言发展的历史长河中，不同时期、不同阶段都会有新词新语涌现，只有那些符合语言发展规律和规范的、符合社会需求的新词新语，才会被吸收、纳入到语言体系中，进一步促进语言的丰富和发展。而那些不规范、不符合语言发展规律、不符合社会需求的词语，只能是短期内在小范围流传，转瞬即逝。网络词语的发展也应遵循这一规律。

面对网络时代语言中的不规范现象，要树立科学的语言规范观，正确认识新时代面临的新问题，积极寻找对策加以引导和解决。国家语言文字工作部门应根据信息化社会的发展和网络时代的特点，及时制定新的规范和标准，对于新出现的失范现象及时加以规范和引导。学校应当成为语言规范的主要阵地，积极推广普通话，使用规范字，注重培养学生的语言听说、书写能力，对出现在课堂上、作业中的网络语言文字等失范现象更要积极引导和加以规范。

5. 对有的大学生上学名车接送，亲戚朋友一大堆，有的大学生步行十几里路自己上学，你怎么看待？（2010年商丘学院广播电视编导专业招生考试试题）

［参考范例］

尊敬的各位评委老师大家好，我抽到的即兴评述题目是：对有的大学生上学名车接送，亲戚朋友一大堆，有的大学生步行十几里路自己上学，你怎么看待？

这是社会贫富差距在大学校园中的体现，它会影响大学生的人生观、价值观。家庭、学校和社会应对大学生的消费观念进行正确的引导，同时加大对贫困生的扶持力度，缩小校园里的贫富差距。

（1）目前一些大学生追求高消费已经成为一种普遍现象，尤其是那些家境富裕的学生，花起钱来更是大手大脚。而贫困生却要靠到处打工维持学业和生活。大学校园里日益突出的贫富差距现象给大学生的心理成长造成了冲击，也使校方对学生的管理面临难题。

（2）大学校园中的高消费者与贫困群体的出现，是社会上贫富差距在大学校园中的体现。大学生来自不同的地区和不同的家庭，社会背景和家庭经济条件不同，这种差异带到大学里，必然导致学生中出现贫富差距、优越感差距。

（3）应当高度重视这个新的校园现象，特别是它对贫困生心理产生的不利影响。校园中的贫富差距对贫困生的负面影响更大，他们本身就承受着一定的经济压力，有钱学生优越的生活条件以及由此产生的优越感，会使他们感到另一种无形的压力，这种压力会挫伤他们的自尊心，冲击他们经过多年主流教育而形成的人生观、价值观。

6. 谈一下你对“90后”是“垮掉的一代”的看法。（2010年浙江传媒学院媒体创意专业（影视制片方向）招生考试试题）

［参考范例］

尊敬的各位评委老师大家好，我抽到的即兴评述题目是：谈一下你对“90后”是“垮掉的一代”的看法。

我认为“90后”不是垮掉的一代，现在时代已经不同了，每一个时代的人都有那一个时代人的生活方式，现在是个性张扬的时代，而在这个时代的我们，就是激情与理想的形象代言人。记得罗援少将在接受香港媒体采访时，曾经说过这么一句话：“年轻人不要忘本，‘80后’‘90后’并非舆论说的‘缺失的一代’，他们的爱国潜质都是一样的，关键在于如何教育。”作为“90后”的我对此深有感触，因为我坚信“90后”无论是从个性追求，还是从理想价值取向的角度来看，都不是“垮掉的一代”。

我们不是“垮掉的一代”，因为我们拥有创新个性！生活在社会改革开放、包容性强、经济高速发展的年代里，我们个性特别鲜明，也拥有独立的见解，或许我们饱受“非主流”的争议，但依旧“走自己的路，让别人说去吧”，通过不断创新，追求自己的风格，最终冲破卷席而来的“流言”巨浪，重获社会的肯定。

我们不是“垮掉的一代”，因为我们都有自己的理想追求！我们有信心、有能力肩负起国家的重任。我们不但有苏东坡那样的豪放不羁之情，更有范仲淹的忧国忧民之心。我们重复着古人的青春，却拥有着自己的风采，致力于用智慧、勇气和汗水书写自己的人生、书写自己的传奇。

我们不是“垮掉的一代”，因为我们怀着热情的心去生活！我们要用我们的行动证明一切！我们并不懦弱，我们在不断成长，我们的满腔热血在祖国需要的时候也会挥洒！这是当代青年的声音，是中国脊梁的声音，也是民族复兴的声音！坚信我们会成为有责任的青年，有担当的青年，有使命感的青年！

7. 你认为是学习重要还是人格培养重要？（2011年南京艺术学院广播电视编导专业（南京考点）招生考试试题）

［参考范例］

尊敬的各位评委老师大家好，我抽到的即兴评述题目是：你认为是学习重要还是人格培养重要？

在我看来，学习与人格培养同样重要，两者相辅相成，德才必须兼备，不可偏废。

德是指品德，是指一个人对社会、对他人责任心的一种表现。才是指才能，是指一个人实现自我价值的能力和手段。现实社会生活中，德与才孰轻孰重，须得仔细分析。我认为德与才应该辩证地统一。

现在，社会上发生有很多因为重视学习而忽视人格培养最终酿成大错的悲剧。从小就成绩优异的马加爵，因为无法融入大学生活，在与他人发生口角时冲动之下残忍地杀害了四名同窗；音乐学院高材生药家鑫，在开车撞伤人后竟然第一反应是毁尸灭迹，将原本就奄奄一息的伤者用尖刀捅死……这些在人们眼中看似“成功”的高材生，制造的一出出惊天大案无不让人咋舌。到底是什么让他们丧失了基本的做人原则？后天的教育并不能支撑他们走完人生，究其根源还是因为对于人格培养的忽视。

每一个父母都希望自己的孩子能够成才，所以教育似乎成了每一个孩子与生俱来的选择。但是我们必须明白的是，成才之前人们首先应当学会怎样做人。什么是人才？德才兼备的人才是人才，德与才是不能分开的，德靠才来发挥，才靠德来统帅。二者缺一不可。缺少了任何一个方面，都不是我们所说的人才。在顺序上，德应该在才先，德较才重，德是前提。没有德，人就会失去方向和灵魂。对于一个只注重成才的人来说，成长是空洞的，是没有生命力的。只有将德融入其中，学会怎样做人，才能更好地开发自身的才华。

其次，坚持德才兼备原则，还要注意不能求全责备。“金无足赤，人无完人”，十全十美的人才是没有的，提出这样的要求也是不现实的。对人才不能求全责备，只要符合德才兼备的标准就应该大胆地使用。

★ **8. 如何看待大学生“考证热”？**（2011年云南艺术学院广播电视新闻学专业（娱乐新闻方向）（昆明考点）招生考试试题）

［参考范例］

尊敬的各位评委老师大家好，我抽到的即兴评述题目是：如何看待大学生“考证热”？

近年来，大学校园里出现了一股“考证热”，随着就业形势的严峻，这股“考证热”更是愈演愈烈。“多一个证书就多一条出路”成了很多大学生的奋斗目标，然而却很少有人能够理智地分析一下这些证件的价值到底有多少。

考证热，从一方面来讲是有着积极意义的，它反映了当代大学生的求知欲，希望通过考取证书来检验自己学习的成果，同时也通过考试这种方式，督促自己更好地学习相关知识。但令人担心的是，更多的大学生忙着“考证”只是盲目跟风，屈服于大众的压力，错误地认为证书越多越好，而忽视其本来的价值。目前，就业难作为不争的事实，客观上使得不少大学生心理压力加大，而一时又找不到合适的途径来增加就业的“砝码”，于是认为最现实的办法就是通过多拿证书甚至是与自己专业毫不相关的热门证书来提升自身的竞争力，寻求心理平衡和安慰。

针对这种现象，我认为大学生本身要对自己有一个清醒的认识，根据自己的需求有选择性地考取证件，不要盲目地“广撒网”，这样反而会赔了夫人又折兵。另一方面，学校也要加强对大学生考证的正确引导，开设就业指导课程，搞好学生就业工作，而不能把精力放在所谓的考证教育上。只有理性地对待“考证热”，适当地对其降降温，才能真正地发挥证书的作用与价值。

9. 谈谈青少年买名牌的问题。（2011年信阳师范学院广播电视编导专业招生考试试题）

［参考范例］

尊敬的各位评委老师大家好，我抽到的即兴评述题目是：谈谈青少年买名牌的问题。

现在，中学生日常消费中确实存在有追求名牌、不断上档次的趋势。这一方面说明了家庭消费水平的提高、人们消费观念的变化；另一方面也警示人们对盲目攀比、讲排场、比阔气的风气不可轻视。

鉴于消费心理的不同，对中学生消费名牌现象我们也要区别对待。如果只是为了满足虚荣心，我这件衣服比你的牌子更有名，他那件衣服的价格比我的高，为此陷入无止境的攀比中，今天穿这件，明天买那件，一旦不能满足自己的虚荣心，马上就丢掉再买，哪怕只穿过一次也在所不惜。这样的行为，我认为是不恰当的，它不仅会把中学生引入消费误区，而且也会影响中学生正确的价值观和人生观的形成，带来种种问题。对此，老师和家长要加强教育，帮助这些同学克服互相攀比、追求时髦的想法。但是，如果一个中学生买了名牌产品只是为了实用，则要另当别论。在家庭条件允许的情况下，我认为中学生购置一些名牌产品是无可厚非的。这里边的关键问题是，要看他消费名牌是为了满足日常需要，还是为了攀比。

中学生作为一个易受外部环境影响、崇尚时尚的消费群体，有自身的消费心理，同样拥有消费名牌的权利，但他们在名牌消费上却容易走入误区。与其冷漠地指责孩子们名牌消费的种种不是，不如回头反思一下，在引导孩子消费方面，社会、学校和家庭是否尽到了自己的责任。我相信，只要给孩子真正讲清楚名牌消费的是与非，他们肯定会少一些盲目，多一份理性。

10. 穷学生是否应该带手机？（2010年大连艺术学院音乐学专业（文化艺术事业服务与管理方向）招生考试试题）

［参考范例］

尊敬的各位评委老师大家好，我抽到的即兴评述题目是：穷学生是否应该带手机？

手机是一个方便人们生活上沟通的交流工具，没有专属性，没有谁规定只有有钱人才能用手机。现在有些人对那些一边申请着助学贷款吃低保，一边像“富学生”一样玩手机的穷学生表示不满，认为他们没有资格享受手机这种“奢侈”的东西，他们只有一直不断地努力学习，才能回报国家给予他们的恩惠。在我看来，这种想法是荒谬而且自私的，这是另一种方式的歧视。

首先在今天这个信息发达的社会，手机是一个几乎人人必备的工具，并不再是所谓的“奢侈品”了。一部普通的手机并不会造成多么大的支出，再者就算穷学生是用了所谓的国家“给予”的助学贷款去买的这一部手机，那也是他自己的选择，穷学生难道就没有资格去选择购买自己喜欢的东西了吗？贫穷并不是光荣的事，所谓艰难困苦、艰苦朴素也不过是不得已而面对的情况，如果他只是对手机有着非凡的兴趣，买一部手机来满足他的求知欲，或者是学习一些技能，甚至仅仅是为了玩玩游戏、聊聊天，这也是他自己的事，旁人没有资格去评头论足。或许也可能是因为他的自卑呢？如果身边的每个朋友都有手机而只有自己没有，和同学没有共同话题，提到手机连功能都不清楚、游戏也没玩过，这种处境下的他们的心情我们能了解吗？不让他们用手机只会加深他们的自卑罢了。

不管是因为什么原因，穷学生该不该带手机这个问题都不值得被讨论，因为贫穷并不是限制他们买手机的理由，正是因为出身贫寒，他们想要作出的每一步改变都需要我们去鼓励、去理解，世界本来就没有什么不同，穷并不可怕，穷学生也不可悲，我们应当正视这个问题，拒绝歧视。

11. 谈谈你对高中生拿笔记本电脑的看法。（2011年南京艺术学院广播电视编导专业（南京考点）招生考试试题）

［参考范例］

尊敬的各位评委老师大家好，我抽到的即兴评述题目是：谈谈你对高中生拿笔记本电脑的看法。

近年来，在高中学生中出现了一种新的时髦，那就是上学带电脑，尤其是住校的学生。上学带电脑，在一定程度上能给学生们带来一定的方便，但高中阶段时间紧、任务重，有的学生将电脑带进教室，甚至在教室里上网，既扰乱了课堂秩序，又影响了学生的学习，同时还会造成攀比之风，所以我认为高中生不应该上学带笔记本电脑。

高中是一个学习紧张的阶段，需要将大量的精力与时间专注于学业上。诚然，在信息技术如此发达的今天，网络是有着便利性的，它可以帮助学生搜索不会的知识、解决很多难题。然而大多数高中生的自控能力毕竟不强，既然带了电脑那就会上网，网上的信息鱼龙混杂，高中生没有清晰的辨别是非的能力，难免会受到一些不良影响，其次，很多高中生带电脑只是为了在课下或者晚上熄灯后偷偷上网、打打游戏等，这些消遣娱乐虽然在一定程度上可以减轻学习带来的压力，但也让很多人沉迷其中不能自拔。有时候打游戏熬过了时间，就会导致第二天起不来床或者学习效率不高，还有的则因为上网影响了身边同学的学习生活，这都是影响高中正常作息的不良生活方式。高考在中国的家长与学生心中都占据着重要的位置，很多人都渴望着就此一搏取得良好的成绩，然而因为被电脑干扰的原因而导致学习成绩下降的例子却有很多，这些学生在高考结束之后无不懊悔之极。

所以，作为高中生的我们应当更多地把精力放在学习上，在休息的间隙可以和朋友聊聊天做做游戏，没有必要一定通过玩网上游戏来获得放松，等到上了大学，自由选择的时间多了，就可以有控制力地正确利用电脑发挥积极的作用了。

所以我认为高中生不应该拿着笔记本电脑去上学。

12. 谈谈当下青少年的心理问题。（2011年信阳师范学院广播电视编导专业招生考试试题）

[参考范例]

尊敬的各位评委老师大家好，我抽到的即兴评述题目是：谈谈当下青少年的心理问题。

青少年时期是人生成长的必经阶段，也是人生的黄金时期。青少年正处于求学阶段，接触的新鲜事物较多，人物关系也比之前复杂，容易受到学业及交友方面的问题的困扰。青少年的心理问题是一个不容忽视的社会问题，主要表现在以下几点：

（1）随着社会的发展、独生子女的增加、片面追求升学率等因素的影响，青少年的情绪经常处于不稳定状态，情绪上的障碍影响了其社会适应能力的提高，诱发恐惧、焦虑、回避、自卑等种种负面情绪，从而造成人际关系处理不当、学习生活压力大、与父母沟通有代沟等问题。

（2）青少年处在生理和心理发育的特殊阶段，经历着身心各方面的急剧变化，这一时期的青少年既要适应生理的变化，又要适应社会环境的变化，因此，如果对他们教育和处理不当，会引发他们的心理叛逆，比如作出吸烟、饮酒、离家出走、网络成瘾等行为。

（3）爱情在学校并非一门必修课，但青少年学生仍然从各个方面开始了自己的情感之旅，被早恋、失恋、变态等问题困扰着，在处理个人情感问题上，分不清友情与爱情，不能很好地把握男女同学交往的尺度。

针对青少年心理问题，首先学校方面应当重点搞好校园文化建设，开展形式多样的文体活动和科普知识讲座，培养多种兴趣，发展业余爱好，形成健康向上的氛围、宽松融洽的环境。开展心理咨询辅导，增强学生的自我教育能力。开设心理健康教育的必修、选修课程，利用专题讲座、报刊、板报等多种形式宣传心理、卫生、健康等方面的知识。家长要给予孩子充分的自由空间和家庭民主权，积极鼓励孩子平等地交换意见，而不是将自己的观点和行为准则强加给孩子。青少年需要全社会的呵护，我们应当给予他们正确的引导，帮助他们健康地成长。

13. 如何看待中学生阅读能力差这个问题？（2011年商丘师范学院广播电视编导专业招生考试试题）

[参考范例]

尊敬的各位评委老师大家好，我抽到的即兴评述题目是：如何看待中学生阅读能力差这个问题？

从上小学开始，中国人一路走来都离不开手写文字。中国的汉字和西方的拼音文字不同，不仅可以表达深刻的思想，还可以供人欣赏，并且具有收藏价值。

但是现在随着网络的发展，很多电子设备成了生活中的必备品，随之而来的网络游戏、社交软件、电子书等更是冲击了实体店的经营，越来越少的人愿意花时间去书店买纸质书，越来越少的人有耐心看完整版的报纸，很多中学生习惯了交流用键盘、看新闻用微博、看书用电子设备，从而导致学生见到字会读不会写、遇到句子会看不会分析的尴尬局面，这也是中学生阅读能力差的原因之一。

这种现象让老师家长都很担忧。阅读是人类获取知识的基本手段和重要途径。对于学生来说，阅读能力是一种十分重要的能力，同时也是学生应该具备的重要素质。阅读能力的强弱，与学生获取知识、提高学习兴趣、增长见识以及培养自学能力等都有密切关系。然而现在中学生阅读能力逐渐降低这一问题却不得不被正视，加强阅读教学是培养未来人才的需要，也是培养听说读写能力的重要环节。

我认为学校方面应当给予学生更多的阅读机会，更加注重他们阅读兴趣的培养，可以通过开设阅读一角、分享图书协会等方式激发学生的兴趣，提高他们的阅读量，让学生喜欢读书，了解阅读的重要性，并且乐于相互交流。另外老师也可以适当地教学生一些阅读方法，让他们学会正确地阅读，通过调动学生的多种感官，做到口到、眼到、心到、手到，并加强学生听说读写能力的锻炼，不做表面上的“只读不懂”，从而提高学生的阅读能力，改善他们阅读能力差的状况。

14. 为了进行诚信教育，很多学校实行无人监考制度，请针对这一现象进行评价。（2011年商丘师范学院广播电视编导专业招生考试试题）

[参考范例]

尊敬的各位评委老师大家好，我抽到的即兴评述题目是：为了进行诚信教育，很多学校实行无人监考制度，请针对这一现象进行评价。

我认为实行无人监考制度，是一次很好的尝试。考试作弊现象伴随着我国考试制度的出现而出现，近年来随着科技的不断发展和高校招生人数的不断扩大，高校学生考试作弊现象呈明显上升趋势。考试作弊不仅体现了学生诚信品质的缺失，也违背了考试的公平公正原则。学校推行无人监考制度，是希望用这种方式来培养学生的诚信观念，降低学生作弊率，同时利用该模式节省部分人力物力。

学生是一个个的具有主观能动性的人，他们的身心状态在成长中由于遗传、环境等因素的不同而不断变化发展。在受教育的过程中，他们渴望得到尊重和理解。而无人监考制度正是建立在学生所渴望得到的理解、尊重这些需要的基础上的。无人监考实验的出发点是，以人本之道善待学生，让学生获得被老师理解和尊重的情感需要。教师在教育过程中并不只应关心学生学习成绩的高低，还应该着眼于学生诚实品质和行为习惯的培养，着眼于帮助学生树立起“自己是学习的主人”的意识，以此调动学生学习的积极性和主动性。

无人监考制度的推行与实践，实际上是学生进行自我教育的过程。这种模式可以提高学生的主动意识，培养其主人翁精神和独立的人格意识。所以它是一个很有创意的尝试，希望在不久的将来，无人监考模式能够在各大高校获得成功应用并取得相应的教育效果。

15. 论述当代中学生近视高发的原因及对策。（2011 年商丘师范学院广播电视编导专业招生考试试题）

［参考范例］

尊敬的各位评委老师大家好，我抽到的即兴评述题目是：论述当代中学生近视高发的原因及对策。

如今中学生近视比例逐年上升，原因主要有：

（1）用眼时间过长。有的青少年因为看书、写字、做作业、看电视等常常连续 3～4 小时不休息，甚至到深夜才睡觉，这样不仅影响身体健康，而且使眼睛负担过重，久而久之，看远处时，眼睛的肌肉就不能放松而呈痉挛状态，就感到模糊而形成近视。

（2）在行车或走路时看书。有的青少年为了充分利用时间，边走路边看书或在行进的车厢里看书，这样对眼睛很不利。

（3）躺着看书。许多青少年喜欢躺在床上看书，这是一种坏习惯。如果躺着看书，两眼不在水平状态，眼与书本距离远近不一致，就会加重眼睛的负担 2～3 倍，日久自然形成近视。

（4）电子设备的干扰。经常看电视、经常玩电子游戏机的同学更易损坏视力，长时间操作电脑也会引起眼的干燥和疲劳，从而导致近视。

针对这种现象，中学生从小就要养成良好的学习习惯，看书写字用电脑时须坐端正，保持正确的姿势，注意眼睛与书本、桌面和电脑屏幕保持一定的距离。学习时间之外，要保证眼睛有放松的时间。要合理安排作息时间，注意眼部休息，认真做眼保健操和从事户外体育锻炼。还应当均衡健康饮食，重视饮食调理，意识到保护视力的重要性，即使已经近视也应及时进行矫正，不要任其发展下去，这样只会让近视更加严重。眼睛是心灵的一扇窗户，我们应当让这扇窗户保持明亮和清澈！

★ **16. 如何看待 QQ、MSN、E-mail 等交流工具?**(2011 年商丘师范学院广播电视编导专业招生考试试题)

[参考范例]

尊敬的各位评委老师大家好，我抽到的即兴评述题目是：如何看待 QQ、MSN、E-mail 等交流工具?

现今社会随着网络的普及与发展，信息网络世界愈来愈成为大众精神生活的一个重要方面。很多社交软件如 QQ、MSN、E-mail 也应运而生，越来越多的人渐渐习惯了用社交软件与朋友进行交流，这在一定程度上便利着我们生活的同时，也带来了不少的弊端。

社交网络是一个虚拟的自由空间，它的方便、快捷、开阔等多种优点，拓展了我们的知识面，给予了我们遨游的空间，它的出现改变了我们传统的思维方式，给予我们的生活极大的帮助，让我们坐在家里就可以与好友亲人视频聊天，几分钟内即可收到相隔万里的来信。其次，利用社交网络结识新的朋友也可以增长人的自信心，在生活中受到打击的时候，只要打开电脑，看到网络上那些熟悉的联系人，就能找到属于自己的私人空间，在这个虚拟的空间里，你可以自由言论，自由选择交往对象，而你的所有行为都是私密的，不会被别人侵犯。这是一块真正属于你的交际圈，不会被他人所打扰。

但是，如果过于沉迷于这些社交软件，就会迷失自我。长时间与网络上虚拟的人物交流，就必然会减少与身边亲人、朋友之间面对面相处的机会，其结果则是对现实中人际交往的疏远和心理距离的扩大。容易使人漠视、疏远现实生活中融洽的人际交往，引发心理孤独与压抑，具体表现为情绪低落、兴趣丧失、精力不足、思维迟缓、自我评价能力降低等。网络是一个鱼龙混杂的世界，人容易在社交网络中迷失自我，利用网络损害他人的名誉和人格、传播虚假信息、在网上进行情感欺骗、在网上传播色情和暴力信息等行为也会屡有发生，不良信息的传播与被传播也使得处于心智成长期的辨别能力不强、自控能力较差的人尤其是青少年很难主动识别和抵制。

所以，对于这些社交软件我们应该有一个理性的认识，正确地运用它的便利性，发挥网络的积极作用，做到不被不良交往迷惑，有一个正确的价值观，从而实现健康上网、文明交友。

17. 你认为好的师生关系是怎样的?(2011 年商丘师范学院广播电视编导专业招生考试试题)

[参考范例]

尊敬的各位评委老师大家好，我抽到的即兴评述题目是：你认为好的师生关系是怎样的?

良好的师生关系，是提高学校教育质量的保证，也是社会主义精神文明的重要方面。在我看来，好的师生关系是学生与教师在包括教育、心理、伦理在内的每一个方面都能和谐发展的一种健康交流方式。

（1）在教育上，教师是促进者、组织者和研究者，而学生一般是参与者、学习者，同时又是学习的主人和自我教育的主体。两方应该形成一种引导者帮助学习者参与到良好的教育中的关系，这种关系既应符合教育科学规律，又应体现教育创造艺术，既能为师生双方提供最大的发挥主体力量的空间，又能使双方的力量形成有效合力，从而使学生获得和谐发展。

（2）在心理上，教师应当以一种朋友的方式对学生循循善诱，对于陷入低迷状态的孩子主动拉一把，并且看到每一个孩子的闪光点，不搞区别对待。这种关系会促使师生情感更加融洽和谐，所以加强师生之间的相互理解和沟通，直接关系到学生的学和教师的教，甚至会对学生世界观、价值观的形成产生很大的影响。

（3）在伦理上，身为教师应当传道授业解惑，一日为师终身为父，以长者的身份教会学生承担一定的伦理责任，履行一定的伦理义务。学生的道德观念有很大一部分是从教师那里直接获得的，教师会潜移默化地对学生施以道德方面的影响。这就需要教师不仅有广博的知识，还应该有高尚的人格和正确的道德思想，而这正是建立良好的师生伦理关系的关键。

18. 谈谈对中学老师体罚学生的看法。（2011年商丘师范学院广播电视编导专业招生考试试题）

［参考范例］

尊敬的各位评委老师大家好，我抽到的即兴评述题目是：谈谈对中学老师体罚学生的看法。

对于中学老师体罚学生我是不赞同的。

首先，体罚是法律明确禁止的行为。我国很多相关法律都明令禁止教师体罚或变相体罚学生。不管教师是出于什么动机或目的，都不得实施这种手段。老师这样的做法是触犯法律的。

其次，虽然也有很多支持体罚的人宣称“棍棒底下出孝子”“不打不成器”，认为现在年代不同了家长都宠着惯着孩子，对于体罚有些过于敏感了。但在我看来并不是这样，适当体罚孩子，让他明白做错事情应当承担责任并学会承受压力，是有好处的。但这只应针对年龄较小的学生，因为小孩子毕竟年龄小，自控能力还很差，上课有时还不能全神贯注地学习，放学后会一味地去玩而把家庭作业给忘了，在这时我认为教师采取一定的惩罚措施对学生肯定是有帮助的，能让他们明白什么是对的什么是错的。但是对于已经有了明确的是非观的中学生来说，体罚对于他们将是一种心灵上的伤害。这个年龄的他们自尊心都很强，身为教师，应当用一种鼓励的方式去引导他们成长，而不是用体罚的方式在“伤口上撒盐”，这样只会让事情变得更加严重，有些极端的孩子甚至会作出反抗的举动从而走上犯罪的道路。

所以，我认为中学老师不应当体罚学生。

19. 针对三名小学生利用别人的身份证贷款 138 万这一事件谈谈你的看法，并提出相关办法。（2011 年潍坊学院广播电视编导专业招生考试试题）

［参考范例］

尊敬的各位评委老师大家好，我抽到的即兴评述题目是：针对三名小学生利用别人的身份证贷款 138 万这一事件谈谈你的看法，并提出相关办法。

三名小学生用他人的身份证贷款数百万竟然还能成功，这件事本身已经是一个令人尴尬的笑话了。其中，三名小学生的身份并不是最令人诧异的，最令人诧异的是为什么在这个复杂的过程中，竟然没有一个相关部门发现问题并且阻止事情的发生呢？

未成年人在没有监护人的情况下不能申请贷款这是国家明文规定的，更不要说其他的复杂条件了，可是这三个小学生却钻了筛选的漏洞，竟然能神不知鬼不觉地贷款数百万，这是多么令人担忧的事情啊！如果申请贷款的门槛已经低到连年龄也不限制了，那么这个国家的金融信任机制也令人担忧。

针对这一现象，政府应当采取措施，作出补救，这不应仅仅体现在对学生以及学生家长进行教育惩罚上，更应该做的是从根本上解决问题，严格要求申请贷款的条件限制，对于每一个流程都加以监护，严格审查贷款人的真实情况与需求，避免身份证号码的重复现象，同时注重法律方面的宣传，从而避免这一类闹剧的发生。

20. 谈谈你对下跪谢师这种做法的看法。（2011 年白城师范学院广播电视编导专业招生考试试题）

［参考范例］

尊敬的各位评委老师大家好，我抽到的即兴评述题目是：谈谈你对下跪谢师这种做法的看法。

下跪这种礼仪形式在封建时代司空见惯，作为礼仪之邦的中国自古就有下跪的悠久传统，在古代，不仅要跪师，还要跪官、跪父、跪夫……古人云："一日为师，终身为父"。学生为了感激老师多年的教育之恩，在特定的时刻和情境下，"激情下跪"是人之常情，谈不上侵犯人权和人格尊严，但这种情感表达都是很私域、很个人的自愿表达。我们能不能保证这些下跪的学生都是自愿的呢？我们无法保证每一个下跪的学生都怀有对母校和老师的崇敬，他们的举动，更大程度上是一种集体无意识，是一种群体压力下的"被自愿"。

感恩教育的关键在于师生双方的细节感召，老师的天职是"传道授业解惑"，做学生的感激之情发作，必须有所表示，鞠个躬、作个揖、送个礼也无不可，缘何一定要"有组织地"行此大礼？这样真的能让学生理解感恩的真正含义吗？这未免有些作秀的嫌疑。

在现代文明的语境下，跪下去的感恩教育让师道矮了半截，同时也折射出校园感恩文化的空洞无物和教育理念的落后狭隘。学校是教书育人的地方，更应该提倡新风尚，摒弃旧的礼节。老师是一份传道授业解惑的光荣职业，我也相信一个让学生尊敬的教师绝不是“跪”出来的。

21. 谈谈你对父母提供大量赞助费让孩子上重点中学的看法。（2011 年白城师范学院广播电视编导专业招生考试试题）

［参考范例］

尊敬的各位评委老师大家好，我抽到的即兴评述题目是：谈谈你对父母提供大量赞助费让孩子上重点中学的看法。

家长想让孩子上好学校接受更好教育的心我们可以理解，但是选择用多交赞助费的方式来达到目的，却是错误的。赞助费的存在，说明学校是处于强势地位的，费用的高低不等，则证明了教育资源在学校之间分配的绝对差距。家长为了孩子能上一个好的学校情愿倾家荡产，多高的赞助费都无所谓。家长的这种心态其实是助长了学校的强势地位，虽然每个学校都在收取费用，但差距是绝对存在的。最后的结果肯定是好的愈好，差的愈差，这种强势和弱势的关系得到强化后，绝对的差距便形成了，那么家长将处于更加不利的位置。

其次，家长的这种行为也会给孩子带来不好的影响。身为家长应当以身作则，对孩子进行正面的引导，如果向孩子传输这种金钱观念，让孩子以为金钱可以改变生活状态，孩子就会效仿这种做法，形成等级观念。另外这种自愿被“压榨”的行为会导致资金流向不清，如果学校对这笔费用不公开，那么我们有理由怀疑有相当部分的费用是流入了学校某些人的腰包，这种贪污现象肯定无法避免。那么学校便成了牟取“私利”的行业，换言之，家长又成了贪污者的“帮凶”。

面对这种现象，想要有所改善，仅仅加强政府的打击力度是没有实质作用的，相反，这种严打的措施只不过是应付家长和检查的逢场作戏罢了。教育收费的存在反映了教育资源的分配不均衡问题，那么政府所要做的就是扶持一些非重点学校的发展，在费用投入上应该一视同仁，不再区分重点和非重点，以后的工作重点除了要保证所谓重点学校的稳步发展外，还要加快非重点学校的赶超，在资金方面、教师待遇方面、学校硬件支持方面出台鼓励政策，推动教育均衡化发展，改变教育资源不均衡的状况。这样才能从根本上制约这种行为。

22. 幼儿园按交纳学费的多少分班，谈谈你对这一事件的看法。（2011 年白城师范学院广播电视编导专业招生考试试题）

［参考范例］

尊敬的各位评委老师大家好，我抽到的即兴评述题目是：幼儿园按交纳学费的多少分班，谈谈你对这一事件的看法。

我认为这种行为是一种教育的不公平，每个孩子都有上学受教育的权利，不能以交费的高低多少将孩子分成三六九等差别对待，这样只会助长教育差距的加大。

首先，幼儿园利用公共资源，设立所谓的“贵族班”，提供差别化教育服务，这对贫困家庭的孩子来说不公平，侵害了他们本应享受的教育质量和教学环境。如果这种现象得到普及，好的教师和教育设施都向“贵族班”倾斜，普通班学生享受的教育质量必然下降。这种人为制造教育不公平的做法非常不合理。

其次，幼儿园办“贵族班”，额外收取服务费用，必然增加学生家庭的负担，无疑是学校向家庭进行双重收费。现在许多家长望子成龙心切，设立贵族班和普通班，是在逼迫部分家长以多交费的方式为孩子购买好的教育机会。富裕家庭如果希望孩子享受贵族化的教育服务，那么可以去私立学校就读。公立学校应当向每个孩子提供公平、无差别的教育机会，这是由它的办学属性所决定的。

另外，公立学校设立贵族班的本质就是教育乱收费，其结果是破坏了教育公平，制造了社会鸿沟，并会进一步影响孩子心灵的健康成长。教育几乎事关每个家庭，教育部门的工作人员不可能生活在真空里。即使真的“毫不知情”，那么对这种存在多年的教育乱象没有丝毫觉察，就是严重失职。

无论如何，我认为这种影响社会公平的“贵族班”都应从公立学校消失。教育部门应当加强对学校的监管，将教育资源进行合理的分配，学校方面也应当加强对教师的培训，提高教师的教学能力，实现教育公平、教育均衡化发展。

23. 如何看待学生在校园穿丝袜？（2011 年白城师范学院广播电视编导专业招生考试试题）

［参考范例］

尊敬的各位评委老师大家好，我抽到的即兴评述题目是：如何看待学生在校园穿丝袜？

爱美之心人皆有之。现在越来越多的女学生或为了美观或为了人时而喜欢穿着丝袜出门，甚至在学校里也不例外，在我看来，选择穿丝袜原本只是一种个人喜好，别人无权干涉，但是在校园里穿丝袜却有失妥当。

家有家规、校有校规，学校毕竟是一个传授知识的文化殿堂，它不同于鱼龙混杂的社会，是有着一定的规章制度的，校园孕育着文化，是一方氛围较为纯粹、单纯的净土。而社会则三教九流复杂多了。校园的青葱岁月，是我们人生的起步。我们在此接受教育吮取营养，慢慢成长。因此，一定的约束、训导是应该的。

其中，规定学生在学校穿着统一的校服就是一种规范。校服，是学生的符号，是一种身份标记。因为一旦学生装上身，无论走到哪儿，都会受到社会的监督——舐犊之情，人皆有之。穿上整齐的校服在学校里学习、生活，不仅仅是对学校的热爱，更是对文化的尊重。校服，显示了约束、自律、规章，同时，也体现了平等。不论贫富贵贱，至少在校园内，在同一学习环境、同一老师的教诲下，穿着同款同色校服的学生都是平等的，不会因为谁特殊而搞差别待遇。可是现在的学生似乎还没有意识到校服的意义，总是喜欢和别人不一样，女生穿丝袜就是其中的一个表现。我并不是说穿丝袜是一种有辱校风的表现，只是穿着丝袜是要分场合的。尤其是还没有毕业的中学生，是青春活力的代名词，穿着打扮应当得体，或许有些人在校园里穿丝袜只是为了好看，更或者是出于逆反心理，但这毕竟破坏了学校的优美风景。一个真正有气质的人往往胜于会打扮的人，所以人增强内在修养比花心思打扮重要多了。

或许多年之后毕业的你，回想一下那段穿校服的岁月，才发现那是你一生中最美好最令人回味的时光。

24. 谈谈你对学校举办“最差老师”评选活动的看法。(2011年黄淮学院广播电视编导专业招生考试试题)

［参考范例］

尊敬的各位评委老师大家好，我抽到的即兴评述题目是：谈谈你对学校举办“最差老师”评选活动的看法。

我不认同这种做法，即使评选“最差老师”的初衷，是为了综合老师实际上课的情况对老师作出评比，以帮助最弱的老师提高教学能力，并防止某些工作不认真的老师无法尽到职责而推出的一个活动。这一创新的尝试乍听起来让人感觉很民主，因为能够让长期处于安逸状态的老师形成一种危机意识，但是具体开展情况却不容乐观，会受到很多现实因素的制约，最初的想法并不能得到很好的贯彻实行。

这种由一小群代表在教师授课后打分的评选，表面上看很民主，其实不过是学校行政管理人员的滥用职权。面对操纵评判的管理人员，被评判的教师只能委曲求全，争取过关。人格矮化、没有尊严的教师也只会教出没有尊严的学生。

想要帮助教师提升教学能力、适应新的教学方式的初衷并无恶意，但是为此采取的方式确实让那些不知所措的老师体会到了一种被羞辱的感觉。对于为人师表的教师来说，“最差”的字眼近乎恶毒，一名教师一旦被贴上了这个标签，就很难在学生面前挺起胸膛。因为某个方面的欠缺，就对一个人作出羞辱性的评价，不仅是片面的，也是有害的。判断一名教师是否合格、能否继续从事教学工作，应该有一个客观的评价体系，既要考察教学能力，也要考察品德操守。我国目前对从事教师这一职业的人是要求考取教师资格证的。由此可以看出，对教师的管理和评价绝不是随随便便的。几个人聚在一起听几节课，就认定一名教师“最差”，这显然太随意了。如果一名年轻教师因为个人的工作经验不足而背负上这个恶评，他对教育工作的热爱必然大打折扣；如果一名年老的教师因为教学方式的滞后，辛苦了大半辈子反落下个“最差”，这个评价也太冷酷无情了。

所以我不赞同“最差教师”的评选。

25. 中国学生计算能力第一，想象力倒数第一，创造力倒数第五，对此谈谈你的看法。(2011年黄淮学院广播电视编导专业招生考试试题)

［参考范例］

尊敬的各位评委老师大家好，我抽到的即兴评述题目是：中国学生计算能力第一，想象力倒数第一，创造力倒数第五，对此谈谈你的看法。

中国学生计算能力的确很强，尤其是在应对各种考试时更是处于世界领先水平，有中国学生参加各种国际奥数大赛并屡屡夺金为证。同样，关于中国学生想象力倒数第一的评价也不令人意外，中国学生“创新能力弱，动手能力弱”是事实，这种现象值得我们反思。

我们的学校在教学中一直在教孩子寻找标准答案，几十年来一以贯之地推行一种填鸭式、循规蹈矩的应试教学模式，这究竟给学生们带来了哪些益处呢？我想，除了培养出了屡次在国际数理化比赛中夺得金奖的一些中学生尖子外，几乎可用“乏善可陈”来形容。想象力比知识更重要，这是世界巨匠爱因斯坦的结论——“因为知识是有限的，而想象力概括世界上的一切，推动着进步。”由此来看，我们的填鸭式教育实则抓错了重点。

没有想象力的民族会是怎样？影响人类20世纪生活的20项重大发明中，没有一项由中国人发明；以色列诺贝尔奖获得者有近10位，而中国一位也没有……这些事实都在告诉我们一个道理：中国孩子的想象力受到了限制，只有释放这些孩子的想象力，让他们去自由地创造，中国的未来才更有希望。不要禁锢他们的思想，不要限制他们的行为，要让他们多听、多看、多感受，要让他们多做白日梦，用他们纯真无瑕的想象力去给未来的中国增添更美的光彩与荣耀。只有这样，素质教育的改革才能有所成效。

★ **26. 中学生是否应该多参加公益活动？**（2011年黄河科技学院广播电视编导专业招生考试试题）

［参考范例］

尊敬的各位评委老师大家好，我抽到的即兴评述题目是：中学生是否应该多参加公益活动？

我认为，作为国家未来的建设者，在不耽误学业的情况下，中学生有必要经常参加志愿活动。

志愿服务作为一种高尚的社会行为和一项重要的社会公益事业，在弥补政府资源不足、维护社会安全稳定、服务经济建设与社会道德建设等方面发挥了积极作用，对于构建社会主义和谐社会具有重要意义。

中学生参加志愿活动，对于社会而言是有很大好处的。第一，志愿者在把关怀带给社会的同时，也传递了爱心，传播了文明，这种“爱心”和“文明”从一个人身上传到另一个人身上，最终会汇聚成一股强大的社会暖流；第二，志愿工作提供了社交和互相帮助的机会，加强了人与人之间的交往及关怀，减低了彼此间的疏远感，能促进社会和谐；第三，社会的进步需要全社会的共同参与和努力，志愿工作能够鼓励越来越多的人参与到服务社会的行列中来，对促进社会进步有一定的积极作用。

不仅如此，参加志愿活动对于中学生个人而言也是有很大帮助的。首先，志愿者通过参与志愿工作，有机会为社会出力，尽一份公民的责任和义务；其次，志愿者利用闲余时间，参与一些有意义的工作和活动，既可以扩大自己的生活圈子，更可以亲身体验社会的人和事，加深对社会的认识，这对志愿者自身的成长和提高是十分有益的；最后，志愿者在参与志愿工作的过程中，除了可以帮助他人以外，更可以培养自己的组织及领导能力，学习新知识、增强自信心及学会与人相处等。

所以，志愿活动对于中学生来说，既是一个奉献社会的机会，也是一个提升自己的机会，只要时间允许，应该经常参加。

27. 高中生谈恋爱算不算早恋？（2011年黄河科技学院广播电视编导专业招生考试试题）

［参考范例］

尊敬的各位评委老师大家好，我抽到的即兴评述题目是：高中生谈恋爱算不算早恋？

我认为高中生谈恋爱算早恋。其实，处于这个年龄段的学生，对异性有一种好奇心、朦胧的意识，是完全可以理解的，毕竟这是一个成长必经的阶段。但如果把它付诸行动却是不应该的，也是不理智的。

这个年龄段早恋的原因有很多。高中学习生活枯燥乏味，很多高中生都需要一个能够倾诉的对象，可以一同谈论共同的话题一同分享悲喜，这些高中生普遍认为自己长大了，可以像成年人一样拥有感情了。他们觉得自己是比较理智的，两个人在一起只会相互鼓励，共同进步，不会耽误彼此的学习。然而现实却往往背道而驰。成千上万的实例告诉我们，沉湎于早恋的高中生多数都是沿着“感情直线上升，成绩直线下降”的轨迹运动的。由于高中生年龄小，思考问题不全面，自制力较差，对于什么是真正的爱情、怎样才能赢得真正的爱情之类的问题的认识往往是朦胧的、含糊不清的，因此，过早涉足爱河容易迷失方向，种下“苦果”。

身为一名高中生，我认为我们现在的主要职责是完成学业、增长才干。这个年龄段是人生的黄金时段、花样年华，应该把主要精力用在积累知识、培养能力上，而这些是为将来美好的人生打好坚实的基础，增加竞争的砝码。并且时间和花季年龄是一去不会复返的，所以把现在的好时光浪费在谈情说爱上是一种感情透支，更是一种对时间的浪费，因此我不赞成高中生谈恋爱。

28. 谈谈你对小学生文具使用过多的看法。（2011年中国传媒大学南广学院广播电视编导专业（济南考点）招生考试试题）

［参考范例］

尊敬的各位评委老师大家好，我抽到的即兴评述题目是：谈谈你对小学生文具使用过多的看法。

现在小学生的书包普遍超重，一年级小学生背的书包都快赶上自己高了，而且书包里的文具更是琳琅满目，越来越多的新型文具占据了他们的学习生活，在我看来有些复杂的文具对于现在的他们来说都是不必要的。

这种现象其实也与现在的社会环境有关。家长们越来越重视低幼儿童教育，望子成龙望女成凤的心情每个家长都有，物质条件好了，自然就会为孩子买更多的学习用品。商家似乎也看到了这一点，各种好玩的、有趣的、吸引孩子们眼球的玩具式文具越来越多，但是这么多的文具买了之后真的都能够物尽其用吗？小学生真的需要这么多文具吗？

我们上小学的时候，很多人都是铅笔盒里就一支铅笔、一支钢笔、一块橡皮就从一年级一直用到毕业，似乎也没有买过其他的文具，写错了就划掉重写；没水了就带着钢笔水；笔袋每个月洗一次……也没有修正液、修正带、一次性换芯笔等等。那个时候更多的情况是，哪个小伙伴们买了新鲜的文具，几乎全班都能“沾个光”，你用用我的，我用用你的，在换来换去中感情更是不断升温其乐无穷。然而现在的小朋友可以选择的余地大了，零花钱多了，就会形成一种攀比的心态，似乎别的小朋友买了新的文具自己没有就会很丢人，也会吵着向家长要。而家长则会因为是买文具而不是玩具的缘故所以尽量迁就孩子。这样每个月积累下来就会造成大量的文具浪费。

事实上小学生的学习范围有限、能力有限，能真正起到作用的文具也就那几样，没有买太多的必要。针对文具浪费现象，家长应当走出消费误区，不要一味地用物质满足孩子，要向孩子提倡节约、朴素的生活态度，在给孩子零花钱的时候，更应该教会孩子如何使用零花钱，引导孩子树立正确的消费观念，使买到的东西物尽其用，从而杜绝浪费现象。

29. 谈谈对“女生节”的认识。（2011 年中国传媒大学南广学院广播电视编导专业（济南考点）招生考试试题）

［参考范例］

尊敬的各位评委老师大家好，我抽到的即兴评述题目是：谈谈对“女生节”的认识。

“女生节”是由一群有创意的大学生提议定立的，将这一节日定为 3 月 8 日妇女节前一天，本意是要开创一个关爱女生、展现高校女生风采的节日，通过开展高品位、高格调的人文活动，引导女生关注自身思想素质、道德修养、文化内涵、心理健康，是高校校园趣味文化的代表之一。

我认为，大学教育除了要教给学生具体的专业知识之外，更应该利用本身积淀的文化传统对学生进行人文素质培养，“女生节”作为高校发展过程中极具代表性和趣味性的文化之一，它的创立有其积极的意义。随着女性教育水平的普遍提高，女性的能力得到肯定，女学生群体的成型壮大更是加速了女性主体的发展。尊重女性，成为社会上最为普遍的人文准则之一。女性教育重视程度提升的直接后果就是其社会地位的提升，而商业文化的兴盛，也进一步推动了女性社会地位的提升。现如今，工商业、娱乐业、教育业等各行各业的高层领导中，都不鲜见女性的面孔。因此，伴随着女性地位的不断提高，人们的观念也在不断改变，女生节的“出生”也就是理所当然的了。

大学生作为未来社会发展的主力军，引导着世界格局的变化。因此，弘扬健康积极的人生观和价值观，对大学生的人生发展起着关键性作用。关爱女生的“女生节”就是在中国高校中慢慢衍生出来的具有特色的校园文化。“女生节”的主旋律是一种人性关怀，定位为能在大学发展中对文化起到促进作用。

30. 你对高中生用时间拼成绩有什么看法？（2011年南京艺术学院公共事业管理专业（艺术管理方向）（南京考点）招生考试试题）

[参考范例]

尊敬的各位评委老师大家好，我抽到的即兴评述题目是：你对高中生用时间拼成绩有什么看法？

高考制度从产生到现在，它的目的一直都不是选拔死读书的人，而是学习能力强的人，这一点必须认识清楚。一个适合读书的人，并不需要拼命的自我摧残式的学习方式。相反，如果采用这种自杀式的学习方式，超负荷地搞题海战术，原本清醒的头脑也会变得迟钝！劳逸结合，是个永不过时的方法。用时间拼成绩，不过是换一种方式提前消耗自身的能量罢了。

在我身边就曾经历过这样的例子。我们学校一个高三学生，因为无法忍受学校里的高强度题海战术，每次考试成绩都逐渐下滑，心情非常郁闷，以至于无法继续学习，精神接近崩溃。教师发现这种情况后，害怕该生出事，于是就做他的思想工作，劝他回家自己复习，高考时再回校参加考试。该生听从了劝告。由于他基本上对高考没有抱太大的期望，因此回家后整日玩玩学学，日子过得轻松愉快。结果令他自己、家长和老师都没有预料到的是：他的高考成绩居然过了重点线！而这个学生平时的最佳成绩，从来就没超过重点线！

高考固然重要，但是面对高考我们应当顺其自然，不要太急功近利。要知道高考并不是完全可以通过多花时间来考好的。高考的目的是选拔那些有潜力进入高校进一步深造的人，而不是选拔那些死记硬背、鹦鹉学舌的人！就拿现在备考的我们来说，我们应当在考学的压力之下找到属于自己的学习方法，在学习的过程中劳逸结合，放松心态调整心情，只有这样才能确保在高考中发挥出正常的水平。

31. 大学是个社会，对此你怎么认为？（2011年南京艺术学院公共事业管理专业（艺术管理方向）（南京考点）招生考试试题）

[参考范例]

尊敬的各位评委老师大家好，我抽到的即兴评述题目是：大学是个社会，对此你怎么认为？

我认为上了大学后，自己的很多东西包括生活方式、思维惯性都会发生改变，个人选择的权利大了，独立性也会得到提高。大学是一个小社会，步入大学就等于步入了半个社会。我们不再是象牙塔里不曾经受风吹雨打的花朵，通过社会实践的磨炼，我们深深地认识到实践经验是一笔财富。人生就是一个大舞台，而我们就是这个舞台的表演者，若想要自己成为其中闪亮的角色，想要吸引众人的目光，那就需要我们通过自身的努力、奋斗、拼搏，去不断完善自己的人生。

我们在大学里应当思索自己将来要做一个怎样的人，要作出怎样的选择、怎样的奋斗。在大学这个半开放的社会里，我们必须充分利用好大学时光，让自己变得成熟，让自己的思想升华。如果在大学这几年，思想上没有大的进步或者改变，那么整个人生也不会有什么起色。大学是一个人的世界观、价值观成熟的一个定性阶段，也是对整个人生的一个定位阶段。

社会是一所更能锻炼人的综合性大学，每一个大学生只有在大学阶段努力深入社会，了解社会，服务社会，投身到社会实践中去，才能发现自身的不足，为今后走出校门、踏进社会创造良好的条件；才能学有所用，在实践中成才，在服务中成长，并有效地为社会服务，体现大学生的自身价值。

32. 高中生该看课外书吗？看多长时间比较合适？（2011年南京艺术学院公共事业管理专业（艺术管理方向）（南京考点）招生考试试题）

［参考范例］

尊敬的各位评委老师大家好，我抽到的即兴评述题目是：高中生该看课外书吗？看多长时间比较合适？

虽然高中生活紧张繁忙，但是我认为适当地看些课外书是有积极作用的。就拿我自己来说，平时课间或者下了晚自习，我就喜欢看一些《史记》等历史方面的书，还有一些金庸、古龙的小说，曾经还因为看得多了引起了老师同学们的兴趣，从而得来了“历史小百科”这一绰号。我认为高中生看课外书不但可以放松正处于备考期的紧张的心情，还能对自身进行有效的知识拓展，是有必要性的。

首先，高中的学习内容大多是一些应试的理论知识，老师在课堂教学中教给学生的知识毕竟有限，而高中生又处在一个对世界充满好奇的年龄，有限的知识不能满足他们对于世界的疑问，所以阅读课外书，对于学生人格的培养和知识的拓展具有积极的意义。其次，作为跨世纪的青少年，不仅要掌握课本上的知识，还应通过课外阅读，广泛积累知识，才能迎接新世纪的挑战。虽然这些课外知识目前还让人看不到明显的促进学习的效果，但从长远来看，一个知识广博的学生更有发展的潜能。

另外，看课外书可以，但是要把握好两个度：一是要注意自律，不要占用正常的学习时间，不要本末倒置，毕竟学生还是应以学习为重，看课外书应安排在正常的学习之余。二是要注意将课内外知识有机结合，如看到最新的科普知识，可主动用所学的学科知识来加以剖析、解释，以巩固课内知识，只有这样，课外知识才能更好地促进课内知识的学习。

33. 大四学生说自己在大一时挂科很多，后来醒悟奋发，被名校录取，并在接受采访时以此劝诫不努力的学生。谈谈你的看法。（2012年云南艺术学院新闻学专业招生考试试题）

[参考范例]

尊敬的各位评委老师大家好，我抽到的即兴评述题目是：大四学生说自己在大一时挂科很多，后来醒悟奋发，被名校录取，并在接受采访时以此劝诫不努力的学生。谈谈你的看法。

说起挂科，很多大学生都认为这并不是什么严肃的事情，至于挂科的原因更是五花八门。有的是因为沉溺于网络游戏，经常逃课泡在网吧里；有的是因为忙于谈恋爱而无心学业；有的是因为热衷于兼职赚钱，对学习不屑一顾，很多人甚至宣称大学里没挂过科都不好意思说自己上过大学。我认为这是一种不认真的态度，同样也是对自己人生的不负责。

在高中阶段，学生由于升学压力的影响，一般来说是在家长、老师的督促下被动地学习。而进入大学后，因为是以自主学习为主，一些控制力稍差的学生面对众多的诱惑，心思便很少放在学习上了。再加上目前社会上不同的价值观对大学生的思想冲击，学习不再被认为是大学生活的主要内容，挂科也就不足为奇了。

但是挂科一旦发生，势必会在你的人生轨迹上留下或深或浅的痕迹：除了可能给将来的就业、考研或出国留学设置障碍外，挂科超过学校规定的门数，还很可能要付出留级、失去学位证书甚至退学的代价。即使单纯从学习的角度来看，挂科也表明学习者存在知识结构的欠缺，如果是专业基础课，还将会影响到后续课程的学习。另外，挂科后，大学生将需要在保证正常的学习进度的同时，挤出时间折回头复习，学习生活将变得更加紧张。学习的能力、成长的能力、解决问题的能力是最重要的能力，它们决定了一个人的发展潜力，和专业功底一样，都是用人单位最看重的。

选择越多，越是考验一个人的意志力；越是自由，也就越需要自我控制。挂科提醒大学生，要想成为真正的自由人，需要强大的心灵，需要成熟的自我，需要自省、自律和自主。

34. 你觉得网络是让人更近了还是更远了？（2012年南京师范大学泰州学院广播电视编导专业招生考试试题）

[参考范例]

尊敬的各位评委老师大家好，我抽到的即兴评述题目是：你觉得网络是让人更近了还是更远了？

现代社会中，网络在我们每一个人的生活里都很重要，它带给我们的便利不言而喻。以前的我们或许天各一方，现在却可以通过网络这一平台实现即时交流，它的出现使人与人之间除了正面交谈以外，还多了一种通讯管道。通过网络，我们可以很方便地与熟悉的或陌生的朋友交流心情，分享快乐，体验生活。它在人们有了想要亲近的意愿以后，适时地为人们提供了便于实现意愿的渠道，而它本身所具有的特性，即资源共享性、信息高效性、空间距离缩小性，促使人们能够更好地交流和沟通，使得人们之间的关系更亲近了。

但是网络又远没有我们想象的那么简单。从近年来网络对人们的影响来看，某些时候它不仅没有使人们更亲近，却反而使人们更疏远。很多人长期沉迷于人机交流，从而忽略了现实生活中直接的面对面的交流，很多人为了逃避现实生活带着假面具上网，而所得到的也极有可能是一个或很多的假面人发出的信息。网络的休闲娱乐功能，降低了部分人际交往的需求。从前我必须跟朋友在一起才能玩扑克，现在上网一样能玩，只要能开心，有多少人会在意对方是谁？是人还是电脑？人们的休闲娱乐需求从生活中转移到了网上。同时，人际关系也从原来的必须变成了可有可无，这就是疏远。

关于网络的利弊，没有一个唯一的标准答案，关键还是在于你自己。有的人通过合理地利用网络技术可以让自己的生活变得更好，有的人却被网络牵着鼻子走，沉迷于虚拟的网络世界，最终只能落得真实和虚拟两空的下场。所以我们应当理性地看待网络，在做到文明上网的同时不要忘记现实中的生活。

35. 开私家车上学，是炫富还是顺应潮流？（2012年洛阳师范学院广播电视编导专业（合肥考点）招生考试试题）

[参考范例]

尊敬的各位评委老师大家好，我抽到的即兴评述题目是：开私家车上学，是炫富还是顺应潮流？

我认为在大学生拥有私家车这个问题上，关键是看大学生买私家车的钱是从哪里来的。如果是大学生通过自己的创业、艰苦奋斗等渠道获得的买车的资金，那么将不仅方便了他们自己，还能带动其他同学，激励他们一同努力，那当然是非常好的事情。但事实恐怕不是这样，我们大部分的大学生的购车资金很可能都是来自父母，是一些经济条件较好的家庭出资为孩子买的。

（1）大学生毕竟是消费者，大学学费本身已经是一笔巨大开支，买车会给父母增加额外的经济负担，属于奢侈消费。我觉得大学生的主要任务是学习，没必要以车代步。不少学生开车上学，实质是为了满足自己的虚荣心，而且学生年轻气盛、喜欢飙车，极易成为“马路杀手”，安全隐患大。

（2）开车上学，在某种程度上会助长奢侈消费的生活习惯，也会造成学生间的相互攀比。很多大学生也许会拿国外大学生作比较，因为国外大学生大部分有车，可人家是自己勤工俭学挣来的，基本上都是二手中低档车，而且确实是出于生活需要，很多人的车还是打工的必备工具，而中国高校里的校园有车族大多是开着父母给买的车，这样做并不光彩。我们所生活的这个社会，本身就在呈现一种贫富差距越来越大的趋势，而这种趋势已经越来越渗入到校园里，渗入到大学生心里。

（3）毕竟大学生群体还处在人生的重要成长阶段，是学习、创业的黄金时期，是积累经验的关键时期。在这个时期，大学生应该通过自己的实际劳动，去获得经验、创造财富，从而树立正确的人生观、价值观，而不能助长不劳而获的错误观念甚至是炫耀摆阔、互相攀比的心理。长此以往，会使他们产生惰性，好逸恶劳，追求享受，这不利于其个人成长。

所以，我个人认为大学生不应该开车上学。

36. 你怎样看待挫折教育？（2012年洛阳师范学院广播电视编导专业（合肥考点）招生考试试题）

［参考范例］

尊敬的各位评委老师大家好，我抽到的即兴评述题目是：你怎样看待挫折教育？

自古英雄多磨难，从来纨绔少伟男。在现在这个生活水平普遍较高的社会，太顺利的环境，比如养尊处优的条件，小公主小王子般的舒适生活，与同学之间缺乏竞争，极易导致孩子骄纵懒惰的性格，不利于孩子的健康成长。因此，我认为提倡挫折教育很有必要。

大家都知道，被鲁迅先生称为“史家之绝唱，无韵之离骚”的《史记》，其作者司马迁受宫刑后，忍辱负重、呕心沥血著《史记》，名扬千古；苏武牧羊，历尽磨难，终于不辱汉节；毛岸英参加抗美援朝，在保家卫国的战斗中、在血与火的洗礼中永生。从古至今，伟人、名人大都是从艰难曲折、坎坷不平中奋斗出来的。人们在看到他们的辉煌的同时，也不应忘记背后隐藏的辛酸。这样的例子简直是不胜枚举。

学生正值花季年龄，又处在人生的十字路口，家长们适当地给予他们一些逆境磨炼未尝不可，顺境致人安逸懒惰，逆境促人奋发图强。

制造假想敌也可，树立竞争对手也罢，有目标、有任务、有压力、有难度，可以训练学生的生存能力。人才是苦修、磨炼出来的，不是从天上掉下来的。学习上，你付出的精力多，时间长，方法巧，你就会取得更大的成绩。如果没有对手，你的精神会松弛疲懒，只要时刻想着困难、曲折，并力争克服它，我想成功总会向你招手。

37. 你如何看待学生为了逃避作业而跳楼这一事件？（2012年华中师范大学武汉传媒学院广播电视编导专业招生考试试题）

［参考范例］

尊敬的各位评委老师大家好，我抽到的即兴评述题目是：你如何看待学生为了逃避作业而跳楼这一事件？

花季少年仅仅是为了逃避没有写完的作业，就选择以跳楼来结束自己的生命，这是一个怎样残酷的现实？每个孩子背后都是一个完整的家庭，而家庭是社会的细胞和基石，如果死神带走了如花生命，那么最后留给家人的只有破碎和痛苦，基石不稳，最终危及的是整个社会。

“救救孩子!”鲁迅在近百年前就振聋发聩地如此呐喊，但时间永世行驶，现实并不太平，成人世界的竞争法则加诸于幼小心灵所产生的强大压力，使悲剧一幕又一幕发生。中国青少年研究中心的一项调查显示，孩子越小就越容易产生童年恐慌，中国约9%的中小学生对生活感到绝望，产生过自杀的念头。

正值花季雨季的青少年，心理发育还不成熟，内心极为敏感、动荡，自尊心与好胜心过强，自卑与自负共存，容易偏激。现实中一旦碰到不顺利，就会手足无措，心情沮丧。面对压力时，往往受影视作品中自杀镜头的潜移默化的影响，干出令人痛心的傻事。面对这一系列的自杀现象，我们整个社会都应该从中吸取教训，反思我们的教育模式和成才观念。孩子们不懂得如何通过表达和倾诉来解决问题，压抑在心中的恐惧便诱发了他们跳楼自杀的极端想法，他们是无辜的，这种极端事件的发生也正是他们内心诉求长期得不到满足的一次爆发。

所以，我们首先应该加强对孩子们心灵的关照，我们的家长和老师应该给孩子们机会，鼓励他们大声说出内心的想法，去了解最真实的他们。另外，应试教育所引发的一系列社会悲剧我们已经看得够多了，学生或许没有改变环境的能力，但是成年人有，这个社会也有，教育是没有统一方法的，只有一切以孩子为中心，给予他们充分的自由与正确的引导，才能让他们健康、快乐地成长!

38. 有些家长不愿意让孩子当班干部，怕耽误学习，谈谈你的看法。(2012年南京师范大学泰州学院广播电视编导专业招生考试试题)

[参考范例]

尊敬的各位评委老师大家好，我抽到的即兴评述题目是：有些家长不愿意让孩子当班干部，怕耽误学习，谈谈你的看法。

现在，越来越多的家长只因为怕耽误孩子的学习而不同意孩子竞选班干部，我认为这是一种狭隘的想法。

首先，当选班干部对于学生来讲是一种荣誉，它不仅代表老师的信任，更代表对于学生能力的肯定，当班干部不但不会影响学习，相反，还能激发孩子的学习热情。做班干部，不但可以锻炼自身的口才、提高语言表达能力，还可以培养自身的组织能力、与人相处的能力。做班干部，如果自身的缺点太多，别的同学就不会信服你，就无法得到大家的支持，所以，当班干部会反过来对自身提出更高的要求，时时刻刻提醒自己要比别人做得更好。相比普通的孩子，班干部想问题更全面，要求自己更严格，更愿意替别人、替集体着想，学习积极性更高。

学生拒绝做班干部，这种个人意愿本来无可厚非。但令老师们担心的是家长对孩子为集体出力、为集体办事会影响到个人学习的诱导，这种诱导下培养出来的自私的学生即使学习成绩再优秀，我们也很难说他以后会为社会、为国家做出什么大贡献。当不当班干部是小事，但愿不愿意为集体贡献力量却是大事。我们的教育不仅仅是要教会孩子们知识，更重要的是应该给孩子们一个健康的思想，教会他们如何做人。所以，我认为家长并没有权利干涉孩子的看法，更没有理由替孩子做决定。

39. 现代大学生在校期间都积极入党，你进入大学之后是否会积极入党？（2012年中国劳动关系学院戏剧影视文学专业招生考试试题）

［参考范例］

尊敬的各位评委老师大家好，我抽到的即兴评述题目是：现代大学生在校期间都积极入党，你进入大学之后是否会积极入党？

对于当代大学生来说，入党是一件几乎人人都要去争取的事情。加入党组织是对一个人灵魂的洗礼和能力的考验。作为一个热血青年，能成为一名党员将是无上荣光的事情。如果我进入大学的话，有机会也一定会努力加入中国共产党，做一名优秀的党员。

在我们身边，一个个优秀的共产党员竖起了一面面光辉的旗帜。他们或是父兄，或是师长，或是战友，或是同窗，共同形成了一个强大的红色磁场。他们以真诚的启迪，建立起我们对共产主义的信仰；他们以模范的行动，激发起我们积极向上的欲望。“榜样的力量是无穷的”，与他们同行，将会使人生的道路充满阳光。我的爸爸就是一名军人，所以从小我就是听“毛爷爷”的故事长大的，对于革命烈士更是肃然起敬，能够加入共产党是我的光荣，更是我的目标。

然而大学里也存在着一些加入共产党动机不纯的现象。有的人积极入党是出于自己的虚荣心、从众心理，或者是为了给自己增加砝码，为了以后能够更好地找工作，证明自己的优秀，于是把入党当跳板。这些想法和动机都是错误的。入党就意味着责任与使命，意味着拼搏与奋斗。入党绝不是为了捞取个人的某种政治资本，也不是为了达到升官发财、攫取名利的目的。所以大学生应当摆正自己的位置，了解中国共产党存在的意义与自身的使命，真正做到通过自己的努力加入中国共产党，为党的建设添砖加瓦，贡献自己的一份力量。

40. 大连王女士为躲避上大学的儿子要钱六次变更手机号码，对此谈谈你的看法。（2013年南阳师范学院广播电视编导专业/戏剧影视文学专业招生考试试题）

［参考范例］

尊敬的各位评委老师大家好，我抽到的即兴评述题目是：大连王女士为躲避上大学的儿子要钱六次变更手机号码，对此谈谈你的看法。

一位母亲竟然会为了躲避儿子频繁地要钱连续更换六次号码，这是一件多么可悲的事情！哪个父母不疼自己的孩子？谁不想让自己的孩子生活得更好？可是面对父母的一番苦心，做孩子的却无法理解反而变本加厉，这多么让人伤心啊！

首先，伤不起的是含辛茹苦养育自己的父母。尽管每个人的出身可能不尽相同，但是每一个父母都会竭尽全力为孩子创造更为舒适的环境。人无贫贱之分，爱更无贫贱的界限，父母赚钱供我们成长是身为父母的责任，但却不是天经地义的，我们要知道感恩，不能张开血盆大口吞噬掉岁月写满沧桑脸庞的父母。在困难的家境和儿女不知感恩的“啃老”面前，我们的父母是伤不起的。

其次，伤不起的是我们自己。当我们将手一次次伸向父母，扪心自问，每一次的伸手都是合理的吗？没有可以节俭的地方了吗？如果能够给予更多，我们的父母会义无反顾，绝不会有丝毫的“私心杂念”，就我们几千年的传统观念而言，父母都愿意永远将孩子裹在暖暖的羽翼里，不管那些羽翼是丰满抑或稀疏。我们要懂得自食其力，懂得节俭的美德，我们更要飞出父母的怀抱在天空下翱翔。否则，走在人生道路上的我们自己岂能伤得起。

再次，伤不起的还有我们的社会。我们这代人在上学的时候，老师常常告诉我们要“杜绝享乐主义，抛却拜金主义”，我们要有必要的节俭意识。我们可以把“享乐”理解成享受人生，这样想一点没有错，我们可以把“拜金”理解成创造价值，这样想也没有错，错就错在我们让“享乐”和“拜金”走入了极端。对于物资生活，社会上在攀比，学校里在攀比，没有了这样的攀比心理，就不会有“穷追猛打”式的“啃老”，也不会有无奈的更换手机号码之举。什么是美的，什么是丑的，我们的社会有告诉孩子的义务，并且让他们牢记于心。追求丰富的物资生活不仅没有错，还是积极向上的人生态度，只是我们不能在这种追求中迷失了方向。

41. 你觉得应不应该取消高考？（2013年中国劳动关系学院戏剧影视文学专业招生考试试题）

[参考范例]

尊敬的各位评委老师大家好，我抽到的即兴评述题目是：你觉得应不应该取消高考？

我认为不应该取消高考。

首先，我认为高考是经过历史的检验并且是适应当前国情的一种最佳教育模式。它是对中国学生高中三年学业水平的一次总结，是一种相对公平、公正的人才选拔形式，它也是自我检测的一种方式，之所以会给某些学生带来一些疲倦感，是因为大家面对学习、面对高考的态度不够端正，没有真正做到“为完善自我而学习”“我学习所以我快乐”，没有体会到在学习中成长的幸福感。

其次，高考压力是几乎每一个中国学生都需要经历和承受的，压力是人们进步的动力。每个人都需要压力，否则会感到懈怠。压力难以承受是心理素质差导致的，这也是有待于我们进行自我完善的一个方面。良好的心理素质是一个人立足于社会的必要条件。所以，正因为有了压力，学生才能在短期内得以进步，通过高考这一过程体会收获的快乐。

再次，高考对于考生来讲，意味着一次重新的选择，考生可以通过高考进入大学，并且有许多专业院校可供选择，不用担心会抹杀自己的独特性与闪光点。大学里多方面的学习可以为今后的专业探索奠基，同时也让我们认识到最适合自己的发展方向。所以，我认为高考不应该取消。

42. 武汉有七对父母不让孩子接受优质教育，自己在乡下教孩子诗歌、美术、英语、数学，并鼓励他们的孩子多参加社会活动、组织游学，而对于以后高考的问题却没有考虑。你怎么看待这种现象？（2013 年中国传媒大学南广学院广播电视编导专业（文艺编导方向）招生考试试题）

［参考范例］

尊敬的各位评委老师大家好，我抽到的即兴评述题目是：武汉有七对父母不让孩子接受优质教育，自己在乡下教孩子诗歌、美术、英语、数学，并鼓励他们的孩子多参加社会活动、组织游学，而对于以后高考的问题却没有考虑。你怎么看待这种现象？

我认为家长放弃优质教育为孩子选择“开放式教学”的根本原因，还是在于对现代教育体制的不信任。

抛弃传统的定向教学，远离城市污染和喧嚣，保护孩子的天性，尽可能地给他们自由，给他们一片没有污染的人文和自然环境，陪伴他们一起学习和成长，是这几对父母的培养方式。他们不希望子女重复灌输式、填鸭式的教育模式，更或者不想让孩子重复自己的求学之路。但是我们也不得不考虑一些现实因素，比如：孩子能在这里待到何时？如何上初中、高中？能不能考上大学？成人后如何找工作、靠什么生活？从现实的角度看，教育应该有明确的目标，必须是呈阶段性和连贯性的系统工程，把不同年龄段的孩子“拢”在一起，很难体现阶梯式的教育区别。

从另一方面来看，这些家长的想法又是好的，我们必须承认中国的教育还是需要不断改善的。这七对父母是用实际行动来对现行学校教育模式进行无声的反抗，同时也给中国的教育敲响了警钟。现行的“应试教育”模式，其弊端就是忽略了健全人格的培育，造成了对孩子童心和人格的压抑。以应试为主、课程统一的传统教育体系，目前已难以满足家长对教育的多样化需求。所以，我国的教育体制改革，亟待在保障所有孩子都能完成义务教育的基础上，研究增加多样化的公共教育服务内容。通过不断地完善，逐步建立最适合孩子们成长的教育体系。

43. “忘记拿作业的，需要往家里运书的，要给异校的同学送生日礼物的，想买批发市场里的台灯的，都可以花钱找同学代劳……”《北京青年报》记者发现，北京的中学内出现了同学之间的“代跑腿”业务，富学生、懒学生们只要支付几元或十几元小费，就有同学代其跑腿。请你谈谈对这一现象的看法。（2014 年信阳师范学院广播电视编导戏文专业（山东考点）招生考试试题）

［参考范例］

尊敬的各位评委老师大家好，我抽到的即兴评述题目是：“忘记拿作业的，需要往家里运书的，要给异校的同学送生日礼物的，想买批发市场里的台灯的，都可以花钱找同学代劳……”《北京青年报》记者发现，北京的中学内出现了同学之间的“代跑腿”业务，富学生、懒学生们只要支付几元或十几元小费，就有同学代其跑腿。请你谈谈对这一现象的看法。

中学生收费“代跑腿”，无形中会在学生间产生一种雇佣关系，这对于同学之间的同窗情谊，是一种伦理挑战，是不值得提倡的行为。

如果说大学生帮人跑腿拿外卖、领包裹、送东西等，还情有可原说得过去的话——大学毕业后毕竟会面临就业或创业，“代跑腿”可以增加其社会实践经验，那么，中学生帮人跑腿、雇人跑腿则显得有些过于超前了。

首先，对于帮人跑腿的中学生而言，其自我保护能力相对较差，帮人跑腿的安全性值得考虑，而且浪费时间，影响学习。中学生应以学业为重，一旦做起“代跑腿”生意，虽然能使其懂得劳动的价值，但在经济利益的驱使下，可能就会“身在课堂，心在生意”，一旦把过多的精力放在跑腿上，势必影响学习。

其次，对于雇人跑腿的中学生而言，则是在放纵自己的惰性，与我们的育人目标背道而驰。我们一直在提倡自力更生，拿作业、往家里运书、给同学送生日礼物等等，本来就应该是中学生需要自理的事情，如果雇同学跑腿代劳，就是在助长自己好逸恶劳的习性。试问，对他人的依赖性如此之大，今后如何踏上社会独立生存？

中学生之间代跑腿，跑掉的不仅仅是学生之间纯洁的同窗情谊，还有一种和谐的校园氛围。

44. 对于英语高考改革，你有什么看法？（2014年杭州师范大学钱江学院广播电视编导专业（山东考点）招生考试试题）

［参考范例］

尊敬的各位评委老师大家好，我抽到的即兴评述题目是：对于英语高考改革，你有什么看法？

2014年，中国高考多地大改革，其中将英语这一“大户”踢出高考总成绩的政策，让很多人大跌眼镜，褒贬不一，在我看来，这一改革是一项有力的举措。

首先，英语作为一门国际语言的重要性是有目共睹的。自从把英语纳为高考的重要学科后，中国学生花了大量的精力去学习英语，各种补习班、外教使孩子们不堪重负，而在应试的目的下口语实际应用的能力却很差。其实英语作为一种语言工具，大众只需要掌握基本知识就行，只有出于学科或工作需要，才需要进行深入学习，没有必要将其强制性地列入高考重要学科。

其次，高考英语的退出并不代表对于英语的重视程度下降。外语考试不再在统一高考时举行，而是变为由学生自主选择考试时间和次数，这种方式增加了学生的选择权，并使外语考试、成绩表达和使用更加趋于科学、合理。这样不仅可以解放出孩子的时间，还可以让他们去自主选择感兴趣的东西，这种正常对待英语的态度，也能减轻学生的负担。所以我认为这一改革举措是值得支持的。

45. 小学生因作业太多而请大学生帮忙做，如何看待这一现象？（2014 年湖南省普通高校编导类专业招生统考试题）

［参考范例］

尊敬的各位评委老师大家好，我抽到的即兴评述题目是：小学生因作业太多而请大学生帮忙做，如何看待这一现象？

现在的小学生作业普遍难度高、分量大，虽然教育部门一再强调要“减压”，但有时候孩子们回到家还是要一直做到八九点才能做完，个别复杂的作业类型甚至让家长也一筹莫展，只能请大学生来“帮忙”。在我看来，事实上有些繁琐的作业是没有必要的，适当的压力可以催人进步，但是过度的压力却会限制孩子的健康成长。

首先，必须承认应给予小学生适当的压力才能督促其更好地学习成长，这是有一定科学依据的，专家发现，这个阶段的孩子学习能力很强，低年级孩子对语言敏感，模仿能力强，如果对其加强语言训练和学习，会事半功倍，所以这个时期的孩子需要定期完成定量的作业。但是作业的增多需要适度，超过了这个年龄段的孩子可以接受的范围就适得其反了。现在强调素质教育，所以应当更加注重全面培养，过多的作业只会让孩子的身体吃不消，造成心理压力甚至会影响学生未来的发展。其次，学生把大量的时间花在做偏题、难题上，耗费很多时间与精力，不仅会冲淡对基础知识的理解，还会打击学生的学习积极性。

作业一定要布置，问题是如何提高质量。在我看来，老师要在作业的质量上下工夫，认真挑选，不要一味地布置简单、无效、机械的作业，比如：单词抄多少遍等，这样只会加重学生的负担。要让学生做有效的作业，这样可以提高效率，减少作业量。另外，在素质教育浪潮汹涌的今天，小学生抄写作业过多的现象应该要受到各级教育部门的关注，因为只要没有适合学生生长的土壤，其最多也就是被丢弃的种子而已。

★ **46. 如何看待“大学无用论”？**（2014 年湖南省普通高校编导类专业招生统考试题）

［参考范例］

尊敬的各位评委老师大家好，我抽到的即兴评述题目是：如何看待“大学无用论”？

我不赞同这个观点。

(1) 首先，赞同“大学无用论”观点的主要是部分农村学生或者是不思上进的学生。由于很多情况下接受高等教育的成本与其得到的回报差异太大，前者过高，后者过低，在一定时期内，连接受教育的本钱都赚不回来。理想总是很美好，现实却是那么骨感。所以，当出了校园发现一切并没有想象中那么美好时，这类学生就会把这一切归咎于“大学无用”上。

(2) 尽管社会经济水平这些年有所提高，但中国人的教育观念似乎还未跟上时代的脚步。有句话叫“知识改变命运”，这句话在老百姓心中却变为“上大学改变命运”。现在的大学已经从“精英教育”转变为“大众教育”，几乎人人都有上学受教育的机会。但老百姓却没有意识到这种转变，还在“改变命运”或“改变不了命运”、“上”或者“不上”之间摇摆，计算着性价比，这并不是理智的行为。

（3）尽管我们的教育制度存在很大的问题，目前大学生就业确实很困难，但是接受教育、学习知识、培养能力无论何时都是一个人成功的必经之路！在大学里，我们的学习不能仅仅局限于书本知识，还要学习处世的经验，并争取在大学里和同伴多参加一些竞赛，多做一些项目。因为大学是接受教育、学习知识、培养能力的最好平台。

我认为，大学时期我们只要勤奋学习、勤于思考、长于动手，培养较强的能力，我们的前途还是非常光明的。

47. 学生考了双百却没评上“三好”，家长因此而羞辱老师，你如何看待此事？
（2014年湖南省普通高校编导类专业招生统考试题）

［参考范例］

尊敬的各位评委老师大家好，我抽到的即兴评述题目是：学生考了双百却没评上“三好”，家长因此而羞辱老师，你如何看待此事？

所谓的“三好学生”，是学校给予被评选出来的优秀学生的一种荣誉称号，是指学生思想品德好、学习好、身体好。它是一种对学生综合能力的肯定，成绩并不是唯一的指标，所以考双百与评三好并不能画等号。

“三好学生”这个词应该说是中国人再熟悉不过的了，从上小学的第一个学期开始，老师就会告诉我们要好好学习，天天向上，争取做一个德智体全面发展的“三好学生”。从此，“三好学生”这项荣誉就无形中成了众多学生希望得到的东西，甚至也成了父母们在同事间炫耀的资本，但是却少有人真正能看清“三好学生”本身存在的意义。很多学生甚至家长狭隘地以为学习是衡量“三好学生”的唯一标准，一味地强调学习的重要性，却忽视了孩子人格的培养。其结果是，学生身心发展的规律被忽视，学生全面发展的教育目标被置于一边，学生的分化与人格分裂日益严重，教育越来越难以适应现代社会发展的需要，甚至起到了“反教育、反发展、反公平、反效益”的破坏作用。

“三好学生”是一个综合性的评比，成绩只是其中的一部分，发展性学生评价不仅要注重评价对象的过去与现实的表现，更要重视评价对象的未来发展；不仅要关注学习结果，更要关注学习过程；不仅要对基础知识与基本技能的掌握情况进行评价，更要对学习能力、科学探究精神以及情感态度与价值观等方面进行全面评价，才能创造出适合学生发展的教育。

没有不好的孩子，只有不好的教育；其实教育的结果和目的只不过是让孩子们最终成为一个真正完整的人，也就是最终要教育孩子们怎么做人、怎么做事，否则天天得满分也没有什么用。

第五章 文艺体育类

1. 你对“小沈阳走红”现象有什么看法？（2010年浙江传媒学院媒体创意专业（山东考点）招生考试试题）

［参考范例］

尊敬的各位评委老师大家好，我抽到的即兴评述题目是：你对“小沈阳走红”现象有什么看法？

2009年春晚成就了小沈阳，使之成为家喻户晓的大明星。他的迅速蹿红，是多种因素共同作用的结果：

（1）个人表现力极强、个性鲜明。小沈阳的迅速蹿红，跟其个性鲜明是分不开的，模仿明星唱歌、阴阳怪气、男扮女装这些都成了他独一无二的招牌形象。

（2）东北文化的影响。东北二人转是东北最具特色并深受人们喜爱的地方特色娱乐形式。《不差钱》虽然不是以二人转作为直接表现形式，但不可否认，它运用了众多二人转的元素。

（3）依托成名的跳板和强大的推手。春晚有着惊人的收视率，是一夜成名的跳板；再加上赵本山这位有巨大影响力的“背后推手”的作用，小沈阳的迅速蹿红是相当正常的。

（4）小沈阳的搞笑是对传统娱乐形式的一种颠覆。现代社会里，人们面临着巨大的生存压力和心理失衡，而小沈阳所代表的娱乐形式能够娱乐大众，这应该是小沈阳走红的最根本原因。

但是小沈阳的表演显然还需要作出更多努力。首先应该提升创作团队实力，不断地进行内容创新。小沈阳表演内容的雷同已经成为他致命的弱点，内容的创新已经成为当务之急。必须广泛吸纳创作人才，形成强大的创作团队，不断地进行内容创新。其次应该改良娱乐形式，提高文化内涵。当一种文化不再停留在一个地区，而是向全国发展时，它就不再是一种自娱自乐，就不能再依靠简单的插科打诨的方式，而应该进行包装。“取其精华，去其糟粕”才是二人转唯一的出路，也是类似二人转的其他地方特色娱乐文化的唯一出路。

2. 谈谈你对《焦点访谈》的看法。（2010年广西艺术学院广播电视编导专业招生考试试题）

［参考范例］

尊敬的各位评委老师大家好，我抽到的即兴评述题目是：谈谈你对《焦点访谈》的看法。

《焦点访谈》是中央电视台新闻评论部开设的一档电视新闻评论栏目，节目开播以来，受到了上至党和国家领导人下至普通老百姓的广泛关注和重视。

（1）长期以来，《焦点访谈》之所以能够在央视众多栏目的激烈竞争中始终立于不败之地，并且在栏目的个性化方面独领风骚，就在于它始终把抓选题当作一件重要的事情来做。我们正处于一个“内容为王”的时代，电视媒体节目为自己的主打内容所做的设计，能否做到吸引大众、满足市场的需求，是一个节目成功的关键。《焦点访谈》的选题，涉及社会生活的许多方面。“群众关心”是着眼于选题的典型性，体现着不同社会群体的公共利益和价值观。而“普遍存在”则是衡量某些社会事件和社会现象所涉及的群体是否在社会中占有足够的量，报道这些事件或现象是否能在全社会引起足够广泛的反响与共鸣。

(2)《焦点访谈》在节目形态上，采用演播室主持和现场采访相结合的结构方式，使报道有着落、评论有依据，述与评相互支持、相得益彰。《焦点访谈》是一档主要针对一些重大新闻事件的时效性极强的节目，尤其是舆论监督类报道，往往采用现场报道的形式，采访、写稿、录音工作尽量在采访的同时完成，以便缩短后期编辑时间，以确保第一时间将节目播出。

(3)《焦点访谈》在节目管理和制作上采用制片人制。制片人是栏目的管理者和节目创作的组织者与把关人，也是节目的第一责任人，对节目的全程制作、经费使用、人员调配拥有决定权。央视新闻评论部是国内将制片人体制引入新闻节目制作的第一家，《焦点访谈》是这种国际上通用的先进管理方法的第一批试验田。

在当今竞争激烈的媒体时代，只有树立起自己节目的节目个性和竞争性才能让节目获得成功，只有把“经典”与“艺术”结合起来才能让自己的节目走得更远。我认为《焦点访谈》节目就是一个很好的典范。

3. 谈谈对易中天和于丹的认识。(2010年上海视觉艺术学院广播电视编导专业招生考试试题)

[参考范例]

尊敬的各位评委老师大家好，我抽到的即兴评述题目是：谈谈对易中天和于丹的认识。

对于于丹热和易中天热，我们应该辩证地看待。

一方面，“于丹热”和“易中天热”表明大众对他们解说的一种认同，毕竟大部分观众不是学者，过于书面的表达很难让大家理解和记忆，也难以引起大家的兴趣。而他们这种解说方式迎合了大众的心理和需求，在一定程度上也推动了我国传统文化的普及。

另一方面，我们也不能对他们的解说完全趋同，因为他们在解说时，常常会掺杂一些个人的主观认识，而这些认识在某种程度上会左右人们的思维，影响人们的判断力。

所以，我们应该本着尊重历史和实事求是的原则来看待他们对经典著作的解读。

★ **4. 谈谈你对今年春晚的评价，为什么？**(2010年商丘师范学院广播电视编导专业招生考试试题)

[参考范例]

尊敬的各位评委老师大家好，我抽到的即兴评述题目是：谈谈你对今年春晚的评价，为什么？

伴着耳熟能详的《难忘今宵》的歌声，几位主持人面带微笑向观众招手致意“明年再见”时，冯大导演的2014年春节晚会终于落下了帷幕。从晚会之前的万众瞩目到晚会结束后几天里的一片谩骂，2014年的春晚让我想到了一个当下特别流行的词：接地气。

一直以来，央视春晚的一大瓶颈就是脱离现实，与人民群众走得越来越远。虽然近年来，央视不断发掘“草根明星”“民间艺术”，但也只不过是换身行头，内容依然换汤不换药。冯小刚导演的加入带来了“地气”，更带来了广大群众的支持。不能否认的是，很多年轻观众选择今年守在电视机前看春晚，很大一部分原因就是冯小刚的号召力。当然冯小刚也没有让大部分期待的观众失望，他以“接地气”的方式选择了很多贴近老百姓生活的节目，让人印象深刻。比如歌曲《时间都去哪儿了》，深切反映了当下的年轻人为事业和生活而奋斗，却忽视了父母的牵挂，紧紧地抓住了中国人的亲情观；黄渤的《我的要求不算高》，每一句歌词都说到了老百姓的心坎里，唱出了普通老百姓的心声；郝云自编自唱的歌曲《群发的短信我不回》，更是体现了当前年轻人的过年状态；还有就是语言类节目虽然不多，但都紧扣当下，不回避问题，深刻揭示了社会现实，是冯氏幽默的最好体现。

当然本届春晚也不可避免地存在着不少争议点，例如将韩国当红明星李敏镐请上春晚一同过年，小彩旗挑战纪录没有被计入镜头，很多老环节还是没有新意等等。但我认为这次春晚的尝试是好的，也是成功的。春节晚会，历经30年的洗礼，已不再是一场单纯的晚会，它更是一种寄托，一种中国人特有的精神寄托。在不断地修正改善中，老百姓的年味也变得越来越浓，中国人的团圆情结也在逐渐加深。

5. 你对普通市民办的“山寨春晚”赞同吗，为什么？（2010年商丘师范学院广播电视编导专业招生考试试题）

［参考范例］

尊敬的各位评委老师大家好，我抽到的即兴评述题目是：你对普通市民办的“山寨春晚”赞同吗，为什么？

近三十年的传统已经让央视春晚形成了一种对春节文化的垄断，央视春晚的一家独大，使得地方电视台的春晚节目集体萎缩。同时，央视春晚对我国传统节日文化的冲击也是巨大的，“垄断春晚”已经在无形中扼杀了除夕之夜的丰富的民俗文化。“山寨春晚”的出现，可以说是对这种春节文化垄断的挑战。在我看来，能够全部以百姓创作、百姓表演、百姓观看的方式参与到春节文化中来，又何尝不是一次草根春节文艺的大汇演、草根文艺智慧的大展示？这不仅仅是人们对央视春晚文化专制的一次反叛，同时，也体现了文艺创作的民间性、自发性。

山寨春晚的出现并不是对央视春晚权力的挑战，而是大势所趋的一个愿望。在文化日趋多元化的今天，人们渴望共享的文化，不只是做一个文化的旁观者，更希望亲身参与，而且只有民众广泛参与的文化才更有可能做强做大。从这个意义上说，央视春晚一家独大无助于文化尤其是大众文化的普及与繁荣。当然，大众文化或群众文化不一定都是我们需要的主流文化，也有俗文化，甚至垃圾文化。我们在给予理解与宽容的同时，更应该积极介入，合理引导。因此，在“山寨春晚”以及“山寨文化”的讨论和争议中，更应该少些打压和质疑，多些包容和理解。

6. 谈谈你对曹禺的认识。（2010 年重庆大学美视电影学院广播电视编导专业招生考试试题）

［参考范例］

尊敬的各位评委老师大家好，我抽到的即兴评述题目是：谈谈你对曹禺的认识。

曹禺是一位文化名人，他所创作的话剧《雷雨》《日出》《原野》《北京人》等经典名作，是他奉献给人类社会的宝贵的精神财富。岁月沧桑，但丝毫不能消弭这些精品散发出的恒久魅力。

曹禺是中国新文化运动的开拓者之一，是中国现代戏剧的泰斗。他的作品深刻地影响着中国现当代文学和戏剧的创作。比如，《雷雨》从发表到现在虽然已有 70 多年的历史，但在众多现代话剧中还可以看到《雷雨》《日出》中人物的影子。这是曹禺具有中国文化影响力的一个例证。曹禺及其作品仍在影响着现代戏剧的创作，这就是泰斗的含义。

曹禺的家乡在潜江，曹禺属于潜江，属于中国，也属于世界。这不是一种简单的并列或递进关系，而是由曹禺和曹禺文化的巨大影响力所决定的。曹禺属于潜江，是中国传统的故土情结在一个文学巨匠血脉里激荡涌动，并与家乡人民产生共鸣的过程；曹禺属于中国，是一个戏剧大师在漫长的历史长河中，对中国文学的传承与发扬光大；曹禺属于世界，是在这个古老的东方大国产生的“近代话剧的确立者和集大成者”，对世界文化和人类文明做出的非凡贡献。

★ 7. 谈谈你对湖南卫视《天天向上》节目的看法以及原因。（2010 年商丘师范学院广播电视编导专业招生考试试题）

［参考范例］

尊敬的各位评委老师大家好，我抽到的即兴评述题目是：谈谈你对湖南卫视《天天向上》节目的看法以及原因。

我认为湖南卫视的《天天向上》是一档非常优秀的脱口秀节目。

这首先体现在主持阵容的革新。它摒弃了以往一男一女搭配的模式，创新地推出了天天兄弟主持团，以汪涵为主的兄弟团各司其职，汪涵负责把控整个节目流程，欧弟负责调动观众情绪，钱枫田源负责搞笑娱乐，小五负责耍帅扮可爱。

其次是《天天向上》用各种形式来传播中国千年礼仪之邦的礼仪文化。节目的主题固定为礼仪功德知识。节目内容由风格多样的嘉宾秀融合脱口秀的形式开场，用栏目剧的形式来演示和诠释生活中常见的礼仪知识。再加上跨国界的嘉宾访谈互动环节，让国人更加熟悉礼仪文化，让世人更加了解中华文明，节目本身包含了公益性、教育性、知识性。节目氛围欢快轻松幽默，在获得高收视率的同时，也得到了广大观众的好评！

8. 谈谈你对电视节目低俗化的看法。（2010年河北传媒学院广播电视编导专业招生考试试题）

［参考范例］

尊敬的各位评委老师大家好，我抽到的即兴评述题目是：谈谈你对电视节目低俗化的看法。

近年来，在对于收视率的疯狂追逐中，一场席卷我国电视业的低俗之风愈演愈烈，电视节目品位大幅降低。电视节目低俗化的恶性竞争，既不利于电视业的健康发展，也不利于社会主义和谐社会的文化建设。因此，遏制并防范电视节目的低俗化刻不容缓。

（1）电视节目的低俗化一般表现为以下几个方面：

①以“性”为看点，渲染两性话题。

②以残忍为噱头，放大人性之恶。部分电视节目以实验或者教化为借口，毫不负责地肆意播放残忍镜头，内容低俗不堪。

③以恶搞为笑料，颠覆传统文化。部分电视节目一味追求新奇怪异，肆意“恶搞”“戏说”。不少电视剧制作者为了制造喜剧冲突，不顾历史，给一个个“圣明”君王编造宫闱秘事、生平事迹，甚至夸张地渲染帝王将相的奇遇、艳史。部分红色经典也遭遇“改编潮”。

④以窥探为资本，暴露个人隐私。部分电视节目以窥探为资本，疯狂暴露个人隐私，并以此为噱头大肆炒作。特别是一些娱乐节目，狗仔们总是以偷窥明星们的私生活为荣，并使尽浑身解数让高不可攀的明星们的隐私得到最大限度的曝光。

（2）电视节目低俗化的成因：

①客观上，机制不健全。从立法机制来看，1997年我国颁布的《广播电视管理条例》的内容仍比较宽泛，缺乏具体的可操作性，使得有关部门在依法实施管理的时候仍然难免陷入“无确切相应条款”的政策困境，给许多低俗电视节目提供了大打政策擦边球的机会。从监管机制来看，我国虽然从广电总局到省级广电局大都建立了广播电视收听收看中心，但由于中心不具有行政管理的职能，其发挥的作用十分有限。从经营机制来看，各家电视台狂热追求收视率的背后，更深层次的原因无非是各方经济利益的博弈。

②主观上，自律他律不到位。从自律来看，部分电视媒体无原则地一味迎合观众，只要是观众“对口味”的节目，不管是否媚俗、是否低俗、是否恶俗，统统搬上荧幕。这种对“受众中心论”的无限泛化无疑将造成电视节目低俗化成风。从他律来

看，观众的审美水平和鉴赏能力有待提高，对低俗、恶俗的电视节目要坚决抵制，只有这样才能从根本上抵制电视节目的低俗化倾向。

9. 你对姚明收购上海队有什么看法？（2010年商丘师范学院广播电视编导专业招生考试试题）

[参考范例]

尊敬的各位评委老师大家好，我抽到的即兴评述题目是：你对姚明收购上海队有什么看法？

我认为姚明收购上海队主要有三个原因。

（1）情感因素：现在上海男篮的成绩不佳，屡屡让人失望，身为土生土长的上海人，姚明从小在上海长大，也是在这里迈出了他职业生涯的第一步，他对上海和上海男篮有着难以割舍的感情，在这个关键的时刻他出手相救，很大一部分原因是因为对故乡的热爱。

（2）提高形象：当信兰成把“举国体制”再次提起，CBA将发展成什么样，引起了巨大的猜测。姚明出资帮助母队走出困境，恐怕不仅仅能获得上海球迷的掌声。以“姚之队”的聪明才智，姚明若发挥明星效应甚至品牌效应，将NBA的一些模式现身说法，协助篮协改造CBA，让CBA至少在表面上看起来更洋气些，让球迷看到最直观的改变，那么姚明的魅力将在全国球迷心目中得到更大的提升，因为姚明早已不仅仅是属于上海的姚明。

（3）为退役做准备：姚明冒着极大的风险去收购上海队自己当老板，这也许暗示着姚明已经开始为自己退役之后的工作方向做打算了。腿伤不断，姚明的职业生涯还能走多远没有人知道，但是现在却可以提早做打算，未雨绸缪。首先，姚明本人就有着很浓的广告效应；其次，姚明有当商人的巨大潜质。当然更为重要的一点是，姚明背后有着一个相当精干的“姚之队”。很难不去猜测姚明会成为“第二个李宁”。这次收购上海队有可能是姚明想要经商的一次试水。

10. 谈一下你对公益广告的看法。（2010年浙江传媒学院媒体创意专业（影视制片方向）招生考试试题）

[参考范例]

尊敬的各位评委老师大家好，我抽到的即兴评述题目是：谈一下你对公益广告的看法。

公益广告是以为公众谋利益和提高福利待遇为目的而设计的广告，它是指不以盈利为目的而为社会公众切身利益和社会风尚服务的广告。它具有社会的效益性、主题的现实性和表现的号召性三大特点。

如今公益广告已走进人们的生活，人们自觉不自觉地接受着公益广告的渲染、熏陶，甚至影响着各种不同的个人行为。公益广告还在一定程度上反映了城市的文明水准的逐步提高，它虽不产生直接的经济效益，却能创造长远的社会效益。公益广告的作用是规范社会行为，改善社会风气，创造一个良好的社会环境。它体现了整个社会提倡的精神和美德，能让人们受到影响和教育，这是公益广告的使命。

人的需要是分层次的，当一个层次的需要满足以后，新的更高层次的需要便随即产生，促使人们继续采取行动去满足它。不断产生需要，不断采取行动，不断得到满足，又不段产生新的更高的需要，这就是人的需要——行动——满足的周而复始而复始循环上升的运动过程。人们在生活中不仅有生理的需要，而且有精神方面的需要。公益广告和其他广告相比，更注重精神的需要。公益广告带给人们的有精神的提振，也有情感的共鸣，有正剧的气势，也有小品的精美。它弘扬了民族光荣传统，也辅于民众日常生活，我们应当让公益广告更多地走进生活，让正能量伴随你我！

11. 你觉得试听网站这种形式怎么样？（2010 年浙江传媒学院媒体创意专业（影视制片方向）招生考试试题）

［参考范例］

尊敬的各位评委老师大家好，我抽到的即兴评述题目是：你觉得试听网站这种形式怎么样？

（1）视听网站是音乐在网络传播的趋势所向。互联网的普及、宽带的增加、全球数字娱乐业的迅猛发展带动了在线音乐产业的蓬勃兴起。音乐唱片商家从一开始由于版权与利益对网络在线音乐进行抗拒、打压到向网络靠拢，并且逐步开始主动地通过网络进行宣传。国际知名音乐制作商、唱片商分别与网站或网络机构合作，从而使得在线音乐成为新的、主要的音乐发行、推广、销售途径。

（2）视听网站形式多样化，搜索、下载、翻唱、彩铃、点送等服务一应俱全。传播机制是把内容提供商或者播客的内容集成在自己的网站上，向用户提供服务，服务提供商同时也会通过“服务平台提供商”的平台向用户提供在线音乐的下载和在线收听服务，如新浪乐库、千千音乐在线、一听音乐网等收费、免费音乐服务网站。

（3）视听网站的受众群主要以爱上网的学生或年轻人为主，在线音乐每年以超过30％的速度在加速发展，而随着网络宽带普及的提高以及无线 3G 的应用，在线音乐与无线音乐将面临更大的发展。视听网站的开发是一次成功的尝试。

★ 12.《千与千寻》出口美国，为日本赚取了巨额外汇；美国迪士尼公司由动画电影到电视再到开发其他相关产业。请结合这些成功经验为中国动画电影策划一下。（2008 年北京电影学院公共事业管理专业招生考试试题）

［参考范例］

尊敬的各位评委老师大家好，我抽到的即兴评述题目是：《千与千寻》出口美国，为日本赚取了巨额外汇；美国迪士尼公司由动画电影到电视再到开发其他相关产业。请结合这些成功经验为中国动画电影策划一下。

（1）剧本成熟。一个优秀的剧本是一部动画可以成功的关键因素之一，如今我国的动漫产业链中，重视开发和扶植原创漫画的力度还很不够。漫画可以延伸出动画，且隐藏着巨大的市场前景，但国内目前几乎“无漫可动”。原创漫画是动画和游戏的基础和本源，没有欣欣向荣的漫画就难以改变当前动画后劲乏力的状态。我国动漫的当务之急，是寻找到一些适应时代发展和符合日益长大的孩子们的口味的优秀剧本。

（2）合作机制明确。几乎没有一个日本动漫企业能在整条产业链上“通吃”，在以产品形象为基础、版权管理为核心、各得利益为动力的前提下，产业链各环节间有明确的分工合作模式。漫画动画工作室、版权代理事务所、印刷出版企业、图书发行企业、电视台、杂志社、动漫衍生品生产商等机构界限清楚，有各自范围内的工作目标，也有完善的合作机制。中国也可以借鉴日本成熟的产业链，通过线上线下的多方面努力共同促进动漫的制作与宣传。

（3）动画传播销售广泛。美国的动漫销售渠道非常广泛，除了随处可见的动漫书店、衍生品专卖店之外，商场和超市也都销售漫画书、动漫游戏光盘、玩具、模型等，有些大型商场里与动漫相关的产品更是占据了很大一部分营业面积。尤其值得称道的是，美国尤其是迪士尼公司各类衍生品的销售渠道十分正规，或是专卖，或是与连锁企业捆绑销售，十分有利于品牌培养和知识产权保护。

中国的动漫产业还处于初级阶段，很多方面并没有成熟，只要我们能够虚心学习，敢于迎接挑战，那么，我相信中国动漫产品质量和效益提升的时代很快就会到来。

13. 20世纪90年代红色经典再次形成热点，如红色歌曲、红色芭蕾舞剧风靡全国，革命美术品也掀起了一股红色浪潮，试分析其原因。（2008年北京电影学院公共事业管理专业招生考试试题）

［参考范例］

尊敬的各位评委老师大家好，我抽到的即兴评述题目是：20世纪90年代红色经典再次形成热点，如红色歌曲、红色芭蕾舞剧风靡全国，革命美术品也掀起了一股红色浪潮，试分析其原因。

（1）大众的历史怀旧心理。20世纪对于中国来说是一个动荡的世纪，我们在岁月中摸索着前行，终于走进了新时代。20世纪可以说是中国人民的抗争史、创业史，它凝结了几代人的努力，同时它也能勾起人们对往事的回忆。这就是所谓的历史怀旧。对于那些从革命战争年代和社会主义建设初期走来的人而言，红色经典作品反映了他们所处时代的风貌，满足了他们的怀旧心理。

（2）国家的大力支持。红色经典表达出的强烈的对共产主义的向往和坚定信念，是对人民潜移默化的社会主义教育。这有利于增强人民对社会主义社会的坚定信心，也有利于树立政府在人民心中的良好形象，而且红色经典宣扬了中华民族自强不息、艰苦奋斗的精神，必然受到政府的推崇。

(3) 文化产品商品化的刺激。消费需求永远是推动市场运作的动力和支柱。中老年人对往昔的追忆和年轻者对那些岁月的好奇心理都为红色经典改编创造了市场。正是在文艺与市场的合谋下，红色经典经过“商业化运作”，再度走红。

14. 我国发生最早的足球闹事事件是“5·19”事件，球迷疯狂地破坏却又去足球队驻地高唱国际歌，而这一代球迷也有“三个为足球而离婚和一个为足球不结婚的男人”，请就此谈一下对职业球迷的看法。（2008年北京电影学院公共事业管理专业招生考试试题）

［参考范例］

尊敬的各位评委老师大家好，我抽到的即兴评述题目是：我国发生最早的足球闹事事件是“5·19”事件，球迷疯狂地破坏却又去足球队驻地高唱国际歌，而这一代球迷也有“三个为足球而离婚和一个为足球不结婚的男人”，请就此谈一下对职业球迷的看法。

每个人身边都有那么一两个为球痴狂的职业球迷，如同粉丝追星一样，他们为了自己喜欢的球队与球星也是疯狂不已、如痴如醉。英超联赛连夜看，中超中甲到现场，世界杯倒时差，喜欢的球队赢了激情怒喊，输了就烧车堵人，有的甚至宣称足球是他们唯一的亲人。很多人并不能理解这种行为，一个小小的足球为什么会引起人如此大的反应与热爱呢？

足球球迷暴力行为的产生有着多方面的原因。首先，人们每天会面对巨大的压力与困扰，同时又因现代高科技的发展而不断接触到大量的外界信息，受到更多的干扰与诱惑，心态会逐渐变得浮躁。这时球场无疑会成为城市居民排遣压力的最佳场所，球场内裁判的误判与错判、运动员的犯规等自然现象，在特定条件下就成了引发球场暴力行为的“导火索”。球迷在足球场上表现得如此肆无忌惮，还有一个原因可能是源于“法不责众”的心理，足球场提供给了他们一种归属感和价值感，给了他们一种适宜的寻求刺激的机会，这种刺激在日常生活中是很缺乏的，况且这种竞争性和荣誉感可能会给他们的对手带来羞辱感与挫败感。

球迷支持喜欢的球队无可厚非，但是一系列的球闹现象已经严重损伤了社会的和谐秩序，它的发生不仅对足球事业的发展不利，同时也不利于和谐社会的建立与发展。针对这一现象，相关部门应当加强沟通，建立预案，在控制策略上应以预防和疏导为主，加强对足球迷群体的教育与管理，促使足球迷的言行更加规范、文明，能够自觉遵守秩序，做到看球不闹球、追星不闹星。

15. 你对“中央电视台每年的春节联欢晚会已走入困境”的说法如何评论？（2010年首都师范大学科德学院广播电视编导专业招生艺术加试试题）

［参考范例］

尊敬的各位评委老师大家好，我抽到的即兴评述题目是：你对“中央电视台每年的春节联欢晚会已走入困境”的说法如何评论？

中央电视台春节联欢晚会从首次成功举办，到现在已经走过了将近三十个年头，除夕看春晚已经成为中国人的一种习惯、一个话题、一道“盛宴”。然而由于近几年的春晚被越来越多的观众“吐槽”，总是在猜测中开始，在争议中落幕，从而有了“中央电视台每年的春节联欢晚会已走入困境”这种说法。我认为，对于这种说法我们应该辩证地看待。

（1）近年来春晚创新不多，看点不多，这是事实。但是，春晚毕竟是一道艺术大餐，有着较高的艺术水准。关键在于，近三十年的春晚，已将人们的艺术胃口吊高了，春晚艺术水平的进步，已跟不上人们对艺术求新要求的需要。再加上在近三十年的创作中，春晚在不断突破，并同时积累经验和教训，逐步形成了一些固定模式或环节，例如晚会具有一些基本的特征和属性——综合性、民俗性、仪式性、大众性、政治性等，而且多年来春晚的主题基本相似——都是喜庆、吉祥、团聚、振奋的基调，节目是综艺的——以歌舞、小品、相声居多，而且内容一定包含有“零点钟声”“动情点”……毋庸讳言，也由于具体的条件、创作者等因素，每届的效果和水准并不完全一致。

（2）客观地说，随着社会经济的飞速发展，人们的文化生活越来越丰富多彩，电视节目已经向多元化、个性化、平民化和市场化的方向转变。一部分人对央视一年一度的春节晚会的要求越来越高，一些忠实的老观众觉得食之无味，弃之可惜，也有一些人弃晚会而去，寻求其他的娱乐活动度过除夕良宵。这是正常的现象，不必大惊小怪。

（3）春晚作为一道全国性的文化大餐，自然是众口难调。随着物质生活水平的不断提高、文化市场的丰富繁荣，老百姓的欣赏品位也在不断提高，对春晚的期待也愈来愈大。期望愈大，自然失望也愈大。

所以，我认为，肩负重大文化责任的国家电视台的春晚，要密切关注民意而又要富于创新，创作出观众喜闻乐见的节目。

16. 目前，综艺娱乐类电视节目在世界各地方兴未艾，我国多家电视台设置的该类栏目的收视率居高不下，但人们平常谈起来又对此颇多微词，如何看待这一现象？（2008年北京电影学院公共事业管理专业招生考试试题）

［参考范例］

尊敬的各位评委老师大家好，我抽到的即兴评述题目是：目前，综艺娱乐类电视节目在世界各地方兴未艾，我国多家电视台设置的该类栏目的收视率居高不下，但人们平常谈起来又对此颇多微词，如何看待这一现象？

综艺类节目的繁荣是电视市场中的一个好现象，说明中国综艺节目的改革开始初见成效。但是文化市场水平参差不齐，存在很多节目插科打诨、形式雷同、质量不合格的现象，严重影响了电视市场的发展，造成了“审美疲劳”。

（1）节目形式雷同。节目太多太滥、内容重复雷同、抄袭模仿成风、缺乏新意，这是综艺节目遭遇滑铁卢的根本原因。《爸爸去哪儿》捧红了亲子节目，《中国好声音》带来了草根歌手的真人秀舞台，《花儿与少年》开创了明星结伴旅游。虽然它们都在一定程度上为其他节目开了个好头，可是有些电视台不但没有吸取前面节目成功的经验，反而是一再地采取“拿来主义”，换汤不换药，大量重复的同类节目只会让观众感到厌倦。

（2）节目内容粗俗化。综艺节目的抄袭和模仿恰似经济领域的低水平重复建设，不仅造成资金、人力的巨大浪费，而且恶性竞争使节目质量江河日下，为了吸引观众的眼球与收视率，许多综艺节目出现粗俗化倾向。让嘉宾出丑、拿孩子开涮、大谈禁忌话题等成了不少综艺节目吸引观众的“三板斧”。粗俗化的内容或许会获取短期的收视率，但是长此以往就会原形毕露，而且对青少年的成长也会造成不好的影响。

创新是一个节目可以不断成功的唯一秘诀，只有源源不断地创新，给予观众新鲜的体验，同时以媒介的方式向受众传播正能量，做到媒体的基本职能，才是一个电视节目的基本创作原则。针对这一现象，有关部门应当对综艺节目的制作加以限制，鼓励健康向上的优秀节目，打击粗俗没有营养的不良节目，从而从根本上改善电视综艺节目市场。

17. 如何看待戏曲在当今中国的发展？（2010年中国戏曲学院国际文化交流专业招生面试试题）

［参考范例］

尊敬的各位评委老师大家好，我抽到的即兴评述题目是：如何看待戏曲在当今中国的发展？

戏曲是中国传统的戏剧形式，历史悠久，是中国民族文化的瑰宝。但是中国传统戏剧的现状却不容乐观，青少年对戏剧的喜爱程度大大降低，某些地方戏剧甚至有灭种的危险。戏曲正越来越远离现代大众的文化娱乐选择范围和艺术欣赏视野。

总的来说，戏曲发展至今已呈现出衰落的趋势，主要表现在：戏曲观众老化现象严重，青少年多数对戏曲不感兴趣；作为传统经典文化，艺术家在继承传统的基础上少有创新，使得观众逐渐失去了兴趣；戏曲有地域性，由于方言的限制，大规模、跨区域的推广变得十分困难。

然而，戏曲作为一种文化资源，必须保持其原生态的特征，尊重艺术发展的自身规律。因此，我提出以下几点建议：

首先，要做好传承，就要让青少年了解戏曲，因为只有了解才能喜爱。现在有些学校已经开始让传统戏曲进入课堂，各高校也设置了戏剧社团，但戏曲的普及力度似乎还有待进一步加强。

其次，要创作出贴近生活但是又不失艺术魅力的全新剧目，让戏曲更贴近人们的现实生活。

再次，要走国际市场营销道路，使戏曲行业逐步走向正规产业化经营。比如加强戏曲文化表演场所基础设施的建设，或者把戏曲传承和旅游开发融合在一起等等。

另外，改进传播方式，与新的媒介如电视、电影、网络等联手，提高知名度，摆脱“文化博物馆”的单一职能。这样能使更多的人了解戏曲。

总之，我们必须重塑戏曲的文化形象，积极促使戏曲在当下发挥作用，让戏曲与时代同行、与大众为伴。

18. 谈谈对电视广告虽低俗却影响力巨大的看法。（2010年中国戏曲学院国际文化交流专业招生考试试题）

［参考范例］

尊敬的各位评委老师大家好，我抽到的即兴评述题目是：谈谈对电视广告虽低俗却影响力巨大的看法。

网络信息高速发展的今天，是一个广告无孔不入、无处不在的年代。打开收音机、电视，翻开报纸，走进电影院，铺天盖地的各种广告恨不得把我们的耳朵、眼睛塞个满满当当。广告对人们生活的影响更是越来越大，有些广告商为了达到吸引眼球炒作宣传的目的，更是无视市场规则，不断地将创意低劣、内容恶俗的广告搬上电视，严重影响人们的正常生活。

这些低俗广告的表现主要有：恶搞经典形象、经典作品；夸张地做保证，谎话连篇；打擦边球，进行性暗示等等。这种广告在短期内也许能带来爆棚的顾客、可观的收益，却不过是在“寅吃卯粮”。为了现在把自己的“名字”推广出去，可以无视公序良俗，乃至是否与自己的商品和服务相关也可不管，“怎么俗就怎么写”，这种只图眼前赚个盆满钵满，不愿花时间和精力提升品质并想出更富创意而得体的广告的营销做法，实际上是对市场公信力的疯狂透支。

对于这些有违良好道德风尚的广告，我们必须强化自身的素质，并利用各种手段维护绿色广告，加强社会主义精神文明建设。一是对广告企业员工进行素质培训，使其具备基本的职业道德和掌握相应的法律法规；二是进一步加强行政立法，通过政府行为予以制裁和约束；三是通过教育提高国民的素质，倡导诚信，净化社会道德风尚。只有这样才能将恶俗广告彻底地赶出我们的生活。

★ **19. 谈谈对选秀节目的看法。**（2011年浙江传媒学院广播电视编导专业（南京考点）招生考试试题）

［参考范例］

尊敬的各位评委老师大家好，我抽到的即兴评述题目是：谈谈对选秀节目的看法。

目前，国内综艺市场火热，各种选秀节目层出不穷，电视屏幕上到处都是“草根明星”。从积极的一面来看，选秀是一项娱乐活动，它能使更多的新秀脱颖而出，也给了新秀们一个很好的展示自我的平台，让更多的人实现了自己的梦想，使他们变得更加自信。但是每件事都有它的利弊，我认为对中学生来说，选秀节目的负面影响远远超过了它的积极意义。

首先，选秀带来的一夜成名易形成急功近利的浮躁心态。一些选秀明星在很短的时间内就从普通大众中的一员骤变成万人瞩目的“明星”，这容易让涉世不深的中学生误以为一个人可以随随便便成功，而不需要辛勤的付出。自选秀节目出现以来，一些大中学生荒废学业追星或参与选秀比赛的新闻屡见不鲜，就足以印证学生中这种浮躁的“泡沫”心态。

其次，“有型就要秀”的理念倡导容易滋生极端个人主义。选秀节目几乎都宣扬突出自我个性、表达自我、勇于展现自我的精神，但由于选秀节目在运作过程中不可避免地和其他一些商业目的相结合，再加上媒体过分渲染，容易导致部分学生产生极端个人主义的苗头，价值观向个人本位偏移。

再次，“偶像崇拜”容易引发极端狂热情绪。一方面，选秀明星将随着广告、音像制品、影视节目对青年受众产生持续的文化影响，引发非理性的盲从和模仿。另一方面，网络时代的偶像崇拜还会引发网络暴力，如粉丝团相互之间的“口水战”。

总之，选秀节目的火爆有一定的必然性和合理性，不能一概否定。但我认为，基于选秀节目的负面影响，社会、学校、媒体各方面需要共同努力，予以正确引导。

20. 什么样的电影可以称作大片？（2011年浙江传媒学院广播电视编导专业（南京考点）招生考试试题）

［参考范例］

尊敬的各位评委老师大家好，我抽到的即兴评述题目是：什么样的电影可以称作大片？

大片，从定义上来讲，是指投资大、制作成本高的影片，一般是由大导演、大腕、大制作、大投入、大场面、大阵容、大回报等等组合成的“大”级别的电影作品。在我看来，大片主要具备以下几个因素：

(1) 高含金量。顾名思义，大片必须要有强大的资源与投入，从前期的策划筹备、类型片明星制，到拍摄制作、宣传发行，都需要强大的资金支持，没有高的投资和票房做支撑，很难被人称为大片。

(2) 高文化品位。大片的“量”固然重要，但是“质”更加重要，一部电影最重要的就是导演有没有通过这一部电影而让观影者有所收获，能不能产生一种共鸣。所以那些低俗淫秽的电影是永远不能称为大片的。

(3) 高科技。一部大片需要投入大量的电脑制作和科技设备。它是随着社会科技的进步而不断更新的，是不满足于原始的拍摄方式的，只有不断的改革才能创造出更经典的电影。

中国电影真正开启大片时代的是2002年张艺谋导演拍摄的《英雄》，该片制作阵容空前强大，由多位巨星主演，主题曲演唱者为王菲，是当时中国电影拍摄制作耗资最大的一部。《英雄》是中国电影产业化道路上的一座里程碑，它在艺术和商业相结合的中国武侠类型片的发展上，有着丰富的启示意义。

★ **21. 对网络红人有什么看法？**（2011年浙江传媒学院广播电视编导专业（南京考点）招生考试试题）

［参考范例］

尊敬的各位评委老师大家好，我抽到的即兴评述题目是：对网络红人有什么看法？

《双城记》里有这样一句话：这是最好的时代，这是最坏的时代。我认为用它来点评现今的网络红人再恰当不过。这是一个娱乐至死的年代，提到“网络红人”，每个人心中或许都有一个不同的答案，每一个时期的代表人物似乎也都在不断地发生改变，唯一不变的是给予红人们娱乐平台的围观者们。辩证地看待网络红人，是我们每一个围观者所需要遵守的规则。

网络红人分为两种。一种是以出名为目的、愿意为名利作出牺牲的“出格人物”。例如“凤姐”“芙蓉姐姐”“小月月”等，他们向往快捷方式，为了出名不惜突破道德底线吸引人们的眼球，他们选择以低俗化的方式来展示自己，让观众瞠目结舌。在我看来，网络红人的产生契合新生代人群追求个性特点的心理，网络如今是言论和舆论的重要平台，在这样一个平台上出现的网络红人，是文化多元的体现。另一种是以“旭日阳刚”“微笑姐”为代表的网络红人，他们以真、善、美的方式揭示了人性中的正能量，给生活增添了亮色，使社会焕发光彩。这样的网络红人，也是我们真正需要的网络红人。

在今天日益多元的时代，社会固然可以对个人作秀给予足够的宽容，但这并不妨碍人们对网络文化现象的反思和对健康积极的生活方式的倡导。毕竟，个性的张扬与社会的和谐稳定之间，必须要有适度的平衡。面对网络红人现象，我们应具有良好的网络素养，能在面对网络现象时有科学、全面、深入的认识，具有独立地分析判断网络现象的能力，自觉抵制不良信息和不道德的行为。

22. 你看过江苏卫视的《非诚勿扰》栏目吗？你对马诺曾说的“宁愿坐在宝马车里哭，也不要坐在自行车上笑”怎么看？（2011年南京艺术学院广播电视编导专业（南京考点）招生考试试题）

［参考范例］

尊敬的各位评委老师大家好，我抽到的即兴评述题目是：你看过江苏卫视的《非诚勿扰》栏目吗？你对马诺曾说的“宁愿坐在宝马车里哭，也不要坐在自行车上笑”怎么看？

马诺作为一个刚毕业的大学生，却赤裸裸地表现出拜金主义，我认为这不仅仅是她个人道德观念的扭曲，更反映了当代大学生价值观念的转变。

随着我国经济社会的高速发展，高等教育事业获得发展，高校招生规模不断扩大，高等教育已由以往的“精英教育”转变为“大众教育”。这在一定程度上有利于提高我国公民的知识水平，建设科技强国。但是，人们越来越发现，如今大学生的质量已经得不到保证，尤其是大学生的道德素质明显下降。客观地讲，现在的大学生，有相当大比例的人没有理想，没有奋斗目标，整天像一只无头的苍蝇，浑浑噩噩地混日子。但是这一部分人往往又很自负，目空一切，认为自己今后一定会成就一番事业，不能理性地看待自己所掌握的“资本”，夸张地认为自己肯定比他人强。但是，他们却不行动，只是整天沉溺于各种幻想中。他们中的有些女生宿舍门口停着宝马、奔驰，网络上开始流行用语“求包养”，他们讨论的热点永远都是谁谁谁多么有钱。有的甚至为了物质抛弃了自己的人格，马诺就是其中一个。这样的价值观不得不让我们担忧：大学生是一个国家未来的希望，肩负着祖国的未来与民族的希望。如果一味地丧失道德底线，那么最终只会一事无成，我们的未来更是不堪设想。

当然，并不是所有的大学生都是没有理想的人，有些人仍在努力奋斗默默坚持着自己的梦想，虽然可能会遭到失败，但是最终都会通过自身不懈的努力获取较好的结果。作为当代大学生、21 世纪的知识分子，我们更应该起到带头作用。面对现实，我们要做的不是随波逐流，自甘堕落；而是自我警醒，奋发图强。以自我价值的合理实现，带动社会主流价值的回归，而不是推波助澜，恶性循环。只有这样，祖国的明天才能更加美好。

23. 谈一下《中国达人秀》。（2011 年南京艺术学院广播电视编导专业（南京考点）招生考试试题）

［参考范例］

尊敬的各位评委老师大家好，我抽到的即兴评述题目是：谈一下《中国达人秀》。

《中国达人秀》是国内购买海外版权的成功案例之一，已经连续三季打破了中国电视综艺节目收视纪录，成为中国省级卫视中最具国际影响力的综艺节目。

（1）《中国达人秀》与以往的选秀节目不同的是，不再致力于打造“大众明星”，而是将视角对准了最普通的中国民众。这里有牙牙学语的幼童、年过古稀的老人，有民工、拾荒者、下岗女工等不同社会群体，他们尽力展示的不仅是简单的歌舞或杂技，而且还借此传递自己人生的各种经历、感悟，由此呈现出一种崭新的选秀精神——普通平民实现梦想的胜利，更是平等、和谐的社会价值观之所在。

（2）节目主旨弘扬真善美。节目中的“鸭脖”夫妇告诉我们，势利和拜金比不上真情可贵；“小周立波”张冯喜告诉我们，争第一并不是生活的全部；独臂单腿的翟孝伟、马丽以残缺诠释完美；“断臂钢琴王子”刘伟告诉我们，有梦想就有成功等等。“中国达人秀”以表演引出故事，以故事来丰富表演，通过时尚娱乐的方式向人们传递出普通人的自尊、自信、自强，没有丝毫说教气。

(3)“中国达人秀”的评判模式借鉴国外的先进经验，并发扬光大，评出了自己的特色。三位评委周立波、伊能静和高晓松准确定位自己，没有虚伪、没有噱头、没有讽刺贬低人的言论，他们的魅力不仅在于娱乐化的点评，更在于对人性的尊重理解以及积极导向。

《中国达人秀》在成功地借鉴了国外节目制作模式的同时又加入了自己的文化内涵，以人文主义为本，是一次成功的尝试。

24. 谈谈你喜欢的一本书。（2011年九江学院广播电视编导专业招生考试试题）

［参考范例］

尊敬的各位评委老师大家好，我抽到的即兴评述题目是：谈谈你喜欢的一本书。

我最喜欢的一本书是《三国演义》。《三国演义》是我国四大名著之一，是历史演义小说的经典之作。小说描写了东汉末年和整个三国时代以曹操、刘备、孙权为首的魏、蜀、吴三个政治军事集团之间的矛盾和斗争。书中塑造了一大群鲜活生动、有生命力的人物形象，作者罗贯中也因此获得了在中国文学史上的重要地位。

我最欣赏《三国演义》的，是它刻画了近200个人物形象。其中，有机智的诸葛亮、奸诈的曹操、勇猛的张飞、重义的关羽、纳贤的刘备、庸主献帝刘禅、气量狭隘的周瑜、忠厚的鲁肃等。

我最敬佩的要数诸葛亮了。诸葛亮熟知天文地理，足智多谋。他火烧新野，借东风，草船借箭，智取华容道，巧摆八阵图，骂死王朗，七擒七放孟获，使用空城计等。事实上，诸葛亮还是作者心目中的“贤相”的化身，他具有“鞠躬尽瘁，死而后已”的大义胸怀，具有济世救民再造太平盛世的雄心壮志，而且作者还赋予他呼风唤雨、神机妙算的奇异本领。

重义的关羽也给我留下了深刻的印象。关羽是一员不可多得的猛将，同时也是一个非常忠诚的人。他对刘备忠心耿耿，被曹操俘虏后，尽管曹操给了他很多好处，但是他不忘旧恩，最终挂印封金、过关斩将而去。

总的来说，《三国演义》博大精深，使我大开眼界，其中的人物各具其态，对我的成长起了潜移默化的作用。

25. 谈谈你喜欢的一部电影。（2011年九江学院广播电视编导专业招生考试试题）

［参考范例］

尊敬的各位评委老师大家好，我抽到的即兴评述题目是：谈谈你喜欢的一部电影。

我最喜欢的一部电影是《阿甘正传》。电影里的主人公阿甘给我留下了深刻的印象。阿甘这一形象的塑造颠覆了正常世界中的英雄形象，与传统观念背道而驰，具有强烈的反传统、反主流性。

阿甘的经历让许多“聪明人”相形见绌，导演就是想借助阿甘形象的塑造来反讽社会，反映社会现状，比如片中通过对人的异化、堕落的揭露等，试图引起人们对社会与人的命运、前途的关注。有趣的是，阿甘身后总有一群尾随者，他们找不到人生的答案，盲目地追随阿甘。这就是美国当时社会的一种现实，人们对现实失望，找不到生存的动力与意义，只好无望地把命运寄托在别人身上。而阿甘却总能以乐观的态度面对现实，勇敢地跑下去，这不能不说是绝妙的讽刺。

影片里的阿甘虽然智商只有75，但在他身上，我们看到了忠诚、守信、执着、友善这些人性中最为熠熠生辉、优秀可贵的品质；看到了对生命的执着，对生活的希望，对信念的坚定，还有那平凡的生命里凸显的不平凡人生。这样的故事总是让我们感动，然后让我们难以忘记。

《阿甘正传》给了我人生的启迪。在很多时候，我们常常找不到做一件事的理由，有些事情总是非常轻易地半途而废。人的一生往往就是这样，大多数时候，我们也许都在随波逐流，没有具体的方向。事实上，阿甘的经历告诉我们，只需尽力将简单的事做得完满，不要计较究竟得到了多少，这样反而容易活出自己的精彩。

26. 谈谈你最喜欢的画家。（2012年重庆大学戏剧影视文学专业招生考试试题）

[参考范例]

尊敬的各位评委老师大家好，我抽到的即兴评述题目是：谈谈你最喜欢的画家。

我最喜欢的画家是徐悲鸿。徐悲鸿是我国的美术家、美术教育家，是中国现代美术的奠基者。他最擅长画马。

徐悲鸿自幼随父亲习画，并跟随父亲以卖画为生，补贴家用。贫寒的生活使得徐悲鸿自幼能够吃苦耐劳，同时随父亲背井离乡的日子也丰富了徐悲鸿的阅历，开拓了他的艺术视野。后来志向高远的他先后结识了周湘、高奇峰、高剑父等绘画大师，在他们的指导下他增强了绘画创作的信心。在结识了维新派康有为后，徐悲鸿在其影响下确立了自己的创作思路。

在绘画创作上，徐悲鸿的作品熔古今中外技法于一炉，是古为今用、洋为中用的典范，在我国美术史上起到了承前启后、继往开来的巨大作用。旅欧深造的经历让他能把西方艺术手法融入中国画中，创造了新颖而独特的风格。同时徐悲鸿的绘画充满了爱国主义情怀和对劳动人民的同情，表现了人民群众坚韧不拔的毅力和威武不屈的精神，表达了对民族危亡的忧愤和对光明解放的向往。其中最能表现积极振奋精神的当属他的奔马，几乎成了现代中国画的象征和标志。

徐悲鸿长期致力于美术教育工作，他发现和团结了众多的美术界著名人士。他培养的学生人才辈出，许多已成为著名艺术家，成为中国美术界的中坚骨干。他对中国美术队伍的建设和中国美术事业的发展做出的卓越贡献，影响深远。

总之，无论是徐悲鸿大师的绘画技术，还是他求学的坚韧和对事业孜孜不倦的追求，以及他的爱国情怀，都是值得我们好好学习的。

27. 谈一谈你最喜欢的作家。（2012 年洛阳师范学院广播电视编导专业招生考试试题）

［参考范例］

尊敬的各位评委老师大家好，我抽到的即兴评述题目是：谈一谈你最喜欢的作家。

我最喜欢的作家是鲁迅。鲁迅，浙江绍兴人，原名周树人，字豫山、豫亭，后改名为豫才。毛泽东评价他是伟大的无产阶级文学家、思想家、革命家，是中国文化革命的主将。

鲁迅的文学作品意义非常重大，他把目光集中到社会最底层，描写底层人民的日常生活状况和精神状况。正如鲁迅自己所说的一样，“我的取材，多采自病态社会的不幸的人们中，意思是在揭出病苦，引起疗救的注意”。他作品中的孔乙己、华老栓、单四嫂子、阿 Q、祥林嫂都是社会最底层中最需要周围人同情和怜悯的，但是当时的中国社会，人们给予他们的却是侮辱和歧视、冷漠和冷酷。鲁迅对他们的态度是“哀其不幸，怒其不争”。鲁迅爱他们，但希望他们觉悟，希望他们能够自立、自主、自强，拥有做人的原则。

我喜欢鲁迅，还因为他能在文学作品中用平凡人的平凡生活充分显现无穷的艺术魅力。鲁迅先生的作品没有离奇的故事，没有引人入胜的情节，但是通过对生活的细致入微的描写和对人生的内在微妙心理的入木三分的刻画，从而具有了愈久愈醇的特征。同时，鲁迅先生在文学创作中，特别是小说创作中，对当时的权贵和伪君子抱着深恶痛绝的态度。《孔乙己》中的丁举人、《阿 Q 正传》中的赵太爷、《祝福》中的鲁四老爷等等都是权贵的形象，他们有权有势、自私自利、虚伪冷酷，鲁迅先生抱着痛恨他们的态度予以了揭露和批判。

总之，鲁迅先生是中国文学革命的一员主将，是值得我们努力学习的优秀作家。

28. 谈谈明星代言的利与弊。（2011 年南京艺术学院广播电视编导专业（南京考点）招生考试试题）

［参考范例］

尊敬的各位评委老师大家好，我抽到的即兴评述题目是：谈谈明星代言的利与弊。

今天，无论是在电视、报纸还是海报上，都随处可见明星代言的广告。用明星代言产品，已经成了企业一种重要的宣传方式，成为当今人们生活中司空见惯的事情。

首先，明星代言对企业和明星是双赢的。对于企业来说，利用明星效应，不仅可以扩大自身的知名度和影响，还能利用消费者对明星的喜爱将感情转移到品牌上。因为人们普遍有喜欢、崇拜明星的心理，明星的形象受到人们的喜爱，爱屋及乌，他们推荐的东西自然也能得到人们的喜爱。人们购买了他们推荐的产品，企业自然就受益了，所以企业不惜投入大量的财力来找明星代言产品。对于明星来说，巨额的广告费让他们收入不菲，随处可见的广告也能够帮助明星走进千家万户，提升知名度。

其次，明星代言对消费者来说有利有弊。明星代言不乏深受消费者欢迎的成功案例，但近年来明星代言虚假广告的事情也屡见不鲜。比如赵忠祥、葛优的虚假广告，邓婕、倪萍等为质量有问题的三鹿产品代言更是遭到了舆论的批评。而侯耀华更是一人代言了10种虚假广告。事情曝光后，很多人对明星代言提出了质疑，认为明星代言产品不实应受到法律制裁。

总之，我认为明星代言广告是一把双刃剑，既有积极的一面同时也存在消极的一面。明星作为社会公众人物，应该有一种社会责任感，要为自己的行为负责。而我们在选择商品时也要擦亮双眼，取其精华，去其糟粕。

29. 谈谈你对法制节目的看法。（2011年云南艺术学院广播电视编导专业（影视编导方向）（潍坊考点）招生考试试题）

[参考范例]

尊敬的各位评委老师大家好，我抽到的即兴评述题目是：谈谈你对法制节目的看法。

我国的法制节目起步虽然较晚，但是发展却异常迅猛。随着中国法制建设的日益完善、人们法制意识的逐步增强，整个社会对法律问题的关注度以及对法律知识的需求量都在不断提升。在这个大时代背景下，出现了《今日说法》《庭审纪实》《法治在线》等一批优秀的法制节目以及与法制有关的新闻报道。

首先，相比于一般的节目，法制新闻节目具有难得的题材优势。它所报道的大多数案例都是生活的非常态，所反映的内容大多涉及违法或犯罪等社会阴暗面或丑恶现象，而这些社会的非常态是老百姓不太了解又不常见到，但又与自己的生活密切相关的，很多人通过这些案例能够观察社会的另一面，起到观察、预防、提醒的作用。

其次，法律是一个非常系统、严谨的学科体系。法制节目以一个形象、生动的案件实例作为背景，用与之相关的法律条文来分析解释其中的对与错，从而搞清案件的前因后果、来龙去脉，以及相关问题在法律上的具体适用情况，以最通俗的形式来传播专业的法律知识。这种方式既避免了枯燥无味，又避免了法条的晦涩难懂，还增强了受众的收看兴趣，通过对一件件具体案例的分析，给人们以启示或警示。

当然，现在的法制节目也存在着良莠不齐的现象，某些法制节目为取得收视率，将目光瞄向了各种大案、要案、涉及名人的案件，为博取观众的眼球，此种报道连篇累牍，从而忽略了法律本身的意义。我国的法制节目还有很长的路要走，应当在不断探索与吸取国外成功节目经验的基础上，做出适合中国观众的法制节目。

30. 谈谈你对现代相声的看法。（2011年信阳师范学院广播电视编导专业招生考试试题）

［参考范例］

尊敬的各位评委老师大家好，我抽到的即兴评述题目是：谈谈你对现代相声的看法。

提起现代相声，很多人都会想到郭德纲、贾玲、白凯南等一批新相声演员，尤其是郭德纲与他的德云社更是将现代相声发展到了一个新的高峰。相声艺术曾经随着社会的发展大起大落过，作为一种历史悠久、流传较广、有着深厚群众基础的曲艺表演形式，也在不同时代不同人物的不断改善中寻找着适合发展的新方式。

传统相声在现代社会的低迷主要有以下几个原因。(1) 相声从业人员自身的素质问题。(2) 创作人才的大量流失导致好的相声本子稀缺。(3) 相声艺术形式被滥用导致观众对相声概念模糊。(4) 娱乐方式多元化，新兴文化兴起。

近几年现代相声的兴起为相声注入了新的活力，许多新兴相声演员说的相声都以“80后”的思想行为为主，密切关注最新的社会动态，再将网络语、流行语等等巧妙地穿插在相声中，时代感与喜剧感都很强烈，引起了观众的共鸣，让观众倍感亲切。这种对传统相声的翻新不是一味地去改变相声的制作模式。现代相声之所以受推崇的另一个原因就是它坚持传统相声的精神，一直致力于关注老百姓的生活，扎根剧场，遵循“讽刺原则”与“平民思想”，让观众有参与感。

通过现代相声的成功发展，我们不难发现，相声要重新热起来，于外在，要学会利用大众媒体的传播；于内在，相声要紧扣人们的生活，关注人们真正关心的问题。需要讽刺的地方就毫不犹豫，需要歌颂的地方就真心诚意，让观众在笑声中受启迪。只有这样，我们的相声才能走得更远更长久。

31. 如何看待春节晚会的“软广告”？（2011年信阳师范学院广播电视编导专业招生考试试题）

［参考范例］

尊敬的各位评委老师大家好，我抽到的即兴评述题目是：如何看待春节晚会的“软广告”？

生活在现在这个注重眼球效应的信息化社会，植入性广告的存在无可厚非，这是不可避免的。但是，我认为，在春晚这个严肃、重要的场合中加入“软广告”有“画蛇添足”的效果，尤其是在越来越多的小品、表演节目中突兀出现的令人不舒服的广告，更是让人不禁产生抵触心理。

央视春晚是我国最具特色的传统综艺节目，在中国具有不可逾越的收视率和权威性，很多商家从中看到了商机从而争相在央视春晚中植入广告，造成越来越多的“软广告”被搬上春晚的舞台。在我看来，春晚一年只有一次，它不同于一般的商业演出，没有必要让广告充斥着这一台全国上下合家欢的节目，更何况春晚导演也曾信誓旦旦地保证不会有“软广告”的植入，但是每一年在实际播出时都让观众们失望。例如网络红人西单女孩在表演《想家》时大屏幕背景同步播放游戏《星辰变》画面；农民工街舞团表演中由主持人口述展现深圳万福广场；小品《我晕了》里出现了招行、百度的名字等等。如果是巧妙地将广告融入节目里也就罢了，但是很多节目一看就能让人发现是特地为了植入性广告而做的改变，这样只会破坏节目的整体性，让观众更加不舒服。如在小品《捐助》中，赵本山利用大量语言解释搜狗输入法，小沈阳也不停地强调自己是搜狐视频《刨根问底儿》栏目组的主持人，这些语言的高重复率使观众很容易意识到这是在做广告。这种植入式广告会给人一种硬性广告的感觉，让观众反感，也降低了广告的品牌传播效果。

春晚作为一台受众如此之多影响程度如此之深的传统节目，应当自我约束，节目是为了观众举办的，那么也应当看到观众对于节目的反应与意见，并能及时作出调整，只有这样才能在不断完善中让春晚更有意义、让观众的年过得更舒心。

32. 你对《红楼梦》的真人选秀是怎么看的？（2011年信阳师范学院广播电视编导专业招生考试试题）

［参考范例］

尊敬的各位评委老师大家好，我抽到的即兴评述题目是：你对《红楼梦》的真人选秀是怎么看的？

以寻找新版《红楼梦》演员为目的举办的《红楼梦中人》选秀节目，引起了社会的热烈关注与讨论。该节目首次采用的以草根选秀来评比演员的全新模式，有利也有弊。有利的方面包括：

（1）是文化与娱乐的有力结合。以往的选秀节目以娱乐为主，《红楼梦中人》不再单纯地以娱乐选秀为主题，而是突显文化内涵，以“文化＋娱乐＝全球华人文化娱乐圈的顶级盛宴”为主旨，将娱乐与文化叠加起来，再次掀起了选秀热潮，也为选秀节目注入了新的生命力与文化内涵。

（2）掀起了重读风。《红楼梦中人》声势浩大的宣传也让人们对于《红楼梦》本身的关注得到了提升，掀起了一股新的《红楼梦》重读风，越来越多的人产生了学习古代的经典文学的兴趣，这种方式让更多的人尤其是年轻一代有机会了解《红楼梦》的文化精髓与传统道德。

但从另一方面来看，《红楼梦中人》是通过平民选秀的方式甄选演员的，因为活动采用的是分赛区选拔然后总决选的方式，但是每一场的评委不同，每个人的欣赏眼光也不同，又因为《红楼梦》是一部工作量十分繁重的电视剧，最重要的工作都由导演来完成，演员当然也应由导演首先选定，通过平民选秀的方式可能会造成导演与公众眼光的不同，所以会影响电视剧的整体美感。

从总体上来讲，《红楼梦中人》是一次不错的尝试，创新性地将文化与娱乐融合在一起，虽然也存在小瑕疵，但是我相信在不断完善后，会为以后的选秀节目开辟一条全新的道路。

33. 怎样看待明星隐私？（2011年信阳师范学院广播电视编导专业招生考试试题）

［参考范例］

尊敬的各位评委老师大家好，我抽到的即兴评述题目是：怎样看待明星隐私？

明星的隐私问题从来都是一个随时都能掀起热烈讨论的话题。人一旦出名，就会招来社会大众的关注，甚至关注到很小的细节，导致名人们的隐私不断地被人们发掘并流传出来，因为不缺乏关注度，所以这些东西就会传得非常快。这种现象一方面会对名人们造成声誉上的损毁，干扰名人们的生活；另一方面甚至会造成社会动荡，影响社会的安定团结。现在是一个“内容为王”的社会，随着网络的普及与自媒体时代的发展，明星与粉丝之间的距离越来越近，娱乐媒体尤其是狗仔队为了获得更高的曝光率不惜以偷拍跟踪的方法去挖掘明星隐私。

狗仔队偷拍明星的这种行为严重侵犯了明星的隐私权，阻碍了明星的正常生活。

另一方面，狗仔队固然不对，但是相比他们，那些对隐私有着极强的好奇心并且愿意为狗仔出的东西买账的看客们是不是也需要负一些责任？市场是由需求驱使的，如果没有需求就不会有市场，如果大众们抵制这些不是从正常渠道获得的明星隐私，狗仔队自然就没有可以推销的市场了。所以身为受众的我们，应当理智地对待明星隐私问题，有好奇心很好，但是如果因为好奇心而作出侵犯别人正常权益的行为就不好了，让我们理性对待娱乐信息，让谣言止于智者！

34. 你喜欢《大长今》吗？为什么？（2011年信阳师范学院广播电视编导专业招生考试试题）

［参考范例］

尊敬的各位评委老师大家好，我抽到的即兴评述题目是：你喜欢《大长今》吗？为什么？

《大长今》是一部励志古装历史剧。讲述了一代奇女子徐长今是如何通过自己的努力成为朝鲜王朝历史上首位女性御医，被中宗赐“大长今”称号的故事。我很喜欢这个电视剧，主要原因有：

（1）《大长今》里的很多烹饪镜头让许多观众大饱眼福，在厨艺高手的料理下，串烧、松糕、五色煎饼和九节盘，这些色香味形俱佳的古代美食满满当当地堆在观众眼前，令人跃跃欲试也垂涎三尺。对剧中的主角长今来说，做饭虽然是一件再日常不过的事情，却有天大的意义，因为每一道菜都出自她的心愿：“希望将自己的心意，通过菜肴传递给对方。”

（2）《大长今》的人物设置真实。以往一些影视作品在塑造成功女性方面形成了女强人套路，要求人物性格完美，处处争强好胜，虽然不输须眉，却显得可敬而不可亲，更遑论可爱。《大长今》一反俗套，在主人公身上保留了很多真实的缺点，用小的缺点来加强人物形象的真实感，使她就像邻家女孩一样更容易为观众所接受和欣赏。比如，剧中的长今从小到大走路一直都是蹦蹦跳跳的，这一方面表现出她与生俱来的乐天向上的性格，为她一生中百折不挠的意志力做了极好的注脚；另一方面也表现出她行事率真随意的特性，为屡屡招致的祸患埋下了伏笔。

(3)《大长今》剧中孕育着人生哲理。聪明与智慧的距离只有一步之遥，但价值差别却大如天壤。长今第一次负责御宴发现汤料不够，急中生智利用山泉水增加鲜味，这个小聪明帮助她初战告捷。接下来在煮汤比赛中，长今因袭别人的调理手艺，结果自然惨败。这次聪明反被聪明误的教训彻底改变了长今，使她树立起终身学习的观念，也将小聪明提升为大智慧，并且很快能够造福他人。

通过这一部电视剧，我学到了很多东西，包括很多韩国古代文化与美食知识，这是一部正能量的电视剧，也是我们中国的国产剧值得学习的典范之一。

35. 你看过《喜洋洋与灰太狼》吗？它吸引你的地方是什么？（2011年商丘师范学院广播电视编导专业招生考试试题）

[参考范例]

尊敬的各位评委老师大家好，我抽到的即兴评述题目是：你看过《喜洋洋与灰太狼》吗？它吸引你的地方是什么？

《喜羊羊与灰太狼》在近几年连续成为了“票房黑马”，这犹如一针强心剂，给了国产动漫乃至文化产业强烈的自信心。分析该片的走俏，有以下几个原因：

(1) 该片回归了动画片、卡通片的本质。动画片就是放出来给孩子们看的，过去我们的动画片对观看的人群没有完全清晰的定位，拍摄出来的动画片主题思想不鲜明，人物不生动，甚至存在教条主义。《喜羊羊与灰太狼》回归了动画片的本质，以羊和狼这一对冤家为主题，以此展开各种故事，加上一些新创意和基本的道理，就构成了完整的影片，使得影片内容充实，富含意义。

(2) 具有教育意义。好的动画片有寓教于乐的功能，能够让孩子们在欢乐中学会一些基本的做人的道理、法律的基本常识、社会交流沟通的基本技巧等等，这些对孩子的成长都是很重要的，也是比娱乐本身都更为重要的东西。《喜羊羊与灰太狼》做到了这一点，所以它成功了。

(3) 有成功的铺垫。电影《喜羊羊与灰太狼》是根据同名动画片改编而来，该动画片之前已经在卡通频道进行了热播，受到了广大小朋友的喜爱。

(4) 融入了当今社会的一些主题元素。影片中反映了当今社会上的一些热点问题，引入了现代社会的一些思考方式。

(5) 影片的制作技术的进步。影片本身的表现力进一步增强，在画面的设置和色彩的运用上更加丰富。

36. 对春晚假唱现象，你如何看待？（2011年商丘师范学院广播电视编导专业招生考试试题）

[参考范例]

尊敬的各位评委老师大家好，我抽到的即兴评述题目是：对春晚假唱现象，你如何看待？

首先，假唱本身就是歌手对观众不尊重的行为，历来为公众所厌恶，更不要说是在一年一度的大型春晚上。春晚的意义不仅仅在于它是一年一度的例行狂欢盛宴，它更加代表着每一个中国人团结一致积极向上的爱国之心。虽然有人会说正是因为春晚是最重要、最神圣、最容不得半点纰漏的“特殊晚会”，所以才需要做到万无一失，假唱是为了防止歌手现场紧张发挥失常、现场音效受环境影响有所失真等事故而作出的补救措施，是为了整体的节目效果，但是我认为，这并不能够成为假唱的理由。观众每年准时守在电视机前看春晚，并不是因为它有多么棒的音响效果，也不是因为它有多么美的舞台画面，更多的是因为春晚在每一个人的心中都有着很重要的意义。过年与家人一起看春晚图的是个热闹，乐的是个气氛，再完美的演出如果不是真实的那又有什么用？作为观众，对演员是不会太苛求的，对某些歌手在春晚演唱中曾经的小瑕疵，观众不仅能接受，还报以尊重。相反，那些假唱者是否对得起观众呢？明明是假唱却让观众当真唱听，是不是有糊弄观众的嫌疑？其次，但凡能被春晚邀请上台表演的演员，其实力一定是能够得到认可的，艺术凭的就是真实力，但是在如此大的舞台上对着全中国的观众假唱，是不是对艺术没有做到最基本的尊重呢？

央视春晚作为影响力最大的晚会，如果允许假唱存在，那么各地许多电视台在效仿之时无疑也将更加心安理得。而如此一来，假唱这种本质和影响都极为恶劣的欺骗行为就必然会在更大范围内盛行，这也必然使得更多的观众和歌手成为受害者。所以我认为春晚应当以身作则，彻底杜绝假唱的行为，做到对观众负责，对艺术尊重。

37. 谈谈对明星代言药品现象的看法。（2011年商丘师范学院广播电视编导专业招生考试试题）

［参考范例］

尊敬的各位评委老师大家好，我抽到的即兴评述题目是：谈谈对明星代言药品现象的看法。

我国现行的广告法等法规并没有禁止明星代言广告；但针对药品、医疗器械广告，我国法律明确规定，不得以患者的名义和形象进行宣传。这也就是说，作为代言人的明星，不能用自己的亲身经历来证明某种药品或者医疗器械产品的疗效，否则就会涉嫌违法。

针对这一现象，我认为应该采取以下措施进行规范：

（1）应进一步完善法律法规体系和社会监督机制。不少国家对于药品广告的数量和内容都有严格的管控。如荷兰严格控制药厂的广告宣传，普通电视节目、报刊上药品广告几乎绝迹。

（2）明星在做药品代言的时候，需要对自身的形象负责，也要对社会公众负责，起码应该了解所代言产品的品质和社会评价。

（3）监管部门的失责同样不容忽视。明星代言产品前的自查显然比不上医药监管部门的专门督查，如果明星代言的药品出现问题，那么也应该追究监管部门是如何在此之前给这些产品贴上“合格”的标签的。

38. 一些演艺界明星被一些大学聘为名誉教授，谈谈你对这一现象的看法。（2011年商丘师范学院广播电视编导专业招生考试试题）

[参考范例]

尊敬的各位评委老师大家好，我抽到的即兴评述题目是：一些演艺界明星被一些大学聘为名誉教授，谈谈你对这一现象的看法。

大学聘请明星任教，如今人们已经多少有点见怪不怪了。如某名校聘请周星驰做客座教授、某理工科大学聘请赵本山做客座教授、某大学聘请牛群做客座教授等等。大学，尤其是一些名校，纷纷向明星伸出橄榄枝，而且大有互相赶超的架势，我认为很多看中的并不是明星的学术造诣，而是他们的名气，试图借名人效应炒作，吸引社会大众的注意力，提高自身的社会知名度。

如果说大学要聘请明星担任教师，那么所聘语的明星必须符合《中华人民共和国高等教育法》所规定的高等学校教师的基本条件，包括：取得高等学校教师资格，系统地掌握本学科的基础理论，具备相应职务的教育能力和科学研究能力，承担相应职务的课程和规定课时的教学任务，并经过学校严格聘任程序的考查。

面对这种现象，我们不禁要深思，在聘请的过程中，高校是否有完整的评价、聘任程序？是否坚持了聘任标准？是不是大学个别领导说了算？这些都值得深究。因此，不顾艺人本身的条件而随意聘请明星任教，授予艺人教授等头衔，群众有理由质疑和指责大学在堕落，丧失了教育与学术的尊严。

39. 如何看待相声的低迷发展？（2011年白城师范学院广播电视编导专业招生考试试题）

[参考范例]

尊敬的各位评委老师大家好，我抽到的即兴评述题目是：如何看待相声的低迷发展？

相声是老百姓喜闻乐见的艺术表现形式。在上世纪80年代电视没有普及之前，相声几乎占据文艺舞台的半壁江山。后来随着电视的普及以及小品的繁荣，相声逐渐受到了冷落，相声人才更是愈加匮乏。近些年来，相声界发出了振兴相声的呼声。

相声低迷的原因，除了今天的人们心浮气躁、对批评的东西天然抵触之外，我认为还与相声上场的人数少，布景、道具几乎为零直接相关。在人们的业余文化生活日益多样化、日益丰富多彩的今天，收音机作为主打的娱乐工具、听一集广播剧或者听两段相声就能打发一个晚上的时代早已成为过去，相声作为城乡百姓最主要的娱乐种类迟早要发生变化，而今天面临的主客观形势，就促成了它难以逆转的颓势。

高素质相声人才的培养是相声长远发展的基石。然而相声要想在当今艺术之林中占有重要一席，重新拥有辉煌的未来，很大程度上取决于它的创新能力。任何创新都来自于对传统的全面占有、梳理、扬弃，从而进行创造性的转化。相声不能丢掉传统，相声内容的创新需要从传统相声里吸取营养。这一点在老一辈相声演员身上表现得比较理智，他们一般决不轻言创新。只是当面临新的题材、新的主题、新的观众时，他们一般才会积极地寻求创新之路。

总之，相声艺术的发展应该保持其传统优势，去粗取精，使之成为具有中华民族特色的表演艺术形式。

40. 评析中国歌手走进维也纳。（2011年白城师范学院广播电视编导专业招生考试试题）

［参考范例］

尊敬的各位评委老师大家好，我抽到的即兴评述题目是：评析中国歌手走进维也纳。

以前如果有一位中国歌手登上过维也纳金色大厅的舞台，那么他一定会赢得很多人的尊重与喝彩，因为这代表着中国音乐在国际舞台的弘扬，更代表着一种独特的中国爱国思想。近年来随着国际文化交流的日益频繁、文艺演出商业运作的日益成熟，越来越多的国家级乐团、地方乐团甚至是中小学乐团都有机会到金色大厅一试身手。维也纳金色大厅最频繁的一个月甚至能接待6组中国艺人，来的人多了，艺术水准自然良莠不齐，这对真正高水平的艺术也造成很大的冲击。

越来越多的中国音乐团体有机会可以走上国际舞台进行文化交流固然是个好现象，但是令人担忧的是许多演出只为国外“镀金”、国内“出名”，过多地依赖赠票，试图制造轰动效应。当中国演出团体一窝蜂地奔向金色大厅时，奥地利并没有真正掀起中国音乐热，反而只会造成艺术的大量堆积，不但得不到有效的展示，大量劣质的演出频繁地上演更会对观众造成“审美疲劳”。

针对这种现象，我认为，首先，表演方应当正视演出的目的，尊重艺术，不要仅仅为了“金色大厅”这一响亮的名号就蜂拥而至，毫不考虑自己的水平，要有所节制。另外，作为中国人的我们，也应当对维也纳金色大厅有正确的认识，不要神化金色大厅，中国人迷信去金色大厅演出，既是渴望让世界了解，也是为了借机提高自己在国内的美誉度。现在的国际音乐市场很开放，维也纳的门槛也逐渐放低，通俗地来讲，只要资金充足又符合演出的一般规则，金色大厅可以随时开放。所以我们不要总是拿金色大厅来“镀金”，要知道真正的好艺术是没有标准舞台的，并不是只有上了金色大厅才能被承认，也不是只有去了维也纳才能被尊重。

41. 谈谈对方舟子打假和唐骏造假事件的看法。（2011年白城师范学院广播电视编导专业招生考试试题）

［参考范例］

尊敬的各位评委老师大家好，我抽到的即兴评述题目是：谈谈对方舟子打假和唐骏造假事件的看法。

在方舟子打假唐骏学历造假的事件中，我认为在如今有些浮躁的学术界，打假是应该值得鼓励的，毕竟是去伪存真追寻真理的一个过程。但是正如有人所说，在没有大一统理论出现之前，没有什么理论是完美的，都有其弊端，科研其本身就是纠正前人的错误并提出新的错误的过程。而且，历历在目的种种恶斗俨然升级为以打假之名而进行的一场场人身攻击的刺刀战。这归根结底还是在于打假者与被打假者极端激烈的不相容模式。

方舟子在打假的过程中利用了网络的传播渠道，通过舆论来制造效应，专门对在公众眼里已经“成功”的人下手，在微博上连续发数几十条评论炮轰唐骏的假学历问题。这种反对“造假”的态度是好的，但是所采用的方式难免会令人反感，尤其是中国人对于“成功”的定义各不相同，网上也引发了“到底是一个人的学历重要还是能力重要？唐骏的学历作假到底是否影响他的成就”这样的讨论。有些人反而支持唐骏，认为方舟子的打假是“眼红”的行为，针对此事件两方各执一词。

再回归到唐骏身上。不管他现在的成就算不算得上是“成功”，造假终究是不对的，已经被证明了的“造假”事件反映了他最基本的诚信缺失问题。“唐骏学历门”值得我们反思的是，当我们定义“拥有足够的财富与地位就是成功”的时候，是否忽略了“唯成功论”本身的虚弱？毕竟诚信是一个人最基本的道德品质。

对于打假本身，仅凭几个人的努力，也确实是无法彻底改变造假的风气的。但是无论如何打假的事业都要继续，希望我们的打假英雄能够保持自己的学术精神给学术界一片久违的纯净，同时也希望所有的学者都能够严于律己严谨治学。

42. 如何看待“BBC丑化孙悟空”事件？（2011年南阳师范学院广播电视编导专业招生考试试题）

［参考范例］

尊敬的各位评委老师大家好，我抽到的即兴评述题目是：如何看待“BBC丑化孙悟空”事件？

我认为“BBC丑化孙悟空”事件之所以能招来中国人的不满，主要原因在于国人潜意识中的脸谱文化在作怪。在中国的传统文化中，汉奸总是尖嘴猴腮，地主老财总是长着一脸的横肉。脸谱文化一旦形成固定思维，对于改变就不容易接受。另一方面，网友们的不满还在于，在原版《西游记》中到西天取经的是唐僧，他是这部神话小说中的重要人物，可是，在英国人的宣传片中并没有见到唐僧的出现。在小说中，孙悟空虽然无视权威，对玉皇大帝也是不屑一顾，是一个彻头彻尾的反叛人物，可是在法力无边的神权面前，孙悟空还不得不低头臣服。于是，离不开权威的中国人还是给孙悟空找了一个新主子，性格狂傲不羁的他还得陪着一个凡夫俗子前往西天取经。唐僧虽然无能，可毕竟是权威的化身，孙悟空本事再大也不能擅自独行。因为在中国人的文化传统里，只有无能的下级，没有无能的主子。然而，在英国人看来，唐僧取经多此一举，他应该让位给能者孙悟空。2分钟的短片说得再明白不过了，到鸟巢取经的领导人是孙悟空，而不是中国人心目中的唐僧。因为西方文化与东方文化截然不同，能者上庸者下才是一个民族兴旺发达的根本。

在中国人的文化意识中，对官权的崇拜只是文化崇拜中的一个方面，更重要的是中国人对祖宗成规和学术权威的崇拜，而这才是最可怕的地方。为什么中国人喜欢因循守旧？为什么中国人缺乏想象力和创造力？就是因为中国人害怕权威而不敢越雷池半步。近代以来，为什么总是西方人在科学技术领域处于领先地位？主要原因就是他们没有浓重的权威意识，没有祖宗成规的羁绊。

英国人的孙悟空与中国人的孙悟空不会是相同的，西方人解读《西游记》肯定与中国人不同，这就是文化的差异，在西方人的文化观念里，权威崇拜的意识是淡薄的，因此他们可以毫无顾忌地突破前辈们取得的成就，可以创造出惊人的科学技术与文化。

43. 如何看待全国观众呼吁免费观看《建国大业》这一观点？（2011 年黄河科技学院广播电视编导专业招生考试试题）

［参考范例］

尊敬的各位评委老师大家好，我抽到的即兴评述题目是：如何看待全国观众呼吁免费观看《建国大业》这一观点？

《建国大业》中参演的很多明星都是零片酬友情出演，包括几个导演也是倾尽全力帮忙，演员、导演、观众纷纷行动起来为了爱国奉献着自己的力量，随着电影票房的越来越高，利润也越来越大，我认为制作方开始适当地为部分地区提供免费观影的体验是一个聪明的选择。

首先，免费放映可以彰显众明星和制作公司的爱国心，否则，利用爱国热情集结明星免费出演，又让国人买高价票进电影院，这有点不厚道。其次，我国的电影覆盖率并不高，很多地区不具备消费电影的能力，《建国大业》的免费放映在为一部分人提供便利的同时，还能让更多的人受到爱国主义教育，也有助于主旋律的回归。这些理由自然很有说服力，也很能抓住公众的心弦，因此，是一种两全其美的宣传方法，也是一次有创意的尝试。

44. 如何看待罗京 26 年无差错主持？（2011 年黄河科技学院广播电视编导专业招生考试试题）

［参考范例］

尊敬的各位评委老师大家好，我抽到的即兴评述题目是：如何看待罗京 26 年无差错主持？

罗京“26 年无差错主持”的意思是，在这段并不短暂的播音期间里，不能播错一个字，不能有一次违时，不能有一次误播。这对于录播，倒无甚压力，错了，还有时间更改；但对于直播，其困难难以言表。在这种难度和压力下，极少有主持人能从工作一开始就不出错的。然而罗京却做到了。这个罕见的播音“奇迹”，并非 1 年、5 年，而是连续 26 年，这分明凭的是身为主持人的超强的责任感，而不是靠“运气”。

作为一个中国人，无论是男女老少，无论是健康患病，也无论是在家在外，《新闻联播》几乎是每天都要观看的节目之一。人们在观看新闻的时候分享时事讨论意见，却不知，其间播音员天天所承受的种种艰难。别的不提，只说播音一项，就远非寻常人所能想象，它要求“一心多用”，即：眼睛盯着提示器；嘴里播着新闻稿；手里挪着稿纸；耳朵听着导演要求；还要不受其他人交流的影响。这且不算，播音中，1 分钟得说 300 个字，这种速度，常人根本无法达到，即使达到，也必定叫人听不清……

想想看，在这种环境里，在这种要求下，26 年竟无一次错，无一字错，是不是创造了一个奇迹？这奇迹，缘于苦学。我们只知道罗京在屏幕上的风光，却不知道他在这几十年的职业生涯里总共翻烂了 4 本汉语字典，他工作台上摆着的第 5 本字典，也已被翻看得残破不堪。罗京的“26 年无差错主持”，正是“苦学”的回报。

相比之下，有些广播电台、电视台的主持人，总是说错话，读错字，报错名，惹得听众、观众不满，这些主持人并没有尽到身为主持人应当尽的责任，罗京的“26 年无差错主持”正是为当下的年轻主持人提了个醒：要谨记责任，认真踏实，不忘始终。

45. 如何看待网络上对刘谦所表演的魔术的揭秘？（2011 年中国传媒大学南广学院广播电视编导专业（济南考点）招生考试试题）

［参考范例］

尊敬的各位评委老师大家好，我抽到的即兴评述题目是：如何看待网络上对刘谦所表演的魔术的揭秘？

2010 年刘谦登上春节联欢晚会的舞台，不仅使自身的才华得到了展示，成为中国有史以来最具知名度的魔术师，还为全中国带来了一股“全民魔术”的热潮。越来越多的人被魔术的魅力所吸引，与此同时，也有越来越多的人无视魔术规则将魔术的揭秘发到网上只为了获取点击率，我认为这样的做法是不理智的。

刘谦自己也说过，魔术的魅力就在于把观众带回到对什么都新奇的童年。我们在看到没见过的不可思议的事情时，自心底瞬间涌现的那种惊讶、喜悦、激动、好奇……所有的感情都那么干净而纯粹，如孩童一般。魔术师，带给了我们这样难得的欢乐。因为好奇，想知道究竟怎么回事，并且下苦心揣摩研究，这是人之常情，并没有什么不对，但是有的人却无视魔术的规则将揭秘发到网络上，这是对魔术师和魔术本身的不尊重，一味地解密只会让魔术这一艺术失去本身的魅力。魔术本来就是假的东西这一点毋庸置疑，它的魅力就在于看魔术师怎样通过自己的演绎让人们对假的信以为真，这其中的一系列心情上的起伏才是最为快乐的，当魔术师用心地表演着精心准备的魔术时，怎知网络上早已经遍布魔术的解密过程，这会在一定程度上打击魔术师本身的信心，使他对自己的技艺产生怀疑。

所以，我认为解密并不是不可以，只是要适可而止，不要危及魔术师本人的职业，这样才能做到尊重魔术。

46. 现在电视节目中出现了一股“民星风”，如《非诚勿扰》《中国达人秀》等，请你谈谈对该现象的看法。（2011年南京师范大学泰州学院广播电视编导专业招生考试试题）

［参考范例］

尊敬的各位评委老师大家好，我抽到的即兴评述题目是：现在电视节目中出现了一股“民星风”，如《非诚勿扰》《中国达人秀》等，请你谈谈对该现象的看法。

2005年的《超级女声》让我们真正看到了“平民偶像”的魅力，随着网络信息化的发展，在近几年的电视节目中，我们不难发现，越来越多的“民星”开始走上舞台，他们通过自身的努力或者独特的故事从普通人变成了万人崇拜的大明星，这也在一定程度上证明着“草根时代”的到来。

短短几年里综艺类电视节目在中国大地成就了一场全民娱乐，彻底颠覆了中国人传统的电视娱乐方式，也给大家的生活带来了不小的冲击。这类节目给予普通人实现梦想的可能，让他们实现着“平凡人的不平凡梦想”，观众也能通过这些“草根明星”看到自己的影子。草根时代是一个进步的时代，它让我们看到了真正的赢家是敢于表现、勇于付出努力的人。

另一方面，“民星风”的火热也存在着一定的弊端。有些人看到了成名的“捷径”，为了出名不惜突破自己的道德底线，炒作绯闻、编造身世赚取观众的同情，这些行为都利用了娱乐的负面作用，尽显低俗化。所以针对“民星”我们应当理性对待，积极向正能量的偶像学习，同时拒绝为“负能量”买单。

★ **47. 如何看待经典影视剧翻拍现象？**（2011年南京师范大学泰州学院广播电视编导专业招生考试试题）

［参考范例］

尊敬的各位评委老师大家好，我抽到的即兴评述题目是：如何看待经典影视剧翻拍现象？

时下，重拍经典早已不是新鲜话题，无论是武侠剧、经典名著、琼瑶剧还是红色经典都有过重拍。2010年更是经典的重拍年，就四大名著来说，新《三国演义》电视连续剧刚刚揭开战幕，紧接着还将有新版《红楼梦》《西游记》和《水浒》陆续上演，一股经典重拍热正在席卷电视荧屏。

重拍经典，从来都是一条经久不衰的艺术创作之路，好莱坞就有很多重拍经典作品的成功例子。尤其是一些名著或历史题材作品，由于有丰富的故事素材和广泛的观众认知度，往往成为重拍的热点。经典之所以成为经典，正在于它的百读不厌，所以重拍经典永远都会有市场。

现在的问题是，很多对经典老片的重拍，变得越来越随心所欲，所走的创作之路也越来越低俗和恶俗。有的由于题材重复很难拍出新意，于是便不惜浪费宝贵的人力、物力，动辄搞大制作、大技术、大投入；有的黔驴技穷，拿不出自己的创作，便动不动就摆出超越经典、超越原作的气势拼命炒作，用滥情的台词来制造卖点；还有的将经典老片注入时尚的元素和华丽的包装，或打着市场需要和寻求看点的旗号，凭空想象，胡乱增加一些原著中没有的枝枝蔓蔓的情色细节。各类重拍经典剧鱼龙混杂，难怪有些观众对重拍经典嗤之以鼻。

我个人认为对重拍经典的态度要慎之又慎。尽管影视界劲吹重拍风，但很少有哪部重拍剧可以自豪地宣称新版超过了旧版。重拍经典需要艺术的积累和准备，不能一窝蜂地扎堆儿，不需要像抢占地盘一样先下手为强。

48. 崔永元说："收视率是万恶之源"，对此你如何看待？（2011年南京师范大学泰州学院广播电视编导专业招生考试试题）

［参考范例］

尊敬的各位评委老师大家好，我抽到的即兴评述题目是：崔永元说："收视率是万恶之源"，对此你如何看待？

我不同意"收视率是万恶之源"的说法，但不可否认的是，片面地追求收视率确实会造成坏的影响。

电视台作为一个经济实体，追求收视率是理所应当的。只有保证收视率的稳定，一个节目才能避免被"夭折"。而且，收视率高的节目确实都有着独特的成功之处。但是与此同时，由于过分追求收视率，想尽办法吸引观众的眼球，一些节目也因品位不高、内容低俗而受到越来越多的批评。

我认为，好的收视率并不代表好的质量。记得前些年，《超级女声》的走红刮起了一阵"选秀风"，几乎所有的电视台都办起了娱乐类节目。从《快乐男声》到近几年的《中国好声音》《中国达人秀》，越来越多的同类节目造成了观众的审美疲劳。甚至一些电视台为了争取高收视率而不惜制作质量低下、内容低俗的节目，试问这样的高收视率有什么意义？这样只会严重阻碍中国电视业的发展。相反，像《读书》一类栏目，收视率不高，但高雅、大气、知识性强，给人以启迪和熏陶。所以，从这方面来看，片面追求收视率，其实质就是"万恶之源"。

另外，收视率低，并不一定意味着节目质量不高。而且，收视率高低的决定因素有很多，比如播出档期、播出地区等。有些电视节目在不同的地区收视率会有很大的差别。有些电视剧在大台播放没有好的收视率，但在地方台播出收视率反而会有所上升。

所以，衡量一个节目或者电视剧的好坏，不能用收视率作为唯一的标准，还应该有满意度的指标。电视台更不能为了吸引观众的眼球，而片面追求收视率。

49. 怎样看待电视节目《非诚勿扰》被广电总局及《新闻联播》点名批评这一事件？（2011年南京师范大学泰州学院广播电视编导专业招生考试试题）

[参考范例]

尊敬的各位评委老师大家好，我抽到的即兴评述题目是：怎样看待电视节目《非诚勿扰》被广电总局及《新闻联播》点名批评这一事件？

《非诚勿扰》的热播推动了相亲真人秀节目的发展，自推出以来，因其新颖的节目形式、众多的话题热点、犀利麻辣的语言和漂亮的女嘉宾而迅速成为2010年电视荧屏的焦点。然而随着收视率的节节攀升，《非诚勿扰》节目中的很多问题也渐渐暴露出来，着实令人担忧。

首先，经常看这个节目的人会发现，《非诚勿扰》节目挑选的嘉宾都有一定的代表性，这种代表性不仅体现在地域、职业、受教育程度、外形、性格上，还体现在对于婚姻观的不同看法上。节目中先后出现了“宝马女”马诺、“豪宅女”朱真芳，她们在节目中以出位、雷人的语言赤裸裸地展现自己拜金的价值观和豪车豪宅的择偶标准，会给观众带来不好的影响。

其次，《非诚勿扰》节目的初衷是为观众提供婚恋交友的平台，不少适婚嘉宾成为这档节目的受益者，特别是在节目进行整改之后，甚至出现了整场配对成功的情况。然而，一方面，嘉宾牵手后成功率低，出现了“相亲节目不相亲”的尴尬。另一方面，《非诚勿扰》的不少女嘉宾或以出众的美貌或以出位的言论成为网络红人后，有的参与其他娱乐节目频频曝光，有的做广告进行代言。让人不禁怀疑，她们究竟是将《非诚勿扰》作为婚恋交友的平台还是走红的跳板？

《非诚勿扰》为相亲类节目带来了市场，但是因为还处于发展初期，节目本身还存在很多问题，所以被点名批评也是一件好事，只有通过不断地完善才能让节目做得更好。

50. 你如何看待韩寒？（2011年信阳师范学院戏剧影视文学专业招生考试试题）

[参考范例]

尊敬的各位评委老师大家好，我抽到的即兴评述题目是：你如何看待韩寒？

关于韩寒，似乎从他在高中时登上“新概念大赛”舞台并崭露头角开始，他的身边就一直没有断过话题。正如韩寒最喜欢的名言“出名要趁早”一样，他的出名似乎来得轻而易举，带着“80后”特有的张狂与独一无二的写作风格，在这个“个性为王”的时代，韩寒现象引起了热烈的讨论与争议。

当一个十几岁的孩子凭着自己的实力和勇气获得成功时，不仅惊叹了所有人，而且这个孩子所引起的现象，似乎更加惹人注意；有人认为韩寒是英雄；有人认为韩寒是个幼稚的小孩。人们都在议论他，研究他。为此引发了很多相关问题的讨论，如教育制度改革的问题，低龄化创作的问题，全才与偏才的问题等。

在我看来，韩寒是一个敢于说“真话”的“小孩”。他对于世界没有规划，只是按照自己的想法生活。他文笔犀利，敢于质疑警察，敢于监督政府，写作风格风趣，本人却又善良内向，他是这个时代特有的符号。韩寒可以说是一个时代的代表之一，他的不同寻常在这个时代激起了风浪，有人倾耳在听，有人掩耳盗铃。每一个时代都应该被理解，每一个时代里的人都应该被铭记，或许很多年之后韩寒已经不再是争议的热点，青少年的偶像也换了另一批人，媒体批判的对象也开始转移，那个时候韩寒或许就不再是一个现象，而是一个独立的个人了。而我们能做的就是随着时代更新，与时俱进，对时代多一些宽容，对文学多一些谅解。

51. 大 S 在《康熙来了》中说“一万元以下的鞋子很便宜”，对此谈谈你的看法。（2012 年云南艺术学院广播电视编导专业招生考试试题）

［参考范例］

尊敬的各位评委老师大家好，我抽到的即兴评述题目是：大 S 在《康熙来了》中说“一万元以下的鞋子很便宜”，对此谈谈你的看法。

我认为大 s 身为一个公众人物，在节目中公然发表这样的观点有失妥当。

明星的收入比普通人高得多，支出自然也多，尤其是身为女明星，免不了要为自己置办衣物，这是职业的需要，同时也是对观众的尊重。一万元以下的鞋子在明星看来并不值钱可以理解，但是如此高调地去把它当作一个话题来讲，难免有炫富之嫌。毕竟社会经济发展不平衡，贫富差距大。作为一个公众人物，是有一定的话语影响力的，大 s 身为一个当红女星，粉丝更是众多，这样的说法难免引来粉丝的效仿。尤其是对于思想价值观念还不成熟的学生，影响更是深重。

由这一事件推及到社会中，近年来，随着“我爸是李刚”“郭美美炫富”“拜金女”等现象的不断发生，拜金主义与人生观、价值观的讨论逐渐提上了日程。随着网络上某些知名人士对于“拜金主义”的肯定，一些普通人尤其是学生的思想产生了剧烈波动，使越来越多的人步入拜金主义的误区。表现在人生价值观上，就是有些学生把赚大钱树立为人生追求和奋斗的唯一目标；表现在对待知识的态度上，则认为许多“大款”、巨富、影视明星并没有多少文化科学知识，甚至是半文盲或文盲，照样能赚钱致富，相反一些掌握了丰富的文化科学知识的知识分子却并不富裕，因而对学习文化科学知识的兴趣和动力降低了。这些不成熟的观念在学生中悄悄散播，渐成危害。不能否认的是，这些现象很大一部分都是源于某些“炫富”人士的传播。

所以，我认为，作为一个公众人物，言行举止都应当谨慎，在获得掌声与粉丝的同时更应当做个好榜样，在舆论面前要自制，不要向粉丝传播“负能量”。

52. 谈谈对谍战剧热播的看法。（2012 年云南艺术学院广播电视编导专业招生考试试题）

［参考范例］

尊敬的各位评委老师大家好，我抽到的即兴评述题目是：谈谈对谍战剧热播的看法。

自2009年《潜伏》热播开始，越来越多的谍战剧出现在电视上，《黎明前的暗战》《冷箭》《风语》《悬崖》等先后抢过热播的接力棒。平民化的艺术形象塑造、敌我之间激烈的冲突、潜伏所带来的悬念，这些先天的强烈戏剧冲突都是这种特定类型片吸引观众的杀手锏。谍战剧的出现与走红成为有目共睹的电视文化现象，对中国的电视剧市场有着重要意义，值得我们深入思考。

谍战剧之所以如此受追捧，首先取决于谍战剧本身情节性强的特点。由于谍战剧是由涉案剧发展而来，因此在承袭了涉案剧类型特点的基础上，又融入了很多极具特质的故事元素。某种程度上，谍战剧讲故事的方式承袭了中国传统章回体小说的惯常手法，其跌宕起伏的情节编排、险象环生的悬念设置、错综复杂的人物关系、多线索的交叉叙事极大地迎合了中国观众长久以来的审美习惯，再加上“悬念式的解谜方式”，可谓吊足了观众的胃口。

其次，电视剧市场客观的大环境也催生了谍战剧的火热之势。随着古装剧、警匪剧逐渐淡出观众的视野，与谍战剧有着相似性的涉案剧又被勒令限播，这为谍战剧成为荧屏新宠提供了契机。而谍战剧所涉及的时代环境也使其得以规避当下的政治背景，将“主旋律”与“观赏性”更好地融合在了一起。于是谍战剧就在这样的环境下适时地出现在观众的视野里，既承袭了涉案剧所有的观赏性元素，又丰富了自身的类型特质，从而在众多类型的角逐中脱颖而出。

但是越来越多的谍战剧也存在着质量参差不齐的现象，针对这种现象，谍战剧的制作应当要避免渲染恐怖、暴力、猎奇、刺激、惊悚的内容，要确立高尚的审美格调、正确的价值取向、积极的主题思想，以促进这类题材电视剧创作的健康发展。

53. 记者发现次货出现，以此勒索商家而没有报道。对此谈谈你的看法。（2012年云南艺术学院新闻学专业招生考试试题）

［参考范例］

尊敬的各位评委老师大家好，我抽到的即兴评述题目是：记者发现次货出现，以此勒索商家而没有报道。对此谈谈你的看法。

记者以职业之便对商家进行变相勒索，不仅仅是身为媒体人的失职，利益的诱惑只是一个方面，隐藏在这背后的大环境因素更是值得深思。

记者是一个令人尊敬的职业，人们之所以尊重记者，是因为记者见识高明、品德高尚，能够传达老百姓的声音，维护社会的公平正义，高尚的品质和高超的专业技能是记者这个职业必备的基本条件。然而，身为记者，不但没有遵守这些基本的职业规则，反而利用这个职业去做一些“坑蒙拐骗”的事情，实在是让人心寒。

抛却记者的职业修养往大环境上分析就会发现，有关部门对于媒体监管的疏漏也是其中一个原因。近几年来，一些媒体为了扩大报刊发行、招揽广告收入，对本单位的记者也下达任务指标，并且提出指标与收益直接挂钩，于是就应运而生了利用自己的记者身份，以发表批评报道、曝光相要挟的手段，向企业进行勒索，虽然这种行为只是出自少部分人，但也不得不让我们看出现今媒体自身的管理漏洞。

这种现象的改善，一要靠职业修养，二要靠制度约束。从制度上来讲，新闻单位的宣传业务和经营活动必须严格分开，这就是一道防范记者越界的防火墙，一些新闻单位没有严格遵守这一规定，记者在采访的同时还负责创收、拉广告，把这两种明显冲突的目标混在一起，就是制度层面的欠缺。失去职业操守的记者不该再有做记者的资格，新闻业中一些不完善的制度和管理也要不断改进，只有这样，才能保证我们有一支被人民大众信赖的记者队伍。

54. 央视主持人未穿正装，被曝光。对此谈谈你的看法。（2012年云南艺术学院新闻学专业招生考试试题）

［参考范例］

尊敬的各位评委老师大家好，我抽到的即兴评述题目是：央视主持人未穿正装，被曝光。对此谈谈你的看法。

我认为央视主持人上身衣冠楚楚下身却“短裤拖鞋”的镜头之所以能引起如此轰动的讨论，还是因为挂了个“央视”的名。长久以来央视在人们心目中的印象似乎一直都是严肃、庄重、权威的代表，观众对央视主持人更是拿着高标准甚至是挑剔的眼光来评判的，当发现主持人有不合常理的行为时自然会格外注意，如果这个事情发生在地方卫视主持人身上，或许就不会产生那么多的争议了。

由于长久以来承担着“宏大叙事”的使命，央视半是被动半是主动地形成了严肃、凝重的面孔。主持人的衣服也是万变不离其宗地几个颜色几种式样换来换去，虽然近几年央视本身也在努力地做着改革，但基本上还是延续了以往严谨的风格。对于这一次的“未穿正装”被“抓”一事，虽然是个镜头上的小失误，但我们不妨对央视少一些苛刻，多一些娱乐，人非圣贤，孰能无过，更何况是作为“娱乐龙头”的央视呢？

其实早在几年前央视的老牌主持人赵忠祥老师就曾经“抱怨”过：“以前我们主持节目时条件不好，演播室不通风，加上上万瓦的灯光照着，上身中山装，底下穿短裤依旧大汗淋漓，所以我希望大家也能体谅，这绝不是故意作秀。”由于演播室灯光密集，室内气温往往很高，在炙热灯光的“烧烤”下，看似风光无限的主持人其实也很不好受，几个小时的节目下来，主持人往往会汗流浃背、十分狼狈。因此，很多主持人会在摄像机拍摄不到的地方钻点小空子，上身西装笔挺，下身却可能是一条大短裤，脚上就蹬着一双拖鞋。这种着装上的偷工减料虽然不合规范，但考虑到主持人的实际感受，也是可以理解的。

当然，环境不同，对于主持人的要求也不同。像新闻联播这类以“庄重”为主旨的节目，就必须要求主持人着装严肃、整齐；对于某些休闲类的节目，无意中的“镜头穿帮”我们看过笑笑就过去了，没必要一定抓住主持人的小辫子不放，主持人在加强自律的同时，身为观众的我们也应多理解电视人的不易。

55. 谈谈你对建立记者黑名单一事的看法。（2012年云南艺术学院新闻学专业招生考试试题）

［参考范例］

尊敬的各位评委老师大家好，我抽到的即兴评述题目是：谈谈你对建立记者黑名单一事的看法。

我认为建立记者黑名单是提议者对自身信心不足的体现，如果每个部门都用自己的标准开列一个记者“黑名单”，那么谁还敢搞舆论监督，谁又能搞成舆论监督？照此发展下去，舆论监督的环境只会更加恶化。

新闻媒体的舆论监督是社会民主、社会文明进步不可缺少的重要力量。大量新闻报道实践证明，新闻媒体的舆论监督不但能够促成具体个案问题的有效解决，而且能够推动某一领域或者行业的体制创新，对社会管理水平的全面提升发挥了重要作用。

当然并不是所有的媒体报道都是持公正、客观态度的，其中个别不良媒体为了获得利益也会丧失道德底线。但是对新闻媒体存在的报道内容不正确的问题，不应该采取求全责备的态度，相关部门应该通过及时发布公开信息，积极采用正面引导的方式进行解释，不能设置障碍任意提高采访难度，更不能建立所谓的“黑名单”限制记者采访。即便果真有些媒体和记者有意误导，影响了大众乃至其他公民的权利，自有主管部门来追责。如果媒体的报道和记者的行为触犯了法律，构成了侵权，完全可以通过法律程序纠正。政府部门也可以将问题向有关部门反映，但决不能按自己的标准对此进行评判，进而建立什么“黑名单”。

这起“黑名单”事件，值得人们反思政府部门新闻宣传负责人的角色定位。一个称职的政府部门新闻宣传负责人，应该能够全面了解政府的工作重心，及时公开政府信息，准确把握民意流向，诚意沟通媒体和记者，以理性的方式通过传媒化解公众的疑虑和误解。

56. 如何看待无厘头电影？（2012年洛阳师范学院广播电视编导专业（山东考点）招生考试试题）

［参考范例］

尊敬的各位评委老师大家好，我抽到的即兴评述题目是：如何看待无厘头电影？

无厘头是指故意将一些毫无联系的事物、现象等进行莫名其妙的组合、串联或歪曲，以达到搞笑或讽刺目的的方式。香港影星周星驰主演的影片《大话西游》就符合了这一定义，对白搞笑，主题荒诞，个性突出。由此，可以说是周星驰开创了“无厘头”的表演方式。

（1）无厘头的表现形式即是特殊的夸张。这种夸张超过了影视文艺本身所需要的夸张程度，使许多事情让观众或读者一看就知道不可能，但仍然忍不住会为此而投入。在《回魂夜》里，周星驰饰演的疯子可以用纸帽子带着大家飞，这是对传统理念的夸张；在《百变星君》里，他一开始过的生活穷奢极多，这是对生活方式的夸张；

在《行运一条龙》里，阿水当众撕开了女同学的上衣，然后又痛不欲生，这是对情感欲望的夸张。夸张给人们带来淋漓尽致的感觉，把平时生活中不能表现或不想表现的各种东西都发挥到了极致。

（2）人生无常，许多痛苦和不幸都是无法化解的，而面对社会的阴暗、污秽和人性的贪婪、自私，男人的好色，女人的善变，工作的无聊，挣钱的烦恼，一切都是讽刺的目标。《月光宝盒》中至尊宝带领的一群手下在他跟妖精打斗时集体装死倒地，这是对忠诚的讽刺，因为在一开始他的手下就以唯帮主马首是瞻的态度出现；到了《大圣娶亲》中他又无法摆脱对一个很讨厌的女人——紫霞的爱慕之情，这是对承诺的讽刺。

（3）无厘头文化是香港一种在20世纪90年代突然兴起的次文化，周星驰是其中的佼佼者。这股文化一直主导整个香港社会达十年之久，直到亚洲金融风暴后才慢慢消退，但是其影响力至今仍不容忽视。后被华语地区广泛接受，成为被20世纪70年代后出生的一代年轻人广泛接受的喜剧艺术表演形式。

57. 谈谈你对日剧的评价。（2012年洛阳师范学院广播电视编导专业（山东考点）招生考试试题）

［参考范例］

尊敬的各位评委老师大家好，我抽到的即兴评述题目是：谈谈你对日剧的评价。

日剧的故事内容多样，不少着重于描述特定职业的职场生态，或以一般大众的日常生活场景为主轴，或以漫画改编故事，甚至性质偏向社会写实，制作特点主要有：

（1）由于日本制作电视剧是摄播同步，每天同一时段有不同的电视剧播出，而且每周播出一集，以一个季度为一个周期，故大部分日剧的集数比较少，在11集左右，不过还是有一些集数比较长的日剧，如NHK的大河剧和晨间小说连续剧，预算成本比较高，制作上也较为细致与严谨。

（2）日剧题材非常广泛，迎合了不同群体的需求。爱情、医务、都市、警察、侦探悬疑、律政、青春校园、政治、家庭题材俱全，还有相当大一部分电视剧探讨了社会的突出问题。

（3）日本电视剧虽然以娱乐为主旨，但是它更是精神的承载与体现。从文化资源上看，它既表现出了东方文化的一般特性，同时更深具日本本土文化的审美情趣。它并不强调对现实的停滞和圆满，而是引领人们对生活、对人生的意义进行更深层次的探索和挖掘。

我本身是很喜欢看日剧的，我认为日剧既可以浪漫纯情，也可以深透着诡异和哀伤，即富有小民情趣，也具有华丽场景，有千奇百怪的剧情，还有感人至深的教师剧、医学剧。那些栩栩如生的电视剧主角都像是从每个人的生活中走了出来一样，让人印象深刻，有代入感。

58. 粤语播音是否该禁止？（2012年中国传媒大学南广学院广播电视编导专业招生考试试题）

［参考范例］

尊敬的各位评委老师大家好，我抽到的即兴评述题目是：粤语播音是否该禁止？

“禁粤”活动从发起之初便掀起了轩然大波，很多居民自发组织抗议行动进行“粤语保卫战”，政府的一番“好心”反而没有得到预想的回报，粤语的未来让人担忧。回顾粤语的发展史，着眼今天的社会现实，我认为普通话确实要推广，但粤语却不能禁。

推广普通话能极大地促进国家的统一和民族的团结、社会的进步和文化的繁荣。所以，积极大力推广普通话是我们的必然选择。但普通话的推广与粤语的使用毕竟不是绝对矛盾的，限制粤语的使用虽然在一定程度上有助于广东省打造自己的包容开放的品牌形象，但同时会严重影响许多本省民众的生活，带来许多问题，政策的弊端不容忽视。

粤语不仅是广府地区人民的母语，而且是广东和整个珠江流域影响最大的方言，它不仅蕴藏着广府地区的传统文化，而且保存着大量在中原一带已经消失了的传统文化。离开了粤语，广府地区许多岭南文化品种便不复存在。限制粤语的使用，使得媒体中的粤语渐渐减少，不单单会影响到广东人的日常生活，使广东失去在经济领域的优势，更让广东人觉得是自己文化的一种流失，他们使用最多、最久的语言被减弱，会让他们担心粤语会不再通用，会慢慢消失，而一个语种的死亡和消失，等于永远失去我们对人类思想的认知和理解的不可替代的一部分。

因此，我认为，在大力推广普通话的时候，仍然不能放松对粤语方言的保护力度，并要从中吸取可以促进自身发展的养料，这样才能真正在语言上实现我国文化的不断进步和传承。

59. 电影《建党伟业》中云集了众多明星，谈谈你对“明星效应”的看法。（2012年南京师范大学泰州学院广播电视编导专业招生考试试题）

［参考范例］

尊敬的各位评委老师大家好，我抽到的即兴评述题目是：电影《建党伟业》中云集了众多明星，谈谈你对“明星效应”的看法。

明星效应是指一种借势营销策略，具体是指利用名人所具有的优势来推介产品，快速提升产品的知名度，促进产品的销售，实现快速营销的目的。“明星效应”被普遍运用到广告、电影、商业中，从而达到理想的效果。

不可否认，“明星效应”确实具有非常重要的作用，像《建党伟业》这一革命历史题材的“非典型性影片”，就是因为众多大牌明星不计报酬的加入与媒体、粉丝的捧场，才达到了如此轰动的效果。影片就是依靠明星的知名度以及人们对他们的喜爱，而达到了宣传的目的。

但是现在很多电影公司在进行宣传时严重依赖明星，很多电影如果出现有大牌明星，媒体就会趋之若鹜，如果没有大牌或者话题明星，只有导演和一些名气稍小的演员，媒体就冷脸以对。甚至于不少电影纷纷靠博明星来吸引眼球拉高票房，出现“傍”大明星、“绑架”话题艺人、将新闻“嫁祸”给明星等现象，这是一种对艺术的不尊重。

我认为我们应当理性看待“明星效应”，不能助长这种“以大欺小”的现象，好的作品不能仅仅依靠明星的知名度来维持，观众也不是可以随意忽悠消费的对象，就算拥有了再多的明星，影片本身如果没有内容，那与那些低票房的“烂片”又有什么不同呢？

★ **60. 谈谈你对郭美美微博炫富事件的看法。**（2012年海口经济学院广播电视编导专业招生考试试题）

［参考范例］

尊敬的各位评委老师大家好，我抽到的即兴评述题目是：谈谈你对郭美美微博炫富事件的看法。

“郭美美”炫富之所以能够成为一件争议点颇高的公共事件，是由于它综合了许多社会上的敏感话题，其中最为突出的就是以红十字会为代表的权力与以网民为代表的民众的关系。虽然郭美美的走红是通过一系列专业化的运营团队去操控的，但是我们应当知道的是，它不仅仅是一件单纯的炒作事件，它的背后不仅有中国人面临的“诚信危机”问题，并且蕴藏着整个社会的“社会信仰”的缺失。

在郭美美事件中，社会关系这一特殊问题被多次提起。一段时间以来，对于网络而言，郭美美只是一个符号；对于公众而言，红十字会则成了消遣的对象。人们似乎都把焦点放在了“红十字会”上，仅仅因为一个不明身份的“炫富女”，人们就能轻而易举地以各种冠冕堂皇的理由去怪罪红十字会，更甚者以此为依据对整个中国的慈善机构产生怀疑。郭美美只用黑色的三天，就险些毁掉了红十字会的一百年。从这一事件，我们不难看出舆论的可怕与观念的不坚定。网络世界鱼龙混杂，有时候开放并不是一件好事，在这个人人都拥有麦克风的时代，好人与坏人、真相与谎言之间的界限似乎也没有那么清晰了。

现在真相终于水落石出，郭美美也得到了应有的惩罚，但由她所代言的干爹包养、网络炫富、问题慈善、千金豪赌、性交易这些关键词的讨论却不曾终止，归根结底还是源于社会诚信问题，人们不知道该相信什么、不知道该相信谁，以至于在郭美美案件中迷失了三年之久。

网络谣言的可怕值得人们注意，遏制网络谣言快速传播，是一个社会话题，对于广大网友而言，我们不能做谣言的制造者，也不该是谣言的传递者。保持理智与清醒、坚持独立分析与思考至关重要。互联网上的每一个人，都应当自觉遵守新闻准则，远离这些恶俗的炒作。

61.《江南 style》为什么这么红？（2013 年重庆师范大学广播电视编导专业（出镜记者方向）招生考试试题）

[参考范例]

尊敬的各位评委老师大家好，我抽到的即兴评述题目是：《江南 style》为什么这么红？

如果问起 2013 年最火的一首歌，我想很多人的回答都会是《江南 style》吧。从下到三四岁的幼儿园小朋友，上到七八十岁的老奶奶老爷爷，还有三四十岁的广场舞“大妈”们，夸张地说在世界的几乎每一个角落都有这首歌的粉丝。来自韩国的鸟叔带着夸张的舞步与爽朗的笑声在全世界刮起了一股“江南 style 风”，到底为什么这首歌能这么火？我认为主要有以下几个原因：

（1）歌曲 MV 本身的“诙谐风格”。可以说，鸟叔的这首《江南 Style》红翻全球，最功不可没的就是这款 KUSO 味十足的 MV 了。当体型宛如摔跤手般结实、一脸憨厚老实相的 PSY 戴上墨镜，疯狂地跳着“骑马舞”时，我们不得不承认被这“雷人”的大叔吸引了。当然“骑马舞”的动作更是功不可没，几乎在同一时间全世界的网友们都在上传同一个动作的舞蹈，这一群体性模仿更是掀起了“全民骑马”风潮。

（2）名人推荐。大多数中国粉丝知道《江南 style》，更多的是通过微博。也许第一个人在自己的微博里推荐这首歌曲时，你不会点开；当第二个、第三个人提到这首歌的时候，你也许就会认同这首歌的确红了；此外，众多明星也成为“骑马舞”的忠实粉丝，不只神话、张东健、李东赫这样的韩国巨星，就连欧美天后“小甜甜”布兰妮、“大力水手”罗宾·威廉姆斯也在大庭广众之下学跳歌曲中的舞蹈。可见，“江南 style”的粉丝遍布全世界。

《江南 style》的走红不仅仅靠的是歌曲本身的力量，它是多种娱乐因素的产物，在现在这个娱乐产业全球化的背景下，就是凭借着“雷人”的造型与疯狂的传播，《江南 style》在全世界都留下了深刻的印象。鸟叔也一跃成为韩国最红的明星之一，他也是娱乐产业通过网络传播成功的典范。

62. 2011 年 10 月 11 日，广电总局下发了《关于进一步加强广播电视广告播出管理的通知》；11 月 28 日，其又下发《〈广播电视广告播出管理办法〉的补充规定》，决定自 2012 年 1 月 1 日起，全国各电视台播出电视剧时，每集电视剧中间不得再以任何形式插播广告。但是很多电视台却在每集电视剧结束后插播较长时间的广告。对于这件事你怎么看？（2013 年杭州师范大学钱江学院广播电视编导专业（山东考点）招生考试试题）

[参考范例]

尊敬的各位评委老师大家好，我抽到的即兴评述题目是：2011 年 10 月 11 日，广电总局下发了《关于进一步加强广播电视广告播出管理的通知》；11 月 28 日，其又下发《〈广播电视广告播出管理办法〉的补充规定》，决定自 2012 年 1

月1日起，全国各电视台播出电视剧时，每集电视剧中间不得再以任何形式插播广告。但是很多电视台却在每集电视剧结束后插播较长时间的广告。对于这件事你怎么看?

我认为在电视剧中插播广告，会影响到观众的观看心情，广电总局的这一规定很合理，是从观众的角度出发的。但是，电视台与观众的想法恰恰相反，观众的收视体验和经营者对广告收入的要求是不一样的，观众当然希望广告越少越好，经营者则希望广告多一些，这样收入肯定比较多，但是又会造成观众的流失。

针对这一现象，我认为电视台不能仅仅是从利益的角度出发，对于电视台而言，观众看的主要是节目本身，质量与内容是最关键的，电视台不能被短期利益所吸引，应立足长远发展来寻求细分市场，明确自身的定位。

有人说，广告商是电视台的衣食父母，没有巨额广告，电视台就不可能购进热门电视剧。此言差矣，归根结底，广大观众才是电视台真正的衣食父母，离开了庞大的受众群体，哪个广告商会给电视台支付广告费？作为深受我国观众喜爱的节目类型，电视剧在我国拥有广泛的受众，是广告商十分青睐的传播载体。但也正因为如此，电视台在制定广告插播策略时，更应考虑观众的需求，不能单方面强加于人。电视台在实现合理的经济效益的同时，也要把广电行业的社会形象和社会效益考虑进去，做到有所节制。

63. 谈谈你对港台剧的看法。（2013年洛阳师范学院广播电视编导/戏剧影视文学专业招生考试试题）

［参考范例］

尊敬的各位评委老师大家好，我抽到的即兴评述题目是：谈谈你对港台剧的看法。

相比于内地的电视剧，港台剧的产生较早，体系较为成熟，从产生到现在的几十年，已影响了几代人的成长。从第一部在内地播出的港台电视剧《大侠霍元甲》到《射雕英雄传》《上海滩》再到近几年大红的《恶作剧之吻》《冲上云霄》等等，人们似乎一直对港台剧情有独钟，其中的原因包括以下几点：

（1）取材广泛，模式变通。可变通、可戏说，还可以循着脉络加枝添叶，不断地搞出个新模式，让观众去开心。这可能是艺术创造的不定式理论在编创上的一种新变形和新发现。

（2）故事性强，叙述流畅。港台电视剧有三类佳品最受欢迎：一是以家族兴衰成败为代表的年代剧，二是以侠肝义胆救世济民为警醒的武侠剧，三是以人间真情相互关爱为引领的言情剧，这些都是内地观众十分爱看的剧集，收视率一直居高不下。

（3）演员出彩，演技清新。港台演员不同于内地演员，他们的演技虽然有点游离于角色之外，但这样演，反而有演的情趣和演的风味。虽然普通话夹带着不规范的京味，却在拿腔拿调的同时，也夹杂着几分机巧和灵性。对于长期看内地演出的观众来说，换种口味反而觉得轻松愉快，甚或感到这才是戏，看起来少了一种不必要的心理负担。

(4) 港台拥有实力雄厚的投资人和影视制作人。他们旗下有敏锐的编创写作队伍，还有名导名演及表导一体的配套组合，加上各怀绝技不同寻常的一整套现成的拍摄班底，而且专业性特强，故而制作周期短、效率高。

港台剧成熟的运作体系是内地电视剧需要学习的一个方面，随着传媒市场的开放，越来越多的港台明星也来到内地拍摄电视剧，现在的内地电视剧市场也得到了很大的提升，这是一个很好的现象，两方可以互相学习，多多借鉴，这样才能共同成长。

64. 谈谈你对限娱令的看法。（2013年洛阳师范学院广播电视编导/戏剧影视文学专业招生考试试题）

[参考范例]

尊敬的各位评委老师大家好，我抽到的即兴评述题目是：谈谈你对限娱令的看法。

对于限娱令的提出我是持赞同意见的。近几年来中国各地的电视台为了迎合观众的口味，获取高收视率，不断增加娱乐类节目的播出场次和时间。这些娱乐类节目，一方面在丰富广大人民群众精神生活上做出了巨大贡献；另一方面，由于某些电视台急于上节目，出现了一些节目质量上的问题，节目虚假宣传、节目形式雷同抄袭、同类节目过于泛滥等问题严重影响了电视节目的正常秩序，限娱令的出台就是为了限制这种现象的无规则发展。

首先，限娱令的颁布可以对某些质量不过关的节目起到约束作用。像近几年大火的《非诚勿扰》，在这个节目里就曾出现很多宣扬拜金主义的“名人”，例如“甘愿坐在宝马车里哭，不愿坐在自行车上笑”的马诺。这种不健康的思想会给观众尤其是青少年带来不好的影响。还有一些一夜爆红的选秀节目，让太多人一夜成名的梦想膨胀，而这必将给整个社会造成必然的浮躁。

其次，还可以促进各大卫视的竞争。说起综艺节目，湖南卫视基本上可以说是“综艺龙头”，除央视外，能和湖南卫视抗争的卫视可以说凤毛麟角，如今的限娱令是对湖南卫视的一种“打击”、其他卫视乘机发展的契机，能否在这个时候适时地创新出一些既符合有关规定又让百姓喜闻乐见的节目，是各大卫视在限娱令的背景下能否更好地走下去的关键。

当然限娱令在现阶段的施行还受到一些限制，很多方面还不完善，限娱令只是个应景的东西而已，它只能短期地遏制部分不良节目的滋生，长期的规制还是要靠电视台的自律才能有所发展。

65.《非你莫属》中的一位选手，从国外留学归来，修了三个专业，在节目中主持人认为其在作秀。对此谈谈你的看法。（2013年南阳师范学院广播电视编导/戏剧影视文学专业招生考试试题）

［参考范例］

尊敬的各位评委老师大家好，我抽到的即兴评述题目是：《非你莫属》中的一位选手，从国外留学归来，修了三个专业，在节目中主持人认为其在作秀。对此谈谈你的看法。

对于郭杰的文凭事件，我的看法是“怒其不争，哀其不幸”。

他就像是现代版的“方鸿渐”，在国人的眼中，他表面上看起来是荣耀无比高不可攀的，但却又是经不起探究的。“海龟”的分类有很多种，他是偏下层的那一种，其实现在的很多人都与郭杰有着一样的想法，出国只是为了“镀金”，对于国外的文凭也是讲究数量不讲究质量，花了家里很多钱出去留学，却不学无术地回国，遇到专业问题一问三不知，甚至于被“问晕在地”，这应该是一个让人哭笑不得的笑话了吧。

这种现象是值得人深思的，但是这个节目里的主持人对于“郭杰现象”的反应似乎也有不妥。面对着选手的“倒地”，非但没有第一时间把他扶起来，反而是站在旁边说风凉话，问他“你这是不是装的”，这样的素质让人汗颜。不管他的学历有没有水分，不管他来这个节目是不是炒作，所有的嘉宾和主持人一起合起来去不断挑战他的底线，试图让他出丑，甚至于在出丑之后还不忘在他伤口上撒盐，这样的行为实在是让人看了不禁为他们感到羞愧。即使是在求职的过程中，面试官认为求职者不够优秀，也没有资格以高高在上的姿态去羞辱他们，仅仅是为了一个节目的收视率或者是为了吸引人的眼球就作出这样的举动，是对选手本身还有节目的不尊重。

类似郭杰这样的人有很多，他只是其中之一，他的经历也在一方面反映了中国学生远赴海外接受教育行为的不成熟，这需要我们的政府与国民一起努力，才能改善这种现象。

★ **66. 近年来，《宫》《新还珠格格》《步步惊心》《甄嬛传》等清宫剧泛滥，被戏称为“雍正很忙”，请就此发表自己的看法。**（2013年南京师范大学泰州学院广播电视编导专业（山东考点）招生考试试题）

［参考范例］

尊敬的各位评委老师大家好，我抽到的即兴评述题目是：近年来，《宫》《新还珠格格》《步步惊心》《甄嬛传》等清宫剧泛滥，被戏称为“雍正很忙”，请就此发表自己的看法。

如今的历史剧基本上都是以清朝作为历史背景的。一方面，从文字记载的角度看，史书上有关清朝的内容无论是正史还是野史，都极其丰富，这便于历史剧从中选取题材。另一方面，在清史中最具传奇色彩的雍正皇帝因为具有独特的异族标签更是广受编剧们的喜欢，所以被不断地加工改编。

清宫剧的泛滥一定程度上反映了中国电视剧市场的趋同性。在中国的电视剧圈里，只要一部剧有火的苗头，那么其他的同行就会看到“商机”，从而选择拍摄同类电视剧。又因为电视剧的拍摄周期近似，所以，就会在一个时间段里产生一系列同类电视剧。所以一部《宫》火了，千千万万部“《宫》”起来了。

我认为这种现象不仅容易对观众造成审美疲劳，而且有些急于出品的电视剧在质量上也会出现问题，很多编剧、导演为了吸引观众的眼球，一味地追求收视率，大量篡改历史，穿越、雷人语句等被硬搬到电视剧中，对青少年观众也起了不好的引导作用。

中国的电视剧市场真正需要的是创新，而不是不断地翻新。只有一部电视剧给观众带来一种独特的观剧感受时，才能引起更多人的共鸣，一味地对前面成功的电视剧进行简单的复制与照搬是没有效果的，或许短期内会成为舆论的焦点，但不会得到长期的观众认可，只有安下心来，本着负责任的态度，制作真正适合观众的电视剧，才会有所成就，收视率自然也就不会低了。

67. 谈谈对粉丝的看法。（2013 年福建省普通高校编导类专业招生统考试题）

［参考范例］

尊敬的各位评委老师大家好，我抽到的即兴评述题目是：谈谈对粉丝的看法。

有明星的地方就一定会有粉丝，有粉丝的地方就少不了有争议。尤其是前几年出现的一系列由粉丝主导的闹剧——“杨丽娟为见刘德华逼父亲自杀”“《快乐男声》粉丝团大战”“韩国团体 super junior 粉丝世博会期间踩踏事件”，更是将这一群体推上了风口浪尖。

对于粉丝我的看法是：每个人都拥有一个或者几个人生路上的偶像，有的人的偶像是作家，而有的人的是体育健儿，有的人的是自己的家人。即使有的人选择喜欢人气明星，这与其他的人也并没有什么不同，也都是因为受到了正能量的感染才会愿意追随他。为了自己喜欢的人去做些事情并不应该受到抨击，很多人因为某些特殊的个例而将“粉丝”看作是文化水平低、盲目、无追求的群体，其实不然，追星的产生源于整个社会文化背景的演变，现在的演艺市场越来越开放，明星与普通人的距离也越来越近，粉丝的产生也是无可厚非的。

但是粉丝并不是一个可以独立的身份，现在的很多低年龄学生为了追星不顾自己的学业，无视家长老师的教导，只为了去见偶像一面，甚至于有的像杨丽娟一样走火入魔誓要与偶像在一起。这样的行为是失去理智的，因为他们将“粉丝”这一身份独立开来，抛弃了作为一个“社会人”的其他身份，他不记得自己还是一个学生，或者还是一个子女，他们的思想受到了禁锢，从而走上了极端的“追星之路”，对于这种人，我想他们的偶像也不会承认这是自己的粉丝吧。

真正的“粉丝”应当有着正确的价值观，有着清晰的人生规划，有着自己的生活。“偶像”是一种让人尊敬的存在，因为他是一种正能量的传播，只有通过自身不断的努力，将自己做到更好，才能向偶像致敬。

68. 对假新闻有何看法？（2014年浙江传媒学院媒体创意专业（长沙考点）招生考试试题）

［参考范例］

尊敬的各位评委老师大家好，我抽到的即兴评述题目是：对假新闻有何看法？

虚假新闻缘于新闻工作者满足受众的心理需求，缘于激烈的媒体竞争，也缘于新闻自身容易造假。制造虚假新闻与传播虚假新闻都严重危害着社会的和平稳定，主要包括：

（1）误导舆论，危害社会。新闻报道具有舆论导向的社会功能，虚假新闻不仅浪费了受众的时间和精力，更使他们的感情受到欺骗和伤害，直至造成思想行为方面的误导，有碍整个社会的常态发展。更为严重的是，虚假新闻轻则对社会公众形成误导，引发公众思想的混乱；重则可能给社会带来不安定因素，造成社会的动荡不安。

（2）影响形象，丧失威信。虚假新闻影响党和政府的形象。通常意义上说，新闻是党和政府的喉舌，是传播国家大政方针的重要渠道，是思想政治工作的重要阵地。从某种意义上说，新闻传达的是党和政府的声音，代表的是党和政府的形象。如果虚假新闻不遏制，不仅对社会和受众伤害严重，对于新闻界自身的损害也是不言而喻的。虚假新闻在破坏了人们对媒体的信任的同时，也严重影响了我们的党、政府在公众心中的形象。因此，虚假新闻是把双刃剑，既害人害己，又害社会。

（3）形成侵权伤害，造成经济损失。由于虚假新闻是不真实的，这往往会形成侵权，带来不必要的新闻官司。而虚假新闻的直接生产者——新闻工作者，轻则要被拉上“社会法庭”听候审判，重则可能要被追究相关刑事责任，赔偿经济损失。

虚假新闻的破坏力显而易见。来自社会的监督是一方面，身为新闻工作者的责任更是义不容辞，应当遵循产业规律与新闻原则，客观、理性地报道新闻，从人民的利益出发，只有这样才能杜绝虚假新闻的产生。

★ **69. 湖南卫视引进的源自韩国节目模式的《爸爸去哪儿》2013年大热，请你谈谈对这种引自国外的节目模式火爆的看法。**（2014年信阳师范学院广播电视编导戏文专业（山东考点）招生考试试题）

［参考范例］

尊敬的各位评委老师大家好，我抽到的即兴评述题目是：湖南卫视引进的源自韩国节目模式的《爸爸去哪儿》2013年大热，请你谈谈对这种引自国外的节目模式火爆的看法。

事实上，不仅是《爸爸去哪儿》，如今随便打开一个电视频道，都能看到各种类型的引进版节目，从《超级女声》到《中国达人秀》，从《非诚勿扰》到《中国好声音》，纵观全国各大卫视，其热播节目中有90%是引进的海外版权。在引进版节目的夹击下，本土原创节目表现平平，暴露出中国电视行业发展的诸多问题。

国外节目因为拥有成熟的模式和在国外积累多年的经验，一经推出就成为同时段收视的佼佼者。国内能够看到其成功的一面并且以正当的方式购买版权进行引进，这种现象是好的，能在短时间提高国内节目制作的水平，然而部分电视台在引进时仅凭外国公司提供的收视率，而不考虑移植到国内是否会水土不服，或者是为了收视率而直接照搬甚至抄袭，结果导致同类节目泛滥，最后在同质化的审美疲劳中同归于尽。

另一方面"洋模式"节目的大量倾销扩大了文化贸易逆差，削弱了国内本土文化的创新能力，也在某种程度上形成了电视市场的恶性竞争。文化创意是一个国家文化竞争力的具体表现，是文化产业发展的原动力，模式就像一条生产流水线，买了更先进、更好的流水线，但能否生产出更好的产品，取决于投入什么样的原料，这就包括创意、情感共鸣、个性展现等，不是仅仅引进节目模式、生搬硬套就可以的。中国的节目市场应当找到属于自己的定位，而不是一味地去复制别人的模式，这是一个原创为王的时代，只有做出别人没做的节目，才能领先于市场。

70. 分析一下崔健上不了春晚的原因。（2014年南京师范大学广播电视编导专业（南京考点）招生考试试题）

［参考范例］

尊敬的各位评委老师大家好，我抽到的即兴评述题目是：分析一下崔健上不了春晚的原因。

自从宣布冯小刚导演加入春晚以来，越来越多的令人惊喜的传闻也逐渐曝光，其中最为期待的应该就是"中国摇滚之父"崔健的入围。很多老一辈人甚至包括现在的许多喜欢音乐喜欢摇滚的学生，都十分期待曾经代表一代人的崔健，能够在大年三十的晚上登上春晚的舞台，唱出那一代人的旋律。然而，随后无论是央视还是崔健的经纪人都否定了这一说法，让很多人失望。有人传言是央视春晚对崔健的歌曲乱编乱减，导致崔健本人的不满，从而自动退出春晚；还有人通过这一事件对央视大加批判，认为摇滚没有春天。对于这一现象，我认为是观众将这一现象放大了，其实没有必要过度拔高这件事。

这个事情有趋势成为闹剧的一个主要原因是，许多人觉得，崔健上春晚可以，但只要上春晚就必须唱《一无所有》，要唱《一无所有》就必须唱不改词的，由此得到一个"大快人心"的结果：崔健征服了"春晚"，而不是春晚把崔建"招安"。把上春晚唱个歌这么简单的一个事儿，上升到"招安"的高度，这是典型的过度解读。

事实上对于崔健与春晚的关系，不在于崔健上春晚唱什么，而在于这个事情在传播过程中出现的各种信息误差，以及传播媒体的含糊其辞，由媒体主导网友参与从而催生了太多莫名其妙的言论。在这样的时刻，这几年被人们不待见的春晚，仿佛变得又特别重要起来，这个舞台俨然成了一个战斗的场所，崔健则被当成了堂·吉诃德。在崔健与春晚、春晚与观众之间，充满了太多站在不同立场上的观点，这些纷繁的观点令人不知所措。

说到底，崔健和春晚并没有什么不共戴天之仇，又有什么不可以上的。大家还是把心情放轻松下来，上了春晚，崔健的演出也不过是整台晚会的环节之一而已；不上春晚，崔健也还是那个崔健，不会因此被贴上什么特别的标签。

71. 冯小刚导演加盟 2014 年春晚，你认为怎么样？（2014 年南京师范大学泰州学院广播电视编导专业（山东考点）招生考试试题）

［参考范例］

尊敬的各位评委老师大家好，我抽到的即兴评述题目是：冯小刚导演加盟 2014 年春晚，你认为怎么样？

冯小刚导演加盟春晚，在我看来，这不仅是以冯小刚风格为代表的平民地位的提升，更是春晚这一遵循三十年不变的“老传统”的节目尝试作出革新的一大步。这一现象之所以有如此多的人关注，主要原因还是在于“春晚”与“冯小刚”这两个本来毫不相干的名词突然联系到一起产生的化学反应。

春晚，是一个在全中国人民心中有着特殊意义的节目。“团圆”是中国人内心生活的重要追求，在春节时为全家人一起守岁，在一年的最后一天一家人聚在一起看春晚送走旧年，迎来新的一年，已经是千千万万个中国家庭亘古不变的习惯了。冯小刚的加入，使得观众期待值增加的同时也不可避免地会有批评，毕竟每个人心中对于春晚的要求都不一样，连冯小刚导演本人也说做好了挨骂的准备了。我认为，其实我们大可不必把冯小刚的这次加盟当作多么大的事情，春晚就是一桌中国菜，其原料、做法以及各种关键性符号，大致是相同或相近的。不同的厨师，也许搭配和炒出的味道略有差异，但万变不离其宗，这些菜品，会因为受众的味觉、喜爱、偏好的不同，而获得好评和恶评。一个人拥有再高的本领也无法满足每一个人的需求。相反我们应该以更宽容的态度去对待他，给他足够的空间与理解，毕竟央视的这一次尝试明显是站在观众的角度去改变的，冯小刚代表“草根”代表“大众”，央视对他的选择更多的是因为对大众文化的认可，这是一次双方都在努力的尝试，最终的受益者是过年守在电视机前的我们，少些指责，多些理解，春晚才能发展得更好。

72. 11 月 19 日，北京电视台台长王晓东因病去世，次日郭德纲在微博上发出一首打油诗：“一去残冬晓日红，三杯泪酒奠苍穹。鸡肠曲曲今何在？始信人间报应灵。”被指含沙射影侮辱逝者。昨日，在国家新闻出版广电总局中国广播电视协会“春晚奖”和“兰花奖”的颁奖仪式现场，中广协电视文艺工作委员会在大会的第一个环节，向到场的近 400 家电视台发出声明文件，强烈谴责郭德纲的过分言行。据了解，此份声明是应北京电视台的请求发出的。作为一家电视台，公开通过官方渠道号召全国电视台谴责抵制一个演员，引发了社会的广泛关注。对此谈谈你的看法。（2014 年杭州师范大学钱江学院广播电视编导专业（山东考点）招生考试试题）

［参考范例］

尊敬的各位评委老师大家好，我抽到的即兴评述题目是：11 月 19 日，北京电视台台长王晓东因病去世，次日郭德纲在微博上发出一首打油诗：“一去残冬晓日红，三杯泪酒奠苍穹。鸡肠曲曲今何在？始信人间报应灵。”被指含沙射影侮辱逝者。昨日，在国家新闻出版广电总局中国广播电视协会“春晚奖”和“兰花奖”的颁奖仪式现场，中广协电视文艺工作委员会在大会的第一个环节，向到场的近400家电视台发出声明文件，强烈谴责郭德纲的过分言行。据了解，此份声明是应北京电视台的请求发出的。作为一家电视台，公开通过官方渠道号召全国电视台谴责抵制一个演员，引发了社会的广泛关注。对此谈谈你的看法。

在我看来，无论郭德纲与北京电视台有着多么深的仇恨，身为一个公众人物，在一位受人尊敬地位颇高的前辈去世后，公然地在微博上写打油诗暗示其幸灾乐祸，这种做法都无法让人认同。个人的恩怨不能以这样的方式去挑衅，更何况是已经逝去的人，这是对同行对媒体人的不尊敬，同时也是对喜欢自己的观众的不负责任。

另一方面，郭德纲的做法虽然有失理智，但是一家电视台公开通过官方渠道号召全国电视台联合抵制一个演员，实属罕见。本来媒体就是一个发声的平台，媒体报谁、不报谁，是媒体的言论权利，其中的取舍正是为体现自身的价值观，既然是公共平台，就不能沦为私人恩怨的发泄平台；有关人士用电视台这个公共平台，与郭德纲揪扯个人恩怨，明显有公私不分之嫌。如果王晓东的家属觉得郭德纲是恶意侮辱逝者，本可以通过法律诉讼解决纠纷，而不必通过电视台这个公共平台。这样做是让公众利益陪绑。一个真正有作用的媒体是遵循媒体人的基本准则的，为人民发声是他们的动力更是目标。北京电视台却利用了人们对它的信任，想要通过垄断话语权的方式去对郭德纲进行“封杀”，这难道不是另一种“洗脑”吗？

我相信，之所以观众的反对声如此之大，是因为有部分媒体没有被电视台的暗示所说服，他们还是秉承着媒体人的客观原则，将事实报道了出来。这正是一种进步，不向权力妥协的进步，作为公众的我们也应有一个辩证、理性的心，不要在还没了解清楚前就盲目地对一件事下结论，成为被利用的“傀儡”。

73. 对《私人订制》你怎么看？（2014年宜春学院广播电视编导专业（河北考点）招生考试试题）

［参考范例］

尊敬的各位评委老师大家好，我抽到的即兴评述题目是：对《私人订制》你怎么看？

作为每年一部的“冯式喜剧”，今年《私人订制》的上映不可避免地在赢得高票房的同时也招来了很多谩骂。有人说《私人订制》简直就是几年之前的影片《甲方乙方》的续集，跟《甲方乙方》相同的是故事的结构和套路，都是圓一个个荒诞的梦，简直就是“新瓶装旧酒”；甚至有人拿此来宣称“冯导又一次江郎才尽了”。对于这一现象，我认为，《私人订制》本来就是挂着“商业片”的名号上映的，它的唯一目标就是“逗观众乐”，没有必要如此上纲上线，与其在临近过年的时候给电影挑刺给自己添堵，为什么不好好享受一部标准的“冯式喜剧”呢？

而且客观地说，《私人订制》同样也是冯小刚导演带给喜欢他的观众的一部诚信之作，影片中有很多亮点。众多大牌的倾情加入、逗乐幽默的台词、一如既往的“男主角”葛优无不让观影的过程充满享受。影片的可贵之处在于：“私人订制”不纯然是私人行为，在联系空前紧密的当下社会，每个人的私人订制最终都要侵占社会资源，最终会引发公共尴尬，甚至是公共危机。人们为了满足自己的贪婪欲望，自然要向外界进行索取，最终受戕害的是我们赖以生存的大自然。对大地母亲的疯狂掠夺，使得雾霾蔽日、山海破碎、河流污染，从而引出“向自然道歉”的沉重主题。而通过“白日梦”的魔幻形式，既可以满足普通人的富贵欲求，又能当头棒喝，发人警醒。

我认为作为一部纯商业的“贺岁片”，冯小刚导演不但没有抛弃深刻的主题内涵，还在一定程度上将这部商业电影给予升华，我相信对真正用心走进电影院的人来说，也是一次不错的观影体验。

74.《人在囧途之泰囧》等高票房电影是否能够成为国产电影之福？（2014 年河北传媒学院广播电视编导专业（湖南考点）招生考试试题）

［参考范例］

尊敬的各位评委老师大家好，我抽到的即兴评述题目是：《人在囧途之泰囧》等高票房电影是否能够成为国产电影之福？

我认为，《泰囧》的成功固然值得借鉴，但是如果一味地将票房作为一部电影成功的唯一权衡准则，那么就有失电影的真正价值了。

对于《泰囧》，人们争议不断。有人认为这是一个将娱乐性与商业性结合在一起的成功典范，有人认为这不过是一部仿港式的“商情”娱乐片，片中的很多主旨也略显庸俗。不管怎样，必须承认的是，电影的高票房在一定程度上证明它迎合了大部分观众的口味。但是高票房并不代表着电影的成功，更不能说是国产电影之福。一部好的电影在制作精良的基础上应当具备能量传递的功能，也就是说能够让走进影院去观看的观众内心中感到充实，能通过电影这一媒介与导演或者编剧达到共鸣，这才是电影的真正价值。现在的很多电影并不具备这一功能，它的目的仅仅是为了能够获得高票房，其制作粗制滥造，对于演员的选择也只是看重人气的高低，宣传手段更是没有道德底线，甚至于竟形成“恶评”成就高票房的怪现象——一部评价很低的电影可能会有很多人愿意花钱买单去看它到底有多么“烂”，尤其是随着网络信息、社交软件的发展，更是让许多“烂片”钻了空子。

针对这种现象，我认为，身为电影的制作人和负责人，必须严格遵守电影的制作原则，电影市场的真正成熟是一个漫长的过程，在感受“30 亿票房月”带来的狂喜之余，如何在巨大的市场面前冷静下来，摒弃急功近利和投机取巧，用心提升影片质量，才是制作方应该认真思考的问题。

75. 我国现在的导演已经划分到第几代了？你认为还有继续划分下去的必要吗？（2014 年河北传媒学院广播电视编导专业（湖南考点）招生考试试题）

[参考范例]

尊敬的各位评委老师大家好，我抽到的即兴评述题目是：我国现在的导演已经划分到第几代了？你认为还有继续划分下去的必要吗？

中国电影导演的代际划分由来已久，从 20 世纪 20 年代中国电影的拓荒者、第一代导演张石川、郑正秋开始，到以王小帅 、贾樟柯、张元、徐静蕾等 90 年代新生代为代表的第六代导演，再到如今争议颇多的第七代导演，随着越来越多的新导演纷纷涌入，围绕导演的代际划分产生的质疑声也是越来越大。我认为如今的电影市场十分开放，各种类型、形式、表现手法层出不穷，如果继续将导演进行划分的话，会有失科学性，禁锢艺术的发展。

2000 年左右随着中国经济水平的提高，艺术行业也随之发展起来，更多的年轻导演开始进入主流市场。不仅有“中戏三剑客”张扬、金琛、施润久等横空出世，还有更多并非北影、中戏毕业的人步入导演行列，尽管他们还不甚有名。我认为导演的代际划分在这个多元化时代无疑很难。如果说贾樟柯、王小帅还勉强能算第六代的话，到陆川、马晓颖、宁浩这一代越来越年轻的导演就再也找不到分代的理由了。

冯小刚曾以调侃的方式说：“电影界第三代和第四代导演占据着宝殿，他们把大门把得很死。接着，第五代导演杀到，他们‘破窗而入’杀入这座电影宝殿后，同第四代一起把窗子关严了。后来，第六代导演是从地底下钻了出来的。等我杀到这里来一看，不但进不去这座宝殿，即便就是进去，也没有我下脚的地方。于是，我索性就在宫殿旁边自己建了个耳房。没想到，通过不断发展，日子过得还不错。”

于是今天中国电影界呈现的则是从七十多岁的第三代导演，到二十多岁的年轻一代均在纷纷拍片的局面。针对这种现象，我认为电影艺术无论走什么路线，以什么方式获得资金，以多大影响力在中国占有一席之地，都是“八仙过海，各显神通”。在提倡“电影多元化”的时代，再提五代、六代似乎有丐帮弟子数落家史的嫌疑，所以七代、八代从某方面来看就此消失也是好事。

★ **76. 相亲节目为什么这么火？**（2014 年湖南省普通高校编导类专业招生统考试题）

[参考范例]

尊敬的各位评委老师大家好，我抽到的即兴评述题目是：相亲节目为什么这么火？

《非诚勿扰》的高收视率带动了相亲节目的发展，越来越多的同类型节目登上舞台，火爆程度前所未有。其实相亲节目的走红并不是没有根源的，它是在一定的娱乐氛围下产生的，主要表现在以下几点：

（1）节目内容从服务类转向娱乐化。相亲节目打破传统相亲的一对一、隐私性模式，用电视节目的方式将其公开化，以满足人们的窥视心理。正如江苏卫视相亲节目《非诚勿扰》选择嘉宾的标准：特殊者可以优先考虑；特别愿意表达自己、个性特殊、表现力特强者可以优先考虑。其选择嘉宾的标准很明显就是鼓励作秀，把电视相亲节目娱乐化。

（2）节目策划新颖。现在的电视相亲节目从关注现代男女婚恋观入手来策划节目，而当今婚恋观又与传统婚恋观具有极大的矛盾，以致两种观念的人发生对抗，产生话题（如拜金主义等），从而吸引人们眼球，故而再次引爆电视相亲类节目，并且达到一种前所未有的火爆程度。

（3）满足个人的虚荣心和心理安慰。节目首先让一名男士在众多女士和观众的众目睽睽之下经历批判，在宣扬女权主义的当下，让女人从节目中可以获得一种高高在上的感觉；另外节目中的某些有个性的嘉宾还可能因为某些出众的行为而成为“草根明星”，甚至拥有一群忠实的粉丝，它在一定程度上满足了某些想要出名的人的欲望。

相亲类节目的成功值得借鉴，但是其火爆的同时也会产生一系列不良影响，例如某些节目为了收视率不断突破道德底线，宣扬拜金主义，对社会造成负面影响。对于正处在热潮之中的电视相亲节目来说，摆脱低俗的取向、不断推陈出新，不仅仅是对电视受众负责、保持节目热度的关键所在，更是凸显电视媒体文化品位、引领时代的必然选择。

77. 对冯小刚骂影评人，你如何看待？（2014 年湖南省普通高校编导类专业招生统考试题）

[参考范例]

尊敬的各位评委老师大家好，我抽到的即兴评述题目是：对冯小刚骂影评人，你如何看待？

冯小刚的贺岁新片《私人订制》上映后不久票房一路上涨，与之而来的负面评价也是越来越多，很多人质疑冯小刚是在“卖口碑”“没突破”。面对越来越多的争议，导演冯小刚连发几条微博大骂影评人，声称要和差评《私人订制》的影评人死磕到底。其实这已经不是冯小刚导演第一次公开与媒体作对了，这也是冯导的风格之一，我认为在这件事情上，没有谁对谁错，媒体人与艺术家的关系本就紧张，双方对于艺术的态度不同、观念不同，自然就会产生争议。

这一事件从表面上看只是关于一部电影好坏的争论，但实际上折射出的却是当下文艺评论与创作实践之间的某种尴尬关系。媒体与艺术家本应是相辅相成的，但如今却是如履薄冰，甚至于水火不容。近几年越来越多的高票房电影产生，但是高水平的电影却是少之又少，票房的高热背后隐藏着品质与价值的隐忧。《小时代》《富士山居图》等争议性较高的影片都说明了这一问题。对于这种趋势，身为影评人的体会更是颇深，有些媒体人“恨铁不成钢”，用尖锐的笔触去批判这些所谓的“烂片”，通过网络的推广与炒作，可能就会形成一个与创作者对立的态度。此外，有些影评人为了引人注目故意去贬低某些期待值较高的影片，甚至于在还没完整观看影片前就随便评论，评论观点既没有力度，更缺乏建设性，不能坚守客观的原则，有失专业性，自然会让创作者“冒火”。

当然在这一事件中冯小刚导演的言行也是有失水准的。身为创作者，应当有一个开阔的胸怀，作品是需要人来评价的，在接受鲜花、掌声的同时也应承担部分批评与不足，这样才能做到进步。冯小刚骂影评人这一事件的导火线就是媒体人与创作者的观念不同，两方不能达到妥协，倘若照此发展下去，文艺评论与创作实践两方阵营的对垒只会愈演愈烈。所以两方应当正视现状，相互体谅，看到彼此的作用，只有相辅相成，才能让艺术运行得更好。

· 广播影视类高考专用丛书系列介绍 ·

“广播影视类高考专用丛书”（张福起主编），是真诚献给报考艺术院校的广播电视编导、戏剧影视文学、影视摄影与制作、戏剧影视导演、影视制片管理、艺术与科技、国际文化交流、播音与主持艺术等专业考生的考前辅导用书，集聚全国艺术高考培训名师十余年教学成果、汇总艺术高校考官千余场主考经验，目前已增至16个品种，成为全国广播影视艺术类专业考生和培训学校的首选教材。

文艺常识

最受考生欢迎的文艺常识辅导教材

知识点最全面简洁的艺考必胜攻略

文艺常识有哪些内容？考试的重点是什么？有哪些考试题型？如何快速有效地记忆文艺常识的知识点？……这些问题都可以从本书中找到答案。

本书是全国影视传媒类艺考辅导教材中最受考生欢迎的版本，历经数次改版，已经成为广大考生的首选教材，更被一些高校选定为考前复习用书。本书内容包含文学、影视、美术、音乐、戏剧、戏曲、舞蹈及曲艺杂技等常识，分类精确、层次分明、脉络清晰，紧扣考试重点，并附带部分知识点的历年真题，便于考生在短时间内掌握。不但适合于传媒艺术专业的高考备考，同时也适用于各类研究生考试及其他文艺基础素养测试。

- 文学戏剧戏曲常识
- 广播电影电视常识
- 音乐美术书法常识
- 舞蹈曲艺杂技常识
- 文艺基础训练试题
- 历年考试真题解析

文艺常识（同步专题练习）

高频考点海量真题同步练习

备战艺考文艺常识高分胜经

本书结合了全国近200余所影视艺术类招生院校的1万余道历年真题，以及河南、陕西、浙江、福建等省的统考真题，并结合历年的高频考点和最新的文化热点，采用专题练习的形式，让考生将所学知识点夯实、打牢，并大大提高考生在考场上的应变能力。本书被广大艺考专家誉为“文艺常识艺考的高分胜经”。

- 两百名校真题大汇总
- 艺考高频考点全覆盖
- 专题分类演练大突破
- 历年考查题型全总结
- 最新命题规律大揭秘
- 复习备考高分全掌握

文艺常识（考前冲刺预测试卷）

30套文艺常识标准化预测试卷

1000道考试真题精准详尽解析

本书是以200多所院校历年招考真题为基础精编而成的30套文艺常识全真标准化预测试卷。无论是题量大小、题型选择、难易程度还是考试时间，均按照招生院校的最新出题标准制定，科学严谨并贴近艺考实际。同时汇总了当前国内外文化艺术方面的重大热点事件，对文艺常识的考查方向、考查重点、考查面进行了最新的预测。另外，本书还采用了试卷的印装形式，考生使用起来更加方便。

- 全部真题试卷30套
- 答案精准解析详尽
- 最新文化热点汇总
- 更多高频考点预测

影评范文精选

最畅销的艺考影评范文集

最系统的影评写作指导书

如何提高影评写作水平？优秀的影评文章是什么样的？

本书是一本影视传媒艺术类专业的考前参考书，是为广大考生能在短期内快速提高影评写作水平而编写的。对优秀文章的借鉴和学习，能使考生对影评写作的方法、思路、具体的语言有直观的认识和体悟，通过模仿和参考，逐步使优秀的内容融入自己的文章中，使自己的文章熠熠生辉，在众多的考卷中脱颖而出，获得考官的青睐。本书是影评写作爱好者的参考书，更是传媒类专业高考的必备工具书。

- 综合角度影评
- 人物形象角度影评
- 主题角度影评
- 艺术技巧角度影评

影视评论精选佳句500例

最方便实用的影视评论写作宝典

最精妙专业的论述佳句汇总推荐

影视评论写作作为各大院校传媒编导类专业考试的重点科目，在考试中需要以专业的评论内容和结构取胜，而怎样快速提高影评写作的专业性和理论性，已成艺考生长期的困扰。

有鉴于此，本书设计成64开精品图书，以满足考生方便携带的需求，内容上吸纳权威学者、影评人的专业语录，并汇集电影论坛、权威书籍等各方学术观点，实现了：名言佳句大集锦、观点角度全汇总、常考佳片精推荐、知识梳理成体系的编辑要求，是一本趣味性与知识性兼备的影评写作口袋书。

- 最方便的掌上宝典
- 最精妙的评论佳句
- 最常考的影视推荐
- 最实用的写作宝典

影视高考真题解析

真实全面的历年真题题库

缜密细致的答题思路解析

各个传媒类专业招生院校历年都怎么考？都考过什么？在本书中您将找到准确答案。本书囊括了全国120多所传媒艺术类招生院校的共500余套考试真题，占全国此类招生院校总数的96%，并且收集了各省统考真题，涉及影视编导摄制类、戏剧影视文学类、公共事业管理类所有专业，对考生报考各所院校和各类专业极具指导作用和参考价值，是考生确定报考院校和专业方向的必备书目。

常言道，有备而无患。本书能够让考生准确把握命题的最新动向，摸清命题规律，抓住考试重点及难点，使考生有针对性地备考，做到有的放矢。

- 影视编导摄制
- 戏剧影视文学
- 公共事业管理
- 历年考试真题
- 答案精准详尽
- 复习预测兼顾

影视基础知识高考教程

系统标准的影视知识辅导教程

权威实用的传媒高考复习用书

目前图书市场上讲授影视艺术基础知识的书比较多，但大多是本科教材或大众普及读本，并不适合影视艺术类专业高考，而且缺乏历年考试真题的范例和解析。为此，编者在总结多年艺考培训教学经验的基础上，结合部分高校历年的考试真题，编写了这本《影视基础知识高考教程》。

本书主要涉及“影视视听语言”“电影概论”“电视概论”三大部分，通过对知识的系统梳理，方便考生对整个知识脉络进行把握。

- 影视视听语言 ● 电影基础知识 ● 电视基础知识
- 精讲高频考点 ● 历年真题演练 ● 贴近艺考需求

影视编导类专业实用应试教程

系统实用的编导类专业实战攻略

要点突出的应试前必备复习精华

编导类专业复习备考是一项庞大的工程，考生不但要学习文艺基础知识，更要掌握影视基本文体的写作，还要应对自我介绍、即兴评述等一系列面试问题，所以专项应试教材往往多达10余本，考生学习负担骤增。

本书编者结合自己10余年的教学经验，召集国内50余位艺考专家多次研讨，历时2年终于编成本书，以满足考生的实际应试需求。可以说，这是一本应对影视编导类专业考试的制胜秘籍：只要一册在手，就等于掌握了编导类专业考试的全部内容；只要学完本书，就等于拥有了学完10本书的知识和功力，是实实在在的编导类专业复习备考一本通！

- 文艺常识高频考点 ● 文体写作方法点拨 ● 高考面试实用技巧
- 系统全面要点突出 ● 汇集真题注重实战 ● 影视编导实用攻略

影视高考基本文体写作

传媒艺考笔试获胜宝典　艺术考生备考实用教程

基本文体写作是广播影视艺术类专业考试中十分重要的考试内容，可以说直接决定着考生整体成绩的高低。本书涵盖了影评写作、电视作品分析、文学评论、叙事散文和戏剧故事写作、编导创意及策划、文化热点评述、小品写作等基本文体写作形式，基本包括了影视艺术类专业笔试的全部内容。

本书的编写目的就是系统梳理笔试的思路，给考生一个比较清晰的笔试应试指导方法，对每一个具体的考试科目进行具体的分析，使更多的考生能在笔试上取得成功。

- 影视作品评析 ● 故事散文创作 ● 文艺现象阐释
- 编导创意策划 ● 文学作品评论 ● 影视戏剧小品

影视高考面试宝典

面试技巧的入门手册　艺考必备的通关秘籍

面试环节重点考查的是考生的基本专业素质和心理素质，这也是作为一个未来的广播影视类人才所必备的素质。在历年的专业考试中，很多考生对于面试没有经验，不知道怎样进行，有的心情紧张，该发挥出来的没有能够发挥出来，有的对于面试的内容准备不充分，没有展示出自己的真实水平，从而影响了后面笔试的发挥，整体的专业成绩也受到了很大影响。

本书基本上分为两大部分：一是各个面试科目的应试方法指导，重点介绍了包括自我介绍、回答考官提问、即兴评述、才艺展示、命题编讲故事在内的十个考试科目的具体的应试方法；二是每个考试科目的范例，在个别的章节中还有对历年真题的解析，以便考生参考，这样就增强了本书的实战性和可操作性。

● 自我介绍　● 回答考官提问　● 编讲故事　● 文化热点分析　● 命题小品

● 自备文学作品朗诵　● 模拟主持　● 才艺展示　● 即兴评述　● 摄影美术作品分析

即兴评述话题宝典（真题版）

最具权威性的即兴评述话题宝典

最有代表性的面试真题实战攻略

即兴评述作为传媒类专业考试中的重点和难点，让很多考生惧怕，原因有二，一是临场发挥时评述素材不够，二是真题实战演练机会少。针对这一现象，我们编写了这本《即兴评述话题宝典》（真题版）。

本书组织几十位全国各高校和培训界的专家老师，从历年数千道真题中精挑细选400多道最具代表性的话题，并给出了思路清晰、颇具深度的参考答案，能让考生更好地掌握即兴评述的答题方法与思路；对于其中的一些高频考题更是重点标注，方便考生了解考试重点。拥有此书，等于拥有了即兴评述话题的大数据，精准的数据分析能让你成为新时代传媒艺考的领跑者。

● 精选400常考话题　● 全部源自历年真题　● 高频考点重点标记　● 题型分类答案精准

影视高考面试真题题库

传媒艺考面试考什么？面试考题如何答？

很多考生特别惧怕面试，感觉面试的内容不好把握、无从下手。这都是由于考生对历年专业面试过程中所考的试题不是很了解而造成的。

面试是影视艺术类专业考试中重要的考试环节。其目的是考查考生的形象气质、艺术修养、兴趣爱好、现场应变能力以及语言表达的逻辑性和思考问题的深广度。

本书对精选的海量考试真题进行了详细分类并附上清晰精准的参考答案，旨在帮助考生全方位、多层面提升综合素质，不但能在面试中说得出、说得好，而且更能答出水准，展示自我风采。

● 海量面试真题　● 答案清晰精准　● 真题分类细致　● 开拓答题思路

影视高考命题故事创作

读完本书你会知道命题故事如何考

读完本书你更会知道如何去编故事

在传媒艺术类专业招生考试中，命题故事创作所占的比例越来越大，特别是在中国传媒大学、北京电影学院、中央戏剧学院、上海戏剧学院等一些名校的招生考试中，更是必考的内容之一。也正因为如此，命题故事创作已成为近年来影视艺术类考生们最头疼、最薄弱、最急于突破的一个环节。

应广大考生热切要求，作者编写了《影视高考命题故事创作》一书。本书顺着由小到大、由局部到整体、由浅入深的进程逐节讲来，便于考生掌握，能够在有限的时间内，为广大考生提供系统、实用、高效的专业辅导，特别是书中所附的故事范文，更是给考生提供了故事构思的模板和依据。

- 命题编写故事 ● 命题编讲故事 ● 应试技巧点拨
- 经典故事范例 ● 考试真题集锦 ● 考前模拟训练

摄影专业高考辅导教程

实用高效的摄影高考读品

条理清晰的摄影培训教程

摄影作为一门新兴的艺术门类，有着广阔的发展前景。目前，市面上关于摄影的书籍五花八门，但是针对摄影类高考的却是少之又少。因此，应广大考生的热切要求，我们编写了《摄影专业高考辅导教程》。

本书系统讲述了摄影的相关基础知识，理论与实践相结合，条理清晰，重点分明，有助于广大考生在短时间内迅速掌握艺考的基本摄影知识与技能。同时，书中还附加了往年考试真题，堪称一本实用、高效的专业辅导教材。

- 摄影基础知识 ● 摄影作品分析 ● 现场拍摄技巧 ● 高考复习必备

播音与主持艺术专业高考教程

化繁为简指导播音艺考

深入浅出讲解应试要点

《播音与主持艺术专业高考教程》是根据每年全国各级各类院校播音与主持艺术专业招生的内容和形式而编写的。本书通过详实的考试介绍、细致的方法讲解、丰富的练习资料以及生动的录音示范，旨在带领播音与主持艺术专业考生走进播音与主持艺术的殿堂。

本书从教学的一般规律出发，结合播音与主持艺术专业学习和艺考的特点，将教学内容梳理为：入门篇、基础篇、提高篇、飞跃篇、成功篇。这五个环节的编排由基础到繁难，基本涵盖了大多数院校播音与主持艺术专业考试的形式与要求，适合考生从初学到考试的全过程使用。

- 播音主持专业简介 ● 普通话语音与美化 ● 有稿与无稿语言表达
- 考场形体装束与心态 ● 精选历年考试真题 ● 增送语音示范光盘

图书在版编目(CIP)数据

即兴评述话题宝典/张福起,杨亚楠主编.—济南:山东人民出版社,2015.5(2021.9重印)

(广播影视类高考专用丛书)

ISBN 978-7-209-08773-5

Ⅰ.①即… Ⅱ.①张… ②杨… Ⅲ.①播音-语言艺术-高等学校-入学考试-自学参考资料②主持人-语言艺术-高等学校-入学考试-自学参考资料 Ⅳ.①G222.2

中国版本图书馆CIP数据核字(2014)第260541号

即兴评述话题宝典

张福起 杨亚楠 主编

山东出版传媒股份有限公司

山东人民出版社出版发行

社 址:济南市英雄山路165号 邮 编:250002

网 址:http://www.sd-book.com.cn

发行部:(0531)82098027 82098028

新华书店经销

山东华立印务有限公司印装

规 格 16开(184mm×260mm)

印 张 14.5

字 数 280千字

版 次 2015年5月第1版

印 次 2021年9月第7次

ISBN 978-7-209-08773-5

定 价 35.00元

如有质量问题,请与印刷厂调换。 电话:(0531)76216033